अध्यापन कर्म, अध्यापक की छवि व अस्मिता

अध्यापन कर्म, अध्यापक की छवि व अस्मिता

सम्पादक

शिवानी नाग

हृदय कान्त दीवान

मनोज कुमार

सम्पादन सहयोग

राजेश उत्साही

वाणी प्रकाशन

Azim Premji University

वाणी प्रकाशन
4695, 21-ए, दरियागंज, नयी दिल्ली 110 002
फ़ोन : +91 11 23273167 फ़ैक्स : +91 11 23275710

शाखाएँ
अशोक राजपथ, पटना 800 004, बिहार
कॉफ़ी हाउस कैम्पस, महात्मा गांधी मार्ग, इलाहाबाद 211 001, उत्तर प्रदेश
महात्मा गांधी अन्तरराष्ट्रीय हिन्दी विश्वविद्यालय, वर्धा 442 001, महाराष्ट्र
सुल्तानिया रोड, मोतिया पार्क, भोपाल 462 001, मध्य प्रदेश

www.vaniprakashan.com
marketing@vaniprakashan.in
sales@vaniprakashan.in

ADHYAPAN KARM, ADHYAPAK KI CHHAVI VA ASMITA
Edited by Shivani Nag, Hriday Kant Dewan
and Manoj Kumar

ISBN : 978-93-90678-54-9
Education

प्रथम संस्करण 2021

मूल्य : ₹ 895

सिटी प्रेस, दिल्ली-110 095 में मुद्रित

वाणी प्रकाशन का लोगो मक़बूल फ़िदा हुसेन की कूची से

अनुक्रम

खण्ड : 1

अध्यापन कर्म

खण्ड : 2

अध्यापक की पहचान

प्रस्तावना

अध्यापन–कर्म की स्पष्ट समझ विकसित करने के लिए हमें दो प्रश्नों पर निरन्तर विचार करते हुए उनके सम्भावित उत्तरों की गहन छानबीन करनी पड़ती है। पहला प्रश्न है कि अध्यापन के दौरान अध्यापक करते क्या हैं और दूसरा प्रश्न है कि उनके काम करने का तरीक़ा क्या होता है। इन दोनों प्रश्नों के उत्तर शिक्षाविद् और नीति–निर्माता तो सचेत रूप से तलाशते ही हैं, आम लोगों की चर्चा में भी इन प्रश्नों के उत्तर अन्तर्निहित रहते हैं। विभिन्न ऐतिहासिक दौर में किसी हद तक इन दोनों प्रश्नों के उत्तर बदलते भी रहते हैं और लोगों के मन में अध्यापन–कर्म की अलग–अलग छवियाँ निर्मित होती रहती हैं। अध्यापन–कर्म पर जो समकालीन चर्चा है वह इन्हीं बदलावों और पड़तालों का नतीजा है। शिक्षक के रूप में एक अध्यापक जब अपनी पहचान गढ़ता है तो वह ख़ुद को इन्हीं विमर्शों से घिरा हुआ पाता है। इस भूमिका में हम एक–एक कर इन्हीं विमर्शों की पड़ताल करेंगे, इस संकलन के लेखों को उचित परिप्रेक्ष्य में रखकर समझने की कोशिश करेंगे।

सामान्य, लोकप्रिय विमर्श में अध्यापन-कर्म

थोड़ी देर के लिए शिक्षक व शिक्षा के व्यापक सन्दर्भों को छोड़ दें और हम स्कूल व कक्षा के सन्दर्भ में सोचें तो अभी भी अध्यापक के बारे में सामान्यतः यही समझ है कि उन्हें कक्षा में बच्चों को *पढ़ाना–लिखाना* होता है। इसमें उन्हें बच्चों को समझाना है, ठीक से ज्ञान देना है, निर्देश *देना है*, *सवाल पूछकर जाँचना* है कि वे सीख रहे हैं या नहीं, ठीक से उनकी *ग़लतियाँ सुधारना* है और साथ ही *बच्चों का व्यवहार ठीक करना* है। कार्य की इस समझ में वह सब शामिल नहीं है, जो आज के सन्दर्भ में शिक्षक को इनके अतिरिक्त करना होता है। इसके अलावा उसे यह

कैसे करना है और उसकी तैयारी के लिए क्या और करना होगा, यह सब आम चर्चा का विषय नहीं है।

आम समझ यही है कि शिक्षक का कार्य तो कोई भी कर सकता है और बहुत ही रोचक ढंग से कर सकता है। कुछ तकनीक के जानकार और प्रशासक नये–नये रोचक तरीक़े सोचकर प्रस्तुत करते रहते हैं। वे अपनी व आसपास की एकाध कक्षा में बच्चों के साथ उन्हें उपयोग करके उन तरीक़ों का गुणगान करते नहीं अघाते। उन्हें यह लगता है कि यह किया जा सकता है और अगर शिक्षक सोचना नहीं चाहते तो हम एक पैकेज बनाकर उन्हें दे देते हैं, जिन्हें उन्हें बस लागू करना होगा। असल में इसके पीछे यह भी भावना है कि शिक्षक यह कर ही नहीं सकते क्योंकि न तो वो इतने क़ाबिल हैं और न ही इसके प्रति उत्साहित।

अध्यापन–कर्म की यह चालू समझ शिक्षा की प्रक्रिया में शिक्षक को आत्मसजग व्यक्ति और पेशेवर के रूप में नहीं पहचानती। शिक्षक के द्वारा निरन्तर सीखने, नया करने और आत्मावलोकन की आवश्यकता की इस विमर्श में कोई गुंजाइश नहीं है। हालाँकि यह अक्सर कहा जाता है कि शिक्षक को नया करने से कौन रोकता है, किन्तु यह नहीं समझा जाता है कि अध्यापकीय कर्म का महत्त्वपूर्ण हिस्सा असल में विद्यार्थी के साथ व विद्यार्थियों के बीच ऐसे रिश्ते क़ायम करना है जो पारस्परिक मदद, धैर्य, संवेदना जैसे गुणों की बुनियाद पर टिके हों। यह सम्बन्ध ऐसे हैं जो व्यापक प्रतियोगिता की भावना के एहसास के साथ–साथ व उसके बावजूद नैसर्गिक तौर पर पनपते हैं। यह कक्षा में पनपने चाहिए, तभी बच्चे सीख पायेंगे। कितना भी प्रतियोगी ढाँचा हो सीखने की सरलतम प्रक्रिया सहयोग है। इस पहलू को व्यापक समाज में और शिक्षा के पेशेवर सलाहकारों द्वारा भी अक्सर समझा नहीं जाता। सामान्य लोकप्रिय विमर्श में अध्यापन–कर्म के इस महत्त्वपूर्ण आयाम की अनदेखी होती है।

कक्षा का माहौल उसमें प्रकट रिश्तों, बच्चों की पृष्ठभूमियों के प्रभावों, अभिरुचियों और इन सबकी अन्तःक्रिया से निर्मित होता है–और इन सबमें शिक्षक स्वयं भी एक कारक है। शिक्षक को हर समय इसे समझना है और इसमें कुछ नया रचना है ताकि यह प्रक्रिया जीवन्त, समावेशी व सीखने–सिखाने वाली हो सके। इसका अर्थ यह है कि सार्थक अन्तःक्रिया हो जिसमें सीखने वालों की भागीदारी हो। सिर्फ़ सामग्री, गतिविधि व कक्षा–व्यवस्था बदल देने से सार्थक अन्तःक्रिया नहीं शुरू हो जाती।

इसमें कुछ ऐसे तत्त्व चाहिए जो तभी आ सकते हैं जब शिक्षक के पास भावनात्मक ऊर्जा हो और अन्तःक्रिया की दिशा बदल पाने की समझ व सृजनात्मकता भी हो। यह भी स्पष्ट है कि ऐसा कर पाने के लिए उसे कितना समय व किस तरह की परिस्थिति चाहिए इस मुद्दे पर गहराई से विचार करना होगा।

इस संकलन के कई लेख अध्यापन–कर्म की चालू समझ से मुठभेड़ करते हुए अध्यापन की प्रक्रिया के विभिन्न सैद्धान्तिक और व्यावहारिक पहलुओं पर गहराई से विचार करते हैं। जीतेन्द्र अपने लेख में 'अध्यापन–कर्म' का अवधारणात्मक विश्लेषण करते हुए उसे मतारोपण की अवधारणा से अलग करते हैं और 'ट्रेनिंग', 'कोचिंग' और अध्यापन के फ़र्क़ को रेखांकित करने की कोशिश करते हैं।

निशा राजकुमार बुटालिया ने अपने लेख में कक्षा में होने वाले संवादों के भावनात्मक पहलू को उजागर किया है। अपनी समझ पर काम करते समय विद्यार्थी झिझक के साथ अक्सर अधूरे वाक्य बोलते हैं। इन मौक़ों पर उन्हें भावनात्मक सम्बल देनेवाला आश्वस्तकारी अध्यापकीय स्वर सहारा देता है। समझ और विचारों की दुनिया में विद्यार्थी जब अन्वेषण के लिए निकलता है तो उसके साथ ख़ास तरह की चर्चा की ज़रूरत होती है। निशा का लेख अध्यापन–कर्म के इस नाज़ुक पहलू को उजागर करता है।

ऋचा गोस्वामी ने अपने लेख में यह पड़ताल करने की कोशिश की है कि आमतौर पर अभिभावकों के मन में शिक्षा की गुणवत्ता की कैसी धारणा है और स्कूल में अच्छे शिक्षक होने को वे गुणवत्तापूर्ण शिक्षा के लिए कितना ज़रूरी मानते हैं। अभिभावक आमतौर पर अच्छा शिक्षक किसे मानते हैं। राष्ट्रीय पाठ्यचर्या की रूपरेखा, 2005 भी सार्थक अध्यापन की कतिपय ज़रूरतों को रेखांकित करती है। अभिभावकों के मन में आदर्श शिक्षक की जो छवि है वह राष्ट्रीय पाठ्यचर्या की रूपरेखा 2005 में वर्णित शिक्षक से कितनी मिलती–जुलती है और कितनी अलग है, इसे यह लेख समझने की कोशिश करता है।

अध्यापन-कर्म पर नीतिगत विमर्श

राधाकृष्ण कमीशन द्वारा की गयी शिक्षक की ज़िम्मेदारी की व्याख्या अध्यापन–कर्म की ऊपर वर्णित आम समझ से काफ़ी अलग है। कमीशन के अनुसार शिक्षक का काम विषय में रुचि जगाना व पोषित करना भी है। उसे छात्र/छात्राओं तक सिर्फ़ तथ्य, जानकारियों, सिद्धान्तों व उनसे उभरने

वाले सामान्यीकरणों को नहीं पहुँचाना है वरन् उनमें खोज और समालोचना की क्षमता पैदा करना भी है जिससे उनमें स्वतन्त्र निर्णय लेने की आदत विकसित हो सके और वे आँकड़ों की पर्याप्तता, औचित्य, सार्थकता, सन्दर्भ जैसे मसलों पर सोच पायें। अध्यापन–कर्म की यह समझ साफ़ तौर पर उपयोगितावाद की कई चालू धारणाओं से मेल नहीं खाती है। यहाँ उम्र, विषयवस्तु, पढ़ाने का ढंग, किस समय तक क्या सीखा जा सकता है जैसे प्रश्नों को विवेचन के लिए खुला रखा गया है और ज़ोर चिन्तन, मनन व स्व–विकास और स्व–आकलन पर है। (राधाकृष्ण पेज 54–60)

अध्यापन–कर्म की विवेचना में जिस प्रकार का खुलापन राधाकृष्ण कमीशन की रिपोर्ट में है वह क्रमशः दुर्लभ होता गया। विद्यालयी कक्षा की जीवन्त तात्कालिकता को नकारते हुए पूर्व–निर्धारित योजना के अनुसार अध्यापन पर बल दिया जाने लगा। ध्यान रहे कि अध्यापक पूर्व–निर्धारित योजना के अनुसार पढ़ाये या विद्यार्थियों की तात्कालिक स्थानीय ज़रूरतों के अनुसार, इसे अन्तिम रूप से तय कर पाना मुश्किल है। इन दोनों के बीच अक्सर एक नाज़ुक सन्तुलन होता है। आख़िरकार औपचारिक शिक्षा की कल्पना शिक्षाक्रम के बिना सम्भव नहीं है, लेकिन दूसरी तरफ़ हर कक्षा की अपनी विशिष्ट परिस्थितियाँ होती हैं जिसे अध्यापक अपनी प्रत्युत्पन्नमति और सूझ–बूझ से सीखने–सिखाने के अनुकूल बनाता है। पूर्वनिर्धारण और प्रत्युत्पन्नमति के बीच के नाज़ुक सन्तुलन को नकारने का एक अतिरेक बाल–केन्द्रित शिक्षा की चालू समझ में प्रकट होता है जहाँ टिकाऊ शिक्षाक्रम को नकारने की कोशिश होती है। इस सन्तुलन को नकारने का दूसरा अतिरेक तब पैदा होता है जब स्वतन्त्र एजेंसियाँ पाठ्यक्रम और पाठ्यपुस्तक से भी दो क़दम आगे बढ़कर शिक्षक के लिए पाठ योजना और अधिगम–सम्प्राप्ति (लर्निंग आउटकम) तक तय करने लगती हैं। अधिगम–सम्प्राप्ति को हम जितना स्थिर, पूर्वनिर्धारित और जड़ बनाते चले जायेंगे उतना ही हम शिक्षार्थी की विविधता और शिक्षा के विविध सन्दर्भों को नकारने की तरफ़ बढ़ेंगे। (आदर्श बालकों की छवियाँ– निधि गुलाटी का लेख।)

शुरुआती नीति दस्तावेज़ों में अध्यापन की जो समझ दिखलायी पड़ती है उसकी झलक कई अन्य दस्तावेज़ों में भी मिलती है। राष्ट्रीय शिक्षाक्रम की रूपरेखा, 2005 में शिक्षक से अपेक्षा की गयी है कि वह विद्यार्थियों के परिवेशजन्य ज्ञान के प्रति भी संवेदनशील होगा और एक से अधिक

पाठ्यपुस्तकों के प्रयोग के प्रति उन्मुख होगा। जब शिक्षा का अधिकार अधिनियम आया तो राष्ट्रीय पाठ्यचर्या की रूपरेखा, 2005 के आधार पर शिक्षा और अध्यापन को तय होना था। राष्ट्रीय पाठ्यचर्या की रूपरेखा, 2005 को शिक्षा के अधिकार अधिनियम 2009 के साथ संलग्न दस्तावेज़ माना गया, लेकिन इस अधिनियम को लागू करने के क्रम में शिक्षक की स्वायत्तता की ज़रूरत की अनदेखी होने लगी। जब राज्यों ने इस अधिनियम के प्रावधानों को ठोस रूप देने के लिए नियम बनाये तब उनमें अक्सर शिक्षक के प्रति एक प्रकार का अविश्वास देखा गया। इस अधिनियम को लागू करने के क्रम में एक और बहस की शुरुआत हुई। इस बहस में यह सवाल उछला कि यह अधिनियम बच्चों को सिर्फ़ स्कूलिंग का अधिकार देता है या लर्निंग का अधिकार भी देता है। स्कूलों में बच्चों की लर्निंग हो इसके लिए अधिगम सम्प्राप्तियों की सूची बनाये जाने पर ज़ोर दिया जाने लगा है। यह राष्ट्रीय पाठ्यचर्या की रूपरेखा 2005 के उस दृष्टिकोण के विरुद्ध है जो शिक्षक को स्थानीय सन्दर्भ के आधार पर कक्षा व स्कूल में कुछ तय करने की सम्भावना छोड़ने पर बल देता है।

ऐसा लगता है कि शिक्षा का प्रबन्धन कर रहे अधिकारी सीखने–सिखाने की लगाम बच्चों व शिक्षकों को नहीं सौंपना चाहते। उन्हें यही लगता है कि शिक्षक स्वयं विद्यार्थी को किन्हीं सार्थक लक्ष्यों तक नहीं ले जा सकते और अपेक्षानुसार काम कर ही नहीं सकते। इसीलिए उनका कार्य लीक पर चलना है जिसके लिए सीमित कौशल की ज़रूरत है। शिक्षक के पास ऐसी बनी–बनायी ढाँचाबद्ध, स्तरीय व क्रमबद्ध सामग्री पहुँचानी चाहिए जिसे वह बच्चों को दे दें और सिर्फ़ यह सुनिश्चित कर लें कि बच्चे उस पर कार्य करें। उन्हें अपनी कक्षाओं व स्कूल के सन्दर्भ में कुछ अलग सोचने व करने की न तो ज़रूरत है और न वह यह कर ही सकते हैं।

इस संकलन में हृदय कान्त दीवान का लेख ज़हाँ अध्यापन–कर्म पर उपलब्ध नीतिगत विमर्शों को उजागर करते हुए शिक्षक की तैयारी को व्यापक परिप्रेक्ष्य में रखकर देखने की सिफ़ारिश करता है, वहीं अक्षय दीक्षित, रंजना और ताहिरा ख़ान एवं वर्तुल ढौंडियाल के लेखों में नीतिगत दस्तावेज़ों और पाठ्यचर्या सम्बन्धी अनुशंसाओं को अपने अनुभवों के साथ जोड़कर समझने की कोशिश है। हृदय कान्त दीवान का लेख मूलतः दो स्थापनाओं को स्वीकार करते हुए शिक्षक की तैयारी पर बात करता है। पहला यह कि शिक्षक की तैयारी की बात शिक्षा के उद्देश्यों को नज़रन्दाज़

करके नहीं की जा सकती, और दूसरा यह कि संविधान के वायदे, लोकतन्त्र के निहितार्थ व इन्सान होने के अर्थ से आसवित शिक्षक की पहचान व कार्य–स्वतन्त्रता को मद्देनज़र रखकर ही हम उनकी तैयारी व कार्य–पद्धति का आकलन कर सकते हैं। गुरबचन सिंह ने अपने लेख में सीखने–सिखाने से सम्बन्धित कुछ मान्यताओं पर शिक्षकों के साथ बातचीत की है और उन साक्षात्कारों का विश्लेषण किया है।

ऐतिहासिक परिप्रेक्ष्य में अध्यापकीय कर्म

हमारे ऐतिहासिक अनुभव में दो तरह के शिक्षक दिखलायी पड़ते हैं। एक वे जो आपको कुछ कारीगरी का काम सिखाते थे। हालाँकि बहुत से धन्धों में बृहद परिवार के दायरे में साथ–साथ जुटकर ही काम सीखा जाता था, पर इसके अलावा भी बहुत से ऐसे गुर व धन्धे थे जिनमें सिखाने वाले की ज़रूरत होती थी। इसके लिए सामान्यतः *'उस्ताद'* और *'शागिर्द'* जैसे शब्दों का प्रयोग होता था। *'उस्ताद'* और *'शागिर्द'* बहुत से व्यवसायों की सीखने–सिखाने की परम्परा में शामिल हैं। इनका कार्य शागिर्द को धन्धे के गुर सिखाकर उसे जीवन में आगे बढ़ पाने के लिए तैयार करना था। इसके अलावा कुछ अन्य तरह के शिक्षक भी थे। इनका काम धन्धा सिखाना नहीं था, वरन् नीति, धर्म–अध्यात्म और शस्त्र–कौशल सिखाना इनकी ज़िम्मेवारी थी। इन्हें अक्सर *'गुरु'* कहा जाता था। इनका कार्य नैतिक, गुणी व धार्मिक इन्सान बनाना था। इनसे कुछ व्यावहारिक ज्ञान व समझ दिये जाने की भी अपेक्षा थी, परन्तु नैतिक व आध्यात्मिक तौर पर परिपक्व मनुष्य तैयार करना ही शिक्षक–कर्म का एकमात्र नहीं तो सबसे महत्त्वपूर्ण लक्ष्य था। ज़ाहिर है ये दो प्रकार के शिक्षक समाज के अलग–अलग तबक़े के लोगों के लिए काम करते थे। *'उस्ताद'* और *'गुरु'* यह विभाजन बहुत स्थूल है, किन्तु व्यापक सन्दर्भ को यह प्रतिबिम्बित करता है। एक तीसरा शब्द भी है *'मास्टर।'* मास्टर शब्द का अंग्रेज़ी में अर्थ है ज्ञान में परिपक्व व्यक्ति।

गुरु, उस्ताद, मास्टर तीनों ही शब्द व्यक्ति के ज्ञान व विशेषज्ञता के परिचायक हैं। हालाँकि शिक्षण व्यवसाय के कर्मियों के लिए इस्तेमाल होते–होते अब इनका अर्थ बदल–सा गया है। तीनों ही शब्दों के इस्तेमाल के सन्दर्भ व बोलने वाले की टोन से बोलने वाले की भावना व्यक्त होती है। कई बार इनके उपयोग में एक हिक़ारत का भाव गहरे से बसा रहता है।

ऐसा पक्के तौर पर कहना मुश्किल है कि गुरु शब्द में आदर व अधिकार की उतनी ही भावना पहले थी जितनी कि आज कल्पना की जा रही है। हालाँकि पुराने समय के कई दृष्टान्त भी सुनाये जाते हैं जिनमें गुरु के प्रति आदर व्यापक तौर पर उल्लेखित है, फिर भी यह स्पष्ट नहीं है कि क्या यह सिर्फ़ ऐसे दृष्टान्तों में अधिक था या फिर सम्मान वास्तविक धरातल पर था। क्या सम्मान सभी गुरुओं के लिए था? सवाल इसलिए है क्योंकि आज भी कई ऐसे शिक्षक हैं जिनके प्रति आदर है, किन्तु यह आदर ज़्यादातर शिक्षक नहीं पा रहे हैं। और फिर उस समय के क़िस्सों में भी *'गुरु गुड़ ही रह गया'* या फिर गुरु की *अजीबोगरीब दक्षिणा की माँग* जैसी कहानियों से इस आदर के साथ तनातनी की ध्वनि भी निकलती है।

आज के सन्दर्भ में स्कूल में पढ़ाने वालों के लिए गुरु शब्द के सम्बोधन में उसके प्रति आदर कम है। स्कूल में पढ़ाने वालों के सन्दर्भ में मास्टर शब्द भी अब एक पढ़ाने वाले के मुलाज़िम होने का संकेत है। उसके पीछे भी एक वेतनभोगी कर्मचारी की धारणा है और उसमें एक छिपा भाव यह है कि यह एक ऐसा वेतनभोगी है जो कामचोर भी है। 'आजकल के मास्टर', 'ये मास्टर' और ऐसे अन्य सम्बोधन सामान्य रूप से उनके प्रति अनादरपूर्ण रवैया दर्शाते हैं। 'उस्ताद' शब्द स्कूल के साथ वैसे नहीं जुड़ा जैसे गुरु और मास्टर शब्द जुड़ गये। शिक्षिका, शिक्षक, अध्यापिका और अध्यापक जैसे शब्द अधिक औपचारिक, अकादमिक और प्रशासनिक शब्द हैं। और भी सम्बोधन हैं जो पढ़ाने वालों के लिए उपयोग होते हैं जैसे 'सर', 'मैडम' आदि जो ऊँची सामाजिक हैसियत को दर्शाते हैं।

गुरु, मास्टर, सर, मैडम इन शब्दों के उपयोग के साथ अलग–अलग अर्थ–छवियाँ, अलग–अलग समय के स्कूल सन्दर्भों की अनुगूँजें घुली–मिली रहती हैं और ये अर्थ–छवियाँ अपने–अपने समय की आर्थिक व राजनीतिक परिस्थितियों, हित–समूहों की लामबन्दी और उनके बीच के तनावों से प्रभावित होती हैं। शिक्षक का कार्य स्वतन्त्र सोचने वाले नागरिक बनाना है जो लोकतन्त्र को ज़िम्मेदारी से गढ़ सकें अथवा उन्हें ऐसे कुशल मज़दूर बनाना है जो अर्थव्यवस्था को संचालित कर रहे बाज़ार में चुपचाप फिट हो सकें। इस सवाल का उत्तर भी शिक्षकों के प्रति रवैये को तय करता है और इससे उनकी अपेक्षित भूमिका की समझ बनती है।

इस संकलन में शामिल दलजीत अमी के लेख में पंजाब के एक लोकप्रिय प्रेमाख्यानक के अलग–अलग प्रस्तुतीकरणों में उस्ताद की बदलती छवियों को रेखांकित किया गया है। एक ही क़िस्से के किसी प्रस्तुतीकरण में उस्ताद अगर पितृसत्ता के पक्ष में खड़े नज़र आते हैं तो किसी प्रस्तुतीकरण में स्थापित सत्ताओं के विरोध में और प्रेमियों के हक़ में।

हिमांशु उपाध्याय और मनोज कुमार के लेख में इस प्रवृत्ति की शिनाख़्त की गयी है कि भारतीय भाषाओं के शिक्षक एक आधुनिक पेशेवर के रूप में अपनी अस्मिता की तलाश मानकीकृत होती भाषाओं के पहरुए के रूप में करते हैं।

विकास गुप्ता और लोकेश मालती प्रकाश ने अपने लेख में उन्नीसवीं व शुरुआती बीसवीं सदी के चार शिक्षाशास्त्रियों की औपनिवेशिक शिक्षा की आलोचनाओं की पड़ताल की है। ये शिक्षाशास्त्री हैं डॉ. जॉन मुर्डाक, मुंशी ज़का उल्लाह, गिजुभाई बधेका और ज्योतिराव फुले। ये शिक्षाशास्त्री चार अलग–अलग विचार परम्पराओं का प्रतिनिधित्व करते हैं। जॉन मुर्डाक (1819–1904) 'क्रिश्चियन वर्नाकुलर एजुकेशन सोसाइटी फ़ॉर इण्डिया' नाम के ईसाई मिशनरी संगठनों के एक बड़े नेटवर्क से जुड़े हुए थे। वे न सिर्फ़ पाठ्यपुस्तकों के बारे में सबसे जानकार व्यक्तियों में से एक थे, बल्कि उन्होंने शिक्षकों के लिए कई मैनुअल भी लिखे थे। ज़का उल्लाह (1832–1910) ने 150 से भी ज़्यादा किताबें लिखीं और ये सारी उर्दू में थीं। इनमें गणित व विज्ञान की विभिन्न शाखाएँ (संग्रह की आधी से ज़्यादा किताबें इन्हीं विषयों से सम्बन्धित हैं), इतिहास, भूगोल, राजनीतिक अर्थशास्त्र, भाषा, व्याकरण, शब्दकोश, नैतिक शिक्षा की किताबें, शिक्षाशास्त्र व जीवनियाँ शामिल हैं। ज़का उल्लाह ने शिक्षकों के कामकाज के ढर्रे, उनकी शिक्षण–पद्धति व आचरण के सम्बन्ध में विभिन्न समस्याओं के मद्देनज़र वैज्ञानिक और साथ ही नैतिक शिक्षा को बढ़ावा देने में आधुनिक या औपनिवेशिक शिक्षा–व्यवस्था की असफलता को लेकर चिन्ता व्यक्त की। गिजुभाई यानी गिरजाशंकर भगवानजी बधेका (1885–1939) को अक्सर भारत में बाल–केन्द्रित शिक्षा का प्रवर्तक माना जाता है, लेकिन उनके के काम व चिन्तन के और भी कई मूल्यवान आयाम हैं। मसलन, जिस बाल–केन्द्रित शिक्षा की उन्होंने परिकल्पना की, उसके लिए उपयुक्त शिक्षण–पद्धतियों को विकसित करने की चिन्ता ने उनको इस परिकल्पना के अनुरूप शिक्षक का निर्माण करने के तरीक़ों के बारे में सोचने व काम करने

के लिए प्रवृत्त किया। गिजुभाई बधेका के सरोकार सिर्फ़ शिक्षण–पद्धतियों तक सीमित नहीं थे बल्कि उनमें शिक्षक, उनकी पेशेवर हैसियत व विकास, सामाजिक हैसियत और प्रशिक्षण भी शामिल थे। ज्योतिराव गोविन्दराव फुले (1827–1890) ने शिक्षा की परिकल्पना सामाजिक परिवर्तन के सशक्त माध्यम के रूप में की और तद्नुरूप शिक्षक की भूमिका को भी व्यापक सामाजिक बदलाव के परिप्रेक्ष्य में देखा। इन चुने हुए चिन्तकों के लेखन में मौजूद तमाम अन्तर्विरोधों, विडम्बनाओं और तनावों के बावजूद, शिक्षक–शिक्षण के वर्तमान विमर्श के लिए इनकी प्रासंगिकता असन्दिग्ध है।

अध्यापन-कर्म : कुछ समसामयिक मुद्दे

आज के सन्दर्भ में शिक्षक के काम के बारे में शिक्षण की गुणवत्ता का प्रश्न सबसे महत्त्वपूर्ण समझा जाता है। शिक्षकों की अपने कार्य के प्रति निरापदता और कार्य में गहरी रुचि का अभाव कई तरह से उनकी प्रतिबद्धता व कार्य–क्षमता को बाधित करता है। इस पर विचार करते समय शिक्षाविदों ने इसे उनकी तैयारी के विभिन्न पहलुओं से जोड़ने के साथ–साथ उनकी आय, उनकी समाज में स्थिति, उनकी आत्मछवि जैसे कई मुद्दों को रेखांकित किया है। इस विमर्श में दो मुख्य धाराएँ प्रतीत होती हैं। मोटे तौर पर देखें तो एक धारा यह मानती है कि शिक्षक का कार्य विशेष है और आज के शिक्षक इसे करने में अक्षम हैं क्योंकि उनका चुनाव ही ग़लत हुआ है, उनकी शिक्षक बनने की इच्छा ही नहीं थी और इसलिए इस कार्य में उनकी कोई रुचि ही नहीं है। अतः उन पर अंकुश लगाकर उन्हें काम करने के लिए मजबूर करना पड़ेगा। दूसरी धारा के शिक्षाविद् मानते हैं कि शिक्षक का कार्य तब तक नहीं सुधर सकता जब तक कि उनके साथ सम्मानजनक सलूक नहीं होगा और उनकी स्वायत्तता व अस्मिता के प्रश्नों पर कुछ किया नहीं जायेगा। इन दो प्रकार की धारणाओं के कारण आज के सन्दर्भ में अध्यापन की गुणवत्ता के लिए क्या किया जाना चाहिए इसके दो लगभग विपरीत दिशा में जाने वाले उत्तर मिलते हैं। इस पुस्तक में इन दोनों पर कुछ रोशनी तो पड़ेगी किन्तु ज़्यादातर लेख दूसरी धारणा के पक्षधर लोगों के हैं। बावजूद इसके यथार्थपरक विश्लेषण के कारण उनमें दूसरे मत की तर्कसहित व्याख्या भी मिलेगी।

शिक्षक की भूमिका क्या है, उसे कैसे पढ़ाना है, किस तरह का व्यवहार करना है, यह सब बदल रहा है। इस बदलाव के कई आयाम हैं।

लगभग 20–30 साल पहले तक शिक्षकों के बच्चों के साथ व्यवहार में शारीरिक दण्ड व डाँट उचित मानी जाती थी। कई तरह से अनुशासन बनाये रखने व पढ़ाई में गति लाने के पक्ष में श्लोकनुमा कथनों को उद्धृत किया जाता है। धीरे–धीरे इस तरह के व्यवहार पर सवाल उठने लगे और आज शारीरिक अथवा मानसिक प्रताड़ना, किसी भी प्रकार के व्यंग्य अथवा बेइज़्ज़ती, पर सख़्ती से प्रतिबन्धित है। इस बदलाव व शिक्षक के कार्य की बदलती समझ के बारे में बात करने से पहले हम शिक्षकों के प्रति धारणाओं में विरोधाभास के कुछ ऐतिहासिक पहलू भी प्रस्तुत करना चाहते हैं।

हालाँकि शिक्षकीय कार्य को व्यवस्थित व परिभाषित करने के बहुत से प्रयास हुए हैं किन्तु इन सभी में वैचारिक सामंजस्य नहीं है। एक ओर यह बात है कि शिक्षकों को कक्षा में ही रहकर पढ़ाना है, तैयारी करनी है, अपना कार्य डायरीबद्ध कर उस पर मनन करते हुए आगे का रास्ता सोचना है और दूसरी ओर यह भी है कि उसे समुदाय में भी जाना है। वह एक नियन्त्रक व संचालक के रूप में भी माना जाता है, ऐसी भूमिका जिससे कक्षा का कार्य व्यवस्थित और क्रमबद्ध रूप से चले। नियन्त्रक व संचालक की कल्पना के अनुसार बच्चों को वही करना है जो शिक्षक कहे। यहाँ सिखाने का अर्थ व्याख्या करने व पूरी तरह बताकर समझाने से है। अतः यह भूमिका एक तरह से सीखने वाले को एक अच्छे श्रोता के रूप में देखती है। शिक्षक के कार्य की यह समझ काफ़ी व्यापक है और हम सभी में गहरे रूप से बसी है। किसी भी बातचीत में ज़्यादा ज्ञानी समझे जाने वाले को उत्तर बताने से, उसे क्या सही लगता है उसे बार–बार दोहराने से, औरों को बोलने की इजाज़त न देने से और उनके कहे को अनसुना करने से रोकना कठिन होता है। स्कूली कक्षाओं में भी अपनी वयस्क समझ के होने के चलते शिक्षक की भी ख़ुद से और बाक़ी सभी की भी उससे यही अपेक्षा होती है कि वह सब कुछ ठीक से बताये और बार–बार बताये।

इसके विपरीत यह कल्पना हो सकती है कि शिक्षक कक्षा में मुख्य पात्र नहीं है वह तो मात्र एक सुगमकर्ता है। इसमें मुख्य भूमिका सीखने वालों की है। और उसका एक महत्त्वपूर्ण रूप नेपथ्य में खड़े प्रोम्पटर का है। यानी उसे सीखने वालों को एक पटकथा के अनुसार कार्य करने देना है और यदि वे अटकें तो उन्हें उचित संकेत देकर मदद करनी है। यह पटकथा कैसी होगी, इसके कथ्य कैसे होंगे व इसमें बच्चों को अपने

अनुसार व्यवहार करने के कितने मौक़े होंगे, इसमें कई धाराएँ हो सकती हैं। इसमें एक लगभग निष्क्रिय सुगमकर्ता की भूमिका भी शामिल है जिसमें वह एक पूर्वरचित पाठ व उसमें शामिल क्रियाओं को ठीक वैसे ही करवा रहा है जैसी उससे अपेक्षा है। इस समझ में शिक्षक व बच्चों के कार्य के आधार पर हर हिस्से पर ख़र्चे गये समय अन्तराल में तो कभी–कभार कुछ फेरबदल किया जा सकता है, किन्तु और किसी पहलू में नहीं। शिक्षक के सुगमकर्ता होने में कुछ अन्य बिन्दुओं पर केन्द्रित बातें भी हैं, जैसे कि सिखाने की क्रिया में उसे सतर्क रहना है और हर समय बच्चों को सोचने में, सीखने में सलाह देनी है। यह सलाह पूरी कक्षा, छोटे समूह अथवा सीखने वाले को व्यक्तिगत स्तर पर भी दी जा सकती है। यहाँ पटकथा की रचना एक मोटे खाक़े में कक्षा में ही हो रही होती है और इसमें शिक्षक बच्चों को कुछ अन्य स्रोत व तरीक़े सुझा सकता है। वे बच्चों को ऐसे संकेत दे सकते हैं जिससे वह अपनी विचार प्रक्रिया को और आगे बढ़ा पायें व नये रास्ते खोज पायें। शिक्षक सक्रियता से मदद करने व अवरोधों को दूर करने के मौक़े ढूँढ़ते हैं।

सामान्य तौर पर इनमें अन्तर्विरोधों के बावजूद, सारी भूमिकाओं की अपेक्षा एक साथ की जाती है। इसके अलावा यह भी अपेक्षा है कि शिक्षक बच्चों के साथ मित्रता का व्यवहार करें, उनके साथ गतिविधि में मन से भाग लें व उनके साथी बनकर रुचि के साथ कार्य करें। यह स्पष्ट महसूस होता है कि शिक्षक की भूमिका की समझ और उसके व उससे उभरते व्यवहार उलझे हुए हैं। एक ओर तो वह सर्वज्ञाता है व बच्चों में नियमबद्धता, अनुशासन, नैतिक मूल्य लाना उसका प्रमुख कार्य है। दूसरी ओर वह एक मित्र व सखा है जिसकी ज़िम्मेवारी बच्चों से खेलना, उन्हें अभिव्यक्ति के मौक़े देना, उन्हें अपनी जिज्ञासा व तर्क को पंख देने के लिए प्रेरित करना है।

शिक्षकों की नियुक्ति, उनके कार्य–प्रबन्धन व सेवा–शर्तों में पिछले तीन दशकों में महत्त्वपूर्ण बदलाव हुए हैं। विभिन्न विभागों, विभिन्न निकायों और अलग–अलग अभियानों (मिशन) में शिक्षकों की नियुक्तियाँ अलग–अलग तरह की शर्तों पर हुई हैं। शिक्षकीय पेशे में इससे अप्रत्याशित स्तरीकरण हुआ है। इस बढ़ी हुई असमानता व कम समय में ही शिक्षकों की संख्या में अत्यधिक वृद्धि से जो माहौल बना है उसमें शिक्षकों को कम क़ाबिल और शिक्षक–कर्म को यान्त्रिक व कम मेहनत वाला माना जाने लगा है।

यह भी माना जाने लगा है कि शिक्षक को अपना कार्य ठीक से करने के लिए कसकर नियन्त्रित करना होगा। उस पर पूरा प्रशासनिक ढाँचा हावी है, क्योंकि केन्द्रीकरण ख़त्म करने के छद्म प्रयासों के बावजूद शिक्षक तक प्रशासन की पहुँच और भी ज़्यादा हो गयी है। ढाँचा तो बड़ा हुआ है, पर उसकी मंशा और संकीर्ण हुई है। बावजूद इसके कक्षा तक किसी भी तरह की व्यवस्थित पहुँच जिससे शिक्षक को मदद मिले और उसके कार्य पर उसे सार्थक फ़ीडबैक मिले अब तक सम्भव नहीं हो सका है। जो भी निर्देश व 'उपदेश' उसे मिलते हैं उनके लिए उसे सिर्फ़ हाँ भर कहनी है व आवश्यकतानुसार आँकड़े भरकर भेजते रहना है। न ही पालकों व समुदाय के अन्य लोगों को कोई मौक़े उपलब्ध हैं जहाँ पर इस तरह की बातचीत हो सके। ऐसे सभी फोरम में सारा ध्यान शाला विकास योजना व उनके लिए ढाँचागत व्यवस्था पर ही है। पूरी व्यवस्था शिक्षक को स्वतः कार्य करने व अपनी राह खोजने से रोकती है।

आज पढ़ाई–लिखाई, सामाजिक व भावनात्मक विकास और खेलकूद के अलावा बहुत–से अन्य कार्य भी शिक्षक की ज़िम्मेदारियों की सूची में शामिल हो चुके हैं। हालाँकि ये कार्य सार्वजनिक शिक्षा के ज़रूरी पहलू हैं, किन्तु शिक्षक की औपचारिक कार्यसूची में अक्सर इनकी गणना नहीं होती। इसके अलावा कक्षा व स्कूल में अपने द्वारा किये कार्य पर मनन, अपने विषय के बारे में अधिक जानने, साथी शिक्षकों के साथ अपनी कक्षा की प्रगति, आ रही कठिनाइयों, मज़ेदार अनुभवों पर विश्लेषण आदि की गुंजाइश कम होती जाती है। कोठारी शिक्षा आयोग ने इन्हें शिक्षक के लिए सम्भव बनाने का आग्रह किया था, किन्तु इस ओर ठीक से प्रयास नहीं हुए।

हमारे यहाँ हर कार्य में सक्षमता जाँचने के लिए परीक्षा लेने को उचित रास्ता माना जाता है। चाहे वह देश का प्रशासन चलाने की ज़िम्मेदारी हो या फिर कक्षा में पढ़ाने की। शिक्षक योग्यता परीक्षा के नाम से चालू हुआ प्रयास जिस भी मंशा से शुरू हुआ हो, उसमें सही उत्तर दे पाना शिक्षक बनने की योग्यता का सर्टिफ़िकेट पाने के लिए पर्याप्त है।

इस संकलन में शामिल मुकेश मालवीय, मुरारी झा, प्रतिभा कटियार, सुनीला मसीह, केवलानन्द काण्डपाल, वर्षाश्री, प्रकृति भार्गव और निधि गुलाटी के लेख अध्यापन–कर्म से सम्बद्ध अलग–अलग समसामयिक मुद्दों से जूझते हैं। इन लेखकों में कई स्वयं शिक्षक हैं और कई ज़मीनी स्तर पर शिक्षकों के साथ वर्षों से काम कर रहे हैं।

शिक्षक की बृहद सामाजिक-सांस्कृतिक भूमिका

यह समझना महत्त्वपूर्ण है कि बच्चों के लिए और वयस्कों के लिए ऐसा व्यवहार जिसमें बराबरी का एहसास हो सरल नहीं है। बच्चों में स्वाभाविक इन्सानी प्रवृत्तियाँ भी होती हैं। गुट बनाना और उनमें आपसी तनाव ढूँढ़ना और इसी तरह क़रीबी दोस्त, अकारण झगड़े व सुलह, बड़े होने और साथ रहना सीखने के हिस्से हैं। इस प्रक्रिया में समाज में चल रही भेदभाव की हवाएँ अस्वाभाविक विकृतियाँ पैदा कर देती हैं। गुट जो बनते–टूटने चाहिए इन हवाओं की मौजूदगी के कारण जड़ होने लगते हैं। सामाजिक दुराव बच्चों के समूह में भी अलगाव व दूरियाँ पैदा करता है। सरकारी ख़र्च पर चलने वाला सार्वजनिक स्कूल, जो कि समाज के हर हिस्से की भागीदारी की अपेक्षा करता है व जिससे हर पृष्ठभूमि से आने वाले बच्चों के लिए जगह बनाने की अपेक्षा है, बाहरी हवाओं के कारण भी ऐसा कर पाने में चुनौतियाँ झेलता है। शिक्षक की भूमिका इन हवाओं के विरोध में खड़े होने की तो है, किन्तु वह स्वयं भी कभी–कभी जाने–अनजाने हवा में बह रही उन्हीं भावनाओं के प्रभाव में होता है। इसके कारण भी और फिर थोड़े बड़े बच्चों के स्वयं भी उन भावनाओं के असर में होने के कारण ऐसा विरोध बहुत ही मुश्किल होता है। दंगों व ऐसी अन्य घटनाओं के बाद दंगे के क्षेत्र से दूर बैठे बच्चों की कक्षाएँ व आसपास का समाज भी प्रभावित होता है।

शिक्षक की भूमिका के सन्दर्भ में बाहर के सामाजिक तनाव भी एक प्रमुख सरोकार व गहन विवेचन का मुद्दा हैं। शिक्षक को न सिर्फ़ अपनी भावनाओं व संवेदनाओं पर क़ाबू पाना है और इन्सानी शिक्षा, समाज व भलमनसाहत की ज़रूरत के सन्दर्भ में उपयुक्त मसले उठाने के तरीक़े सोचने हैं, वरन् समाज में व्याप्त तनाव के चलते यह किस तरह किया जा सकता है यह भी सोचना है। चाहे वह धर्म का मामला हो चाहे जाति का, चाहे स्त्री–पुरुष की बराबरी का, चाहे विविधता के किसी और पहलू का, मसला सिर्फ़ कक्षा में चर्चा का नहीं है। बच्चों के व्यवहार में बदलाव का असर बाहर बड़ों के व्यापक समुदाय तक जायेगा।

स्कूल व शिक्षक कोई टापू नहीं हैं और न ही टापू की तरह रह सकते हैं। इस समय शिक्षक अपने ऊपर पड़ रहे दबावों व प्रभावों के नीचे दबा है। ऐसे में उसकी अपनी भूमिका की समझ बेहतर करना व

उसके निर्वहन के लिए मदद करना शिक्षा के संचालकों का एक प्रमुख दायित्व है। साथ ही साथ उसे अपनी परिस्थिति व समाज में उपलब्ध मददगार ढाँचों के उसके द्वारा किये आकलन के आधार पर कार्ययोजना बनाने की छूट मिलनी चाहिए, उसे समालोचनात्मक फ़ीडबैक व तीखे रिव्यू के अनुसार सलाह व सुझाव भी चाहिए। शिक्षक की भूमिका की चर्चा करते समय यह सनद आवश्यक है कि उसे लचीली व्यवस्था चाहिए जिसमें वह अपने विवेक से आगे बढ़ सके। लोकतान्त्रिक समाज के गठन हेतु उसके पास बुनियादी सैद्धान्तिक समझ हो जिससे उसे सामान्य दिशा–निर्देश मिल सकें। व्यापक सैद्धान्तिक समझ के आलोक में वह समय–स्थान और परिस्थिति के अनुसार कार्ययोजना बना सके। लोकतान्त्रिक समाज के गठन के सन्दर्भ में शिक्षक की भूमिका और सम्भव प्रयास का दायरा व प्रकृति स्थिर नहीं है। बदलते सन्दर्भों में यह भूमिका बदलती रहेगी और इसका बच्चों के साथ कार्य के लक्ष्यों पर भी प्रभाव होगा। समाज व उसके तात्कालिक सन्दर्भों में स्थित होने के कारण स्कूल के उद्देश्यों व लक्ष्यों के विभिन्न पहलुओं के सन्तुलन में बदलाव की कुछ हद तक स्वतन्त्रता शिक्षक के पास होनी चाहिए। अतः शिक्षक की भूमिका में उसके लिए स्वविवेक, पहल व स्वआकलन की गुंजाइश होनी चाहिए।

कुल मिलाकर अगर यह सुनिश्चित करना है कि कक्षा का कार्य अच्छे से चले और सब बच्चों को शामिल कर पाये तो इसके लिए उसे स्कूल व कक्षा के अलावा कई और मसलों से जूझना होगा। इसके लिए न सिर्फ़ समय चाहिए वरन् समाज में शिक्षक के पेशे पर ऐसा दृष्टिकोण भी चाहिए जो लोगों को उससे बराबरी से बात करने की प्रेरणा दे। यह न तो हिदायत से हो सकता है और न ही बाध्यता से।

इसके विपरीत स्थानीय स्तर पर शिक्षक आज सरकारी व्यवस्था का सबसे अदना मुलाज़िम है। वह स्कूल व शिक्षा के हर कार्य के अलावा अन्य विभागों के आँकड़े इकट्ठे करने से लेकर योजनाओं के संचालन में मदद तक अनेक कार्यों में जोत दिया जाता है। स्कूल में होने वाले बालक–बालिका कल्याण के सारे कार्य तो उसके ज़िम्मे हैं ही। मिड–डे–मील जैसी महत्त्वपूर्ण योजना के क्रियान्वयन का भी दारोमदार उसी के हाथ में है। इन सबसे एक ओर तो उसके मूल कार्य में अड़चन आती है दूसरी ओर व्यापक समाज में भी उसके पढ़ाने के कार्य की प्रतिष्ठा कम होती जाती है। उसकी कक्षा में ग़ैर–निरन्तरता व अन्य व्यस्तताओं के चलते उसके

लिए बच्चों के साथ प्रगाढ़ सम्बन्ध बनाना मुश्किल हो जाता है। हालाँकि यह कहा जा सकता है कि स्कूलों में कार्य के प्रति शिक्षक की गम्भीरता इसके बावजूद भी बनी रह सकती है, ऐसे उदाहरण भी दिये जा सकते हैं जिसमें बहुत से शिक्षक ऐसा कर पाये, किन्तु ऐसा माहौल सामान्य तौर पर शिक्षकों को अपने कार्य के प्रति प्रेरित नहीं करता।

किसी भी पेशेवर समूह की भूमिका के बारे में आम समझ जब धुँधला जाती है तब उस पेशे की दृष्टि से सर्वाधिक महत्त्वपूर्ण कार्य कौन–से हैं और आनुषंगिक कार्य कौन–से हैं इसकी पहचान अस्पष्ट होती जाती है। सरकारी स्कूल के शिक्षकों की भूमिका के बारे में लोकप्रिय समझ में बच्चों को पढ़ाने, उन्हें पढ़ाने के बारे में सोचने, उसके बारे में तैयारी करने व नया सीखने के प्रयास की तुलना में कक्षा इतर काम महत्त्वपूर्ण हो गये हैं। शिक्षकों के साथ चर्चाओं में अनेक अध्येताओं ने पाया है कि शिक्षकों को अपने कार्यस्थल, भुगतानों व अन्य मसलों के लिए प्रशासन व राजनीतिज्ञों के चक्कर लगाने पड़ते हैं और अधिकारियों व नेताओं के उनके कार्य का हिक़ारत भरा आकलन उनके प्रति व्यवहार का एक महत्त्वपूर्ण हिस्सा बन जाता है।

इस संकलन के कई लेख शिक्षक की बृहद सामाजिक–सांस्कृतिक भूमिका को रेखांकित करते हैं। शिवानी नाग का लेख बहुभाषिक कक्षा में शिक्षक की सांस्कृतिक संवेदनशीलता को ज़रूरी मानता है। अपने शोध के दौरान लेखक ने यह पाया कि जिन बहुभाषिक कक्षाओं में एकाधिक भाषाओं को महज़ अनुवाद के माध्यम से औपचारिक तौर पर शामिल किया जाता है वहाँ बहुभाषिकता का प्रभाव क्षीण रहता है। शिक्षक की सांस्कृतिक संवेदनशीलता और सक्रियता ही कक्षा को सही मायने में बहुभाषिक और बहुसांस्कृतिक बनाती है।

अमन मदान का लेख दो देशों–फिनलैंड और थाईलैंड की शिक्षा–प्रणाली के तुलनात्मक विश्लेषण से यह समझने की कोशिश करता है कि समतापूर्ण समाज को बढ़ावा देने वाली शिक्षा को कौन–से कारक प्रभावित करते हैं और ये कारक अध्यापन कार्य को कैसे प्रभावित करते हैं।

समेकन

कुल मिलाकर शिक्षक के कर्म की समझ व उससे अपेक्षित भूमिका कई तरह के अन्तर्विरोधी विमर्शों में उलझी है। एक ओर तो बदलते परिप्रेक्ष्य

में शिक्षक का ओहदा और भी अदना होता जा रहा है दूसरी ओर उससे अपेक्षाएँ बढ़ती जा रही हैं। बदलते सन्दर्भों में इन अपेक्षाओं को पूरा करने के लिए मौजूदा परिस्थितियाँ भी कठिन होती जा रही हैं। उसकी पहचान व अस्मिता भी अस्पष्ट व विच्छिन्न है फिर भी उससे ही सेवा–भावना, त्याग व जी–जान से बच्चों का भविष्य गढ़ने में जुटने की अपेक्षा है। गुरु, उस्ताद, मास्टर, शिक्षक, अध्यापक जैसे सभी शब्दों के साथ यह पहलू भी जुड़ा है कि शिक्षक होना एक व्यवसाय व पेशा भी है। इसमें मशगूल बहुत से व्यक्तियों के लिए यह एक और नौकरी है।

शिक्षकीय कर्म को समझ और शिक्षक की पहचान का प्रश्न जुड़ा हुआ है। हाल में हुए शिक्षको के वेतन व सेवा–नियमों के स्तरीकरण से इन दोनों को ही चोट पहुँची है। शिक्षा के तेज़ी–से हुए लोकव्यापीकरण के कारण शिक्षकों की संख्या अत्यधिक तेज़ी–से बढ़ी है और उसमें अलग–अलग पृष्ठभूमियों के लोग शामिल हुए हैं। इन सबके चलते शिक्षकों के प्रति रवैया बदला है। इसके अलावा उपभोग की बढ़ती तड़क–भड़क से व पढ़ाई से मिलने वाले पदों व आय के साधनों के सिकुड़ने से शिक्षक व शिक्षा की भूमिका व उसका सम्मान कम हुआ है।

शिक्षा के सरोकार : शृंखला परिचय

अध्यापक बनने की तैयारी और अध्यापन से जुड़े कुछ अन्य महत्त्वपूर्ण मुद्दों पर केन्द्रित यह संकलन अज़ीम प्रेमजी विश्वविद्यालय के सरोकारों को ज़्यादा से ज़्यादा लोगों के साथ साझा करने और उनके साथ निरन्तर संवाद स्थापित करने की दिशा में एक शुरुआती पहल का क़दम है। 'शिक्षा के सरोकार' के पहले सेमिनार के आलेखों का यह दूसरा संकलन *'अध्यापन कर्म, अध्यापक की छवि व अस्मिता'* के मुद्दों पर केन्द्रित है। इस में विश्वविद्यालय द्वारा हिन्दी में आयोजित शृंखला 'शिक्षा के सरोकार' के पहले सेमिनार में प्रस्तुत आलेखों में से 21 को संकलित किया गया है। इस शृंखला के पहले संकलन *'अध्यापक, अध्यापन और अध्यापक शिक्षा : नीतियाँ, बहसें और अनुभव'* में 23 आलेख हैं।

इस संकलन में शामिल लेख अध्यापन कर्म के अलग–अलग पक्षों को उजागर करते हैं। मसलन शिक्षक बनने के लिए किस प्रकार की आरम्भिक तैयारी अपेक्षित है, कुशल शिक्षण के लिए किस प्रकार की नियमित तैयारी की ज़रूरत है, शिक्षक छवि और अस्मिता किन चुनौतियों से जूझ रही है।

यह संकलन ज़मीनी स्तर पर काम कर रहे शिक्षा कर्मियों तथा विश्वविद्यालय व अन्य संस्थानों में शोध एवं अध्ययन कर रहे अध्येताओं के बीच पारस्परिक संवाद का प्रतिफलन है। हमारा प्रयास है कि स्कूल से सीधे जुड़े हुए लोगों के साथ काम कर रहे कार्यकर्ता अपने प्रयासों को दर्ज करें, अपने अनुभवों पर मनन व चिन्तन करें तथा उन्हें ज़्यादा बारीक़ी से और व्यापक परिप्रेक्ष्य में देखें। अपने अनुभव का विश्लेषण कर वे अपनी सीख व समझ औरों के सामने रखें ताकि उस पर व्यापक चर्चा हो सके। सेमिनार और प्रकाशन की इस पहलक़दमी का उद्देश्य शिक्षा के क्षेत्र में

नये अनुभवों से गुज़र रहे लोगों की अभिव्यक्तियों और संवेदनशीलताओं को शामिल करने के लिए एक बड़ा मंच प्रदान करना है।

इस क्रम में हम अलग–अलग मुद्दों पर भविष्य में प्रतिवर्ष एक सेमिनार आयोजित करने और संकलन तैयार करने की दिशा में प्रयासरत रहेंगे।

हमारा मानना है कि यह विमर्श उन्हीं भाषाओं में सुदृढ़ हो सकता है जिन भाषाओं में स्कूली शिक्षा से जुड़े दैनन्दिन कार्य निष्पादित किये जाते हैं। इसके माध्यम से उन लोगों का एक नेटवर्क भी बनेगा जो समाज, शिक्षा व स्कूल के रिश्तों के साथ–साथ, शिक्षक–शिक्षा व उच्च शिक्षा जैसे मुद्दों के बारे में नये ढंग से सोचना चाहते हैं। इस नेटवर्क व इस विमर्श में उन लोगों की भागीदारी भी सुनिश्चित करनी होगी जिन्हें अंग्रेज़ी में चल रहे ऐसे संवादों व विचार–विमर्शों में शामिल होने के अवसर नहीं मिलते हैं। इससे भारतीय भाषाओं में बेहतर और प्रासंगिक सामग्री उपलब्ध हो पायेगी।

यह प्रयास अज़ीम प्रेमजी विश्वविद्यालय की 'अनुवाद पहल' टीम व विश्वविद्यालय के विभिन्न स्कूलों की साझीदारी से हो रहा है। हिन्दी के सन्दर्भ में अनुवाद पहल के मुख्य काम हैं :

- पहले से हिन्दी में उपलब्ध उचित और गुणवत्तापूर्ण सामग्री की पहचान, चयन और संग्रहण करना।
- ध्यान से चुनी गयी सामग्री तथा क्षेत्रीय टीमों द्वारा अनुवादित सामग्री का संग्रहण व व्यवस्थापन।
- विषयवार व्यक्तियों और संस्थानों के ऐसे ज्ञाता समूहों की पहचान जो अनुवाद करने में रुचि लें।
- अकादमिक अध्ययन को व्यापक करने हेतु प्रासंगिक मुद्दों पर मौजूदा सामग्री से रीडर विकसित करना।
- जिन क्षेत्रों में उपयुक्त सामग्री का अभाव है उनमें प्रासंगिक विषयों और मुद्दों पर हिन्दी में सहकारी लेखन को प्रोत्साहित कर शैक्षिक सामग्री तैयार करना।

हमारा मानना है कि भारतीय भाषाओं में संवाद के बढ़ने से ज़्यादा व्यापक समूह के लिए अवधारणाओं और विचारों के साथ गहरी अन्तःक्रिया की सम्भावनाएँ बनेंगी। वे अवधारणात्मक रूप से समृद्ध व परिप्रेक्ष्यों के बारीक़ पहलुओं से युक्त सामग्री के कारण यथार्थ को सही अथवा ग़लत, काला अथवा सफ़ेद के द्विविभाजन, आमफ़हम व चालू कथनों व रूढ़ियों

में फँसने से बच पायेंगे और एक न्यायसंगत और मानवीय लोकतान्त्रिक समाज निर्माण के विमर्श में ज़्यादा शिद्दत से शामिल हो सकेंगे।

यह सेमिनार डॉ. बी.आर. आम्बेडकर विश्वविद्यालय दिल्ली, नयी दिल्ली के साथ संयुक्त रूप से आयोजित किया गया था। इसमें डॉ. बी.आर. आम्बेडकर विश्वविद्यालय दिल्ली, नयी दिल्ली के फैकल्टी सदस्य मनीष जैन और शिवानी नाग ने सेमिनार के आयोजन में हमारा साथ दिया। सेमिनार आयोजन में डॉ. बी.आर. आम्बेडकर विश्वविद्यालय दिल्ली, नयी दिल्ली के प्रशासनिक अधिकारियों और व्यवस्था सहकर्मियों ने पूरी तत्परता से हमारा सहयोग किया। हम उनके साथ–साथ शिवानी और मनीष के भी आभारी हैं।

हृदय कान्त
मनोज कुमार
अज़ीम प्रेमजी विश्वविद्यालय, बेंगलूरु

आभार

'शिक्षा के सरोकार' शृंखला के पहले सेमिनार के आयोजन में अज़ीम प्रेमजी विश्वविद्यालय और डॉ. बी.आर. आम्बेडकर विश्वविद्यालय दिल्ली, नयी दिल्ली के अनेक साथियों का सक्रिय सहयोग मिला।

अज़ीम प्रेमजी विश्वविद्यालय के *राजेश उत्साही* और *रंजना सिंह* की मदद के बग़ैर यह आयोजन असम्भव ही था। उन्होंने शुरुआत से ही इस आयोजन की ज़िम्मेवारी सँभाली। सम्भावित सहभागियों से निरन्तर सम्पर्क में रहते हुए उनसे सेमिनार में पढ़े जाने वाले आलेखों की रूपरेखा मँगवाने, प्राप्त रूपरेखा पर उन्हें समीक्षकों की टिप्पणियों से अवगत करा कर लेख को अन्तिम रूप दिलवाने व स्वीकृत आलेखों को व्यवस्थित करने के साथ–साथ सेमिनार की व्यवस्था सँभालने में उन्होंने महती भूमिका निभाई। इस संकलन की कॉपी एडिटिंग में *कविता तिवारी* का उल्लेखनीय योगदान है।

डॉ. बी.आर. आम्बेडकर विश्वविद्यालय दिल्ली, नयी दिल्ली और जामिया मिल्लिया इस्लामिया के अनेक विद्यार्थियों ने स्वयंसेवक के रूप में तीन दिवसीय सेमिनार के संचालन में आयोजकों की मदद की।

शान्ता, गुरबचन सिंह और *दिनेश मडगाँवकर* अज़ीम प्रेमजी विश्वविद्यालय की 'अनुवाद पहल' टीम के सदस्य हैं। इस सेमिनार के आयोजन में हमें इनका निरन्तर सहयोग मिला।

हम उन सब लेखकों के भी आभारी हैं, जिन्होंने कई–कई बार अपने लेख को सुझावों के अनुरूप संशोधित व परिमार्जित किया।

सम्पादक मण्डल

शिवानी नाग

डॉ. बी.आर. आम्बेडकर विश्वविद्यालय दिल्ली, नयी दिल्ली के स्कूल ऑफ़ एजुकेशन स्टडीज़ में सहायक प्राध्यापक हैं। वे पिछले एक दशक से शिक्षा और सामाजिक मसलों पर लेखन एवं एक्टिविज़्म से जुड़ी हुई हैं। उनके लेखन, अध्यापन और शोध के मुख्य विषय हैं : 'क्रिटिकल और फ़ेमिनिस्ट पेडागॉजी' (आलोचनात्मक और नारीवादी शिक्षणशास्त्र), बहुभाषी शिक्षण, शिक्षा में हाशिये का समावेश और ज्ञान और सीखने के सामाजिक–सांस्कृतिक सिद्धान्त।

ई–मेल : shivani@aud.ac.in

हृदय कान्त दीवान

अज़ीम प्रेमजी विश्वविद्यालय, बेंगलूरु में प्राध्यापक के पद पर कार्यरत हैं। वे अज़ीम प्रेमजी विश्वविद्यालय के 'अनुवाद पहल' कार्यक्रम से जुड़े हुए हैं।

ई–मेल : hardy@azimpremjifoundation.org

मनोज कुमार

अज़ीम प्रेमजी विश्वविद्यालय के स्कूल ऑफ़ एजुकेशन में सहायक प्राध्यापक हैं। वे विश्वविद्यालय के एम.ए. एजुकेशन प्रोग्राम के विद्यार्थियों को शिक्षा का समाजशास्त्र और राजनीतिक–अर्थशास्त्र पढ़ाते हैं। विश्वविद्यालय में अध्यापन के अतिरिक्त मनोज ने 'दिगन्तर' और 'रूम टू रीड' आदि स्वयंसेवी संस्थाओं के साथ मिलकर सेवारत शिक्षक–प्रशिक्षण, बाल–साहित्य, भाषा–शिक्षण और साक्षरता के क्षेत्र में काम किया है। वे पिछले दो दशक से शिक्षा और साहित्य के क्षेत्र में सक्रिय हैं।

ई–मेल : manoj.kumar@apu.edu.in

राजेश उत्साही

अज़ीम प्रेमजी विश्वविद्यालय, बेंगलूरु में टीचर्स ऑफ इण्डिया पोर्टल में हिन्दी सम्पादक हैं। वे विश्वविद्यालय के 'अनुवाद पहल' कार्यक्रम से जुड़े हैं। वे लम्बे समय तक बाल–साहित्य के क्षेत्र में कार्यरत रहे हैं।

ई–मेल : utsahi@azimpremjifoundation.org

लेखकों की संस्थागत सम्बद्धता

1. **विकास गुप्ता**

   दिल्ली विश्वविद्यालय में प्राध्यापक हैं।

   ई–मेल : vikashistorydu@gmail.com and vikasedu@gmail.com

2. **लोकेश मालती प्रकाश**

   एकलव्य फाउंडेशन, भोपाल में कार्यरत हैं।

   ई–मेल : lokeshmp2018@gmail.com

3. **जीतेन्द्र**

   अज़ीम प्रेमजी फाउंडेशन में आन्तरिक क्षमता निर्माण कार्यक्रम (internal capacity building program) के समन्वयक हैं। पूर्व में करीब 15 साल 'सिद्ध' उत्तराखण्ड और 'एकलव्य' भोपाल जैसी शिक्षा में कार्य कर रही संस्थाओं के साथ जुड़े रहे हैं।

   ई–मेल : santoshijeet12@gmail.com

   Jitandra.sharma@azimpremjifoundation.org

4. **रंजना**

   वर्तमान में दिल्ली के एक सरकारी विद्यालय में प्राथमिक शिक्षक के तौर पर कार्यरत हैं तथा केन्द्रीय शिक्षा संस्थान (दिल्ली विश्वविद्यालय) से एम. फिल. (शिक्षा) कर रही हैं।

   ई–मेल : ranjana852000@gmail.com

5. **निधि गुलाटी**

   दिल्ली विश्वविद्यालय के इंस्टीटयूट ऑफ़ इकोनॉमिक्स के प्रारम्भिक शिक्षा विभाग में प्राध्यापक हैं। उनके शोध रुझान क्षेत्र बचपन अध्ययन, लोकप्रिय संस्कृति और शिक्षक शिक्षा हैं।

   ई–मेल : nidhi.a.gulati@gmail.com

6. **गुरबचन सिंह**

लम्बे समय तक मध्यप्रदेश शिक्षा विभाग में अपनी सेवाएँ देने के बाद आजकल अज़ीम प्रेमजी फाउंडेशन, भोपाल में कार्यरत हैं।

ई–मेल : gurbachan.singh@azimpremjifoundation.org

7. **प्रकृति भार्गव**

सहायक अध्यापिका, स्कूल ऑफ़ एजुकेशन, हिमाचल प्रदेश केन्द्रीय विश्वविद्यालय, काँगड़ा, हिमाचल प्रदेश।

ई–मेल : prakratifun@gmail.com

8. **वर्षा श्री**

आनन्द निकेतन डेमोक्रेटिक स्कूल, भोपाल।

ई–मेल : 2varshashree@gmail.com

9. **ताहिरा ख़ान**

राजकीय प्राथमिक विद्यालय डांडा जंगल, विकासनगर, देहरादून में सहायक अध्यापिका हैं। 2005 से शिक्षक के रूप में कार्यरत हैं।

ई–मेल : tahirakhan032@gmail.com

10. **वर्तुल ढौंडियाल**

अज़ीम प्रेमजी फाउंडेशन, देहरादून में भाषा के सन्दर्भ व्यक्ति हैं। वे पिछले एक दशक से भाषा और शोध के क्षेत्र में सक्रिय हैं। वे पूर्व में 'प्रथम' और 'रूम टू रीड' संस्थाओं में कार्य कर चुके हैं।

ई–मेल : vartul.dhaundiyal@azimpremjifoundation.org

11. **अक्षय कुमार दीक्षित**

दिल्ली के एक सरकारी विद्यालय में हिन्दी अध्यापक के रूप में कार्यरत हैं। पिछले लगभग दो दशक से शिक्षण एवं शिक्षक प्रशिक्षक कार्यों से जुड़े हैं।

ई–मेल : akshaydixitdelhi@gmail.com

12. **शिवानी नाग**

स्कूल ऑफ़ एजुकेशन स्टडीज़, डॉ. बी.आर. आम्बेडकर विश्वविद्यालय दिल्ली, नयी दिल्ली में सहायक प्राध्यापक हैं।

ई–मेल : shivani@aud.ac.in

13. निशा राजकुमार बुटोलिया

पिछले 16 वर्षों से स्कूली शिक्षा से जुड़ी हैं। शिक्षक प्रशिक्षण, प्रारम्भिक साक्षरता, पाठ्यसामग्री का विकास आदि क्षेत्रों में सक्रिय हैं। बच्चों के साथ और बच्चों के लिए काम करने में रुचि है।

ई–मेल : nrbutoliya@gmail.com

14. अमन मदान

अज़ीम प्रेमजी विश्वविद्यालय, बेंगलूरु में प्राध्यापक हैं। वे सामाजिक असमानता तथा अस्मिता की राजनीति के सवालों पर कार्य करते हैं। वे एकलव्य, दिगन्तर,ऐकार्ड सहित कई ग़ैर–सरकारी संगठनों से सम्बद्ध रहे हैं।

ई–मेल : amman.madan@apu.edu.in

15. हृदय कान्त दीवान

अज़ीम प्रेमजी विश्वविद्यालय, बेंगलुरु में प्राध्यापक हैं। वे अज़ीम प्रेमजी विश्वविद्यालय के 'अनुवाद पहल' कार्यक्रम से जुड़े हैं।

ई–मेल : hardy@azimpremjifoundation.org

16. मुरारी झा

दिल्ली के एक सरकारी स्कूल में सामाजिक विज्ञान पढ़ाते हैं। उन्होंने आरम्भिक शिक्षा में टाटा सामाजिक विज्ञान संस्थान, मुम्बई से स्नातकोत्तर की उपाधि ली है।

ई–मेल : murarijha1984@gmail.com

17. मुकेश मालवीय

शासकीय ज्ञानोदय विद्यालय, होशंगाबाद, मध्यप्रदेश में शिक्षक हैं। शिक्षण में नवाचार करते रहने और बाल साहित्य रचने में रुचि है।

ई–मेल : mukeshmalviya15@gmail.com

18. ऋचा गोस्वामी

टाटा इंस्टिट्यूट ऑफ़ सोशल साइंसेज से पीएच.डी. कर रही हैं। लगभग एक दशक तक विद्या भवन एजुकेशन रिसोर्स सेंटर, उदयपुर के साथ काम किया है।

ई–मेल : goswami84@gmail.com

19. **केवलानन्द काण्डपाल**

व्याख्याता, ज़िला शिक्षा एवं प्रशिक्षण संस्थान, बागेश्वर (उत्तराखण्ड)

ई–मेल : kandpal_kn@rediffmail.com

20. **सुनीला मसीह**

शिक्षिका, मित्र कन्या उच्चतर माध्यमिक शाला, सोहागपुर, ज़िला होशंगाबाद, मध्यप्रदेश।

21. **मनोज कुमार**

अज़ीम प्रेमजी विश्वविद्यालय, बेंगलूरु में सहायक प्राध्यापक हैं। वे पिछले दो दशक से शिक्षा और साहित्य के क्षेत्र में सक्रिय हैं।

ई–मेल : manoj.kumar@apu.edu.in

22. **हिमांशु उपाध्याय**

अज़ीम प्रेमजी विश्वविद्यालय, बेंगलूरु में सहायक प्राध्यापक हैं।

ई–मेल : himanshu.u@azimpremjifoundation.org

23. **दलजीत अमी**

जवाहर लाल नेहरू विश्वविद्यालय, दिल्ली में शोधार्थी हैं।

ई–मेल : daljitami@gmail.com

24. **प्रतिभा कटियार**

लगभग एक दशक से कुछ अधिक समय तक पत्रकारिता में संलग्न रहीं। 2012 से अज़ीम प्रेमजी फाउण्डेशन, देहरादून, उत्तराखण्ड में प्रकाशन एवं भाषा के स्रोत व्यक्ति के रूप में कार्यरत हैं।

ई–मेल : pratibha.katiyar@azimpremjifoundation.org

खण्ड : 1

अध्यापन कर्म

औपनिवेशिक भारत में व्यवस्थिकरण का शिक्षाशास्त्र, शिक्षक और शिक्षा की चुनौतियाँ

उन्नीसवीं और शुरुआती बीसवीं सदी के चार शिक्षाशास्त्रियों का नज़रिया

–विकास गुप्ता और लोकेश मालती प्रकाश

लेखक अपने लेख में 19वीं व शुरुआती 20वीं सदी के चार अलग–अलग विचार परम्पराओं का प्रतिनिधित्व करने वाले शिक्षाशास्त्रियों द्वारा औपनिवेशिक शिक्षा की आलोचना का विश्लेषण करते हैं। इस विश्लेषण में वे इन शिक्षाशास्त्रियों के कार्य व पृष्ठभूमि का परिचय देते हुए उनके द्वारा व्यक्त प्रमुख विचारों को संक्षेप में रखते हैं। इन चारों ने शिक्षक की भूमिका के अलग–अलग पहलुओं जैसे शिक्षक के कामकाज के ढर्रे, उनकी शिक्षण पद्धति व आचरण के सामायिक स्वरूप के चलते वैज्ञानिक और साथ ही नैतिक शिक्षा को बढ़ावा देने में शिक्षा व्यवस्था की असफलता को लेकर चिन्ता व्यक्त की है। एक और पहलू जो इनमें उभरता है वह सामाजिक परिवर्तन के सशक्त माध्यम के रूप में शिक्षा की भूमिका के आलोक में शिक्षक के कार्य व उससे अपेक्षा। इसी तरह से एक और पहलू जो उभरता है वह बच्चों के सीखने के तरीक़े से व बचपन की समझ पर एक वैकल्पिक दृष्टिकोण का आग्रह। उनके अनुसार हालाँकि इन चिन्तकों के लेखन में बहुत से आन्तरिक व विशेष तौर पर पारस्परिक अन्तर्विरोध, विडम्बनाएँ और तनाव हैं, फिर भी शिक्षक के कार्य, भूमिका व उसके प्रति दृष्टिकोण के सन्दर्भ में वर्तमान विमर्श के लिए इनकी प्रासंगिकता असन्दिग्ध है।

परिचय

इस आलेख में उन्नीसवीं व शुरुआती बीसवीं सदी के चार शिक्षाशास्त्रियों के दृष्टिकोणों की और औपनिवेशिक भारत की शिक्षण पद्धतियों की जो

आलोचना उन्होंने प्रस्तुत की उसकी पड़ताल की गयी है। ये शिक्षाविद् हैं, डॉ. जॉन मुर्डाक, मुंशी ज़का उल्लाह, गिजुभाई बधेका और ज्योतिराव फुले। ये चार अलग–अलग विचार परम्पराओं का प्रतिनिधित्व करते हैं और अपने–अपने विशिष्ट तरीक़ों से शिक्षा में 'परम्परा–आधुनिकता', 'सेकुलर–धार्मिक', 'वैज्ञानिक–नैतिक' और 'स्वतन्त्रतामूलक–अनुशासनात्मक' ख़ाकों से जूझते हैं। इनमें सामाजिक ग़ैर–बराबरियों मसलन जाति, वर्ग, जेंडर, धर्म और भाषा, शिक्षक की पहल व सम्प्रभुता (agency), कक्षाई शिक्षा पद्धति, शिक्षक–विद्यार्थी व अभिभावक सम्बन्ध और ज्ञान के उत्पादन व पुनरुत्पादन के सम्बन्ध में शिक्षा के कथित व सम्भावित मुक्तिदायी उद्देश्य के सन्दर्भ में इनके विचारों के कुछ मिलते–जुलते और कुछ जुदा–जुदा निहितार्थ हैं। इनके विवरणों में मिलती–जुलती समस्याओं और विषयों की उपस्थिति,औपनिवेशिक भारत में शिक्षक और शिक्षाशास्त्र के उभरते दायरे की एक व्यापक व साझी वास्तविकता की तरफ़ इशारा करती है।

जॉन मुर्डाक (1819–1904) 'क्रिश्चियन वर्नाकुलर एजुकेशन सोसाइटी फ़ॉर इण्डिया' (आगे से सोसाइटी) नाम के ईसाई मिशनरी संगठनों के एक बड़े नेटवर्क से जुड़े हुए थे। वे न सिर्फ़ पाठ्यपुस्तकों के बारे में सबसे जानकार व्यक्तियों में से एक थे, बल्कि उन्होंने शिक्षकों के लिए कई मैनुअल[1] भी लिखे थे। उन्नीसवीं सदी के आख़िरी चार दशकों में इन मैनुअलों का इस्तेमाल सोसाइटी से सम्बद्ध संस्थानों के अलावा दूसरे संस्थानों में भी किया गया। ईसाई मिशनरियों को उचित ही औपनिवेशिक भारत में सामाजिक बदलाव के महत्त्वपूर्ण किरदारों में से एक माना गया है। मिशनरियों के सकारात्मक प्रभाव और उनकी प्रगतिशील आकांक्षाओं को प्रायः स्वीकार किया गया है और यह ठीक भी है। लेकिन इसके बावजूद उनकी शिक्षाशास्त्रीय सम्भावनाओं व सीमाओं को समझने की ज़रूरत है जिसका प्रभाव उनके बुनियादी तौर पर परिवर्तनकामी काम और उनके परिणामों पर पड़ा होगा। मिसाल के लिए, शिक्षक के प्रति उनका क्या नज़रिया था, और शिक्षकों के लिए जो कर्तव्य व शिक्षण पद्धति उन्होंने निश्चित की उनका दृष्टिकोण क्या था? मिशनरियों के कामकाज के इस दिलचस्प आयाम को समझने में जॉन मुर्डाक एक बेहतर ज़रिया हो सकते हैं।

1. ऐसी किताबें जिनमें शिक्षकों के लिए विभिन्न मुद्दों पर दिशा–निर्देश संकलित थे।

मुर्डाक के नज़रिये के विश्लेषण के बाद इस आलेख में ज़का उल्लाह (1832–1910) द्वारा प्रस्तुत औपनिवेशिक शिक्षक की आलोचना और शिक्षण के बारे में उनके नज़रिये को सामने रखते हुए उनका विश्लेषण किया गया है। ज़का उल्लाह ने 150 से भी ज़्यादा किताबें लिखीं और ये सारी उर्दू में थीं। विविध विषयों व मुद्दों पर ज़का उल्लाह द्वारा लिखित किताबों का संग्रह बेमिसाल है। इसमें गणित व विज्ञान की विभिन्न शाखाओं (संग्रह की आधी से ज़्यादा किताबें इन्हीं विषयों से सम्बन्धित हैं), इतिहास, भूगोल, राजनीतिक अर्थशास्त्र, भाषा, व्याकरण, शब्दकोश, नैतिक शिक्षा की किताबें, शिक्षाशास्त्र व जीवनियाँ शामिल हैं। ज़का उल्लाह ने शिक्षकों के कामकाज के ढर्रे, उनकी शिक्षण पद्धति व आचरण के सम्बन्ध में विभिन्न समस्याओं के मद्देनज़र वैज्ञानिक और साथ ही नैतिक शिक्षा को बढ़ावा देने में आधुनिक या औपनिवेशिक शिक्षा व्यवस्था की असफलता को लेकर चिन्ता व्यक्त की। इस आलेख में इसकी पड़ताल भी की गयी है कि ज़का उल्लाह किस तरह शिक्षक की भूमिका और उनके कामकाज की उस समय की परिस्थितियों में बदलाव लाने की ज़रूरत की अपनी एक ख़ास समझ के ज़रिये व्यक्तिवाद और सामुदायिक सरोकारों, परम्परावादी/कट्टरपन्थी रूढ़िवाद और प्रगतिशीलता व उदारवाद के बीच एक नाज़ुक सन्तुलन बना पाये थे।

गिजुभाई बधेका नाम से लोकप्रिय गिरिजाशंकर भगवानजी बधेका (1885–1939) को अक्सर भारत में बाल–केन्द्रित शिक्षा का प्रवर्तक माना जाता है। यह पहचान बेशक महत्त्वपूर्ण है, लेकिन गिजुभाई के काम व चिन्तन के और भी कई मूल्यवान आयाम हैं। मसलन, जिस बाल–केन्द्रित शिक्षा की उन्होंने परिकल्पना की, उसके लिए उपयुक्त शिक्षण पद्धतियों को विकसित करने की चिन्ता ने उनको इस परिकल्पना के अनुरूप शिक्षक का निर्माण करने के तरीक़ों के बारे में सोचने व काम करने के लिए प्रवृत्त किया। गिजुभाई बधेका के सरोकार सिर्फ़ शिक्षण पद्धतियों तक सीमित नहीं थे बल्कि उनमें शिक्षक, उनकी पेशेवर हैसियत व विकास, सामाजिक हैसियत और प्रशिक्षण भी शामिल थे।

ज्योतिराव गोविन्दराव फुले (1827–1890) के प्रयास शूद्र–अतिशूद्र महिलाओं व पुरुषों को ब्राह्मणवाद की बेड़ियों से मुक्त कराने की दिशा में प्रवृत्त थे; चाहे वह शूद्र–अतिशूद्र लड़कियों व लड़कों के लिए स्कूल, ब्राह्मण विधवाओं की अवैध सन्तानों के लिए अनाथालय या रात्रिकालीन स्कूल खोलना हो; गीत, नाटक व पर्चे लिखना हो; सरकार को आवेदन देना हो;

या फिर सत्यशोधक समाज जैसे संगठन स्थापित करना हो। शूद्र–अतिशूद्र अवाम की अज्ञानता को दूर करने, उनको अपने हितों का उचित नज़रिया विकसित करने में सक्षम बनाने और इस तरह ब्राह्मणवादी विचारधारा की जकड़ को मज़बूत बनाये रखनेवाले रीति–रिवाजों व परम्पराओं को ख़त्म करने की फुले की इस परिकल्पना में अवाम की तालीम सबसे महत्त्वपूर्ण औज़ार बनकर उभरी। इस तरह, इस परिकल्पना के अनुरूप ही, फुले के लिए शिक्षक की पहल व सम्प्रभुता के कुछ आयाम बेहद महत्त्वपूर्ण बन गये। मसलन, उनकी सामाजिक पृष्ठभूमि, निचली जातियों के विद्यार्थियों से उनका सम्बन्ध, उनका प्रशिक्षण, और वह पाठ्यचर्यागत ज्ञान जो उनको स्कूल में कथित तौर पर प्रसारित करना होता था। जैसा कि हम यहाँ देखेंगे, उन्होंने इन सभी मुद्दों पर गहन आलोचना प्रस्तुत की और साथ ही वैकल्पिक नज़रिया भी विकसित किया।

लेकिन इनके नज़रियों की पड़ताल करने से पहले, हम एक निगाह औपनिवेशिक भारत में शिक्षण की उस व्यापक संरचना पर डालेंगे जिसने पहले से मौजूद शिक्षण की देशज व्यवस्थाओं को बदल डाला। तालीम की पूर्व–आधुनिक अथवा देशज व्यवस्थाओं में समुदाय या परिवार ही किसी ख़ास परिवार, आस–पड़ोस, कुल या गाँव के बच्चों के लिए शिक्षकों की नियुक्ति करते थे; (नक़दी अथवा वस्तुओं के रूप में) उनका पारिश्रमिक देते थे; और शिक्षण गतिविधियों के लिए जगह मुहैया कराते थे। राज्य भी कभी–कभार विभिन्न शैक्षणिक संस्थानों अथवा प्रतिष्ठित शिक्षकों को कर–मुक्त ज़मीन या राजस्व का एक हिस्सा अनुदान में देता था। ज्ञान के अन्य आयामों के अलावा, देशज शैक्षणिक संस्थाएँ वह ज्ञान व कौशल भी प्रदान करती थीं जिनकी राज्य को ज़रूरत होती थी, मसलन युद्धकला और प्रशासनिक कामकाज का प्रशिक्षण (आचार्य, 1978 व 1996; धर्मपाल, 1983; और डी बोना, 1983)।

लेकिन हमें इस प्राक्–औपनिवेशिक व पूर्व–आधुनिक देशज शिक्षक का महिमामण्डन करने की ज़रूरत नहीं है। यह सही है कि शिक्षक बनने के लिए राज्य द्वारा औपचारिक योग्यताएँ निर्धारित नहीं की गयी थीं, लेकिन हम उन शिक्षकों की ब्राह्मणवादी, परम्परागत व पितृसत्तात्मक पृष्ठभूमि की पहचान कर सकते हैं और उसी के अनुरूप देशज शिक्षा की दिशा–दशा भी देख सकते हैं जिसका अन्दाज़ा उन शिक्षकों द्वारा चुनी गयी पाठ्यचर्या व पाठों और शिक्षा के उनके उद्देश्य में दिखता है।

आमतौर पर वे यथास्थिति अथवा परम्परागत सामाजिक व्यवस्था के पुनरुत्पादन के पक्ष में ही थे (आचार्य, 1978 व 1996; डी बोना, 1983 : 203, 208 व 210; नुरुल्लाह व नायक, 2004 : 10)।

इसके बावजूद, हमारे लिए पूर्व–आधुनिक देशज व्यवस्थाओं की उन विशेषताओं की पहचान करना ज़रूरी है जिनमें शिक्षकों की रचनात्मक पहल व सम्प्रभुता झलकती थी और जिनसे हमें आधुनिक शिक्षकों के बेहद संकुचित अधिकार क्षेत्र को समझने में मदद मिल सके। यह भी उम्मीद की जाती है कि इससे नयी व्यवस्था में और पूरी तरह से भिन्न स्थितियों में भी उनके अधिकारों का दायरा यथासम्भव बढ़ाने में मदद मिल सकेगी। मिसाल के लिए, राज्य द्वारा वित्तीय सहायता के बावजूद, देशज शिक्षा व्यवस्था में शिक्षक अपनी पाठशालाओं/मदरसों में स्वायत्तता के साथ काम करते थे और ख़ुद ही अपने उद्देश्य तय करते थे, विद्यार्थियों के प्रवेश सम्बन्धी फ़ैसले लेते थे, समय–सारणी, शिक्षण पद्धति, पाठ्यचर्या, किताबें, मूल्यांकन और सीखने की गतिविधियों का स्वरूप व उनकी गति तय करते थे। ऐसा करते हुए वे अपने ख़ुद के आदर्शों और अपने इलाक़े के व्यावहारिक सन्दर्भों को ध्यान में रखते थे (आचार्य, 1978 व 1996; धर्मपाल, 1983; और डी बोना, 1983)। आख़िरकार पूर्व–आधुनिक राज्य के लिए यह सम्भव नहीं था कि वह शैक्षणिक संस्थानों के नियन्त्रण को और स्कूल संचालन के रोज़मर्रा के कामकाज को यन्त्रवत किसी नौकरशाही व्यवस्था के सुपुर्द कर सके, क्योंकि आंचलिक, प्रान्तीय अथवा केन्द्रीय स्तर पर शिक्षा का बन्दोबस्त करने वाली कोई राजनीतिक एजेंसी मौजूद ही नहीं थी।

लेकिन आधुनिकता व उपनिवेशवाद के आगमन से, जिसके चिह्न हमें मशीनी छापेखाने, पाठ्यपुस्तक केन्द्रित सीखने की प्रक्रिया और लिखित परीक्षा की आधिकारिक रूप से निश्चित व्यवस्था, शैक्षणिक योजना के प्रशासनिक ढाँचे और स्कूलों के रोज़मर्रा के कामकाज के बढ़ते नौकरशाहीकरण में देखने को मिलते हैं, शिक्षक के अधिकार क्षेत्र में और उनके परिणामस्वरूप उनकी सामाजिक हैसियत और पहल व सम्प्रभुता में कमी आयी (गुप्ता, 2012)। नयी राजनीतिक अर्थव्यवस्था में शिक्षक राज्य अथवा शिक्षण संस्था का प्रशासन करने वाली सम्बन्धित एजेंसी के वेतनभोगी कर्मचारी बना दिये गये। उन्नीसवीं सदी के मध्य में विभिन्न प्रान्तों में स्थापित किये गये लोक शिक्षण विभाग (Departments of Public Instruction) और उनकी सम्बन्धित समितियों ने

दाख़िले के नियम व शुल्क की मात्रा तय करना और विद्यार्थियों को डिग्री या प्रमाण–पत्र देने व उनकी मान्यता निर्धारित करने का काम अपने हाथ में ले लिया। शिक्षकों की भर्ती की योग्यताएँ, नियम व प्रक्रियाएँ तय करने का काम भी इन एजेंसियों ने करना शुरू कर दिया (हंटर, 1883, अध्याय 3; गुप्ता, 2012; कुमार, 1986; नाइक व नुरुल्लाह, 2004, अध्याय 3 व 5)। इन विभागों द्वारा बनायी गयी समितियों व ब्यूरो ने पाठ्यचर्या अथवा पाठ्यक्रम बनाने और पाठ्यपुस्तकें निर्धारित करने, उनका अनुमोदन अथवा प्रायोजन करने या उनको प्रतिबन्धित करने का काम भी अपने हाथ में ले लिया (गुप्ता, 2007 व 2012; कुमार, 1986)। पहले ये सभी काम ख़ुद शिक्षक द्वारा किये जाते थे।

इन बदलावों के साथ–साथ, मुख्यतः सिद्धान्त के स्तर पर लेकिन कुछ हद तक व्यवहार में भी एक और परिवर्तन देखने को मिला और वह यह था कि अब तालीम को महज़ कुछ शिक्षित परिवारों से आने वाले प्रतिभाशाली विद्यार्थियों के एकाधिकार की तरह देखने की बजाय ब्रितानी राज के 'प्रसाद' की तरह देखा जाने लगा जिस पर हरेक बच्चे का अधिकार था। इससे उन विविधताओं में और भी ज़्यादा इज़ाफ़ा हुआ जिनसे अब शिक्षक को जूझना था।

इन बदलावों से पहली बार राज्य, मिशनरियों, ऐसी अन्य एजेंसियों और बुद्धिजीवियों के सामने एक बेहद बड़े भौगोलिक इलाक़े और शिक्षकों की बड़ी संख्या के लिए शिक्षण के तौर–तरीक़ों व पद्धतियों के मानकीकरण के लिए 'मोल–तोल' (फ़्रेन्ज़, 2007) करने की ऐतिहासिक अपरिहार्यता का एक प्रमुख सन्दर्भ अथवा मौक़ा उपस्थित हुआ। इसके अलावा, अब तक एक ख़ास सामाजिक पृष्ठभूमि से ही आने वाले शिक्षकों की नियुक्ति पर औपनिवेशिक नियन्त्रण से; शिक्षकों को स्कूल के रोज़मर्रा के कामकाज के एक आधिकारिक नियामक ढाँचे के अधीन करने से; और एक ऐसी विचारधारा की बात करने से जो वास्तव में या महज़ दिखावे के लिए सभी को बराबरी का दर्जा देती थी, सामाजिक बदलाव के लिए अनुकूल माहौल की सम्भावना उभरी। मगर क्या सचमुच ऐसा हुआ? हो सकता है कि नयी व्यवस्था में शिक्षण व सीखने की प्रक्रिया से रूढ़िवादी तत्त्वों, पुरातनपन्थी मान्यताओं और अनुचित मूल्यों की उपस्थिति को ख़त्म करने की कुछ गौण सम्भावनाएँ रही हों। लेकिन ज़्यादातर शिक्षक तब भी समाज के प्रभुत्वशाली तबक़ों से ही आते थे (भारत सरकार, 1900)।

उन्होंने वंचित समूहों से आने वाले विद्यार्थियों के साथ भेदभाव करना जारी रखा या फिर ऊँची जाति के पालकों के दबाव में 'अछूतों' के अधिकारों से समझौता किया। उनको यह भी डर था कि कहीं ऊँची जाति के पालक स्कूल छोड़ न दें जिससे उनकी नौकरी ही ख़तरे में पड़ जाये या तबादले का ख़तरा खड़ा हो जाये। टकराव के मामलों में अक्सर सरकार भी समझौतावादी रुख़ ही अपनाती थी (कॉन्स्टेबल, 2000; और शेट्टी, 2008)। इसके अलावा, वंचित समूहों के लिए बनाये गये अलग स्कूलों के लिए शिक्षक ढूँढ़ पाना भी आमतौर पर कठिन था (हंटर, 1883 : अध्याय 9)।

असल में, आधुनिक शिक्षकों के वर्ग की उत्पत्ति की पड़ताल करने वाले इस आलेख की पृष्ठभूमि के तौर पर, भारतीय शिक्षा आयोग (हंटर, 1883) के विमर्श के माध्यम से शिक्षक और शिक्षक–शिक्षण के मुद्दों, चुनौतियों, स्थिति और प्रस्तावों का गहन अध्ययन किया जा सकता है। आयोग की भारी–भरकम रपट के हर अध्याय के अलग–अलग हिस्सों में इस तरह की चर्चा बिखरी पड़ी है। साथ ही, कोर्ट ऑफ़ डायरेक्टर्स की तरफ़ से 19 जुलाई 1854 व 7 अप्रैल 1859 को गवर्नर जनरल परिषद् को भेजे गये 'शैक्षणिक प्रेषणों' (Educational Despatches) में भी इस मामले पर कुछ अतिरिक्त जानकारी मिल सकती है। हंटर आयोग की सिफ़ारिशों पर प्रान्तीय सरकारों द्वारा की गयी कार्यवाही के आकलन के लिए हम सर डब्ल्यू. क्राफ़्ट द्वारा 1888 में तैयार की गयी 'रिव्यु ऑफ़ एजुकेशन इन इण्डिया' (भारत में तालीम की समीक्षा) के निष्कर्षों का इस्तेमाल भी कर सकते हैं। इसके अतिरिक्त, डंकन व मैकेंज़ी (1918) द्वारा किया गया अध्ययन ख़ासतौर से मद्रास प्रेसिडेंसी और संयुक्त प्रान्त के सन्दर्भ में 1918 तक विद्यमान शिक्षक–शिक्षण के विमर्श के प्रमुख मुद्दों और उससे सम्बन्धित आँकड़ों को जानने में बेहद मददगार है। इन स्रोतों की बारीक़ पड़ताल की कोशिश किसी अन्य लेख में की गयी है, हालाँकि वर्तमान आलेख की पृष्ठभूमि के तौर पर हम कुछ प्रारम्भिक बिन्दुओं पर नज़र डाल सकते हैं :

मिसाल के लिए, उन्नीसवीं सदी के उत्तरार्ध में शिक्षक की उत्पत्ति के विमर्श के अध्ययन से यह पता चलता है कि राज्य के प्रयास सिर्फ़ शिक्षण के पेशे में जगह बनाने की कोशिश में लगे नये उम्मीदवारों तक सीमित नहीं थे; बल्कि विभिन्न संस्थाओं में पहले से ही कार्यरत शिक्षकों पर भी उनकी नज़र प्रमुखता से थी। इसमें दोनों ही शामिल थे, बचे–खुचे अथवा नये स्थापित देशज शैक्षणिक संस्थान और सरकार अथवा निजी एजेंसियों

द्वारा स्थापित अनेक आधुनिक संस्थान। चूँकि प्रशिक्षण की योग्यता में ढील के लिए कई छूटें दी गयी थीं या उनसे बचने के कई तरीक़े थे, इसलिए शुरुआत में, और विभिन्न तरीक़ों से बाद में भी, अलग–अलग क़िस्म के आधुनिक स्कूलों में भी बड़ी संख्या में अप्रशिक्षित शिक्षकों की नियुक्ति जारी रही। इसे देखते हुए, इन शिक्षकों को प्रशिक्षित किया जाना ज़रूरी था। इसके अलावा, देशज संस्थानों में कार्यरत शिक्षकों का 'सुधार' या उनका प्रशिक्षण इस मसले पर उन्नीसवीं सदी के उत्तरार्ध में जारी विमर्श का एक महत्त्वपूर्ण बिन्दु था। यह सम्भव है कि आधुनिक स्कूल की सीमित उपस्थिति, या उस समय भी उनकी सीमित स्वीकार्यता, उनके बेहद महँगे होने और पहुँच से परे होने के कारण लोगों ने पुराने ढर्रे के कुछेक संस्थानों को जारी रखा हो या शिक्षा के औपनिवेशिक ढाँचे के बाहर नये संस्थान स्थापित किये हों; लेकिन यह महज़ एक कयास है और इसके इतिहास को लिखने की ज़रूरत है। लेकिन उन्नीसवीं सदी के उत्तरार्ध में शिक्षकों के प्रशिक्षण के ज़रिये देशज स्कूलों में दख़ल देने की औपनिवेशिक चिन्ताओं के पीछे की यह एक महत्त्वपूर्ण वजह हो सकती है।

प्रशिक्षण पर यह फ़ोकस महज़ नॉर्मल स्कूलों, नॉर्मल कक्षाओं[2], शिक्षक–प्रशिक्षण स्कूलों अथवा प्रशिक्षण कॉलेजों द्वारा प्रदान किये जाने वाले नियमित संस्थागत शिक्षण तक सीमित नहीं था, क्योंकि नॉर्मल या प्रशिक्षण स्कूलों व कॉलेजों में दिये जाने वाले मानकीकृत, नियमित अथवा रुटीन प्रशिक्षण, जिसके दायरे में लक्ष्य समूहों का महज़ एक हिस्सा ही आता था, के साथ–साथ आधुनिक शिक्षक के वर्ग को गढ़ने के लिए दूसरे कई तरह के नियमित व दूरस्थ तौर–तरीक़ों का इस्तेमाल भी किया गया। इसके अन्तर्गत परीक्षा की विशिष्ट योजनाएँ जिनमें सफ़ल होने वाले उम्मीदवारों को प्रमाण–पत्र दिया जाता था, शिक्षक–विद्यार्थी व्यवस्था, स्रोत व्यक्तियों द्वारा शिक्षण और घुमन्तू शिक्षक जैसे अनेक तरीक़े थे। निर्धारित पाठ्यपुस्तकों के सन्दर्भ में (परीक्षा) परिणाम के आधार पर शिक्षकों का भुगतान करने या उनको पुरस्कृत करने का चलन भी शिक्षण को नियन्त्रित करने और नये शिक्षक को गढ़ने का एक और तरीक़ा था। हालत यह थी कि प्रशिक्षण की इन तमाम पद्धतियों के इस्तेमाल की अवधि हर इलाक़े या दौर में एक जैसी नहीं थी। साथ ही, ऐसा भी नहीं है कि शिक्षण–प्रशिक्षण

2. नॉर्मल स्कूल व कक्षाएँ शिक्षक–प्रशिक्षण की ही संस्थाएँ थीं।

की हरेक व्यवस्था पर औपनिवेशिक राज्य का नियन्त्रण रहा हो। इस दायरे में अन्य भागीदार भी सक्रिय थे : ईसाई मिशनरियों की इसमें एक महत्त्वपूर्ण भूमिका थी। लेकिन इसके बावजूद, औपनिवेशिक राज्य इस समूचे क्षेत्र का नियमन ज़रूर करता था।

उन्नीसवीं सदी के उत्तरार्ध में आधुनिक शिक्षक के वर्ग को गढ़ने में राज्य द्वारा किये गये प्रयासों के अध्ययन से यह पता चलता है कि उपनिवेशवाद और आधुनिकता ने सामाजिक व्यवस्था की पुनर्रचना की या ऐसी सामाजिक व्यवस्था की रचना करने की कोशिश की जो परम्परागत संरचना का हू–ब–हू पुनरुत्पादन नहीं थी, लेकिन जो पहले से मौजूद संरचना से पूरी तरह भिन्न भी नहीं थी। अलग–अलग समूहों में कुछेक लोगों को बेहद सीमित ही सही लेकिन कुछ मौक़े दिये गये जबकि व्यवहार में उन्हीं समूहों की बहुसंख्यक आबादी को उनके हाल पर ही छोड़ दिया गया। कुछेक अपवादों में सम्भव है कि ये अगुआ व्यक्ति पदानुक्रम में उनके लिए परम्परागत रूप से निश्चित जगह से परे जाकर प्रगति कर पाये हों, लेकिन, उस पदानुक्रम में विभिन्न वर्गों व समूहों की अवस्थिति में कोई आम बदलाव लाने में न तो कोई मदद की गयी, न ही ऐसा कोई उद्देश्य रखा गया और न ही इसकी इजाज़त ही दी गयी। यह इसलिए सम्भव हुआ क्योंकि नियन्त्रण करने की राज्य की क्षमता के साथ–साथ ऐसा करने की मंशा में भी इज़ाफ़ा हुआ था।

यही वजह है कि हमें नीति के ख़ाकों के साथ–साथ उनके व्यावहारिक ज़मीनी नतीजों में भी अन्तर्विरोध मिलते हैं; आमतौर पर व्यावहारिक नतीजे नीतियों के स्वायत्त परिणाम नहीं थे। असल में, जहाँ इन अन्तर्विरोधों ने मुट्ठी–भर लोगों के लिए बदलाव लाने में मदद की, वहीं इन्हीं के चलते बची हुयी ज़्यादातर आबादी के लिए यथास्थिति बनाये रखना भी सम्भव हुआ। इसलिए, अन्तर्विरोधों को असावधानीवश किये गये फ़ैसलों की तरह देखने की बजाय उनको परस्पर विरोधी दावों व हितों के बीच लिये गये सुविचारित फ़ैसलों के रूप में देखने की ज़रूरत है। ऐसे किसी ख़ाके की वैधता को मान्यता देने का अर्थ यह होगा कि कुछ स्थितियों में व्यापक या सामान्यीकृत नतीजों पर पहुँचना अनैतिहासिक हो सकता है। इसके अलावा, इस बदलाव को महज़ उपनिवेशवाद के परिणाम की तरह नहीं बल्कि उपनिवेशवाद और आधुनिकता के गौण उत्पाद (by-product) की तरह देखने की ज़रूरत है। क्योंकि, आधुनिकता द्वारा खड़ी की गयी दूसरी

अनेक शक्तियों ने वे औज़ार मुहैया कराये जिनसे शिक्षक की शैक्षणिक पहल व सम्प्रभुता संकुचित हुई, हालाँकि साथ ही उनकी शिक्षा पद्धति ही नहीं बल्कि सामाजिक–आर्थिक हैसियत को सुधारने के लिए समानान्तर विमर्श भी शुरू हुआ। इनमें से अनेक बदलाव जिनसे शिक्षक के अधिकार क्षेत्र पर प्रभाव पड़ा, अलग–अलग स्तरों पर उन देशों में भी हुए हैं जिनका उपनिवेशीकरण नहीं हुआ था। इसके अलावा, उपनिवेशवाद के ख़ात्मे के बाद भी ये बदलाव वापस नहीं हुए हैं बल्कि उनमें लगातार तेज़ी ही लायी गयी है।

औपनिवेशिक शिक्षा व्यवस्था के अध्ययनों में उस दौर के विद्यार्थियों, शिक्षक–शिक्षिकाओं और शिक्षाशास्त्र से जुड़े सवालों को हाशिये पर भी मुश्किल से ही कोई जगह मिलती है। सच कहें तो यह आलेख भी औपनिवेशिक भारत में शिक्षक व शिक्षाशास्त्र का इतिहास लिखने का प्रयास नहीं है। लेकिन यह कहने में कोई ख़तरा नहीं है कि ये उस दिशा में एक शुरुआती क़दम है। इस तथ्य पर भी ध्यान देना होगा कि औपनिवेशिक भारत में शिक्षक–शिक्षण का क्षेत्र बेहद विविधतापूर्ण और स्तरीकृत था (डंकन व मैकेंज़ी, 1918), लेकिन इसके बावजूद, जो चीज़ उभरकर सामने आयी वो कहीं ज़्यादा मानकीकृत थी, चाहे हम उनकी पहचान पहले से मौजूद व्यवस्था के बरअक्स उनकी आलोचना के लिए करें या उनके अनुमोदन के लिए।

भाग 1 – जॉन मुर्डाक (1819–1904)

ग्लासगो स्थित ब्रिटेन के पहले प्रशिक्षण कॉलेज में स्कूल शिक्षक का प्रशिक्षण हासिल करके सीलोन (श्रीलंका) के नॉर्मल स्कूलों में कुछ समय तक प्रधानाध्यापक पद पर काम करने के बाद, 1854 में जॉन मुर्डाक का हिन्दुस्तान में आगमन हुआ (गलीफ़ोर्ड, 1904; और मोरिस, 1906)। उसी साल उन्होंने 'मद्रास क्रिश्चियन स्कूल–बुक सोसाइटी' की स्थापना की और उसके सचिव बने (सी.वी.ई.एस.आई.,1859 : 11; और सी.एल.एस.आई., 1904 : 24–25)। उसी दौरान, 1857 के विद्रोह के बाद, विभिन्न सम्प्रदायों की सोसाइटियों के कुछ मिशनरी ब्रिटेन में इकट्ठा हुए और संयुक्त रूप से 'क्रिश्चियन वर्नाकुलर एजुकेशन सोसाइटी फ़ॉर इण्डिया' (सी.वी.ई.एस.आई., आगे से सोसाइटी) का गठन किया। मुर्डाक को सोसाइटी के हिन्दुस्तानी एजेंट व सचिव के पद की पेशकश की गयी जो उन्होंने स्वीकार कर ली

और 1 सितम्बर 1858 से अपना काम शुरू कर दिया (सी.वी.ई.एस.आई., 1859 : 11; मोरिस, 1906 : 107–09)।

सोसाइटी के उद्देश्यों में भारत के मुख्य शहरी केन्द्रों में पुरुषों व महिलाओं के लिए क्रिश्चियन वर्नाकुलर प्रशिक्षण संस्थानों (Christian Vernacular Training Institutions) की स्थापना करना; इन सभी संस्थानों को एक वर्नाकुलर मॉडल स्कूल से सम्बद्ध करना; और ख़ास तौर से भारत के गाँवों में वर्नाकुलर स्कूलों की स्थापना करना शामिल था (सी.वी.ई.एस.आई., 1861 : 8)। तदनुसार, 1850 व 1860 के दशकों में सोसाइटी ने ईसाई मिशनरी संगठनों से सम्बद्ध संस्थानों के प्रशिक्षुओं के लिए छात्रवृत्ति से जुड़ी परीक्षा योजनाओं के ज़रिये शिक्षक–प्रशिक्षण को बढ़ावा देना शुरू किया; वंचित समूहों, जैसे कि आदिवासियों व महिलाओं के बीच से शिक्षकों के प्रशिक्षण पर ध्यान देना शुरू किया; और खुद अपने तीन शिक्षक–प्रशिक्षण संस्थान स्थापित किये। पहला अमृतसर (पंजाब) में, दूसरा मद्रास ज़िले में स्थित डिण्डी–गुल (मद्रास प्रेसिडेंसी) में, और तीसरा अहमदाबाद (बम्बई प्रेसिडेंसी) में (सी.वी.ई.एस. आई.,1859 : 13, 19–20; और सी.वी.ई.एस.आई., 1888 : 49)। साथ ही, *सोसाइटी ने ख़ास तौर पर मिशन स्कूलों, नॉर्मल स्कूलों और प्रशिक्षण कॉलेजों से जुड़े या वहाँ काम करने के लिए प्रशिक्षण हासिल कर रहे शिक्षकों के लिए उपयुक्त पाठ्य सामग्री तैयार करने का फ़ैसला भी किया* (सी.वी.ई.एस.आई., 1861 : 8)।

इसके मद्देनज़र, मुर्डाक ने भारत के देशी शिक्षकों के इस्तेमाल के लिए 1860 में एक पुस्तिका संकलित की जिसका शीर्षक था, 'हिन्ट्स ऑन एजुकेशन विद स्पेशल रेफ़रेंस टू वर्नाकुलर स्कूल्स' (*देशज स्कूलों के विशिष्ट सन्दर्भ में शिक्षा पर कुछ सुझाव*)। इस पुस्तिका का आने वाले कई सालों तक अलग–अलग संस्करणों व अनुवादों में लगातार प्रकाशन हुआ और सरकार के प्रान्तीय शिक्षा विभागों ने भी इसका इस्तेमाल किया। मिसाल के लिए, पंजाब सरकार के शिक्षा विभाग ने शिक्षकों के लिए उर्दू में लिखी गयी नियमावली को तैयार करने के लिए इस पुस्तिका को मूलभूत सन्दर्भ ग्रन्थ के तौर पर अपनाया; और बम्बई, बंगाल व मद्रास प्रान्तों के निदेशकों ने भी पुस्तिका की ख़रीदी की (सी.वी.ई.एस.आई., 1886 : 57)। मुर्डाक द्वारा लिखी गयी यह नियमावली लेख के इस भाग में विश्लेषण का मुख्य बिन्दु है।

शिक्षकों के लिए लिखे इस मैनुअल में मुर्डाक ने भारत के देशज स्कूलों में निम्नांकित दोष गिनाये, जो उनको कुछ हद तक मिशन वर्नाकुलर स्कूलों में भी दिखायी दिये : रट्टेबाज़ी आधारित शिक्षण; ग़ैर–ईसाई अथवा अप्रशिक्षित शिक्षकों के कारण नैतिकता की कमी; 'व्यक्तिगत पद्धति' के कारण उपजा त्रुटिपूर्ण संगठन; और शिक्षण का अत्यन्त सीमित दायरा (मुर्डाक, 1860 : X)। इसलिए, मुर्डाक ने सुधार के लिए कुछ सुझाव दिये, जैसे कि शिक्षकों का प्रशिक्षण; शिक्षकों के सम्मेलनों का आयोजन; उपयुक्त किताबों की पर्याप्त आपूर्ति; समुचित निरीक्षण; शिक्षकों के लिए क्रमिक भुगतान; लड़कों–लड़कियों के मिश्रित स्कूल; रात्रि स्कूल; रविवारीय स्कूल; प्रौढ़ों के लिए कक्षाएँ और बाइबिल की कक्षाएँ आदि (मुर्डाक, 1860 : X)। ध्यान देने की बात है कि मुर्डाक ने अमेरिका, जर्मनी, फ्रांस, ब्रिटेन और रूस जैसे देशों में शिक्षक–प्रशिक्षण और शिक्षकों को लगातार अद्यतन बनाये रखने के लिए संगोष्ठियों व सम्मेलनों के आयोजन में राज्य द्वारा किये गये व्यापक प्रयासों और समर्थन का ज़िक्र किया। उन्होंने यह भी इंगित किया कि किस तरह शिक्षकों के लिए अपने अलग–थलग नियमित स्कूल से हटकर किसी दूसरी जगह पर इकट्ठा होना ही अपने आप में एक ज़बरदस्त प्रेरणास्रोत होता है (मुर्डाक, 1860 : xvii-xix)।

मुर्डाक ने प्रचलित स्थिति की आलोचना की जिसमें शिक्षक शारीरिक प्रशिक्षण और धार्मिक ज्ञान पर कोई ध्यान दिये बग़ैर महज़ सेकुलर पाठ्यपुस्तक की विषयवस्तु का ज्ञान देने तक सीमित रहता था। उन्होंने शरीर, मस्तिष्क, और आत्मा के सन्दर्भ में शिक्षा को शारीरिक, बौद्धिक, और धार्मिक इन तीन श्रेणियों में बाँटा। इस तरह विशुद्ध सेकुलर ख़ाके से आगे जाकर उन्होंने यह भी सुनिश्चित किया कि शिक्षा के पारलौकिक उद्देश्यों का भी उसमें समावेशन हो (मुर्डाक, 1860 : 1)।

तदनुरूप, मुर्डाक ने शिक्षकों की योग्यताओं को भी तीन श्रेणियों में बाँटा–शारीरिक, बौद्धिक और नैतिक। शारीरिक योग्यताओं में उन्होंने अच्छी सेहत पर ज़ोर डाला जिसका मतलब था बीमारियों से मुक्त होना और व्यक्तिगत बुराइयों जैसे तम्बाकू सेवन से भी मुक्त होना (मुर्डाक, 1860 : 8–9)। उनका मानना था कि शिक्षकों के पास कुछ विशिष्ट बौद्धिक योग्यताएँ भी होनी चाहिए, जैसे कि जो विषय पढ़ाना है उसका ज्ञान; शिक्षण अभिरुचि; और प्रशासन की क्षमता यानी बच्चों को नियान्त्रित करने की क्षमता (मुर्डाक, 1860 : 8–10)। नैतिक योग्यताओं में साफ़–सफ़ाई; अनुशासन और समय

की पाबन्दी; कर्मठता और गम्भीरता; दृढ़ता; बच्चों के प्रति करुणा और प्रेम; न्यायशीलता यानी बच्चों के बीच निष्पक्ष रहना; सच्चाई और धर्मपरायणता शामिल थे (मुर्डाक, 1860 : 10–12)।

शिक्षक की बौद्धिक योग्यताओं के वर्णन के लिए मुर्डाक ने मोरेल (Morell) की किताब 'एलिमेन्ट्स ऑफ़ साइकोलॉजी' से कुछ हिस्सों को संक्षिप्त करके प्रस्तुत किया। इसमें मस्तिष्क की क्षमता अथवा बच्चों की बौद्धिक क्षमताओं के विकास का वर्णन राष्ट्र के जीवन की अलग–अलग अवस्थाओं से जोड़ कर किया गया था, मसलन, इन्द्रियबोध (sensation), अनुभूति (perception), चेतना (consciousness), कल्पना (imagination), ध्यान (attention), सामान्यीकरण (generalization) और अमूर्तन (abstraction) जो अन्ततः प्रत्यक्ष विज्ञान की अवस्था तक जाता है (मुर्डाक, 1860 : 4–6)। इसके बाद मुर्डाक ने मोरेल की किताब में दिये इस वर्णन से भारत की तत्कालीन स्थिति की तुलना की। उन्होंने यह पाया कि ज़्यादातर हिन्दू ऐसे बच्चों की तरह थे जिनमें कल्पनाशीलता की क्षमता काफ़ी हद तक विकसित हो चुकी थी। उन्होंने यह भी माना कि हिन्दुओं की एक छोटी संख्या उस अवस्था तक भी पहुँच गयी थी जिसमें तात्त्विक चिन्तन के प्रति भी रुझान था। लेकिन, उनका मानना था कि भारत में वास्तविक ज्ञान की अवस्था का आगमन अभी नहीं हुआ था (मुर्डाक, 1860 : 6–7)। चूँकि इसमें बदलाव की अवधारणा शामिल थी, इसलिए इसे नस्लवादी कहना ज़रूरी नहीं है, बल्कि इसको इस तरह देखना चाहिए कि किस तरह आधुनिक विज्ञान का एक ख़ास नज़रिया सभ्यता की कसौटी बनता जा रहा था (एडास, 1992)।

मुर्डाक धार्मिक शिक्षण से जुड़े नैतिक प्रशिक्षण को शिक्षकों की ज़िम्मेदारियों का सबसे महत्त्वपूर्ण भाग मानते थे। उनका मानना था कि नैतिक शिक्षा की अनुपस्थिति में शिक्षकों द्वारा किया गया श्रम विद्यार्थियों में सिर्फ़ ग़लत काम करने की शक्ति को ही बढ़ावा देगा जबकि सच्चा धर्म पवित्र आत्मा के सहारे उनको अच्छाई का साधन बनायेगा (मुर्डाक, 1860 : 7)।

मुर्डाक का मशविरा था कि शिक्षक को ऐसे व्यक्ति के रूप में बोलना और काम करना चाहिए जिससे उसकी सत्ता (authority) की झलक साफ़ दिखे; अगर कोई आदेश दे तो उसका पालन सुनिश्चित करना चाहिए (मुर्डाक, 1860 : 13)। अराजकता की स्थिति उत्पन्न होने की सम्भावना

भी न पैदा हो इसके लिए मुर्डाक के अनुसार सबसे बेहतर रणनीति यह थी कि अव्यवस्था की पहली भनक लगते ही शिक्षक उसे नियन्त्रित करे (मुर्डाक, 1860 : 14)। उन्होंने यह निर्देश दिया कि शिक्षक को स्कूल के ऊपर इस तरह एक आम निगरानी बनाये रखनी चाहिए कि 'हरेक बच्चे को यह एहसास हो कि उस पर लगातार नज़र रखी जा रही है' (मुर्डाक, 1860: 14)। यह साफ़ तौर पर फूको के 'पैनॉप्टिकल' (फूको, 1977) का पूर्ववर्ती है। फूको में यह जेल पर लागू किया गया है जबकि यहाँ स्कूल में। इसके अलावा, मुर्डाक में हमें ऐसे स्पष्ट उदाहरण भी मिलते हैं जहाँ स्कूलों में अनुशासन बनाने के लिए सैन्य बलों में इस्तेमाल की जाने वाली रणनीतियों को अपनाने की बात की गयी है। मिसाल के लिए, उन्होंने सलाह दी कि जिस तरह सेना में त्वरित आज्ञापालन की आदत डालने के लिए नियमित क़वायद की जाती है उसी तरह स्कूल में नियमित शारीरिक व्यायाम करवाया जाना चाहिए (मुर्डाक, 1860 : 14–15)। इस पृष्ठभूमि को देखते हुए, यह महज़ एक इत्तफ़ाक़ नहीं है कि हमारी शिक्षा व्यवस्था आज भी मोटे तौर पर सैन्य अनुशासन की अवधारणा पर ही क़ायम है (गुप्ता, 2013)।

कक्षा में पाठ की योजना के बारे में मुर्डाक ज़ो हिदायत देते हैं उसमें हमें बेंज़िल बर्नस्टीन जिसे 'कठोर ढाँचा' (Rigid Framing) (बर्नस्टीन, 1977) कहते हैं, वह देखने को मिलती है। मिसाल के लिए, मुर्डाक की यह सलाह कि हर पाठ के शिक्षण के लिए अवधि निश्चित होनी चाहिए –यानी बच्चों को इसकी निश्चित समझ होनी चाहिए कि दिन के हर घण्टे उनको क्या करना है (मुर्डाक, 1860 : 15)। उनका यह मानना था कि बच्चों को लगातार काम में व्यस्त रखना चाहिए, इसलिए नहीं कि उनको सीखने के अधिकतम अवसर मिलें बल्कि इसलिए कि वे किसी तरह की 'खुराफ़ात' न करें (मुर्डाक, 1860 : 15)।

शिक्षा पद्धति पर मुर्डाक की हिदायतों में दण्ड को पूरी तरह से ख़ारिज नहीं किया गया और इसमें शारीरिक दण्ड भी शामिल था। उनका मानना था कि स्कूल में अनुशासन बनाये रखने के लिए कभी–कभार दण्ड का इस्तेमाल ज़रूरी हो जाता है। उन्होंने बस यह शर्त रखी कि हर हालत में दण्ड शान्त भाव से, न्यायपूर्ण तरीक़े से और निष्पक्षता से दिया जाना चाहिए जिसमें यह बात साफ़ दिखे कि शिक्षक अपनी तुष्टि के लिए दण्ड नहीं दे रहा है बल्कि बच्चे के हित में उसे ऐसा करना पड़ रहा है (मुर्डाक, 1860 : 16–17)।

इसके बाद मुर्डाक ने स्कूल या कक्षा में शिक्षण व्यवस्था की पद्धतियों पर विस्तार से चर्चा की। मुर्डाक शिक्षण की प्रस्तुति या उनके संयोजन की शैली पर आधारित दो पद्धतियों का ज़िक्र करते हैं जिनको शिक्षक अपना सकते हैं। ये हैं–'संश्लेषण और विश्लेषण' (Synthesis and Analysis) (मुर्डाक, 1860: 20)। मुर्डाक इसे समझाते हुए कहते हैं कि जहाँ संश्लेषण 'के ज़रिये हम विषय के भागों को एक साथ लाते हैं'; वहीं विश्लेषण 'में हम विषय को अलग–अलग भागों में बाँटते हैं'; और यह कि शिक्षा में दोनों ही पद्धतियों का लाभ उठाया जा सकता है (मुर्डाक, 1860: 20)। लेकिन, जैसा कि शिक्षकों को मुर्डाक द्वारा दी गयी अन्य हिदायतों पर नज़र डालते हुए हम थोड़ी देर में देखेंगे, 'विश्लेषण' की पद्धति तमाम अवधारणात्मक, ज्ञान मीमांसात्मक और सत्ता मीमांसात्मक सीमाओं से भरी हुई थी।

मुर्डाक ने शिक्षकों को हिदायत दी कि वे ख़ुद को उस स्तर पर रखें जिस स्तर पर सम्बन्धित विषय के बारे में उनके विद्यार्थियों का ज्ञान है और इस तरह वे ज्ञात से अज्ञात की ओर; निकट से सुदूर की ओर; सरल से जटिल की ओर; ठोस से अमूर्त की ओर; और विशिष्ट से सामान्य की ओर जायें (मुर्डाक, 1860:21)। यह योजना इस बात को समझने में असमर्थ है कि बच्चों को भी अज्ञात, सुदूर और यहाँ तक कि अमूर्त चीज़ों के बारे में जानने में मज़ा आता है बशर्ते वह उपयुक्त तरीक़े से प्रस्तुत की जायें : कहानी–पाठ ऐसी ही सार्वभौमिक रूप से मान्य शिक्षा पद्धति है। इसके अलावा, इस शिक्षा पद्धति में यह अन्तर्निहित था कि निकट से सुदूर, ज्ञात से अज्ञात और ठोस से अमूर्त परिघटना की तरफ़ बढ़ने वाली सीखने की प्रक्रिया में 'विश्लेषण' की पद्धति के ज़रिये स्थानीय की आलोचना करने का प्रयास तो किया जाता था लेकिन इसकी उलटी दिशा में ऐसी ही पड़ताल को उतना बढ़ावा नहीं दिया जाता था। इस तरह, मिसाल के लिए, 'स्थानीय जन' (नेटिव) के पिछड़ेपन को तो स्थानीय रिवाजों व आचरण के सन्दर्भों से और सामन्ती शोषण के प्रत्यक्ष उदाहरणों से उजागर किया जाता था, ख़ास तौर से तब जब इसे औद्योगिक पूँजीवाद पर आधारित आधुनिक पश्चिमी सभ्यता के बरअक्स रखकर देखा जाता था जो ज़्यादातर शिक्षार्थियों के लिए एक अज्ञात, सुदूर और इसी वजह से, सिवाय भारत निर्यात किये गये कुछेक उत्पादों व सामानों के, एक प्रकार की अमूर्त परिघटना ही थी। लेकिन, सम्भव है कि स्थानीय सन्दर्भ

के कुछ विशिष्ट आयामों के बरअक्स सुदूर की दुर्घटनाओं का मूल्यांकन करने के आलोचनात्मक प्रयास को उतना महत्त्व न दिया जाये। कुछ ऐसी ही आलोचना एन.सी.आर.टी.ई. द्वारा तैयार की गयी 'राष्ट्रीय पाठ्यचर्या की रूपरेखा' की भी की गयी है (श्रीमाली, 2013)।

मुर्डाक ने स्कूलों अथवा कक्षाओं की व्यवस्था की चार पद्धतियों की चर्चा की है : व्यक्तिगत पद्धति (Individual Method); समकालिक पद्धति (Simultaneous Method); पारस्परिक पद्धति (Mutual Method); और मिश्रित पद्धति (Mixed Method) (मुर्डाक, 1860 : 22–23)। देशज स्कूलों में कथित तौर पर अमल की जाने वाली 'व्यक्तिगत पद्धति' की बजाय, जिसमें शिक्षक हर विद्यार्थी पर अलग से ध्यान देता था, मुर्डाक ने कक्षायी शिक्षण की 'समकालिक पद्धति' की वकालत की। इसमें शिक्षक ढेर सारे बच्चों को एक साथ पढ़ाता है; वह सभी बच्चों को एक ही भाषा–शैली में सम्बोधित करता है और एक समान मिसालें पेश करता है; और सभी बच्चे एक साथ एक ही काम करते हैं। इस तरह ये पद्धति सीमित समय में बच्चों की अधिकतम संख्या को अधिकतम शिक्षण प्रदान करने में और व्यवस्था बनाये रखने में सहायक थी (मुर्डाक, 1860 : 22–23)। लेकिन ख़ुद मुर्डाक ने यह माना कि इस पद्धति का एक बड़ा ख़तरा यह था कि इसमें थोड़े–से बच्चों की प्रगति से ही सन्तोष कर लिया जाता था जिससे ज़्यादातर विद्यार्थियों की अनदेखी होती थी। मुर्डाक की इस बात से कक्षायी ग़ैर–बराबरियों के प्रति, जो बाहर की सामाजिक पृष्ठभूमि का ही एक विस्तार होती हैं, उनकी संवेदनशीलता की झलक भी मिलती है। उन्होंने टिप्पणी की कि, "बुद्धिमान और मेहनती लड़के शिक्षक की बात समझते हैं और सवालों के जवाब देते हैं; लेकिन मन्दबुद्धि और सुस्त लड़के रत्ती–भर भी ध्यान नहीं देते और कुछ सीखते भी नहीं हैं" (मुर्डाक, 1860 : 23)। इस विसंगति को हल करने के लिए मुर्डाक ने सुझाव दिया कि ऐसी स्थिति से बचने के लिए सावधानीपूर्वक व्यक्तिगत परीक्षा ली जानी चाहिए (मुर्डाक, 1860 : 23)। लेकिन यह व्यवस्था बच्चे की परीक्षा से भी पहले शिक्षण के दौरान ही उस पर व्यक्तिगत तौर पर ध्यान देने की व्यवस्था से अलग है (एन.सी.आर.टी.ई, 2006)। आख़िरकार, अगर शिक्षण के दौरान ही बच्चे पर पर्याप्त व्यक्तिगत ध्यान नहीं दिया गया और सिर्फ़ परीक्षा में ऐसा किया गया तो यह समानता लाने की बजाय छँटनी का काम ही करेगी।

इसी तरह, मुर्डाक के मैनुअल में हमें 'पारस्परिक पद्धति' या मॉनीटर व्यवस्था की आलोचना भी देखने को मिलती है जिसका भारत की देशज शिक्षा व्यवस्था सम्बन्धी अध्ययनों में यह बताते हुए ख़ूब महिमामण्डन किया गया है कि ब्रिटेन ने भी उस व्यवस्था से बहुत कुछ सीखा। इसके बावजूद, उन्होंने इस पद्धति को सिरे से नकारने की बात नहीं की, बल्कि 'मिश्रित पद्धति' पर ज़ोर दिया जिसमें समकालिक और व्यक्तिगत पद्धतियों की कुछ विशेषताओं को मिला दिया गया था (मुर्डाक, 1860 : 23)। लेकिन हमारे पास मॉनीटर पद्धति के क्रियान्वयन के यथोचित अध्ययन नहीं हैं जिससे इसका ठीक–ठीक पता चल सके। मॉनीटरों के ऐतिहासिक समाजशास्त्र का और उनकी नेतृत्वकारी भूमिका का खुद उनके व्यक्तित्व पर व उनके समकक्ष समूह पर क्या प्रभाव पड़ा यह अध्ययन का एक महत्त्वपूर्ण क्षेत्र हो सकता है।

मुर्डाक का यह मानना था कि बच्चों को जो सिखाया गया है, उसमें से वे कितनी बातें ग्रहण करके ठीक तरह से समझ पाये हैं यह जानने में सवालों की महत्त्वपूर्ण भूमिका है। उन्होंने सवालों को तीन श्रेणियों में बाँटाः पहली, प्राथमिक सवाल, जिसके ज़रिये एक कुशल शिक्षक यह निश्चित करता है कि उनके विद्यार्थी किसी विषय के बारे में कितना जानते हैं और वह जानकारी सही है या नहीं। दूसरी है, वास्तविक शिक्षण के लिए पूछे जाने वाले सवाल जिनसे शिक्षक बच्चों को वह बातें ध्यान से सुनने के लिए प्रवृत्त करता है जो वह उन्हें सिखाना चाहता है, और जिनसे वह बच्चों की बुद्धि को सुकरात के विमर्श की तरह एक दिशा देता है जिससे वे खुद ज्ञान को खोज सकें। तीसरी है, परीक्षा के सवाल, जिनसे शिक्षक अपने शिक्षण का आकलन करता है और यह निश्चित करता है कि उन्होंने जो पढ़ाया है वह बच्चों ने समुचित ग्रहण कर लिया है (मुर्डाक, 1860 : 24–26)।

हालाँकि मुर्डाक ने यह कहा कि सवाल शिक्षक की विद्वता दिखाने के लिए नहीं बल्कि बच्चों के हित के लिए हैं, लेकिन उनकी योजना में मोटे तौर पर सभी प्रयास इस दिशा में थे कि शिक्षक द्वारा पूछे गये सवाल अपेक्षित जवाब, या जिसे वो 'सत्य' कहते थे उसे सामने ला सकें। इसके अनुरूप ही मुर्डाक की नियमावलियों में ऐसा कोई निर्देश नहीं था कि जो चीज़ पढ़ाई जा रही थी उनके बारे में आलोचनात्मक सवाल पूछने या उनका समर्थन, अस्वीकृति या उसमें संशोधन के बाबत टिप्पणी करने के

लिए शिक्षक बच्चों को प्रोत्साहित करें। मुर्डाक मानते हैं कि यह ज़रूरी नहीं कि बच्चे किसी पाठ को ठीक उस तरह समझें जिस आशय से उन्हें पढ़ाया गया था लेकिन इसके बावजूद, उनकी योजना में अन्ततः यह अन्तर्निहित है कि 'सत्य' पाठ में पहले से ही मौजूद है और शिक्षक, जो "ज्ञान का बैंकर है" (फ़्रेयरे, 1970), उस सत्य को पूरी तरह जानता है और विद्यार्थी उस सत्य को सिर्फ़ शिक्षक से या उस पाठ से ही जान सकते हैं। इसके चलते सुदूर, अमूर्त और अज्ञात रहस्यों की बात तो दूर, स्थानीय, ठोस और ज्ञात परिघटना के साथ भी खुलकर जूझने की सम्भावनाएँ बाधित हो जाती हैं। इस तरह का ख़ाका ऐसी किसी राजनीतिक या धार्मिक एजेंसी के लिए तो सर्वथा उपयुक्त हो सकता है जो एक ख़ास तरह के एजेंडा का प्रसार करके यह मंशा रखती हो कि लोग उस एजेंडा को मानें, लेकिन मुक्त खोज और आत्म–बोध के लिए यथासम्भव गुंजाइश बनाने के लिए ये उपयुक्त नहीं है। अनुशासनात्मक ख़ाके से जुड़े इन मसलों के बारे में मैंने कक्षायी शिक्षण के अपने निजी अनुभवों के आधार पर अन्य कहीं विस्तार से लिखा है (गुप्ता, 2013)। इससे यह भी पता चलता है कि मुर्डाक ने शिक्षण के जिस ख़ाके का प्रचार किया था वह आज भी हमारी स्कूली शिक्षा की प्रमुख प्रवृत्ति को प्रभावित कर रहा है।

मुर्डाक जाति को ईश्वरीय संस्था मानने की प्रवृत्ति के आलोचक थे (मुर्डाक, 1860 : iv)। उन्होंने इस नज़रिये की भी आलोचना की कि अलग–अलग जातियों की उत्पत्ति विधाता के शरीर के अलग–अलग अंगों से हुई है (मुर्डाक, 1860 : 70)। उन्होंने शिक्षकों को निर्देश दिया कि स्कूल में जाति पर बिल्कुल ध्यान न दें और बच्चों को जातिसूचक अपमानजनक शब्दों से कभी न पुकारें (मुर्डाक, 1860 : 70)। लेकिन उनके लेखन में अस्पृश्यता के मसले का ज़िक्र नहीं आता है। यहाँ तक कि विभिन्न मसलों पर शिक्षकों को दी गयी विस्तृत हिदायतों में भी कहीं इस सवाल की चर्चा नहीं है कि जाति से कैसे लड़ें। हालाँकि उन्होंने यह ज़रूर कहा है कि इस देश में जो पाठ्यपुस्तकें तैयार की जायें उनमें जाति भी एक विषय होना चाहिए (मुर्डाक, 1860 : XXI)। इसका ज़िक्र बहुत ही संक्षेप में 'विनम्रता' पर केन्द्रित हिस्से में किया गया है, जिसमें जानवरों को पत्थर मारना भी उसी के समकक्ष का अनैतिक काम माना गया है। इसके अलावा, जाति को स्कूल में मान्यता न देना एक बात है और उसे सक्रिय चुनौती देना दूसरी। मुमकिन है कि जाति को ख़त्म करने के लिए उससे लोहा लेने

की शिक्षाशास्त्रीय चिन्ता से अलग, उसे मान्यता ही न देने की पद्धति ही वह बुनियादी कारण है जिसके चलते इस नियमावली में शिक्षकों को दी गयी हिदायतों में जाति उतना महत्त्वपूर्ण तत्त्व बनकर नहीं उभरती। यहाँ सवाल यह नहीं है कि जाति पर मुर्डाक का रुख़ समझौतापरस्त था, बल्कि यह कि उससे लड़ने के लिए प्रभावशाली शिक्षा पद्धति का निर्माण करने में वो विफल रहा था।

मुर्डाक ने यह भी सलाह दी कि शिक्षक को लड़कियों की तालीम के महत्त्व को उजागर करने के लिए हरसम्भव मौक़े का इस्तेमाल करना चाहिए। शिक्षक को चाहिए कि वह अपने विद्यार्थियों को अपनी बहनों की तालीम के लिए हरसम्भव प्रयास करने के लिए प्रेरित करे। उनका कहना था कि बाल विवाहों की बुराइयों, विधवा विवाह पर पाबन्दी की क्रूर प्रथाओं, और लड़कियों की तालीम के समर्थन में दिये गये तर्कों को भी पाठ्य सामग्री में शामिल किया जाना चाहिए (मुर्डाक, 1860 : XXI व 70)।

मुर्डाक ने मिश्रित स्कूलों या लड़के–लड़कियों को एक ही स्कूल में पढ़ाये जाने की योजना का समर्थन किया। उन्होंने कहा कि मिश्रित स्कूल स्कॉटलैण्ड में लम्बे समय से मौजूद रहे हैं और अब उनका प्रसार इंग्लैण्ड में भी हो रहा है (मुर्डाक, 1860 : XXIV)। उनकी राय में भारत के देशी ईसाइयों के बच्चों के लिए मिश्रित स्कूल अपनाये जा सकते हैं जहाँ ज़्यादातर मामलों में लड़के–लड़कियों की उम्र कम ही होती है। एक दूसरी नियमावली में उन्होंने बताया कि इस योजना को तिनवेल्ली और दूसरे ज़िलों में सफलतापूर्वक लागू किया गया है (मुर्डाक, 1864)। लेकिन, जबकि 1860 में लिखी नियमावली में सिर्फ़ देशी ईसाइयों पर ध्यान दिया गया था, चार साल बाद लिखी नियमावली में मुर्डाक ने यह नहीं कहा कि मिश्रित स्कूल देशी ईसाइयों के लिए अपनाये जाने चाहिए। इससे यह अर्थ निकलता है कि उनका ज़्यादा व्यापक उपयोग हो सकता है (मुर्डाक, 1864)। मुर्डाक की सलाह थी कि स्कूल में लड़कियों की हाज़िरी प्रोत्साहित करने के लिए शिक्षक को लड़कियों की तालीम के लिए लड़कों के मुक़ाबले ज़्यादा भुगतान किया जाना चाहिए (मुर्डाक 1860 : XXIV)।

ज़का उल्लाह की ही तरह मुर्डाक भी इस बात से सहमत थे कि योग्य महिला शिक्षक खोज पाना दुष्कर है, और उनकी लगातार सेवा ले पाना तो और भी कठिन है (मुर्डाक 1860 : XXIV)। लेकिन जहाँ ज़का उल्लाह इसका हवाला देकर इस आधार पर अलीगढ़ में महिला शिक्षक–प्रशिक्षण

कॉलेज की माँग रखते हैं कि लड़कियों की स्कूली शिक्षा के लिए भी अलग इन्तज़ाम होने चाहिए; वहीं मुर्डाक की नियमावली में इसके आधार पर लड़के–लड़कियों की मिश्रित स्कूली शिक्षा की हिमायत की गयी है। लेकिन इसके बावजूद, शिक्षकों के लिए लिखी गयी मुर्डाक की नियमावलियों में लड़कियों की तालीम के पीछे का मुख्य तर्क लड़कियों के लिए महिला शिक्षकों की अनुपस्थिति था न कि जेंडर समानता या समावेशन की ज़रूरत जिससे परस्पर समझ, संवेदनशीलता और दोनों लिंगों में आपसी सम्मान की अपेक्षित भावना पनपे। यहाँ तक कि मुर्डाक की दूसरी रचनाओं में भी, जहाँ अपने ईसाई धर्म प्रचार सम्बन्धी गतिविधियों के हिस्से के तौर पर उन्होंने भारत में सामाजिक बदलाव के लिए महिला शिक्षा का समर्थन किया, वहाँ भी ज़ोर जेंडर बराबरी के सिद्धान्त पर या लड़कियों के समान शिक्षा के अधिकार पर नहीं था (मुर्डाक, 1886 / 1895)। मिश्रित स्कूलों का समर्थन करने और अन्य प्रगतिशील सुझावों या सम्भावनाओं के बावजूद, असल में मुर्डाक ने लड़कियों व लड़कों के लिए अलग–अलग पाठ्यचर्या और उपलब्धियों के अलग–अलग मापदण्डों की दिशा में प्रगति का ही समर्थन किया। उन्नीसवीं सदी के सुधारकों में महिलाओं की भाषा या ज़नाना भाषा को एक विकृति या अशुद्धता की तरह देखने की प्रवृत्ति थी (आनन्दिता घोष, 2006), और मुर्डाक इसका अपवाद नहीं थे। उन्होंने शिक्षक को यह हिदायत दी कि ऐसी भाषा के प्रयोग पर कठोरता से पाबन्दी लगायी जाये और आचरण की शुद्धता को प्रोत्साहित किया जाये। (मुर्डाक, 1860 : 69–70)।

भाग 2 – ज़का उल्लाह की प्रचलित शिक्षण पद्धतियों की आलोचना

एंग्लिसिस्टों की इस मान्यता के बरअक्स कि ऐतिहासिक रूप से दक्षिण एशिया अज्ञानता में डूबा हुआ था और औपनिवेशिक शासन ने ज्ञान की रोशनी उस तक पहुँचायी, ज़का उल्लाह की यह मान्यता थी कि शिक्षा की पूर्व–आधुनिक देशज व्यवस्थाएँ ख़ासी जीवन्त थीं और उनका प्रभाव भी टिकाऊ था। मिसाल के लिए, ज़का उल्लाह का कहना था कि मस्जिदों और सम्पन्न वर्ग के समर्थन के अलावा, शासक और शंहशाह भी जागीरें, ज़मीनें और विभिन्न क़िस्म के उपहार देकर शिक्षकों की सरपरस्ती करते थे जिससे मस्जिदों व दूसरे धार्मिक स्थलों में उच्च शिक्षा मुहैया करायी जाती थी। साथ ही, वे मदरसों की स्थापना भी करते थे जो शिक्षा के केन्द्र थे (ज़का उल्लाह, 1889 : 69)। पूर्व–आधुनिक काल में तालीम की देशज

व्यवस्थाओं को याद करते हुए ज़का उल्लाह ने कहा कि उसमें अलग–अलग तरह के शिक्षकों के पास शैक्षणिक योजना बनाने व उनके क्रियान्वयन की पूरी पहल व सम्प्रभुता होती थी और इसके नतीजे भी कारगर थे। उनके अनुसार, "इन मशहूर मदरसों में महान विभूतियों (ज़लील–उल–क़द्र), विद्वानों (फज़ल), शिक्षकों (उलेमा), न्यायविदों (फुक़हा), शास्त्रों के व्याख्याकारों (मुफ़स्सरीन), और उद्घोषकों या हदीथ के विद्वानों (मुहद्दीसीन) का एक वर्ग पैदा हुआ था जिनकी लेखनी उनकी उपलब्धियों का बयान करती है और आज भी वे आदर से देखे जाते हैं... इन बेहतरीन लोगों की लेखनी अभी भी दिलों को छूती है; और हज़ारों मुसलमानों की आदतों व स्वभाव को प्रभावित करती है" (ज़का उल्लाह, 1889 : 69)। ज़का उल्लाह के अनुसार, लड़कियाँ भी तालीम से पूरी तरह वंचित नहीं थीं, क्योंकि अल्लाह को मानने वाली कुछ परोपकारी व अच्छे चरित्रवाली महिला शिक्षिकाएँ या कुछ ईमानदार व परोपकारी बुजुर्ग उनको कुरान शरीफ़ और मस्ले मसाइल (धार्मिक रीति–रिवाजों की किताबें) पढ़ना सिखाते थे (ज़का उल्लाह, 1889 : 69–70)।

धर्मपाल व भारत में देशज शिक्षा के अन्य विद्वानों की तरह ही ज़का उल्लाह की नज़र में भी देशज शिक्षा के वित्त पोषण में राज्य की महत्त्वपूर्ण भूमिका थी। उनका मानना था कि सल्तनत के पतन से एक जीवन्त प्रक्रिया में निष्क्रियता पैदा हो गयी और औपनिवेशिक सरकार के शिक्षा विभाग ने उसे और ज़्यादा अव्यवस्थित (दरहम–बरहम) कर दिया (ज़का उल्लाह, 1889 : 70)। लेकिन धर्मपाल की तरह ज़का उल्लाह में उनके प्रति कोई मोह या नॉस्टेल्जिया देखने को नहीं मिलता।

हालाँकि ज़का उल्लाह ने यह माना कि उपनिवेशवाद के मातहत मुस्लिमों के शैक्षणिक उद्यम तितर–बितर हो गये और शिक्षण के पेशे पर उनका एकाधिकार भी ख़त्म हो गया लेकिन इसके बावजूद, उनका मत यह था कि ब्रिटिश सरकार के मातहत लोगों का शैक्षणिक विकास हुआ था। उनका मानना था कि पहले मुस्लिमों में शिक्षा मुख्यतः लड़कों को *नवास* का प्रशिक्षण देने, *कलमा* पढ़ने और उससे जुड़ी गतिविधियों के शिक्षण तक सीमित थी। उनका मानना था कि, "वह असल में तालीम नहीं थी; और अवाम की तालीम के लिए कोई सुनियोजित बन्दोबस्त नहीं था" (ज़का उल्लाह, 1889 : 71)।

लेकिन इसके बावजूद, ज़का उल्लाह की नज़र में नयी व्यवस्था की अपनी ख़ास ख़ामियाँ थीं। मिसाल के लिए, ज़का उल्लाह ने औपनिवेशिक भारत में शिक्षकों के कठोर और हिंसक व्यवहार की आलोचना की और उनका सम्बन्ध देश की गुलामी से अथवा अस्तित्व की सम्प्रभुता से जोड़ा। उन्होंने लिखा कि जब शिक्षक "हाथ में बेंत रखते हैं; सबक़ पढ़ाते वक़्त चेहरा बिगाड़ लेते हैं; स्कूल को जेलखाना और लड़कों को बंधुआ बना देते हैं" तब लड़कों पर इसका यह असर होता है कि तालीम पूरी होने के बाद लड़कों की स्थिति उससे कहीं ज़्यादा ख़राब हो जाती है जब उन्होंने स्कूल में दाख़िला लिया था (ज़का उल्लाह, 1891ए, भाग 1 : 53)। उन्होंने यह सवाल खड़ा किया कि, "जिन क़ौमों के बच्चे मक़तब में जूतियाँ खायेंगे, वो ख़ाक़ फ़रमारवाई (नेतृत्व) कर सकेंगे" (ज़का उल्लाह, 1891ए, भाग 1 : 54)।

पाउलो फ्रेयरे और *बेज़िल* बर्नस्टीन के प्रभावशाली अध्ययनों (फ्रेयरे, 1970; और बर्नस्टीन, 1977) के बाद हमने 'शिक्षा की बैंकीय अवधारणा' और कक्षायी शिक्षण के 'कठोर ढाँचे' के प्रति ख़ासा आलोचनात्मक रुख़ अपनाते हुए इसके बरअक्स 'ढीले–ढाले ढाँचे' (Weak Framing) और सीखने की प्रक्रिया को विद्यार्थी और शिक्षक–शिक्षिका के बीच एक विमर्श की तरह देखने का ऐसा नज़रिया अपनाया है जिसमें विद्यार्थी और शिक्षक दोनों कक्षा में अपना ज्ञान लाते हैं और उससे दोनों ही समृद्ध होते हैं। ज़का उल्लाह की लेखनी में भी हमें इन विचारों की झलक देखने को मिलती है। मिसाल के लिए उन्होंने यह राय रखी कि शिक्षकों के लिए यह ठीक नहीं है कि वे विद्यार्थियों को बस सुनने का निर्देश दें और उनको बोलने के लिए प्रोत्साहित ही न करें क्योंकि इससे विद्यार्थियों की प्रगति रुक जाती है। इसके अलावा, ज़का उल्लाह ने यह भी सुझाव दिया कि शिक्षक को महज़ उन बातों के बारे में बात नहीं करनी चाहिए जिनका आविष्कार उन्होंने अपने दिमाग़ में किया है। इसकी बजाय, उसे विद्यार्थियों को मौक़ा देना चाहिए कि वे उनके दिमाग़ में चल रही बातों या पढ़ाई के दौरान सीखी गयी बातों को साझा करें (ज़का उल्लाह, 1891ए, भाग 1 : 52)। ज़का उल्लाह के अनुसार, इससे विद्यार्थियों को दो तरह की तालीम के फ़ायदे मिल जाते हैं, पहला है शिक्षक द्वारा दी गयी तालीम, जो बहुत ज़्यादा नहीं होती; और दूसरा है, विद्यार्थियों द्वारा स्वाध्याय, यानी अपने प्रयास से ख़ुद को शिक्षित करने की कोशिश (ज़का उल्लाह, 1891ए, भाग 1 : 53)।

शिक्षकों के अहंकार की तरफ़ इशारा करते हुए ज़का उल्लाह ने कहा कि एक प्रकार के शिक्षक वे होते हैं जो ज्ञान का ख़ज़ाना इकट्ठा तो कर लेते हैं मगर इतने कंजूस होते हैं कि दूसरों के साथ कुछ भी बाँटना नहीं चाहते। कुछ शिक्षक चाहते हैं कि उनके ज्ञान का शाही सम्मान किया जाये। अगर उनके प्रति थोड़ी–सी भी शंका ज़ाहिर की गयी या इज़्ज़त में कमी दिखायी गयी तो वे आगबबूला हो जाते हैं। इसके बरअक्स ज़का उल्लाह ने पौधों की मिसाल देकर विनम्रता की ज़रूरत को रेखांकित किया– "अलिम (बुद्धिमान व्यक्ति) का हाल अनाज के पौधों का–सा होता है, जब ज़मीन से निकलते हैं और उनमें अनाज नहीं होता तो वे सर ऊँचा रखते हैं; लेकिन जब उनमें अनाज की बालियाँ आ जाती हैं तो वे अपना सर झुका लेते हैं" (ज़का उल्लाह, 1891ए, भाग 2 : 121)।

ज़का उल्लाह को लगा कि 'शिक्षक का दुनियादारी में लिप्त होना" खेदजनक है क्योंकि "पारलौकिक उद्देश्यों का त्याग, और दुनियादारी में लिप्त होने से शिक्षक का दिल मर जाता है"। उन्होंने कहा, "जब किसी समुदाय के शिक्षक दुनियादारी में ज़्यादा रम जाते हैं तब सुधार बेहद मुश्किल हो जाता है" (ज़का उल्लाह, 1891 बी: 79)। उन्होंने कहा कि वह व्यक्ति जो दूसरों को दुनिया में लिप्त नहीं होने की सीख देता है लेकिन ख़ुद उस दुनियादारी पर जान छिड़कता है, उसके दिल से प्रेरणा उसी तरह ग़ायब हो जाती है जैसे पानी की बूँदें किसी पत्थर से ढुलक जाती हैं। वे दूसरों को तो अल्लाह का उपदेश देते हैं लेकिन ख़ुद ही उसे भूल चुके होते हैं (ज़का उल्लाह, 1891 बी: 80)।

ज़का उल्लाह ऐसे शिक्षकों की कड़ी आलोचना करते थे जो सिर्फ़ ज्ञान बाँटते थे लेकिन ख़ुद उस ज्ञान पर अमल करने की कोशिश नहीं करते थे। कर्म से विमुख शिक्षक की हालत समझाने के लिए उन्होंने 'इंजीनियर और मज़दूर' के बीच के सम्बन्ध की मिसाल दी (ज़का उल्लाह, 1891 बी: 82)। उन्होंने कहा कि, "ज्ञान के बग़ैर किया गया काम सुधार की बजाय फ़साद ही ज़्यादा पैदा करता है" (ज़का उल्लाह, 1891 बी : 84)।

चूँकि ज़का उल्लाह के मत में शिक्षक ज्ञान के अन्वेषक और प्रवर्तक हैं, इसलिए वे बुद्धिजीवी होते हैं। इसलिए, शिक्षण के अलावा, समाज को सही और ग़लत का भेद बताना भी उनकी ज़िम्मेदारी है। लेकिन ज़का उल्लाह के दौर में शिक्षण और अकादमिक कामकाज ऐसे पेशे बन चुके थे जिसमें शामिल शिक्षक और अकादमिक व्यक्ति इस तरह की संस्थाओं

व नेटवर्कों से बँधे हुए थे जो अपना मत खुलकर व्यक्त करने की उनकी स्वायत्ता पर पाबन्दी लगाने में समर्थ थे। इसलिए उन्होंने बुद्धिजीवियों में आलोचना करने और सच बोलने की हिम्मत पर ज़ोर डाला (ज़का उल्लाह, 1891ए, भाग 1 : 485–488)।

सम्भवतः राजनीतिक सत्ताओं की गुलामी या उनके प्रभाव से मुक्त रहने वाले शिक्षकों के गर्व की प्रचलित कहानियों को ही याद करते हुए ज़का उल्लाह ने दावा किया कि– "वे शिक्षक बदतरीन (बुरे) हैं जो बादशाह के पास जाते हैं; लेकिन वे बादशाह बेहतर हैं जो शिक्षकों के पास आते हैं" (ज़का उल्लाह, 1891 बी : 81)। इसका एक अर्थ यह भी था कि अगर शिक्षक को किसी ख़ास विषय में महारत हासिल है और राज्य को उससे जुड़े किसी मामले में मशविरा चाहिए तो राज्य ही शिक्षक के पास जाये न कि शिक्षक राज्य से गठजोड़ बनाने की फ़िक्र में रहे। राज्य से दूरी बनाकर रखने की बुद्धिजीवियों की ज़रूरत पर ज़ोर देते हुए, जो अकादमिक स्वायत्तता की आधुनिक अवधारणा भी है, ज़का उल्लाह ने एक और पारम्परिक उदाहरण देते हुए आगे कहा, "क्या मस्त जंगली हाथियों ने कभी खुद को कमल के फूलों की रस्सी में जकड़ने दिया है" (ज़का उल्लाह, 1891ए : 9)।

उस समय के आम परिदृश्य पर लिखने के अलावा, ज़का उल्लाह ने मुस्लिमों की शैक्षणिक ग़ैर–बराबरी के विशिष्ट सवाल पर भी लेखनी चलायी और इसका सम्बन्ध शिक्षकों की पहल व सम्प्रभुता से जोड़ा। लेकिन, किसी अलग–थलग कारक की बजाय उन्होंने उन समस्याओं को रेखांकित किया जो सभी के सामने खड़ी थीं और इसी कारण दूसरों के साथ–साथ मुसलमानों को भी प्रभावित करती थीं। मिसाल के लिए, जैसा कि ऊपर चर्चा हुई है, जिन प्रचलित शिक्षण पद्धतियों की उन्होंने आलोचना की है उससे सभी बच्चों की तालीम प्रभावित हो रही थी और ख़ास तौर से उनकी जो पहले से ही पिछड़े हुए थे और जिनके परिवार में किसी व्यक्ति ने भी आधुनिक तालीम नहीं हासिल की थी जिससे वे उनकी कुछ मदद कर पाते। ज़का उल्लाह का कहना था कि मुसलमानों के ऐतिहासिक–मनोवैज्ञानिक श्रेष्ठता के भाव के कारण (ज़का उल्लाह, 1889 : 70) समुदाय के ज़्यादातर सदस्य आधुनिक तालीम से दूर रहते थे और इस तरह वे वंचित लोगों की श्रेणी में आ जाते थे और इस कारण उपरोक्त कारकों से वे ज़्यादा प्रभावित थे। इसी तरह, ज़का उल्लाह ने

दूसरों द्वारा सरकारी स्कूलों की तीन आलोचनाओं को उठाया, उस बारे में अपना मत रखा और उनको सुधारने के लिए सुझाव भी दिये। जैसा कि हम नीचे देखेंगे, इन सुझावों से सिर्फ़ मुस्लिम विद्यार्थियों को ही नहीं बल्कि सभी को फ़ायदा पहुँचता :

पहली शिकायत यह थी कि सरकारी स्कूलों के ज़्यादातर शिक्षक हिन्दू थे और कथित तौर पर मुस्लिम लड़कों के प्रति उनका रवैया अच्छा नहीं था (ज़का उल्लाह, 1889 : 113)।

दूसरी शिकायत यह थी कि इन स्कूलों में उपलब्ध शिक्षकों के अनुपात में विद्यार्थियों की संख्या बहुत ज़्यादा थी और इसके चलते उनको सँभाल पाना नामुमकिन था। ज़का उल्लाह के अनुसार, इन स्कूलों में विद्यार्थियों की संख्या इतनी ज़्यादा थी कि कोई भी शिक्षक उनको तभी पढ़ा सकता था अगर वह शिक्षण पद्धति में माहिर हो; इसके अभाव में वो अपना काम करने के लिए कुछ मॉनीटर (ख़लीफ़ा) नियुक्त करेगा। "जब ऐसा शिक्षक विद्यार्थियों से गणित का कोई सवाल हल करने को कहेगा तो वो कुछ चुनिन्दा विद्यार्थियों (दो या चार) के जवाबों को ही देखेगा; और इन मॉनीटरों से बाक़ी विद्यार्थियों के जवाबों को जाँचने को कहेगा" (ज़का उल्लाह, 1889 : 113–114)।

तीसरी शिकायत थी कि सरकारी स्कूलों में धार्मिक शिक्षा नहीं दी जाती थी (ज़का उल्लाह, 1889: 114)।

हालाँकि ज़का उल्लाह इस बात से सहमत थे कि शिक्षकों का मैत्रीपूर्ण रवैया तालीम की एक ज़रूरी शर्त है, लेकिन फिर भी उन्होंने मुस्लिम विद्यार्थियों के प्रति हिन्दू शिक्षकों के भेदभावपूर्ण रवैये की शिकायत से असहमति जतायी। उनका कहना था कि शिक्षक कक्षा में, जो भी बोलता है, सभी बच्चे उसे एक जैसा ही सुनते हैं। जो भी वह ब्लैकबोर्ड पर लिखता है, सभी बच्चे उसे एक जैसा ही देखते हैं (ज़का उल्लाह, 1889 : 113)। लेकिन सम्भवतः यहाँ ज़का उल्लाह एक बात भूल रहे थे कि भेदभाव और उससे भी ज़्यादा पूर्वाग्रहयुक्त मानसिकता, कहीं ज़्यादा बारीक़ या सूक्ष्म हो सकती है। यहीं नहीं, अपने उसी पाठ में दूसरी जगह ज़का उल्लाह यह मानते हैं (ज़का उल्लाह, 1889 : 113–114) कि शिक्षक के कथित निष्पक्ष रवैये, जिसे मुर्डाक 'समकालिक पद्धति' कहते हैं (मुर्डाक, 1860 : 22), के बावजूद भिन्न पृष्ठभूमियों और स्वभाव के चलते सभी विद्यार्थी पढ़ायी जा रही विषयवस्तु को एक समान ग्रहण नहीं करेंगे।

लेकिन विद्यार्थी–शिक्षक अनुपात के बाबत दूसरी शिकायत से सहमति जताते हुए ज़का उल्लाह ने यह रेखांकित किया कि किस तरह अतिरिक्त निजी ट्यूशनों और कक्षा में सभी विद्यार्थियों से सीधे संवाद करने की बजाय मॉनीटरों को नियुक्त करने से शिक्षक ज़्यादा थक जाते हैं और यह समस्या और विकराल हो जाती है। ज़का उल्लाह के अनुसार, सभी बड़े शहरों में स्कूलों के शिक्षक अक्सर शहर के रईसों के यहाँ ट्यूशन का काम करते थे और उन रईसों के लड़कों को पढ़ाने के बाद ही स्कूल पहुँचते थे। इसके चलते वे इतने थके हुए होते थे कि स्कूल में कुछ भी नहीं पढ़ाते थे और विद्यार्थियों को सिर्फ़ इधर–उधर की चीज़ें पढ़ने के निर्देश दे देते थे (ज़का उल्लाह, 1889 : 113)। ज़का उल्लाह ने यह भी माना कि इससे उन बच्चों के प्रभावित होने की सम्भावना कम थी जिनके परिवारों में कुछ लोग पहले से ही शिक्षित थे (ज़का उल्लाह, 1889 : 113–114)। इसका निहितार्थ यह है कि पहली पीढ़ी के शिक्षार्थियों पर इसका प्रभाव पड़ने की सम्भावना ज़्यादा थी।

लेकिन ज़का उल्लाह का मत था कि स्थानीय बोर्ड इन समस्याओं का निपटारा कर सकते थे। मिसाल के लिए, उनके अनुसार सबसे पहले तो स्थानीय बोर्डों को यह नियम बनाना चाहिए कि उनकी पूर्व–अनुमति के बग़ैर कोई शिक्षक किसी तरह का अतिरिक्त रोज़गार नहीं करेंगे (ज़का उल्लाह, 1889 : 114)। दूसरा, जहाँ भी लड़कों (विद्यार्थियों) की संख्या ज़्यादा थी, वहाँ स्थानीय बोर्ड को दो शिक्षक मुहैया कराने चाहिए (ज़का उल्लाह, 1889 : 114)।

जहाँ तक सरकारी स्कूलों में धार्मिक शिक्षा न दिये जाने की शिकायत थी, इसका समाधान स्कूल के नियमित घण्टों के पहले या बाद में धार्मिक शिक्षा देने के लिए एक विशिष्ट शिक्षक नियुक्त करके किया जा सकता था। उनके अनुसार, शिक्षा विभाग के अधिकारी भी इस तरह की व्यवस्था का विरोध नहीं करते। उन्होंने पंजाब का उदाहरण दिया जहाँ सरकार ने सरकारी स्कूल के आधिकारिक घण्टों के पहले धार्मिक शिक्षा देने की इजाज़त दी हुई थी। लेकिन साथ ही, ज़का उल्लाह का यह भी मानना था कि धार्मिक शिक्षा के लिए सबसे बेहतर जगह परिवार है (ज़का उल्लाह, 1889 : 114)।

ऊपर उल्लिखित सामान्य वजहों के प्रभाव के अलावा, ज़का उल्लाह ने मुस्लिमों की शैक्षणिक ग़ैर–बराबरी की एक ख़ास वजह ज़रूर बतायी।

वह थी, शिक्षा विभाग के शिक्षकों व अधिकारियों के बीच उनका नामुनासिब प्रतिनिधित्व। ज़का उल्लाह ने शिक्षा विभाग को मुस्लिम शिक्षकों (मुअल्लिम) की संख्या में कटौती का ज़िम्मेदार ठहराया। उनका कहना था कि पंजाब में पहले शिक्षा पर मुस्लिमों का एकाधिकार था लेकिन मौलवियों की संख्या को कम करने सम्बन्धी पंजाब सरकार के फ़रमान के बाद वह स्थिति उलट गयी (ज़का उल्लाह, 1889: 70)। यहाँ ये ध्यान देना ज़रूरी है कि मुस्लिमों में पिछड़ेपन के लिए हिन्दुओं को दोषी ठहराने की बजाय ज़का उल्लाह ने कुछ निश्चित औपनिवेशिक फ़ैसलों के प्रभाव का आलोचनात्मक मूल्यांकन किया जिनसे हिन्दू अधिकारियों की नियुक्तियों के मामले में ख़ास तरह के चुनाव करने में मदद मिली। इससे उस समय विकसित हो रही राजनीतिक–प्रशासनिक व्यवस्था से उनके मोहभंग का स्पष्ट पता चलता है, जिसकी बुनियादी इकाई व्यक्ति था और जिसमें किसी तरह के सामुदायिक सरोकार के लिए जगह ही नहीं थी और इसके चलते वह बहुसंख्यक हितों के ज़्यादा अनुकूल भी थी।

ज़का उल्लाह की आलोचना सिर्फ़ औपनिवेशिक शिक्षक तक सीमित नहीं थी, बल्कि उसमें वैकल्पिक उद्यमों से जुड़े शिक्षक भी शामिल थे, चाहे वे उद्यम पुनरुत्थानवादी हों अथवा आधुनिकतावादी। मिसाल के लिए, कुछ मौलवियों द्वारा एक पुनरुत्थानवादी आन्दोलन शुरू किया गया। उन्होंने देवबन्द, दिल्ली, लाहौर, बरेली, सहारनपुर आदि जगहों पर मदरसे स्थापित किये। इस मदरसों में पुरानी किताबें पुराने तौर–तरीक़ों से ही पढ़ायी जाती थीं मगर इनकी शिक्षण पद्धति, समय का प्रबन्धन और कक्षाओं की व्यवस्था अंग्रेज़ी स्कूलों जैसी थी (ज़का उल्लाह, 1889: 106)। ज़का उल्लाह इस पुनरुत्थानवादी आन्दोलन को आधुनिक काल के लिए उपयुक्त नहीं मानते थे क्योंकि उनका मानना था कि दुनिया बुनियादी रूप से बदल गयी थी (ज़का उल्लाह, 1889: 109)। दूसरी तरफ़ आधुनिकतावादी आन्दोलन था जो मुस्लिमों के लिए उनकी ही मदद से ऐसे छोटे–छोटे स्कूल खोलने का पक्षधर था जहाँ प्रारम्भिक शिक्षा अंग्रेज़ी में दी जाती थी। ज़का उल्लाह के अनुसार, इस तरह के स्कूलों की हालत देशी मक़तबों जैसी थी जो किसी शिक्षक या संस्थापक के निजी प्रयासों से चलाये जाते थे। ज़का उल्लाह ने ऐसी संस्थाओं की असफलता की कई वजहें गिनायीं। इस लेख की विषयवस्तु के हिसाब से हमारे लिए इनमें सबसे महत्त्वपूर्ण है ऐसे स्कूलों की स्थापना करने वाले शिक्षकों की

कमियाँ जो ज़का उल्लाह के हिसाब से इनकी असफलता की बड़ी वजह थीं। अगर हम ज़का उल्लाह की बात मानें तो इन स्कूलों के शिक्षक अक्सर ऐसे लोग होते थे जो ख़ुद अपनी तालीम में असफल रहे थे; या फिर ऐसे जिनको अपनी ही किसी कमी के कारण सरकारी नौकरी नहीं मिल पायी; या जिन पर उनकी गड़बड़ियों के कारण सरकारी नौकरी करने पर पाबन्दी लगी थी (ज़का उल्लाह, 1889 : 112)। इस कारण से ज़का उल्लाह को इन शिक्षकों के पढ़ाने की क़ाबीलियत पर शक था। इसके अलावा, उन्होंने यह भी बताया कि वित्तीय अनिश्चितताओं के चलते ऐसे शिक्षक अपना काम आत्मविश्वास और प्रतिबद्धता के साथ नहीं कर सकते थे (ज़का उल्लाह, 1889 : 112)।

ज़का उल्लाह ने इस भ्रामक धारणा को भी उजागर किया कि अच्छे शिक्षक कम तनख़्वाह पर भी रखे जा सकते हैं। उन्होंने कहा कि अगर ऐसा कोई बदक़िस्मत इन्सान मिल भी जाये तो न तो वह नौकरी में लम्बे समय तक टिक सकेगा और न ही वह अपना काम दिल लगाकर करेगा। ज़का उल्लाह के अनुसार, पेंशनयाफ़्ता व्यक्तियों को शिक्षक बनाना भी उचित नहीं था : "डाक विभाग से निकाले गये घोड़े घुड़सवार के काम के भी नहीं होते" (ज़का उल्लाह, 1889 : 112)।

इस नज़रिये के आधार पर ज़का उल्लाह ने शिक्षकों से अपेक्षित अच्छी आदतों की फ़ेहरिस्त पेश की (ज़का उल्लाह, 1891 बी : 89–92)। इसमें ज़का उल्लाह ने ऊपर लिखी समस्याओं को दूर करने के लिए ज़रूरी गुणों के अलावा यह भी कहा कि शिक्षकों को तालीम देने के बदले कोई वेतन नहीं लेना चाहिए; और न ही किसी अन्य प्रकार के फ़ायदे की उम्मीद करनी चाहिए। न तो उसे किसी प्रशंसा की आकांक्षा होनी चाहिए; न ही उसे विद्यार्थियों पर कोई एहसान करने की शेखी बघारनी चाहिए। ज़का उल्लाह का ये आदर्श कि शिक्षकों को बिना किसी तनख़्वाह के काम करना चाहिए हमें यह सोचने पर मजबूर करता है कि क्या ये एक वैकल्पिक व्यवस्था की ओर एक अप्रत्यक्ष या क्षीण इशारा था? क्योंकि, उनकी लेखनी में किसी क्रान्तिकारी बदलाव की बजाय जो प्रमुख स्वर हमें देखने को मिलता है वह मौजूदा व्यवस्था में ही सुधार की सम्भावना का है। इसके अलावा, हालाँकि शिष्टाचार की यह सूची महिला शिक्षकों पर भी लागू हो सकती थी, लेकिन उनकी विशिष्ट ज़रूरतें और महिलाओं की शिक्षा का एजेंडा इसका हिस्सा ही नहीं हैं।

उत्तर–पश्चिमी प्रान्त के मुरादाबाद ज़िले में बुलन्दशहर में स्कूलों की डिप्टी इंस्पेक्टरी के दौर से ही ज़का उल्लाह महिलाओं की तालीम के पैरोकार थे। इसके लिए उनको सरकार की तरफ़ से 1860 के दशक में ख़िल्लत भी नवाजा गया था। बाद में, बीसवीं सदी की शुरुआत में उन्होंने अलीगढ़ में महिलाओं की शिक्षा के लिए शेख़ उबैदुल्लाह की कोशिशों और महिला शिक्षकों के प्रशिक्षण बाबत महिला नॉर्मल स्कूल की स्थापना के लिए चन्दा जुटाने में सहयोग करने का भी फ़ैसला किया।

ज़का उल्लाह का मानना था कि कम उम्र में शादियों का चलन लड़कियों की तालीम में एक बड़ी रुकावट थी, और इसलिए किसी ऐसी व्यवस्था की दरकार थी जिससे शादी के बाद भी लड़कियाँ अपनी तालीम जारी रख सकें। इस समस्या को हल करने के लिए उन्होंने 'नॉर्मल स्कूल की व्यवस्था' में कुछ ख़ास तरह के इन्तज़ाम की बात की जिसके तहत उस्तानियाँ (महिला शिक्षक) आठ साल की लड़कियों को "थोड़ा बहुत पढ़ना और उर्दू लिखना और कुछ हिसाब करना सिखायें" और उसके बाद "नैतिकता की ऐसी शिक्षा दें जिससे कम उम्र की लड़कियाँ अपने ज़ेहन में यह बात अच्छी तरह बिठा लें कि गुनाह (इस सन्दर्भ में अवैध यौन सम्बन्ध बनाना) दोज़ख का रास्ता है" (ज़का उल्लाह, 1908 : 118–119)। ज़का उल्लाह को उम्मीद थी कि "उस्तानियों से ऐसी तालीम हासिल करने पर शादी के बाद भी, बिना उस्तानियों के ही लड़कियाँ ख़ुद को तालीम दे सकती हैं, बशर्ते उनका मिज़ाज ऐसा हो" (ज़का उल्लाह, 1908 : 119)। महिला शिक्षकों के प्रशिक्षण के समर्थन में ज़का उल्लाह के शुरुआती तर्कों की बुनियाद में लड़कियों की तालीम में पुरुषों की भूमिका और इस तरह उनके द्वारा कोई ख़राबी करने की सम्भावना को टालने की चिन्ता थी। इस प्रकार, महिलाओं की तालीम के इस नज़रिये में न सिर्फ़ पुरुष शिक्षकों द्वारा लड़कियों को तालीम दिये जाने पर पाबन्दी थी, बल्कि इसमें महिला शिक्षक तैयार करने पर ज़ोर था जो लड़कों को नहीं बल्कि सिर्फ़ लड़कियों को एक बेहतर स्त्री और बेहतर मुसलमान बनने की तालीम दें। इसके अलावा, तालीम का यह नज़रिया महज़ कुछ शुरुआती तत्त्वों तक सीमित था और एक पितृसत्तात्मक परिवार की ज़रूरतों से गहरे प्रभावित भी था। हालाँकि इसमें यह भी उम्मीद जतायी जा रही थी कि इस आधार पर, अगर कोई महिला वाक़ई ऐसा करना चाहती हो तो वह ख़ुद के प्रयासों से ज्ञान की गहराइयों का अन्वेषण कर सकेगी।

भाग 3 – गिजुभाई बधेका : शिक्षकों के बारे में विचार

बच्चे को तालीम का केन्द्रीय सरोकार बनाने की तत्परता से प्रेरित होकर गिजुभाई बधेका ने ऐसे शिक्षकों के निर्माण के तौर–तरीक़ों पर भी विचार और काम किया जो उस बाल–केन्द्रित शिक्षा के माकूल हो जिसकी परिकल्पना उन्होंने की थी। यही कारण था कि गिजुभाई के सरोकार सिर्फ़ शिक्षण पद्धतियों तक सीमित नहीं थे, बल्कि उनके दायरे में शिक्षक, उनकी पेशेवर स्थिति व विकास, सामाजिक हैसियत और प्रशिक्षण भी शामिल थे। शिक्षकों के विकास और उनकी स्थिति में सुधार को लेकर उनके विचारों में हम दो प्रवृत्तियाँ देख सकते हैं। पहला, गिजुभाई ने ख़ुद शिक्षकों के व्यक्तिगत सुधार पर ध्यान दिया, जैसे कि उनकी आदतों व स्वभाव में बदलाव, शिक्षण के प्रति प्रतिबद्धता और गर्व का भाव लाने की ज़रूरत आदि। दूसरा, इस व्यक्तिगत दृष्टिकोण से परे, उन्होंने शिक्षण के पेशे और शिक्षा विभाग की प्रशासनिक प्रक्रियाओं में संरचनागत बदलाव पर भी ज़ोर दिया। हम आगे गिजुभाई द्वारा रेखांकित उन संरचनागत कारकों को देखेंगे जो शिक्षकों की ख़राब दशा के लिए ज़िम्मेदार थे, लेकिन इसके बावजूद, इसमें बदलाव के जो सुझाव उन्होंने दिये वे ज़्यादातर सरोकार रखने वाले प्रतिबद्ध शिक्षकों और अधिकारियों द्वारा किये जाने वाले व्यक्तिगत प्रयासों के रूप में ही थे। हालाँकि ऐसा नहीं है कि गिजुभाई में संरचनागत बदलाव की दलील सिरे से ग़ायब है, लेकिन व्यक्तिगत आचरण और प्रतिबद्धता में सुधार को लेकर जो तर्क उन्होंने दिये हैं उनकी तुलना में वे कमज़ोर हैं। सम्भव है कि उनको औपनिवेशिक सरकार से यह उम्मीद नहीं थी कि वह उनके सुझाये हुए सुधार लागू करेगी। इसलिए, हम यह देखते हैं कि शिक्षा विभाग को दिये गये उनके सुझाव 'अच्छी नीयत वाले' अधिकारियों को सम्बोधित थे न कि सरकार को। यह भी ध्यान देने योग्य है कि जबकि वे औपनिवेशिक शिक्षा व्यवस्था के प्रति आलोचनात्मक रुख रखते थे और प्राचीनकाल की एक विशिष्ट समझ पर आधारित शिक्षक की एक आदर्श छवि से लगाव रखते थे, लेकिन इस पेशे में सुधार के लिए जो सुझाव उन्होंने दिये, वे परम्परावादी की बजाय आधुनिक ज़्यादा प्रतीत होते हैं। यह भी उल्लेखनीय है कि 1920 के दशक में गुजरात में दो शिक्षक–शिक्षण संस्थानों, जिनको *'अध्यापक मन्दिर'* कहा जाता है, की स्थापना में गिजुभाई का महत्त्वपूर्ण योगदान था।

गिजुभाई ने एक विशिष्ट पेशेवर समूह के रूप में शिक्षकों के विकास को पहचाना। वे यह जानते थे कि स्कूल शिक्षकों की दशा उनकी महती ज़िम्मेदारियों के अनुकूल बिल्कुल नहीं थी। वे उनकी ख़राब वित्तीय, सामाजिक और पेशेवर हैसियत के प्रति बेहद चिन्तित थे। गिजुभाई के लेखन में बार–बार शिक्षकों की ग़रीबी और इसके कारण उनकी निम्न सामाजिक हैसियत का ज़िक्र आता है। यहाँ तक कि शिक्षकों की आय को बढ़ाने के तौर–तरीक़ों पर तो उन्होंने एक पूरा अध्याय ही लिखा है (बधेका, 2006बी : 97–98)। उन्होंने इस बात पर भी अफ़सोस ज़ाहिर किया कि एक स्कूल शिक्षक की सामाजिक हैसियत पुलिस, डाक और ऐसे दूसरे सरकारी विभागों के कारिन्दों से भी नीचे थी (बधेका, 2006बी : 87) और यह भी कि सबसे ज़्यादा प्रतिभाशाली, मेहनती और ज़्यादा आय कमाने वाले लोग इस पेशे में आना नहीं चाहते (बधेका, 2006बी : 54)।

हालाँकि गिजुभाई का यह भी मानना था कि स्कूल शिक्षकों की बुरी हालत के पीछे समाज द्वारा पेशे की अनदेखी से ज़्यादा समाज के लिए अपना मूल्य साबित कर पाने में शिक्षकों की असफलता है। उन्होंने कहा कि शिक्षकों ने अपने पेशेवर विकास की ओर ध्यान न देकर ख़ुद ही अपने पेशे को गिराया है। उनका मत था कि स्कूल शिक्षकों की हालत ख़राब इसलिए थी क्योंकि वे अपने पेशे के विकास के लिए कोई क़दम नहीं उठाते थे (बधेका, 2006बी : 85)।

हालाँकि जब गिजुभाई ने शिक्षण के पेशेवर पिछड़ेपन के दूसरे आयाम पर नज़र डाली तो इसके संरचनागत कारकों पर भी रोशनी पड़ी। उनके अनुसार यह आम मान्यता कि अंग्रेज़ी जानने वाला या स्नातक डिग्री रखने वाला कोई भी व्यक्ति शिक्षक बन सकता है शिक्षण के पेशे के पिछड़ेपन की एक अन्य वजह थी। वे इसके ख़िलाफ़ थे और उनका यह पक्का मत था कि जिस तरह क़ानून, चिकित्सा या तकनीकी काम के लिए प्रशिक्षण की ज़रूरत होती है उसी तरह शिक्षक बनने के लिए भी समुचित प्रशिक्षण की आवश्यकता है। गिजुभाई के अनुसार, इस देश में शिक्षा में कोई सुधार न हो पाने का कारण यह था कि शिक्षण का काम ऐसे लोगों द्वारा किया जा रहा है जिनके पास इस पेशे का कोई प्रशिक्षण ही नहीं था (बधेका, 2006बी : 44)। उन्होंने कहा, "जब तक पूरे देश में अध्यापकों को प्रशिक्षित करनेवाली देशी संस्थाएँ स्थान–स्थान पर न चलें, वहाँ से अनगिनत शिक्षक प्रशिक्षित होकर न निकलें, तब तक न कोई शिक्षक बनने की इच्छा करे,

न ही कोई संस्था ऐसी स्थिति को जारी रखने दे, विशेष रूप से राष्ट्रीय दृष्टि से शिक्षा देने का प्रयोग करनेवाली संस्था के लिए तो ऐसा व्यवहार वर्जित होना चाहिए" (बधेका, 2006बी : 45)। जैसा कि पहले ज़िक्र किया गया है, उन्होंने ख़ुद भी शिक्षक शिक्षण संस्थाएँ स्थापित कीं और दूसरे शिक्षकों को भी इस दिशा में पहलक़दमी करने के लिए कहा" (बधेका, 2006बी : 45)।

हालाँकि इस दिशा में उन्होंने दो बाधाओं को भी चिह्नित किया। पहली, यह आम मान्यता कि शिक्षक बनने के लिए महज़ अनुभव ही काफ़ी है। इस मान्यता की आलोचना करते हुए गिजुभाई ने कहा कि अनुभव का मतलब सिर्फ़ इतना होता है कि कोई व्यक्ति कोई ख़ास काम लम्बे समय से करता रहा है। लेकिन तालीम में प्रशिक्षण के अभाव में वह कभी भी यह नहीं जान पायेगा कि वह ठीक ढंग से काम कर रहा था या नहीं। दूसरी बाधा थी, शारीरिक काम को हिक़ारत से देखने की आम प्रवृत्ति। उन्होंने कहा कि जो लोग शारीरिक काम नहीं कर सकते उनको पढ़ाने के काम से दूर ही रहना चाहिए (बधेका, 2006बी : 45–46)। शारीरिक श्रम को नीचा समझने की इस प्रवृत्ति के ख़िलाफ़ गिजुभाई की अपील के निहितार्थों को पाठक जाति व्यवस्था के सन्दर्भ में शुद्धता और अशुद्धि के ब्राह्मणवादी विचार के सन्दर्भ में रखकर भी देख सकते हैं।

स्कूल शिक्षक और राज्य के बीच के सम्बन्ध की गिजुभाई की अवधारणा या उनके नज़रिये को समझने के लिए हम उन चार मसलों की पड़ताल करेंगे जिनकी चर्चा वे अपने लेखन में करते हैं। ये इस प्रकार हैं :

1. राज्य द्वारा शिक्षा का वित्त पोषण : गिजुभाई यह मानते थे कि शिक्षक और स्कूल की वित्तीय सुरक्षा और बेहतरी के लिए ज़रूरी है कि राज्य तालीम का वित्तीय प्रबन्धन करे। उन्होंने सुझाव दिया कि शिक्षक अपने अधिकारों के लिए लड़ने के लिए संगठन बनायें। उन्होंने शिक्षकों को ऐसे सुझाव भी दिये जिससे वे अपनी भूमिका व गरिमा से कोई समझौता किये बिना अतिरिक्त आय के स्रोत बना सकते थे। उन्होंने इस बात पर बड़ा अफ़सोस ज़ाहिर किया कि अब पढ़ाने के लिए वित्तीय साधनों की व्यवस्था की ज़िम्मेदारी ख़ुद शिक्षक को ही उठानी होती है जबकि अंग्रेज़ों से पहले स्कूलों और शिक्षकों की ज़िम्मेदारी राज्य के ऊपर थी (बधेका, 2006बी : 37)। इससे यह पता चलता है कि गिजुभाई राज्य द्वारा वित्त–पोषित शिक्षक–शिक्षण और स्कूल व्यवस्था के हिमायती थे।

2. शिक्षकों व शिक्षा संस्थानों की स्वायत्तता : ज़का उल्लाह की ही तरह, गिजुभाई के लिए भी बिल्कुल स्पष्ट था कि राज्य या समाज द्वारा वित्त–पोषण का मतलब यह नहीं है कि शिक्षकों या शिक्षण संस्थाओं की स्वायत्तता में कोई कटौती हो। उन्होंने लिखा, "समाज को यह बात भी समझनी होगी कि शिक्षक को तथा शिक्षण संस्थाओं को स्वतन्त्र तथा आर्थिक दृष्टि से निश्चिन्त रखने में ही उनका श्रेय है" (बधेका, 2006बी : 37)। गिजुभाई स्कूल शिक्षा के उस केन्द्रीकृत व पदानुक्रम नौकरशाही ढाँचे के भी ख़िलाफ़ थे जिसमें शिक्षक की हैसियत सरकार के एक मामूली मुलाज़िम से ज़्यादा नहीं थी। वे शिक्षक की स्वायत्तता की हिमायत उसी तरह करते हैं जिस तरह बच्चे की स्वायत्तता की। शिक्षक की स्वायत्तता का अर्थ है कि शिक्षक के पास विद्यार्थियों के तालीम की सबसे उपयुक्त पद्धति को चुनने की आज़ादी हो, न कि वह एक ऐसे कठोर पैटर्न में बँधा हुआ हो जिसका फ़ैसला नौकरशाही द्वारा किसी ऊँचे स्तर पर किया गया है (बधेका, 2006बी:62–62 व 99–112)। स्वायत्तता का मतलब यह भी था कि शिक्षक सरकारी अधिकारियों के भय से मुक्त हों जो कि उनकी आदत ही बन गयी थी (बधेका, 2006सी:87–89)।

3. स्कूल शिक्षकों के पेशेवर विकास में शिक्षा विभाग की भूमिका : मुर्डाक की ही तरह, गिजुभाई भी यह मानते थे कि स्कूल शिक्षकों के पेशेवर विकास के लिए क़दम उठाना स्कूल शिक्षा विभाग की एक महत्त्वपूर्ण ज़िम्मेदारी थी। उन्होंने इसके लिए कुछ सुझाव भी दिये जिसमें शिक्षा सम्बन्धी साहित्य का चयन करके उन पर विभाग के अधिकारियों की टिप्पणियाँ लिखवाकर शिक्षकों के बीच हर महीने वितरित करना, पत्रिका का प्रकाशन करना और हर स्कूल में पर्याप्त किताबों व पत्र–पत्रिकाओं से सुसज्जित पुस्तकालय की स्थापना करना शामिल थे (बधेका, 2006बी : 139–40)। उनका यह भी मानना था कि शिक्षकों के पेशेवर विकास में और स्कूल के विकास में शिक्षा अधिकारी की ज़रूरी भूमिका थी। उनकी संकल्पना में प्रत्येक शिक्षाधिकारी अपने मातहत अध्यापकों का नेता, वरिष्ठ शिक्षक और शिक्षाविद् होता है और विभाग के अध्यापक उस पर निर्भर रहते हैं (बधेका, 2006बी : 140)।

4. राज्य से अपने हक़ माँगने के लिए शिक्षकों द्वारा संगठन बनाने की ज़रूरत : मुर्डाक और ज़का उल्लाह से आगे जाते हुए गिजुभाई ने कहा कि एक बार शिक्षक अपने धर्म का पालन करने लगें तो उनको

अपने सामूहिक हक़ों के लिए संगठित होने का पूरा अधिकार होगा। उनके अनुसार शिक्षा विभाग की दहशत से मुक्त होने के लिए भी संगठन बनाना ज़रूरी था (बधेका, 2006 बी : 58)। लेकिन वे इस बात पर भी पूरी तरह साफ़ हैं कि अगर शिक्षकों ने समाज के सामने अपना मूल्य साबित किये बिना वेतन बढ़ाने के लिए संगठन बनाया तो वे आम लोगों की नज़र में हँसी के पात्र ही बनेंगे (बधेका, 2006 बी : 11)।

गिजुभाई की नज़र में दूसरे पेशों से अलग शिक्षक का पेशा एक तरह का आध्यात्मिक कर्म था। इसका उद्देश्य 'सर्वसाधारण को ऐहिक (सांसारिक*) एवं परमार्थिक' लाभ पहुँचाना और उनको सशक्त बनाना था (बधेका, 2006बी : 40)। उन्होंने लिखा कि शिक्षक "समाज के नेता हैं, वे समाज के स्मृतिकार (नियम व आदर्श बनाने वाले) हैं, समाज की जीवन–डोर उन्हीं के हाथ में है और समाज में कल्याणकारी कार्य करना भी उन्हीं के हाथ में है" (बधेका, 2006बी : 22)। उन्होंने आगे कहा कि "समाज एक अँधेरे कुएँ में पड़ा सड़ रहा है। उसे वहाँ से बाहर निकालकर स्वच्छ करना और उसका कल्याण करना शिक्षाशास्त्रियों का परम धर्म है" (बधेका, 2006बी : 22)। लेकिन, इससे गिजुभाई का यह तात्पर्य नहीं था कि शिक्षक सीधे–सीधे समाज–सुधार के काम में जुट जायें (बधेका, 2006बी : 34)। उनके अनुसार, पढ़ाने का काम ही अगर ईमानदारी, प्रतिबद्धता और सामर्थ्य के साथ किया जाये तो उसी से समाज–सुधार और पुनर्निर्माण का काम भी होगा (बधेका, 2006बी : 95)।

गिजुभाई के अनुसार, शिक्षकों की तमाम ज़िम्मेदारियों में से एक महत्त्वपूर्ण ज़िम्मेदारी अस्पृश्यता को दूर करना भी था। उन्होंने लिखा, "अस्पृश्यता के सामाजिक कलंक को दूर करने तथा समाज को निर्मल बनाने के लिए समाज के नेताओं यानी शिक्षाशास्त्रियों को आगे आना होगा ...स्कूलों का भी यह प्रमुख लक्ष्य होना चाहिए कि शिक्षा के माध्यम से प्रत्येक मनुष्य को समान अधिकार प्रदान करें" (बधेका, 2006बी : 23)।

लेकिन, गिजुभाई *वर्णाश्रम* और उससे जुड़े *वर्णाश्रम* धर्म के ख़िलाफ़ नहीं थे। वे अस्पृश्यता की सामाजिक 'बुराई' के ख़िलाफ़ थे। यह सोच काफ़ी हद तक गाँधीवादी दृष्टिकोण के निकट है (और काफ़ी हद तक राष्ट्रवादी विमर्श के भी), जिसमें जाति को महज़ व्यक्तियों की अन्तर्जात क्षमता के आधार पर किया गया श्रम का विभाजन माना जाता है। यह बात नीचे उल्लिखित एक और प्रसंग से स्पष्ट होती है।

शिक्षकों को एक विशिष्ट *वर्ण* में रखते हुए गिजुभाई ने कहा, "...इस युग में हम शिक्षकों की एक नयी जाति बन रही है। यह जाति भावी युग की है पर इसका बीजांकुरण हो चुका है" (बधेका, 2006बी : 31)। इस पर और विस्तार से लिखते हुए गिजुभाई ने आगे लिखा कि जिस तरह हर जाति का अपना विशिष्ट धर्म होता है वैसे ही शिक्षकों का अपना एक विशिष्ट धर्म है जो उन्हें किसी भी क़ीमत पर निभाना चाहिए। गिजुभाई कहते हैं कि शिक्षक का धर्म चारों जातियों/वर्णों के धर्म का मिश्रण है। शिक्षकों के लिए इसके निहितार्थों को बताते हुए वे आगे लिखते हैं कि शिक्षा के महान संस्थान खोलना और उनको चलाना शिक्षक का वैश्य धर्म है। उनका क्षत्रिय धर्म है अपनी स्वतन्त्रता को समाज और राज्य के हमलों से बचाना। बच्चों की बिना भेदभाव के सेवा करना शिक्षक का शूद्र धर्म है; और पढ़ना व पढ़ाना उनका ब्राह्मण धर्म है। उन्होंने ज़ोर देकर कहा, "हम लोग एक ही साथ ब्राह्मण, क्षत्रिय, वैश्य और शूद्र हैं और इसीलिए इन चारों वर्णों के परम धर्म हमारे अपने भी धर्म हैं"। उन्होंने आगे जोड़ा कि "सेवा–बुद्धि और क्षात्र–वृत्ति (क्षत्रिय जैसी प्रवृति*)" शिक्षक के परम धर्म हैं (बधेका, 2006बी : 32)।

लेकिन यहाँ यह भी उल्लेखनीय है कि इस कथन के बावजूद कि शिक्षण के पेशे में हर जाति के श्रेष्ठ गुण शामिल हैं, गिजुभाई यह भी कहते हैं कि "अध्यापक चाहे जिस जाति का हो, पर वह ब्राह्मण है" (बधेका, 2006बी : 89)। जब हम इस कथन को उनके दूसरे कथनों के साथ रख कर पढ़ते हैं जिनमें वे यह कहते हैं कि शिक्षण सभी पेशों में सबसे उत्तम है (बधेका, 2006बी : 22 व 85) तब यह प्रतीत होता है कि ब्राह्मण जाति की श्रेष्ठता की मान्यता से वे पूरी तरह मुक्त नहीं थे। इस तरह गिजुभाई जाति को एक वैध संस्था मानते हैं और जाति पदानुक्रम में ब्राह्मण की श्रेष्ठता को भी मानते हैं। शिक्षा में समानता व स्वतन्त्रता का जो भावपूर्ण आह्वान गिजुभाई ने किया था उसमें और जाति के बारे में इस धारणा के बीच जो अन्तर्विरोध है उस पर वे आलोचनात्मक चिन्तन नहीं कर सके। जैसा कि अपेक्षित है, उनके दृष्टिकोण में जो जाति–आधारित पूर्वाग्रह निहित हैं उनकी आलोचना भी हुई है (मैकवान, 2004)।

---

* गिजुभाई के वक्तव्य उनकी अनुदित रचनाओं से लिये गये हैं। कोष्ठक में दिये शब्द मूल अनुवाद का सरल हिन्दी रूप हैं।

इसी तरह, जेंडर के सवाल पर भी गिजुभाई के विचार प्रगतिशील तत्त्वों और परम्परा द्वारा स्थापित जेंडरीकृत विभाजनों के प्रभावों का सम्मिश्रण हैं। जहाँ तक लड़कियों व लड़कों की शिक्षा और उनके पालन–पोषण का सवाल है, गिजुभाई खुलकर दोनों में समानता के पक्षधर थे। यह बेहद दिलचस्प है कि उस समय की आम प्रवृत्ति, और आधिकारिक विमर्श के विपरीत गिजुभाई लड़कियों और लड़कों के लिए अलग–अलग स्कूलों या अलग–अलग पाठ्यचर्या के बिल्कुल ख़िलाफ़ थे। उनका मानना था कि लड़कियों के लिए गणित सीखना उतना ही ज़रूरी है जितना लड़कों के लिए चित्रकारी सीखना (बधेका, 2012 : 75)। उनके द्वारा स्थापित स्कूलों में लड़कियों और लड़कों का दाख़िला बिना किसी भेदभाव के किया जाता था।

लेकिन इसका अर्थ यह भी नहीं है कि शिक्षित महिला भावी पत्नी की भूमिका में घरेलू कर्तव्यों से बाहर जा सकती है। गिजुभाई के अनुसार, शिक्षा का मक़सद है बच्चे की प्राकृतिक सम्भावना का पूर्ण विकास करना। एक बार ऐसा हो जाये, तो बच्चा उनके उपयुक्त कोई भी भूमिका निभा सकता है और लड़कियों के मामले में यह भूमिका है घरेलू पत्नी की। उनके विचार से, एक शिक्षित लड़की इस भूमिका की ज़िम्मेदारियों को सबसे बेहतर पूरा कर सकेगी।

भाग 4 – ज्योतिराव फुले : स्कूल शिक्षकों पर विचार

ज्योतिराव फुले (1827–1890) के अनुसार ब्राह्मणवाद की विचारधारात्मक सत्ता ब्राह्मणवादी शोषण से शूद्र–अतिशूद्र अवाम की मुक्ति के संघर्ष का सबसे ज़रूरी मोर्चा था। उनके अनुसार, ब्राह्मणवादी सत्ता, जो शूद्र–अतिशूद्र अवाम के दमन का मुख्य औज़ार थी, तीन स्तरों पर काम करती थी, विचारधारात्मक, आर्थिक और राजनीतिक–प्रशासनिक। उनका मानना था कि अपनी अज्ञानता के कारण शूद्र–अतिशूद्र अवाम ब्राह्मणवादी विचारधारा के भ्रामक विश्व–दृष्टिकोण में पूरी तरह डूबी हुई थी। यह विश्व–दृष्टिकोण पौराणिक कहानियों, मिथकों, अतार्किक रिवाजों और अन्धविश्वासों से फैलाया और बरक़रार रखा गया था, जो शूद्र–अतिशूद्र अवाम पर ब्राह्मणों के प्रभुत्व को सुदृढ़ करते थे। ब्राह्मणवादी विचारधारा एक ऐसी "कसी हुई व्यवस्था थी जो यह सुनिश्चित करती थी कि वे (शूद्र–अतिशूद्र अवाम) कभी भी ज्ञान हासिल नहीं कर सकें और इस तरह गुलाम ही बने रहें" (फुले, 1883 / 2002 : 163)।

इस नज़रिये से देखने के कारण फुले के लिए शूद्र–अतिशूद्र अवाम की निरक्षरता को दूर कर उनमें अपने हितों की सही पहचान करने की क्षमता विकसित करके फ़ालतू रीति–रिवाजों को ख़त्म करने के लिए, तालीम सबसे ज़रूरी हथियार था (शिन्दे, 1991 : 3)। इसके चलते ही फुले शूद्र–अतिशूद्र अवाम के बीच तालीम के प्रसार की माँग उठाने और काम करने के लिए प्रेरित हुए। ज्योतिराव और सावित्रीबाई फुले सम्भवतः पहले हिन्दुस्तानी थे जिन्होंने शूद्र–अतिशूद्र लड़कियों के लिए देश में स्कूल खोला। स्कूल चलाने के इस प्रत्यक्ष अनुभव से ही फुले औपनिवेशिक शिक्षा व्यवस्था के विभिन्न आयामों से परिचित हुए जिसमें शिक्षक से जुड़े मसले भी शामिल थे।

फुले को यह स्पष्ट पता था कि अपने ऐतिहासिक प्रभुत्व के चलते ब्राह्मण औपनिवेशिक शासन के दौरान उभरी नयी संरचनाओं और जगहों, जैसे कि शिक्षा और नौकरशाही आदि पर भी प्रभुत्व बनाने में सफल रहे हैं। लेकिन इसमें औपनिवेशिक शासन की मिलीभगत को उन्होंने अनदेखा नहीं किया। उनका मानना था कि औपनिवेशिक नीति 'रिसाव के सिद्धान्त' (Downward Filtration Theory) पर आधारित थी जिसमें समाज के अभिजात या ऊपरी तबक़े जैसे कि ब्राह्मणों को ही शिक्षित करने पर ज़्यादा ज़ोर था। लेकिन ये तबक़े नीची/पिछड़ी जातियों के बीच ज्ञान और शिक्षा का प्रसार नहीं करते थे। इसका एक कारण था उनका जातिगत पूर्वाग्रह, लेकिन दूसरा व ज़्यादा महत्त्वपूर्ण कारण था उनका यह भय कि इससे उनकी विशिष्ट स्थिति और शूद्र–अतिशूद्र अवाम पर उनका परम्परागत प्रभुत्व ख़तरे में पड़ जायेगा। फुले ने यह भी कहा कि औपनिवेशिक शिक्षा नीति अन्यायपूर्ण थी क्योंकि जहाँ शिक्षा के लिए पैसा शूद्र–अतिशूद्र अवाम की मेहनत से आता था वहीं उनके ख़र्च से उनको कोई फ़ायदा होने की बजाय सिर्फ़ अभिजात वर्ग का ही फ़ायदा होता था (फुले, 1873/2002 : 33–81)।

फुले स्कूल शिक्षकों से जुड़े विभिन्न मसलों को लेकर बेहद गम्भीर थे, जैसे कि शिक्षकों की सामाजिक पृष्ठभूमि और नीची/पिछड़ी जाति के विद्यार्थियों से उनके सम्बन्ध, उनका प्रशिक्षण और पाठ्यचर्या का वह ज्ञान जो उनको कथित तौर पर स्कूलों में प्रसारित करना होता था। उन्होंने इन सभी मुद्दों की बारीक़ पड़ताल की और एक विकल्प भी विकसित किया जिसकी चर्चा नीचे की गयी है।

फुले ने इस बात का खुलासा किया कि किस तरह ब्राह्मणों ने ब्रिटिश भारत में शिक्षा समेत समूचे प्रशासन पर एकाधिकार जमा लिया था

और वे शूद्र–अतिशूद्र अवाम के साथ कितना बुरा सलूक करते थे। '*विद्याखट्यातिल ब्राह्मण पंतोजी*' (*शिक्षा विभाग में ब्राह्मण शिक्षक*) नाम के अपने पावड़े (*मराठी गीत–कविता*) में फुले एक ब्राह्मण शिक्षक की साज़िश का भाँडाफोड़ करते हैं जो अपनी धार्मिक सत्ता और (शिक्षक के तौर पर) प्रशासनिक सत्ता का इस्तेमाल करके न सिर्फ़ शूद्र–अतिशूद्र बच्चों को शिक्षा से वंचित करता है बल्कि उन बच्चों में पढ़ाई–लिखाई की अभिरुचि के बारे में अपने वरिष्ठों को भी भ्रामक जानकारी देता है (फुले, 1869; ओ'हैन्लॉन में उद्धृत; 1985 : 213–14)।

फुले के अनुसार, अगर ब्राह्मण शूद्र–अतिशूद्र विद्यार्थियों को कोई तालीम देते भी थे तो वह दोयम दर्जे की तालीम होती थी जो उनको अज्ञानता में बनाये रखने के लिए ही रची गयी थी और इस तरह औपनिवेशिक शासन में किसी तरह की आर्थिक–सामाजिक प्रगति की सम्भावना को कमज़ोर करती थी। 'शेतकर्याचा असूड' (किसान का कोड़ा : 1883) में फुले ने लिखा, "आर्य भट्ट और ब्राह्मण शूद्र किसानों के बच्चों को अपने संस्कृत स्कूलों में नहीं दाख़िल करते हैं, बल्कि प्राकृत मराठी स्कूलों में दाख़िल करते हैं...और उनको महज़ कुछ बुनियादी अक्षर, गणित, मोड़ी (एक लिपि जिसमें मराठी लिखी जाती है), कपट व झूठ से भरे पुराणों से जुड़े कुछ प्राकृत श्लोक, और कुछ गीत या लावणी (महाराष्ट्र और आसपास के इलाक़े में प्रचलित एक तरह की नृत्य–गायन शैली) सिखाते हैं–बस इतना कि वे ऐसी चीज़ें लिखने लगें। वे ब्राह्मण शिक्षक, इनको इतना ज्ञान भी नहीं देते कि ये अपने घर का हिसाब–किताब कर सकें। इस तरह वे (शूद्र–अतिशूद्र बच्चे) मामलेदार के दफ़्तर में एक बाबू भी कैसे बन सकेंगे?" (फुले, 1883 / 2002 : 121–22)।

फुले को यह अच्छी तरह से मालूम था कि अपनी सामाजिक पृष्ठभूमि, जातिगत पूर्वाग्रह और ऊँच–नीच की मानसिकता के कारण ब्राह्मण शिक्षक शूद्र–अतिशूद्र बच्चों को बेहतर तालीम दे ही नहीं सकते (फुले, 1883 / 2002 : 163)। *हंटर कमीशन को सम्बोधित प्रतिवेदन* में फुले कहते हैं कि ऐसे शिक्षक शूद्र–अतिशूद्र बच्चों की 'ज़रूरतें व इच्छाएँ' समझते ही नहीं हैं क्योंकि उनके 'धार्मिक पूर्वाग्रह' उनको निचली जातियों के बच्चों के साथ घुलने–मिलने से रोकते हैं (फुले, 1882 / 1884 : 142)। साथ ही, फुले उनको 'अव्यवहारिक व्यक्ति' मानते थे जो विद्यार्थियों में 'कामचोरी की आदतें' और 'अपने पारम्परिक या स्वतन्त्र काम की बजाय' सरकारी नौकरी की चाहत पैदा

करते थे (फुले, 1882 / 1884 : 142)। फुले ने इस तथ्य को भी रेखांकित किया कि ब्राह्मण उत्पादक ख़ुद श्रम से कटे हुए थे और शिक्षक के रूप में वे अपने विद्यार्थियों में यही अलगाव पनपा सकते थे। उनका मत था कि इससे ज्ञान व तकनीकी नवाचार में भी बाधाएँ आयीं क्योंकि सैद्धान्तिक ज्ञान और शिक्षा के दरवाज़े निचली जातियों के लिए कसकर बन्द रखे गये थे। इस तरह ब्राह्मणवाद की वजह से एक तरह से पूरा देश ही पिछड़ गया (फुले, 1883 / 2002 : 175)।

फुले ने प्राथमिक स्कूलों की संख्या में बढ़ोतरी की माँग उठायी ताकि स्कूल हर शूद्र–अतिशूद्र बच्चे की पहुँच में आ सके और औपनिवेशिक शिक्षा का जो अभिजातीय झुकाव था वह भी दूर हो सके। इस मामले वे बिल्कुल साफ़ थे कि तालीम का प्रसार मूलभूत तौर पर सरकार की ज़िम्मेदारी थी और मिशनरियों समेत अन्य निजी प्रयास इसके लिए पर्याप्त नहीं थे। इसकी उन्होंने दो वजहें बतायीं। पहली, इतने बड़े पैमाने पर स्कूल चलाने के संसाधन सिर्फ़ सरकार ही मुहैया करा सकती थी। दूसरी, देश में मौजूद विभिन्न राष्ट्रीयताओं व धार्मिक मतों की मौजूदगी के मद्देनज़र 'निष्पक्षता की भावना' बरक़रार रखना भी ज़रूरी था (फुले, 1882 / 1884 : 144)। उन्होंने यह भी सलाह दी कि "विद्यार्थियों को दिये जाने वाले पुरस्कारों व वजीफ़ों से और शिक्षकों को विद्यार्थियों की संख्या पर आधारित व अन्य क़िस्म के भत्ते देने से सरकारी स्कूलों के बेहतर होने की सम्भावना बनेगी" (फुले, 1882 / 1884 : 143)। यह बात उल्लेखनीय है कि प्राथमिक शिक्षा तक 'सार्वभौमिक पहुँच की पहली स्पष्ट और बारीक़ बात' फुले के लेखन में ही देखने को मिलती है न कि सरकारी नीतिगत विमर्श या उच्च जातियों के नेतृत्व में चलाये जा रहे समाज–सुधार के विमर्श में (नरेगल, 2001 : 99)।

स्कूलों के विस्तार से ही अभिन्न रूप से जुड़ी माँग थी 'खेतिहर वर्गों' से शिक्षक नियुक्त करने की माँग। जैसा कि फुले ने शिक्षा आयोग को लिखे अपने ज्ञापन में कहा, "प्राथमिक स्कूलों के शिक्षक, यथासम्भव खेतिहर वर्गों से ही प्रशिक्षित किये जाने चाहिए" (फुले, 1882 / 1884 : 142)। उनके मत में इस तरह की नीति से निचली जातियों की शिक्षा पर कई तरह से सकारात्मक प्रभाव पड़ेगा। पहला, शूद्र–अतिशूद्र परिवारों के विद्यार्थियों के प्रति भेदभाव न करके ये शिक्षक "अवाम पर ज़्यादा बेहतर प्रभाव डाल सकेंगे"। दूसरा, ये शिक्षक "हल की मूठ या बढ़ई का बसुला

थामने में शर्म नहीं महसूस करेंगे" (फुले, 1882 / 1884 : 142)। तीसरा, चूँकि ये शिक्षक "अपनी जाति की समस्याओं के प्रति सचेत होंगे इनमें छोटे–छोटे शूद्र–अतिशूद्र बच्चों में सीखने के आनन्द को पुष्पित–पल्लवित करने का जुनून होगा" (फुले, 1882 / 1884: 92)। ब्राह्मण शिक्षकों की तुलना में, जो निचली जातियों के बच्चों से बचते थे और उनको पढ़ने–लिखने से हतोत्साहित करते थे, शूद्र–अतिशूद्र जातियों के शिक्षक ऐसे बच्चों को 'सीखने के आनन्द को अनुभव करने में' सक्षम बनायेंगे और "ये बच्चे फ़ालतू के खेल खेलने की बजाय गाँव में अपने शिक्षक से और ज़्यादा सीखने के लिए लालायित होंगे" (फुले, 1873 / 2002 : 96)।

इस सन्दर्भ में यह सवाल उठाया जा सकता है कि क्या फुले यह माँग रख रहे थे कि निचली जातियों के लिए सिर्फ़ उन्हीं जातियों के शिक्षक होने चाहिए? एक तरह से देखें तो वे यही माँग कर रहे थे। जैसा कि ऊपर चर्चा की जा चुकी है, उनकी नज़र में शूद्र–अतिशूद्र बच्चों के लिए वैसी ही जातियों के शिक्षक होने के कई फ़ायदे थे। लेकिन, यह भी ध्यान देना ज़रूरी है कि फुले अलग–अलग जातियों के लिए अलग–अलग शिक्षकों की माँग नहीं उठा रहे थे। फुले के लिए जो बात महत्त्वपूर्ण थी वह थी सिखाने वाले और सीखने वाले की साझा सामाजिक–सांस्कृतिक पृष्ठभूमि और साथ ही ज़िन्दगी, शोषण व हाशियाकरण और संघर्षों के साझा अनुभव। फुले की शैक्षणिक दृष्टि में इस साझी पृष्ठभूमि का ज़बरदस्त शिक्षाशास्त्रीय मूल्य है। मोटे तौर पर कहें तो यही वह बिन्दु है जो सभी शूद्र–अतिशूद्र जातियों के एक ढीले–ढाले वर्ग को ब्राह्मणों के बरअक्स खड़ा करता है जिनको फुले शासक वर्ग के रूप में देखते हैं।

यह फुले द्वारा किये गये एक महत्त्वपूर्ण शिक्षाशास्त्रीय नवाचार को भी सामने लाता है। इस बात पर ज़ोर देकर कि शिक्षकों की सामाजिक पृष्ठभूमि भी निचली जातियों के विद्यार्थियों जैसी ही होनी चाहिए और शिक्षकों को शारीरिक श्रम से कोई हिचक नहीं होनी चाहिए, वे शिक्षकों व विद्यार्थियों के बीच के वर्गीकरण को ही चुनौती देते हैं। फुले का मानना था कि ब्राह्मण शिक्षकों से अलग, शूद्र–अतिशूद्र शिक्षक निचली जाति के विद्यार्थियों से खुद को श्रेष्ठ नहीं मानेंगे क्योंकि उनकी ज़िन्दगी, अनुभव और सामाजिक स्थिति अलग–अलग नहीं होगी। इससे शिक्षकों के लिए यह सम्भव होगा कि वे अपने विद्यार्थियों को उनकी सामाजिक परिस्थितियों पर आलोचनात्मक दृष्टि डालने की इजाज़त दें और शिक्षकों से बना–बनाया

ज्ञान लेने की बजाय अपना मत सचेत होकर निर्धारित करें (रेजी, 2010)। फुले का वर्गीकरण से मुक्त नज़रिया उनकी किताबों में भी दिखता है– उनकी ज़्यादातर किताबें दो व्यक्तियों के बीच संवाद के रूप में लिखी गयी हैं। इस तरह, फुले के नज़रिये में शिक्षण एकालाप नहीं बल्कि एक रचनात्मक संवाद और सत्य की खोज है जो रैडिकल सामाजिक कार्यवाही के लिए बुनियाद प्रदान करता है (बगाडे, 2014)।

स्कूल शिक्षक की सामाजिक पृष्ठभूमि पर दिया गया ज़ोर और शारीरिक श्रम की क्षमता के सन्दर्भ का पाठ्यचर्यागत ज्ञान के सामाजिक चरित्र से भी क़रीबी जुड़ाव है। फुले के लिए तालीम महज़ बुनियादी क़िस्म की साक्षरता नहीं थी, उनका मानना था कि शूद्र–अतिशूद्र बच्चों को "अच्छी शिक्षा दी जानी चाहिए, जो उनको अच्छे और बुरे में भेद करना सिखाये" (फुले, 1873 / 2002 : 94)। इसका एक निहितार्थ यह भी था कि शिक्षा ब्राह्मणवादी विचारधारात्मक तन्त्र की सच्चाई और उनके झूठ के बीच फ़र्क़ कर पाने की क़ाबिलियत पैदा करे। यह अपनी अन्तर्वस्तु में एक आलोचनात्मक तालीम थी जो विद्यार्थियों को उनकी गुलामी के बारे में सचेत करती थी और ब्राह्मणवादी प्रभुत्व को चुनौती देने के लिए उनकी चेतना को विकसित करती थी (बगाडे, 2014)। यह किस तरह की तालीम थी इसकी झलक 14 साल की *मांग* जाति की बालिका मुक्ताबाई में मिलती है जो फुले द्वारा स्थापित स्कूल में पढ़ती थी। मांगों व महारों की हालत बयान करते हुए लिखे गये एक लेख में मुक्ताबाई ने ब्राह्मण धर्म के दोहरे मापदण्डों व उनकी क्रूरता और ब्राह्मणवादी पेशवा राज की तानाशाही के बारे में विस्तार से लिखा और उनकी तुलना ब्रिटिश राज में 'अस्पृश्यों' की तुलनात्मक रूप से आज़ाद स्थिति से की (कीर, 2013: 41)। यह लेख एक अतिशूद्र बालिका के लिए शानदार वैचारिक उपलब्धि थी क्योंकि तालीम हासिल करने से वो "सामाजिक वर्गीकरण के सबसे पवित्र व्यक्ति पर सवाल उठा सकती थी, और उस व्यक्ति के 'ज्ञान' और 'सत्ता' को खुलकर चुनौती दे सकती थी" (चक्रवर्ती, 2013 : 75)।

फुले के पाठ्यचर्यागत विचारों का एक और महत्त्वपूर्ण आयाम था उत्पादक व सामाजिक काम को पाठ्यचर्या से जोड़ने पर बल देना। इस प्रकार, शिक्षा आयोग को दिये अपने ज्ञापन में उन्होंने मशविरा दिया कि 'शिक्षण के पाठ्यक्रम' में अन्य अकादमिक विषयों के साथ–साथ कृषि, स्वच्छता और तकनीकी शिक्ष। को भी शामिल किया जाना चाहिए।

इससे भी ज़्यादा महत्त्वपूर्ण यह बात थी कि यही सुझाव शिक्षक–शिक्षण के पाठ्यक्रम के सम्बन्ध में भी दिया गया। यह महज़ पाठ्यचर्या में 'कौशल प्रशिक्षण' को शामिल करने की अपील नहीं थी बल्कि उत्पादक काम को पाठ्यचर्यागत ज्ञान का केन्द्रबिन्दु बनाने की अपील थी (सद्गोपाल, 2016)। यह उस ब्राह्मणवादी ज्ञान से बिल्कुल अलग था जो उत्पादक के शारीरिक काम को हिक़ारत से देखता था।

फुले स्कूल शिक्षक–शिक्षिकाओं की सामाजिक पृष्ठभूमि, पाठ्यचर्यागत ज्ञान और शिक्षाशास्त्र के अलावा, शिक्षक–शिक्षिकाओं के प्रशिक्षण, वित्तीय सुरक्षा और सामाजिक स्थिति के प्रति भी चिन्तित थे। शिक्षा आयोग को दिये अपने ज्ञापन में उन्होंने कहा कि "अप्रशिक्षित शिक्षक अगर कुशल नहीं हैं तो उनको हटाकर प्रशिक्षित व कुशल शिक्षकों की भर्ती की जानी चाहिए। शिक्षकों के पद पर बेहतर लोगों को लाने के लिए और शिक्षकों की हालत सुधारने के लिए बेहतर वेतन दिया जाना चाहिए..." (फुले, 1882/1884 : 143)।

शिक्षकों के मामले में जहाँ तक जेंडर का सवाल है, फुले इस सन्दर्भ में कोई अलग राय नहीं देते। लेकिन इस लेख के सन्दर्भ में महत्त्वपूर्ण बात यह है कि फुले ने लड़कियों व लड़कों के लिए अलग पाठ्यचर्या की बात नहीं की और न ही उनके लिए अलग स्कूलों की या शिक्षकों की माँग उठायी। फुले द्वारा लड़कियों के लिए स्कूल खोलने का सबब यह नहीं था कि वे लड़के–लड़कियों की अलग–अलग तालीम की हिमायत करते थे। बल्कि उनकी यह मान्यता थी कि लड़कियों की शिक्षा लड़कों से भी ज़्यादा ज़रूरी थी (कीर, 2013 : 23)। यहाँ यह उल्लेखनीय है कि सावित्रीबाई, जो ख़ुद एक शिक्षिका थीं और फुले द्वारा निचली जातियों की लड़कियों के लिए स्थापित स्कूल की हेडमास्टर भी बनीं, के साथ मिलकर उन्होंने भारत में निचली जातियों की महिला शिक्षकों की पहली पीढ़ी के निर्माण में महत्त्वपूर्ण भूमिका निभायी।

उपसंहार

शिक्षा की पूर्व–आधुनिक विसरित देशज व्यवस्थाओं से अलग उपनिवेशवाद और आधुनिकता ने एक विस्तृत इलाक़े और शिक्षकों की बड़ी संख्या के लिए शिक्षण के तौर–तरीक़ों और शिक्षण पद्धतियों के एकरूपीकरण और मानकीकरण का पहला ऐतिहासिक सन्दर्भ सामने रखा। इस प्रक्रिया को

और इससे जुड़े शिक्षक सम्बन्धी विमर्श को अनेक एजेंसियों व प्रतिभागियों ने आगे बढ़ाया। इनके ज़ोर और सरोकार अक्सर मिलते–जुलते और कभी–कभार अलग–अलग भी थे। मिसाल के लिए, औपनिवेशिक राज्य शिक्षकों का प्रशिक्षण और नियमन सुनिश्चित करना चाहता था, क्योंकि नियन्त्रण की अनुपस्थिति को वह व्यवस्था के लिए एक सम्भावित ख़तरे के रूप में देखता था। इसके अलावा, अगर उसकी मंशा ख़ुद को एक कथित तौर पर निरक्षर समाज में ज्ञान और प्रबोधन के झण्डाबरदार के रूप में प्रस्तुत करने की थी, तो उसके लिए ज़रूरी था कि वह पहले से मौजूद स्थितियों की आलोचना करे। यह व्यवस्था को वैध बनाने के लिए भी ज़रूरी था। इसीलिए, हिन्दुस्तानी परम्पराओं की उनकी इस आलोचना के साथ–साथ तत्कालीन देशज संस्थाओं के शिक्षकों को समुचित प्रशिक्षण के बाद नयी व्यवस्था में शामिल करने का विमर्श भी मौजूद था, क्योंकि यह औपनिवेशिक राज्य को उस क्षेत्र में भी अपना नियन्त्रण स्थापित करने का मौक़ा देता था जो उस समय तक स्वायत्त था।

दूसरी तरफ़, शिक्षा से जुड़े ईसाई मिशनरी भी शिक्षक–प्रशिक्षण की माँग का दबाव बनाते रहे और इसके लिए तरह–तरह की योजनाएँ भी बनाते रहे। देशज शिक्षा की जो छवि उन्होंने पेश की उसके अनुसार इसमें अभद्रता और अनैतिकता व्याप्त थी और इस आधार पर मिशनरी उसकी कड़ी निन्दा करते थे। साथ ही, वे सरकारी स्कूलों में धार्मिक शिक्षा की अनुपस्थिति और इसके चलते नैतिक शिक्षा की ग़ैर–मौजूदगी पर अफ़सोस भी प्रकट करते थे। मिशनरियों ने शिक्षक–प्रशिक्षण के लिए एक ज़ोरदार अभियान छेड़ दिया। उनके हिसाब से मूर्तिपूजकों के देश में ऐसा करना और भी ज़रूरी था ख़ासतौर से ऐसे दौर में जब शैक्षणिक संस्थाओं के विशाल नेटवर्क खड़े किये जा रहे थे और निरीक्षण व निगरानी की एक आधिकारिक व्यवस्था स्थापित की जा रही थी। मिशनरी शिक्षाविदों ने सिर्फ़ प्रचलित स्थितियों का मूल्यांकन और उनकी आलोचना ही नहीं की, बल्कि शिक्षकों के लिए लिखी मैनुअलों की शक्ल में अपने सुझाव भी सामने रखे। जैसा कि हमने मुर्डाक की किताब के मामले में देखा, ऐसे कुछ मैनुअल सरकारी व्यवस्था में जगह बनाने में भी कामयाब हुए।

यह सही है कि अगर सिर्फ़ शिक्षा पद्धति के नज़रिये से देखा जाये तो मुर्डाक के मैनुअल मुख्यधारा की अनुशासनात्मक शिक्षण कार्य प्रणालियों या औपनिवेशिक शिक्षण पद्धति से बहुत अलग नहीं थे।

इसके बावजूद, 'अस्पृश्य' जातियों समेत हाशिये पर धकेले गये तमाम सामाजिक समूहों के बीच काम करने की तत्परता मिशनरियों की एक महत्त्वपूर्ण नयी विशेषता थी। उनकी एक दूसरी महत्त्वपूर्ण विशेषता थी हिन्दुस्तान की परम्पराओं के प्रति आलोचनात्मक रुख़ जो उनको यथास्थिति के समर्थकों से अलग करती थी।

एक तर्क यह भी रहा है कि मिशनरी सेकुलर शिक्षा के क्षेत्र में इस मान्यता के साथ दाख़िल हुए कि इससे हिन्दुओं और मुसलमानों को उनके धर्म से डिगाने में मदद मिलेगी; और यह ईसाई मत में उनके धर्मान्तरण की दिशा में पहला क़दम होगा। यह दीगर बात है कि मिशनरियों के दख़ल से हिन्दुओं व मुसलमानों में प्रतिक्रिया की एक प्रवृत्ति का उभार हुआ और इसके चलते यह ज़रूरी नहीं कि सेकुलर शिक्षा के वही नतीजे निकले हों जैसा मिशनरी चाहते थे (संजय सेठ, 2007)। लेकिन साथ ही, यह भी नहीं मान लेना चाहिए कि सभी मिशनरियों को सेकुलर मत इस वजह से उचित लगा कि हिन्दुओं व मुसलमानों को उनके धर्म से डिगाने में उसका तात्कालिक महत्त्व था। इसकी बजाय उनको समस्या इस बात से हुई कि सेकुलर शिक्षा लोगों को नास्तिक बना रही थी। मिसाल के लिए, मुर्डाक का भरोसा धार्मिक शिक्षा पर बना रहा और वे यह मानते थे कि अगर ईसाई धर्म की शिक्षा देना सम्भव न हो तो सेकुलर शिक्षा की बजाय हिन्दू व इस्लाम धर्म की शिक्षा देना ही उचित होगा (विकास गुप्ता, 2018 : 109–128)।

इसके साथ ही, मुर्डाक का यह भी मानना था कि राज्य को ऐसे धर्म की तालीम नहीं देनी चाहिए जिसके लिये करदाताओं ने पैसा नहीं दिया है। असल में, मुर्डाक ने सीलोन (श्रीलंका) के नॉर्मल शिक्षक–प्रशिक्षण स्कूल के हेडमास्टर के पद से इस्तीफ़ा दिया ही इसलिए था कि वहाँ के सरकारी स्कूलों में बाइबिल पढ़ना अनिवार्य था जबकि वहाँ के ज़्यादातर बाशिन्दे जिन पर सरकार कर लगाती थी और जिनके पैसे को शिक्षा पर ख़र्च किया जाता था, उनको ईसाई धर्म में विश्वास नहीं था। हालाँकि, जब वे भारत आये तो उन्होंने अनुदान व्यवस्था (grant-in-aid system) के मातहत ही काम किया जिसमें सभी धार्मिक समुदायों को अपने स्कूल खोलने की अनुमति थी और दूसरे धर्मों को मानने वालों के लिए धार्मिक शिक्षा की कक्षाओं में जाना उनकी इच्छा पर निर्भर था। राज्य ने धर्म से नाता बनाये रखा था क्योंकि वह धार्मिक शिक्षा देने वाले स्कूलों को वित्तीय

अनुदान देता था, लेकिन इसमें बराबरी की नीति अपनायी गयी थी। इस तरह, धार्मिक शिक्षा में राज्य की भूमिका को लेकर मुर्डाक की बुनियादी समस्या का निराकरण तो हुआ लेकिन एक सीमा तक ही (विकास गुप्ता, 2018 : 102–109)। इस तरह, औपनिवेशिक नीति राजनीतिक अर्थ में तो सेकुलर थी क्योंकि वह धार्मिक निष्पक्षता के सिद्धान्त पर आधारित थी। लेकिन यह औपनिवेशिक नीति उस तर्कवादी दर्शन के सन्दर्भ में देखने पर सेकुलर प्रतीत नहीं होती जो लौकिक परिघटनाओं और सामाजिक विभेदों के कारण के तौर पर 'ईश्वरीय इच्छा' की व्याख्या को पूरी तरह ख़ारिज करता है।

ज़का उल्लाह ख़ास तौर से उन शिक्षकों की बड़ी निर्मम आलोचना करते हैं जो 'पारलौकिक' ज्ञान की तालीम के लिए ज़िम्मेदार थे। एक स्तर पर ये अनुदान प्राप्त या निजी स्कूलों के मॉडल की ही आलोचना थी जिसमें धार्मिक तालीम देने वाले व्यक्ति यह काम वेतन जैसे भौतिक फ़ायदे के आकर्षण से करते थे। लेकिन एक अलग स्तर पर यह भी प्रतीत होता है कि उनकी आलोचना के निशाने पर सिर्फ़ धार्मिक ज्ञान के प्रसार का आधुनिकतावादी मॉडल ही नहीं था। उनकी नज़र में ज्ञान वह औज़ार था जिससे इन्सान की ज़िन्दगी के सबसे बड़े उद्देश्य को हासिल किया जा सके इस जीवन में भी और उसके बाद भी। इसलिए उनका मानना था कि धार्मिक शिक्षा के प्रसार को पूरी तरह से शिक्षक के भौतिक सरोकारों पर नहीं छोड़ देना चाहिए क्योंकि इसके लिए एक अन्दरूनी प्रेरणा की ज़रूरत होती है। यही वजह थी कि जब उन्होंने यह आलोचना की कि 'पारलौकिक' ज्ञान को 'इहलौकिक' मक़सद से दिया जा रहा है तो उन्होंने किसी ख़ास धार्मिक समुदाय (मसलन, हिन्दुओं के विभिन्न सम्प्रदाय, मुसलमान या ईसाई आदि) की शिक्षा व्यवस्था को निशाना नहीं बनाया बल्कि इसे सीखने–सिखाने के समग्र आधुनिकतावादी नज़रिये की आलोचना की तरह पेश किया। ज़का उल्लाह का मानना था कि इस व्यवस्था की बुनियादी गड़बड़ी यह है कि शिक्षक किसी आन्तरिक प्रेरणा से ज्ञान नहीं देते बल्कि वेतन जैसे भौतिक ईनाम की वजह से ऐसा करते हैं।

ऐसे में, इस मसले पर ज़का उल्लाह के लेखों में जो सामान्य नज़रिया, जो आदर्श साफ़–साफ़ झलकता है, वो औपनिवेशिक काल में स्थापित हुए शिक्षकों के मॉडल से बुनियादी तौर पर अलग है, चाहे सरकारी स्कूलों में अथवा उस दौर में प्रचलित दूसरी तरह के संस्थानों में।

इसके बावजूद, ज़का उल्लाह ने इतिहास की तरफ़ लौटने का कोई शंखनाद नहीं किया। अपनी आलोचना लिखते समय उन्होंने विकल्प पर उतना ध्यान नहीं दिया है सिवाय कुछ शिष्टाचारों की बात करने के जिनको बनाये रखने की अपेक्षा वे शिक्षकों से करते थे। यहाँ तक कि शिक्षकों के वेतन और दूसरी सेवा शर्तों को लेकर उन्होंने गहरी चिन्ताएँ भी व्यक्त कीं। बल्कि कर्जन की नीतियों में शिक्षक–प्रशिक्षण, सेवा–शर्तों, स्कूली शिक्षा के माध्यम के रूप में देशज भाषा का इस्तेमाल, और चुनिन्दा लोगों के लिए उच्च शिक्षा की बजाय आम जनता के लिए प्रारम्भिक शिक्षा को तरजीह देने के उनके अनेक विचारों की पुष्टि ही हुई (ज़का उल्लाह, 1907)।

इसके बावजूद, तत्कालीन शिक्षक की उनकी आलोचना और एक आदर्श विकल्प की रूपरेखा में पूर्व–आधुनिक दौर के शैक्षणिक इतिहास की एक ख़ास समझ का प्रभाव साफ़ झलकता है। कई बार तो उन्होंने आधुनिक विचारों को भी परम्परागत प्रतीकों से ही पुष्ट किया।

ऐसे में हम यह कह सकते हैं कि जो भी बदलाव ज़का उल्लाह चाहते थे, उनकी समझ में वह उस समय प्रचलित आधुनिकता और उदारवाद के ख़ाके में सम्भव था। इसकी एक वैकल्पिक व्याख्या, जिसकी सम्भावना भी ज़्यादा प्रतीत होती है, यह हो सकती है कि हालाँकि ज़का उल्लाह शिक्षण के एक अलग नज़रिये के हिमायती थे जिसकी गूँज उनके लेखन में अक्सर सुनाई पड़ती थी, उनको यह लगता था कि सुधार के सुझाव उसी हद तक देने में बुद्धिमानी है जिस हद तक वे मौजूदा व्यवस्था में सम्भव हो सकें।

इसके बावजूद, दिलचस्प बात यह है कि शिक्षण की कार्य प्रणालियों व पद्धतियों पर ज़का उल्लाह द्वारा की गयी चर्चा में ग़ैर–बराबरी का सवाल बार–बार उठता है, ख़ास तौर से ग़रीबी और अमीरी के सन्दर्भ में, पहली पीढ़ी के शिक्षार्थियों और परम्परागत तौर पर शिक्षित परिवारों के सन्दर्भ में, अंग्रेज़ी और देशज भाषाओं के सन्दर्भ में और मुसलमानों व अन्य समूहों के सन्दर्भ में। यह सही है कि वे अलीगढ़ आन्दोलन से क़रीब से जुड़े हुए थे जिसका उच्च शिक्षा के सन्दर्भ में एक विशिष्ट क़िस्म का फ़ोकस था। लेकिन जहाँ तक स्कूली शिक्षा की बात है, यह प्रतीत होता है कि वे सामान्य संरचनागत स्तर पर सीखने–सिखाने सम्बन्धी समस्याओं का हल ढूँढ़ने के पक्ष में थे, न कि कुछ चुनिन्दा लोगों के लिए ख़ास क़दम उठाने के पक्ष में। वे विशिष्ट समूहों या समुदायों के लिए स्कूली शिक्षा के

विशिष्ट उपायों के ख़िलाफ़ थे, हालाँकि स्त्रियों की शिक्षा के मामले में वे अपने इस रुख़ से समझौता भी कर लेते हैं।

ज़का उल्लाह यह नहीं मानते थे कि शिक्षक किसी विद्यार्थी के ख़िलाफ़ जानबूझकर कोई भेदभाव करते हैं। ज़का उल्लाह ने शारीरिक दण्ड, रट्टेबाज़ी, निजी ट्यूशन और मॉनीटर नियुक्त करने की परिपाटियों को रेखांकित करते हुए शिक्षण के तत्कालीन तौर–तरीक़ों के बारे में आलोचनात्मक स्वर में लिखा जिनसे सभी बच्चों के लिए समस्याएँ पैदा होती थीं और पहली पीढ़ी के शिक्षार्थियों के लिए तो ख़ास तौर से। उनका यह मानना था कि कामकाज की ख़राब स्थितियाँ और निम्न नैतिक स्तर, ख़ास तौर पर ग़रीब वर्ग या निचले सामाजिक तबक़े से आने वाले पहली पीढ़ी के शिक्षार्थियों पर बुरा असर डालती हैं क्योंकि ऐसे बच्चों के लिए घर पर भी कोई वैकल्पिक व्यवस्था उपलब्ध नहीं होती।

इससे अलग एक नज़रिया हमें गिजुभाई में देखने को मिला जिनको बाल–केन्द्रित शिक्षण पद्धति के लिए पेशेवर रूप से प्रशिक्षित, नैतिक रूप से सुदृढ़, और सामाजिक रूप से प्रतिष्ठित शिक्षकों की अपरिहार्यता समझ में आयी। इस वजह से गिजुभाई शिक्षकों की निम्न सामाजिक हैसियत और पेशेवर पिछड़ेपन से बेहद चिन्तित थे। उन्होंने समस्या का विश्लेषण तीन स्तरों पर किया–शिक्षकों के, राज्य के और समाज के स्तर पर। लेकिन कई बार वे शिक्षकों से अपील करते हैं कि राज्य या समाज से किसी सुधार की माँग करने से पहले वे ख़ुद को सुधारें। इसके बावजूद, जब वे शिक्षकों से यह अपील करते हैं कि वे अपने पेशे को गम्भीरता से एक नैतिक ज़िम्मेदारी के रूप में समझें न कि महज़ आजीविका कमाने के साधन के रूप में, उसी समय वे राज्य की नीतियों में बदलाव और समाज की प्रवृत्तियों में सुधार की माँग भी उठाते हैं।

गिजुभाई के विचारों में एक तरफ़ व्यक्ति पर ध्यान केन्द्रित करने और दूसरी तरफ़ राज्य से माँग करने के बीच जो द्वैध मौजूद है उसे सम्भवतः स्वैच्छिकवाद (volunteerism) के दर्शन के मद्देनज़र रखकर समझा जा सकता है। इसमें स्व की सक्रिय आज़ादी और स्थानीय समुदाय को केन्द्र में रखने के साथ ही राज्य से कुछ बुनियादी व समर्थक प्रावधानों की माँग की गयी। इस पर गाँधी के दर्शन की छाप देखी जा सकती है। इसी तरह, ज़का उल्लाह भी स्वैच्छिकवाद के दर्शन से प्रभावित थे, ख़ास तौर पर

जैसा कि सैमुअल स्माइल्स की 'सेल्फ़–हेल्प' (1859) व 'कैरेक्टर' (1972) नामक किताबों में इसका निरूपण हुआ है (ज़का उल्लाह, 1892बी : 2)।

फुले ने मुख्य समस्या को भारतीय समाज के जातिगत विभाजन में देखा और इसके हल के लिए उन्होंने सामाजिक व्यवस्था के ही बुनियादी बदलाव की बात की। इसके लिए उन्होंने ब्राह्मणवाद और पितृसत्ता के ख़िलाफ़ एक विचारधारात्मक प्रतिरोध खड़ा करने का प्रयास किया; और अवाम की तालीम, प्रतिरोध की इस रणनीति के केन्द्र में थी। साक्षरता की इस मुक्तिदायी सम्भावना की उनकी परिकल्पना एक तरह से पाउलो फ्रेयरे के दृष्टिकोण की पूर्वगामी थी। उल्लेखनीय है कि फ्रेयरे के नज़रिये में साक्षरता एक गम्भीर राजनीतिक कार्य है जो अवाम की आलोचनात्मक चेतना के निर्माण से और 'लामबन्दीकरण और संगठन के राजनीतिक क्रियाकलापों' से जुड़ा होता है (फ्रेयरे व डोनाल्डो, 1987 : 24)। परिवर्तनकामी व मुक्तिदायी शिक्षा की इस योजना में फुले शिक्षकों की महत्त्वपूर्ण बल्कि सम्भवतः केन्द्रीय भूमिका देख रहे थे। फुले की परिकल्पना में शिक्षक–शिक्षिका से अपेक्षा थी कि वह अपने विद्यार्थियों में सामाजिक यथार्थ के प्रति एक आलोचनात्मक चेतना और उसमें बुनियादी बदलाव की चाहत विकसित करेगा/करेगी। उनके विचार तालीम के ब्राह्मणवादी और औपनिवेशिक ढाँचे के बिल्कुल ख़िलाफ़ थे। यह सही है कि ब्राह्मणवादी सत्ता को चुनौती देने के लिए वे औपनिवेशिक सरकार से मदद की अपेक्षा करते थे, लेकिन इसे एक तरह की 'ऐतिहासिक कूटनीति' की तरह भी देखा गया है (चव्हाण, 2013 : 20) जिससे औपनिवेशिक परिस्थिति में आलोचनात्मक व परिवर्तनकामी विमर्श के लिए ज़मीन तैयार हो सके।

इन चुने हुए चिन्तकों के लेखन में मौजूद तमाम अन्तर्विरोधों, विडम्बनाओं और तनावों के बावजूद, शिक्षक–शिक्षण के वर्तमान विमर्श के लिए इनकी प्रासंगिकता असन्दिग्ध है। ख़ास तौर से इसलिए कि वर्तमान विमर्श में–जो नवउदारवादी राजनीतिक अर्थशास्त्र के प्रबन्धकीय ख़ाके में गढ़ा गया है–शिक्षा की वर्तमान दशा और ख़राब परिणामों के लिए ज़्यादातर शिक्षक–शिक्षिकाओं और उनके कथित उदासीन व्यक्तिगत व्यवहार को ज़िम्मेदार ठहराने की प्रवृत्ति है। यह उन तमाम ऐतिहासिक प्रक्रियाओं और संरचनागत समस्याओं को अनदेखा कर देती है जिनका प्रभाव शिक्षक की स्थिति और कामकाज पर पड़ता है और जिनके चलते हाल के वर्षों में घटिया क़िस्म के शिक्षक–प्रशिक्षण संस्थानों की बाढ़–सी आ गयी है (गुप्ता, 2012; 2013 व 2016)।

ये चुनिन्दा विचारक वर्तमान दशा को सुधारने या उनके बदलाव के लिए कुछ हद तक एक समान और कुछ हद तक जुदा–जुदा मगर प्रायः पूरक रास्ते सुझाते हैं। इन्हें उनके ऐतिहासिक सन्दर्भ में रखकर और अलग–अलग प्रकार की परस्पर सम्बद्ध ग़ैर–बराबरियों व बहिष्करणों की हमारी मौजूदा समझ की रोशनी में उनके विचारों की प्रासंगिकता को रेखांकित कर हम एक मुक्तिदायी शिक्षा व्यवस्था की अपनी जद्दोजहद में इन शिक्षाशास्त्रियों के विचारों को एक नज़रिये की तरह इस्तेमाल कर सकते हैं। जो बात समझनी हमारे लिए सबसे ज़्यादा महत्त्वपूर्ण है, वह यह है कि शिक्षक–शिक्षिकाओं की पहल व सम्प्रभुता और शिक्षण पद्धतियों को, जिस तरह की दुनिया हम अपने और अपनी भावी पीढ़ियों के लिए बनाना चाहते हैं, उसके सामाजिक–राजनीतिक दृष्टिकोण से अलग नहीं किया जा सकता। और तालीम इसका एक महत्त्वपूर्ण औज़ार है। इस समझ की ग़ैर–मौजूदगी में 'बाल–केन्द्रित शिक्षा' की अवधारणाएँ महज़ दिखावा बन कर रह जायेंगी; शिक्षक मशीन या रोबोट में बदल जायेंगे और शिक्षाशास्त्र महज़ सेवा प्रबन्धन की रणनीतियों में सिमट जायेगा।

सन्दर्भ सूची

1. आचार्य, पोरोमेश, 1978, ''इंडिजिनस वर्नाकुलर एजुकेशन इन प्री–ब्रिटिश एरा : ट्रेडिशंस एंड प्रॉब्लम्स'', *इकोनॉमिक एंड पॉलिटिकल वीकली (ई.पी.डब्ल्यू.)*, 13 (48), 1981–1988
2. आचार्य, पोरोमेश, 1996, ''इंडिजिनस एजुकेशन एंड ब्राह्मनिकल हेजेमनी इन बंगाल'', निगेल क्रुक (एडिट), द ट्रांसमिशन ऑफ़ नॉलेज इन साउथ एशिया : एसेज़ ऑन एजुकेशन, रिलिजन, हिस्ट्री, एंड पॉलिटिक्स में शामिल, दिल्ली : ऑक्सफ़ोर्ड यूनिवर्सिटी प्रेस : 98–118
3. बधेका, गिजुभाई, 2006 ए, *दिवास्वप्न, गिजुभाई ग्रन्थमाला, भाग 1*, चुरू : मांटेसरी बाल शिक्षण समिति (गुजराती से हिन्दी अनुवाद : काशी नाथ त्रिवेदी)
4. बधेका, गिजुभाई, 2006 बी, *प्राथमिक शाला में शिक्षक, गिजुभाई ग्रन्थमाला, भाग 10*, चुरू : मांटेसरी बाल शिक्षण समिति (गुजराती से हिन्दी अनुवाद : राम नरेश सोनी)
5. बधेका, गिजुभाई, 2006 ए, *माता–पिता के प्रश्न, गिजुभाई ग्रन्थमाला, भाग 3*, चुरू : मांटेसरी बाल शिक्षण समिति (गुजराती से हिन्दी अनुवाद : राम नरेश सोनी)
6. बधेका, गिजुभाई, 2009 बी, *माँ–बापों की माथापच्ची, गिजुभाई ग्रन्थमाला, भाग 5*, चुरू : मांटेसरी बाल शिक्षण समिति (गुजराती से हिन्दी अनुवाद : काशी नाथ त्रिवेदी)

7. बधेका, गिजुभाई, 2009 सी, *शिक्षक हों तो, गिजुभाई ग्रन्थमाला, भाग 7,* चुरू : मांटेसरी बाल शिक्षण समिति (गुजराती से हिन्दी अनुवाद : राम नरेश सोनी)
8. बधेका, गिजुभाई, 2012, *माता–पिता से, गिजुभाई ग्रन्थमाला, भाग 2,* चुरू : मांटेसरी बाल शिक्षण समिति (गुजराती से हिन्दी अनुवाद : काशी नाथ त्रिवेदी)
9. बगाडे, उमेश, 2014, ''कॉन्टेस्टिंग ब्राह्मनिकल हेजेमनी : फुलेज़ सर्च फ़ॉर ऑल्टर्नेटिव एजुकेशन,'' ए पेपर प्रेजेंटेड इन एन इंटरनेशनल कॉफ्रेंस ऑन 'मॉर्डन ट्रॉसफोरमेंशन एंड दी चैलेंजेज़ ऑफ़ इनइक्वालिटीज़ इन एजूकेशन इन इंडिया' हेल्ड इन दिल्ली यूनिवर्सिटी
10. बर्नस्टीन, बेज़िल, 1977, *क्लास, कोड्स एंड कंट्रोल,* रूलेज एंड केगन पाल, लन्दन
11. भट्टाचार्या, सब्यसाची, 1998, (एडिट), द कांटेस्टेड टरेन : पर्सवेक्टिव ऑन एजुकेशन इन इंडिया, दिल्ली : ओरिएंट लॉन्गमैन लिमिटेड
12. भट्टाचार्या, सब्यसाची, 2002, (एडिट), एजुकेशन एंड द *डिसप्रिविलेज्ड : नाइनटीन्थ एंड ट्वेंटियेथ सेंचुरी इंडिया,* दिल्ली : ओरिएंट लॉन्गमैन प्राइवेट लिमिटेड
13. चक्रवर्ती, उमा, 2013 (प्रथम प्रकाशन 1998), *रीराइटिंग हिस्ट्री : द लाइफ़ एंड टाइम्स ऑफ़ पंडिता रमाबाई,* दिल्ली : ज़ुबान
14. चव्हाण, दिलीप, 2013, लैंग्वेज पॉलिटिक्स अंडर कोलोनियलिज़्म : कास्ट, क्लास एंड लैंग्वेज पेडागॉजी इन वेस्टर्न इंडिया, न्यू कैसल अपान टाईने : कैम्ब्रिज स्कॉलर पब्लिशिंग
15. सी.एल.एस.आई, 1904, फ़ोर्टी सिक्स्थ एनुअल रिपोर्ट ऑफ़ द क्रिश्चियन लिटरेचर सोसाइटी फ़ॉर इंडिया : फ़ॉर्मरली कॉल्ड द क्रिश्चियन वर्नाकुलर एजुकेशन सोसाइटी इस्टैब्लिश्ड इन 1858, एडेल्फी लन्दन
16. कॉन्स्टेबल, फ़िलिप, 2000, 'सिटिंग ऑन द स्कूल वरांडा द आइडिडियोलॉजी एंड प्रैक्टिस ऑफ़ अनटचेबल', 'एजुकेशनल प्रोटेस्ट इन लेट नाइंटींथ–सेंचुरी वेस्टर्न इंडिया', आई.ई.एस.एच.आर., 37(4), 2000; 383–422
17. क्रॉफ़्ट, अल्फ्रेड, 1888, रिव्यू ऑफ़ एजुकेशन इन इंडिया, कलकत्ता : सुपरिंटेंडेंट ऑफ़ गवर्नमेंट प्रिंटिंग
18. सी.वी.ई.एस.आई., 1859, फर्स्ट एनुअल रिपोर्ट ऑफ़ क्रिश्चियन वर्नाकुलर एजुकेशन सोसाइटी फ़ॉर इंडिया (सी.वी.ई.एस.आई.), इंस्टिट्यूटेड, 1858, लन्दन : प्रिंटेड बाई डब्ल्यू. एम. वाट्स
19. सी.वी.ई.एस.आई., 1861, थर्ड एनुअल रिपोर्ट ऑफ़ सी.वी.ई.एस.आई., लन्दन : प्रिंटेड बाई डब्ल्यू. एम. वाट्स
20. सी.वी.ई.एस.आई., 1886, ट्वेंटियेथ एनुअल रिपोर्ट ऑफ़ सी.वी.ई.एस.आई., लन्दन : गिलबर्ट ऐण्डी रिविंगटन प्रिंटर्स, सेंट जॉन्स स्क्वायर
21. सी.वी.ई.एस.आई., 1888, थर्टियेथ एनुअल रिपोर्ट ऑफ़ सी.वी.ई.एस.आई., लन्दन : गिलबर्ट ऐण्डी रिविंगटन प्रिंटर्स, सेंट जॉन्स स्क्वायर

22. धर्मपाल, 1983, द ब्यूटीफुल ट्री : इंडिजिनस एजुकेशन इन द एटींथ सेंचुरी, नयी दिल्ली : बिब्लिया इंपेक्स
23. डि बोना, जोसेफ़, 1983, वन टीचर वन स्कूल, नयी दिल्ली : बिब्लिया इंपेक्स
24. डंकन, एच. एस. और मेकेंजी, ए. एच.,1918, द ट्रेनिंग ऑफ़ टीचर्स, (ब्यूरो ऑफ़ एजुकेशन, ओकेज़नल रिपोर्ट्स नं. 8), कलकत्ता : सुपरिंटेंडेंट गवर्नमेंट प्रिंटिंग, इंडिया (यूरोप में बिक्री के लिए लन्दन : केगन पाल, द्वारा भी प्रकाशित किया गया)
25. एजुकेशनल डिस्पैच फ़्रॉम द कोर्ट ऑफ़ डायरेक्टर्स ऑफ़ द ईस्ट इंडिया कम्पनी, टु द गवर्नर जनरल ऑफ़ इंडिया इन कौंसिल, नं. 49, 19 जुलाई 1854, जे. ए. रिचे (एडिट), *सेलेक्शन्स फ़्रॉम एजुकेशन रिकाड्र्स, पार्ट II* (1840–1859), ब्यूरो ऑफ़ एजुकेशन, इंडिया, कलकत्ता : सुपरिंटेंडेंट गवर्नमेंट प्रिंटिंग, 1922
26. फूको, माइकेल, 1977, डिसिप्लिन एंड पनिश : द बर्थ ऑफ़ प्रिज़न, (ट्रांसलेटेड बाय शेरिडान), पेंग्विन बुक्स लि.
27. फ्रेयरे, पाउलो एंड मैकेडो डोनाल्डो, 1987, लिटरेसी : रीडिंग द वर्ड, लन्दन : रूटलेज
28. फ्रेयरे, पाउलो, 1970, पेडागॉजी ऑफ़ द ऑप्रेस्ड, कांटिन्यूअम पब्लिशिंग कम्पनी
29. फ्रेंज, मार्ग्रेट, 2007, ''कम्पीटिंग आइडियाज़ : द क्वेस्ट फ़ॉर नॉलेज इन अर्ली ट्वेंटियेथ–सेंचुरी ट्राशकोर'', इन कृष्ण कुमार एंड जोशेम ओयेस्टरहेल्ड (एडिट), *'एजुकेशन एंड सोसल चेंज इन साउथ एशिया'* नयी दिल्ली : ओरिएंट लॉन्गमैनः 74–100
30. घोष, आनन्दिता, 2006, पावर इन प्रिंट : पॉपुलर पब्लिशिंग एंड द पॉलिटिक्स ऑफ़ लैंग्वेज एंड कल्चर, इन अ कोलोनियल सोसाइटी (1778–1905), नयी दिल्ली : ऑक्सफ़ोर्ड यूनिवर्सिटी प्रेस
31. गवर्नमेंट ऑफ इंडिया, 1900, होम (एजुकेशन) अ प्रोसीडिंग, फ़रवरी 1900, नं. 25–36, स्पेशली पेज 3–4, 49–58, एंड 65–66
32. गलीफ़ोर्ड, एच., 1904, 'जॉन मुर्डाक, एल एल. डी.', हार्वेस्ट फील्ड, फिफ़्थ सीरीज, वॉल्यूम ट्वेंटी फिफ़्थ, (जनवरी टू दिसम्बर), 1904; 324–329
33. गुप्ता, विकास, 2007, ''सोशल एजेंडा फ़ॉर कोलोनियल एजुकेशन : टेक्स्टबुक डिस्कोर्स इन मिड नाइनटींथ सेंचुरी'', इंडियन हिस्ट्री कांग्रेस प्रोसीडिंग्स, 68वाँ सेशन : 1113–1123
34. गुप्ता, विकास, 2012, ''प्लूरलिज़्म वर्सस कॉन्टेस्ट ऑफ़ आइडेंटिटीज़'' *सेमिनार नं. 638,* (अक्टू.), 2012; 30–36
35. गुप्ता, विकास, 2013, ''लर्निंग साइंटिफ़िक हिस्ट्री इन स्कूल्स : एन इंसाइडर अकाउंट'', के. एम. श्रीमाली, विकास गुप्ता एंड अदर्स, टीचिंग हिस्ट्री, नयी दिल्ली : आकार पब्लिशिंग; 11–64

36. गुप्ता, विकास, 2014, ''चेंजिंग डिस्कोर्सेज़ ऑन इनइक्वालिटी एंड डिस्पेरिटी : फ़्रॉम वेल्फ़ेयर स्टेट टू नीयोलिबरल कैपिटलिज़्म'', इन रवि कुमार, (एडिट) एजुकेशन, स्टेट एंड मार्केट : एनाटमी ऑफ़ नीयोलिबरल इंपैक्ट, दिल्ली : आकार : 19–57

37. गुप्ता, विकास, 2016, ''पालिटिक्स ऑफ़ गार्डेड एजेंडा ऑफ़ न्यू एजुकेशन पॉलिसी'', *इकोनॉमिक एंड पॉलिटिकल वीकली, वॉल्यूम एल1, नं. 42,* अक्टूबर 15 : 59–69

38. गुप्ता, विकास, 2018, *मॉडर्निटी एंड एजुकेशन इन कोलोनियल इंडिया : ए स्टडी ऑफ़ आइडियाज़, इंटरवेंशंस एंड इंटरलोक्युटर्स,* पीएच.डी. पेपर (अनपब्लिश्ड), इतिहास विभाग, दिल्ली विश्वविद्यालय

39. हन्टर, विलिएम विल्सन, 1883, रिपोर्ट ऑफ़ द इंडियन एजुकेशन कमीशन, कलकत्ता : सुपरिंटेंडेंट ऑफ़ गवर्नमेंट प्रिंटिंग

40. कीर, धनंजय, 2013, *महात्मा ज्योतिराव फुले : फ़ादर ऑफ़ इंडियन सोशल रेवोल्युशन,* मुम्बई : पॉपुलर प्रकाशन

41. कुमार, कृष्ण, 1986, ''टेक्स्टबुक एंड एजुकेशनल कल्चर'', *इकोनॉमिक एंड पॉलिटिकल वीकली, वॉल्यूम 21,* नम्बर 30, 1986

42. मैक्वन, मार्टिन, गिजुभाई बधेका : मदर विथ मुश्टाश ऑर ब्राह्मिन विथ मुश्टाश?, दलित शक्ति, नव. 2004

43. मणि, ब्रज रंजन, 2015, *डीब्रह्मनाइज़िंग हिस्ट्री : डॉमिनेन्स एंड रेसिस्टेन्स इन इंडियन सोसाइटी,* नयी दिल्ली : मनोहर

44. मॉरिस, हेनरी, 1906, *द लाइफ़ ऑफ़ मुर्डाक, एलएल. डी.; द लिटरेरी एवंजेलिस्ट ऑफ़ इंडिया,* लन्दन : द क्रिश्चियन लिटरेचर सोसाइटी ऑफ़ इंडिया

45. मुर्डाक, जॉन, 1860, *हिंट्स ऑन एजुकेशन इन इंडिया, विद स्पेशल रेफ़ेरेन्स टु वर्नाकुलर स्कूल्स,* मद्रास : प्रिंटेड एट दी द्वारा द स्कॉटिश प्रेस, बाय ग्रेव्स एंड कं.

46. मुर्डाक, जॉन, 1864, *द इण्डियन मिशनरी मैनुअल : ऑर हिंट्स टू यंग मिशनरीज़ इन इंडिया विथ लिस्ट ऑफ़ बुक्स.* मद्रास : मेसर्स ग्रेव्स कुकसन्स एंड कं.

47. मुर्डाक, जॉन, 1895, *द वुमन ऑफ़ इंडिया एंड व्हॉट कैन बी डन फ़ॉर देम,* मद्रास : द क्रिश्चियन लिटरेचर सोसाइटी, (फर्स्ट पब्लिश्ड, 1886)

48. नाइक, जे. पी. एंड नुरुल्लाह, सैयद, 2004, *ए स्टुडेंट्स हिस्ट्री ऑफ़ एजुकेशन इन इण्डिया,* (1800 –1973) मैकमिलन इंडिया लि., दिल्ली, (फर्स्ट पब्लिश्ड 1945, सिक्सथ रिवाइज़्ड एडिशन 1974, रीप्रिंटेड 2004)

49. नारेगल, वीना, 2001, *लैंग्वेज पॉलिटिक्स, एलिट्स एंड द पब्लिक स्फ़ियर : वेस्टर्न इंडिया अंडर कोलोनियलिज़्म,* रानीखेत : परमानेंट ब्लैक

50. एन.सी.ई.आर.टी., 2006, पोज़ीशन पेपर ऑफ़ नेशनल फ़ोकस ग्रुप ऑन टीचर एजुकेशन फ़ॉर करिकुलम रीन्यूवल, नयी दिल्ली : एन.सी.ई.आर.टी.
51. ओ'हैनलन, रोज़ालिन, 1985, *कास्ट, कन्फ्लिक्ट एंड आइडियोलॉजी : महात्मा जोतीराव फुले एंड लो कास्ट प्रोटेस्ट इन नाइनटींथ सेंचुरी वेस्टर्न इंडिया,* कैम्ब्रिज : कैम्ब्रिज यूनिवर्सिटी प्रेस
52. ऑम्वेड्ट, गेल, 2011, *कल्चरल रिवोल्ट इन कोलोनियल सोसाइटी : द नॉन–ब्राह्मिन मूवमेंट इन वेस्टर्न इंडिया,* नयी दिल्ली : मनोहर (फर्स्ट पब्लिश्ड 1976)
53. फुले, जोतीराव, 1869, *ब्राह्मिन टीचर्स इन एजुकेशन डिपार्टमेंट,* पुणे : सत्यदीपिका
54. फुले, जोतीराव, 1869, *गुलामगिरी (स्लेवरी),* जी. पी. देशपाण्डे (एडिट), 2002, 'सेलेक्टेड राइटिंग्स ऑफ़ जोतीराव फुले' में शामिल, नयी दिल्ली : लेफ्टवर्ड बुक्स
55. फुले, जोतीराव, 1882/1884, 'ए स्टेटमेंट फ़ॉर इन्फॉर्मेशन ऑफ़ द एजुकेशन कमीशन', एजुकेशन कमीशन बम्बई : वॉल्यूम II एविडेंस टेकन बिफ़ोर द बाम्बे प्रोविंशियल कमिटी एंड मेमोरिअल एड्रेस्ड टु द एजुकेशन कमीशन (आगे से 'मेमोरियल्स ऐड्रेस्ड टु द एजुकेशन कमीशन'), कलकत्ता : सुपरिंटेंडेंट ऑफ़ गवर्नमेंट प्रिंटिंग
56. फुले, जोतीराव, 1883, शेतकार्याचा असुद (कल्टिवेटर्स व्हिपकॉर्ड), जी. पी. देशपाण्डे (एडिट.), 2002, 'सेलेक्टेड राइटिंग्स ऑफ़ जोतीराव फुले' में शामिल, नयी दिल्ली : लेफ्टवर्ड बुक्स
57. फुले, जोतीराव, 2002, जी. पी. देशपाण्डे (एडिट), 2002, 'सेलेक्टेड राइटिंग्स ऑफ़ जोतीराव फुले', नयी दिल्ली : लेफ्टवर्ड बुक्स
58. रज़ा, अहमद, 1967, 'उर्दू का क्लासिकी अदब : मक़रीमुल अख़लाक़' का मुकादिमा (आमुख), शमसुल उलेमा, मौलवी मोहम्मद ज़का उल्लाह देहलवी, लाहौर : मज़लिस तरक़्क़ी उद
59. रेजी, शर्मिला, 2010, एजुकेशन एज़ "तृतीय रत्न"; टुवाड्र्स फुले–अम्बेडकराइट फ़ेमिनिस्ट पेडागॉजिकल प्रैक्टिस, *इकोनामिक एंड पॉलिटिकल वीकली, वॉल्यूम 45,* नम्बर 44–45
60. सद्गोपाल, अनिल, 2016, ''स्किल इंडिया ऑर डीस्किलिंग इंडिया : एन एजेंडा ऑफ़ एक्सक्लूज़न'', *इकोनॉमिक एंड पॉलिटिकल वीकली, वॉल्यूम 51,* नम्बर 35
61. सेठ, संजय, 2007, ''सेकुलर एनलाइटेनमेंट एंड क्रिश्चियन कन्वर्जन : मिशनरीज़ एंड एजुकेशन इन कोलोनियल इंडिया'', कृष्ण कुमार एंड जोआचेम ओएस्टरहेल्ड (एडिट), *एजुकेशन एंड सोशल चेंज इन साउथ एशिया,* नयी दिल्ली : ओरिएंट लॉन्मैन : 27–43

62. शेट्टी, परिणीता, 2008, ''मिशनरी पेडागॉजी एंड क्रिश्चियनाइज़ेशन ऑफ़ द हीदेंस : द एजुकेशनल इंस्टिट्यूशंस इंट्रोड्यूस्ड बाई द बेसल मिशन इन मंगलोर'', *आई.ई.एस.एच.आर., वॉल्यूम 45*, नम्बर 4, 2008; 509–551

63. शिन्दे, जे. के. 1991, जोतीराव फुले : एजुकेशन एंड सोशल ट्रांसफार्मेशन, 'जोतिबा फुले : एन इनकम्लीट रेनेसाँ', सेमिनार पेपर्स, सूरत : सेंटर फ़ॉर सोल स्टडीज़

64. श्रीमाली, के. एम., 2013, *'टीचिंग सोशल हिस्ट्री', इन के. एम. श्रीमाली, विकास गुप्ता एंड अदर, 'टीचिंग हिस्ट्री'* नयी दिल्ली : आकार पब्लिशिंग

65. ज़का उल्लाह, 1889, मोमालिक् मग़रिबी और अवध के मुसलमानों की मौजूदा हालाते तालीम और उसके असबाब और नताइज, आगरा : मुफ़ीद ई ऐम प्रेस। मूलतः यह 'मजमून मुसलमानों की मौजूदा हालात ए तालीम' विषय पर लाहौर में 30 दिसम्बर 1888 को आयोजित मुस्लिम तालीमी कांग्रेस में दिया गया एक वक्तव्य था

66. ज़का उल्लाह, 1891 ए, *महासिनुल अख़लाक़ (नैतिक गुण)*, दिल्ली : चश्म फ़ैज़

67. ज़का उल्लाह, 1891 बी, *मकारिमुल अख़लाक़ (सद्गुण)*, दिल्ली : मुर्ताजवी

68. ज़का उल्लाह, 1892 ए, *तहज़ीब अल अख़लाक़ ए आर्य ए हिन्द* (हिन्दू तहज़ीब), दिल्ली

69. ज़का उल्लाह, 1892 बी, *तलीमुल इख़लाक़ (नैतिक शिक्षा)*, दिल्लीः चश्म फ़ैज़

70. ज़का उल्लाह, 1905 इ, *पंड पीर दाना (तालीम ऐ निस्वाँ)*, ख़ातून, पृष्ठ 538–545

71. ज़का उल्लाह, 1907, *कर्ज़ननामा (कर्ज़न की जीवनी)*, दिल्ली, मुश्ताक़ प्रेस

72. ज़का उल्लाह, 1908, तालीम–ऐ–निस्वाँ के मावाने और इसका इलाज, ख़ातून (अलीगढ़), अप्रैल, पृष्ठ 117–119

शैक्षणिक और ग़ैर-शैक्षणिक सन्दर्भ में शिक्षण

–जीतेन्द्र

इस लेख में औपचारिक शिक्षा में शिक्षण कार्य की समझ को महत्त्वपूर्ण मानते हुए, शिक्षण कार्य और शिक्षक की तैयारी से जुड़े हुए कुछ ऐसे पहलुओं पर प्रकाश डालने की कोशिश की गयी है जो अक्सर शिक्षण कार्य की समझ और शिक्षक की तैयारी पर हो रहे चिन्तन में छूट जाते हैं। कुछ ज़रूरी पहलू जिन पर लेखक विशेष ध्यान देते हैं वह हैं–दैनिक शिक्षण और शिक्षा के उद्देश्यों में जुड़ाव, ट्रेनिंग, कोचिंग में होने वाले विषय शिक्षण और शैक्षणिक सन्दर्भ में होने वाले शिक्षण में फ़र्क़, कंडीशनिंग और मतारोपण जैसी अवधारणाएँ और शिक्षक–विद्यार्थी सम्बन्ध।

सार

औपचारिक शिक्षा कर्म में शिक्षकों की और एक शिक्षक के लिए शिक्षण–कार्य की समझ और उसमें निपुणता की केन्द्रीय भूमिका होती है। इस शिक्षण–कार्य को कैसे समझें, यह इस आलेख का मुख्य विषय है। इस देश में औपचारिक शिक्षा की जो स्थिति है और जिस तरह की तैयारी से शिक्षक बनते हैं उसमें शिक्षण–कार्य को समझने और उस अपेक्षा को पूरा करने का ज़रूरी प्रयत्न नहीं होता। अधिकांश लोग, शिक्षा से जुड़े भी और आमजन भी, शिक्षण को एक ऐसा कार्य मानते हैं जिसे ऐसा कोई भी व्यक्ति कर सकता है जिसकी किसी विषय पर कुछ पकड़ है। पूर्व प्राथमिक कक्षाओं में तो विषय की समझ होना भी कोई आधार नहीं माना जाता। इस कारण बड़ी संख्या में लोग इसे पार्टटाइम काम के रूप में भी करते दिखते हैं।

यह आलेख 'शिक्षण' के दूसरे पक्ष को रखने की कोशिश करता है जो शिक्षा को समझने वाले सामान्यतः जानते हैं और इस कारण वे शिक्षक की तैयारी और प्रतिबद्धता पर विशेष ज़ोर देते हैं। वे कौन–से पक्ष हैं जिन पर

शिक्षा की तैयारी होनी चाहिए? इस दिशा में काफ़ी कुछ तो 'सीखने के सिद्धान्त' के इर्द–गिर्द होता है लेकिन 'लर्निंग' और 'टीचिंग' में क्या फ़र्क़ और सम्बन्ध है, इस पर बात कम ही की जाती है। 'विषयगत शिक्षण', 'शिक्षणशास्त्र एवं विधि', 'गतिविधि आधारित शिक्षण' पर तो लिखा–पढ़ा जाता है लेकिन 'दैनिक शिक्षण और शिक्षा के उद्देश्यों में जुड़ाव', 'ट्रेनिंग', 'कोचिंग में होने वाले विषय शिक्षण और शैक्षणिक सन्दर्भ में होने वाले शिक्षण में फ़र्क़' और 'कंडीशनिंग' व 'मतारोपण' जैसी अवधारणाओं से शिक्षण के फ़र्क़ को समझने में बहुत कम काम किया गया है। इसी प्रकार शिक्षक–विद्यार्थी सम्बन्ध कैसे शिक्षण की एक बुनियादी ज़रूरत है, इस पर भी कम ही ध्यान दिया गया है। यह लेख इन पक्षों पर बात करके शिक्षण में इनके महत्त्व को रेखांकित करने का प्रयास करता है।

शिक्षण को सामान्यतः एक कठिन और हमेशा ही चुनौतीपूर्ण बने रहने वाले काम के रूप में नहीं देखा जाता। शायद इसलिए कि अधिकांश लोगों ने कुछ–न–कुछ समय स्कूल में बिताया होता है और विभिन्न शिक्षकों के शिक्षण का प्रत्यक्ष अनुभव लिया होता है। इसी क्रम में हम ये भी कह सकते हैं कि बहुत लोगों ने औपचारिक न सही अनौपचारिक रूप से परिवार या किसी परिचित को, कुछ देर के लिए ही सही, कुछ पढ़ाया होता है। इन लोगों ने जो कुछ देखा होता है या किया होता है उस आधार पर शिक्षण की ऐसी छवि उभरती है कि इसे कोई भी कर सकता है। इनको शायद यह लगता हो कि जो कुछ आप स्वयं जानते हैं/कर सकते हैं वो आप दूसरों को पढ़ा सकते हैं/सिखा सकते हैं, इसलिए आप शिक्षण कर सकते हैं। यहाँ बहुत छोटे समय में मोबाइल जैसी किसी चीज़ का कोई एक उपयोग किसी को सिखा देना भी शिक्षण के उदाहरण का रूप ले लेता है क्योंकि सीखने–सिखाने की प्रक्रिया स्कूल के बाहर व्यापक समाज में पारिवारिक, व्यावसायिक और सांस्कृतिक सन्दर्भों में चल रही होती है। इसलिए शिक्षण के विभिन्न रूप और प्रक्रियाएँ देखने को मिलती हैं और इन सभी को शिक्षण ही मान लिया जाता है।

दूसरी तरफ़ थोड़ी संख्या में ऐसे लोग हैं जो शैक्षणिक और ग़ैर–शैक्षणिक सन्दर्भ में होने वाले शिक्षण में भेद करते हैं और शैक्षणिक सन्दर्भ के शिक्षण को एक बहुत (शायद सर्वाधिक) चुनौतीपूर्ण काम के रूप में देखते हैं। उनके लिए यह कोई ऐसी चीज़ नहीं है जो मात्र 'करत–करत अभ्यास' से हासिल हो जाये बल्कि इसके लिए 'कैसे' पढ़ाना है के साथ–साथ

'क्या' पढ़ाया जा रहा है, 'क्यों' पढ़ाया जा रहा है, 'किसे' पढ़ाया जा रहा है और 'कौन' किस 'परिस्थिति' में पढ़ा रहा है, सब अहम भूमिका निभाते हैं और किसी में भी चूक का मतलब है 'शिक्षण' से होने वाली अपेक्षाओं पर खरा न उतरना।

इस आलेख में हम शिक्षण कर्म की इन्हीं चुनौतियों पर एक बेहतर समझ बनाने का प्रयास करेंगे।

1. सीखने और शिक्षण में फ़र्क़ – शिक्षण की आवश्यकता ही क्यों पड़ती है?

हालाँकि 'शिक्षण' के केन्द्र में 'सीखना' होता है फिर भी दोनों में अवधारणा के स्तर पर एक स्पष्ट भेद है। इस भेद और परस्पर सम्बन्ध को समझने का प्रयास करते हैं।

बच्चा जब स्कूल जाना शुरू करता है तब तक काफ़ी कुछ सीख चुका होता है। तब तक उसका कोई औपचारिक शिक्षण नहीं हुआ होता। इसका मतलब है कि 'सीखना' बिना 'शिक्षक' और 'शिक्षण' के भी होता ही है। दूसरी तरफ़ स्कूल, कॉलेज से निकलने के बाद भी हम जीवन में बहुत कुछ सीखते हैं जो औपचारिक शिक्षण प्रक्रिया के बाहर की प्रक्रिया है। कहने का मतलब है कि 'सीखने' के लिए 'शिक्षण' कोई आवश्यक शर्त नहीं है। अगर हम उन चीज़ों की एक सूची बनायें जो हम जानते हैं, सीखे हैं तो उसमें हम ये वर्गीकरण आसानी से कर सकते हैं कि कौन–सी सायास शिक्षण के परिणामस्वरूप जानते हैं और कौन–सी परिवार–समाज में जीवन जीते हुए बस सीख गये हैं। यदि परिवार–समाज में जीते हुए, कुछ अचेतन तरीके से और कुछ सचेत होकर प्रयासपूर्वक, हम बहुत कुछ समझने लगते हैं, सीख जाते हैं तो ये प्रश्न उठता है कि शिक्षण की ज़रूरत ही क्यों पड़ती है?

कमला मुकुन्दा[1] अपनी पुस्तक 'व्हॉट डिड यू आस्क एट स्कूल टुडे?' में कई उदाहरणों का ज़िक्र करती हुई कहती हैं कि बच्चे 'सीखने की जन्मजात क्षमता' के साथ पैदा होते हैं। इनमें से कुछ क्षमताएँ हैं–देखने, सुनने, सूँघने, मुँह, हाथ, आँख की गति पर नियन्त्रण; नये उद्दीपन पसन्द आना, दो उद्दीपनों में सम्बन्ध बैठा पाना; नक़ल करने की प्रवृत्ति; पुरस्कार और दण्ड से संचालित होना आदि। बच्चों के द्वारा भाषा सीखना नवजात शिशु की इस जन्मजात योग्यता का एक बड़ा उदाहरण है।

इस सब क्षमताओं को औज़ारों के किट के रूप में देखा जा सकता है जो शिशु को अपने परिवेश से सीखने में मदद करते हैं। जैसा पारिवारिक और सामाजिक परिवेश मिलता है, आरम्भिक सीखना काफ़ी हद तक उसी से तय हो जाता है।

इस सीखने की कुछ सीमाएँ होती हैं–एक तो घर–परिवार में, पास–पड़ोस में जो कुछ प्रत्यक्ष रूप से होता दिख रहा होता है, वही हमारे सीखने का दायरा भी तय कर देता है जो आज के समय में जीवन जीने के लिए पर्याप्त नहीं होता। समय के साथ समाज जटिल होते गये हैं, परिवेश बहु–सांस्कृतिक हो गये हैं, राज्य का हस्तक्षेप व्यक्ति के जीवन में बढ़ गया है। ऐसे में जीवित रहने–भर के लिए भी कुछ ऐसा जानने और करने की क्षमताओं की ज़रूरत पड़ने लगी है जो परिवार और सामाजिक जीवन में स्वतः ही उपलब्ध नहीं होतीं और अनौपचारिक रूप से नहीं सीखी जातीं। दूसरी कमी यह होती है कि इस सीखने को वांछनीयता की कसौटी पर, मूल्यों या वैज्ञानिक रूप से सही या ग़लत की कसौटी पर तौलकर नहीं चुना और सीखा जाता। इस कारण जो सीखा गया है, यानी कोई मान्यता, कोई आदत, कोई जानकारी आदि, वह बेहतर जीवन जीने में बाधक भी हो सकती है। ऐसे में 'सीखे हुए से मुक्त होने की' या उन कसौटियों को जानने की ज़रूरत पड़ती है जिनके आधार पर परिवार–समाज से क्या सीखना है और क्या छोड़ देना है, किसके ख़िलाफ़ आवाज़ उठानी है आदि तय होता है।

सरल शब्दों में समाजीकरण की प्रक्रिया में होने वाले 'सीखने' की कमियों को 'शिक्षण' द्वारा पूरा किया जाता है। जैसे परिवेश से हम गढ़वाली या भोजपुरी भाषा सीख गये हों लेकिन बृहद समाज में कार्य–व्यवहार करने के लिए हिन्दी या अंग्रेज़ी की ज़रूरत हो तो उसके लिए कुछ औपचारिक प्रक्रिया से गुज़रना पड़ता है जिसकी व्यवस्था समाज या राज्य करता है। स्कूल–कॉलेज समाज अथवा राज्य द्वारा स्थापित वह संस्थान हैं जहाँ औपचारिक रूप से कुछ चुनिन्दा चीज़ों को ही सिखाने का प्रयास हो रहा होता है। ये वे चीज़ें होती हैं जिन्हें समाज महत्त्वपूर्ण मानता है, जो मूल्य, ज्ञान और कौशल शायद मानव सभ्यता की साझा पूँजी के रूप में देखा जा रहा होता है, मान्यता प्राप्त होता है और उस समय के राज और समाज की ज़रूरत के रूप में देखा जाता है।

रोहित धनकर[2] डीअर्दन (Dearden) का सन्दर्भ लेकर कहते हैं कि शिक्षण मुख्यतः सैद्धान्तिक अवधारणाओं को सीखने के लिए ज़रूरी होता है। यहाँ सैद्धान्तिक अवधारणा से अभिप्राय यह है कि प्रकृति और मानव सभ्यता में जो कुछ हो रहा है उसकी जो सैद्धान्तिक व्याख्याएँ हुई हैं, उनमें से जिन्हें वर्तमान में मान्यता प्राप्त है, उन्हें सिखाने का प्रयास शिक्षण में किया जाता है। उनका कहना है कि यह व्याख्याएँ इतिहास में एक बड़े दौर में बहुत से लोगों के प्रयासों के फलस्वरूप ज्ञात हुई हैं और 'स्वयं की खोज पद्धति' के भरोसे इन्हें सीखने में सदियाँ लग सकती हैं और तब भी कोई निश्चितता नहीं है कि नयी पीढ़ी इन्हें सीखना चाहेगी और सीख ही लेगी। यहाँ यह कहना भी उचित होगा कि कौन–सी सैद्धान्तिक अवधारणा शिक्षण में शामिल की जायेगी और कौन–सी छोड़ दी जायेगी, यह समाज के प्रभावशाली लोग और संस्थान तय करते हैं।

हर्स्ट और पीटर्स[3] कहते हैं कि शिक्षण 'इरादतन' की गयी क्रिया होती है (intentional act) न कि ग़ैर–इरादतन (accidental act)। जब कोई कहता है कि मैंने अमुक व्यक्ति से कुछ सीखा है तो दूसरे से प्रेरित होकर कुछ सीखा अवश्य जा सकता है, लेकिन दूसरे की तरफ़ से सिखाने का कोई इरादा ही न रहा हो, तो इसे 'शिक्षण' के फलस्वरूप हुआ सीखना नहीं माना जायेगा। सीखने वाले के पूछने पर कुछ मदद अवश्य की गयी होगी पर पहल सीखने वाले की तरफ़ से ही रहती है। सीखने में तो यह भी सम्भव है कि कब हम कुछ नयी मान्यताएँ बना बैठें, या किसी ख़ास तरह से कार्य–व्यवहार करने लगें, स्वयं को भी पता नहीं चलता।

हर्स्ट और पीटर्स किसी क्रियायुग्म (set of activities) को शिक्षण तब मानते हैं जब सिखाने के 'इरादे' के साथ–साथ यह भी स्पष्ट होता है कि सीखने की 'विषयवस्तु' क्या है और शिक्षण 'प्रक्रिया' सीखने वाले की क्षमताओं को ध्यान में रखकर तय की गयी हो। तो शिक्षण के लिए किसी क्रियायुग्म का इन तीन शर्तों पर खरा उतरना ज़रूरी होता है। 'क्रिया युग्म' यहाँ इसलिए कहा जा रहा है क्योंकि शिक्षण में बहुत–सी क्रियाएँ एक समयावधि में शिक्षक द्वारा की जाती हैं, उनमें से किसी एक क्रिया को शिक्षण कहने की बजाय समूचे प्रयास को शिक्षण कहा जाता है।

अभी तक यह कहने का प्रयास किया गया कि मनुष्य 'सीखने की कुछ मूलभूत तैयारी' के साथ जन्मता है; परिवेश से स्वतः सीखने के लिए सक्षम होता है लेकिन यह पर्याप्त नहीं होता या ऐसे सीखने में कुछ ऐसा

भी शामिल होता है जिससे मुक्त होना पड़ता है। दूसरी ओर मनुष्य समाज और सभ्यता ने सदियों में कुछ ऐसा सीख लिया होता है जिसे वह अगली पीढ़ी को सायास सिखाना चाहता है। इन सब कारणों से 'शिक्षण' की आवश्यकता होती है। यह शिक्षण 'एक इरादतन क्रिया' है।

2. शिक्षण और शिक्षा के उद्देश्य

शिक्षण के सन्दर्भ में एक महत्त्वपूर्ण प्रश्न यह उठता है कि कब 'शिक्षण' को 'शैक्षिक' माना जाये (when can we call 'teaching' 'educating'?)? समाज में छोटे–बड़े पैमाने पर विभिन्न संस्थान, चाहे वे सरकारी या ग़ैर–सरकारी हों, राजनीतिक अथवा धार्मिक हों, परोपकार या आर्थिक लाभ की दृष्टि से संचालित हों, शिक्षण कार्य में लगे हैं। मोबाइल ठीक करने का काम हो या कम्प्यूटर ट्रेनिंग, लोगों को किसी राजनीतिक या धार्मिक विचारधारा में प्रवृत्त करना हो या किसी व्यवसाय विशेष में दक्षता प्रदान करनी हो–सभी के लिए किसी न किसी व्यक्ति या संस्थान द्वारा एक निश्चित उद्देश्य से एक समयावधि तक चलने वाले कार्यक्रम चलाये जा रहे हैं। आम भाषा में सभी 'टीचिंग' करते हुए तो दीखते हैं, पर क्या सबकी 'टीचिंग' को 'शैक्षिक' सन्दर्भ में देखा जाये?

रोहित धनकर[4] इस प्रश्न पर चर्चा करते हुए कहते हैं कि केवल वह 'शिक्षण' जो शिक्षा के उद्देश्यों की उपलब्धि पर केन्द्रित होता है उसे 'शैक्षिक' कहा जा सकता है। शिक्षा के उद्देश्य एक तो व्यक्तिगत होते हैं कि एक बेहतर मनुष्य की हमारी क्या कल्पना है। दूसरा, शिक्षा के उद्देश्य बृहद समाज के सन्दर्भ में होते हैं कि शिक्षा कैसे समाज में ग़ैर–बराबरी को दूर कर परस्पर सौहार्द, संवेदनशीलता, मनुष्य और प्रकृति के बीच सन्तुलित सम्बन्ध और सबके लिए एक सम्मानपूर्वक जीवन जीने की सम्भावना को बढ़ाती है। तो कह सकते हैं कि जो 'शिक्षण' समग्र जीवन के सन्दर्भ में मनुष्य और समाज की एक वांछनीय कल्पना को साकार करने के उद्देश्य से किया जाता है, वो 'शैक्षिक (educational)' कहलायेगा। यदि हम 'राष्ट्रीय पाठ्यचर्या की रूपरेखा, 2005' के आधार पर देखें तो 'लोकतान्त्रिक मूल्यों के प्रति प्रतिबद्धता, स्वतन्त्र रूप से चिन्तन कर सकने की योग्यता, दूसरों के भावों और ख़ुशहाली के प्रति संवेदनशीलता, आर्थिक प्रक्रियाओं में सार्थक योगदान दे सकने की निपुणता, सौन्दर्यबोध और नित सामान्य, नयी एवं चुनौतीपूर्ण परिस्थितियों में ज़िम्मेदारी और रचनात्मकता से उनका

सामना करने हेतु सक्षम बनने' की ओर यदि विद्यार्थी अग्रसर होता है तो हम कह सकते हैं कि उसके साथ शैक्षिक सन्दर्भ में शिक्षण–कार्य हो रहा है। इसी प्रकार यदि समाज के स्तर पर न्याय, स्वतन्त्रता, समानता यानी हमारे संवैधानिक मूल्यों की स्थापना के लिए 'शिक्षण' कार्य किया जा रहा है तो वह निश्चित रूप से शैक्षिक प्रकृति का कहा जायेगा। ऐसा करने के लिए अवश्य ही विद्यार्थी को बहुत–सा ज्ञान और कौशल सिखाया जायेगा, उसमें कुछ मूल्यों के प्रति समझ और प्रतिबद्धता विकसित करने के प्रयास होंगे और एक ऐसी प्रवृत्ति जगानी होगी जो लगातार सीखने में सहायक हो। मुख्य रूप से वे कौशल सीखने होंगे जो अन्य कौशलों को सीखने में सहायक हों जैसे भाषा में लिखना–पढ़ना जानना, अवधारणाओं को व्यवस्थित रूप से, एक–दूसरे से सम्बन्ध स्थापित करते हुए अपने मस्तिष्क में सजा पाना, बारीक़ अवलोकन और विश्लेषण कर पाना आदि। व्यक्ति ने क्या सीखा है इससे ज़्यादा इस बात से शैक्षिक शिक्षण का मूल्यांकन होता है कि भविष्य में सीखने के लिए विद्यार्थी की तैयारी, तत्परता और प्रतिबद्धता बढ़ी है या नहीं। किसी एक कौशल में निपुणता की जगह ये देखा जाता है कि व्यक्ति के समग्र जीवन में कोई गुणात्मक और सार्थक बदलाव आया कि नहीं और इसी प्रकार उसके होने से समाज में अपेक्षित मूल्यों को बढ़ावा मिल रहा है या नहीं।

2.1 'शिक्षण (टीचिंग) और प्रशिक्षण (ट्रेनिंग)

उपरोक्त सन्दर्भ में और स्पष्टता 'टीचिंग' और 'ट्रेनिंग' जैसी अवधारणाओं में सम्बन्ध और भेद जानने से मिलेगी। किसी सीमित उद्देश्य और वह भी किसी कौशलात्मक दक्षता (procedural competency) जैसे कार चलाने, कम्प्यूटर चलाने, खाना बनाने, तैरना सीखने, नृत्य सीखने, किसी मशीन को चलाने आदि के लिए जो 'टीचिंग' होती है उसे हम 'ट्रेनिंग' के अर्थ में जानते हैं। यहाँ उद्देश्य उस कौशल विशेष में दक्षता तक सीमित होता है। एक दिलचस्प बात यह लगती है कि 'ट्रेनिंग' का शिक्षा से सम्बन्ध आवश्यक नहीं पर शिक्षा के लिए होने वाले 'शिक्षण' में कई कौशलों की 'ट्रेनिंग' की जगह अवश्य बनती है। पढ़ना–लिखना सीखने को इस सन्दर्भ में देखा जा सकता है। एक उदाहरण से 'ट्रेनिंग' और 'टीचिंग' के सम्बन्ध को समझते हैं–शैक्षणिक सन्दर्भ में कार चलाने की 'ट्रेनिंग' और ग़ैर–शैक्षणिक सन्दर्भ में कार चलाने की 'ट्रेनिंग' में क्या फ़र्क़ होगा।

ग़ैर–शैक्षणिक सन्दर्भ में प्रशिक्षु सिर्फ़ कार चलाना सीखेगा। प्रशिक्षक बहुत अच्छा हुआ तो शायद कार में थोड़ी–बहुत ख़राबी आ जाने पर उसे ठीक करना भी सिखा दे। शैक्षणिक सन्दर्भ में पहले तो यह प्रश्न उठेगा कि पाठ्यक्रम में 'कार चलाना' रखा भी जाये या नहीं। अगर सामाजिक सन्दर्भ के किसी तर्क के आधार पर इस कौशल को रख भी लिया जाये तो भी कार चलाना सिखाने के साथ–साथ प्रशिक्षु को यह भी समझाने का प्रयास होगा कि कार जनमानस के जीवन में क्या योगदान देती है, कार की आवश्यकता क्यों पड़ी, आर्थिक, राजनीतिक और सामाजिक आधारों पर कार का मूल्यांकन; कार जैसी चीज़ का निर्माण सभ्यता का विकास माना जाये या अवनति का प्रतीक और अन्ततः यह सम्भव है कि प्रशिक्षु कार चलाना सीख जाये, लेकिन फिर भी उसे बहुत से प्रश्नों से जूझना पड़ेगा जैसे कि वह उसे किस तरह की उपलब्धि माने, उसे कितना चलाये, चलाते समय इसे एक साहसिक और उत्तेजक कार्य की तरह देखे या लोगों की सुरक्षा, ट्रैफ़िक के नियम और कार की सेहत का ध्यान रखे आदि। यह भी सम्भव है कि वह निर्णय ले कि विशेष परिस्थिति को छोड़कर कार चलाने से साइकिल चलाना सेहत, प्रकृति और मानवीय सभ्यता की दृष्टि से ज़्यादा उचित होता है। गाँधी जी का सन्दर्भ लें तो उनके अनुसार शिक्षा में सूत कातने जैसे कौशल का समावेश केवल कौशल सिखाने के लिए नहीं था, बल्कि उसमें सभ्यता का दर्शन समाया था, वह एक रचनात्मक या क्रान्तिकारी क़दम था; शारीरिक कार्य के द्वारा आर्थिक, बौद्धिक और आध्यात्मिक मुक्ति का क़दम था। कुल मिलाकर कह सकते हैं कि एक तो बहुत सीमित उद्देश्य के दायरे में 'ट्रेनिंग' होती है और दूसरी व्यापक शैक्षणिक उद्देश्यों के सन्दर्भ में 'ट्रेनिंग' होती है। एक में कौशल सिखाना ही उद्देश्य है, दूसरे में कौशल सिखाने से ज़्यादा व्यापक लक्ष्य व्यक्तिगत और सामाजिक–शैक्षणिक उद्देश्यों की पूर्ति होता है। शैक्षणिक सन्दर्भ में कौन–सा कौशल सिखाया जाये, पहले तो इसे बहुत सोच–समझकर चुना जाता है। दूसरा, कौशल सिखाना–भर पर्याप्त नहीं होता, व्यक्ति उस कौशल का जीवन के बाक़ी आयामों से सम्बन्ध बिठा पाये, इस बात का भी पूरा प्रयास होता है।

शैक्षिक कर्म के लिए 'शिक्षाशास्त्र' की ज़रूरत होती है। यहाँ शिक्षाशास्त्र से अभिप्राय शिक्षा के प्रति एक सामाजिक, राजनीतिक, आर्थिक और सांस्कृतिक दृष्टिकोण के होने से है जबकि 'ट्रेनिंग' में पद्धति (methodology) भर से काम चल जाता है। हमारे शिक्षकों के साथ होने वाले 'प्रशिक्षण' भी

ज़्यादातर 'पद्धति (method)' से ऊपर नहीं उठते और 'शिक्षण' महज़ 'प्रशिक्षण' तक सीमित रह जाता है।

एक और बात जो समझने में मदद करती है वह यह कि मनुष्यों में हम किसी व्यक्ति को 'उच्च तकनीकी दक्षता प्राप्त (well trained)' तो कह सकते हैं पर ज़रूरी नहीं है कि हम उसे 'शिक्षित (educated)' भी मानें। तो, हमें कुछ–कुछ समझ में आता है कि 'किसी कौशल में दक्ष (trained)' होने और 'शिक्षित (educated)' होने में फ़र्क़ है। हर व्यक्ति से किसी ख़ास कौशल में 'दक्ष' होने की अपेक्षा नहीं हो सकती लेकिन हर व्यक्ति से 'शिक्षित' होने की अपेक्षा होती है।

2.2 'शिक्षण' (टीचिंग) और कोचिंग

अभी तक हमने 'ट्रेनिंग' का सन्दर्भ लेकर 'टीचिंग' को समझने का प्रयास किया। अब एक और उदाहरण से 'टीचिंग' को बेहतर समझने की कोशिश करते हैं। एक शिक्षक है जो एक स्कूल में विज्ञान पढ़ाता है और शाम को कोचिंग सेंटर चलाता है जहाँ फिर से विज्ञान पढ़ाता है। क्या वह स्कूल में शिक्षण कर रहा है और कोचिंग में प्रशिक्षण? एक बात तो अपेक्षा की है। स्कूल में अपेक्षा; एक शिक्षक के रूप में शिक्षा के उद्देश्यों की रोशनी में शिक्षाशास्त्र की समझ रखते हुए विज्ञान शिक्षण करने की है। कोचिंग में उद्देश्य केवल विज्ञान के सिलेबस को पूरा करवाना, स्कूली स्तर की परीक्षा या किसी प्रतियोगी परीक्षा को सर्वाधिक अंकों के साथ पास करवाना रहता है। स्कूल की शिक्षण प्रक्रिया जहाँ शिक्षा के उद्देश्य और विषय की प्रकृति से तय होगी और रटवाने की जगह समझ और वास्तविक जीवन में उस समझ के रचनात्मक प्रयोग पर केन्द्रित होगी, वहीं कोचिंग सेंटर में रटवाने, बार–बार दोहराव द्वारा परीक्षा के प्रश्नों के प्रकार और कम–से–कम समय में उनके जवाब दे पाने की तरकीबें सिखाने पर ज़ोर रहता है। स्कूल में जो प्रश्न महत्त्वपूर्ण होते हैं–जैसे विभिन्न स्तरों पर शिक्षक–विद्यार्थी अनुपात क्या होना चाहिए, अलग–अलग विद्यार्थी के स्तर को ध्यान में रखते हुए प्रभावी शिक्षण कैसे किया जाये, क्या किसी विद्यार्थी के लिए कुछ विशेष व्यवस्था करने की आवश्यकता दिख रही है आदि, वह कोचिंग करते समय नहीं उठते। यह ज़रूर हो सकता है कि कोचिंग सेंटर कुछ बेहतर कर रहे बच्चों पर अधिक ध्यान दे, उनकी फ़ीस कुछ माफ़ कर दे जिससे वे मेरिट में आकर उस सेंटर का नाम रोशन करें।

ये बच्चे एक तरह के विज्ञापन का पर्याय बन जाते हैं। इस फ़र्क़ को देखने के बाद यह देखे जाने की ज़रूरत है कि स्कूली स्तर पर होने वाला शिक्षण कहीं कोचिंग जैसा तो नहीं चल रहा है यानी शिक्षा के व्यापक उद्देश्यों से और शिक्षण प्रक्रिया के महत्त्वपूर्ण प्रश्नों से उसका कोई सम्बन्ध न हो। यदि ऐसा है तो जो शिक्षक सुबह स्कूल में और शाम को कोचिंग सेंटर में विज्ञान या अन्य विषय पढ़ाता है, वह दोनों जगह एक ही काम, यानी कोचिंग ही, कर रहा है।

एक शिक्षाविद् पार्कर पामर अपने एक लेख में[5] मिस्टर पोर्टर नाम के शिक्षक का ज़िक्र करते हैं। जब उनका एक विद्यार्थी बहुत से प्रयासों के बाद भी गणित में कुछ भी प्रगति नहीं कर पाया तो उन्होंने यह जानने की कोशिश की कि वह बच्चा क्या कर पाने में सक्षम था, क्योंकि वह लेखन में रुचि रखता था तो उसे स्कूल पत्रिका के लिए कुछ शोध करने के लिए प्रेरित किया, सहयोग दिया और हिम्मत बँधायी। जब बच्चे को स्वयं पर विश्वास नहीं था तो उसको विश्वास दिया और जब उसने अपना शोध पत्र पूरा किया तो मिस्टर पोर्टर को गौरव का अनुभव हुआ। वह बच्चा लिखता है कि इस शिक्षक के कारण वह न सिर्फ़ अपनी सीमाओं को बिना किसी शर्म के स्वीकार करने लगा बल्कि शिक्षकों द्वारा दिखायी जा रही सम्भावनाओं को भी स्वीकार करने लगा। जहाँ बच्चे को अपने ऊपर शंकाएँ थीं वहाँ शिक्षक ने उस पर विश्वास किया, उसका स्वयं में विश्वास जगाया। मिस्टर पोर्टर यह कर पाये क्योंकि वह विषय की सीमा से नहीं बँधे थे। क्या हम कोचिंग सेंटर से इस तरह की उम्मीद कर सकते हैं? या स्कूल में कोच जैसा काम करने वाले से यह उम्मीद कर सकते हैं? शैक्षणिक सन्दर्भ में शिक्षक बच्चे की पूरी ज़िम्मेदारी लेता है और केवल यह नहीं सोचता कि मैं अपना विषय कैसे सिखाऊँ बल्कि यह भी सोचता है कि क्या करके बच्चे का आत्मविश्वास जागेगा, किस चीज़ में वो अपनी प्रतिभा से बेहतर परिणाम दे पायेगा, उसके लिए मुझे क्या करना पड़ेगा। ये सभी प्रश्न शिक्षण के दायरे के प्रश्न हैं जिन्हें कोचिंग वाले शायद ही सोचें। जहाँ कोचिंग एक विषय के दायरे में किसी अवधारणा या कौशल को समझने और परीक्षा पास करने के उद्देश्य से होती है, वहीं शिक्षा में शिक्षण पूरे जीवन को यानी व्यक्तिगत और सामाजिक लक्ष्यों को सामने रखकर किया जाता है इसलिए विषय का ज्ञान प्राथमिक मुद्दा नहीं रहता।

शिक्षण के बारे में एक और बहुत ही महत्त्वपूर्ण बात की ओर इशारा करते हुए कृष्ण कुमार अपनी पुस्तक 'शैक्षिक ज्ञान और वर्चस्व'[6] में एक जगह लिखते हैं कि 'छात्र क्या सीखते हैं, यह सवाल स्कूल की पढ़ाई के सन्दर्भ में इतना अहम नहीं है जितना कि यह सवाल कि 'कौन सीखता है और कौन सीख नहीं पाता है'। शिक्षण में क्योंकि एक बड़ा सामाजिक सन्दर्भ होता है इसलिए सरोकार सभी बच्चों के सीखने से होता है। जो शिक्षण कार्य अधिकाधिक बच्चों का सीखना सुनिश्चित करता है वो निश्चित रूप से बेहतर शिक्षण की श्रेणी में आता है। इससे उलट तरह का सरोकार कोचिंग सेंटर में देखने को मिलता है। वे एक निश्चित समय में कोर्स पूरा कर देते हैं फिर कोई कितना सीखा, नहीं सीखा यह ज़िम्मेदारी स्वयं विद्यार्थी की ज़्यादा होती है। हाँ, जैसा कि ऊपर ज़िक्र किया गया है, जो अच्छा प्रदर्शन करते हैं उन्हें अतिरिक्त सहयोग अवश्य दिया जाता है जिससे वह किसी परीक्षा की मेरिट में आकर कोचिंग सेंटर का नाम रोशन करें और उनकी कमाई बढ़ती रहे।

जहाँ कोचिंग की सफलता स्कूली या प्रतियोगी परीक्षा में प्रदर्शन से तय होती है वहीं शैक्षणिक सन्दर्भ में शिक्षण की सफलता विषयों में सर्वाधिक अंक आने से नहीं आँकी जाती। अनिल सदगोपाल जी ने नयी तालीम पर दिये अपने व्याख्यान[7] में नयी तालीम के अपने प्रयोग की बात जब विस्तार से बतायी तो उसमें वे अपना प्रयोग इसी बिन्दु पर रोक लेते हैं कि जिन बच्चों ने उस प्रयोग में भाग लेकर बहुत कुछ सीखा था, उनमें एक अहंकार का भाव आ गया था और वे अपने माता–पिता से भी एक अलगाव महसूस करने लगे थे। शैक्षणिक सन्दर्भ का शिक्षण जानकारी, कौशल या व्यक्ति केन्द्रित न होकर जुड़ाव पैदा करने की दिशा में होता है न कि अहंकार और अलगाव पैदा करने की ओर।

2.3 उद्देश्य, विषयवस्तु और शैक्षणिक प्रक्रिया का अन्तःसम्बन्ध

अभी तक हमने 'ट्रेनिंग' और 'कोचिंग' से तुलना करके शैक्षिक सन्दर्भ के शिक्षण को समझने का प्रयास किया जिसमें मुख्यतः उद्देश्यों को केन्द्र में रखकर ज़्यादा बात की है। विषयवस्तु और प्रक्रिया के स्तर पर देखें तो शैक्षणिक शिक्षण पर और स्पष्टता बनती है।

पहला विचारणीय मुद्दा यह है कि शिक्षा के उद्देश्यों को एक स्कूल कैसे हासिल करता है। ऊपर हमने शिक्षा के उद्देश्यों का ज़िक्र किया है

जिनकी उपलब्धि हेतु शिक्षण–कार्य मूल रूप से किया जाता है। लेकिन रोज़मर्रा के शिक्षण में तो हम कुछ विषय जैसे भाषा, गणित, विज्ञान और इतिहास पढ़ा रहे होते हैं। ऐसे में निम्न प्रश्न उठते हैं :

- क्या विषयगत शिक्षण से शिक्षा के उद्देश्य स्वतः पूरे हो जाते हैं? और स्पष्ट शब्दों में कहें तो, यदि कोई भाषा या गणित शिक्षण करता है तो क्या उससे विद्यार्थी में लोकतान्त्रिक मूल्यों की समझ और उसके प्रति प्रतिबद्धता आ जाती है?
- अगर एक विषय से सभी उद्देश्यों की पूर्ति की अपेक्षा करना ठीक नहीं है तो क्या सभी विषयों के अच्छे शिक्षण से शिक्षा के उद्देश्यों की पूर्ति होती है?
- क्या शिक्षा के उद्देश्यों की पूर्ति के लिए कुछ और करने की ज़रूरत पड़ती है, जैसे कि स्कूल की संस्कृति से किस तरह के सन्देश बच्चों में जा रहे हैं और विषयगत शिक्षण के लिए किस तरह की प्रक्रिया अपनायी जाती है?

मेरी समझ में शैक्षणिक उद्देश्य को हासिल करना एक या सभी विषयों की विषयवस्तु को जान लेने–भर से नहीं होता क्योंकि यदि ऐसा होता तो हमारे उन स्कूलों में, जहाँ अच्छा विषयगत शिक्षण हो रहा है और जहाँ विद्यार्थी 90 से 100 प्रतिशत अंकों को लेकर पास हो रहे हैं, सही मायनों में 'शिक्षित मनुष्यों' से अपेक्षित व्यवहार के दर्शन होते। 2011 में विप्रो और एजुकेशन इनिशिएटिव नाम की संस्था ने देश के 5 बड़े शहरों के सबसे बढ़िया माने जाने वाले 89 स्कूलों के 23000 विद्यार्थियों के साथ किये अध्ययन[8]से पाया कि :

- कक्षा 4, 6 और 8 के 40 से 43 प्रतिशत बच्चे यह मानते हैं कि लड़कियों के लिए पढ़ाई से ज़्यादा ज़रूरी है घर के कामकाज के प्रति ज़िम्मेदारी का भाव।
- करीब 50 प्रतिशत बच्चों में किसी न किसी प्रकार के धार्मिक पूर्वाग्रह दिखे–जैसे कि कुछ धर्मों के लोग ज़्यादा हिंसक होते हैं, एक धर्म के लोगों को दूसरे धर्म के लोगों से वैवाहिक सम्बन्ध नहीं रखने चाहिए आदि।
- क़रीब 60 प्रतिशत बच्चों में दूसरे राज्यों से आकर बसे लोगों के प्रति स्वीकार्यता कम दिखी।

- कक्षा 4 के बच्चों में कूड़े के निष्पादन के प्रति कक्षा 8 के बच्चों की तुलना में ज़्यादा संवेदनशीलता दिखी। (यानी जैसे–जैसे कक्षा बढ़ रही है, संवेदनशीलता घट रही है।)

ऐसा परिणाम इसलिए आया है क्योंकि लैंगिक बराबरी, धर्म और विविधता जैसे मुद्दों पर स्कूल में शायद ही गम्भीरता से काम होता हो और होता भी है तो शायद वह किसी विषय के पाठ को पढ़ाने और परीक्षा की तैयारी की दृष्टि से होता है न कि स्कूली और वास्तविक जीवन में व्यवहार में लाने की प्रतिबद्धता के साथ। स्कूली संस्कृति शायद बच्चों को इन मुद्दों पर वही सन्देश देती है जो बाहरी समाज में होता दिखता है।

एक मुद्दा यह भी है कि स्कूलों में ज्ञान का विषयवार विभाजन, कम–से–कम उच्च शिक्षा से पूर्व, एक प्रबन्धकीय सुविधा और शिक्षकों की कमज़ोर तैयारी से उपजा रूप है जिसे सामान्यतः चुनौती नहीं दी जाती और जिस कारण शिक्षण इतना टुकड़ों में होने लगा है कि वह संकुचित हो 'प्रशिक्षण' मात्र रह जाता है। वास्तविक जीवन में चीज़ें कटी–कटी नहीं होतीं। स्कूल में जो सीखा होता है उसे वास्तविक जीवन में ही उपयोग में लाना होता है, नहीं तो उस सीखे हुए की सार्थकता ही नहीं रहती। ऐसा करने में बच्चों को मुश्किल होती है इसलिए बहुत से स्कूल थीम आधारित समन्वित शिक्षण करने का प्रयास करते हैं। गाँधी जी का भी ऐसा मानना था कि सभी विषयों को उत्पादक श्रम से जोड़कर अथवा वास्तविक ग्रामीण जीवन में जो कुछ घट रहा होता है उससे जोड़कर ही पढ़ाना चाहिए और बच्चों के एक समूह के लिए अलग–अलग शिक्षक न होकर एक ही शिक्षक होना चाहिए।

विषय–शिक्षण में दूसरी समस्या यह दिखती है कि वह किसी पाठ में दी गयी अवधारणा के अभ्यास तक ही सीमित रहता है और शिक्षण के व्यापक उद्देश्यों की पूर्ति की ओर नहीं जाता। विषयों के व्यापक उद्देश्य कुछ ख़ास प्रकार के मानसिक और व्यावहारिक कौशलों को विकसित करने –जैसे तार्किक रूप से सोच पाना, पैटर्न देख पाना, विश्लेषण कर पाना, एक से अधिक चीज़ों में परस्पर सम्बन्ध समझ पाना आदि पर ही ज़्यादा ज़ोर देते हैं जो शिक्षा के उद्देश्यों की पूर्ति का आधार बनते दीखते हैं।

तीसरा मुद्दा यह है कि यदि कोई न्याय, समता, संवेदनशीलता जैसे शिक्षा की दृष्टि से सर्वाधिक महत्त्वपूर्ण बिन्दुओं को लक्ष्य बनाकर चलता है

तो क्या इसे किसी एक विषय विशेष की सीमा में (जैसे कि सामाजिक विज्ञान) ही देखा जाये या यह माना जाये कि इन्हें पाठ की तरह पढ़कर और कुछ पाठ आधारित प्रश्न हल करके नहीं सीखा जा सकता। मूल्य तो जीवन में व्यवहार में दीखते हैं इसलिए शिक्षकों के व्यवहार से, स्कूली संस्कृति से इन मूल्यों का प्रत्यक्ष अनुभव बच्चों को कराया जाये तो शायद शिक्षा के उद्देश्यों को हासिल किया जा सके।

जिद्दु कृष्णा मूर्ति[9] 'स्कूल के नाम पत्र' में विषयों के शिक्षण को जीविकोपार्जन से जुड़ा देखते हैं और इस कारण शिक्षा में उसकी ज़रूरत भी देखते हैं, लेकिन शिक्षकों से अपेक्षा रखते हैं कि वे यह महसूस करें कि वे एक नयी पीढ़ी को जन्म दे रहे हैं और उनका मुख्य काम विद्यार्थियों में 'समग्र उत्तरदायित्व का विकास' है। जब शिक्षण इस ऊँची अपेक्षा से प्रेरित होकर नहीं किया जाता और विषय, पाठ्यपुस्तक और परीक्षा की दीवारों में क़ैद रहता है तो उसे 'कोचिंग' से अलग करके देखना मुश्किल होता है।

2.3.1. शिक्षण, कंडिशनिंग और मतारोपण में फ़र्क़

दूसरा, स्कूली शिक्षण को दो अन्य अवधारणाओं 'कंडिशनिंग' और 'मतारोपण' से अलग करके देखने की भी बड़ी ज़रूरत है।

बच्चा जब स्कूल पहुँचता है तो समाज द्वारा एक तरह की 'कंडिशनिंग' से गुज़र चुका होता है। सरल शब्दों में कहें तो कुछ आदतें लेकर आता है—ये जेंडर, जाति, धर्म, ईश्वर, विज्ञान, तकनीकी और प्रकृति सभी के प्रति होती हैं। स्कूल से अपेक्षा तो इस कंडिशनिंग की जाँच, इससे मुक्ति और इसके प्रति सजग हो जाने की होती है। जब स्कूल इस ओर ध्यान नहीं देते तो वे समाजीकरण की प्रक्रिया में हुई कंडिशनिंग को जारी रखने में सहयोग करते नज़र आते हैं। ऊपर से पाठ्यक्रम, परीक्षा और सामाजिक अपेक्षाओं के दबाव में स्कूल कुछ नयी आदतें विकसित करते दीखते हैं जैसे—रटने की आदत, किसी फ़ार्मूले को रटकर उसके आधार पर सवाल हल कर लेना लेकिन फ़ार्मूला क्यों बना, उसका मतलब क्या है, इस दिशा में न कुछ सोचना और न कुछ जानना। ऐसे ही, किसी बड़े के आने पर खड़े हो जाना; बड़े जब बात कर रहे हों या आसपास हों तो कुछ ख़ास प्रकार का पारम्परिक रूप से अपेक्षित व्यवहार करना आदि। इन आदतों से दो फ़ायदे होते हैं, एक तो पढ़ाई में परीक्षा की तैयारी कुछ अच्छी हो जाती है और समाज भी तारीफ़ करता है कि देखो कैसा संस्कारी बच्चा है।

लेकिन वास्तव में यह एक तरह की यान्त्रिकता और बेहोशी के चक्र में फँस जाना है जो मनुष्य होने के नाते हमारी मौलिकता, यानी सोच–विचार कर पाने; जाँच–परख कर पाने; उचित–अनुचित का निर्णय कुछ ठोस आधारों पर तय कर पाने, से दूर हो जाना है। ऐसे शिक्षण के परिणामस्वरूप बच्चे कुछ ख़ास तरह की स्थितियों में कुछ पूर्व–निर्धारित तरीक़े से प्रतिक्रिया तो कर पाते हैं लेकिन उन्हीं परिस्थितियों को नयी दृष्टि से नहीं देख पाते और नयी परिस्थितियों के लिए तो बिल्कुल भी तैयारी नहीं रखते। मूल बात संजग होने और सजग बने रहने की है न कि 'मशीनी' हो जाने की। जिद्दु कृष्णमूर्ति ने इस पर काफ़ी कुछ लिखा है। उनका कहना है कि शिक्षा एक कला है 'यान्त्रिक संस्कारबद्धता से मुक्त होने की'। कोई व्यक्ति एक ही तरह का कार्य बार–बार करता दिख सकता है, फ़र्क़ इस बात में होगा कि एक यान्त्रिक तरीक़े से दोहरा रहा है और दूसरा सजगता के साथ। यह सजगता न सिर्फ़ क्रियाओं के बारे में है, बल्कि, अपनी इच्छाओं, विचारों और कुछ मूलभूत मान्यताओं के बारे में भी है।

'मतारोपण' को 'एक ख़ास प्रकार की कंडिशनिंग' के रूप में देखा जा सकता है। किसी धार्मिक और राजनीतिक विचारधारा से प्रेरित होकर कोई स्कूल अथवा शिक्षक जब विद्यार्थियों को एक ऐसी स्थिति में पहुँचा देता है कि वे उसी को एकमात्र सत्य मान लेते हैं, उसके ख़िलाफ़ कुछ नहीं सुनना चाहते और उसके लिए मर–मिटने को तैयार हो जाते हैं तो यहाँ 'मतारोपण' का केस बनता है। जो भी ऐसा करता है, वह अवश्य ही शिक्षा तो नहीं ही कर रहा होता और सम्भावना इसी बात की होती है कि वह स्वयं 'घोर कंडिशनिंग' का शिकार होता है। ज़्यादातर स्कूलों में हालाँकि इस स्तर की कंडिशनिंग नहीं होती। वहाँ ख़तरा दूसरे प्रकार का रहता है। वह है, विचार और व्यवहार का। शिक्षक का जो अपना दायरा बन गया है, वह यदि सजग न हो तो, विद्यार्थियों को इसी दायरे तक सीमित रखता है। उदाहरण के तौर पर, इतिहास के शिक्षक को यदि मार्क्स की दृष्टि से इतिहास की व्याख्या उचित लगती है तो पूरी सम्भावना है कि उसके विद्यार्थियों की भी ऐसी ही दृष्टि विकसित हो, क्योंकि शिक्षक ज़्यादा सन्दर्भ वही लायेगा, जो उसे अच्छी तरह से मालूम हैं। उसकी बातों में तब ज़्यादा प्रभाविता होगी जब वह उन बातों को कह रहा होगा, जिनमें स्वयं विश्वास रखता है। यदि दूसरे दृष्टिकोण लाने का प्रयास होगा भी तो एक तो उसका अध्ययन सीमित होने की सम्भावना है,

दूसरा उसके पक्ष में मज़बूत तर्क देना मुश्किल होगा और दिये भी जायेंगे तो उनमें दम भी कम ही होगा। ऐसे में विद्यार्थी वही दिशा पकड़ सकते हैं जो उनके शिक्षकों ने कभी पकड़ी थी। यहाँ शिक्षक कुछ असहाय–सा दिखता है कि कहीं, न चाहते हुए भी वह किसी प्रकार की 'कंडिशनिंग' या 'मतारोपण' का कारण तो नहीं बन रहा है।

कंडिशनिंग और मतारोपण इस ओर इशारा करते हैं कि शिक्षण क्यों सबसे कठिन ज़िम्मेदारी वाला काम माना जाता है। शिक्षक को यह ध्यान रखना पड़ता है कि विद्यार्थी की सजगता न सिर्फ़ बनी रहे बल्कि निरन्तर बढ़े; वह हर पल जाँच करने की स्थिति में आ जाये और अपने जाँच के आधारों की भी सजगतापूर्वक जाँच करता रहे। शिक्षक का मूल प्रयास विद्यार्थी को उस दिशा में बढ़ाना होता है जहाँ वह सीखने के प्रति स्वावलम्बी हो जाये। नयी कक्षा में प्रवेश का मतलब होगा, पूर्व की तुलना में शिक्षक पर निर्भरता का कुछ कम हो जाना। विद्यार्थी का धीरे–धीरे अपने जीवन से सम्बन्धित बड़े से बड़े निर्णय ले पाने में सक्षम हो जाना। अब यह वही कर सकता है जो स्वयं सजग और जाँच–परख वाला जीवन जीता हो; स्वयं स्वतन्त्र निर्णय लेने में सक्षम हो। इस अर्थ में शिक्षक बनना शायद हर शिक्षक का सपना होना चाहिए और यह मात्र किसी विषय की समझ रखने और उसे पढ़ा देने से अलग बात है।

2.3.2 शिक्षण–एक सामूहिक कर्म

एक और मुश्किल है जिसे हम 'स्वयं को कंडिशन करना या स्वयं किसी मत से अभिभूत हो जाना' कह सकते हैं। मनुष्य का स्वभाव ही कुछ ऐसा है कि वह मान्यताओं से संचालित होता है; जैसा मानता है, वैसा व्यवहार करता है। यदि वह विरोधाभासी मान्यताएँ भी रखता है तो देश, काल, परिस्थिति में, कभी एक हावी हो जाती है और कभी दूसरी। हर मान्यता कोई बहुत जाँच–परखकर नहीं बनायी होती। ज़्यादातर होता यह है कि जब तक सजगता आती है (यदि कभी आती है?) और जाँच–परख शुरू होती है, तब तक व्यक्ति न जाने कितनी मान्यताएँ इकट्ठा कर लेता है, इसका कोई हिसाब नहीं लगा सकता। परिवेश में मिल रहे वातावरण, आसपास के लोगों, विशेषकर समाज के विशिष्ट वर्ग के चाल–चलन का असर नयी पीढ़ी पर ज़्यादा होता है। शिक्षक को भी हम इस श्रेणी में रख सकते हैं जिनसे बच्चों के प्रभावित होने की बड़ी सम्भावना होती है।

ऐसे में शिक्षक को बड़ी सावधानी बरतने की ज़रूरत होती है कि कहीं प्रत्यक्ष या परोक्ष रूप से उसकी तरफ़ से कुछ ख़ास सन्देश तो विद्यार्थियों तक नहीं पहुँच रहे हैं जिनसे वे जीवन के विभिन्न आयामों के प्रति कुछ विशेष मान्यताएँ और दृष्टिकोण बना लेते हैं। बच्चों को सन्देश तो स्कूल के अतिरिक्त घर–परिवार, मित्र, समुदाय, मीडिया आदि से भी मिल रहे होते हैं और इन पर व्यवस्थित रूप से कहीं अगर बात हो सकती है तो वह जगह स्कूल ही है और उनको दिशा देने की, विभिन्न दृष्टिकोणों से देखने–दिखाने की ज़िम्मेदारी तो शिक्षक की ही बनती है।

शिक्षा के व्यापक सन्दर्भ में एक शिक्षक की ज़िम्मेदारियों और साथ ही व्यक्तिगत सीमाओं के कारण ही शिक्षण को एक व्यक्ति के द्वारा होने वाली क्रिया से अधिक, सामूहिक कर्म के रूप में देखा जाना चाहिए। अन्ततः तो हम बच्चे में उसके पूरे व्यक्तित्व के सन्दर्भ में, पूरे जीवन के सन्दर्भ में कुछ सार्थक बदलाव देखना चाहते हैं और ऐसा तभी हो सकता है जब पूरा विद्यालय समुदाय मिलकर कार्य करे और उसके कार्य में यह विरोधाभास न हो। इस विरोधाभास से अभिप्राय कक्षा में हो रहे शिक्षण और स्कूली संस्कृति में जो दिखता है, उस विरोधाभास से है और एक शिक्षक व दूसरे शिक्षक की शिक्षण–शैलियों में मूल्यों के स्तर पर विरोधाभास से है। एक शिक्षक केवल विषय तक स्वयं को सीमित रखता है, दूसरा समग्रता में, विषय से ऊपर उठकर शिक्षण करता है, एक प्रतिस्पर्धा को उपयोगी मानता है और दूसरा बाधक। ऐसा फ़र्क़ बच्चे के लिए मुश्किल पैदा करेगा। जो शिक्षक शिक्षा के उद्देश्यों को केन्द्र में रखकर शिक्षण करेगा, उसे देर–सबेर यह दिखने लगता है कि दूसरे शिक्षक बच्चों के साथ कैसा शिक्षण कर रहे हैं, इसे नज़रअन्दाज़ नहीं किया जा सकता; घर पर माँ–बाप कैसा वातावरण दे रहे हैं, इसे भी नज़रअन्दाज़ नहीं किया जा सकता और उसे दोनों स्तरों पर पहल करने की ज़रूरत है। इस प्रकार शिक्षण एक व्यक्तिगत कर्म न रहकर सामूहिक कर्म बन जाता है। इससे व्यक्ति की अपनी सीमाओं से बच्चे को होने वाले नुक़सान से बचाव का रास्ता मिलता है और दूसरी ओर पूरे विद्यालय और अभिभावक वर्ग के बीच संवाद और सहयोग की अनिवार्यता समझ में आती है।

2.3.3 शिक्षण–एक सम्बन्ध आधारित कर्म

ऊपर हमने बात की कि शिक्षण एक इरादतन की जाने वाली प्रक्रिया है; इसे शैक्षणिक प्रक्रिया को, उद्देश्यों को केन्द्र में रखकर किया जाता है और इसे 'ट्रेनिंग' या 'कोचिंग' जैसी सीमित उद्देश्य से की जाने वाली क्रियाओं से अलग करके समझने की ज़रूरत है, नहीं तो पूरा शिक्षण ट्रेनिंग तक सिमट जाने की सम्भावना होती है। हमने यह भी बात की कि शिक्षण को एक व्यक्ति तक सीमित देखना भी उचित नहीं होगा और इसे सामूहिक कर्म में देखने से परिणाम आने की सम्भावना प्रबल होती है। शिक्षण के परिणाम के रूप में हम चाहते हैं कि जिन उद्देश्यों को लेकर हम चले थे वे पूरे हों यानी 'लर्निंग' सुनिश्चित हो। शिक्षण में परिणाम यदि अपेक्षित नहीं आ रहे हैं तो यह प्रश्न उठता है कि शिक्षण हो भी रहा है कि कुछ और ही कर रहे हैं या 'अप्रभावी शिक्षण' हो रहा है।

शिक्षक अपनी भूमिका के बारे में कितना भी स्पष्ट क्यों न हो, अपने विषय का, शिक्षा के उद्देश्यों का कितना भी जानकार क्यों न हो, यदि विद्यार्थी के साथ एक परस्पर सम्मान और सहयोग का सम्बन्ध नहीं बन पाता है तो शिक्षण प्रक्रिया के लिए आधार ही नहीं मिलता। इसलिए परिणाम की सम्भावना भी नहीं बनती। अधिक से अधिक सीमित अर्थों में, जैसे यान्त्रिक अभ्यास आधारित कुछ सीखना तो होता है, लेकिन इसके लिए क्या स्कूल आने की ज़रूरत है? क्या घर पर अथवा किसी ट्रेनिंग इंस्टिट्यूट में यह किया जा सकता है?

शिक्षक–विद्यार्थी सम्बन्ध पर कम ही ध्यान दिया गया है। 30–40 बच्चों की कक्षा और उसमें हर शिक्षक का 50 मिनट के लिए कुछ निश्चित उद्देश्यों की पूर्ति के आग्रह से आना जैसी व्यवस्था इस बात का प्रमाण है कि विद्यार्थी के साथ सम्बन्ध बनाना इसकी प्राथमिकता में नहीं है। यहाँ पूर्व ज्ञान की तो ख़ूब बात होती है लेकिन उसका मतलब कुछ इस प्रकार होता है कि आपको लाल क़िले पर बात करनी हो तो शिक्षक बच्चे से पूछता है कि 'क्या उन्होंने दिल्ली का नाम सुना है?' यदि सुना है तो शिक्षक को लगता है कि वह बच्चे के पूर्व ज्ञान से जोड़कर शिक्षण कर रहा है। बच्चे को समग्र रूप में, उसके सामाजिक–सांस्कृतिक–आर्थिक परिवेश को जानकर, उसकी व्यक्तिगत रुचियों, क्षमताओं को जानकर अपने शिक्षण को उस सन्दर्भ में सार्थक अर्थों में जोड़ पाना कितने शिक्षक कर पाते हैं? जैसा शिक्षक से अपेक्षित होता है, वैसा विद्यार्थी भी कर रहा होता है।

वह भी अपने शिक्षक को बेहतर जानना चाहता है, केवल विषय तक सीमित नहीं रहना चाहता। पार्कर पामर अपनी पुस्तक 'द करेज टू टीच' में कहते हैं कि ''हमें लगता है हम विषय पढ़ाते हैं जबकि सच्चाई यह है कि हम जो होते हैं वही पढ़ाते हैं (We teach who we are)''।

विद्यार्थी विषय तो कम–ज़्यादा सीखते ही हैं लेकिन उससे कहीं ज़्यादा सीखते हैं शिक्षक के व्यक्तित्व से, उसके व्यवहार से, उसके सरोकारों से और सबसे ज़्यादा उसकी प्राथमिकताओं से–किन चीज़ों पर वह समझौता नहीं करता, किन मूल्यों के लिए विशेष रूप से आग्रह करता है। कुल मिलाकर जो 'रवैया (attitude)' और 'मूल्य (value)' शिक्षक के द्वारा प्रदर्शित होते हैं, विद्यार्थी उन्हें देख पाते हैं। भले ही प्यार, विश्वास और सम्मान किसी कक्षा में चर्चा के बिन्दु नहीं होते हैं (जबकि जीवन में इन्हीं चीज़ों की तो सबको तलाश रहती है) फिर भी विद्यार्थी शिक्षक में इन्हें ढूँढ़ रहे होते हैं और इनके अभाव में शिक्षण यान्त्रिक हो जाता है। एक विद्यार्थी और शिक्षक के बीच सम्बन्ध में यान्त्रिकता का मतलब है, जीवन्तता का अभाव।

शिक्षण एक सम्बन्ध आधारित प्रक्रिया है जिसमें शिक्षक की तरफ़ से पूरी ज़िम्मेदारी के भाव के साथ प्रस्तुत होने की अपेक्षा होती है। फिर शिक्षण में दण्ड को ज़रूरी मानना और इस तरह के कथन कि "बच्चा घर पर कुछ मेहनत नहीं करता, अनुपस्थित रहता है, मन्दबुद्धि है, लड़की है, किसी ऐसी जाति या सामाजिक पृष्ठभूमि से है और इस कारण नहीं सीख रहा है या नहीं सीख पायेगा; पिछली कक्षाओं में ही कुछ नहीं सीखा तो अब हम क्या करें", मूलतः अपेक्षित सम्बन्ध के अभाव यानी बच्चे के प्रति समानता और सम्मान आधारित सम्बन्ध के अभाव को दर्शाते हैं और इसी क्रम में हम कह सकते हैं कि ऐसा कहने वाला 'शिक्षण' को भी नहीं समझता।

सम्बन्ध होता है तो एक तरह से हमारे पास बुनियाद होती है जिस पर ज्ञान की रचना अवश्य होगी। लेकिन जो कुछ हमें लगता है कि बच्चे सीखे हैं बुनियाद के बग़ैर वह हवा में ही रहता है, परीक्षा तक ही सीमित रहता है, जीवन से नहीं जुड़ पाता, जीवन को नहीं छू पाता। सम्बन्ध के लिए शिक्षक को सम्बन्ध में विश्वास, सम्मान, कृतज्ञता, न्याय के मायने समझने और व्यवहार में लाने होते हैं और यह केवल एक तार्किक क्रिया नहीं है बल्कि अनुभव होने वाली वास्तविकता है जिसे शिक्षण के दौरान विद्यार्थी अनुभव करते हैं।

और अन्त में

उपरोक्त कारणों से शैक्षणिक सन्दर्भ में शिक्षण एक सतत चलने वाली चिन्तनशील प्रक्रिया के रूप में ही देखा जा सकता है। इन सभी मुद्दों पर एक शिक्षक को लगातार कार्य करना होता है और वह कार्य कर रहा है या नहीं, इसका परिणाम बच्चों की शिक्षा के उद्देश्यों की दिशा में प्रगति से तो मिलता ही है लेकिन एक शिक्षक के स्वयं के जीवन में भी इससे बड़ा बदलाव आता है। वह भी शिक्षा के उद्देश्यों को जीने की दिशा में ख़ुद को पहले से बेहतर पाता है।

सन्दर्भ सूची

1. मुकुन्दा, के. (2009) *व्हॉट डिड यू आस्क एट स्कूल टुडे?* नयी दिल्ली : हार्पर कॉलिन्स
2. रोहित धनकर, ऑन थ्री टाइप्स ऑफ़ कंसेप्ट्स। अ शॉर्ट वीडियो इंटरव्यू। शेयर्ड बाय वन एक्स–अज़ीम प्रेमजी यूनिवर्सिटी स्टूडेंट
3. हर्स्ट पी. एच. एंड पीटर्स आर. एस. (1970) द लॉजिक ऑफ़ एजुकेशन। चैप्टर 5
4. धनकर, आर. (एनडी), एम्स ऑफ़ एजुकेशन : डू टीचर्स नीड टू बोदर अबाउट दैम
5. पामर, पी. जे. (1997) *द करेज टू टीच : एक्सप्लोरिंग द इनर लैंडस्केप ऑफ़ अ टीचर्स लाइफ़*। कैलिफोर्निया : जॉसी–बास इंक
6. कुमार, कृष्ण (1998) *शैक्षिक ज्ञान और वर्चस्व*। नयी दिल्ली : ग्रन्थशिल्पी प्रकाशन
7. सदगोपाल, अनिल (2011) नयी तालीम व्याख्यान माला। गुजरात विद्यापीठ में दिये गये व्याख्यान। व्याख्यान टाटा ट्रस्ट के सहयोग से आयोजित किये गये थे। वीडियो यू–ट्यूब पर उपलब्ध : https://www.youtube.com/watch?v=zAAVKBdiwso
8. विप्रो एंड ईआई –क्वालिटी एजुकेशन स्टडी (2011). अवेलेबल फ्रॉम : http://www.ei-india.com/quality-education-study-qes/
9. जिद्दु कृष्णा मूर्ति, स्कूल के नाम पत्र। अवेलेबल ऑनलाइन : http://www.jkrishnamurti.org/krishnamurti-teachings/view-text.php?tid=53&chid=330

वर्तमान परिप्रेक्ष्य में शिक्षक की भूमिका एवं चुनौतियाँ : एक अनुभवात्मक दृष्टिकोण

–रंजना

यह लेख राष्ट्रीय पाठ्यचर्या की रूपरेखा (एन.सी.एफ. 2005) द्वारा बाल–केन्द्रित शिक्षा पर दिये गये बल के सन्दर्भ में लेखिका के अपने शिक्षण के अनुभवों पर आधारित है। लेखिका ने अपने अनुभवों के माध्यम से बाल–केन्द्रित शास्त्र व उसमें निहित शिक्षक की भूमिका के सन्दर्भ में, वास्तविक स्थिति को दो सन्दर्भों (एक निजी व एक सरकारी विद्यालय) में प्रस्तुत करके शिक्षा–तन्त्र में शिक्षक व उसकी समस्याओं को प्रस्तुत करने की कोशिश की है।

सार

शिक्षा का उद्देश्य एक सजग, सचेत व सशक्त नागरिक तैयार करना है। ऐसा नागरिक जो विवेकशील हो, जो विभिन्न मुद्दों व विषयों की समझ रखता हो और सीखने व पढ़ने में रुचि रखता हो, जो विवेकपूर्ण निर्णय लेने में परिपक्व हो आदि। शिक्षा व्यवस्था की संरचना के अन्तर्गत बच्चों के साथ सीधे तौर पर शिक्षक ही जुड़ता है, उनसे अन्तःक्रिया करता है। वह न सिर्फ़ विभिन्न विषयों से बच्चों को अवगत कराता है अपितु उनके सर्वांगीण विकास के लिए भी कार्यरत रहता है। इसी के साथ शिक्षा व्यवस्था में अन्य कुछ प्रशासनिक ढाँचे भी स्थापित किये गये हैं जिनकी भूमिका शिक्षक के कार्यों में मदद करने की है। इसे सपोर्ट सिस्टम का नाम दिया जाता है जिसके सुचारू रूप से कार्य करने से शिक्षक और भी अधिक प्रभावी रूप से कार्य करने में सक्षम होता है। इस सपोर्ट सिस्टम के सही प्रकार से कार्य न करने पर शिक्षक का प्रमुख कार्य यानी कक्षा में शिक्षण–अधिगम प्रक्रिया बाधित होती है जिसका सीधा असर बच्चों की सीखने की प्रक्रिया व उनके अकादमिक प्रदर्शन पर पड़ता है।

राष्ट्रीय पाठ्यचर्या की रूपरेखा (एन.सी.एफ.) 2005 के बाद से ही बाल–केन्द्रित शिक्षाशास्त्र को पूरी तरह से आत्मसात करने पर ज़ोर दिया जा रहा है जिसके लिए सभी शिक्षण संस्थान भरसक प्रयास करने में लगे हैं। इस आलेख के ज़रिये लेखिका की कोशिश है कि वह अपने अनुभवों के माध्यम से बाल–केन्द्रित शिक्षाशास्त्र व उसमें निहित शिक्षक की भूमिका के सन्दर्भ में, वास्तविक स्थिति को दो सन्दर्भों (एक निजी व एक सरकारी विद्यालय) में प्रस्तुत करके शिक्षा–तन्त्र में शिक्षक व उसकी समस्याओं को प्रस्तुत करे।

परिचय

जब से बाल–केन्द्रित विचारधारा चलन में आयी है तब से कक्षा में बच्चों की विभिन्न सामाजिक–आर्थिक पृष्ठभूमियों, उनकी मातृभाषाओं, विविध संस्कृतियों, योग्यताओं, कौशल व रुचियों आदि को समझा व स्वीकारा गया है। इन विविधताओं को शिक्षक कक्षा में सकारात्मक दृष्टि से कैसे देखे और संसाधन के रूप में इनका प्रयोग कर कक्षा में शिक्षण–अधिगम प्रक्रिया को और रुचिकर व समृद्ध बनाये, यह आजकल अकादमिक चर्चाओं का मुख्य विषय है और अध्यापन कर्म में यह मुख्य रूप से अपेक्षित किया जा रहा है।

मैंने एक शिक्षक के तौर पर कुछ वर्ष दिल्ली के एक प्राइवेट स्कूल में पढ़ाया है और अभी पिछले डेढ़ वर्ष से दिल्ली के ही एक सरकारी प्राइमरी स्कूल में पढ़ा रही हूँ। दोनों स्कूल मुझे दो अलग संसार की भाँति नज़र आते हैं। मैं महसूस कर पाती हूँ कि दोनों सन्दर्भों में शिक्षक की भूमिका को अलग ढंग से देखा व समझा जाता है और दोनों में अलग ही अपेक्षाएँ निर्धारित हैं इसलिए सपोर्ट सिस्टम भी अलग तरह से ही कार्य करता है। अब ऐसे समय में जब शिक्षा में गुणवत्ता के विषय को केन्द्र में लाया जा रहा है, तो यह अति आवश्यक हो जाता है कि वर्तमान समय में शिक्षक जिन चुनौतियों का सामना कर रहा है उनको ध्यान में रखकर ही शिक्षक की भूमिका को और गहनता से देखा व समझा जाये। और इसके परिणामस्वरूप शिक्षा की गुणवत्ता पर कार्य किया जा सके।

शिक्षक की भूमिका में समय व नये विचारों के साथ बदलाव अपेक्षित हैं। नये मनोवैज्ञानिक व सामाजिक विचारों (रचनात्मकता, संज्ञानात्मकता व मानवतावाद आदि) के साथ शिक्षा के सिद्धान्तों में बदलाव आ रहा है

क्योंकि अब शिक्षा का उद्देश्य भेड़चाल चलने वाले इन्सान न बनाकर ऐसे इन्सान का विकास करना है जो विचार व तार्किक चिन्तन कर सके, निष्पक्ष ढंग से सोच सके और ज्ञान के भण्डार में कुछ सकारात्मकता जोड़ सके ताकि वह समाज के विकास में अपनी भूमिका समझ सके तथा उसे भली प्रकार निभा भी सके। इन्सान की इस वर्तमान छवि के साथ यह प्रश्न उठता है कि विद्यालयी स्तर पर, ऐसी कौन–सी प्रक्रियाएँ अपनायी जायें जिनसे ऐसे व्यक्ति के निर्माण में मदद मिले। इसके लिए लगभग बीसवीं शताब्दी के प्रारम्भ से कुछ मनोवैज्ञानिक विचार आने शुरू हुए और 1960 के आसपास बाल–केन्द्रित शिक्षा का विचार एक आकार लेने लगा जिसका प्रत्यक्ष बिम्ब भारत में एन.सी.एफ. 2005 में पूर्ण रूप में दर्शित होता है।

इसमें बच्चे को सक्रिय विद्यार्थी के रूप में दर्शाया गया है और स्पष्ट रूप से लिखित है कि बालक संसार का ज्ञान ग्रहण करता है और नये ज्ञान का सृजन भी करता है (एन.सी.एफ. 2005, पेज 17)। ज्ञान का अर्थ एक ठोस, ज्ञान की संरचना–भर नहीं है। यहाँ ज्ञान वह है जो बच्चा ख़ुद व अन्य साथियों या वयस्कों के साथ मिलकर सृजित करता है, क्योंकि बच्चा सक्रिय प्राणी है, वह सोच सकता है, पैटर्न ढूँढ़ सकता है, समानता व विभिन्नता के आधार पर अवधारणाओं का निर्माण कर सकता है। इसलिए ऐसे सक्रिय विद्यार्थी के सम्पूर्ण विकास के लिए उसको चारदीवारी के अन्दर बैठाकर सब कुछ बताने की आवश्यकता नहीं है बल्कि आवश्यकता है एक ऐसे शिक्षाशास्त्र की जो बाल–केन्द्रित हो, अर्थात जो बालक की क्षमताओं व सन्दर्भ को बुनियाद बनाकर उसके सर्वांगीण विकास में मदद करे।

बाल–केन्द्रित शिक्षाशास्त्र का अर्थ है बच्चों के अनुभवों, उनके स्वरों और उनकी सक्रिय सहभागिता को प्राथमिकता देना। इस प्रकार के शिक्षाशास्त्र में बच्चों के मनोवैज्ञानिक विकास व अभिरुचियों के मद्देनज़र शिक्षा को नियोजित करने की आवश्यकता होती है इसलिए शिक्षा की योजना ऐसी हो कि वह विशेषताओं व ज़रूरतों की विशाल विविधताओं के तहत भौतिक, सांस्कृतिक व सामाजिक प्राथमिकताओं को सम्बोधित करे (एन.सी.एफ. 2005 पेज 5)।

बाल–केन्द्रित शिक्षाशास्त्र को स्कूल व कक्षा तक लेकर जाने में **शिक्षक की भूमिका** ही अहम है। बाल–केन्द्रित शिक्षाशास्त्र में छोटे परन्तु महत्त्वपूर्ण सिद्धान्त निहित हैं जैसे कि ग़लती करने की आज़ादी होना, बच्चों को ऐसे प्रश्न पूछने की अनुमति देना जिनसे वे स्कूल में सिखायी जाने वाली

बातों का सम्बन्ध बाहरी दुनिया से स्थापित कर सकें, उन्हें एक ही तरीक़े से उत्तर रटने और देने की बजाय अपने शब्दों में जवाब देने और अपने अनुभव बताने के लिए प्रोत्साहित करना। 'चतुरअनुमान' को एक कारगर शिक्षाशास्त्र साधन के रूप में प्रोत्साहित करना। पूछताछ, अन्वेषण, प्रश्न पूछना, वाद–विवाद, व्यावहारिक प्रयोग व ऐसा चिन्तन जिससे सिद्धान्त बन सकें और विचार स्थितियों की रचना हो सके क्योंकि ये सभी बच्चों की सक्रिय व्यस्तता को सुनिश्चित करते हैं (एन.सी.एफ. 2005, पेज 18)।

इसलिए **शिक्षक** ऐसा हो जो बदलाव के लिए सकारात्मक दृष्टिकोण व लचीला माइंड सेट रखता हो, जिसमें सीखने की ललक हो, जो प्रश्न पूछे जाने पर अपना ओहदा, कुर्सी बचाने के लिए बच्चों को डाँटकर चुप करने की बजाय, बच्चों के साथ प्रश्नों के उत्तर ढूँढ़ने में आनन्द प्राप्त करे। एक शासक न बनकर, कक्षा में एक जिज्ञासु प्राणी की तरह अपने आपको सम्बोधित करे। बच्चों के साथ हँसे, खेले, कहानी सुनाये और बच्चों से सुने। अपने विद्यार्थियों की सीखने की आवश्यकताओं को समझे और उसके अनुसार उन आवश्यकताओं को पूरा करने के लिए तत्पर व अभिप्रेरित रहे। कक्षा व स्कूल को ख़ुशनुमा बनाने के साथ जो शिक्षक का एक गूढ़ (कोर) है वह है–अपने विषय की समझ, विषय की प्रकृति व उसके उद्देश्य, उसकी संकल्पनाओं के बीच का सम्बन्ध व कौशलों का विकास आदि के साथ यह भी समझना कि विषय की समझ व संकल्पनाओं को बच्चों तक कैसे लेकर जायें, जिसे पेडागॉजिकल कंटेंट नालेज (pedagogical content knowledge) भी कहा गया है। इसके लिए शिक्षक को संसाधनपूर्ण (resourceful) होने के साथ–साथ एक जागरूक अवलोकनकर्ता, तार्किक चिन्तक, विश्लेषक अर्थात रिफ़्लेक्टिव प्रैक्टिशनर होने की ज़रूरत है।

किन्तु वास्तविकता इससे काफ़ी अलग है। एक, शिक्षक अपनी मानसिकता से जकड़ा हुआ है और यह सोच "कि जैसा हमने पढ़ा था या पहले पढ़ाया गया था, उससे हम भी तो सीखे और अध्यापक बने" उसकी जड़ मानसिकता को दर्शाता है। जब–जब नये प्रयासों की बात होती है, यह जुमला बार–बार सुनने में आ ही जाता है। दूसरा, हमारे सेवापूर्व व सेवाकालीन शैक्षणिक कार्यक्रम इस मानसिकता को तोड़ने व बाल–केन्द्रित शिक्षाशास्त्र की वास्तविक समझ विकसित करने में लगभग असफल ही हुए हैं। इसका एक कारण अधिक मात्रा में निजी संस्थानों का निम्न स्तर का शैक्षणिक कार्यक्रम चलाना रहा है जिससे एक शिक्षक,

शैक्षणिक दृष्टिकोण और समझ व कौशलों से अनछुआ ही शिक्षा संस्थानों में आ जाता है। इस समस्या को भारत सरकार द्वारा गठित एक कमेटी द्वारा बहुत ही प्रभावी रूप से उजागर किया गया और लिखा गया–"लगभग 90% सेवापूर्व शैक्षणिक कार्यक्रम निजी संस्थानों के हाथों में हैं जबकि 80% बच्चे राज्य के सरकारी विद्यालयों में शिक्षा ग्रहण करते हैं। पिछले कुछ दशकों में शिक्षा के क्षेत्र में योग्य शिक्षकों की डिमांड बढ़ने के साथ निम्न स्तर के निजी संस्थानों (sub-standard private institute) ने मशरूम की भाँति फैलना शुरू किया, जो एक बहुत बड़ा कारण है एन.सी.एफ. 2005 तथा शिक्षा का अधिकार अधिनियम (RTE) 2009 के तहत सुझाये पाठ्यक्रम व शैक्षिक अनुभवों के अपेक्षित स्तर से काफ़ी निम्न स्तर तक पहुँचने का। क्योंकि निजी संस्थान 'ज्ञान' की पारम्परिक (traditional) अवधारणाओं पर चलते हुए शिक्षा को महज़ एक स्थानान्तरण (transfer) समझकर ऐसे शिक्षक तैयार कर रहे थे जो स्थापित तन्त्र (existing system) के साथ समायोजित हो सकें न कि पढ़ाने के तरीक़ों व प्रक्रियाओं पर चिन्तन–मनन करके उनमें नयापन व गुणवत्ता ला पायें" (विज़न ऑफ़ टीचर एजुकेशन इन इण्डिया : क्वालिटी एंड रेगुलेटरी पर्सपेक्टिव। गर्वमेंट ऑफ़ इण्डिया, एम.एच.आर.डी. 2012, पेज 21)। तीसरा, जो शिक्षक इन सिद्धान्तों को समझता व सीखने–सिखाने के लिए सकारात्मक दृष्टिकोण रखता है वह भी कई बार अनेकों कारणों (ढाँचे, विद्यालय का वातावरण, संसाधनों की कमी व अन्य गैर–शिक्षण कार्य आदि) से अपना शत–प्रतिशत इस सीखने–सीखने की प्रक्रिया में नहीं लगा पाता है। इन कारणों को ही दो सन्दर्भों के परिप्रेक्ष्य में समझने की कोशिश की गयी है।

दो अलग संसार

मैंने एक शिक्षिका के तौर पर कई संस्थानों में काम किया है जिनमें से मैं यहाँ पर दो विद्यालयों का ज़िक्र करने जा रही हूँ। पहला विद्यालय एक प्राइवेट विद्यालय है, जो बाल–केन्द्रित शिक्षाशास्त्र को आत्मसात करने पर ज़ोर देता है। वहाँ मैंने लगभग 6 वर्ष काम किया। यह स्कूल दिल्ली शहर में स्थापित है जहाँ अधिकतर उच्च–मध्यम वर्ग (upper-middle class) के बच्चे पढ़ने आते हैं जो आर्थिक एवं संसाधनिक रूप से समृद्ध हैं। इस विद्यालय के विज़न में बच्चे को केन्द्र में रखा गया है और स्कूल तन्त्र को बच्चे के विकास के लिए कार्यरत माना गया है।

दूसरा विद्यालय दिल्ली सरकार का एक प्राथमिक विद्यालय है, जहाँ मैं वर्तमान में कार्यरत हूँ। दरअसल जहाँ मैं अभी कार्यरत हूँ वहाँ मुझे काफ़ी संघर्ष करना पड़ा और अभी भी कर ही रही हूँ यह समझने के लिए कि एक शिक्षक से किस प्रकार की अपेक्षाएँ हैं? तथा किस प्रकार की कार्यशैली यहाँ अपनायी जाती है? इसी द्वन्द्व के साथ शुरुआत हुई यह समझने की कि इन दोनों सन्दर्भों में ऐसा क्या भिन्न है जो इन्हें मेरे लिए (यानी की एक शिक्षक के लिए) दो अलग संसार बनाता है। माना कि दोनों ही अलग सन्दर्भ हैं फिर भी मैं अपने अनुभवों के माध्यम से एक शिक्षिका होने व अपनी भूमिका को समझने के साथ, कार्य करने की प्रणाली व शिक्षक पर उसके प्रभाव को समझने की कोशिश इस लेख के ज़रिये करने जा रही हूँ। इसके लिए कुछ मानदण्ड (criteria) लिये गये हैं जिनका विवरण निम्नलिखित है :

शिक्षक की कार्यशैली – संस्थानिक ढाँचा

प्राइवेट स्कूल में कक्षानुसार व विषयवार समूह निर्मित थे तथा समय-सारिणी में इन समूहों की चर्चा के लिए समय निर्धारित था। इन चर्चाओं का उद्देश्य होता अपनी कक्षा व विषय के बृहद उद्देश्यों, प्रकृति को समझना, पाठ्यचर्या पर चिन्तन–मनन करना तथा अन्ततः ऐसी पाठ–योजना तैयार करना जिससे बच्चा क्रियाकलापों के माध्यम से विषय की समझ विकसित कर पाये। इसके लिए समूह के सभी शिक्षक साथ में काफ़ी कुछ पढ़ते थे तथा चर्चाओं के माध्यम से एक विषय या विषयों को बच्चों तक ले जाने के माध्यम पर एक साझा समझ विकसित करते थे। इस समूह में पाठ–योजना के साथ–साथ पाठ्य सामग्री व वर्कशीट भी बनायी जाती थी तथा बनायी गयी पाठ–योजना के क्रियान्वयन में अगर किसी भी प्रकार की मदद की आवश्यकता होती तो समूह के अन्य साथी समय–सारिणी के अनुसार मदद के लिए हमेशा तैयार रहते। इस पूरी प्रक्रिया से यह समझा जा सकता है कि यहाँ शिक्षक को एक अधिगमकर्ता (learner) की तरह देखा जाता है, जिसको समय–समय पर कार्यशालाओं व अन्य संगोष्ठी की मदद से अपने विचारों को अपडेट व समेकित करने का मौक़ा दिया जाता है। साथ ही यह भी समझा जाता है कि बच्चों की शिक्षा से सम्बन्धित मुद्दों पर निर्णय लेने के लिए शिक्षक सक्षम व सशक्त है। शिक्षक भी समूह में साझी समझ से सीखता है। यहाँ शिक्षक के दृष्टिकोण, अभिवृत्ति,

पेडागॉजिकल कंटेंट नॉलेज तथा शिक्षा की भूमिका व उसके उद्देश्यों की समझ विकसित करना प्रशिक्षण का मुख्य उद्देश्य था।

यहाँ सरकारी विद्यालय में ऐसा कोई ढाँचा या समय निर्धारित नहीं है, न ही ऐसी कोई उम्मीद की जाती है कि अध्यापक मिलकर शिक्षण प्रक्रियाओं पर चर्चा करेंगे या पाठ–योजना बनायेंगे। यह पूरी तरह से शिक्षक के ऊपर निर्भर करता है कि वह किसी के साथ मिलकर सीखने–सिखाने की प्रक्रियाओं पर अपने विचारों का आदान–प्रदान करे। ऐसा मौक़ा सांस्थानिक रूप से सिर्फ़ कार्यशालाओं में ही मिल पाता है, जहाँ पूरा समूह मिलकर अपने विचार, समस्याएँ व सोच अन्य शिक्षकों के साथ साझा करता है। यहाँ मान्यता है कि एक शिक्षक सेवापूर्व कार्यक्रम से गुज़रकर तथा सरकार द्वारा तय मापदण्डों में सफल होकर आया है तो वह सक्षम है, अकेले पाठ–योजना बनाने में, अकेले पाठ्यचर्या के मुद्दों को समझने में और वर्ष में चार से पाँच दिन की एक या दो वर्कशॉप (जिसमें एक विद्यालय से एक शिक्षक जाता है और विद्यालय का विशिष्ट सन्दर्भ पीछे छूट जाता है) पर्याप्त हैं अध्यापक की समझ को नये सन्दर्भ के लिए अपडेट करने में। यहाँ प्रशिक्षण का पूरा फ़ोकस विषय की समझ पर होता है जिससे शिक्षा की भूमिका व उसके उद्देश्यों की बृहद समझ के बिना पेडागॉजी की समझ में खाई बनती जाती है और ये ज्ञान शिक्षक के संज्ञान में अलग–थलग पड़ा रह जाता है।

बाल–केन्द्रित शिक्षाशास्त्र व संसाधन

बाल–केन्द्रित शिक्षाशास्त्र की समझ रखना और इस समझ को पाठ–योजना में उतारने का तब तक कोई लाभ नहीं है जब तक वह कक्षा में क्रियान्वित व साकार न हो। इसके लिए काफ़ी संसाधनों की आवश्यकता होती है– टीचिंग एड्स, सामग्री, वर्कशीट, उनकी फ़ोटोकॉपी, समूह में कार्य करने के लिए जगह, एक स्वतन्त्र वातावरण जिसमें बच्चा आज़ादी व ज़िम्मेदारी से अपने वातावरण को एक्सप्लोर कर सके। पुस्तकालय जिसमें विभिन्न विषयों की पुस्तकें हों, कुछ ऑडियो–वीडियो सीडी व उनको देखने–सुनने की जगह, कम्प्यूटर जिसमें इंटरनेट हो, जिससे अध्यापक इंटरनेट पर उपलब्ध संसाधनों को जुटा पायें। मेरे अनुसार ये सभी ऐसी सुविधाएँ हैं जो बाल–केन्द्रित पाठ–योजना को क्रियान्वित करने के लिए अहम भूमिका अदा करती हैं और सीखने के वातावरण को समृद्ध बनाती हैं।

जैसा कि हम सभी जानते हैं कि अधिकतर प्राइवेट स्कूल इन सभी सुविधाओं से लैस होते हैं जो उसके वातावरण को समृद्ध बनाते हैं परन्तु सरकारी विद्यालय में शिक्षक संसाधनों के लिए जूझ रहा है, सरकारी फण्ड इतनी देरी से आते हैं कि थक–हार कर शिक्षक कक्षा की शिक्षण–सामग्री तैयार करने में अपनी जेब से पैसा लगाता है। साथ ही जो सामग्री उपलब्ध है वह भी इस डर से प्रयोग में नहीं लायी जाती कि अगर कोई हानि हुई तो उसकी जवाबदेही देना तथा उस जवाबदेही की प्रक्रिया से गुज़रना एक अलग अनुभव होता है।

शिक्षक-विद्यार्थी अनुपात

बाल–केन्द्रित शिक्षाशास्त्र को आत्मसात करने के लिए शिक्षक का प्रत्येक विद्यार्थी के साथ अन्तःक्रिया करके उसे समझना एक बुनियादी आवश्यकता है जिसके लिए शिक्षक–विद्यार्थी अनुपात बहुत महत्त्वपूर्ण भूमिका अदा करता है। अधिकतर प्राइवेट विद्यालयों में शिक्षकों की कमी कभी होने ही नहीं दी जाती क्योंकि वह स्वायत्त संस्था है इसलिए किसी शिक्षक के संस्था छोड़ने के उपरान्त तुरन्त ही दूसरे शिक्षक की नियुक्ति कर ली जाती है जबकि सरकारी तन्त्र में यह जगज़ाहिर है कि सैकड़ों शिक्षक पद ख़ाली पड़े हुए हैं जिसके फलस्वरूप एक शिक्षक पर 80–100 विद्यार्थियों की ज़िम्मेदारी है। जहाँ शिक्षकों की उपयुक्त संख्या है वहाँ कक्षा–कक्षों की कमी के कारण दो कक्षाएँ एक कमरे में साथ बैठती हैं। ऐसी स्थिति में विद्यार्थियों को चुप कराकर बैठाने के अलावा शिक्षक के पास कोई चारा ही नहीं बचता क्योंकि अभी भी विद्यालय मे बच्चों को शान्त रखने की संस्कृति का ही चलन है। इसलिए विद्यालय में पर्याप्त संख्या में शिक्षकों व कक्षा–कक्षों का होना सीखने–सिखाने की प्रक्रिया को सुनिश्चित करने के लिए एक ज़मीन तैयार करेगा।

पुस्तकालय

पुस्तकालय के नाम पर अधिकतर विद्यालयों में एक अलमारी होती है, जहाँ से शिक्षक अपने अनुसार कुछ पुस्तकें लाकर अपनी कक्षा में अपनी सुविधानुसार दे देते हैं। जबकि पुस्तकालय की संकल्पना है कि बच्चा अलग–अलग तरह की पुस्तकों व विषयों से अवगत हो और अपनी रुचि के अनुसार पुस्तकों के सम्पर्क में आये और पुस्तकों के माध्यम से नयी

व दूर स्थित संस्कृतियों, मूल्यों व संसार के बारे में जाने। इसी के साथ मेरा मानना है कि पुस्तकालय में न सिर्फ़ बच्चों के लिए पुस्तकें हों अपितु शिक्षकों के लिए शिक्षाशास्त्र या अन्य शैक्षिक पुस्तकों का भण्डार भी होना चाहिए, जो शिक्षक को भी पढ़ने के लिए प्रेरित करे। जब बच्चे और शिक्षक दोनों साथ पढ़ेंगे तभी पढ़ने का उद्देश्य व मूल्य बच्चों तक पहुँचेगा। मेरा अनुभव रहा है कि शिक्षक को पढ़ते देख, बच्चे भी पढ़ने के लिए उत्साहित होते हैं।

समावेशी शिक्षा

शिक्षा का अधिकार अधिनियम 2009, समावेशी शिक्षा पर ज़ोर देता है जिसकी अवधारणा है कि सभी बच्चों को उनके विभिन्न सन्दर्भों, क़ाबिलियत व क्षमताओं के साथ एक कक्षा में पढ़ने का अधिकार दिया जाना चाहिए। मैं भी मनोवैज्ञानिक–सामाजिक व शैक्षणिक दृष्टि से समावेशी शिक्षा के विचार के साथ हूँ परन्तु मेरे विचार से अधिकतर सरकारी विद्यालय अभी इसके लिए तैयार नहीं हैं जिसका सबसे बड़ा कारण प्रत्येक विद्यालय में स्पेशल एजुकेटर का नहीं होना है। जहाँ स्पेशल एजुकेटर हैं, वे भी संसाधनों की कमी के चलते मजबूर महसूस करते हैं क्योंकि अभी भी हमारा शिक्षा तन्त्र व प्रशासनिक तन्त्र एजुकेटर की भूमिका और संसाधनों के महत्त्व को समझ नहीं पाया है। जबकि जिस प्राइवेट विद्यालय के बारे में मैं यहाँ बार–बार बात कर रही हूँ वहाँ स्पेशल एजुकेटर और काउंसलर (counsellor) की एक टीम कार्यरत थी। वहाँ शिक्षक व स्पेशल एजुकेटर के अवलोकन व अन्तःक्रिया के आधार पर बच्चे की समस्या को समझने के लिए विशेषज्ञ के पास भेजा जाता था जहाँ बच्चे की सीखने की समस्याओं की पहचान करके स्पेशल एजुकेटर व कक्षाध्यापक मिलकर बच्चे के सीखने के लिए अलग योजना तैयार करते थे तथा अभिभावकों की सहायता से बच्चे के सीखने की दर व उसके व्यवहार पर काम किया जाता था।

सूचना और संचार प्रौद्योगिकी

आज हम भारत में सूचना और संचार प्रौद्योगिकी (information and communication technology) की बहुत चर्चा कर रहे हैं, इस पर कार्यशालाएँ हो रही हैं तथा इसकी सफलता के गान जगह–जगह सुनने को मिल जाते हैं परन्तु ज़मीनी स्तर पर विद्यालयों में सिर्फ़ 1 कम्प्यूटर

होता है जिसका प्रयोग प्रशासनिक कार्य तक ही सीमित होता है। यहाँ तक कि कई विद्यालय ऐसे भी हैं जहाँ कम्प्यूटर है ही नहीं, जबकि कम्प्यूटर व इंटरनेट सबसे बड़ा संसाधन है विद्यालय व कक्षा के लिए नयी शिक्षण विधियों व सामग्री के बारे में जानने के लिए।

ग़ैर-शैक्षिक कार्य

जैसा कि इस पर्चे में पहले भी उल्लेख किया गया है कि एक शिक्षक को कार्य करने के लिए एक सपोर्ट सिस्टम की आवश्यकता है। शिक्षा–तन्त्र को दो तरह के विभागों में विभाजित किया जा सकता है। एक विभाग शिक्षकों का, जो सीधा बच्चों के साथ कक्षा में कार्य करते हैं तथा दूसरा प्रशासनिक विभाग, जो तकनीकी प्रक्रियाओं व आँकड़ों की देखभाल करते हैं। किसी भी शिक्षा–तन्त्र के इन दोनों विभागों का एक–दूसरे के साथ लय बनाकर चलना अति आवश्यक है क्योंकि इनकी सफल अन्तःक्रिया से शिक्षक के साथ–साथ बच्चों को सीधा लाभ होगा। परन्तु सरकारी तन्त्र में इतनी परतें व स्तर होते हैं कि स्कूल व शिक्षक की समस्याओं को उच्च अधिकारी समझ ही नहीं पाते। इससे दोनों विभागों के बीच एक खाई–सी बन जाती है। जिससे शिक्षकों पर ऐसी ज़िम्मेदारियाँ लाद दी जाती हैं जिनका विद्यालय व शिक्षण से कोई सम्बन्ध नहीं होता जैसे– जनगणना, बच्चों की जनगणना, चुनाव ड्यूटी, आधार कार्ड बनवाना, बैंक एकाउंट खुलवाना आदि। ये ग़ैर–शैक्षिक कार्य शिक्षक का महत्त्वपूर्ण समय व ऊर्जा ले लेते हैं जिससे कक्षा की शिक्षण–अधिगम प्रक्रिया बाधित होती है। यह निर्णय इस मान्यता पर भी आधारित है कि शिक्षक की सिर्फ़ आधे दिन की ही नौकरी होती है और इस मान्यता के पीछे कारण है कि शिक्षक के कार्य को हमारे शिक्षा–तन्त्र व समाज द्वारा ठीक से समझा ही नहीं गया है। शिक्षण–अधिगम प्रक्रिया की तैयारी को शिक्षा–तन्त्र द्वारा हमेशा अनदेखा किया जाता रहा है।

दोनों सन्दर्भों में बुनियादी अन्तर

इस पूरे तन्त्र एवं दो सन्दर्भों में जो गूढ़ भिन्नता है वह है 'शिक्षक की स्वायत्तता' (autonomy of a teacher) की। एक सन्दर्भ जो विद्यार्थियों की सीखने की प्रक्रिया एवं गतिविधियों पर निर्णय लेने के लिए शिक्षक को सशक्त, परिपक्व व जागरूक मानता है, जो संसाधनों का भयरहित इस्तेमाल

कर सकता है तथा स्कूल में उपस्थित सपोर्ट सिस्टम से किसी भी प्रकार की मदद बेझिझक माँग सकता है–जैसे फील्ड विज़िट की योजना बनाना, गतिविधियों के लिए सामग्री मँगवाना आदि। वहीं दूसरा तन्त्र है जो शिक्षक पर भरोसा ही नहीं करना चाहता और उसे कमतर आँककर आदेशों का पालन करने तक ही उसकी क्षमताओं को सीमित करके देखता है। इसकी जड़ों को इतिहास में भी टटोला जा सकता है जिसकी शुरुआत वुड डिस्पैच (1854) से हुई थी। कृष्ण कुमार जी अपने एक लेख 'ओरिजिन ऑफ़ टेक्स्टबुक कल्चर' में इसका उल्लेख करते हुए कहते हैं कि ब्रिटिश लोगों ने शिक्षक की स्वायत्तता को छीनकर पाठ्यक्रम व पाठ्यचर्या से सम्बन्धित निर्णय लेने का अधिकार ऊपर बैठे अधिकारियों को दिया तथा शिक्षक की भूमिका को पाठ्यपुस्तक का अनुसरण करने व अन्य कार्य जैसे–उपस्थिति रजिस्टर, डेली डायरी, दाख़िला रजिस्टर, स्कूल सम्बन्धी ख़र्चों का लेखा–जोखा इत्यादि तैयार करने के कार्य तक सीमित कर दिया। शिक्षा–तन्त्र को दण्ड के भय एवं आर्थिक नुक़सान (amonetary loss) के तानेबाने में बुनकर, शिक्षक को इस तन्त्र के सबसे निचले स्तर पर स्थापित किया गया–न सिर्फ़ स्टेट्स बल्कि वेतन के रूप में भी (कुमार 1988, पृ. 455)। ऐसा नहीं है कि शैक्षिक नीतियों या प्रावधानों में शिक्षक की स्वायत्तता की बात नहीं की गयी बल्कि स्वतन्त्रता के बाद से लगभग हर दस्तावेज़ में शिक्षक की भूमिका व उसकी स्वायत्तता पर विचार किया गया है परन्तु स्वतन्त्रता के 60–70 वर्षों के बाद भी हमारा सिस्टम इस विचार को कार्यान्वित नहीं कर पाया है। यह एक रेखीय प्रक्रिया नहीं है बल्कि चक्राकार (spiral) है–शिक्षक की स्वायत्तता के लिए हमें ऐसे शिक्षक तैयार भी करने होंगे जो उस स्वायत्तता का इस्तेमाल विवेकपूर्ण तरीक़े से व ज़िम्मेदारी से करें। शिक्षक को सशक्त एवं सक्षम बनाने के लिए आवश्यकता है एक मज़बूत व संरक्षित शिक्षा–तन्त्र की; जहाँ शिक्षा के उद्देश्य की समझ के साथ शिक्षा–तन्त्र के अंगों मे सामंजस्यता हो। शिक्षकों के सेवापूर्व प्रशिक्षण से लेकर विद्यालय के तन्त्र व प्रशासनिक विभाग में सुचारूपन व सकारात्मकता हो। हमारी शिक्षा नीतियों के पर्याप्त कार्यान्वयन के लिए विद्यालय तैयार हों। इसका सीधा व सकारात्मक असर शिक्षकों, स्कूली व्यवस्था व हमारे भावी नागरिक और उन नागरिकों से निर्मित समाज पर पड़ेगा।

उपरोक्त विदित दो शिक्षा–तन्त्रों (निजी व सरकारी) की व्यवस्था व उसके विद्यालयी प्रभावों में अन्तर स्पष्ट रूप से देखा जा सकता है।

यहाँ उद्देश्य यह दर्शाना नहीं है कि एक शिक्षा–तन्त्र दूसरे शिक्षा–तन्त्र से कमतर है या सरकारी तन्त्र में कुछ सकारात्मक कार्य नहीं हो रहा है। यहाँ इन दोनों तन्त्रों को समझना आवश्यक है क्योंकि शिक्षक की भूमिका व कार्य इन तन्त्रों के कारण प्रभावित होते हैं। सरकारी तन्त्र एक बड़ा तन्त्र है जो एक बड़े व व्यापक समूह के लिए निर्णय लेता है जिसके लिए एक बृहद स्तर पर मुद्दों को समझकर, उसके अन्तर्गत आने वाली प्रत्येक इकाई के साथ सामंजस्य बिताने में समय लगता है और इस प्रक्रिया में, विद्यालयी स्तर के छोटे–छोटे सन्दर्भ व समस्याएँ छूटने का भय अधिक होता है। जबकि निजी व स्वायत्त विद्यालय एक छोटा तन्त्र है जो अपने विशिष्ट सन्दर्भ में गठित है; इसमें विद्यालयी निर्णय अपने सन्दर्भ के अनुसार तुरन्त लिए जा सकते हैं। इसलिए बड़े स्तर की विविधता को समझकर शिक्षा व्यवस्था से जुड़े प्रत्येक व्यक्ति की शिक्षा को लेकर साझी समझ विकसित करना एक चुनौतीपूर्ण कार्य है।

सन्दर्भ सूची

1. राष्ट्रीय शैक्षिक अनुसन्धान और प्रशिक्षण परिषद् (2005), राष्ट्रीय पाठ्यचर्या की रूपरेखा 2005, नयी दिल्ली : एन.सी.ई.आर.टी.
2. राष्ट्रीय शैक्षिक अनुसन्धान और प्रशिक्षण परिषद् (2010)। राष्ट्रीय अध्यापक शिक्षा पाठ्यचर्या की रूपरेखा 2005, नयी दिल्ली : एन.सी.टी.ई.
3. भारत सरकार, निःशुल्क और अनिवार्य बाल शिक्षा का अधिकार अधिनियम (RTE), 2009, मानव संसाधन विकास मन्त्रालय, नयी दिल्ली, अप्रैल 8, 2010
4. कुमार. कृष्ण, (1988), ''ओरिजिन ऑफ़ इंडिया'ज़ टेक्स्टबुक कल्चर''. *कम्पेरेटिव एजुकेशन रिव्यु, नवम्बर, वॉल्यूम. 32,* न. 4 पृ. 452–464
5. विज़न ऑफ़ टीचर एजुकेशन इन इंडिया : क्वालिटी एंड रेगुलेटरी पर्सपेक्टिव। गर्वमेंट ऑफ़ इंडिया, एम.एच.आर.डी. डिपार्टमेंट ऑफ़ स्कूल एजुकेशन एंड लिटरेसी, वॉल्यूम 1, अगस्त, 2012

अच्छे बच्चे कैसे? हम दिखेंगे ऐसे : स्कूल के सन्दर्भ में आदर्श बालक की छवियाँ

–निधि गुलाटी

यह लेख स्कूलों के सन्दर्भ में आदर्श बालक की छवि को स्कूलों के प्रवेश–द्वार पर बने बच्चों के चित्रों का विश्लेषण कर समझने की कोशिश करता है। चित्रों के विश्लेषण के साथ–साथ इनमें निहित बचपन की अवधारणाओं को समझने के लिए कुछ चुने हुए स्कूली शिक्षकों के साथ साक्षात्कार, अन्तःक्रिया और अवलोकन को भी विश्लेषण में शामिल किया गया है, जिनसे 'आदर्श बालक' और 'बचपन के स्वरूप' से जुड़ी शिक्षकों की मान्यताओं की झलक मिलती है। बचपन से जुड़ी छवियों और समझ का स्कूली सन्दर्भ में विश्लेषण करना क्यूँ आवश्यक है, यह चर्चा भी इस पर्चे में की गयी है।

उज्ज्वल और किरण भाई–बहन हैं जो दक्षिण दिल्ली की नगर पालिका के एक स्कूल में पढ़ते हैं। उनका घर स्कूल से दूर नहीं है। आज सुबह स्कूल जाने से पहले उनके घर में फिर से काफ़ी जद्दोजहद हुई। माँ का काम ख़त्म नहीं हुआ था और वहीं किरण को अपनी जुराबें नहीं मिल रही थीं। हर कोने में झाँककर देखा, पर मिली नहीं, तो वह आज चप्पल में ही स्कूल चल दी। माँ से पूछने की हिम्मत नहीं थी उसकी, क्यूँकि वो झल्लाती तो नहीं पर सच में ही वो अपने काम में बहुत उलझी लग रही थी। माँ का हाथ पकड़े जब वे स्कूल–द्वार पर पहुँचे तब माँ ने देखा कि किरण ने जुराबें नहीं पहनी थीं। उनकी नज़र के सामने स्कूल के प्रवेश–द्वार पर बना भाई–बहन का चित्र था, जिसमें चित्रित थे खूब सुन्दर गोरे रंग के दो बच्चे हँसी–ख़ुशी स्कूल के परिवेश के भीतर कक्षा की ओर बढ़ते हुए। उनके ज़ेहन में यह प्रश्न उठा कि उनके बच्चे और बाक़ी सभी बच्चे तो ऐसे नहीं दिखते। क्या स्कूल की अपेक्षा है कि 'सुन्दर' और 'सभ्य' दिखने वाले बच्चे ही यहाँ आयें?

इस पर्चे[1] का मूल उद्देश्य स्कूलों के प्रवेश–द्वारों पर बने बच्चों के ऐसे ही चित्रों का विश्लेषण करना है। इन छवियों के पीछे निहित 'आदर्श' बालक कैसा होता है, यह पर्चा इन मान्यताओं का विश्लेषण करता है। दक्षिणी दिल्ली नगर निगम के दस सरकारी स्कूलों के प्रवेश–द्वारों पर चित्रित छवियों को इस पर्चे में शामिल किया गया है। कुछ चुने हुए स्कूलों के शिक्षकों और मुख्य अध्यापकों के साथ की गयी बातचीत और कुछ कक्षाओं में हुए अवलोकनों को भी शामिल किया गया है। स्कूली शिक्षकों के साथ अगस्त से दिसम्बर 2016 के दौरान दो कार्यशालाएँ आयोजित की गयी थीं, जिनका उद्देश्य बचपन के बारे में अवधारणाओं पर चर्चा करना था। कार्यशाला के दौरान हुई बातचीत भी पर्चे में सम्मिलित है।

इस पर्चे में तीन पहलुओं को प्रस्तुत करने की कोशिश की गयी है। स्कूल जाते बच्चों को दर्शाते चित्रों के गहरे तौर पर क्या अर्थ हो सकते हैं, पर्चे का पहला पहलू यह तलाश करता है। चित्रों में दर्शित विभिन्न पृष्ठभूमियों का विस्तार से वर्णन पर्चे में कुछ बाद में किया गया है। ये चित्र घाटियों और फूलों की पृष्ठभूमियों में बच्चों को चित्रित करते हैं। इनमें बच्चों को अक्सर एक खास तरीक़े से दर्शाया जाता है, लकीरों से बने चित्र में सपाट रंग भरकर। ऐसे चित्रण के पीछे क्या मान्यताएँ हो सकती हैं? इन चित्रों से हमें समाज में प्रचलित बचपन के स्वरूप के बारे में क्या पता चलता है? पर्चे के दूसरे पहलू में स्कूल में किये गये अवलोकन और कुल बाईस शिक्षकों के साथ हुए संवादों के कुछ अंशों को शामिल किया गया है, जिनमें शिक्षकों की 'आदर्श बालक' और 'बचपन के स्वरूप' की मान्यताओं की झलक मिलती है। बचपन की छवियों को देखना, समझना और उनका विश्लेषण करना क्यों ज़रूरी है? पर्चे का तीसरा हिस्सा इस

---

1. इस पर्चे को इस रूप में लाने के लिए मैं अपनी छात्राओं कल्पना और मोनिका की आभारी हूँ जिन्होंने अपनी 'इंटर्नशिप' के दौरान कुछ घटनाएँ मुझसे साझा कीं और इस पर्चे में उन्हें शामिल करने की अनुमति दी। चित्रों पर प्रोफ़ेसर प्रीति चोपड़ा के साथ हुई बातचीत ने मेरे नज़रिये को विस्तृत किया। मेरे सहकर्मी वीरेन्दर ने इस पर्चे के शुरुआती संस्करण का हिन्दी अनुवाद करने में मेरी मदद की, जिसके लिए मैं आभारी हूँ। अम्बेडकर यूनिवर्सिटी, दिल्ली में अज़ीम प्रेमजी यूनिवर्सिटी द्वारा आयोजित संगोष्ठी में यह पर्चा पढ़ा गया जिसके दौरान मिले सुझाव इस पर्चे में सम्मिलित किये गये। पर्चे पर मिली समीक्षकों की टिप्पणियों के लिए भी मैं आभारी हूँ।

सवाल पर नज़र डालता है। ऐसा करने से हम स्कूल की रोज़मर्रा से जुड़ी बच्चों और बचपन की संकल्पनाओं को खोल पाते हैं।

सामान्य-समझ बनाम बौद्धिकता

आधुनिक समय में हमारे आसपास टेलीविज़न, विज्ञापन, अख़बार व मैगज़ीन, विज्ञापन पट (होर्डिंग) के माध्यम से बहुत–से चित्र और छवियाँ मौजूद रहती हैं। ये चित्र भी एक तरह के दस्तावेज़ (डॉक्युमेंट) हैं, जो सांस्कृतिक–सामाजिक दुनिया को बेहतर समझने में मदद करते हैं। ये चित्र जिन्हें हम रोज़ आते–जाते देखते हैं, बच्चों, बचपन व विकास के बारे में सामान्य–समझ (सेंसिबिलिटी) और मान्यताओं को समक्ष लाने का मौक़ा देते हैं। यह समझ सौन्दर्यबोध (ऐस्थेटिक्स) से जुड़ी है।

चित्रों को समझना बुद्धि के बजाय संवेदना को विशेषाधिकार देता है। इस सन्दर्भ में रौन्सियर प्रस्तावित करते हैं कि रोज़मर्रा को समझने के लिए 'बौद्धिक' के स्थान पर 'सौन्दर्यबोध' को महत्त्व दिया जाना बेहतर है। सौन्दर्यबोध से मिला ज्ञान समझना समाज में विभिन्न स्तरों में निहित सत्ता के वितरण को समझने में मदद करता है। जैसे फ़ैक्ट्ररी में काम करने वाला श्रमिक भी उतनी ही दुनिया समझता है जितना कि एक दार्शनिक। वे लिखते हैं, "जो सत्ता बौद्धिकता ने संवेदना पर जमायी है, संस्कृति में उच्च सामाजिक स्तर के व्यक्ति ने प्रकृति के व्यक्ति पर जमायी है, सौन्दर्यबोध इस सत्ता को पलट देता है" (रौन्सियर, 2009, पृ. 31)। सौन्दर्यबोध किसी भी तरह से बौद्धिकता से कम नहीं है और यह समाज की 'सामान्य–समझ' (सेंसिबिलिटी) को प्रस्तुत करते हैं। पिछली दो शताब्दियों में बौद्धिकता को सामान्य–समझ से बेहतर और उच्च माना गया है। इस उत्कृष्टता में निहित सत्ता के रहते रोज़मर्रा की ज़िन्दगी को समझ पाना सम्भव नहीं है। चर्चा करने या कुछ करने में राजनीति की समझ नहीं बनती, बल्कि कल्पना में, वादा करने में, प्रतिनिधित्व करने में और पुनः उत्पन्न करने में, राजनीति निहित है। एक गहरे तौर पर राजनीति को महसूस किया जाता है, समझा नहीं जाता। रोज़मर्रा में जो महसूस की जाती है या इन्द्रिय–बोध की जाती है, वह राजनीति है।

रौन्सियर (2006) प्रस्तावित करते हैं कि कला और राजनीति दोनों ही आपस में गहरा जुड़ाव रखते हैं। राजनीतिक सब्जेक्ट के बनने की प्रक्रिया में 'सौन्दर्यबोधता की राजनीति' शामिल है। बचपन की सौन्दर्यपरकता (जैसे मासूमियत, भोलापन, सरलता) हमेशा ही बचपन से जुड़ी राजनीति

से जुड़ी है (जैसे मासूम, सरल, भोले–भाले बच्चों को सुरक्षा और बन्दिशों की ज़रूरत है)। समाज में क्या कह पाना और क्या दिखा पाना मुनासिब है, समाज की क्या छवि प्रस्तुत की जाती है, यह समझ, सौन्दर्यपरकता को राजनीति में घसीटती है।

रौन्सियर मानते हैं कि सामान्य–समझ का सम्बन्ध सीधा संवेदनशीलता से है। सामान्य–समझ वह है जो इन्द्रियों द्वारा पकड़ी और समझी जा सके। इस समझ को वह बौद्धिकता से अलग मानते हैं। एक व्यक्ति की सामान्य–समझ ही उसकी दुनिया की संरचना करती है। रोज़ाना की ज़िन्दगी बौद्धिकता पर नहीं बल्कि सामान्य–समझ (सेंसिबिलिटी) पर आधारित होती है। यह समझ राजनीतिक है और राजनीति और कलात्मकता या सौन्दर्यबोध के बीच के रिश्ते से बनती है।

रौन्सियर का तरीक़ा अपनाया जाये तो चित्रों को कलात्मक व्यवस्था (एस्थेटिक रेज़ीम) के रूप में समझा जा सकता है। यह चित्र बौद्धिकता और सामान्य–समझ (सेंसिबिलिटी) के बीच की खाई पाटते हैं। राजनीति और सौन्दर्यबोध के सम्बन्ध को 'कलात्मक व्यवस्था' (एस्थेटिक रिज़ीम) लयबद्ध करती है। 'कलात्मक व्यवस्था' हमें एक ऐसा दायरा उपलब्ध कराती है जिससे स्कूल के प्रवेशद्वार पर बने इन चित्रों के अर्थ को हम खोल पाते हैं। वास्तव में कलात्मक व्यवस्था, कला को बोध से आज़ाद करती है, जिससे 'रूप और तत्त्व', 'बाह्याकृति और वास्तविकता', 'गतिविधि और निष्क्रियता' और बौद्धिकता और सामान्य–समझ के बीच के आम रिश्तों को निलम्बित करती है (रौन्सियर, 2009, पृ. 30)। इस फ्रेम से समझा जाये तो इन चित्रों का विश्लेषण 'हाइ–आर्ट' या 'उत्कृष्ट कला' और 'लो–आर्ट' या 'अप्रबुद्ध या सुलभ' कला के बीच की खाई को पाटता हैं। यह चित्र सवाल उठाते हैं उस सत्ता पर जो 'रूप की तत्त्व पर' और 'बौद्धिकता की संवेदनशीलता पर' है (पृ. 31)। इस पर्चे में इस प्रणाली का इस्तेमाल कर, हम चित्रों की कलात्मकता में बचपन की संरचना समझ पाते हैं। साथ ही, बच्चे को कैसे राजनीतिक और शासनीय सब्जेक्ट समझा जाता है, हम इसकी व्याख्या कर पाते हैं।

आदर्श बालक

प्रवेशद्वारों पर बने चित्र बच्चों के रोज़मर्रा के जीवन के कुछ चुनिन्दा पहलुओं को ही चित्रित करते हैं। यह चित्र मानो स्कूल की तरफ़ बच्चों

को आकर्षित करने के लिए और उनका स्वागत करने के लिए बनाये गये हैं। पिछले कुछ 7–8 साल से स्कूल के प्रवेशद्वारों पर यह चित्र बनने लगे हैं। यह चित्र बाला (बी.ए.एल.ए.–बिल्डिंग एज़ अ लर्निंग एड) की रिपोर्ट छपने के बाद स्कूल के माहौल में आये परिवर्तनों में से एक है।

यह छवियाँ मूलतः रेखाचित्र हैं जिनमें बच्चे विभिन्न पृष्ठभूमियों में चित्रित हैं। चित्र में सपाट रंग भरे गये हैं। यह चर्चा मूल रूप से तीन मुद्दों पर नज़र डालता है, जो हैं–एक 'आदर्श बचपन की संरचना, रोज़ाना स्कूल जाने को लेकर व्याकुलता और बच्चों और परिवारों का सरकारीकरण। आदर्श बालक कैसा हो?–इस अर्थाभिव्यक्ति के सन्दर्भ में राष्ट्रीय कल्पना के लक्ष्य को भी यह चित्र दर्शाते हैं। कुछ चित्रों का विस्तृत उल्लेख यहाँ किया गया है जो आगे की चर्चा का आधार है।

चित्र : 1

यह चित्र स्वच्छ नीले आकाश की पृष्ठभूमि में चमकदार रंगों से बनी आकृतियों का मेल है। चित्र में हरे और नीले रंगों का प्रयोग किया गया है। पृष्ठभूमि में आसमान हल्के और गहरे नीले रंगों से दर्शाया गया है। पीछे सूरज बादलों के बीच से उदय हो रहा है। सामने मखमली घास और व्यवस्थित झाड़ियाँ बनी हैं। इस चित्र में प्रकृति एक सुव्यवस्थित परिदृश्य में संजोयी गयी है। चित्र में चार बच्चे स्कूल जाते दिखते हैं, दो लड़के और दो लड़कियाँ। चारों बच्चे मुस्कराते हुए स्कूल की ओर जा रहे हैं। उन्होंने स्कूल की ड्रेस पहनी है जिसमें आसमानी रंग की कमीज़ और गहरे नीले रंग की

निकर/स्कर्ट है। साथ ही, चित्र में बच्चे जूते व जुराबें पहने हैं, पीठ पर साफ़–सुथरे बस्ते लटके हैं, जो पीले, भूरे और गुलाबी रंग के हैं। एक लड़के के हाथ में पानी की बोतल है। चित्र में बच्चे और आसमान के बीच के हिस्से में पेड़–पौधे, रंग बिरंगे फूल और संतरी तितली है। दोनों लड़कियाँ स्कूल की तरफ़ देख रही हैं, एक सीधे और दूसरी तिरछी नज़र से। एक लड़का चित्र के बाहर देख रहा है, और एक की नज़र रास्ते की दिशा में है। गेट पर खड़े व्यक्ति की नज़र सर्व शिक्षा अभियान के चिन्ह से घूमती हुई तितली, फूलों पर से जाती है, और फिर उस लड़के पर टिक जाती है जो मानो स्कूल से बाहर व्यक्तियों को देख रहा हो। जिस मोहल्ले में यह स्कूल है, वहाँ आसपास ऐसे पेड़–पौधे और तितलियाँ नहीं हैं। हक़ीक़त से बिलकुल विपरीत प्रकृति की पृष्ठभूमि में स्कूल की बिल्डिंग को एक ख़ास प्रकार से दर्शाया गया है।

चित्र : 2

इस चित्र में काले रंग की पृष्ठभूमि में स्कूल का नाम अंकित है। दो बच्चे, एक लड़का और एक लड़की नीले रंग की साफ़–सुथरी वर्दी पहने स्कूल जा रहे हैं। दोनों ने पीठ पर बैंगनी रंग के बस्ते टाँगे हैं। बच्चों की आकृति के बाह्य सफ़ेद लकीर है जिससे आकृति विशिष्ट रूप से दर्शायी गयी है। ज़मीन पर बेतरतीब–सी घास है जिसके बीच पीले, सफ़ेद, लाल, गुलाबी और जामनी फूल खिले दिखते हैं। इस कृत्रिम 'प्राकृतिक' नज़ारे में पाँच गुब्बारे हैं, अलग–अलग रंगों के, जिसमें SDMC (दक्षिण दिल्ली नगर पालिका) लिखा है। सभी रंग चटख हैं, ख़ासकर स्कूल का नाम पीले अक्षरों में उभर कर दिखता है। देखने वाले की नज़र इस नाम, दोनों बच्चों और दो–तीन फूलों पर टिकती है।

चित्र : 3

यह चित्र दो भागों में विभाजित है। बायीं तरफ़ के भाग में प्राकृतिक घास और गुलाबी, नारंगी और गहरे लाल रंग के फूल सपाट नीली पृष्ठभूमि में दर्शित हैं। बीचों–बीच गुलाबी वृत में सर्व–शिक्षा अभियान का चिन्ह बना है – बड़ी–सी गहरी लाल पेंसिल पर बैठे एक नन्हा लड़का और एक नन्ही लड़की। दायीं तरफ़ का भाग सतही घास से बना बड़ा मैदान–सा लगता है। इस हिस्से के चित्र के बीचों–बीच एक ट्रॉफी बनी है। इस ट्रॉफी तक पहुँचने के लिए एक गदीले भूरे रंग की पगडण्डी, एक ट्रैक के रूप बनायी गयी है। इस पगडण्डी के आसपास उसी रंग में, समान दूरीवाले साइन–बोर्ड मौजूद हैं जिन पर लिखा है – उज्ज्वल भविष्य, परिश्रम, ईमानदारी, सही लक्ष्य, अनुशासन और दृढ़ संकल्प। यह शब्द शायद उन मूल्यों को चिन्हित करते हैं जिनका प्रतिनिधित्व विद्यालय करना चाहते हैं। पगडण्डी और ट्रॉफी बड़े और गहरे झुरमुटों तथा चमकीले नीले क्षितिज में विलीन हो जाती हैं। इस पगडण्डी पर दो लड़कियाँ स्कूल की ओर इशारा करती जा रही हैं। उन्होंने हल्के बैग़नी रंग की कमीज़, सफ़ेद सलवार पहनी है और कमर पर लाल बैग टाँगा है। दोनों के बाल व्यवस्थित रूप से बँधे हैं। इस हिस्से के चित्र में नज़र एक लड़की पर टिकती है जो चित्र से पलट कर दर्शक की ओर देख रही है।

चित्र : 4

इस चित्र में एक नीले आसमान की पृष्ठभूमि पर स्कूल की इमारत, उसका घासदार मैदान और पगडण्डियाँ हैं। यह चित्र वास्तविक स्कूल का हू–ब–हू नहीं है, इसमें कुछ पहलू काल्पनिक हैं और कुछ वास्तविक। सामने मैदान में मखमली घास है और उसके बीच पगडण्डी के इर्द–गिर्द व्यवस्थित झाड़ियाँ हैं। चित्र के पिछली ओर कुछ पेड़ हैं जो स्कूल की इमारत के आसपास बने हैं। इमारत हल्के रंगों में रंगी गई है और हल्के नीले क्षितिज से उभरती प्रतीत होती है। चित्र में सामने की तरफ गहरे नीले रंग की स्कूल वर्दी पहने पाँच बच्चे हैं, जिनमें दो बच्चों की पीठ दर्शक की ओर है। बाकी तीन बच्चों में से, एक लड़का कुछ हद तक पीछे देख रहा है, एक लड़की तिरछी खड़ी हमसे सम्बोधित है और तीसरी लड़की पूर्णतया दर्शक की ओर देख रही है। इस चित्र में नज़र बायीं ओर के सुन्दर खिले फूलों से शुरू हो, दायीं ओर घूमती है, और बीच में खड़ी लड़की पर आकर ठहर जाती है। फिर नज़र स्कूल की तरफ बढ़ते बच्चों पर टिकती है और पगडण्डी से स्कूल की तरफ बढ़ती है। कुछ पल ठहरते हुए, तुरन्त ही बायीं ओर की पगडण्डी से सामने लाल पानी की बोतल लिये लड़के पर आकर पुनः ठहर जाती है।

आगे चर्चा करने से पहले यह ज़ाहिर करना ज़रूरी है कि निश्चित रूप से यह चित्र बच्चों को स्कूल के भीतर आमन्त्रित करने के उद्देश्य से बनाये गये हैं। माहौल की नीरसता को ख़त्म करने में यह चित्र काफ़ी कामयाब भी हैं। इस हक़ीक़त को बिना नकारे, यह भी कहा जा सकता है कि इन चित्रों में काफ़ी विरोधाभास निहित हैं। इस पर्चे में इन विरोधाभासों की चर्चा यहाँ की जा रही है, जिनमें शामिल है–छवियों में निहित मासूमियत, प्राकृतिक वस्तुओं (मूर्त और अमूर्त–जैसे पेड़–पौधों, तितलियों, सूरज, इन्द्रधनुष) द्वारा एक प्रकार की निर्मलता की संरचना, अपरिलक्षिता का निर्माण और कुछ ऐसी वस्तुएँ जो आधुनिकता की ओर इशारा करती हैं।

मासूमियत का प्रकृतिकरण

इनमें से अधिकतर छवियाँ बालक को अनेक मूर्त और अमूर्त प्राकृतिक वस्तुओं के बीच ही एक वस्तु के रूप में दर्शाती हैं, जैसे कि फूल और तितलियाँ। ऐसी ही एक तस्वीर में बच्चे को फूलों वाले पौधों को सींचते हुए दिखाया गया है। बच्चों को प्रकृति और प्राकृतिक वस्तुओं के बीच में स्थापित कर, मानो प्रकृतिवाद का एक चित्र–सा खींचने की कोशिश

की गयी हो[2]। इन छवियों में प्रकृतिवाद काफ़ी तरीक़ों के ज़रिये ज़ाहिर किया गया है–जिनमें हैं नीरस रंगों में स्थलाकृति की चित्रकारी, स्वच्छ नीला आकाश, फूल, घास और अप्राकृतिक या निर्जीव हरियाली। इस तरह की पृष्ठभूमि में चित्र की संरचना मानो बच्चे को प्राकृतिक उत्पाद के रूप में और प्रकृति से जुड़ा हुआ दिखाने की कोशिश करती है। प्राकृतिक वस्तुओं के बीच बच्चे के शरीर को ऐसे दर्शाना मानो एक तरह से मासूमियत का चित्रण है, जो इन वस्तुओं की तरह ही जैविक है। इन वस्तुओं से जुड़ी आन्तरिक सुन्दरता किसी भी पाप, बुराई, कामुकता और अपराध से दूरी दर्शाती है।

इस सन्दर्भ में फिलिप एरीज़ (1962) 'मासूम' बचपन के आधुनिक विचार की तारीख़ सत्रहवीं शताब्दी से रेखांकित करते हैं। वह इस बात पर नज़र डालते हैं कि उस समय एक मान्यता यह भी थी कि एक शिशु की वास्तविक उत्पत्ति तो पाप में ही होती है, इसलिए उसे पुनीत नहीं माना जा सकता था। बच्चों को क्रिश्चियन दृष्टि से देखा जाता था। सत्रहवीं शताब्दी की ओर अभिमुख होते हुए, बच्चे की कामुक उदासीनता को लैंगिक मासूमियत और पवित्रता की तरह देखा जाने लगा। ऐसे में बच्चे की पवित्रता अनैतिक प्रभावों से दूषित होने के ख़तरे में थी। एरीज़ तर्क देते हैं कि यह परिवर्तन आधुनिक शिक्षा पद्धति के आगमन के साथ ही हुआ। उस समय बच्चों के ज्ञान अर्जन की ज़िम्मेदारी फ़्रांसिसी पादरी लेते थे और वे बच्चों के आत्म–मोक्ष के विषय में भी चिन्तित थे। इस चिन्ता के रहते उन्होंने बच्चों की देखभाल और अनुशासन को जारी रखा। वे सांसारिक पाप, तृष्णा और बुराई से बच्चे की नैसर्गिक मासूमियत की रक्षा करने की इच्छा से निर्देशित थे। एरीज़ यह तर्क देते हैं कि मासूमियत

---

2. प्रकृतिवाद के कुछ अहम पहलू : इसमें वास्तविकता और प्रकृति को बिलकुल एक जैसा ही मानते हैं। इस विचारधारा के अनुसार, प्रकृति के परे कोई वास्तविकता नहीं हो सकती। वास्तविकता को समझ पाने के लिए इन्द्रिय (सेंसरी) ज्ञान, अवबोधन (परसेप्शन) और अवलोकन के रास्ते अपनाये जा सकते हैं। ज़िन्दगी के असल मायने और मूल्य केवल प्रकृति से तालमेल बैठाने से ही हासिल किये जा सकते हैं, और यही शिक्षा के लिए भी ज़रूरी है। आत्माभिव्यक्ति और सहज आवेगों पर तसल्ली से पूर्ति ही दरअसल प्रकृतिवाद का निहित मूल है। रूसो, हर्बर्टस्पेंसर और मोंटेसरी के अतिरिक्त टैगोर और अरविंद ने भी प्रकृतिवाद के विभिन्न पहलुओं पर अपने–अपने शैक्षिक सिद्धान्त ठहराये। प्रकृतिवाद के तहत ही पीडो–सेन्टरइज़्म (बाल–केन्द्रिता) लोकप्रिय हुई।

बालक की देह में अवस्थित हुई। ऐसा माना गया कि प्राकृतिक रूप से ही बालक का तन कामुकतारहित होता है। आधुनिकता के साथ यह विचार धीरे–धीरे सार्वभौमिक होने लगे।

भारतीय सन्दर्भ में बच्चों और कामुकता के विषय पर कुछ ख़ास ऐतिहासिक सामग्री नहीं मिलती है। कामसूत्र (दूसरी से चौथी शताब्दी के बीच संग्रहित) से प्रभावित बारहवीं शताब्दी तक बनी काफ़ी शिल्पकृतियाँ हैं जो एक स्वछन्द माहौल की ओर इशारा करती हैं। साथ ही, मुग़ल साम्राज्य में परिवार का इतिहास भी इशारा करता है कि 11 वर्ष से ऊपर की उम्र के बच्चों को इतना मासूम नहीं समझा जाता था (वनीना, 2006)। भारतीय सन्दर्भ में कृष्ण के बचपन से प्रेरित नटखटपन, लड़कपन और शैतानी पर अभिभावक हमेशा से ही लाड़–प्यार जताते रहे हैं (मिंटर्न एंड हिचकॉक, 1963)। इसके साथ–साथ ही, शुरू के 25 वर्षों तक ब्रह्मचर्य, सादा जीवन और सीखने पर ज़ोर रहा है (कक्कड़, 1979)। भारतीय सन्दर्भ में बचपन के बारे में दोनों ही तरह की मान्यताएँ प्रचलित रही हैं।

बेदाग़ दिव्यता

चित्रों में स्कूली बच्चे भोले और मासूम दिखते हैं। इन भोले–भाले बच्चों की कुछ अलग विशेषताएँ दिखती हैं, जैसे गोल चेहरा और दिव्य–सी मुखाकृति। इन छवियों में बच्चों का रंग एकदम साफ़ और गोरा दिखाया है। इस तरह दिखने वाले बच्चों के शरीर में मानो दिव्यता स्वाभाविक रूप से झलकती है। इन चित्रों में बच्चे का ऐसा चित्रण यह भी संकेत करता है कि वे सामाजिक पहचान के चिन्हों से दूर हैं। स्कूल जाने वाला बच्चा मानो 'बेदाग' (अपरिलिक्षित) है–जाति, समुदाय, धर्म, निशक्तता–इनमें से किसी भी पहचान चिन्ह को उस पर अंकित नहीं किया गया। हालाँकि सामाजिक वर्ग चुपके से इस चित्रण में निहित है। इसके विपरीत लोकप्रिय पोस्टरों में अक्सर बच्चे या तो सिर पर रूमाल बाँधे, फेज़ पहने, या फिर काला कोट और सफ़ेद कमीज़ पहने अपने धर्म की पहचान वाली वेशभूषाओं में दिखते हैं (ओबरॉय, 2009)। सड़कों और दुकानों पर सस्ते बिकने वाले लोकप्रिय पोस्टरों में 'आदर्श बालक' काफ़ी प्रचलित हैं, जिसमें बच्चे अलग–अलग गतिविधियाँ करते चित्रित होते हैं–दाँत साफ़ करते हुए, नहाते हुए, व्यायाम करते हुए, वयस्कों के पाँव छूते हुए, किसी वृद्ध को सड़क पार कराते हुए, समय पर सोते–जागते हुए, खाने के बर्तन लगाते हुए,

पढ़ते हुए, एन.सी.सी. कैम्प जाते हुए आदि। यह बच्चे हृष्ट–पुष्ट, गोरे, साफ़–सुथरे और बिन पहचान के ही चित्रित होते हैं। पोस्टर और स्कूली प्रवेशद्वारों पर चित्रित–दोनों ही तरह की छवियाँ बिल्कुल एक जैसी दिखती हैं। इन चित्रों का ग़ौर से विश्लेषण करने पर यह दावा किया जा सकता है कि केवल हिन्दू बच्चों में ही पहचान चिन्ह नहीं होते, और बाक़ी सभी बच्चे 'चिन्हित' हैं।

अपाश्चात्य देशों के धार्मिक परिप्रेक्ष्य में ऐसा माना जाता है कि हम इन्सानों को दैविक बिम्ब की तरह बनाया गया है, और ख़ासकर शिशु फ़रिश्तों जैसे या देवों जैसे होते हैं। हमारे आसपास पोस्टर्स और कैलेंडर के चित्रों में या छोटे बच्चों की तेल मालिश करते हुए या आपसी वार्तालाप में अक्सर यह सुनने को मिल जाता है। कक्कड़ (1981) ने इनर वर्ल्ड में आग्रह किया कि हिन्दू विचारधारा के अनुसार, एक शिशु केवल 'टैबुला रासा' (कोरा स्लेट) नहीं है, अपितु वैयक्तिक अचैतन्य के साथ पैदा होता है। यह अचैतन्य तीन गुणों से चिह्नित होते हैं– सत्त्व (स्पष्टता, रोशनी), राजस (चित्तवृत्ति, आकांक्षाएँ) और तमस (निरुत्साहता, अन्धकार)। यह विचारधारा एक सहभागी समझ के रूप में हमारे आसपास एक सार्वजनिक ज्ञान के रूप में होती है (कक्कड़, 1981, पृ. 47)। कक्कड़ के ऐसा लिखने के बाद हुए शोध में भी इसकी पुष्टि मिलती है कि एक हिन्दू विचारधारा समूचे भारत में कहीं–न–कहीं प्रदर्शित होती है। हालाँकि सबॉल्टर्न और स्त्री विमर्श के क्षेत्र में लेखन इस हिन्दू विचारधारा की सर्वव्यापकता पर काफ़ी सवाल उठाते हैं।

एक अलग नज़रिये से यह भी कहा जा सकता है कि इन चित्रों में बच्चे पर कहीं कोई सामाजिक अस्मिता का चिन्ह नहीं है, इसलिए, ये बच्चे परिवार से जुड़ी अस्मिताओं से अलग देखे जा सकते हैं। स्कूल से मिलने वाली शिक्षा के वास्तविक अधिकारी हैं और उसे ग्रहण करने के लिए तैयार हैं। यह भी प्रतीत होता है कि इन बच्चों की दिव्यता इनके स्वस्थ होने से भी जुड़ी है। इस पहलू पर चर्चा इस पर्चे के अगले भाग में की गयी है।

'अपरिलक्षित' बालक

ऊपरी चर्चा से यह स्पष्ट होता है कि लगभग सभी चित्रों में बच्चों को फूलों भरे वातावरण के बीच दिखाना निर्मलता का प्रकृतिकरण प्रतीत होता है। जो बच्चे निर्मल दिखते हैं, वे 'दूषित' नहीं होते हैं।

इस तरह बच्चों को उनके धर्म या जाति की पहचान के बिना देखा जाता है। चित्रों के सपाट रंग, फूलों की पृष्ठभूमि और स्कूल की वर्दी बच्चे को उसके सामाजिक–आर्थिक परिप्रेक्ष्य से अलग करते हैं। कुछ ऐसा लगता है कि इन प्रवेशद्वारों से गुज़रते ही ये बच्चे परिवार और समुदाय के बन्धनों से आज़ाद हो जायेंगे। मानो द्वार में दाख़िल होते ही बच्चे धर्म, जाति और सामाजिक वर्ग के बन्धनों को स्कूल के बाहर छोड़ आते हैं।

यह अन्दर–बाहर का रिश्ता मानो स्कूल और समाज का रिश्ता है। पहले, तीसरे और चौथे चित्रों में एक लड़का, एक लड़की और तीन बच्चे (दो लड़कियाँ और एक लड़का) क्रमशः स्कूल की ओर जा तो रहे हैं पर चेहरा घुमा कर दर्शक को देख रहे हैं। यह 'नज़र' जो चित्र के भीतर होकर बाहर, समाज की ओर है। यह नज़र एक महत्त्वपूर्ण संकेत है, स्कूल के भीतर–बाहर के रिश्ते का। जो बाहर है, वह छोड़ा जा रहा है, उसे मुड़कर देखना यह समझ दर्शाता है। 'नज़र' या 'देखना' चित्र बोध में अहम कार्य करता है, क्यूँकि यह सौन्दर्यबोध के सूत्रों की ओर हमारा ध्यान आकर्षित करता है।

वहीं द्वार के दूसरी ओर ऐसा प्रतीत होता है कि सरकारी स्कूल में दाख़िला इस कल्पित बच्चे को एक धर्मनिरपेक्ष नागरिक बनाता है। बच्चे को एक निर्मल स्वरूप में परिभाषित करना एक राष्ट्रीय छवि की ओर भी संकेत करता है। इन छवियों में कल्पित बच्चा मानो बिल्कुल खोखला है, जिसका ख़ालीपन स्कूल मशीनरी के माध्यम से दूर होता है। यहाँ स्कूल, राज–कौशल का वह तन्त्र है जो इस ख़ालीपन को धर्मनिरपेक्षता और आज्ञापालन जैसे गुणों से भरता है।

ऐसा होने के बावजूद प्रत्यक्ष धर्मनिरपेक्ष एजेंडा स्कूल के भीतर के सन्दर्भों में सामने नहीं आता।

स्कूल में कुछ ही त्योहार मनाये जाते हैं और आज़ादी की लड़ाई से जुड़े कुछ ही नेताओं की तस्वीरें और कथन दिखते हैं जो सीधे–सीधे एक हिन्दू विचारधारा से जुड़े होते हैं। स्कूल चर्चाओं में प्रबल धार्मिक विचार जाने–अनजाने में सामने आते हैं। मेरी एक छात्रा ने मुझसे यह घटना साझा की : स्कूल (जिसका विवरण चित्र 4 में दिया गया है) में भोजनावकाश के दौरान, एक शिक्षिका ने एक छात्रा को कक्षा–कक्ष से इसलिए चले जाने को कहा क्यूँकि वह अपने टिफिन–बॉक्स में अण्डे ले आयी थी। छात्रा के बाहर जाने के बाद शिक्षिका ने बाक़ी बैठे छात्र–छात्राओं के सामने बुदबुदाया, "सारा माहौल गन्दा कर रखा है इन्होंने"। अण्डा और मांस खाने वाले

स्कूल परिसर में सहपाठियों और शिक्षकों की संवेदनशीलताओं को सम्भवतः पसन्द नहीं आते। इन्हें निर्मलता से परे माना जाता है। अण्डे वह वस्तु हैं जिन्हें स्कूल परिसर के प्रतिकूल माना जाता है। देशपाण्डे (1993) दलील देते हैं कि भारत के सन्दर्भ में, न केवल पाठ्य–वस्तु को अपितु रोज़ाना इस्तेमाल की और खाने–पीने की वस्तुओं को भी राष्ट्रीयता से जोड़ा जाता है। ये वस्तुएँ राष्ट्रवादी दर्शन और राष्ट्रीय माहौल को याद दिलाने वाले सामान के रूप में काम करती हैं। यहाँ एक सर्वव्यापी मांसरहित हिन्दू माहौल की परिकल्पना शिक्षिका के कथन में दिखती है। इसी स्कूल में बच्चों के साफ़ न रहने पर भी बहुत बार टिप्पणी की जाती रही है। कक्षा तीन के एक बच्चे के चार भाई–बहन हैं–और एक और शिक्षिका ने इस बात पर अक्सर उसके धर्म से जोड़ कर उसे टोका। मीनाक्षी थापन (2010) ने अहमदाबाद में दो विद्यालयों में अपने शोध में पाया कि केवल हिन्दू ही नहीं बल्कि मुस्लिम अल्पसंख्यक स्कूल भी प्रमुख हिन्दू धर्म के कुछ आदर्शों को लेकर और नागरिकता पर ज़ोर देकर अपनी पहचान बनाते हैं। अच्छी आदतें, उचित व्यवहार, साफ़ कपड़े और अपनी भावनाओं पर क़ाबू, ख़ासकर गुस्से पर, धर्म पर क़ायम रहना लेकिन प्रमुख समुदाय के द्वारा तय किये गये दायरे में–यह सभी अच्छा नागरिक बनने के नियम हैं जिनसे समुदाय में स्कूल को स्वीकृति मिलती है। यह मान्यताएँ कि साफ़ शरीर ही साफ़ चित्त वास करता है और अच्छी आदतें ही तरक़्क़ी और सफलता दिलाती हैं, स्कूल के प्रच्छन्न पाठ्यक्रम में पुरज़ोर है।

शिक्षा की एक अहम भूमिका : मासूमियत की सुरक्षा

एक कार्यशाला के दौरान, सरकारी स्कूलों के शिक्षकों और शिक्षिकाओं से पूछा गया कि विद्यालयों में अपनी भूमिकाओं को वे कैसे देखते हैं, इसकी व्याख्या करें। एक–दो शिक्षक–शिक्षिकाओं ने साझा किया कि बच्चे कच्चे घड़े होते हैं, जिन्हें ज्ञान से भर देना उनका काम है। अधिकतर शिक्षकों/शिक्षिकाओं ने साझा किया कि बच्चे कोमल कलियों, नन्हे–नन्हे प्रस्फुटित पौधों या फिर बीजों जैसे होते हैं और बतौर शिक्षक उनकी भूमिका बच्चों को पोषित करने की है। एक शिक्षक ने टिप्पणी की कि उन्हें लगता है कि बच्चे गमले के समान हैं, जो देख–रेख के अभाव के चलते ज़मीन पर पड़े हुए हैं, मानो वे नीचे गिर गये हैं। इसके रहते वे अपनी भूमिका को एक माली जैसा देखते हैं जिसकी ज़िम्मेदारी है कि वह

इन बच्चों का सुधार करे। ऐसा प्रतीत होता है कि यह शिक्षक कह रहे हैं कि निचले सामाजिक वर्ग के बच्चे क्यूँकि वयस्कों से अलग नहीं रहते, उनकी मासूमियत बरक़रार नहीं रह पाती है। साथ ही, कि यह बच्चे अपने आसपास हिंसा, सेक्स, व्यसन और ऐसी गतिविधियाँ देखते हैं जो बच्चों को नहीं देखनी चाहिए। जिन बच्चों को वह पढ़ाते हैं–मानो वह गर्त में हैं और शिक्षक उनका उत्थान कर रहे हैं। यह गर्त उनके घर के माहौल, वातावरण और सामाजिक पृष्ठभूमि में ही निहित है–ऐसा उनका मानना है।

बचपन के सांस्कृतिक इतिहास के सन्दर्भ में एरीज़ (1962) तर्क देते हैं कि सत्रहवीं शताब्दी से पहले के फ्रांस में बच्चे वयस्कों से अलग नहीं रहते थे। बच्चे वयस्कों के साथ न केवल व्यवसाय में हाथ बँटाते थे बल्कि शराबख़ानों, बैकगैमन (पासे का एक क़िस्म का खेल) के अड्डों में भी काम करते थे। सत्रहवीं शताब्दी के पश्चात काफ़ी बदलाव आये, जिसके बाद बच्चों को वयस्कों से अलग किया जाने लगा। आधुनिक समय में अब यह स्वीकार्य मान्यता है कि बच्चों को समुदाय के अन्य वयस्कों और उनके काम और मनोरंजन से अलग–थलग रहना ज़रूरी है। जहाँ यह अलगाव नहीं है, वहाँ बचपन वंचित है या मानो छिन–सा गया है।

इसलिए अध्यापक और जो लोग बच्चों के साथ काम करते हैं वे अक्सर काम करने वाले बच्चों का बचपन लौटाने की बात करते हैं। वे एक ऐसा समाज चाहते हैं जहाँ हर वर्ग में बच्चे मासूम हों, आपस में ही खेलें और समुदाय के अन्य व्यक्तियों से दूर रहें। जो बच्चे वयस्कों से अलग नहीं हैं, वे सुरक्षित नहीं हैं। ऐसे में शिक्षक अपना काम एक उद्धारकर्ता के रूप में देखते हैं, जो इन बच्चों की मासूमियत की रक्षा करेंगे। यह कहा जा सकता है कि मासूमियत की सुरक्षा शिक्षा की अनकही भूमिकाओं में शामिल है। माना जाने लगा है कि 'बचपन' 'सुधार' का पर्याय है, बच्चों को मासूमियत की दुनिया में लौटाना, वयस्कों से अलग रखना ही समाज का कर्तव्य है।

मासूमियत का स्वभावीकरण

स्लोटरडिजिक (1983) लिखते हैं कि, "हर प्रकृतिवाद अस्वैच्छिक सरलता (या मासूमियत) से ही शुरू होता है" (पृ. 59)। गहरे तौर पर समझा जाये तो सांस्कृतिक इतिहास में मासूमियत सौन्दर्यशास्त्र–सम्बन्धी श्रेणी के रूप में प्रकट होती है, जो आधुनिक बचपन के निर्माण में एक अहम भूमिका निभाती है। बालक की मासूमियत को जैविक देह और 'अपरिपक्व'

मन में कुछ यूँ किया स्थापित जाता है जिससे वह प्राकृतिक महसूस हो। जैविक और सहज मासूमियत को लॉक, फ्रोएबेल, पेसटॉलॉजी और रूसो द्वारा प्रतिपादित अवधारणाओं से सम्बद्ध समझा जा सकता है।

लॉक यह तर्क देते हैं कि बालक बिना किसी आन्तरिक विचार के साथ जन्म लेता है, यह विचार–सम्प्रदाय बालक को टैबुला रासा (कोरी स्लेट) के रूप में देखता है (लॉक, 1975 पृ. 14)। रूसो का यह मत है कि बच्चे की 'संवेदना में ही सम्पूर्ण ज्ञान है'। साथ ही वह कहते हैं कि बच्चों में बहुत हद तक तर्कविहीनता है (रूसो, 1979)। रूसो ने दो तरह के इन्सानों की व्याख्या की जो सभ्यता की शुरुआत से ही मौजूद थे–'कुलीन जंगली (या असभ्य) और बच्चे।' ज्ञानोदय साहित्य इन दो आकृतियों के इर्द–गिर्द ख़ूब जज़्बा व्यक्त करता है–नरजातीय विज्ञान और शिक्षाशास्त्र। इसी पल से बच्चा एक राजनीतिक वस्तु बन गया–ज्ञानोदय का जीता–जागता उदाहरण। अपने घर में बच्चा मानो एक 'कुलीन जंगली ही है'। काफ़ी सोच–समझ कर दी गयी शिक्षा से यह निश्चित कर लिया जाता है कि 'मासूम बच्चे कृत्रिम सामाजिक तौर से अयोग्य न बनें' (स्लोटरडिजिक, 1983, पृ. 55)।

उत्तर–आधुनिक विचारधारा आधुनिकता में मासूमियत के दावे पर एक अलग दृष्टिकोण रखती है। ल्योटार्ड (1991) के अनुसार मासूम बालक का उत्तरदायित्व है कि वह यह प्रदर्शित करे कि मानवीय अवस्था की कल्पना कैसे की जाती है और उसकी पराकाष्ठा को कैसे हासिल किया जाता है। उत्तर–संरचनावादी आलोचना प्रकृतिकरण को तो समस्याग्रस्त करती है, लेकिन मासूमियत की धारणा और बच्चों के स्वरूप के सरलीकरण को अछूता छोड़ देती है।

ऐसा कहा जा सकता है कि बच्चे की प्राकृतिक व सहज उत्तेजनाओं को आधार मान, शरीर की निर्मलता और बुद्धि की अपरिपक्वता का स्वाभाविक–सा निर्माण किया जाता है। मासूमियत से ही वयस्कों को बचपन नियन्त्रित और निर्देशित करने का मौक़ा मिलता है। इन विचारकों ने भी ऐसी शिक्षा की वकालत की जो बच्चे की सहज प्रकृति पर आधारित अभिवृद्धि और विकास की स्वाभाविकता से जुड़ी हो। ये विचार शिक्षा से कैसे जुड़ते हैं, पर्चे के अगले हिस्से में इन सवालों पर ध्यान दिया गया है– शिक्षक बच्चों को कैसे देखते हैं? वे बच्चों के साथ अपने काम को कैसे समझते हैं? ये विचार मासूमियत की मान्यताओं से कैसे जुड़ा है?

सरकारिता

लगभग सभी चित्र ऐसे आदर्श बालक का चित्रण करते हैं जो भली–भाँति तैयार होते हैं, स्वच्छ पोशाक, जूते और आधी पिण्डलियों तक चढ़े मोज़े पहनते हैं। अधिकांश बालिकाओं के बाल बँधे हुए होते हैं। इस तरह का चित्रण स्पष्ट रूप से दर्शाता है कि यह बच्चा किस तरह की परवरिश पा रहा है और साथ ही यह भी कि उसे कैसी परवरिश मिलनी चाहिए।

स्कूल प्रांगण में लेखाचित्रों, सन्देशों और शिक्षक–चर्चाओं के रूप में बच्चों को लगातार यह याद दिलाया जाता है कि उन्हें साफ़–सुथरे होकर, नहाकर और उचित कपड़े पहनकर स्कूल आना है। कुछ अवलोकनों में यह पाया गया कि शिक्षकों ने बच्चों के बिना नहाये, प्रायः बिना धुले कपड़े पहने, बिना जूते पहने अथवा दुर्गन्धयुक्त होकर आने के बारे में चिन्ता जतायी। दो बच्चे, जो बेघर थे, को प्रायः दुर्गन्धयुक्त बताया गया। यह भी देखा गया कि मुस्लिम बच्चों या कूड़ेघर के पास रहने वाले बच्चों को रोज़ाना नहाकर न आने वाला बताया गया। 'आदर्श बालक' के रूप में बच्चे का शरीर, उसकी स्वच्छता और माता–पिता की चिन्ताएँ प्रकट करने के चिह्न उसके रूप, पोशाक और स्कूल में बालक द्वारा खायी जाने वाली चीज़ों से सृजित होते हैं।

अक्सर इन चित्रों में दिखाया जाता है कि बच्चे स्कूल बैग और पानी की एक बोतल टाँगे हैं। सभी स्कूलों में मध्याह्न भोजन मिलता है, जिसे अधिकतर बच्चे लेते हैं। स्कूल में पानी का भी प्रावधान है। पानी की बोतलों की मौजूदगी में यह मान्यता छिपी है कि माता को इस बात की चिन्ता होनी ज़रूरी है कि उनकी बेटी कैसा पानी पी सकती है। एक बच्चे को स्कूल के लिए तैयार करने में माँ के (या पिता के) परोक्ष प्रयास को बोतल बताती है। सफ़ाई एवं स्वच्छता की धारणाएँ, माँ का बच्चे की तरफ़ निवेश, (बच्चे के बारे में) उनकी चिन्ता एवं सरोकार ये सभी हर घर में होना चाहिए, तभी बच्चे स्वस्थ और अच्छे नागरिक बनेंगे, ऐसा मान्यता से जुड़ा है।

लगभग सभी चित्रों में मौजूद पानी की बोतल के माध्यम से हमें पता चलता है कि सरकारिता (या गवनर्मेंटलिटी) कैसे इन छवियों के ज़रिये काम करती है। सरकार को एक आचरण के रूप में, अथवा अधिक स्पष्ट रुप में, 'आचरण के आचरण' के रूप में परिभाषित किया जाता है और

इसकी व्याख्याओं में 'अन्य को शासित करने के लिए' 'स्वयं को शासित करना' शामिल किया जा सकता है। यह शब्द शासन (या सरकार) और सोच के तरीके (मानसिकता) के मेल से बना है। सरकारिता ऐसी प्रणालियों को शामिल करती है जिनसे व्यक्तियों के बीच व्यवहार करने की युक्तियाँ परिभाषित होती हैं, संगठित और व्यवस्थित होती हैं। रिश्तों में (चाहे वह अभिभावक और बच्चों के बीच हों, चाहे शिक्षक और छात्र के बीच) बहुत–से काम दूसरों के काम और जीवन को नियन्त्रिण करने के लिए किये जाते हैं। सरकारिता एक 'सॉफ्ट लॉ' के रूप में परिवारों पर लागू होती है। पोशाक की सफ़ाई, बच्चे को तैयार करना और पानी की बोतल ऐसे कुछ संकेत हैं जो बच्चे के प्रति माता–पिता की चिन्ताओं की ओर इशारा करते हैं। इसके साथ ही स्वच्छ और हृष्ट–पुष्ट नागरिक बनाने की तैयारी क्या है–इस ओर ध्यान आकर्षित करते हैं। अभिभावकों और बच्चों–दोनों का ही आचरण निर्देशित किया जाता है।

इन चित्रों और उदाहरणों में छिपी मान्यताओं को फूको के 'बायोपावर' और 'सरकारिता की प्रौद्योगिकी' (टेक्नोलॉजीज़ ऑफ़ गवनर्मेंटलिटी) के अनुसार समझा जा सकता है। किस तरह बच्चों के शरीर को लचीला माना जाता है, उन्हें तोड़ा–मरोड़ा जा सकता है। राजकौशल को ऐसे ख़ाली शरीर और मन चाहिए जिनका शारीरिक सामर्थ्य वह अपनी सत्ता से बदल सके और उपयोगी नागरिकों का निर्माण कर सके। यह अनुमान सरकारिता के लचीले नियमों की तरह काम करते हैं। बच्चे कैसे हों, कैसे दिखें, उनका मन कैसा हो, वे पहचान के चिन्हों से परे कैसे धर्मनिरपेक्ष और निर्मल हों, माता–पिता बच्चों में क्या निवेश करें–ये सभी बायोपावर की तकनीक हैं। ये अपेक्षाएँ बच्चों के व्यवहार की निगरानी में मदद करती हैं–उनके शरीर स्वच्छ हों, निर्मलता झलके तभी वह अनुशासित रहेंगे और अपराध से दूर रहेंगे (फूको, 1991)। बच्चों के रोज़मर्रा के जीवन के सबसे छोटे और न्यूनतम पलों (और विवरणों) की निगरानी और निरीक्षण किये जाते हैं, और उनसे क्या अपेक्षाएँ हैं, यह बार–बार स्पष्ट किया जाता है। इस तरह ये 'सॉफ्ट लॉज़' उन्हें सभ्य बनाने की प्रौद्योगिकी हैं।

विगत दो दशकों में बदली अर्थव्यवस्था में, मानव पूँजी को समझने के नये सिद्धान्त प्रचलित रहे हैं। ये सिद्धान्त ऐसे क़ानूनों से आरम्भ नहीं होते जो वैकल्पिक अथवा यान्त्रिक हों, बल्कि ये वैयक्तिक लाभों से आरम्भ होते हैं, जो व्यक्ति–विशिष्ट हैं। नवउदारवादी सोच के अनुसार, मानव पूँजी दो

घटकों से बनी प्रतीत होती है : (क) भौतिक और जेनेटिक पूर्ववृत्ति और (ख) कौशलों की पूँजी जो पोषण, शिक्षा, प्रशिक्षण, प्रेम एवं स्नेह में निवेश के परिणामस्वरूप अर्जित किये जाते हैं। यह पूँजी व्यक्ति के आभ्यन्तर होती है और इसमें कौशल, योग्यताएँ और जानकारी जमा हैं जो स्वयं की संरचना में कार्यरत होती हैं (फूको, 1979)।

फूको 'लैंगिकता का इतिहास' में तर्क देते हैं कि वे प्रक्रियाएँ जिनके द्वारा आधुनिक युग की दहलीज़ पर प्राकृतिक जीवन की व्यवस्था और गणना में शामिल होना शुरू होता है राज्य शक्ति और राजनीति जैविक नीति (बायोपॉलिटिक्स) में परिवर्तित हो जाती है। आधुनिक आदमी वह जानवर है जिसकी राजनीति उसके जैविक प्राणी होने पर सवाल उठाती है (फूको, 1976, पृ. 188)। मूल्यता, पूँजीवादिता की जीत की अहम वजह यह भी है कि अनुशासनात्मक नियन्त्रण से ऐसी नयी जैविक शक्ति का इस्तेमाल हुआ, नयी–नयी प्रौद्योगिकी इस्तेमाल में लायी गयीं। इनसे ही डोसाइल–बॉडीज़ (docile bodies या वश्य शरीरों) का निर्माण होने लगा (अगाम्बेन, 1998, पृ. 3)। यह वह शरीर हैं जिनका स्वरूप बदला जा सकता है, चाहे व्यायाम से या फिर रोज़मर्रा को निर्देशित करने वाली अपेक्षाओं से।

यहाँ हमने जिन कल्पित बच्चों की बात की, उनमें दो विशेषताएँ देखी जा सकती हैं : ख़ुशहाल/हरे–भरे फूलों से भरा माहौल जिसमें स्वाभाविक रूप से अवस्थित बाल्यावस्था और साथ ही चारदीवारी में बन्द स्कूल; बचपन में किये जाने वाले निवेश के अनुमान और संकेत। स्कूल जाने वाले बच्चे की परिकल्पना में प्रतिरूप के दर्शन बायोपॉलिटिक्स की धारणा में किये जा सकते हैं। प्रथम, बच्चा 'स्वाभाविक रूप से' निर्मल और मासूम दिखाई पड़ता है जो उसकी जेनेटिक पूर्ववृत्ति का आभास देता है। दूसरा, ऐसा साफ़–सुथरा दिखाई देने वाला बच्चा और पानी की बोतल के ज़रिये स्वास्थ्य के लिए किये गये निवेश भी ज़ाहिर हैं। इन दोनों युक्तियों को व्यक्तियों द्वारा अपने स्वास्थ्य और कल्याण के प्रति 'ज़िम्मेदार' बनाने की कार्यनीति के रूप में देखा जा सकता है। नवउदारतावाद के समय में 'अच्छी ज़िन्दगी' की ज़िम्मेदारी अब बच्चों और परिवारों पर है, जहाँ बीमारी जैसे जोखिमों के लिए व्यक्ति विशेष स्वयं ही ज़िम्मेदार समझे जाने लगे हैं। व्यक्ति का शरीर और स्वास्थ्य अब सामाजिक ज़िम्मेदारी न रहकर 'सेल्फ़–केयर' (स्वयं की देखभाल) का प्रश्न बन गया है। बच्चे और परिवार को व्यक्तिगत प्रावधानों के ज़रिये इस ज़िम्मेदारी को ग्रहण करना है।

कला, सौन्दर्यशास्त्र और शिक्षा

इस पर्चे में स्कूली शिक्षा के परिदृश्य में से चुनिन्दा चित्रों पर ध्यान देते हुए, यह चर्चा की गयी है कि ये चित्र किस प्रकार के विमर्श का प्रतिनिधित्व और परिचालन करते हैं। ये चित्र इस पर भी नज़र डालने में मदद करते हैं कि स्कूल से जुड़े सामाजिक कारक बालक और बचपन को किस नज़रिये से समझते हैं? लोकप्रिय कल्पना में बच्चे को कैसे देखा, समझा और सोचा जाता है, यह इस मुद्दे से जुड़ा है कि उन्हें कैसे पढ़ाया, प्रबन्धित और नियन्त्रित किया जाता है। उनके मन, शरीर और चेतना के बारे में पूर्व–धारणाएँ शिक्षाशास्त्र एवं स्कूली शिक्षा की प्रथाओं में बनती हैं। शिक्षक किन मान्यताओं को लेकर बच्चों के साथ जुड़ते हैं, उनके 'विकास' के बारे में 'जानकारियों' पर ध्यान केन्द्रित करते हैं? बच्चे, जो शिक्षा का केन्द्रबिन्दु हैं, को सभ्य बनाने, विकास करने और न्यायसंगत बनाने के मामले में कैसी संकल्पना की जाती है? 'आदर्श' बालकों के बारे में धारणाएँ क्या हैं जो हम बनाकर चलते हैं? क्या शिक्षण और बालक के साथ कार्य करना केवल एक ऐसे 'निर्भर बालक' की तस्वीर से प्रेरित होना चाहिए जो मासूम, नैतिक रूप से परिवार से बँधा हुआ पर उसकी पहचान से अलग, मानसिक और शारीरिक रूप से निर्मल और शैक्षिक रूप से कमज़ोर हो? ऐसे कुछ सवालों पर निगाह डालने में ये चित्र मदद करते हैं।

विगत दो दशकों में स्कूल के भीतर और बाहर सामाजिक एवं सांस्कृतिक जीवन में एक बदलाव देखा गया है, जो 'स्वयं की और दूसरों की बदलती संकल्पनाओं और नये व्याख्यात्मक विमर्शों' (दिमित्रियाडिस, 2001) में दिखता है। वैश्विक हो रहे मीडिया की पृष्ठभूमि में सूचना, छवियों और पहचानों की उपलब्धता व्यापक हुई है। इसके कारण इस बात की गहन सम्भावनाएँ पैदा हुई हैं कि, ''लोग अब अपने भूत, वर्तमान और भविष्य को, अपने लक्ष्यों को और अपनी स्वयं की संवेदनाओं को नये मीडिया–स्केप्स के सन्दर्भ में व्यक्त करते हैं'' (दिमित्रियाडिस, 2001, पृ. 1)। इससे एक ऐसे सौन्दर्यबोध की सम्भावना भी बनी है कि जहाँ नये प्रयासों, इच्छाओं, भय और चिन्ताओं को अभिव्यक्ति मिलती है।

हमारे आसपास छवियों की बहुतायत है जो हमें शिक्षा को सांस्कृतिक परिवर्तन के साथ जोड़ने का अनुरोध करती हैं। इस प्रकार, 'वर्तमान शिक्षाशास्त्रीय प्रथाओं और स्कूली श्िक्षा में जानकारी के अत्यधिक संगठन'

में बदलाव लाने की दिशा में शिक्षा, कला और संस्कृति के साथ संवाद करती है (दिमित्रियाडिस, 2001, पृ. 3)। ऊपर जिन चित्रों की चर्चा हमने की वे बताते हैं कि बालक एक आदर्श नागरिक के रूप में कैसे तैयार होता है। और यह आदर्श बचपन किस प्रकार शिक्षा, शिक्षाशास्त्र, नीति और सुधार की इमारत की नींव बनता है। हम पूछ पाते हैं कि बच्चों के बारे में वे कौन–से प्रकल्प हैं जो उनके साथ बात करने, उसे पढ़ाने और उसके लिए योजना बनाने के समय हमारी संवेदनशीलताओं को अपील करते हैं? जैसा कि ग्रीन (1995) ने तर्क दिया है, शिक्षा में कला को लाने से शिक्षक ''रोज़ाना के सामाजिक जीवन की विषमताओं और तथाकथित हेटरोग्लोशिया अथवा बहु–विमर्शों को समझने के लिए पर्याप्त कल्पनाशील बनेंगे...और सम्भवतः शिक्षण के बेहतर तरीक़े और बेहतर जीवन–शैली का पता लगाने की मज़बूत प्रेरणा प्राप्त करेंगे।'' (पृ. 12)

पिछले कुछ वर्षों में मीडिया के वैश्वीकरण से सूचनाओं, छवियों और पहचानों की बहुतायत हुई है। इस बदलाव का असर स्कूल के बाहर और भीतर की सामाजिक और सांस्कृतिक ज़िन्दगी में भी आया है, जो स्व की अवधारणा में, विचारों में और चर्चा में भी ज़ाहिर होता है (दिमित्रियाडिस, 2001)। ज़रूरी है कि शिक्षा के क्षेत्र में ये चर्चाएँ भी उपलब्ध हों। स्कूल के सन्दर्भ में 'गढ़े' पाठ्यक्रम और स्कूल से बाहर बच्चों की रोज़मर्रा की ज़िन्दगी के अनुभवों के बीच की विषमताओं पर गहरी नज़र डालना इन चर्चाओं से सम्भव हो पाता है। जहाँ स्कूली–शिक्षा एकरूपीकरण, सामान्यीकरण और सामाजिक नागरिक की तैयारी में जुटी है, वहीं बच्चों और वयस्कों दोनों की दैनिक ज़िन्दगी में सांस्कृतिक छवियों की विविधता है। कला और संस्कृति को शिक्षा से रू–ब–रू (इंटरफ़ेस) करने से स्कूली शिक्षाशास्त्र की प्रणालियाँ और स्कूली शिक्षा में ज्ञान के स्वरूप में जो बेचैनी होती है वह स्कूली शिक्षा और शिक्षक–शिक्षा दोनों के लिए ज़रूरी है।

जिन छवियों और विवरणों की चर्चा हमने ऊपर की, वे बताती हैं कि बच्चे किस तरह सामाजिक और राजनीतिक सब्जेक्ट बनाये जाते हैं और बचपन की संरचना विभिन्न प्रकार से कैसे होती है। इस मूल पर ही शिक्षा, शिक्षाशास्त्र, नीति और सामाजिक बदलाव स्थापित किये जाते हैं। बच्चों के साथ काम करने वाले सभी व्यक्तियों को अपने आप से कुछ सवाल ज़रूर पूछने चाहिए, जिनमें से एक अहम सवाल है कि

जब वे बच्चों से उन्मुख होते हैं, अन्तःक्रिया करते हैं या फिर उनके लिए योजनाएँ और प्लान बनाते हैं तब कैसे विवरण और छवियाँ उनकी सामान्य–समझ को आकर्षित करती हैं?

लोकप्रिय चेतना किस तरह कक्षा–कक्ष में दबे क़दम चली आती है, शिक्षक–शिक्षा में यह सवाल ज़रूरी है। ऐसा करने से हम शिक्षकों को अपने विचारों के प्रति जागरूक और सचेत होने की सम्भावना तो प्रदान करेंगे ही, साथ ही उन चित्रणों या श्रेणियों के बारे में गहराई से सोचने का मौक़ा भी देंगे जिन्हें वे अपने पढ़ाने में स्रोत की तरह या अकथित रूप से इस्तेमाल करते हैं।

लोकप्रिय चेतना किस प्रकार शिक्षकों और बच्चों की धारणाओं और विश्वासों के ज़रिये शिक्षण–कक्ष के परिदृश्य में प्रवेश करती है–इस विषय की समझ स्कूली शिक्षा और सामाजिक–सांस्कृतिक चेतना के बीच सीधा सम्बन्ध स्थापित करने में मदद करती है। यह समझ उन संकल्पनाओं एवं अनुमानों को खोल पाने में सहायक होती है जो स्कूल में रोज़ के जीवन में लायी जाती हैं। इस तरह की चर्चाएँ शिक्षा का स्वभाव बदल देती हैं और उसे आज़ादी देती हैं कि वह सामाजिक और सांस्कृतिक दुनिया से जुड़ सके। शिक्षा के क्षेत्र में ऐसी ही एक खिड़की कला और सौन्दर्यबोध से भी खुलती है।

सन्दर्भ सूची :

1. अगाम्बेन, जी. (1998), *होमो सेसर : सॉवरेन पावर एंड बैयर लाइफ़*। (डी. हेल्लेर–रोज़े) स्टैनफोर्ड यूनिवर्सिटी प्रेस
2. एरीज़, पी. (1962), *सेंचुरीज़ ऑफ़ चाइल्डहुड : ए सोशल हिस्ट्री ऑफ़ फ़ैमिली लाइफ़।* लन्दन : हरमोंडस्वार्थ
3. कक्कड़, एस. (1981), *द इनर वर्ल्ड,* सेकेंड एडिशन, दिल्ली : ऑक्सफ़ोर्ड यूनिवर्सिटी प्रेस
4. कक्कड़, एस. (1979), *आइडेनटिटी एंड एडल्टहुड,* दिल्ली : ऑक्सफ़ोर्ड यूनिवर्सिटी प्रेस
5. ग्रीन, एम. (1995), *टीचर एजुकेशन एंड द आर्ट्स,* कैलिफ़ोर्निया, सी.ए.: जोसेय बास इंक पब्लिशर्स
6. दिमित्रियाडिस, जी. एंड मैकार्थी, सी. (2001), *रीडिंग एंड टीचिंग द पोस्टकोलोनियल : फ्रॉम बाल्डविन टू बसकीअत एंड बियॉन्ड,* न्यूयॉर्क , एन. वाय. : पीटर लंग

7. फूको, एम. (1976), *ला वोलोंटी द स्कवॉयर पेरिस : गल्लीमारद,* (हिस्ट्री ऑफ़ सेक्सुअलिटी, वॉल्यूम I : एन इंट्रोडक्शन. अनुवादित रोबर्ट हर्ले, न्यूयॉर्क : रैंडम हाउस

8. फूको, एम. (1991), गवनमैंटलिटी। इन ग्राहम बुर्चेल, कोलिन गॉर्डोन एंड पीटर मिलर (एडिट), द फूको इफ़ेक्ट : स्टडीज़ इन गवनमैंटलिटी (पेज 87–104), हेमेल हेम्पस्टेड : हार्वेस्टर व्हीटशेफ़

9. लाक, जे. एंड निडिच पी.एच. (1975), एन एस्से कंसर्निंग ह्यूमन अंडरस्टैंडिंग : एडिटेड विथ एन इन्ट्रोडंक्शन, क्रिटिकल एपरेटस एंड ग्लॉसरी बाय पीटर एच. निडिच

10. रौन्सियर, जे. (2006), थिंकिंग बिटवीन डिसिप्लिन्स : एन एस्थेटिक्स ऑफ़ नॉलेज, पैरेशिया, 1(1), 1–12

11. रौन्सियर, जे. (2009), एस्थेटिक्स एंड इट्स डिस्कोंटेंट्स (कोरकोरन, एस. ट्रांसलेटेड), कैम्ब्रिज : पोलिटी

12. रूसो, जे. जे. (1899), एमिल, ओर ट्रेटाइज ऑन एजुकेशन (वॉल्यूम 20)। एप्पलटन

13. ल्योटार्ड, जे. एफ. (1991), *द इनह्यूमन : रिफ्लेक्शंस ऑन टाइम,* पालो आल्टो, सी. ए. : स्टैनफोर्ड यूनिवर्सिटी प्रेस

14. देशपाण्डे, एस. (1993), ''इमेजिंड इकनामीज़ : स्टाइल्स ऑफ़ नेशन–बिल्डिंग इन ट्वेंटिएथ सेंचुरी इंडिया,'' *जर्नल ऑफ़ आर्ट्स एंड आइडियाज़,* 25(26), पेज 5–35

15. ओबरॉय, पी. (2009), *'बेबी' आईकोनस : फ़ॉर्म्स एंड फ़िगर्स ऑफ़ ए न्यू जेनरेशन इन पी. ओबरॉय (एडिट) फ्रीडम एंड डेस्टिनी : जेंडर, फ़ैमिली एंड पॉपुलर कल्चर इन इंडिया,* नयी दिल्ली : न्यूयार्क, एन.वाय. ऑक्सफ़ोर्ड यूनिवर्सिटी प्रेस

16. स्लोटरडिजिक, पी. (1983), *क्रिटिक ऑफ़ सिनीकल रीज़न।* मिन्नेयपोलिस : यूनिवर्सिटी ऑफ़ मिन्नेयपोलिस

17. थापन, मी. (2010), ''इमेजिनिंग सिटीज़नशिप : बीइंग मुस्लिम, बीकमिंग सिटीजंस इन अहमदाबाद,'' *इकोनॉमिक एंड पॉलिटिकल वीकली।* 45 (3); 16 जनवरी 2010, पेज 45–50

18. वानीना (2012), *मेडिवल इंडियन माइंडस्केप्स,* नयी दिल्ली : प्राइमस बुक्स।

19. मिनटर्न एल. एंड हिचकॉक, जे. टी. (1963), *द राजपूत्स ऑफ़ खालापुर, इंडिया, इन व्हिटिंग बी. सिक्स कल्चर्स : स्टडीज़ ऑफ़ चाइल्ड रीयरिंग.* ऑक्सफ़ोर्ड : विले

अध्यापन कर्म की राह में रूढ़िबद्ध धारणाओं के काँटे

–गुरबचन सिंह

इस लेख में शिक्षकों की बच्चों और उन्हें पढ़ाने से जुड़ी हुई स्थापित रूढ़िबद्ध मान्यताओं को समझने की कोशिश की गयी है। राष्ट्रीय पाठ्यचर्या की रूपरेखा (एन.सी.एफ.) 2005 में बच्चों के सीखने से जुड़ी हुई कुछ मान्यताओं पर चिन्ता व्यक्त की गयी थी। प्रस्तुत पर्चे में ऐसी ही कुछ मान्यताओं जैसे– 'बच्चे दबाव में बेहतर सीखते हैं', 'कोरी स्लेट या ख़ाली घड़े जैसे होते हैं' और 'गुरु ज्ञान देता है और बच्चे उस ज्ञान को ग्रहण करते हैं', की चर्चा की गयी है और शिक्षकों के साथ साक्षात्कार कर, इन पर उनका मत जानने की कोशिश की गयी है। साक्षात्कार में सरकारी और निजी स्कूलों के शिक्षक और सरकारी, निजी तथा स्वयंसेवी संस्थानों के शिक्षक–प्रशिक्षकों को शामिल किया गया है।

प्रस्तावना

स्कूली शिक्षा के क्षेत्र में शिक्षकों की पेशेवर तैयारी और गुणवत्ता हमेशा ही चिन्ता का एक प्रमुख विषय रहा है, क्योंकि समर्थ और पेशेवर शिक्षकों के ज़रिये ही स्कूली शिक्षा की गुणवत्ता को कुछ हद तक सुनिश्चित किया जा सकता है। यह चिन्ता का मसला है कि देश में आज़ादी के बाद से आज तक शिक्षकों की तैयारी के लिए विकसित किये गये तमाम शिक्षक–प्रशिक्षण कार्यक्रमों के अनुभव बहुत सन्तोषजनक नहीं हैं। कोठारी कमीशन (1964–66) और यशपाल समिति की रिपोर्ट 'शिक्षा बिना बोझ के' (1993) की सिफ़ारिशों के बावजूद भी स्कूली नीरसता, रटने व असम्बद्ध जानकारी के बोझ तले बच्चे दबे जा रहे हैं। जिस तरह की स्थिति पर साठ के दशक व उससे भी पहले चिन्ता व्यक्त की गयी थी वह अभी भी बरक़रार है। ये परिस्थितियाँ शिक्षक–प्रशिक्षण के इन कार्यक्रमों की, शिक्षकों के लिए प्रासंगिकता पर बार–बार सवाल उठाती हैं।

इन कार्यक्रमों के क्रियान्वयन से सम्बन्धित कई महत्त्वपूर्ण सरोकार हैं। इनमें से एक है कि "अधिकतर शिक्षक–प्रशिक्षण कार्यक्रमों में कक्षा के क्रियाकलापों और प्रश्नोत्तर के दौरान अध्यापकों को इस बात के बिल्कुल अवसर नहीं मिलते कि वे अपने पूर्वाग्रहों और मान्यताओं की जाँच कर सकें और अपने अनुभवों पर चिन्तन कर सकें। इस कारण यह शिक्षकों की बुनियादी मान्यताओं पर कुछ भी असर नहीं डाल सकते और शिक्षकों को बदलाव के वाहक के रूप में क़ाबिल नहीं बना पाते हैं।"

हमारा मानना है कि अच्छी शिक्षा या पढ़ाई–लिखाई के लिए समर्थ और पेशेवर शिक्षक की तैयारी के विमर्श में उन कुछ बुनियादी अपेक्षाओं को कम तरजीह मिल पाती है जो बहुत महत्त्वपूर्ण हैं। मसलन, शिक्षक की बच्चों के बारे में, पढ़ाने–सिखाने के उद्देश्य और तरीक़ों के बारे में और शिक्षा के मक़सद को लेकर अपने या स्थापित विचार और पहले से स्थापित रूढ़िबद्ध धारणाएँ या मान्यताएँ क्या हैं? इन विषयों पर लगातार विचार करना और बेहतर समझ बनाते हुए इन्हें अपने अध्यापन–कर्म की ज़रूरतों के साथ जोड़कर देख पाना शिक्षक की तैयारी का ज़रूरी हिस्सा है।

राष्ट्रीय पाठ्यचर्या की रूपरेखा 2005 में भी बच्चों के बारे में बनी हुई रूढ़िबद्ध धारणाओं की निरन्तरता पर गहरी चिन्ता व्यक्त की गयी है, ख़ासकर समाज के हाशिये में रहने वाले बच्चों, बालिकाओं, शारीरिक असमर्थता वाले बच्चों को लेकर। (एन.सी.एफ. 2005, पेज 27–रूढ़िबद्ध धारणाएँ क्यों रहनी चाहिए?) ज़ाहिर है इन रूढ़िबद्ध धारणाओं की जड़ें हमारे सामाजिक, सांस्कृतिक सन्दर्भों में गहराई से जमी हुई हैं। अनुराग बेहार ने अपने लेख 'शिक्षा के क्षेत्र की तीन भ्रामक धारणाएँ' में भी कुछ ऐसी ही धारणाओं के निहितार्थ का ज़िक्र किया है। (सन्दर्भ–7)

इस शोध अध्ययन में बच्चों और सीखने–सिखाने के बारे में आम शिक्षक व जनमानस में गहराई से पैठी शिक्षा की कुछ चुनिन्दा रूढ़िबद्ध धारणाओं पर चर्चा की गयी है। इस अध्ययन के ज़रिये शिक्षक समुदाय के बीच उन रूढ़िबद्ध धारणाओं से जुड़े विचार और उनके निहितार्थ की स्थिति को जानने का प्रयास है, जो सार्थक सीखने–सिखाने की समझ और प्रक्रियाओं में बड़ी बाधा बनती हैं।

रूढ़िबद्ध धारणाएँ क्या हैं?

रूढ़िबद्ध धारणाएँ समाज में परम्परागत मान्यताओं के आधार पर प्रतिपादित

होती हैं और सामाजिक समूहों की पहचान और उसके पुनर्निर्माण में योगदान देती हैं। ये मान्यताएँ पारम्परिक मान्यताओं का अनुसरण केवल आस्था तथा पुराने अनुभवों व मान्यताओं के आधार पर करती हैं। यह सामाजिक, सांस्कृतिक, राजनीतिक और नैतिक मान्यताओं का एक ऐसा समुच्चय है जो चिरकाल से प्रचलित मान्यताओं और व्यवस्था के प्रति सम्मान को बढ़ावा देता है। इन मान्यताओं का ज्ञान मीमांसात्मक आधार बुज़ुर्गों के कथन और उसमें निहित पहलू हैं। ये सामाजिक समूहों और धार्मिक समूहों की यथास्थिति को बनाये रखने में मदद करती हैं और ताक़त केन्द्रों और प्राधिकरणों को पुनर्निर्मित करने में भी मदद करती हैं। रूढ़िबद्ध मान्यताओं का आधार ज्ञानात्मक समझ और संशोधन विरोधी होता है। इसमें तार्किकता या वैज्ञानिकता के स्थान पर अनुसरण व स्वीकार्यता सर्वोपरि है। इस सबके कई उदाहरण दिये जा सकते हैं। हाल ही का एक उदाहरण सबरीमाला मन्दिर में महिलाओं के प्रवेश पर रूढ़िबद्ध कारणों से मचा बवाल है। ऐसे बवाल भारत में ही नहीं और महिलाओं को लेकर ही नहीं, अन्य समूहों और अन्य जगहों पर भी होते हैं। धार्मिक समूह पवित्रता के तर्क के आधार पर और परस्पर मान्यता के आधार पर महिलाओं का प्रवेश वर्जित करते हैं वहीं आधुनिक संवैधानिक विधिसम्मत ज्ञान इन मान्यताओं को सवालों के घेरे में रखकर, उनको चुनौती देकर स्त्री और पुरुष की प्राकृतिक नागरिक बराबरी को देखते हुए महिलाओं के मन्दिर में व अन्य जगहों पर बराबरी से प्रवेश के अधिकार की पैरवी करता है। विश्वास (Assumption) में बुनियादी रूप से कुछ मानकर, अर्थात कुछेक स्थापनाओं को मानकर उनसे ज्ञान सम्बन्धित निष्पत्ति निकाली जा सकती है। मसलन 'सारे मनुष्य बराबर हैं' इस आधुनिक विश्वास की बुनियाद पर ज्ञान की निष्पत्तियाँ की जा सकती हैं। 'बच्चों को डरा–धमका कर या दण्डित करके समझाया जा सकता है' यह एक और मान्यता आधारित वाक्य है। इसका आधुनिक ज्ञान की प्रश्नवाचकता और विधि व परीक्षण आधारित वैचारिक ज्ञान निर्माण से कोई लेना–देना नहीं है। यह विचारधारा नये और आज़माये हुए विचारों और संस्थाओं को अपनाने के बजाय पुराने और बिना आज़माये हुए विचारों और संस्थाओं को क़ायम रखने का समर्थन करती है।

शिक्षा के क्षेत्र में भी ऐसी अनेक धारणाएँ प्रचलित हैं जो अपनी गहरी सामाजिक, सांस्कृतिक जड़ों के कारण लोकमानस में गहरे पैठी हुई हैं।

बच्चों के आम जीवन या शिक्षा के बारे में बातचीत के दौरान घर, स्कूल और सार्वजनिक मंचों पर हम अक्सर इन धारणाओं के बारे में चर्चा करते हैं। मसलन यह अक्सर कहा जाता है कि *"बच्चे तो कच्ची मिट्टी के समान या मिट्टी का लौंदा होते हैं जिन्हें अपनी इच्छानुसार कुछ भी बनाया जा सकता है" या "कोरा काग़ज़ होते हैं जिन पर कुछ भी लिखा जा सकता है यानी उन्हें अपनी इच्छा से कुछ भी पढ़ाया–लिखाया जा सकता है।" यह धारणा भी बहुत प्रचलित है कि "बच्चे तो ख़ाली घड़े के समान होते हैं यानी कि उन्हें कुछ आता नहीं है और उनमें आप ज्ञान के रूप में जो कुछ भी भरना चाहो, भर सकते हो।"* शिक्षकों में यह धारणा है कि बच्चे दबाव से या डराने–धमकाने से ही पढ़ते हैं। कुछ अन्य चर्चित रूढ़िबद्ध धारणाएँ हैं कि लड़कियाँ गणित की पढ़ाई में कमज़ोर होती हैं या बच्चे दूसरों की नक़ल करके सीखते हैं। इस शोध अध्ययन में हम शिक्षा की चार महत्त्वपूर्ण धारणाओं और इनसे सम्बन्धित विभिन्न पहलुओं को शिक्षकों, नीतिगत दस्तावेज़ों और अन्य स्रोत सामग्री के नज़रिये से समझने का प्रयास करेंगे। ये हैं :

1. क्या बच्चे दबाव में बेहतर सीखते हैं?

अपने अध्ययन में हमने इस रूढ़िबद्ध मान्यता को इसलिए चुना है कि यह एक सबसे चर्चित आम धारणा है कि बच्चे घर में हों या स्कूल में, वे दबाव में ज़्यादा पढ़ते–लिखते और सीखते हैं। सम्भवतः इस मान्यता को ध्यान में रखते हुए एन.सी.एफ., 2005 ने स्कूली पाठ्यचर्या के चार सुपरिचित क्षेत्रों–भाषा, गणित, विज्ञान और समाज विज्ञान में महत्त्वपूर्ण परिवर्तनों का सुझाव इस दृष्टि से ही दिया है कि *"शिक्षा, आज की और भविष्य की ज़रूरतों के लिए ज़्यादा प्रासंगिक बन सके और बच्चों को उस दबाव से मुक्त किया जा सके जो वे आज झेल रहे हैं।''* (एन.सी.एफ. 2005 पेज IX)

इसी सन्दर्भ में दस वर्षीय स्कूल के लिए पाठ्यक्रम की रूपरेखा, 1975 में भी कहा गया है कि, *''जब बच्चा कोई प्रश्न पूछे तो उसे डाँटना नहीं चाहिए और न ही यह कहकर उसे अपमानित करना चाहिए कि 'तुम नहीं समझ सकते।''* (5.3)

प्रारम्भिक और उच्चतर माध्यमिक शिक्षा के लिए पाठ्यक्रम की रूपरेखा 1988 भी दबाव के सन्दर्भ में, *"बच्चे के चहुँमुखी विकास की बात करती है (1.2.2.3) यह शिक्षा में बाल–केन्द्रित प्रक्रियाओं को अपनाने के समर्थन में है। बच्चे के व्यक्तित्व के विकास के लिए अनिवार्य है कि उसे पाठ्यचर्या*

नियोजन व अन्तःकरण की प्रक्रिया में केन्द्रीय स्थान दिया जाये। उनकी वैयक्तिकता और गरिमा का आदर किया जाये।" (1.2.2.2)

विद्यालयी शिक्षा के लिए राष्ट्रीय पाठ्यचर्या की रूपरेखा, 2000 में दबाव के बारे में परीक्षा प्रणाली के सन्दर्भ में चर्चा करते हुए लिखा है कि, *"वर्तमान परीक्षा प्रणाली का एक दोष यह भी है कि इसमें प्रत्येक क्षेत्र में बढ़ती प्रतियोगिता के कारण समाज ने परीक्षा परिणामों को अनावश्यक महत्त्व दे रखा है। इससे छात्रों के दिमाग़ में इस क़दर मनोवैज्ञानिक डर और तनाव पैदा हो जाते हैं कि अनेक प्रकार की बुराइयाँ परीक्षा में पैदा हो जाती हैं और असफल होने का भय इस सीमा तक चला जाता है कि कई बार छात्र आत्महत्या तक कर लेते हैं।"* (4.1)

पाठ्यचर्या रूपरेखा, 2000 में बताया गया है कि माता–पिता और समुदाय की बहुत लम्बे समय से बड़ी शिकायत रही है कि विद्यालयी पाठ्यक्रम बहुत भारी है। पाठ्यक्रमों का भार केवल भौतिक ही नहीं है बल्कि बोधहीनता का भी है, जो कुछ बुनियादी अवधारणाओं के प्रति समझ के अभाव का फल है। इससे छात्रों में ज़बरदस्त तनाव पैदा होता है और इस कारण उनके स्वाभाविक विकास की गति रुक जाती है।

एक अन्य सन्दर्भ में एन.सी.एफ. 2005 कहता है–*"बढ़ती प्रतियोगिता के वातावरण के चलते, जिसमें स्कूल खिंचते जाते हैं और अभिभावकों की महत्त्वाकांक्षा के कारण बहुत छोटे बच्चों समेत सभी बच्चों पर ज़बरदस्त दबाव पड़ता है और उनमें भयंकर तनाव पैदा होता है। इससे उनके वैयक्तिक विकास और सीखने के आनन्द में बाधा खड़ी होती है।"* (एन.सी.एफ. 2005 : 1.6 पेज–11)

यह पाठ्यचर्या कहती है कि सीखने का, आनन्द व सन्तोष के साथ रिश्ता होने के बजाय भय, अनुशासन व तनाव से सम्बन्ध हो, तो यह सीखने के लिए अहितकर होता है।

अनुराग बेहार ने अपने लेख 'शिक्षा के क्षेत्र की तीन भ्रामक धारणाएँ' में राय व्यक्त की है कि "शारीरिक दण्ड देने के बारे में शिक्षकों की धारणाओं का बच्चों और उनके सीखने की प्रक्रिया पर बुरा प्रभाव पड़ता है। शिक्षकों के साथ बातचीत में बीस में से अठारह शिक्षकों का मत यही था कि बच्चों के सीखने को सुनिश्चित करने के लिए शारीरिक दण्ड देना अनिवार्य है।" ज़ाहिर है नाना प्रकार के शारीरिक दण्ड दबाव बनाने के प्रचलित तरीक़ों में शामिल रहे हैं। (सन्दर्भ–7)

विभिन्न पाठ्यक्रम दस्तावेज़ों व अन्य शिक्षा अध्ययनों के उपर्युक्त विचारों के आलोक में अध्ययन में यह जानने का प्रयास होगा कि शिक्षक समुदाय इस धारणा से कितना सहमत या असहमत है? कक्षा, स्कूल और घर में दबाव के लिए क्या–क्या तरीक़े अपनाये जाते हैं? उन्हें इनमें से कौन–से तरीक़े वाजिब लगते हैं? 'यदि छड़ी हटा दो तो बच्चे बिगड़ जाते है' जैसे कथन को लेकर उनके क्या विचार हैं? कुछ बच्चे कम नम्बर आने या फ़ेल होने के डर से आत्महत्या क्यों कर लेते हैं? इस तरह के दबाव का शिक्षकों के पढ़ाने के तरीक़ों पर क्या असर पड़ता है? क्या वे एन.सी.एफ., 2005 की यह बात मानते हैं कि बिना दबाव, बिना तनाव के भी बहुत अच्छी पढ़ाई हो सकती है? आदि (प्रश्नावली में 13 प्रश्न पूछे गये)।

2. अभ्यास के द्वारा बच्चे अच्छी तरह या मज़बूती से सीखते हैं?

इस धारणा को चुनने का प्रमुख आधार यह चर्चित कथन है कि *'करत–करत अभ्यास ते जड़मत होत सुजान।'* यह कथन या धारणा हमारी सामाजिक, सांस्कृतिक जनश्रुति में बहुत गहरे स्थापित है, जिसका अर्थ है कि लगातार अभ्यास करने से कम बौद्धिक क्षमता का व्यक्ति भी बुद्धिमान या समझदार बन जाता है। इस जनश्रुति को एक और दूसरी जनश्रुति, जो कि रूपक के रूप में कही–सुनी जाती है, से समर्थन मिलता है वह है– *"कुएँ की जगत पर रखे कठोर पत्थर पर भी पानी खींचते हुए लगातार रस्सी के रगड़ने से निशान बन जाता है।"* पढ़ने–पढ़ाने की कोई भी प्रक्रिया बिना अभ्यास के पूरी नहीं होती है। यह माना जाता है कि अभ्यास से अर्जित ज्ञान पुख़्ता होता है। जबकि ध्यान देने की बात है कि एन.सी.एफ., 2005 का मानना है कि, *"हमारे स्कूल के शैक्षिक अभ्यास बच्चों के समाजीकरण और उनके सीखने में ग्रहणशीलता के गुण पर केन्द्रित होते हैं। जबकि हमें उनकी सक्रियता व रचनात्मक सामर्थ्य को पोषित और संवर्धित करना चाहिए। उदाहरण के लिए पाठ्यचर्या बताती है कि गणित की शिक्षा में 'अभ्यास की प्रकिया' यान्त्रिक और दुहरावग्रस्त है। इसमें संगणना पर अत्यधिक ज़ोर दिया गया है। इसमें स्थानिक चिन्तन जैसे गणितीय क्षेत्रों को पर्याप्त स्थान नहीं दिया गया है।"* (एन.सी.एफ. 2005 : 2.1 व 3.2–गणित) स्कूली पाठ्यपुस्तकों के पाठों में भी 'अभ्यास कार्य' अनिवार्य हिस्सा होता है और होमवर्क की धारणा में एक तरह से अभ्यास कार्य की धारणा भी निहित है। अंग्रेज़ी में भी कहावत है कि 'Practice makes a man perfect'।

राष्ट्रीय पाठ्यचर्या की रूपरेखा, 2000 में भाषा–शिक्षण के बिन्दु 2.8.2 में भाषायी कौशलों के विकास के सन्दर्भ में भी वर्णित है– ''*भाषायी कौशलों के विकास में प्राथमिक स्तर पर अधिक से अधिक मौखिक अभ्यास पर बल देना होगा।*''

इस अध्ययन में यह जानने का प्रयास होगा कि उपर्युक्त जनश्रुति के बारे में शिक्षकों की राय क्या है? इस कथन में वे 'अभ्यास' का क्या अर्थ लेते हैं? वे स्वयं स्कूली जीवन में 'अभ्यास' के क्या मायने मानते रहे हैं? प्राथमिक कक्षाओं में किस विषय की शुरुआती पढ़ाई में सबसे ज़्यादा अभ्यास कराया जाता है? उन्हें शुरुआती पढ़ाई के दौरान किन विषयों में ज़्यादा अभ्यास कराया गया? किस–किस तरह के अभ्यास कराये जाते थे? क्या बहुत ज़्यादा अभ्यास करने से बच्चों के सीखने पर कोई दुष्प्रभाव भी पड़ते हैं, वे क्या–क्या हैं? आदि (प्रश्नावली में 12 प्रश्न पूछे गये)।

3. बच्चे मिट्टी का लौंदा, कोरा कागज़ या कोरी स्लेट या ख़ाली घड़ा होते हैं?

पढ़ाई–लिखाई की बातचीत में यह स्थापित रूढ़िबद्ध मान्यता आम तौर पर कही–सुनी जाती है कि बच्चे तो 'कोरी स्लेट' होते है। यानी कि शिक्षक उन्हें जो भी या जैसा पढ़ाना–लिखाना चाहें पढ़ा–लिखा सकते हैं। या बच्चे 'ख़ाली घड़ा' होते हैं यानी शिक्षक उनमें ज्ञान के रूप में जो कुछ भी भरना चाहें और जैसे भी भरना चाहें, भर सकते हैं। इसी मान्यता को पुष्ट करने के लिए एक विचार यह भी आता है कि बच्चे तो 'कच्ची मिट्टी का लौंदा' होते हैं यानी कि उन्हें कच्ची मिट्टी की तरह आकार देकर कुछ भी बनाया या सिखाया जा सकता है।

कबीर का एक दोहा भी है जो उपर्युक्त धारणा को पुष्ट करता है :

गुरु कुम्हार शिष कुम्भ है, गढ़ि–गढ़ि काढ़ै खोट।
अन्तर हाथ सहार दै, बाहर बाहै चोट।।

गुरु कुम्हार हैं और शिष्य घड़ा है, जो भीतर से हाथ का सहारा दे कर, बाहर से चोट मार–मार कर और गढ़–गढ़ कर शिष्य की बुराई को निकालते हैं।

पढ़ने–पढ़ाने की प्रक्रिया में बच्चे की ख़ाली घड़े से तुलना करने में भी 'ज्ञान को उड़ेलने और उड़ेलवाने की प्रक्रिया' के रूप में देखने का आग्रह है।

बच्चे की कोरी स्लेट, ख़ाली घड़ा और कच्ची मिट्टी का लौंदा रूपक की स्थापित धारणाओं की जड़ में जनमानस, जिसमें शिक्षक भी शामिल हैं,

की बच्चों के बारे में एक प्रचलित समझ यह है कि बच्चे तो महज़ बच्चे होते हैं, वे अबोध होते हैं, मासूम होते हैं, उन्हें कुछ आता–जाता नहीं है, उनकी न तो कोई समझ होती है, न ही कोई अनुभव और न ही कोई ज्ञान। वे जानने, समझने और सीखने के लिए सदैव दूसरों पर आश्रित होते हैं। उन्हें शिक्षक, जो सिखाना चाहेंगे और जैसे सिखाना चाहेंगे, वे सीखेंगे।

दूसरी तरफ़ राष्ट्रीय पाठ्यचर्या की रूपरेखा, 2005, *"बच्चों को स्वाभाविक रूप से सीखने वाले की तरह पहचाने जाने की आवश्यकता पर ज़ोर देती है व बच्चों की अपनी गतिविधियों के फलस्वरूप पैदा होने वाले ज्ञान को स्थापित करती है। क्योंकि आम दिनचर्या में विद्यालय से बाहर हम बच्चों की जिज्ञासा, खोजी व लगातार प्रश्न पूछने की प्रवृत्ति का आनन्द लेते हैं। बच्चे अपने आसपास की दुनिया से बहुत ही सक्रिय रूप से जुड़े रहते हैं। वे खोजबीन करते हैं, प्रतिक्रिया करते हैं, चीज़ों के साथ कार्य करते हैं, चीज़ें बनाते हैं और अर्थ गढ़ते हैं। बचपन विकास और निरन्तर बदलाव की अवस्था है जिसमें शारीरिक एवं मानसिक क्षमताओं का पूर्ण विकास होता है। इस विकास में वयस्क समाज में समाजीकृत होना भी शामिल है जिसमें बच्चा संसार का ज्ञान ग्रहण करता है और नये ज्ञान का सृजन करता है। बच्चा अपने आपको दूसरों से जोड़ना सीखता है जिससे उसकी समझ बनती है, वह अपने कार्य कर पाता है और रूपान्तरण कर पाता है।"* (एन.सी.एफ. 2005, पेज 14)

एक अन्य सन्दर्भ में यह पाठ्यचर्या कहती है कि एक स्कूली संस्कृति बच्चों को सीखने वाले के रूप में पहचानने का समर्थन करती है। वह हर बच्चे की रुचियों और उसकी सम्भावनाओं को और अधिक समृद्ध करती है।

विद्यालयी शिक्षा के लिए राष्ट्रीय पाठ्यचर्या की रूपरेखा 2000 के अनुसार भी, *"शिक्षार्थी निष्क्रिय वस्तु नहीं हैं, वे तो सक्रिय और जिज्ञासु व्यक्ति हैं। ये शिक्षार्थी विद्यालय में ख़ाली दिमाग़ लेकर नहीं आते बल्कि उनके मन में कुछ पूर्व विचार विद्यमान होते हैं। कक्षायी अनुभवों की व्याख्या इन्हीं पूर्व विचारों के आधार पर होती है। ज्ञान प्राप्त करने की प्रक्रिया रचनात्मक और उत्पादक होती है और प्रत्येक छात्र का ज्ञान उसका वैयक्तिक एवं अपने आप में अनूठा होता है।"* (एन.सी.एफ.एस.ई.–2000 : 2.6)

उपर्युक्त कथनों की रोशनी में हम अध्ययन में शामिल व्यक्तियों से यह जानने की कोशिश करेंगे कि, इन कथनों से वे क्या समझते हैं? यह किस हद तक ठीक है कि छोटे बच्चे 'कोरी स्लेट या कोरा काग़ज़' होते हैं? यह भी कहा जाता है कि, 'बच्चे तो कच्ची मिट्टी का लौंदा होते हैं' ऐसा क्यों कहा जाता है, क्या इस कथन में और पहले वाले कथन में कोई फ़र्क़ है, क्या आपको भी लगता है बच्चों की तुलना कच्ची मिट्टी के लौंदे से की जा सकती है, इसे उदाहरणों से कैसे समझायेगे? इसी तरह से यह कहना कि 'शिक्षक बच्चों के दिमाग़ में ज्ञान भरता है' के बारे में आपका क्या मत है, आदि (प्रश्नावली में सात प्रश्न पूछे गये)।

4. गुरु का काम ज्ञान देना है और बालक-बालिकाएँ ज्ञान ग्रहण करते हैं।

यह रूढ़िबद्ध धारणा भी हमारे सामाजिक, सांस्कृतिक परिवेश से आती है जिसकी जड़ें गुरु–शिष्य परम्परा में पैठी हुई दिखाई देती हैं। कबीर का चर्चित दोहा 'गुरु गोविन्द दोउ खड़े काके लागूँ पायं, बलिहारी गुरु आपने गोविन्द दियो बताय' भी इस मान्यता को पक्का करता है।

वहीं दूसरी और राष्ट्रीय पाठ्यचर्या की रूपरेखा– *''बच्चों को स्वाभाविक रूप से सीखने वाले की तरह पहचाने जाने की आवश्यकता पर ज़ोर देती है और बच्चों की अपनी गतिविधियों के फलस्वरूप पैदा होने वाले ज्ञान को स्थापित करती है।''* (एन.सी.एफ., 2005 पेज 14)

यह दस्तावेज़ 'रचनात्मक परिप्रेक्ष्य में सीखने को ज्ञान–निर्माण की प्रक्रिया मानता है और कहता है कि ''ज्ञान के सृजन और पुनःसृजन के लिए अनुभव के आधार, भाषायी क्षमताओं एवं प्राकृतिक संसार और दूसरे लोगों के साथ अन्तःक्रिया की ज़रूरत होती है।'' (एन.सी.एफ. 2005, 2.4.1)

दस वर्षीय स्कूल के लिए पाठ्यक्रम की रूपरेखा, 1975 सीखने की प्रक्रिया के सन्दर्भ में कहती है कि, *''शिक्षा ग्रहण करने और रटने के स्थान पर स्वयं शिक्षा ग्रहण करने की ऐसी क्रियाशील पद्धतियों को व्यवहार में लाना चाहिए जिनके द्वारा बच्चों की रुचियों के विस्तार का ध्यान रखा जा सके और बच्चों को अपनी गति से सीखने और विकास करने की छूट मिलती रहे। पाठ्यक्रम आगे कहता है कि छोटे बच्चों को ज्ञान स्रोतों को उपलब्ध कराना अध्यापक का कार्य है ताकि बच्चा ज्ञान की खोज ख़ुद कर सके न कि केवल दी गयी जानकारी रटे।''* (2.10)

एक अन्य सन्दर्भ में इस पाठ्यक्रम में उल्लेख है कि, *"अध्यापक को स्मरण रखना चाहिए कि बच्चा काम करके और स्वयं खोज करके बेहतर ढंग से सीखता है न कि तथ्यात्मक ज्ञान प्रदर्शन को दब्बू बनकर सुनने से।"* (5.2)

इसी प्रकार विद्यालयी शिक्षा के लिए राष्ट्रीय पाठ्यचर्या की रूपरेखा, 2000 में बिन्दु 1.4.13 ज्ञान निर्माता के रूप में बच्चे : में कहा गया है कि, *"रचनावादी आन्दोलन ज्ञानार्जन के लिए बच्चों की समुचित भूमिका पर बार–बार ज़ोर देता है। रचनावादी माहौल में छात्रों को स्वयं सीखने की स्वायत्तता होती है, छात्र द्वारा उठाये गये प्रश्नों का उत्तर स्वयं उसी के द्वारा खोजने के अवसर होते हैं।"* (1.4.13)

हम इस अध्ययन में उपर्युक्त धारणा के बारे में यह जानने का प्रयास करेंगे कि प्रतिभागियों के इसके बारे में क्या विचार हैं, क्या ज्ञानार्जन की प्रक्रिया में बच्चों की भी कोई भूमिका होती है, कैसी भूमिका होती है, क्या बच्चे स्कूल के बाहर भी बिना शिक्षक की मदद के बहुत कुछ सीखते हैं, यदि हाँ, तो इससे बच्चों के बारे में हमारी क्या समझ बनती है? आदि (इससे जुड़ी प्रश्नावली में 3 प्रश्न पूछे गये)।

अध्ययन की प्रक्रिया

यह अध्ययन मुख्य रूप से शिक्षकों और कुछ शिक्षक–प्रशिक्षकों के बीच किया गया जिन्हें 5 साल से ज़्यादा पढ़ाने का अनुभव है। इनमें सरकारी स्कूल के शिक्षक, निजी स्कूल के शिक्षक, स्वयंसेवी/नवाचारी संस्थाओं के शिक्षक/शिक्षक–प्रशिक्षक और महाविद्यालय के अवकाश प्राप्त शिक्षक आदि शामिल हैं। और ये सभी मध्यप्रदेश के भोपाल, खरगोन और सागर ज़िले, उत्तराखण्ड के देहरादून, उत्तरकाशी, श्रीनगर, हल्द्वानी, बागेश्वर ज़िले और छत्तीसगढ़ के रायगढ़ और रायपुर ज़िले आदि से हैं। इनमें से 65 प्रतिशत शिक्षक सरकारी स्कूलों में प्रारम्भिक कक्षाओं (कक्षा 1 से 8) में पढ़ाते हैं, 15 प्रतिशत शिक्षक प्राइवेट स्कूलों से हैं और 20 प्रतिशत शिक्षक स्वयंसेवी संस्थाओं में काम करते हैं। यह ज़िले वे थे जहाँ अध्ययनकर्ता के सम्पर्क के लोग शिक्षकों के सम्पर्क में थे। हालाँकि ये सब एक समझ अथवा पृष्ठभूमि के नहीं थे।

जानकारी जुटाने की प्रक्रिया

अध्ययन के लिए शिक्षकों और शिक्षक–प्रशिक्षकों से प्रश्नावलियाँ भरवायी गयीं व स्पष्टता के लिए कुछ से टेलीफ़ोनिक साक्षात्कार किये गये। प्रश्नावली में वस्तुनिष्ठ, संक्षिप्त उत्तर पाने वाले खुले प्रश्न और विस्तृत उत्तर पाने वाले खुले प्रश्न थे। मक़सद यह था कि न सिर्फ़ 'हाँ' अथवा 'न' में जवाब हों किन्तु उनके लिए किसी शब्द का अर्थ क्या है यह भी सामने आ जाये। जैसे–आपको अभ्यास का क्या मतलब लगता है? तीसरी तरह के प्रश्न वे थे जिनसे किसी मसले पर विस्तृत राय प्राप्त की जा सके। जैसे–शिक्षा का अधिकार अधिनियम में दबाव के सन्दर्भ में मुख्य बातें क्या हैं? उनके बारे में आपकी क्या राय है? प्रश्नों की संरचना व क्रम इस तरह से था कि सहभागी स्थापित धारणा के बहुआयामी पक्षों के बारे में गहराई से सोचकर व्यवस्थित रूप में विचार रख सकें और उन्हें अपने अनुभवों के साथ जोड़कर देख सकें। कई प्रश्नों के अपेक्षित उत्तरों को पूरक प्रश्नों के ज़रिये विस्तार देने की कोशिश की गयी। अन्य राज्यों व ज़िलों से भरी हुई प्रश्नावलियाँ हमें ईमेल/व्हाट्सएप के ज़रिये उपलब्ध हुईं।

कुछ सहभागियों का साक्षात्कार किया गया जिससे कि उनके द्वारा दिये गये उत्तर गहराई से समझ आ सकें। यह ख़ास तौर से उनके साथ किया गया जिन्होंने प्रश्नों के पूरे उत्तर नहीं दिये थे। इनमें से कुछ साक्षात्कार फ़ोन पर ही किये गये। इन साक्षात्कारों में कई बार उनसे मान्यता के कथन के बारे में उनके निजी अनुभव और मान्यताओं के उनके अध्ययन–अध्यापन पर पड़ने वाले प्रभाव पर भी चर्चा हो पायी।

सहभागियों के विचार

हमने प्राप्त उत्तरों का अध्ययन किया। उनको श्रेणियों में बाँटकर विश्लेषण और व्याख्या की। अध्ययन के आँकड़े व मुख्य निहितार्थ यहाँ प्रस्तुत हैं :

1. मान्यता एक-क्या बच्चों पर दबाव डालना चाहिए?

कुल 53 प्रतिशत प्रतिभागियों ने माना कि बच्चे दबाव में बेहतर नहीं सीखते। 33 प्रतिशत ने माना कि कुछ दबाव चाहिए होता है और 13 प्रतिशत तो इस कथन के समर्थन में थे कि बच्चे दबाव में बेहतर सीखते हैं।

यह महत्त्वपूर्ण है कि 65 प्रतिशत सरकारी स्कूलों के शिक्षक इस कथन से असहमत थे। जबकि प्राइवेट स्कूलों के शिक्षकों में से 40 प्रतिशत ही

इससे असहमत थे। सभी सरकारी शिक्षक–प्रशिक्षक इस कथन से असहमत थे। उनके द्वारा दिये गये कारण भी ध्यान देने योग्य हैं।

कथन से असहमत : ज़्यादातर जवाब देने वालों ने कहा कि वे किसी भी हालत में पढ़ाई के मामले में बच्चों पर किसी क़िस्म के दबाव के पक्ष में नहीं हैं। कोई भी काम दबाव से नहीं बल्कि स्वेच्छा से अधिक सफल होता है। पढ़ने–लिखने एवं सीखने की प्रेरणा और माहौल बच्चे के शिक्षण के लिए लाभकारी है। इसी राय के समर्थन में कुछ अन्य का कहना था कि दबाव बच्चों पर नकारात्मक असर ही डालता है। जहाँ माता–पिता और बच्चे सजग हैं वहाँ दबाव की ज़रूरत ही नहीं होती है। कुछ ने जवाब में बच्चों व पालकों के रिश्तों व बच्चों की प्रकृति पर भी टिप्पणी कीं। उनके अनुसार आमतौर पर बच्चे चंचल और जिज्ञासु होते हैं और जब शिक्षक और पालक बच्चों की जिज्ञासा का समाधान नहीं कर पाते तब ही वे बच्चों पर अनावश्यक दबाव बनाते हैं, इससे बच्चे कुछ नहीं सीखते। यह भी राय थी कि अनावश्यक दबाव से बच्चे उद्दण्ड और ऊधमी बनते हैं। बच्चों पर दबाव बनाने की अपेक्षा उनको प्यार से समझाने से वो अच्छे से पढ़ते हैं।

कुछ हद तक सहमत : जिन्होंने यह माना कि कुछ दबाव या कभी–कभी दबाव की ज़रूरत है उनमें से कुछ का कहना था कि ऐसा मजबूरीवश करना पड़ता है। जहाँ सारा माहौल ही उलटा होता है वहाँ शिक्षक को कभी–कभी थोड़ा–सा दबाव बनाना पड़ता है। दबाव के पक्ष में एक जवाब इस पूरी समझ को बहुत अच्छे से प्रस्तुत करता है। यह जवाब था कि "आमतौर पर सभी जानते हैं कि 'तम्बूरे के तार को ठीक तरह से कसा नहीं जायेगा तो उसका स्वर ठीक से नहीं निकलेगा।' मैंने ऐसे अनेक बच्चे देखे हैं जो होमवर्क कर सकते हैं, लेकिन लापरवाह होते हैं, ऐसी स्थिति में दायरे में रहकर दबाव बनाने की ज़रूरत है।"

हालाँकि अधिकांश लोगों ने दबाव का समर्थन नहीं किया है पर इनमें से कितने ऐसा कक्षा में कर पाते हैं यह कहना मुश्किल है। इस पर एक विस्तृत शोध की आवश्यकता है।

इसी तरह बच्चों पर कक्षा या स्कूल में दबाव बनाने के लिए अपनाये जाने वाले कई तरीक़ों की बात हुई। पहला था बच्चों में डर या भय पैदा करने का प्रयास। इसके लिए अन्य होशियार बच्चों से तुलना करना, ग़रीब बने रहने का डर बनाना, शोषण का डर, फ़ेल होने का डर, शिक्षक का

डर आदि का उल्लेख किया गया। बच्चों पर सबसे ज़्यादा दबाव यह डर बनाकर डाला जाता है कि वे दूसरे बच्चों से पढ़ाई में पीछे रह जायेंगे। इसके लिए उन पर कोचिंग के लिए दबाव, उन्हें पालकों से शिकायत की धमकी से डराना आदि शामिल हैं। दूसरा महत्त्वपूर्ण ढंग है अपमानित करना : जैसे व्यंग्य करना, मज़ाक़ बनाना, उलाहना देना, बच्चे की कमियाँ बताना, गन्दे अपमानजनक शब्द कहना, सब बच्चों के सामने उनका कार्य दिखाना, खेलने का समय कम करना। यह भी सामने आया कि अभी भी शारीरिक दण्ड, जिसमें मारना व अन्य तरह–तरह के शारीरिक दण्ड देना शामिल है, की प्रथा जारी है। इस पर हम वापिस लौटेंगे।

15 प्रतिभागियों ने इस समस्या को ही नकार दिया और कहा कोई दबाव नहीं बनाया जाता और इसलिए तरीक़ों की बात करना बेमानी है। दबाव, दण्ड या भययुक्त शिक्षा ख़त्म हो चुकी है। आर.टी.ई. एक्ट के लागू होने से अब शिक्षकों द्वारा बच्चों पर दबाव बनाने के तरीक़े बीते दिनों की बात हो गयी है।

बच्चों पर दबाव के बारे में साझा किये गये मतों से सम्बन्धित कुछ पहलू, जिन पर शिक्षकों और शिक्षक-प्रशिक्षकों ने अपनी राय रखी, उन्हें संक्षेप में नीचे प्रस्तुत किया गया है :

1.1 बच्चों पर घर पर पड़ने वाले दबाव

अध्ययन में यह बात सामने आयी कि प्रतिभागियों के अनुसार घर में भी दबाव के लिए वे सभी तरीक़े अपनाये जाते हैं जो स्कूलों में इस्तेमाल होते हैं। 75 प्रतिशत से भी ज़्यादा प्रतिभागियों का कहना था कि परिवार के अन्य बच्चे जो तेज़ हैं, उनसे तुलना करना सामान्य बात है। कई बार तो बड़े बच्चों के छोटे भाई–बहनों से उनकी तुलना की जाती है। इसी तरह से घर पर बच्चों को डराया, अपमानित किया और डाँटा भी जाता है। उन्हें यह महसूस करवाया जाता है कि वह कमतर हैं, कमज़ोर हैं, पीछे हैं। उन्हें उनके भविष्य की एक डरावनी पिक्चर दिखायी जाती रहती है। लगातार यह कहा जाता है कि जो पढ़ता–लिखता नहीं वो किसी काम का नहीं रहता है। घर में अभिभावक अपने बच्चे के प्रति काफ़ी संजीदा रहते हैं कि कैसे उनका बेटा ज़्यादा पैसे कमाये, अच्छी पोस्ट पर नौकरी करे, समाज में अच्छा स्टेटस बनाये। इस तरह की अपेक्षा की वजह से घर में तरह–तरह की मनाही, मार, डाँट–फटकार आदि सहनी पड़ती है।

घर में दबाव के लिए पढ़ाई का एक टाइम–टेबल बनाकर दिया जाता है और हमेशा पढ़ने या कक्षाकार्य करने के लिए कहा जाता है। उन पर पढ़ाई के साथ–साथ कोचिंग का भी दबाव बनाया जाता है। हालाँकि 60 प्रतिशत ने स्पष्ट रूप से कहा कि दबाव बनाने का कोई भी तरीक़ा वाजिब नहीं है, पर 10 प्रतिशत ने डाँटने, गृहकार्य देने, पढ़ने के लिए बिठाने, व्यवस्थित टाइम–टेबल बनाकर पढ़वाने आदि को वाजिब तरीक़े माना। 23 प्रतिशत व्यक्तियों ने दबाव के लिए अपनाये गये तरीक़ों में से कौन–से वाजिब हैं, इस बारे में कोई स्पष्ट राय नहीं दी।

1.2 प्रतिभागियों द्वारा अपनी पढ़ाई के दौरान अनुभव किया गया दबाव

'ख़ुद पर पढ़ाई के दौरान दबाव था या नहीं' इसपर प्रतिभागी बराबर–बराबर बँट गये। 50 प्रतिशत सहभागियों ने माना कि उनकी अपनी पढ़ाई के दौरान उन पर पढ़ाई का दबाव रहता था जबकि 50 प्रतिशत का कहना था कि थोड़ा–बहुत दबाव तो रहता था लेकिन इतना नहीं जितना आजकल के बच्चों पर रहता है। प्रतिभागियों ने अपने पढ़ने–लिखने पर दबाव के असर के बारे में बताया कि इससे उनमें दूसरी क्षमताओं का विकास नहीं हो पाया, समझ ही नहीं आया करना क्या है और किस दिशा में जाना है। परीक्षा समय में अतिरिक्त दबाव होता था। एक टाइम–टेबल के हिसाब से पढ़ाई की जाती थी।

अपने बचपन के व बाद के शिक्षकीय अनुभव के आधार पर प्रतिभागियों ने इस मसले पर कि 'दबाव के सन्दर्भ में शिक्षक की कैसी तैयारी हो?' कई सुझाव दिये। उन्होंने कहा कि सबसे पहले तो स्कूल व कक्षा के वातावरण को शैक्षिक दृष्टि से बेहतर बनाना चाहिए व यह समझना चाहिए कि किन परिस्थितियों में दबाव बनता है और उनसे कैसे बचें। बच्चों की काउंसलिंग हो व उनसे चर्चा की जाये।

1.3 दबाव का डरावना रूप-छड़ी व शारीरिक दण्ड

इसी तरह से बच्चे और छड़ी को लेकर काफी स्पष्टता थी कि इसका उपयोग नहीं होना चाहिए। 85 प्रतिशत प्रतिभागी इसके उपयोग से पूरी तरह असहमत थे। लेकिन 15 प्रतिशत मानते थे कि इसे पूरी तरह नहीं हटाया जा सकता। वे इस कथन से आंशिक रूप से ही सहमत थे। इसमें जहाँ लगभग शत–प्रतिशत शिक्षक–प्रशिक्षक असहमत हैं, सरकारी और निजी

स्कूलों के 50–50 प्रतिशत शिक्षक छड़ी के उपयोग से असहमत हैं। यह भी कहा गया कि जहाँ शिक्षकों कि कमी हो और बच्चों की संख्या ज़्यादा हो वहाँ छड़ी का प्रयोग ज़्यादा पाया जाता है। शिक्षकों को अपने शिक्षणशास्त्र में अधिक सीखने की आवश्यकता है। पिछले सवाल की तरह असहमत प्रतिभागियों का मानना था कि मारने और डराने से कभी कोई अच्छा परिणाम नहीं मिल सकता और बच्चे के स्वास्थ्य पर भी इसका नकारात्मक असर होता है। उनकी राय में मारपीट अमानवीय है। बच्चों के साथ की गयी हिंसा उन्हें और हिंसक और उग्र बनाती है। यह हिंसा हमें बच्चों से दूर ले जाती है और कुछ ने तो यह भी कहा कि ये बच्चे के मानवाधिकार से जुड़ा मसला भी है। उनका आग्रह था कि जो लोग कहते हैं वे भी मार–पीट से सीखे उन्हें भी सोचना चाहिए कि उन्होंने जो सीखा वो कितना सार्थक था। यह भी कहा गया कि छड़ी की सहायता से दिया गया ज्ञान कुछ देर के लिए होता है। वह डरकर ही पढ़ेगा तो भूल जायेगा। वह याद तो करेगा पर उस ज्ञान को समझ नहीं पायेगा। छड़ी के साये में पलने वाले बच्चे को ज़्यादा बिगड़ते हुए देखा है। सम्भवतः छड़ी की परम्परा भारतीय परिवेश की गुरु–शिष्य परम्परा की एक ख़ासियत है, जिसे हमें व्यावहारिक रूप से पूरी तरह नकारना चाहिए। कुछ ने कहा कि यह कथन पुराने ज़माने की बात है जब छड़ी का अपना रुतबा था। लेकिन आजकल की पीढ़ी को छड़ी के डर से नहीं पढ़ा सकते हैं। बच्चे से बातचीत करके उसकी ज़रूरत और मानसिक स्तर को समझकर बिना छड़ी के ही बेहतर परिणाम प्राप्त कर सकते हैं। बाल अधिकार नियम के तहत छड़ी उठाना बन्द हो गया है।

जो इस कथन से आंशिक रूप से सहमत थे उनका मानना था कि कहीं–कहीं परिस्थितिवश दण्ड का कुछ भय होना चाहिए। यह सुनिश्चित होना चाहिए कि बच्चे के विकास के लिए और संस्कार व्यवहार के लिए कितनी एवं किस प्रकार की सज़ा हो। उक्त कथन पूरी तरह ग़लत नहीं है, एक सीमा तक सही है।

1.4 दबाव से उत्पन्न तनाव के कुछ अति गम्भीर परिणाम

जहाँ कई प्रतिभागियों ने माना कि बच्चों पर दबाव का परिणाम सकारात्मक नहीं है, इनमें से कइयों ने दबाव के गम्भीर परिणामों के प्रति सचेत करने की कोशिश की। सीखने पर दबाव के असर पर तो बात हुई, पर कइयों ने माना कि अच्छे से न सीख पाने से भी कहीं ज़्यादा गम्भीर है,

दबाव के चलते बच्चों में घर करता अवसाद और कई बार आत्महत्या तक की कोशिश। दबाव जब अपने परिवार और शिक्षकों की अपेक्षाओं पर खरा उतरने का हो तो बच्चे कई बार अच्छे नम्बरों को ही जीवन की सफलता के रूप में देखने लगते हैं। पढ़ाई को इतना ऊपर रखने से वे अपनी सारी ख़ूबियों को भूल जाते हैं। उन्हें लगने लगता है कि अच्छे नम्बर ही उनका भविष्य तय करेंगे और वे निराश हो जाते हैं। 15 प्रतिशत ने कहा कि यह दबाव हमारी शिक्षा व्यवस्था की नाकामी है। 8 प्रतिशत के अनुसार बच्चे को लगता है कि फ़ेल का मतलब है, अब वह कुछ नहीं कर सकता। कड़ी मेहनत के बाद जब अच्छे परिणाम नहीं आते, तो बच्चों का आत्मविश्वास कम होने लगता है यह सोचकर कि कोई क्या कहेगा, उनके बारे में क्या समझेगा, भय और लज्जा भी उनके मन में घर कर सकते हैं। 7 प्रतिशत ने कहा कि पालकों व शिक्षकों की बेफ़िक्री के कारण बच्चे ऐसा क़दम उठाते हैं। बच्चा अच्छे अंक नहीं ला पाया तो उसे डाँटने–फटकारने के बजाय उसकी काउंसलिंग की जानी चाहिए। सम्भव है बच्चे ऐसा क़दम नहीं उठायेंगे।

दबाव के नुक़सान के बारे में प्रतिभागियों ने कहा कि इससे बहुत ख़राब प्रभाव पड़ता है, चूँकि यह बच्चे के सहज सीखने के क्रम को बाधित करता है और जो बच्चे वैसा कर सकते हैं वह भी नहीं कर पाते। दबाव की आदत पड़ने के बाद बच्चा कक्षा में अनुशासन में नहीं रहता या पूरी कक्षा के शिक्षण को बाधित करता है। दबाव के कारण शिक्षक भी शॉर्ट–कट लेते हैं और सम्पूर्ण पाठ्यक्रम न पढ़ाते हुए उन्हीं प्रश्नों को पढ़ाना शुरू कर देते हैं जो परीक्षा में आते हैं। प्रयास यही होता है कि अधिकांश बच्चे परीक्षाओं में उत्तीर्ण हो जायें। इससे ऐसी पढ़ाई 'जिससे बच्चे को समझ आ जाये' का प्रयास बन्द हो जाता है और वैसे सारे तरीक़े बेअसर और बेमानी हो जाते हैं और फिर दबाव के चलते बच्चे विद्यालय आना ही बन्द कर देते हैं। इसके अलावा दबाव के कारण बच्चे ध्यान केन्द्रित नहीं कर पाते हैं और उनका शैक्षिक स्तर भी काफ़ी गिर जाता है। शिक्षक भी पढ़ाई पर अच्छे से ध्यान केन्द्रित नहीं कर पाते।

कुछेक लोगों का यह भी मानना था कि दबाव का कोई प्रभाव नहीं पड़ता है। पर ज़्यादातर लोग दबाव से बहुत चिन्तित थे। उनमें से एक ने कहा, "मैं ऐसा प्रयास करती हूँ कि बच्चों पर किसी तरह का दबाव न बने और न मैं बनाऊँ। अपनी ग़लतियों को सुधारने की लगातार कोशिश करती हूँ।

हमारा विश्वास मिल–जुलकर सीखने–सिखाने पर ज़्यादा है। जब अपनी कोशिशों में कमी पाती हूँ तो सुधारने का प्रयत्न करती हूँ। इस दबाव से पूरी तरह से मुक्त हूँ क्योंकि जिस संस्थान से मैं जुड़ी हूँ फ़िलहाल वहाँ न तो परीक्षा होती है न ही नम्बर दिये जाते हैं। सभी बच्चों की सीखने की क्षमता अलग–अलग होती है, बच्चों की ज़रूरत के हिसाब से ही उनको सिखाना पड़ता है। बच्चों के प्रति मेरा प्रेम, उन्हें भयमुक्त कर रुचिकर वातावरण में कार्य करने का प्रयास, एक–दूसरे से सम्पर्क, संवाद कर अभ्यास करवाने की प्रेरणा आदि सभी उन्हें सीखने में मदद देते हैं।"

1.5 शिक्षक-प्रशिक्षण में दबाव पर विमर्श

'प्रशिक्षणों में दबाव कम करने पर क्या बातचीत होती है? इस सवाल के सन्दर्भ में 27 प्रतिशत शिक्षकों ने कहा कि सरकारी प्रशिक्षणों में बच्चों पर दबाव विषय पर कभी बातचीत नहीं होती है। जबकि 47 प्रतिशत का कहना है कि बातचीत होती है और 13 प्रतिशत का कहना था कि यूँ कभी–कभार चर्चा हो जाती है।

2. मान्यता दो-अभ्यास और सीखने की मज़बूती

अभ्यास द्वारा अच्छी तरह या मज़बूती से सीखने के बारे में चर्चा हुई। यह 'करत–करत अभ्यास ते जड़मत होत सुजान', के आधार पर हुई। 90 प्रतिशत ने बग़ैर किसी शंका अथवा बन्धन के इससे सहमति व्यक्त की। उनके अनुसार किसी भी कार्य को बार–बार करने के रूप में ही अभ्यास को देखा जाता है, या लगातार कोशिश करना या प्रयास करना ही अभ्यास है। अतः बच्चे के सामने ऐसी परिस्थितियाँ उत्पन्न करनी चाहिए जिससे वह कोशिश करता रहे। कुछ ने यह भी स्पष्ट किया कि इस कथन में अभ्यास की महत्ता से तो वे सहमत हैं, पर वे बच्चों को जड़मति नहीं मानते, उनके अनुसार बच्चे जड़मति नहीं होते हैं। हमारी शिक्षा व्यवस्था ने ही उनकी मति को जड़ बना दिया है। ज्ञान प्राप्ति में सिद्धान्त और व्यवहार के मेल से ज्ञान प्राप्त होता है, इस बात का ध्यान रखना चाहिए। सिद्धान्त और व्यवहार के इस मेल में व्यवहार निर्णायक होता है इसे नहीं भूलना चाहिए। जड़मति के सुजान होने का भी बहुत रूढ़ अर्थ होता है– ये कौन तय करेगा कि जड़मति कौन है। और अगर अभ्यास का अर्थ रटना है तो भी बात बदल जाती है।

सिर्फ़ 10 प्रतिशत, जिनमें ज़्यादातर विभिन्न शैक्षिक संस्थाओं ख़ासकर स्वयंसेवी/नवाचारी संस्थाओं के शिक्षक/शिक्षक–प्रशिक्षक हैं, ने इसे ग़लत माना। इनमें से एक व्यक्ति ने कहा है कि, "यह कथन लगातार अभ्यास करने की बात करता है। परन्तु इस तरीक़े का अभ्यास बच्चे को समझ बनाने में मदद नहीं करता। जैसे राष्ट्रगान बार–बार गाने से रट तो जाता है लेकिन अर्थ मालूम नहीं चलता।" कुछ ने कहा, "यह कथन किसी कौशल को और बढ़ाने या परिष्कृत करने के बारे में तो सही हो सकता है जैसे कि रोटियाँ बनाते–बनाते अच्छी रोटियाँ बनाना आ जाये।" बार–बार अभ्यास करने से सीखने की क्षमता विकसित होती है और भूलने का भय नहीं रहता।

2.1 अभ्यास क्या है?

अभ्यास क्या है और कैसे किया जाये? इस पर भी रोचक मत आये। 40 प्रतिशत के लिए अभ्यास का मतलब था– किसी काम को बार–बार करना/दोहराना। 14 प्रतिशत के लिए अभ्यास का मतलब था–पुनरावृत्ति (जो सीख लिया उसे दोहराना)। बाक़ी के जवाब छोटे–छोटे टुकड़ों में थे। और सभी की इस पर समझ अलग–अलग है। कुछ ने कहा कि अभ्यास का मतलब, बिना सोचे–समझे कोई भी कार्य करना। कुछ के लिए अभ्यास का मतलब, कोशिश करना/बार–बार प्रयास करना। अन्य कुछ ने कहा कि अभ्यास का मतलब, सिद्धान्त को व्यवहार की कसौटी पर कसना। और कुछ ने कहा अभ्यास का मतलब है सीखना। एक राय थी कि अभ्यास का मतलब, ज्ञानेन्द्रियों के माध्यम से शिक्षा देना। एक और मत था कि अभ्यास का मतलब, निपुणता आने तक अभ्यास करना।

2.2 प्राथमिक कक्षाओं में अभ्यास

शुरुआती कक्षाओं में बच्चों को किस तरह के अभ्यास दिये जाने चाहिए? इस सवाल पर कई तरह के अनुभव व विचार आये। 33 प्रतिशत सहभागियों का मानना था कि सबसे ज़्यादा अभ्यास हिन्दी/भाषा में कराया जाता है, 25 प्रतिशत का मानना है कि सबसे ज़्यादा हिन्दी और गणित में कराया जाता है जबकि 7 प्रतिशत ने सिर्फ़ गणित और 7 प्रतिशत ने हिन्दी, अंग्रेज़ी और गणित में ज़्यादा अभ्यास होने की बात कही।

इसी तरह 30 प्रतिशत सहभागियों ने बताया कि अभ्यास रुचिकर होता है जबकि 35 प्रतिशत के अनुसार यह रुचिकर नहीं होता है।

7 प्रतिशत का कहना था कि यह कभी–कभी अरुचिकर भी हो सकते हैं। 14 प्रतिशत शिक्षकों का मानना था कि यदि शिक्षक रुचि ले तो अभ्यास रुचिकर हो सकता है। लेकिन 14 प्रतिशत ने यह भी कहा कि यह शिक्षक की कुशलता और वातावरण पर निर्भर करता है। प्रतिभागियों ने बताया कि भाषा, लिपि, वर्णों की आकृति के स्ट्रोक, अंकों की आकृति के स्ट्रोक का प्रारम्भिक कक्षाओं में अधिक अभ्यास कराया जाता है। इसके अलावा पहाड़े और इमला लिखना, श्रुतलेखन, सुलेख लिखना भी करवाया जाता है।

2.3 कौन–से अभ्यास अच्छे हो सकते हैं?

प्रतिभागियों के अनुसार उन्हें स्वयं वो अभ्यास अच्छे लगते थे जिनमें स्वयं या मन से करने के अवसर ज़्यादा हों फिर वे चाहे व्यक्तिगत हों या समूहों में। स्वयं से करने के कुछ उदाहरण जो मिले वे हैं–अपने मन से चित्र बनाना, गणित में ख़ुद से सवाल बनाकर हल करना। उनके अनुसार ऐसा कम ही होता था, ज़्यादातर सवाल किताब से ही पूछे जाते थे, जो कि अवधारणा स्पष्ट न होने के कारण ग़लत हो जाते थे। फिर भी गणित के सवालों से जूझना अच्छा लगता था, क्योंकि अन्त में उनका हल निकाल लेने पर मज़ा आता था। बोलकर पुनरावृत्ति अच्छी लगती थी, लिखना रुचिकर नहीं लगता था। उन्होंने याद करके बताया कि उनके बचपन में लेखन अभ्यास, अभिव्यक्ति अभ्यास, ये सभी कार्य व्यक्तिगत या समूहों में किये जाते थे। सामूहिक गतिविधि बहुत अच्छी लगती थी। अक्षर, मात्रा, शब्द, वाक्य तुकबन्दी से अभ्यास कराया जाता था। बारहखड़ी सबसे महत्त्वपूर्ण अभ्यासों में से थी जिसमें सबसे कम ग़लतियाँ करने की होड़ होती थी। प्रतिभागियों ने बताया कि आज पढ़ाते समय उन्हें लिखना–पढ़ना, पढ़ाना, गीत गाना, बच्चों के प्रोजेक्ट बनाना अच्छा लगता है।

2.4 अभ्यास कितने ज़रूरी हैं?

इस सवाल पर कि बार–बार और रोज़–रोज़ गिनती–पहाड़े पढ़वाने–लिखवाने या जोड़–घटाने या भाग–गुणा के सवाल हल करवाने का अभ्यास कितना ज़रूरी है, 80 प्रतिशत प्रतिभागी गणित के अभ्यास को बहुत ज़रूरी मानते हैं। 10 प्रतिशत का कहना था कि रोज़–रोज़ अभ्यास करवाने का कोई मतलब नहीं है। गणित की प्रक्रिया समझना ही ज़रूरी है। बाक़ी 10 प्रतिशत का कहना था कि इस तरह के अभ्यास सवाल हल करने में गति की प्रतिद्वन्द्विता

करवाते हैं और अन्य पहलुओं पर सोचने पर रोक लगाते हैं। इस तरह की प्रतिक्रियाओं को तीन श्रेणी में बाँटकर देख सकते हैं :

1. अभ्यास बहुत ज़रूरी है (75 प्रतिशत) : रोज़–रोज़ अभ्यास करने से बच्चे उसे भूलते नहीं हैं और गणित उनके लिए एक खेल की भाँति हो जाता है। 'करत करत अभ्यास ते जड़मति होत सुजान' अभ्यास का महत्त्व तो है लेकिन इसे अनिवार्यतः बच्चों के जीवन–सन्दर्भों से जुड़ा होना चाहिए। गणितीय दक्षता के लिए अभ्यास अति महत्त्वपूर्ण है। हमने जब से पहाड़े पढ़ाना बन्द करा दिया तब से बच्चे गणित में कमज़ोर हो गये हैं। वह $25 \times 9 = 225$ का सीधा उत्तर न देकर 25 को 9 से गुणा करके देखते हैं। अभ्यास से ज्ञान में वृद्धि होती है और याद हो जाता है। कभी–कभी न आते हुए भी हाथ, दिमाग़, ज़ुबान को आदत पड़ जाती है।
2. अभ्यास से प्रक्रियाएँ समझना ज़रूरी है (10 प्रतिशत) : रोज़–रोज़ अभ्यास करवाने का कोई मतलब नहीं है। गणित की प्रक्रिया समझना ही ज़रूरी है। अभ्यास तब तक ही ज़रूरी है जब तक बच्चा उन सवालों को हल करने की प्रक्रिया को पूर्ण रूप से जान नहीं लेता।
3. अभ्यास समझ बनाने के लिए हों न कि दोहराने के लिए (7 प्रतिशत) : सवाल हल करवाने का अभ्यास ज़रूरी है जिससे बच्चों को अवधारणा स्पष्ट हो। यदि बच्चे जोड़ के सवाल हल कर रहे हों तो वे जोड़ के हर प्रकार के सवाल हल कर पायें। उनके पास अलग–अलग तरह के सवाल होना चाहिए, इबारती सवाल भी। उन्हें स्वयं सवाल बनाने आने चाहिए। उन्हें गणित की विभिन्न अवधारणाओं का आपसी सम्बन्ध पता होना चाहिए। पहाड़े क्या हैं ये पता होना चाहिए। समझ बढ़ाने के लिए अभ्यास हो, न कि दोहराने के लिए।

2.5 शुरुआती अभ्यास कैसे हों व उनका प्रभाव?

इस सवाल के जवाब में, अभ्यास के ज़रिये गणित सिखाने की शुरुआत के बारे में भी लोगों ने मत रखे। 30 प्रतिशत ने कहा कि इस तरह से गणित नहीं सीखा जा सकता, क्योंकि गणित का उद्देश्य बच्चे में गणितीकरण विकसित करना है न कि किसी प्रक्रिया विशेष को रट लेना और करना।

35 प्रतिशत ने कहा कि इससे उद्देश्य प्राप्त किये जा सकते हैं। बच्चे को गणितीय अंक पहचानने, उन्हें पढ़ने एवं दैनिक जीवन के सन्दर्भों से जोड़कर, जोड़, घटाने, गुणा एवं भाग को सिखाने में इस तरह के अभ्यास सही हैं। शुरुआत में इस तरह सिखाने से उसे धीरे–धीरे मुख्य बिन्दु से जोड़ते जाने से वास्तविक उद्देश्य प्राप्त किया जा सकता है।

और 10 प्रतिशत ने कहा कि कुछ हद तक उद्देश्य प्राप्त किये जा सकते हैं।

2.6 अभ्यास के दुष्प्रभाव

75 प्रतिशत ने यह भी कहा कि इस तरह के ज़्यादा अभ्यास से सीखने पर दुष्प्रभाव पड़ते हैं। इसके लिए उनके द्वारा दिये गये कारण यह हैं : (i) सिर्फ़ दोहराने वाले अभ्यास से सीखना अरुचिकर और यान्त्रिक हो जाता है और उससे समझ नहीं बनती। बच्चे रट्टू तोता ज़रूर बन जाते हैं। (ii) उनकी स्वयं करके देखने और विश्लेषण की क्षमता पर बुरा प्रभाव पड़ता है। शायद, कभी–कभी बच्चा सीखने के बाद बार–बार अभ्यास से हिचकिचाता है। (iii) उसके मन में कुछ नया सीखने की इच्छा होती है और बार–बार पुनरावृत्ति कराने से उसका मन विषय से भटक सकता है। यदि किसी विद्यार्थी को किसी विधा को करने, पढ़ने में आनन्द आता है तो वह अगली विधा की ओर ध्यान नहीं देता है। (iv) यदि एक ही चीज़ पूरा दिन, पूरा समय, पूरा हफ़्ता सिखायें तो बच्चा ऊबने और बोर होने लगता है। अरे! मास्साब तो रोज़ एक ही चीज़ पढ़ाते हैं। बच्चों में अरुचि पैदा हो जाती है, बच्चे नियमित रूप से स्कूल आना बन्द कर देते हैं। (v) बहुत ज़्यादा अभ्यास से बच्चे प्रश्न नहीं पूछते हैं। एक निश्चित समय तक अभ्यास कराना ज़रूरी होता है। पूर्ण समझ विकसित होने के उपरान्त भी अभ्यास कराने से बच्चों में उस कार्य के प्रति रुझान नहीं रहेगा। बच्चों का समय बर्बाद होता है। (vi) बच्चा ख़ुद करके सीखने, समस्याओं के हल अपने अनुसार निकाल पाने में पिछड़ जाता है। वह कुछ गिनी–चुनी प्रक्रियाओं व सूत्रों पर आश्रित हो जाता है।

20 प्रतिशत ने कहा कि दुष्प्रभाव नहीं पड़ते। बस यह ध्यान रखना चाहिए कि एक विषय का अभ्यास करने से बच्चे कभी–कभी थकान महसूस करते हैं। अभ्यास अधिक महत्त्वपूर्ण है। गणित में ये सब नहीं करने पर दुष्परिणाम देखने को मिलते हैं।

बाक़ी ने इसका कोई जवाब नहीं दिया।

3.1 मान्यता तीन-क्या शुरू में बच्चे कोरे होते हैं?

इस मान्यता के सन्दर्भ में कई सवाल थे जो इसी विचार को अलग–अलग ढंग से रखकर पूछे गये थे। इस हिस्से में जहाँ कई प्रतिक्रियाओं में तारतम्यता थी वहीं लगभग 20 प्रतिशत ऐसे थे जिन्होंने अलग–अलग ढंग से पूछे सवाल को अलग ढंग से प्रस्तुत किया।

कथनों के पहले बण्डल में पूछा था कि क्या बच्चे कोरा काग़ज़ या कोरी स्लेट या महज़ मिट्टी का लौंदा या ख़ाली घड़ा होते हैं? इस कथन से किसी ने भी स्पष्ट रूप से सहमति नहीं जतायी है। जबकि 60 प्रतिशत पूरी तरह से असहमत हैं। 20 प्रतिशत आंशिक तौर पर सहमत दिखाई देते हैं लेकिन उनका झुकाव असहमति की ओर ज़्यादा है। शेष 20 प्रतिशत ने कथन का जो आशय उन्होंने समझा है उसका वर्णन किया है।

जो पूरी तरह से असहमत हैं उनके अनुसार, बच्चे स्कूल आते समय अपने साथ पूर्व ज्ञान और अनुभव लेकर आते हैं। बच्चे अपने घर–परिवार, परिवेश से बहुत कुछ सीखते, समझते हैं और उस पर अपनी समझ विकसित करते हैं। बच्चे बहुत कुछ जानते हैं। बच्चों को अक्सर अंडरएस्टीमेट किया जाता है। बच्चे जो देखते एवं सुनते हैं, सीखते जाते हैं। बच्चों के प्रति यह सोच नकारात्मक धारणा है। सच तो यह है कि बच्चे जब स्कूल में प्रवेश लेते हैं तब उनकी अपनी भाषा होती है जो मातृभाषा होती है। स्कूल में वह मानक भाषा सीखने की ओर बढ़ते हैं।

बच्चे, बड़ों की सीखी हुई कई चीज़ें सीख लेते हैं विशेषकर इलेक्ट्रॉनिक उपकरण, मोबाइल आदि। इसलिए बच्चे कोरी स्लेट नहीं होते। कुछ ने कहा कि इसमें गुरु की महिमा को बखानने का प्रयास किया जाता है।

जिन्होंने आंशिक रूप से सहमति दिखायी उनका कहना था कि शायद कोई बच्चा ऐसा हो भी सकता है। परन्तु ज़्यादातर बच्चे ख़ासकर नयी पीढ़ी के बच्चे कोरा काग़ज़ नहीं हो सकते। सभी बच्चों का अपना मानसिक स्तर होता है, उनका अपना नज़रिया होता है। कभी–कभी तो हमें भी बच्चों से सीख मिल जाती है।

जिस प्रकार स्लेट कोरी होती है, वैसे ही बच्चे भी होते हैं। बड़े लोग जो भी विचार या बातें उन पर लिखते यानी पढ़ाते–समझाते हैं वह वैसे ही बनते हैं। परन्तु ऐसे कम ही बच्चे होते हैं, सभी नहीं।

3.1.1 कथन के आशय के जो विवरण मिले वे इस प्रकार हैं :

हम बच्चों को जैसा चाहें वैसा सिखा–पढ़ा सकते हैं, किन्तु वह किसी भी विषय से जुड़ी विधाओं से परिचित नहीं होता। उसे भाषा, गणित आदि की कक्षा सम्बन्धित बारीकियों का ज्ञान नहीं होता है। वह शिक्षक से ही विषयगत शिक्षा पाता है। इस कथन का तात्पर्य है हम कोरे काग़ज़ या कोरी स्लेट में जो भी लिख देते हैं वही पढ़ते हैं। यह कथन बच्चे को 'नासमझ' कह रहा है।

इसी तरह के दूसरे कथन 'क्या छोटे बच्चे कोरी स्लेट या कोरा काग़ज़ होते हैं' से भी 60 प्रतिशत असहमत थे। उनके अनुसार बच्चों को व्यावहारिक रूप से बहुत–सी चीज़ें पता होती हैं। हम बच्चों के मन पर किसी काग़ज़ की तरह कुछ भी लिख नहीं सकते। बच्चे के सीखने में बहुत से कारक ज़िम्मेदार होते हैं। ज़रूरी नहीं बच्चे सिर्फ़ वही और वैसा ही सीखें जैसा हम चाहते हैं। बच्चे की अपनी सोच होती है। इसका कारण है कि बच्चा अपने पारिवारिक माहौल से बहुत कुछ सीखकर आता है।

इनमें कुछ उत्तर रोचक हैं क्योंकि उनमें कुछ झलक इस कथन के दूसरे छोर के अर्थ की दिखती है। उनका कहना था कि बच्चे कोरी स्लेट या कोरा काग़ज़ नहीं होते बल्कि 'अल्पज्ञ' होते हैं जैसे कि तीन भुजाओं से घिरी आकृति को वे अपनी भाषा में तिकोना बोलते हैं। परन्तु स्कूल में आकर बच्चे सीख जाते हैं कि तीन भुजाओं से घिरी आकृति त्रिभुज है। चतुर्भुज या गोल है।

किन्तु पहले जवाब से फ़र्क़, इस कथन से 40 प्रतिशत सहमत थे। उन्होंने कहा कि जिस तरह हम कच्ची मिट्टी को कोई भी रूप, रंग, आकार देकर कुछ भी सुन्दर से सुन्दर वस्तुएँ बना सकते हैं उसी तरह बच्चों को भी सिखा सकते हैं।

बच्चा, कोरी स्लेट या कोरा काग़ज़ होता है। उक्त बात सही है क्योंकि उसके दिमाग़ में वे ही चीज़ें बैठती हैं जिन्हें वह देखता, सुनता है। बच्चे को यदि कहा जाये कि झूठ बोलना पाप है तो वह उसे पाप ही समझेगा। उदाहरण–हरी छड़ी नरम और सूखी छड़ी कड़क होती है। जिस तरह हरी छड़ी को जहाँ मोड़ो, जैसे मोड़ो, मुड़ जाती है। शिक्षक जिसको जैसा रूप चाहे, दे सकता है। ज्ञान रूपी आकार देकर उसको अच्छा बना सकता है।

इसी तरह का एक कथन था–"बच्चे तो कच्ची मिट्टी का लौंदा होते हैं" इस पर आपकी क्या राय है। 15 प्रतिशत ने स्पष्ट रूप से कहा कि यह कथन ग़लत है। कारण के रूप में उन्होंने कहा कि यह हमारे समाज में बनी एक धारणा है जिसका कोई आधार नहीं है। मिट्टी और बच्चे में फ़र्क़ होता है। मिट्टी अजीवित होती है, बच्चे जीवित होते है। उनमें संवेदना आदि गुण होते हैं।

70 प्रतिशत ने कहा कि उपर्युक्त दोनों कथनों, (i) बच्चे कोरी स्लेट हैं? या (ii) गीली मिट्टी हैं?, में कोई फ़र्क़ नहीं है। ये दोनों ही कथन कह रहे हैं कि बच्चों का अपना कोई अस्तित्व, सीखने का तरीक़ा या समझ नहीं होती है। बच्चा अपने आसपास से सीखना शुरू करता है तो ज़ाहिर–सी बात है वो सबसे पहले उन चीज़ों को सीखेगा जो हम सिखाना चाहेंगे। और 15 प्रतिशत ने कहा इन कथनों में फ़र्क़ है।

प्रश्नावली में क्योंकि एक ही धारा के प्रश्नों को अलग–अलग ढंग से पूछा गया था अतः इनमें से रोचक कथनों को अलग से देखा भी गया। एक ऐसा कथन 'बच्चे और मिट्टी के लौंदे में समानता है या नहीं' इसके बारे में था। उस पर प्रतिक्रियाएँ आज व्याप्त समझ पर रोशनी डालती हैं।

3.2 क्या बच्चे मिट्टी के लौंदे हैं?

जिन लोगों ने बच्चों को मिट्टी का लौंदा और शिक्षक को कुम्हार माना उनमें से कुछ ने कहा कि जैसे कुम्हार मिट्टी से तरह–तरह के बर्तन बनाता है वैसे ही शिक्षक भी बच्चों के भविष्य को बना सकता है। बच्चे को मिट्टी का लौंदा इसलिए कहा गया है कि शिक्षक रूपी कुम्हार उसे उचित शिक्षा देकर ज्ञान के शिखर तक पहुँचा सकता है या केवल कक्षा पास करा कर जनरल प्रमोशन देते हुए नालायक बना सकता है। कुछ और ने कहा कि बच्चों को ठोंक–पीट कर जैसा बनाया जाये वैसे बन जाते हैं। अगर कच्ची मिट्टी से घड़ा, बर्तन, घर बनाते हैं तो वह फट जाता है, बर्तन ख़राब हो जाता है। मिट्टी को पक्की बनाने के लिए समान बनाना पड़ता है। उसी प्रकार बच्चे को पक्का करने के लिए शिक्षा रूपी समान यानी सही ज्ञान देना पड़ता है और उन्हें परिपक्व बनाना पड़ता है। कच्ची मिट्टी का लौंदा यानी 'बचपन' में जो आदतें डाल देते हैं वह बड़े होने तक वैसी ही बनी रहती हैं। कच्ची मिट्टी से तात्पर्य है उसे किसी भी रूप में ढाला जा सकता है। इसमें और ऊपर वाले कथन में भिन्नता है।

यह भी रोचक बात है कि 45 प्रतिशत प्रतिभागियों ने कहा कि बच्चे की तुलना मिट्टी के लौंदे से की जा सकती है। इस श्रेणी के कुछ उदाहरण देखें : बच्चा जब जन्म लेता है तो कोरा दिमाग़ लेकर आता है फिर वह परिवार और परिवेश से सीखता है। घर की बोली, तौर–तरीक़े अपने जीवन में उतारता है। जैसे, जिन परिवारों में चरणस्पर्श किया जाता है, बच्चा भी बड़ों का अनुकरण करके चरणस्पर्श करने लगता है।

कुम्हार घड़ा बनाते समय उसे चारों तरफ़ से चोट मारता है जिससे सुन्दर घड़े का निर्माण होता है, उसी प्रकार बच्चों को भी थोड़ी–सी डाँट एवं प्यार से सुन्दर एवं सभ्य बनाया जा सकता है।

कबीर का दोहा भी है :

गुरु कुम्हार शिष कुम्भ है, गढ़ि–गढ़ि काढ़ै खोट।
अन्तर हाथ सहार दै, बाहर बाहै चोट।।

इसके विपरीत इतने ही यानी 45 प्रतिशत ने कहा कि बच्चे की तुलना मिट्टी के लौंदे से नहीं की जा सकती। मिट्टी को कुम्हार अपनी इच्छा से आकार देता है जबकि बच्चे को उसकी अपनी इच्छा के अनुरूप आगे बढ़ने की छूट है। बच्चे में दिमाग़ है, सीखने की क्षमता है। वह स्वयं भी सीखते हैं और दूसरों से भी। क्योंकि बच्चे में कुछ–न–कुछ ज्ञान अवश्य होता है जो वह जन्म से ही रोकर, हँसकर, शारीरिक गतिविधियों से प्रकट करता है।

इन्होंने जो कहा उसके कुछ उदाहरण यह हैं : मैं अपने बच्चों को जिस तरह का बनाना चाहती हूँ उसके लिए प्रयास कर सकती हूँ, माहौल दे सकती हूँ। लेकिन उनका व्यक्तित्व क्या आकार लेगा ये उनके सम्पूर्ण सीखने पर निर्भर है, जो वे अन्य लोगों से सीखते हैं या बाहर से सीखते हैं। मेरे बच्चे बहुत से ऐसे वाक्य भी बोलते हैं जो मैंने उनसे नहीं बोले या इस दुनिया को समझने के लिए उनके प्रश्न बिल्कुल नये होते हैं। और जो बच्चा जिस विषय में रुचि रखता है वो उस विषय को चुन सकता है और अपना भविष्य तय कर सकता है। जैसे, डॉक्टर बनने के इच्छुक जीव विज्ञान चुनते हैं, इंजीनियर बनने के लिए गणित आदि।

बच्चों में सीखने की क्षमता है और मिट्टी निर्जीव है। हम उसमें ख़ुद रंग करके बनाते हैं। जबकि बच्चों को हम, माता–पिता और वातावरण भी सिखा लेता है और वे स्वयं भी सीख लेते हैं।

बाक़ी में से 5 प्रतिशत ने कहा कि पहले ऐसी तुलना की जा सकती थी, अब नहीं। यह सब परिस्थिति का खेल है। एक समय था जब बच्चे के ज्ञान का स्रोत सिर्फ़ विद्यालय हुआ करते थे तब तक तो हम मान सकते थे कि बच्चे मिट्टी का लौंदा हैं। परन्तु अब ज्ञान के बहुआयामी क्षेत्र हो चुके हैं (टीवी, इंटरनेट) तो अब परिवार और शिक्षक इस कच्ची मिट्टी को जैसा बनाने का प्रयास करते हैं ज़रूरी नहीं वह वैसा ही बने। बच्चा स्वयं अन्य दिशा–आकार ले रहा है।

5 प्रतिशत ने इसको सशर्त हाँ कहा, शर्त यह है कि यदि शिक्षक कुम्हार–रूपी दक्ष शिक्षक बन सकता है तो बच्चे को मिट्टी का लौंदा कहा जा सकता है।

4. मान्यता चार–क्या गुरु ज्ञान देता है और बालक-बालिकाएँ उसे ग्रहण करते हैं?

60 प्रतिशत सहभागियों ने कहा कि ऐसा नहीं है कि गुरु ज्ञान देता है और बालक–बालिकाएँ उसे वैसे ही ग्रहण करते हैं। असहमति व्यक्त करने वालों में 70 प्रतिशत सरकारी स्कूल के शिक्षक और 30 प्रतिशत निजी स्कूल के शिक्षक हैं। सभी संस्थाओं के 80 प्रतिशत शिक्षक–प्रशिक्षकों ने असहमति व्यक्त की। इन सभी का मानना है कि ज्ञानार्जन की प्रक्रिया में बच्चों की सक्रिय और सकारात्मक भूमिका होती है। और बच्चे और शिक्षक दोनों मिलकर ज्ञान का सृजन करते हैं। उनमें से कुछ ने यह भी कहा कि ज्ञान कोई सामान नहीं जो दिया–लिया जा सके। ज्ञान का अर्थ है किसी चीज़ के मतलब को समझाना, किसी अवधारणा को बनाना। कुछ के अनुसार गुरु के अलावा छात्र अन्य स्रोतों से भी ज्ञान प्राप्त करते हैं। बहुत सारा ज्ञान बच्चा अपने अनुभवों से प्राप्त करता है। शिक्षक की भूमिका के बारे में कुछ उत्तर इस तरह के भी थे, ज्ञान प्राप्ति की प्रक्रिया में गुरु बच्चे का साझेदार होता है। उसकी मदद करता है। गुरु बच्चे के लिए उस ज्ञान को अर्जित करने का एक वाहक और मार्गदर्शक हो सकता है। विषयगत ज्ञान तो गुरु से ही प्राप्त होता है, चाहे गुरुशाला में हो या अन्य कहीं हो। सच्चा गुरु बच्चों को जिज्ञासु बनाकर उनकी जिज्ञासा का समाधान करता है। पर बच्चों की इसमें सक्रिय भूमिका होती है। बच्चे अपनी पूर्व समझ और अनुभव के आधार पर सीखते हैं। बच्चे स्वयं ज्ञान प्राप्त करते हैं। शिक्षक, परिवार, परिवेश, संचार माध्यम उस दिशा में अनुकूलता बनाने

में मदद करते हैं। वे तटस्थ नहीं होते। वे अपने सीखने में सकारात्मक भूमिका निभाते हैं क्योंकि बच्चे स्वभावतः जिज्ञासु और खोजी प्रकृति के होते हैं। यही विशेषता उनके ज्ञानार्जन का बड़ा साधन है। बच्चे अपने सामाजिक और प्राकृतिक परिवेश से स्वभावतः प्रतिक्रिया करते हैं। इसी प्रतिक्रिया में उनकी ज्ञान प्राप्ति की प्रक्रिया छिपी होती है। यही उनके लिए ज्ञानार्जन का माध्यम बन जाता है।

जो 20 प्रतिशत सहमत भी हैं और असहमत भी उनका कहना है कि यह कथन पूरा सही नहीं है, आधा ही सही है। गुरु जो ज्ञान देता है बच्चे उसको ग्रहण तो करते हैं पर उनकी अपनी सोच भी होती है। वो अपनी सोच–समझ के अनुसार ज्ञान ग्रहण करते हैं। उन्होंने यह भी कहा कि बच्चे शाला में शिक्षक की मदद से तो पाठ्यपुस्तकीय, विषयगत ज्ञान एवं सामान्य व्यवहार सीखते हैं, किन्तु अन्य अनुभव एवं सर्वांगीण विकास तो अपने परिवेश से प्राप्त करते हैं।

4.1 इन मसलों पर मिले कुछ अन्य विचार

प्रतिभागियों ने इस प्रक्रिया में कई तरह की और भी बातें रखीं, इनमें से कुछ महत्त्वपूर्ण हैं। हम उन्हें यहाँ दे रहे हैं–

बच्चे कई गतिविधियों को स्वयं करके सीखते हैं। यही उनकी मूल प्रवृत्ति है। वह अनुकरण से भी सीखते हैं। ध्यान केन्द्रित करने की भूमिका होती है। किसने कितना ज्ञान अर्जन किया यह उसकी बुद्धि क्षमता और शारीरिक विकास पर निर्भर करता है। इसमें यह स्पष्ट है कि सीखने की प्रक्रिया को लेकर 'स्वयं करके सीख पाने में' पूरा विश्वास नहीं है और उसमें अनुकरण बग़ैर उसे परिभाषित किये जोड़ा गया है। एक अन्य जबाव में सीखना शुरू करने की चाबी बच्चे के पास ही मानी गयी है। प्रतिभागी कहते हैं कि ज्ञानार्जन तभी सम्भव है जब बच्चा ख़ुद चाहेगा। इस प्रक्रिया में वो न सिर्फ़ स्कूल में सीख रहा होता है। वह अपने साथियों, परिवार व पास–पड़ोस के अनुभवों से भी सीखता है।

एक मत यह भी था, बच्चों के बारे में हमारी समझ यह है कि बच्चा शिक्षक के पास आने से पहले बहुत कुछ सीख चुका होता है। शिक्षक सीखने की प्रक्रिया में उसकी मदद कर सकता है।, सीखने की इस प्रक्रिया को तेज़ कर सकता है। और दिशा दे सकता है। बच्चों में सीखने–करने के गुण स्वतः ही होते हैं।

समेकन

बातचीत के लिए चयनित शिक्षा की उपर्युक्त रूढ़िबद्ध धारणाओं के बारे प्रतिभागियों की राय और विचारों के विश्लेषण से इस अनुमान की कुछ हद तक पुष्टि होती है कि विभिन्न कारणों से किसी भी देश या समाज में ऐसी परिस्थितियाँ उत्पन्न हो जाती हैं कि विभिन्न क्षेत्रों की परम्परागत रूढ़िबद्ध धारणाएँ बदलने लगती हैं और नयी धारणाएँ स्थापित होने लगती हैं। चाहे यह धारणाएँ शैक्षिक, सामाजिक सन्दर्भों से जुड़ी हों या राजनीतिक, धार्मिक या अन्य क्षेत्रों से। उपर्युक्त अवलोकनों से यह निष्कर्ष निकलता है कि जब तक परम्परा का प्रवाह तीव्र बना रहता है, तब तक नवीन धारणाएँ सामने नहीं आ पाती हैं। परिस्थितियों के दबाव से जब नवीन धारणाओं को मान्यता मिलने लगती है तब भी पूर्ववर्ती धारणाओं का वेग प्रबल बना रहता है। कुछ समय बाद दोनों का वेग समान हो जाता है और ऐसा प्रतीत होने लगता है कि पुरानी रूढ़िबद्ध धारणाएँ समाप्त हो रही हैं और नवीन धारणाएँ उनका स्थान ग्रहण कर रही हैं। यह एक तरह के संक्रमण काल या संक्रान्ति की स्थिति है। दोनों प्रकार की धारणाओं में पर्याप्त संघर्ष होता है और अन्ततः पुरानी या रूढ़िबद्ध धारणाओं की जगह नवीन धारणाएँ अपना स्थान बनाने लगती हैं।

जबकि संक्रान्ति या संक्रमण की स्थिति में प्राचीन और नवीन धारणाओं का सामंजस्य नहीं रहता। दोनों अलग–अलग बने रहते हैं। कुछ इसी तरह के अवलोकन इस अध्ययन में भी दृष्टिगोचर हो रहे हैं।

आभार : इस पर्चे को बेहतर बनाने में हृदय कान्त दीवान और शिवानी नाग का अनमोल सहयोग मिला है।

सन्दर्भ सूची

1. दस वर्षीय स्कूल के लिए पाठ्यक्रम की रूपरेखा, 1975, राष्ट्रीय शैक्षिक अनुसन्धान और प्रशिक्षण परिषद्, नयी दिल्ली
2. प्रारम्भिक और उच्चतर माध्यमिक शिक्षा के लिए पाठ्यक्रम की रूपरेखा, 1988, राष्ट्रीय शैक्षिक अनुसन्धान और प्रशिक्षण परिषद्, नयी दिल्ली
3. विद्यालयी शिक्षा के लिए राष्ट्रीय पाठ्यचर्या की रूपरेखा, 2000, राष्ट्रीय शैक्षिक अनुसन्धान और प्रशिक्षण परिषद्, नयी दिल्ली
4. राष्ट्रीय पाठ्यचर्या की रूपरेखा 2005, राष्ट्रीय शैक्षिक अनुसन्धान और प्रशिक्षण परिषद्, नयी दिल्ली

5. शिक्षा बिना बोझ के–1993, राष्ट्रीय शैक्षिक अनुसन्धान और प्रशिक्षण परिषद्, नयी दिल्ली
6. निःशुल्क और अनिवार्य बाल शिक्षा का अधिकार अधिनियम, 2009–मा.स.वि.मं. 2010
7. बेहार, अनुराग ''शिक्षा के क्षेत्र की तीन भ्रामक धारणाएँ'' (मूल लेख Empathetic Hitting), *मिंट* 27 अक्तूबर 2016
8. शिक्षक शिक्षा पर राष्ट्रीय पाठ्यचर्या 2009, राष्ट्रीय शैक्षिक अनुसन्धान और प्रशिक्षण परिषद्, नयी दिल्ली

सरकारी प्राथमिक विद्यालयों के शिक्षकों में कार्य-सन्तुष्टि : एक विमर्श

–प्रकृति भार्गव

यह पर्चा, लेखिका द्वारा किये गये एक शोध पर आधारित है जिसमें सरकारी शिक्षक की कार्य–सन्तुष्टि का उनके शिक्षण उद्यम पर पड़ने वाले प्रभाव का विश्लेषण करने का प्रयास किया गया है। इस लेख का पहला भाग शिक्षक कार्य–सन्तुष्टि की सैद्धान्तिक समझ पर अकादमिक विमर्श को प्रस्तुत करता है। दूसरा भाग उत्तर प्रदेश के ग्रामीण क्षेत्र में स्थित सरकारी प्राथमिक विद्यालयों के शिक्षकों के साथ किये गये साक्षात्कार पर आधारित है। इन सरकारी शिक्षकों के अनुभव पर आधारित यह विश्लेषण, शिक्षण उद्यम में वर्तमान विसंगतियों तथा भविष्य में आने वाली चुनौतियों की ओर ध्यान आकृष्ट करता है।

सार

शिक्षण–प्रक्रिया, शिक्षक तथा विद्यार्थी के पारस्परिक सम्बन्धों से निर्धारित होती है। कक्षा की शैक्षिक प्रक्रियाएँ तब और अधिक प्रासंगिक हो जाती हैं जब उन कक्षाओं में समाज के वंचित वर्गों से विद्यार्थी बड़ी संख्या में सम्मिलित होते हैं। सम्प्रति, सरकारी शिक्षण संस्थाओं का महत्त्व और अधिक हो गया है क्योंकि ये हाशिये पर खड़े व्यक्ति के लिए शिक्षा का एकमात्र अवलम्बन हैं। वर्ष 2014–15 में प्राथमिक स्तर पर सरकारी तथा निजी विद्यालयों में विद्यार्थियों के पंजीकरण का प्रतिशत क्रमशः 61.26 तथा 35.72 रहा (मेहता, 2015, पृ. 72, 74, 75)। कक्षा का वातावरण शिक्षक के व्यवहार, विद्यार्थियों की सामाजिक–आर्थिक पृष्ठभूमि तथा अध्यापन प्रक्रिया द्वारा निर्मित होता है। शिक्षकों की सामाजिक पृष्ठभूमि तथा उद्यम के प्रति उनका दृष्टिकोण, शिक्षकों के शैक्षिक व्यवहार को निर्धारित करने में योगदान करते हैं।

इक्कीसवीं शताब्दी के अन्तिम दशक में भारत में नवउदारवाद के फलस्वरूप राजनीतिक, आर्थिक एवं सामाजिक क्षेत्रों में परिवर्तन के कारण शैक्षिक उद्यम की प्रतिष्ठा में अत्यधिक ह्रास हुआ है तथा शिक्षक को एक कामचलाऊ उपकरण के रूप में देखा जा रहा है। समाज में प्रचलित मान्यताएँ शिक्षकों के विचारों को प्रत्यक्ष तथा अप्रत्यक्ष रूप से प्रभावित करती हैं और उनके पूर्वाग्रहों का निर्माण करती हैं। सामाजिक असमानताओं की जटिलता ने सरकारी शिक्षकों के उत्तरदायित्व तथा सरकारी विद्यालयों की प्रासंगिकता को और अधिक महत्त्वपूर्ण बना दिया है। प्रस्तुत शोध पत्र में सरकारी शिक्षक की कार्य–सन्तुष्टि (जॉब सैटिसफ़ैक्शन) का उनके शिक्षण उद्यम पर पड़ने वाले प्रभाव का विश्लेषण करने का प्रयास किया गया है। इस विमर्श के केन्द्र में उत्तर प्रदेश के सरकारी प्राथमिक विद्यालयों के शिक्षक हैं। इस शोध पत्र के लिए मैंने उन 35 शिक्षकों का चयन किया है जो इस व्यवसाय की मध्य–अवस्था में हैं अर्थात जिनमें नये शिक्षकों की तरह न तो अति उत्साह है और न ही वरिष्ठ शिक्षकों की तरह उदासीनता है। यही नहीं, मैं इन शिक्षकों को व्यक्तिगत रूप से जानती हूँ और इनकी औसत उम्र 35 वर्ष है। ये सभी शिक्षक ग्रामीण क्षेत्रों के प्राथमिक विद्यालयों में 2010 से कार्यरत हैं। इन शिक्षकों के अनुभव पर आधारित अकादमिक विमर्श, सरकारी शिक्षकों द्वारा शिक्षण उद्यम में वर्तमान विसंगतियों तथा भविष्य में आने वाली चुनौतियों की ओर ध्यान आकृष्ट करता है। प्राथमिक शिक्षा में शिक्षक की कार्य–सन्तुष्टि तथा व्यवसाय के प्रति उनके दृष्टिकोण को जानने के लिए खुली प्रश्नावली का प्रयोग किया गया है और उनसे अनौपचारिक विमर्श के द्वारा उनकी समस्याओं को समझने का प्रयास किया गया है।

प्रस्तावना

शिक्षक की कार्य–सन्तुष्टि का उनके विद्यार्थियों की प्रगति पर प्रभाव पड़ता है (ब्रुकवर और लेज़ोटे, 1979; लाथम, 1998; मर्टलर, 2002; रटर, 1981; वायने, 1980)। कार्य–सन्तुष्टि को शिक्षा के क्षेत्र में समझना व उसका परिमापन करना इसलिए प्रासंगिक है क्योंकि शिक्षकों को जिन परिस्थितियों में सरकारी विद्यालयों में कार्य करना पड़ रहा है वह उनके अपने व्यावसायिक जीवन में कुण्ठा और मानसिक तनाव में वृद्धि का कारण हैं (सिंह, अग्रवाल और माथुर, 2016)। सैद्धान्तिक रूप से कार्य–सन्तुष्टि

को समझने के लिए फ्रेड्रिक हर्ज़बर्ग का 'मोटिवेशन–हाईजीन' सिद्धान्त, कार्य–सन्तुष्टि को प्रभावित करने वाले कारकों का विश्लेषण करने में मदद करता है। हर्ज़बर्ग ने इन कारकों को दो वर्गों में विभाजित किया है। पहले हैं; प्रोत्साहक कारक (motivational factors) जिनमें प्रमुख रूप से कार्यक्षेत्र से सम्बन्धित आयामों, जो व्यक्ति को मनोवैज्ञानिक रूप से प्रभावित करते हैं–जैसे व्यवसाय में प्राप्त उपलब्धि व सम्मान, कार्य की प्रवृत्ति, उत्तरदायित्व, उन्नति व प्रगति के अवसर को सम्मिलित किया गया है। दूसरे हैं; हाईजीन कारक (hygiene factors)। इसमें संगठन की नीतियाँ, निरीक्षण, कार्यक्षेत्र में आपसी सम्बन्ध, कार्य करने की परिस्थितियाँ व वेतन की भूमिका को रेखांकित किया गया है। हर्ज़बर्ग प्रोत्साहक तथा हाईजीन कारकों को क्रमशः कार्य–सन्तुष्टि तथा असन्तुष्टि के प्रमुख कारकों के रूप में देखते हैं (लूनबर्ग और ऑर्नस्टीन, 2012, पृ. 84)। हाईजीन कारक स्वयं किसी व्यक्ति को प्रोत्साहित नहीं करते, पर उसके प्रोत्साहित होने के अनुभव को कम ज़रूर कर सकते हैं; जिसकी वजह से उत्साह से शुरू किया गया काम भी कुछ समय बाद मात्र औपचारिकता लग सकता है। जिस संगठन में प्रोत्साहक कारकों पर समुचित ध्यान दिया जाता है तथा उनके लिए अनुकूल अवसर प्रदान किये जाते हैं वहाँ के शिक्षक पूर्ण प्रतिबद्धता के साथ अपने कार्य को करते हैं। अतः कार्य–सन्तुष्टि के परिमापन में मुख्य रूप से नौ घटकों यथा निरीक्षण, सहकर्मियों का व्यवहार, कार्य करने की परिस्थितियाँ, वेतन, उत्तरदायित्व, कार्य का स्वरूप, उन्नति के अवसर, स्थायित्व तथा मान्यता को प्रमुख रूप से स्वीकार किया गया है (लेस्टर, 1987)।

हर्ज़बर्ग द्वारा रेखांकित किये गये प्रोत्साहक तथा हाईजीन कारकों के अलावा, दिनम तथा स्कॉट ने विद्यालय से सम्बन्धित कारकों यथा विद्यालय नेतृत्व, विद्यालय का वातावरण तथा विद्यालय में मूलभूत सुविधाओं के महत्त्व को स्वीकार किया है (दिनम और स्कॉट, 2000)। इसी क्रम में एक शोधकर्ता ने अपने शोध में दस प्रोत्साहकों को तीन वर्गों में विभाजित किया जो इस प्रकार हैं : विद्यार्थियों का शैक्षणिक प्रदर्शन, व्यावसायिक विकास सम्बन्धी प्रोत्साहन तथा विद्यालय की ज़िला स्तर पर प्रशस्ति या मान्यता, ये कारक अध्यापक को उसके सतत प्रयत्न के लिए प्रेरित करते हैं (मर्टलर, 2002)। व्यावसायिक पहचान (प्रोफ़ेशनल आइडेंटिटी) के सम्बन्ध में किये गये चार वर्षीय दीर्घावधि अध्ययन में शिक्षक के व्यक्तिगत कारक (पारिवारिक व

सामाजिक स्तर), व्यावसायिक कारक (अच्छा शिक्षक होने का सामाजिक तथा नीतिगत आधार) तथा परिस्थितिजन्य कारक (विद्यालय–वातावरण) की विशेष भूमिका पायी गयी। अतः शिक्षक को इन तीनों आयामों में सामंजस्य स्थापित करना आवश्यक है (कैनिनस, हेल्म्स–लोरेंज़, बीज़ार्ड, ब्यूटिंक, ब्यूटिंक; 2012)।

अमेरिका में माध्यमिक शिक्षकों में प्रोत्साहन तथा कार्य–सन्तुष्टि के अन्तःसम्बन्ध पर किये गये शोध ने यह प्रमाणित किया है कि वे अध्यापक जो अपने शिक्षण–कर्म के प्रारम्भ में हैं या जो कार्यक्षेत्र से सेवानिवृत्त होने वाले हैं, उनमें सन्तुष्टि का स्तर उन शिक्षकों से अधिक है जो शिक्षण–कर्म की मध्यावस्था में हैं (मर्टलर, 2002)। ऐसे शिक्षक जिन्होंने शिक्षण–कर्म में अभी प्रवेश किया है, वे अपने कार्यक्षेत्र में अपने योगदान के द्वारा परिवर्तन लाने की कोशिश करते हैं तथा उत्साह के साथ अपने कर्तव्य का निर्वहन करते हैं। परन्तु समय के साथ जैसे–जैसे वे अपने इस व्यवसाय में स्थापित हो जाते हैं तथा यह अनुभव करते हैं कि न तो इस व्यवसाय में नयी चुनौतियाँ हैं और न ही प्रोत्साहन व मान्यता के नवीन अवसर, वे अपने कार्य के प्रति उदासीन हो जाते हैं तथा असन्तुष्टि का अनुभव करने लगते हैं। इसी क्रम में जब शिक्षक अपनी सेवानिवृत्ति के समीप आते हैं तो वे अपने व्यावसायिक जीवन की समाप्ति का अनुभव करके सन्तुष्ट हो जाते हैं। अध्यापक के मनोबल का विद्यार्थियों के सीखने तथा स्वयं के स्वास्थ्य पर सकारात्मक प्रभाव पड़ता है (लम्सडेन, 1998)।

हाल ही में नीदरलैण्ड के माध्यमिक अध्यापकों पर किये गये शोध में उनकी व्यावसायिक पहचान के मुख्य अवयवों के रूप में अध्यापक की आत्म–प्रभावकारिता (सेल्फ एफ़िकेसि), व्यावसायिक सन्तुष्टि, व्यावसायिक तत्परता तथा उनको प्राप्त होने वाले प्रोत्साहन की महत्ता को स्वीकार किया गया है। कार्यक्षेत्र का वातावरण तथा अध्यापक का अपने सहकर्मियों के साथ मित्रतापूर्ण व्यवहार, इन अवयवों को प्रभावित करते हैं (कैनिनस और अन्य, 2012)।

उत्तर प्रदेश के प्राथमिक शिक्षकों क़ी चुनौतियों को समझने के लिए दो प्रकार से शोध सामग्री एकत्र करके प्रामाणिकता स्थापित की जा सकती है। जहाँ एक ओर प्राथमिक शिक्षा सम्बन्धी आँकड़े हमें इस स्तर की शिक्षा–व्यवस्था की विशालता तथा विसंगतियों को समझने में मदद करते हैं, वहीं दूसरी ओर शिक्षकों से संवाद स्थापित करके उनके द्वारा विद्यालय

स्तर पर पेश आ रही समस्याओं को समझने में मदद मिलती है। इस शोध पत्र में न्यूपा (राष्ट्रीय शैक्षिक योजना और प्रशासन विश्वविद्यालय–NEUPA) द्वारा प्रकाशित स्कूल रिपोर्ट कार्ड के 2005–06 तथा 2015–16 के आँकड़ों का तुलनात्मक विश्लेषण बृहद (मैक्रो) स्तर पर प्राथमिक शिक्षा में आ रहे बदलाव को समझने में मदद करता है वहीं सूक्ष्म (माइक्रो) स्तर पर चयनित अध्यापकों से खुली (ओपन एंडेड) प्रश्नावली के द्वारा उनकी कार्य–सन्तुष्टि को समझने का प्रयास किया गया है। कार्य–सन्तुष्टि से सम्बन्धित प्रश्न मुख्य रूप से दो बृहद मुद्दों पर केन्द्रित हैं। प्रथम श्रेणी के प्रश्न वेतन, कार्य के उत्तरदायित्व, कार्य की विविधता, प्रोन्नति के अवसर, कार्य की प्रवृत्ति तथा सहकर्मियों के व्यवहार आदि बिन्दुओं पर आधारित थे। दूसरी श्रेणी के प्रश्नों के मुख्य केन्द्र में शिक्षक की व्यक्तिगत समस्याओं से सम्बन्धित पहलू यथा शिक्षक का सामान्य स्वास्थ्य, कार्य के समय तनाव, कार्य पर नियन्त्रण एवं परिवार तथा कार्यस्थल के मध्य सन्तुलन आदि पहलुओं से सम्बन्धित थे (नॉक्स और अनफ़ारा, 2013, 59)।

प्राथमिक शिक्षा का विस्तार तथा चुनौतियाँ

विगत दस वर्षों में उत्तर प्रदेश में सरकारी प्राथमिक विद्यालयों की संख्या में जहाँ एक ओर 62.06% की वृद्धि हुई है, वहीं दूसरी ओर, निजी विद्यालयों की संख्या में 57.62% की वृद्धि हुई है। इस वृद्धि में यदि हम ग्रामीण क्षेत्रों में विद्यालयों के विस्तार को देखें तो यह जानकर आश्चर्य होगा कि सरकारी विद्यालयों की संख्या में 84.40% की वृद्धि तथा निजी विद्यालयों की संख्या में 56.03% का विस्तार हुआ है। यदि इस वृद्धि को विद्यार्थियों के पंजीकरण में हुए विस्तार के रूप में देखा जाये तो यह सरकारी विद्यालयों में 68.02% तथा निजी विद्यालयों में 53.04% रहा (स्टेट रिपोर्ट कार्ड, 2015–16, 2016, 70,स्टेट रिपोर्ट कार्ड 2005–06, 2006, 66)। अतः ऐसा परिलक्षित होता है कि निजी विद्यालयों की लोकप्रियता ग्रामीण क्षेत्रों में बढ़ती जा रही है। इन आँकड़ों से यह भी स्पष्ट होता है कि विद्यार्थियों की संख्या की दृष्टि से सरकारी विद्यालयों में उतनी वृद्धि नहीं हुई है जितनी निजी विद्यालयों में पढ़ने वाले विद्यार्थियों की संख्या में हुई है। तुलनात्मक रूप से सरकारी व निजी विद्यालयों की वृद्धि में 28.11% अंक का अन्तर है, जबकि दोनों विद्यालयों में विद्यार्थियों की वृद्धि में केवल 14.62% अंक का ही अन्तर है, जो यह इंगित करता है कि सरकारी विद्यालयों की संख्या में वृद्धि के

अनुपात में विद्यार्थियों की संख्या में सापेक्ष वृद्धि नहीं हुई है और साथ ही निजी विद्यालय बड़ी तेज़ी–से सरकारी विद्यालयों का विकल्प बनकर उभर रहे हैं। इस विश्लेषण से यह स्पष्ट है कि सरकारी विद्यालय किन्हीं कारणों से ग्रामीण क्षेत्रों में अपनी पैठ खो रहे हैं। इसका एक बड़ा कारण सरकारी अध्यापकों को अपने कार्यक्षेत्र में पेश आ रही चुनौतियाँ हैं, जिसके अनेक कारण हैं।

सरकारी विद्यालय तथा मूलभूत सुविधाएँ

यदि हम सरकारी विद्यालय में मूलभूत सुविधाओं को देखें तो न्यूपा स्टेट रिपोर्ट कार्ड के अनुसार एकल कक्षा विद्यालय का प्रतिशत जो 2005–06 में 1.2 था वो 2015–16 में घटकर 0.6% रह गया (स्टेट रिपोर्ट कार्ड, 2015–2016, 2016, 70, स्टेट रिपोर्ट कार्ड 2005–06, 2006, 66)। इसी क्रम में एकल शिक्षक विद्यालयों की वृद्धि दर 5.2% से बढ़कर 8.5% हो गयी। अतः यह कहा जा सकता है कि जहाँ एक ओर मूलभूत सुविधाओं में कुछ सुधार हुआ है, वहीं दूसरी ओर सरकारी विद्यालयों में संख्यात्मक वृद्धि के चलते शिक्षकों की कमी का सामना करना पड़ रहा है। मूलभूत सुविधाओं के विस्तार के बावजूद शिक्षकों की कमी तथा प्रशिक्षण कार्यक्रमों के चलते विद्यालय में उनकी अनुपलब्धता जनमानस में सरकारी प्राथमिक विद्यालयों की छवि को धूमिल कर रही है। एक सरकारी शिक्षक ने यह बताया कि, "कभी–कभी उन्हें कक्षा दूसरी, तीसरी व चौथी के विद्यार्थियों को एक साथ पढ़ाना पड़ता है क्योंकि उनके विद्यालय में दो ही शिक्षक हैं।" ऐसी विषम परिस्थितियों के चलते समाज में सरकारी विद्यालयों को गम्भीरता से नहीं लिया जाता है। इस तरह की सामाजिक अवधारणा के चलते सरकारी शिक्षक में अपने कार्य के प्रति तत्परता का अभाव रहता है। उत्तर प्रदेश का छात्र–अध्यापक अनुपात 39 : 1 है जबकि राष्ट्रीय स्तर पर यह अनुपात 23 : 1 है (मेहता, 2015, 43)। यह स्पष्ट रूप से देखा जा सकता है कि विद्यालय में सीमित साधनों के चलते एक शिक्षक का बड़ी संख्या में विद्यार्थियों को पढ़ाना चुनौतीपूर्ण कार्य है। विद्यालय में मूलभूत सुविधाएँ यथा सुव्यवस्थित कक्षाएँ, बिजली, पेयजल तथा शौचालय आदि अध्ययन–अध्यापन की प्रक्रिया को सीधे प्रभावित करते हैं। शोध द्वारा यह प्रमाणित हुआ है कि जो अध्यापक बृहद विद्यार्थी समूह को पढ़ाते हैं तथा जहाँ मूलभूत सुविधाओं का नितान्त अभाव है, वे अपने कार्य से असन्तुष्ट रहते हैं (किम और लोडमैन, 1994)।

शिक्षकों की शैक्षिक योग्यता व प्राथमिक शिक्षा व्यवस्था

अध्यापक की शैक्षणिक योग्यता व्यवसाय में उनकी अभिरुचि को प्रभावित करती है। विगत दस वर्षों में आर्थिक परिस्थितियों की जटिलता तथा रोज़गार के समुचित अवसरों की अनुपलब्धता के कारण बड़ी संख्या में उच्च शिक्षा प्राप्त युवक व युवतियों का इस व्यवसाय की ओर रुख़ हुआ है। जहाँ 2005–06 में सरकारी प्राथमिक शिक्षा में स्नातक तथा परास्नातक योग्यता प्राप्त शिक्षकों का प्रतिशत क्रमशः 26.11 व 24.47 था जो 2015–16 में बढ़कर 49.00% और 35.42% हो गया। इसी शृंखला में एम.फिल./पीएच.डी. धारी अध्यापकों की संख्या इसी अवधि में 0.18% से बढ़कर 1.18% हो गयी। इतना ही नहीं, 2015–16 के आँकड़ों में एक और उच्च योग्यता यथा पीएच.डी. धारी अध्यापकों का समावेश हुआ जिनकी संख्या 0.16% रही, जो अपने आप में एक चिन्ता का विषय है (स्टेट रिपोर्ट कार्ड, 2015–16, 2016, 70, स्टेट रिपोर्ट कार्ड 2005–06, 2006, 66)। यही नहीं इस क्षेत्र में इंजीनियरिंग स्नातक तथा परास्नातक अध्यापकों की संख्या भी बढ़ती जा रही है। एक प्राथमिक अध्यापक ने इस प्रकार के बदलाव के ऊपर टिप्पणी करते हुए कहा, *''क्या एक एम.टेक. डिग्रीधारी अध्यापक प्राथमिक शिक्षा में पूर्ण रूप से सन्तुष्ट हो कर इस व्यवसाय में अपने को समर्पित करेगा या वह उचित अवसरों की तलाश के लिए इसे आजीविका का कामचलाऊ साधन मात्र मानेगा?''* रोज़गार के उचित अवसरों की अनुपलब्धता के कारण यह क्षेत्र एक सुलभ और सुरक्षित रोज़गार का अवसर होकर उभरा है। हम दूसरे शब्दों में यह भी कह सकते हैं कि अन्य क्षेत्रों में सीमित विस्तार, यथा–उद्योग, उच्च शिक्षा तथा विज्ञान एवं प्रौद्योगिकी के कारण इन क्षेत्रों के लिए प्रशिक्षित व्यक्तियों को हताशा में 'सरकारी नौकरी' के प्रलोभन में इस क्षेत्र को चुनना पड़ रहा है। स्टेट काउंसिल ऑफ़ एजुकेशन ट्रेनिंग एंड रिसर्च (एस.सी.ई.आर.टी.) तथा यूनीसेफ़ के संयुक्त प्रयास से उत्तर प्रदेश में 2013–14 में किये गये एक सर्वेक्षण ने यह प्रमाणित किया कि विद्यालय के प्रबन्धन तथा प्राचार्य की योग्यता का आपस में सम्बन्ध है। वे सरकारी विद्यालय जिनमें प्राचार्य एम.एड. प्रशिक्षण प्राप्त थे वहाँ के विद्यार्थियों का प्रदर्शन उन विद्यार्थियों से 3% अंक बेहतर था जहाँ के प्राचार्य के पास किसी भी प्रकार का डिप्लोमा या डिग्री प्रशिक्षण नहीं था। वहीं, सहायता प्राप्त (aided) विद्यालयों के सन्दर्भ में; उन विद्यालयों के विद्यार्थियों का

प्रदर्शन जहाँ के प्राचार्य के पास किसी प्रकार का प्रशिक्षण नहीं था, उन विद्यालयों से श्रेष्ठ था जहाँ के प्राचार्य डिप्लोमा या बी.एड. डिग्री प्राप्त थे (स्टेट लेवल अचीवमेंट सर्वे, 2014, 95)। इससे स्पष्ट होता है कि सरकारी विद्यालय में प्राचार्य की योग्यता उस विद्यालय के प्रशासन में महत्त्वपूर्ण योगदान देती है, परन्तु निजी सहायताप्राप्त विद्यालयों में विद्यालय का प्रबन्धन उसकी प्रगति में मुख्य भूमिका निभाता है। पीटर डॉल्टन ने 'द गार्जियन' समाचार–पत्र में प्रकाशित अपने आलेख में यूनाइटेड किंगडम (यू.के.) के पीसा (प्रोग्राम फ़ॉर इंटरनेशनल स्टूडेंट असेसमेंट) टेस्ट में उल्लेखनीय प्रदर्शन को रेखांकित करते हुए यह स्पष्ट किया है कि प्राचार्य (विद्यालय नेतृत्व) की शिक्षा के गुणात्मक विकास में महत्त्वपूर्ण भूमिका होती है। यूनाइटेड किंगडम में प्राचार्यों को समाज में परिवर्तन के वाहक के रूप में देखा जाता है जिसके कारण उनकी समाज में एक विशिष्ट प्रतिष्ठा है जो उनको व्यवसाय में उत्कृष्टता प्रदान करती है, वहीं फ्रांस व जर्मनी जैसे देशों में प्राचार्य को मात्र एक प्रशासक के रूप में देखा जाता है, न कि पेडागॉजिक लीडर (pedagogic leader) के रूप में, जिसके फलस्वरूप ये देश पीसा टेस्ट में यूनाइटेड किंगडम से पीछे हैं। पीटर डॉल्टन ने अपने शोध में यह भी पाया कि फ्रांस, टर्की, संयुक्त राज्य अमेरिका तथा चीन में प्राथमिक अध्यापक की सामाजिक प्रतिष्ठा, प्राचार्य तथा माध्यमिक अध्यापक से अधिक है। चीन में अभी भी अध्यापक को सम्मान के साथ देखा जाता है और 50% अभिभावक अपनी सन्तान को शिक्षक बनाना चाहते हैं (डॉल्टन, 2013)। रॉजर ए. फेड्रिक ने जहाँ एक ओर अपने शोध के द्वारा नॉर्वे के प्रधानाचार्यों की आत्म–प्रभावकारिता तथा व्यावसायिक स्वायत्तता का कार्य–सन्तुष्टि के साथ सकारात्मक सम्बन्ध स्थापित किया है, वहीं दूसरी ओर, परिस्थितिजन्य बाधाएँ जो स्वायत्तता को बाधित करती हैं, नकारात्मक रूप से सन्तुष्टि को प्रभावित करती हैं। इस शोध में स्वायत्तता को प्रभावित करने वाली परिस्थितिजन्य बाधाओं के रूप में आर्थिक व प्रशासनिक अड़चनों, शिक्षक की नीति निर्धारण में भागीदारी, स्थानीय प्रशासन तथा राष्ट्रीय मूल्यांकन पद्धति को सम्मिलित किया गया है (फेड्रिक, 2013)।

प्राथमिक शिक्षा का निजीकरण तथा इसका प्रभाव

ग्रामीण क्षेत्रों में कम शुल्क वाले तथाकथित अंग्रेज़ी माध्यम के निजी विद्यालय, जो मानकों की अनदेखी कर तेज़ी–से खुलते जा रहे हैं,

बड़ी संख्या में विद्यार्थियों को अपनी ओर आकर्षित कर रहे हैं। एक सरकारी शिक्षिका इस सन्दर्भ में कहती हैं, "इन विद्यालयों में सुविधाओं का नितान्त अभाव है तथा यहाँ के शिक्षक अप्रशिक्षित भी होते हैं तदापि अंग्रेज़ी के प्रलोभन में अभिभावक अपने बच्चों को यहाँ भेजते हैं। अंग्रेज़ी–माध्यम निजी विद्यालयों का प्रभाव इस हद तक है कि सरकारी अध्यापिका भी अपने बच्चों को निजी विद्यालय में भेजने के लिए बाध्य हैं क्योंकि निजी अंग्रेज़ी–माध्यम विद्यालयों को सामाजिक स्वीकृति प्राप्त है।" अंग्रेज़ी माध्यम के निजी विद्यालयों ने जनमानस के बीच में यह धारणा स्थापित कर दी है कि–"अंग्रेज़ी माध्यम में शिक्षा, गुणवत्तापूर्ण शिक्षा की गारंटी है।' यहाँ इस बात का वर्णन करना प्रासंगिक है क्योंकि सरकारी विद्यालय के शिक्षक भी अपने बच्चों को निजी विद्यालय में भेजने पर मजबूर हैं। न तो सरकारी विद्यालयों को, न ही उनमें पढ़ाने वाले शिक्षक को समाज गम्भीरता से ले रहा है। अतः यह कहा जा सकता है कि समाज में जब तक सरकारी विद्यालयों को सम्मान व मान्यता नहीं प्राप्त होगी तब तक ये शिक्षक को अपने कार्य के निर्वहन के लिए सशक्त प्रेरक का कार्य नहीं करेंगे। यही नहीं निजी शिक्षण संस्थाएँ आर्थिक रूप से कमज़ोर वर्ग के लिए वित्तीय बोझ बन गयी हैं। सेंटर फ़ॉर एजुकेशन इनोवेशन द्वारा कराये गये सर्वेक्षण के अनुसार सरकारी तथा निजी विद्यालय में एक विद्यार्थी की शिक्षा पर 427 व 1733 रुपये/वर्ष का ख़र्च वहन करना पड़ता है (सेंटर फ़ॉर एजुकेशन इनोवेशन, 2013)। यही नहीं, निजी विद्यालय में पढ़ने वाले विद्यार्थी को विद्यालयी शिक्षा के अलावा प्राइवेट ट्यूशन का भी सहारा लेना पड़ता है जो इस वर्ग के लोगों के लिए दोहरी मार है। इतना ही नहीं हमारे समाज में गुणवत्तापूर्ण शिक्षा का क्या अभिप्राय है? यह समझना अभी भी बहुत मुश्किल है। शैक्षिक रूप से पिछड़े बृहद जनमानस को न तो गुणात्मक शिक्षा का अर्थ पता है और न ही उनके पास अपनी बात समाज में पहुँचाने का कोई साधन है। मैं यहाँ इस बात को स्पष्ट रूप से कहना चाहूँगी कि जब निजी धनाढ्य विद्यालयों में अपने बच्चों को पढ़ाने वाले माता–पिता के लिए गुणात्मक शिक्षा का अभिप्राय विद्यार्थी द्वारा उच्च अंक प्राप्त कर लेना मात्र है, तो आदिवासी, दलित तथा निर्धन वर्ग के परिवारों के लिए संसाधनहीन विद्यालय में बालक को भेजना तथा कक्षा उत्तीर्ण करना ही गुणात्मक शिक्षा का एकमात्र अभिप्राय बनकर रह गया है। शिक्षक की अपने कार्य में अभिरुचि उसको अपनी शिक्षण पद्धति में

नवीन प्रविधियों के प्रयोग के लिए प्रेरित करती है जिसके फलस्वरूप वह विद्यार्थियों में परीक्षा उत्तीर्ण करने से अधिक उनकी समझ को विकसित करने पर बल देता है। परन्तु आज के समय में शिक्षण कार्य मात्र उच्च अंक प्राप्त करने तक सीमित हो गया है (मेहता, 2014)। वहीं, सरकारी विद्यालयों के शिक्षक के पास न तो समय है ओर न ही संसाधन जिससे वह अपनी शिक्षण पद्धति को रुचिकर बनाने का प्रयास करें।

प्राथमिक विद्यालय का वातावरण तथा शिक्षक

कार्य–सन्तुष्टि तथा मनोबल का पारस्परिक घनिष्ठ सम्बन्ध है, इस विषय में विमला रामचन्द्रन व पॉल ने अपने अध्ययन के द्वारा भारतीय विद्यालयों में शिक्षकों की असन्तुष्टि के प्रमुख कारण–उच्च छात्र–शिक्षक अनुपात, कमज़ोर मूलभूत सुविधाएँ, वेतन में अनिश्चितता तथा शिक्षकों पर ग़ैर–शैक्षणिक कार्यों के दबाव को माना है। आमतौर पर प्रशासकों द्वारा कुशल शिक्षक का मूल्यांकन विद्यालय में अनुशासन बनाये रखने तथा आँकड़ों के प्रबन्धन मात्र से किया जाता है। यही नहीं, गुणवत्ता का आकलन विद्यालय के कुशल प्रशासन से किया जाता है, न कि विद्यालय के शैक्षिक कार्यकलापों या परिणाम से; जबकि शिक्षाविदों का यह मानना है कि एक अभिप्रेरित अध्यापक (मोटिवेटेड टीचर) वह है जो विद्यार्थियों से शैक्षिक संवाद स्थापित करे तथा उनको शिक्षा–प्रक्रिया का अभिन्न अंग बना दे (रामचन्द्रन एवं पॉल, 2005)। यह भी अनुभव किया गया है कि कुछ अभिप्रेरित शिक्षक अपनी औपचारिक सीमाओं से निकलकर समाज व परिवार के बीच सक्रिय होकर यह सुनिश्चित करने का प्रयास करते हैं कि प्रत्येक विद्यार्थी का ज्ञान न केवल विद्यालय तक सीमित रहे, वरन् प्रभावशाली अध्यापन के द्वारा इससे उसके जीवन में गुणात्मक परिवर्तन आये। शिक्षा व्यवस्था के अति प्रशासनिकीकरण के परिणामस्वरूप आँकड़ों का संकलन तथा विद्यालय–पंजीकरण में संख्यात्मक वृद्धि, शैक्षिक विकास के लिए साधन नहीं वरन् साध्य बनकर रह गया है।

प्राथमिक विद्यालय में अध्यापकों को ऊर्जाविहीन वातावरण तथा समझौतावादी परिस्थिति में कार्य करना पड़ता है। शिक्षण–प्रक्रिया में प्रोत्साहन का नितान्त अभाव है तथा बहुसंख्यक विद्यालयों में आज भी 3Rs (रीडिंग, राइटिंग, अर्थमैटिक) की खानापूर्ति करना ही साध्य बनकर रह गया है। प्राथमिक विद्यालयों में पाठ्य सहगामी क्रियाओं यथा–संगीत,

नृत्य, नाटक व खेलकूद का पूर्ण अभाव है। साक्षात्कार के दौरान शिक्षकों ने बताया कि, "उनको केवल पढ़ाना होता है, खेलकूद का तो नामोनिशान ही नहीं है। यहाँ सरकारी अफ़सरों के द्वारा बनायी गयी नीतियों को बिना यथार्थपरक समस्याओं को संज्ञान में लिए क्रियान्वित किया जाता है। कुछ विद्यालयों के शिक्षकों को ऑडियो–विजुअल एड से पढ़ाने की ट्रेनिंग तो दी गयी परन्तु न तो विद्यालय में बिजली उपलब्ध है और न ही इन उपकरणों का रखरखाव होता है।" शिक्षकों का यह मानना है कि समय–समय पर आयोजित होने वाले अध्यापक–प्रशिक्षण कार्यक्रम अध्यापकों द्वारा कक्षा में पेश आ रही अध्यापन की समस्याओं को सुलझाने में प्रभावी साबित नहीं होते। धीर झींगरन (2017) ने भारत में प्राथमिक शिक्षा की समस्याओं को रेखांकित करते हुए यह स्पष्ट किया है कि प्राथमिक अध्यापकों को बहुस्तरीय कक्षाओं, पाठ्य सामग्री की जटिलता (पाठ्य सामग्री में व्यावहारिकता का अभाव) तथा विद्यार्थियों की सामाजिक व सांस्कृतिक विविधता का सामना करना पड़ता है, परन्तु शिक्षकों का प्रशिक्षण उन्हें इन चुनौतियों का सामना करने के लिए सक्षम नहीं बनाता है, जिसके परिणामस्वरूप कक्षा में उनका अध्यापन नीरस व अरुचिकर होता हैं (नॉलेज@व्हार्टन, 2013)। यद्यपि प्राथमिक शिक्षक के वेतन में सुधार हो गया है, परन्तु वे अभी भी मल्टी–टास्किंग, अतिरिक्त अकादमिक कार्य तथा अति प्रशासनिकीकरण की समस्याओं से गुज़र रहे हैं। कार्य–सन्तुष्टि अध्यापक को अपने व्यवसाय में बने रहने तथा कुशल व्यक्तियों को इस व्यवसाय की ओर आकर्षित करती है (लैथम, 1998, मर्टलर, 2002)। उच्च कार्य–सन्तुष्टि अध्यापक को सतत अध्ययन की ओर प्रेरित करती है, जिससे वह अपनी कक्षा की जटिलताओं के अनुरूप पाठ्य सामग्री तथा पाठ्यचर्या का चयन स्वयं कर सकें।

शोध द्वारा यह प्रमाणित किया गया है कि प्रशासनिकीकरण तथा नीतियों को थोपना अध्यापक के असन्तोष का एक बड़ा कारण है (हर्ज़बर्ग, मौसनर, स्नाइडरमैन, 1959; सेर्गीओवानी, 1967; रतौसी, 1973)। अध्यापक को जब यह लगता है कि उनका कार्य अति विशिष्ट है तथा यह दूसरों को प्रेरित कर सकता है तो उनमें कार्य–सन्तुष्टि का स्तर बढ़ जाता है। लोग अर्थपूर्ण अस्तित्व की चाहत रखते हैं जिससे वे सामाजिक विकास में सक्रिय भूमिका निभा सकें। अध्यापक की स्वायत्तता व सशक्तीकरण इस दिशा में महत्त्वपूर्ण है (ट्रिस्ट एंड बामफोर्थ, 1951; एंडरमान, स्मिथ एंड बीज़र, 1991; वुड्स एंड वीसमर, 2002)। एक सशक्त अध्यापक वह है जो विद्यालय के

विषय में स्वयं निर्णय ले सके तथा जिसे अपनी स्थिति का अवबोध हो, जिसे स्व–क्षमता पर विश्वास हो तथा विकास के समुचित अवसर प्राप्त हों। सम्प्रति, भारत में जहाँ प्राथमिक शिक्षक को चपरासी से लेकर रसोइये तक का काम करना पड़ता है, ऐसे शिक्षक के सशक्तीकरण की कल्पना करना बेमानी है। परन्तु अध्यापकों से संवाद करने से यह ज्ञात हुआ कि परिस्थितियों की प्रतिकूलता के बावजूद भी वे सरकारी विद्यालय में आने वाले विद्यर्थियों को अति विशिष्ट मानते हैं तथा उनके अध्यापन में कोई कमी नहीं रखते, लेकिन समाज में निजी विद्यालयों की अन्धी होड़ के कारण बहुत–से अभिभावक गुणवत्ताहीन निजी विद्यालयों की ओर भाग रहे हैं। ऐसी परिस्थिति में इन अध्यापकों को घर–घर जाकर अभिभावकों को अपने बच्चे को सरकारी विद्यालय में भेजने के लिए समझाना पड़ता है।

शिक्षक तथा उनकी व्यक्तिगत परेशानियाँ

अध्यापकों की सन्तुष्टि का एक प्रमुख आयाम उनको व्यक्तिगत स्तर पर मिलने वाली सुविधाएँ एवं सम्मान हैं। अध्यापक से घनिष्ठता स्थापित करने पर वे प्राथमिक शिक्षा में चल रही अनियमितताओं को उजागर करते हैं, परन्तु वे इस बात से डरते हैं कि उनके नाम को उद्घाटित न किया जाये। एक अध्यापिका ने यह बताया कि अध्यापकों को नियुक्ति, अपने स्थानान्तरण तथा वेतन बक़ाया आदि के लिए रिश्वत देनी पड़ती है। एक अध्यापिका ने अपने स्थानान्तरण तथा एक शिक्षिका ने अपने आय के बक़ाये को प्रशासन से प्राप्त करने में उनके द्वारा शिक्षा विभाग के कर्मचारियों की अनियमितताओं का उल्लेख तो किया पर वे यह कहती हैं कि यह तो आम बात है। यहाँ प्रश्न, धन देने का नहीं है, वरन्, अध्यापक के अपने से अधीनस्थ के समक्ष एक याचक बनकर उसकी जी हुज़ूरी करने तथा अपने आत्मसम्मान की तिलांजलि देने का है। एक शिक्षक जब अपने सम्मान को सार्वजनिक जीवन में तिरोहित होते हुए देखता है तो उसे अपने व्यवसाय के प्रति वितृष्णा होने लगती है। तब शिक्षक मात्र एक मशीन में लगे कलपुर्जे के समान कार्य करने लगता है न कि समर्पण व अभिरुचि के साथ।

प्राथमिक विद्यालय की आवश्यकता एवं उनकी उपयोगिता ग्रामीण क्षेत्रों में ज़्यादा है जो आज भी मुख्यधारा के विकास से वंचित हैं। इन प्राथमिक विद्यालयों तक शिक्षक की पहुँच चुनौतीपूर्ण होती है,

सरकारी आँकड़ों के अनुसार 96.1% विद्यालयों तक सड़क की सुविधा तो है परन्तु यह तभी प्रभावी हो सकती है जब वहाँ पहुँचने के साधन भी सुलभ हों। गाँवों में आवासीय एवं मूलभूत सुविधाओं के अभाव में ज़्यादातर शिक्षक शहर में अपने निवास स्थान से 25 से 80 किलोमीटर तक की दूरी प्रतिदिन तय कर के विद्यालय पहुँचते हैं। बहुत–से विद्यालयों तक न तो पक्की सड़क होती है और न वहाँ पहुँचने के लिए यातायात का साधन होता है जिससे सर्दी, गर्मी व बरसात की विषम परिस्थितियों में विद्यालय पहुँचना अपने आप में किसी क़िला फ़तह करने से कम नहीं होता। गाँव की विषम परिस्थितियों के कारण ज़्यादातर शिक्षक शहर के पास या ऐसे विद्यालय जो मुख्य मार्ग पर स्थित हों, को वरीयता देते हैं। मुख्य रूप से अध्यापिकाओं के लिए विद्यालय आवंटन करना भ्रष्टाचार का बड़ा कारण है, जो पारिवारिक उत्तरदायित्व के चलते अपने निवास के निकटवर्ती विद्यालय को वरीयता देती हैं।

जहाँ तक ग़ैर–शैक्षणिक कार्यों का प्रश्न है कुछ शिक्षकों का यह मत है कि जनगणना तथा चुनाव ड्यूटी से कोई फ़र्क़ नहीं पड़ता क्योंकि यह कभी–कभी होते हैं परन्तु मिड–डे मील, स्कूल रिकॉर्ड तथा अन्य आँकड़ों का संकलन व व्यवस्थीकरण अध्यापकों को शिक्षण के मुख्य कार्य से दूर करते हैं। कुछ शिक्षकों का यह भी मानना है कि यदि शिक्षक चाहे तो इन सब कार्यों के बावजूद प्रभावी ढंग से पढ़ा सकता है। कुछ अध्यापकों का यह मत है कि समय–समय पर आने वाली सरकारी योजनाओं तथा उनके क्रियान्वयन में अक्सर अध्यापकों की सेवाएँ ली जाती हैं जो उनके शिक्षण–कार्य में बाधा डालती हैं। अभिप्रेरित शिक्षक इन सब कार्यों के बाद भी अध्यापन को वरीयता देते हैं तथा उसके साथ कोई समझौता नहीं करते। अध्यापकों का यह मानना है कि प्रत्येक विद्यालय में जब पाँच कक्षाएँ हैं तो दो या तीन ही शिक्षक क्यों? यह व्यवस्था समाज में सरकारी प्राथमिक विद्यालय की छवि को धूमिल करती है।

प्राथमिक विद्यालय तथा उसका स्वरूप

कार्य करने की परिस्थितियों का निर्माण विद्यालय के प्रशासन तथा विद्यालय की मूलभूत सुविधाओं के आधार पर होता है। सरकारी प्राथमिक विद्यालय में नीति–निर्माण का कार्य केन्द्र तथा राज्य सरकार के सम्मिलित प्रयास से होता है। इस नीति–निर्माण में शिक्षकों की भागीदारी न के बराबर होती है।

मूलभूत सुविधाएँ जहाँ एक ओर स्कूल को भौतिक एवं शैक्षिक स्वरूप प्रदान करती हैं, वहीं दूसरी ओर शिक्षकों एवं विद्यार्थियों को सीखने के लिए अनुकूल वातावरण भी उपलब्ध कराती हैं। अनेकानेक प्राथमिक विद्यालयों में अभी भी बिजली, पेयजल तथा शौचालय जैसी मूलभूत सुविधाओं का अभाव है। द स्टेट रिपोर्ट कार्ड 2015–16 के अनुसार उत्तर प्रदेश के केवल 36% प्राथमिक विद्यालयों में बिजली सुगम है। बिजली के अभाव में गर्मी व बरसात के उमस भरे दिनों में शिक्षक तथा विद्यार्थियों को विषम परिस्थितियों में विद्यालय में शिक्षण–कार्य करना पड़ता है। समस्या यह नहीं है कि बिना बिजली के पढ़ाई कैसे हो, परन्तु स्वतन्त्रता के सत्तर वर्ष बाद भी कोई भी योजना सरकारी प्राथमिक विद्यालयों को मूलभूत सुविधाओं यथा–पाँच कक्षाएँ, बिजली, पेयजल तथा शौचालय तक की पूर्ति को सुनिश्चित करने में असमर्थ रही है। नयी शिक्षा नीति (1986) के द्वारा क्रियान्वित 'ऑपरेशन ब्लैकबोर्ड' आधे–अधूरे लक्ष्यों के साथ मूलभूत सुविधाएँ प्रदान करने में असफल रहा। समस्या यह है कि आज तक किसी भी सरकार ने प्राथमिक शिक्षा को गम्भीरता से नहीं लिया जिसके परिणामस्वरूप न तो प्राथमिक शिक्षा को पर्याप्त भौतिक व मानव संसाधन उपलब्ध कराये गये और न ही इसके लिए समुचित आर्थिक नियोजन किया गया। द स्टेट रिपोर्ट कार्ड के अनुसार अधिकांश विद्यालयों में शौचालय की सुविधा है, परन्तु बिना किसी रखरखाव व देखभाल के ज़मीनी हालात बदतर हैं। इसके साथ ही शिक्षकों के लिए अध्यापक–कक्ष जैसी सुविधाओं का तो कोई प्रश्न ही नहीं होता। प्राथमिक विद्यालयों में ग़ैर–शैक्षणिक कार्य के लिए सहायकों की नियुक्ति शिक्षा की किसी भी नीति का उद्देश्य रहा ही नहीं। दरअसल सरकारी प्राथमिक शिक्षा ग़रीब जनता को बहलाने का साधन मात्र बनकर रह गयी है। शिक्षक की कार्य–सन्तुष्टि के लिए पर्याप्त मूलभूत सुविधाएँ तथा शैक्षणिक एवं ग़ैर–शैक्षणिक कार्यों का वैज्ञानिक वर्गीकरण और उसके अनुरूप शिक्षकों को सहायता प्रदान करना ही एकमात्र विकल्प है। मध्य प्रदेश, उत्तर प्रदेश तथा कर्नाटक में शिक्षकों के विद्यार्थी के सीखने पर पड़ने वाले प्रभाव के अध्ययन में यह स्थापित किया है कि शिक्षक का विद्यार्थियों के साथ शैक्षिक संवाद उनके शैक्षिक प्रदर्शन को प्रभावित करता है। शिक्षक का प्रयास अपने आप में शिक्षा की गुणवत्ता को प्रभावित करने वाला बहुत बड़ा कारक है। शिक्षक के प्रयास पर उसकी आयु, लिंग, जाति,

शैक्षिक योग्यता तथा प्रशिक्षण जैसे कारकों का बहुत कम प्रभाव पड़ता है, बल्कि शिक्षक का अपने कार्य के प्रति समर्पण शिक्षा की गुणवत्ता का महत्त्वपूर्ण घटक है (पाण्डे, गोयल, सुन्दरामन, 2010)।

अध्यापक तथा सहकर्मी

एक सौहार्दपूर्ण कार्यस्थल का निर्माण व्यावसायिक सम्बन्धों के साथ–साथ आपसी समझ, मित्रता एवं एक–दूसरे के प्रति सम्मान से होता है। एक विद्यालय के अध्यापक को जब यह लगता है कि वह एक समूह (टीम) की तरह कार्य कर रहा है, जहाँ व्यक्तिगत प्रशस्ति से अधिक विद्यालय की उन्नति एवं विकास सभी अध्यापकों का एकमात्र लक्ष्य है, तभी उस विद्यालय का सर्वांगीण विकास सम्भव होता है। जब व्यक्ति सामूहिक रूप से कार्य करता है तो एक ओर तो उसे कार्य–सन्तुष्टि मिलती है, वहीं दूसरी ओर उसके सम्बन्ध अधिक व्यावसायिक (प्रोफेशनल) होते हैं (गार्नर, 1995; लिप्सिट्ज, 1984)। व्यावसायिक सम्बन्धों का तात्पर्य एक–दूसरे से आगे निकलना नहीं, वरन् एक–दूसरे के साथ चलकर संस्थागत रूप से उन्नति करने में है। सहकर्मी केवल मित्रता एवं आपसी सम्बन्धों के द्वारा एक–दूसरे को सामाजिक सम्बल ही नहीं प्रदान करते, वरन् सतत अध्ययन एवं उन्नति के लिए भी प्रेरित होते हैं (ला रोको, हाउस एंड फ्रेंच, 1980)। शोध द्वारा यह प्रमाणित है कि वे अध्यापक जो एक समूह के रूप में कार्य करते हैं उनमें कार्य–सन्तुष्टि, व्यावसायिकता तथा आत्म–प्रभावकारिता उन अध्यापकों से अधिक होती है जो व्यक्तिगत विकास के लिए कार्य करते हैं। अध्यापकों ने सहकर्मियों से सहयोग के प्रश्न पर माना कि कुछ अध्यापक यथास्थिति बनाये रखना चाहते हैं तथा किसी भी परिवर्तन का विरोध करते हैं। प्राथमिक अध्यापकों में नेतृत्व की क्षमता का अभाव है तथा उनको ऐसा लगता है कि इस व्यवस्था में सुधार लाना असम्भव है। वहीं कुछ अध्यापक अपने सहकर्मियों के साथ मिलकर काम करने पर विश्वास रखते हुए परिवर्तन की कोशिश करते हैं। अध्यापक मिल–जुल कर पढ़ना तथा नयी पाठ्य विधियों को अपनाना पसन्द करते हैं। जब वे एक सकारात्मक वातावरण में कार्य करते हैं तो यह पारस्परिक प्रेरणा का कार्य करती है (एश्टन एंड वेब, 1986)।

उपसंहार

सरकारी प्राथमिक विद्यालय में कार्यरत शिक्षक, परिस्थितियों की जटिलता तथा व्यक्तिगत द्वन्द्व के बीच अपने शैक्षणिक कर्तव्यों का निर्वहन करने का प्रयास करते हैं। कार्य–सन्तुष्टि मात्र कक्षा के अध्यापन या विद्यालय की औपचारिकताओं को निष्पादित करने से ही पूर्ण नहीं होती वरन् बृहद रूप से शिक्षक के अपने कौशल की अभिवृद्धि तथा आत्म–प्रभावकारिता के विस्तार से परिलक्षित होती है। प्राथमिक शिक्षा की समस्याएँ वर्तमान समय में चरम पर हैं जो गुणवत्ता के मापदण्डों की अनदेखी करते हुए संख्यात्मक वृद्धि के द्वारा सर्वशिक्षा अभियान के लक्ष्यों को प्राप्त करने की ओर अग्रसर हैं। शिक्षक की कार्य–सन्तुष्टि इस बृहद व्यवस्था का छोटा–सा घटक है किन्तु इसकी भूमिका को नज़रअन्दाज़ नहीं किया जा सकता है। आवश्यकता है, प्राथमिक शिक्षक को गम्भीरता से लेने की तथा उसकी उपलब्धियों को सामाजिक मान्यता प्रदान करने की।

सन्दर्भ सूची

1. एश्टन. पी. टी., एंड वेब, आर. बी. (1986), *मेकिंग ए डिफ़रेंस : टीचर्स सेंस ऑफ़ एफ़िकेसि एंड स्टूडेंट अचीवमेंट*, न्यूयॉर्क, एन. वाई.: लॉन्गमैन
2. ब्रुकवर, डब्ल्यू. बी. एंड लेज़ोटे, एल. डब्ल्यू. (1979), चैंजेस इन स्कूल कैरेक्टरिस्टिक्स कोइंसीडेंट विथ चैंजेस इन स्टूडेंट अचीवमेंट, ईस्ट लांसिंग, एमआई : मिशिगन स्टेट यूनिवर्सिटी, इंस्टीट्यूट फ़ॉर रिसर्च ऑन टीचिंग
3. कैनिनस टी. एस्तेर, हेलम्स–लोरेंज मिशेल, बीज़ार्ड डॉवे, ब्यूटिंक जैप और हॉफ़मैन एड्रियन (2012), ''सेल्फ–एफ़िकेसि, जॉब सैटिसफ़ैक्शन, मोटिवेशन एंड कमिटमेंट : एक्सप्लोरिंग द रिलेशनशिप बिटवीन इंडीकेटर्स ऑफ़ टीचर्स प्रोफ़ेशनल आइडेंटिटी।'' *यूरोपियन जर्नल ऑफ़ साइकोलॉजी ऑफ़ एजुकेशन, 27*(1), पेज. 115–132
4. सेंटर फ़ॉर एजुकेशन इनोवेशन (2013), एजुकेशन स्टेटस रिपोर्ट–उत्तर प्रदेश एलमेन्ट्री एजुकेशन वर्किंग पेपर। कैटलिस्ट मैनेजमेंट सर्विस (सी.एम.एस.), सी.ई.आई. इंडिया
5. दिनम, एस. एंड स्कॉट, सी. (2000), ''मूविंग इनटू द थर्ड आउटर डोमेन ऑफ़ टीचर सैटिसफैक्शन'', *जर्नल ऑफ़ एजुकेशनल एडमिनिस्ट्रेशन*, 38(4), 379–396
6. डॉल्टन, पीटर (2013), ''व्हाई डू सम कंट्रीज़ रिस्पेक्ट देयर टीचर्स मोर दैन अदर्स?'' *द गार्जियन*

7. फेड्रिक, ए. रॉजर (2013), ''प्रिंसिपल्स सेल्फ़–एफ़िकेसि : रिलेशंस विद जॉब ऑटोनॉमी, जॉब सैटिसफैक्शन, एंड कॉन्टेक्स्चुअल कन्स्ट्रेन्ट्स, *''यूरोपियन जर्नल ऑफ़ साइकोलॉजी ऑफ़ एजुकेशन,* 28(1), पृ. 73–86
8. गार्नर, एच. (1995), *टीमवर्क मॉडल्स एंड एक्स्पीरियंस इन एजुकेशन नीथम हाइट्स,* एमए : एलिन एंड बेकन
9. हर्ज़बर्ग, एफ., मौसनर, बी., 8सी स्नाइडरमैन, बी. बी. (1959), *द मोटिवेशन टू वर्क* (सेकेंड एडीशन)। न्यूयॉर्क, एन.वाई.: जॉन विली
10. किम, इयॉन्ग एंड लोडमैन, विलियम ई. (1994), प्रिडिक्टिंग टीचर जॉब सैटिसफ़ैक्शन। कोलम्बस। ओ.एच. : ओहियो स्टेट यूनिवर्सिटी. (इ.आर.आई.सी. डॉक्युमेंट रीप्रोडक्शन सर्विस नम्बर, ईडी 383707)
11. ला रोको, जे. एम., हाउस, जे. एस., 8सी फ्रेंच, जे. आर. आर., जे.आर. (1980), ''सोशल सपोर्ट, ऑक्युपेशनल स्ट्रेस, एंड हैल्थ'', *जर्नल ऑफ़ हैल्थ एंड सोशल बिहेवियर,* 2, 202–218
12. लैथम, ए, (1998), टीचर सैटिसफ़ैक्शन। एजुकेशनल लीडरशिप, 55(5), 82–83
13. लेस्टोर, पी. ई. (1987), डेवलपमेंट एंड फैक्टर एनालिसिस ऑफ़ द टीचर जॉब सैटिसफ़ैक्शन क्वेश्चनेर। एजुकेशनल एंड साइकोलॉजिकल मीजरमेंट, 47 (10), 223–233
14. लिप्सिट्ज, जे. (1984), *सक्सेसफुल स्कूल्स फ़ॉर यंग एडलेसन्ट्स,* न्यू बंर्सविक, एन.जे. : ट्रांजेक्शन बुक्स
15. लम्सडेन, एल. (1998), टीचर मोरेल। (इ.आर.आई.सी. डाइजेस्ट, नम्बर 120), यूजीन, ओ.आर. : इ.आर.आई.सी. क्लियरिंग हाउस ऑन एजुकेशनल मैनेजमेंट, (इ.आर.आई.सी. डॉक्युमेंट रीप्रोडक्शन सर्विस नम्बर ईडी 422601)
16. लूनबर्ग, फ्रेड सी. एंड ऑर्नस्टीन, एलन सी. (2012), एजुकेशनल एडमिनिस्ट्रेशन कॉन्सेप्ट एंड प्रैक्टिसेज़। वड्सवर्थ सेंगेज लर्निंग, यू.एस.ए.
17. मेहता, अरुण सी. (2006), एलमेन्ट्री एजुकेशन इन इंडिया वेयर डू वी स्टैंड? स्टेट रिपोर्ट काड्र्स 2005–06. न्यूपा, (नयी दिल्ली)
18. मेहता, अरुण सी. (2015), एनालिटिकल टेबल 2014–15, प्रोग्रेस टूवाड्र्स यूनिवर्सल एलमेन्ट्री एजूकेशन, न्यूपा, नयी दिल्ली
19. मर्टलर ए. क्रेग. (2002), जॉब सैटिसफ़ैक्शन एंड परसेप्शन ऑफ़ मोटिवेशन अमंग मिडिल एंड हाई स्कूल टीचर्स, अमेरिकन सेकेंडरी एजुकेशन, 31(1), पृ. 43–53
20. न्यूपा. (2016), एलमेन्ट्री एजुकेशन इन इंडिया वेयर डू वी स्टैंड? स्टेट रिपोर्ट काड्र्स 2015–16, न्यूपा, नयी दिल्ली

अध्यापक व अध्यापन : कुछ अनुभव, कुछ सवाल

–वर्षा श्री

यह लेख समाज में मौजूद आर्थिक–सामाजिक–सांस्कृतिक आदि विभिन्नताओं के मद्देनज़र, जो स्कूली शिक्षा का भी सन्दर्भ तैयार करती हैं, अध्यापन कर्म के उद्देश्यों और चुनौतियों को चिह्नित करने का प्रयास करता है। लेखिका एक वैकल्पिक स्कूल में पढ़ाने के अपने अनुभव के आधार पर अध्यापन–कर्म की उन चुनौतियों पर विशेष प्रकाश डालती हैं जहाँ ज्ञान–निर्माण और हस्तान्तरण की प्रक्रिया में एक ग़ैर–बराबर समाज के ढाँचे से टकराव अनिवार्य हो जाता है। ऐसे में शिक्षा समाज के ऐसे ढाँचों के हित के प्रति समर्पित हो या उनसे टकराये, यह एक अहम दुविधा का मसला बन सामने आता है। पाउलो फ्रेरे के 'उत्पीड़ितों के शिक्षाशास्त्र' से प्रेरणा लेते हुए, लेखिका अपने द्वारा कक्षा में किये गये प्रयासों से उत्पन्न अन्तर्दृष्टि को भी इस लेख में साझा करती हैं।

सामाजिक विकास के क्रम में प्रत्येक पीढ़ी अपना ज्ञान–विज्ञान, अनुभव, संस्कृति अगली पीढ़ी को हस्तान्तरित करती है। अगली पीढ़ी उसमें कुछ जोड़कर या उसे परिमार्जित–संश्लेषित कर उसे अपनी अगली पीढ़ी को हस्तान्तरित कर देती है। यह चक्र सतत चलता रहता है। बाद के कालों में ज्ञान–विज्ञान, अनुभव, संस्कृति के इस हस्तान्तरण में अध्यापक की महत्त्वपूर्ण भूमिका होती गयी। लेकिन अध्यापक यह काम किसी निर्वात में नहीं करता। समाज विभिन्न आर्थिक–सामाजिक–राजनीतिक–सांस्कृतिक खाँचों में बँटा होता है और प्रत्येक के अपने मज़बूत निहित हित होते हैं। ज्ञान–विज्ञान को हस्तान्तरित करने की प्रक्रिया में अध्यापक को चाहे–अनचाहे या तो इन हितों के प्रति समर्पण करना होता है या इनसे टकराना होता है। ये दोनों प्रक्रियाएँ अचेत तरीक़े से उसके भीतर भी चल रही होती हैं। ज्ञान का यह हस्तान्तरण जब संस्थागत रूप (स्कूल आदि) ले लेता है तो स्थिति और भी जटिल हो जाती है और प्रायः अध्यापक व प्रकारान्तर से उसका अध्यापन–कर्म इस संस्था का बन्दी हो जाता है।

यानी अध्यापक और अध्यापन का काम आसान नहीं होता। उसे एक साथ कई सवालों व हितों से टकराना होता है। ऐसे में एक बनता हुआ अध्यापक अगर इन टकराहटों के प्रति सचेत होता है तो उसकी राह और भी दुरूह हो जाती है। एक सच्चा अध्यापक अपने इस मुख्य काम में प्रकारान्तर से समाज को तमाम जकड़नों से मुक्त करने के काम में अपनी भूमिका भी निभा रहा होता है। जैसा कि पाउलो फ्रेरे कहते हैं, "मुक्ति एक प्रसव है और यह प्रसव पीड़ादायक है। इससे जो मनुष्य पैदा होता है, एक नया मनुष्य होता है। उसका जीवित रहना तभी सम्भव है जब उत्पीड़क–उत्पीड़ितों के अन्तर्विरोध के स्थान पर सभी मनुष्यों का मानुषीकरण हो जाये।" (उत्पीड़ितों का शिक्षाशास्त्र–पाउलो फ्रेरे)

उदाहरण के लिए, आज यदि मेरे जैसी सामाजिक विज्ञान की अध्यापक जाति व्यवस्था या पितृसत्ता के बारे में बच्चों को पढ़ा रही हो तो क्या यह सम्भव है (यह सम्भव होना चाहिए) कि वह समाज में मौजूद इनके मूल्यों–हितों से टकराये बग़ैर बच्चों को शिक्षा दे सकती है? और उसके बाद यह समझना भी ज़रूरी है कि वह बच्चों के अन्दर जाति व्यवस्था और पितृसत्ता को लेकर कोई बेचैनी पैदा कर पाती है या नहीं। यह देखना भी दिलचस्प होगा कि स्कूल नामक संस्था इस काम में उसकी सहयोगी बनती है या उसके काम में अवरोध पैदा करती है।

मैं एक छोटे–से स्कूल आनन्द निकेतन डेमोक्रेटिक स्कूल, भोपाल में अध्यापक बनने की प्रक्रिया में हूँ। यहाँ हम वैकल्पिक शिक्षा के अध्ययन–अध्यापन का एक मॉडल खड़ा करने का प्रयास कर रहे हैं। आनन्द निकेतन डेमोक्रेटिक स्कूल की अनोखी बात यह है कि यह स्कूल अपने मूल्यों में लोकतान्त्रिक होने के साथ–साथ समावेशी भी है। यहाँ मध्यम एवं निम्न आय वर्ग के बच्चे पढ़ते हैं। यहाँ हम कोशिश करते हैं कि बच्चों को हर स्तर पर बराबरी का माहौल और मौक़ा मिले। लेकिन वर्गों में बँटे हमारे समाज में हमारी चुनौती कई गुना बढ़ जाती है। जब समाज में इतनी तरह का विभाजन और ग़ैर–बराबरी है तो महज़ स्कूल के 6 घण्टे क्या पर्याप्त हैं?

स्कूल में अभी सारे बच्चे 12 साल से कम उम्र के हैं। यानी छठी कक्षा से नीचे के बच्चे हैं। 'मुख्यधारा' के स्कूलों में सामाजिक विज्ञान एक विषय के रूप में छठी कक्षा से शुरू होता है। लेकिन हमारे यहाँ इस विषय पर चर्चा पिछले तीन सालों से चल रही है। यानी बच्चे जब छह–सात

साल के थे तभी उनके सवालों से हमारे स्कूल में रूम फ़ॉर सेंस ऑफ़ हिस्ट्री एंड सोसाइटी शुरू हुआ। आनन्द निकेतन स्कूल में मैं शुरू–शुरू में अंशकालिक अध्यापक के रूप में शामिल हुई थी। यह एक ऐसी जगह थी जहाँ मैं अपनी रचनात्मकता को आकार दे सकती थी। मैं बच्चों को संगीत सिखाती थी। भगत सिंह के जन्मदिवस के अवसर पर एक दिन 'मेरा रंग दे बसन्ती चोला...' गीत सीखते वक़्त संगीत की क्लास में बच्चों ने भगत सिंह और उनकी फाँसी के बारे में जानना चाहा। उसे बताने की प्रक्रिया के दौरान ही संगीत की क्लास सामाजिक विज्ञान–इतिहास की क्लास में तब्दील हो गयी। यह इस बात का एक उम्दा उदाहरण है कि ज्ञान के सभी अनुशासन आपस में किस तरह अभिन्न रूप से जुड़े हुए हैं। यह हमारी पेडागॉजी का हिस्सा बन गयी। हम हिन्दी की क्लास में संगीत, संगीत की क्लास में इतिहास और विज्ञान और गणित पढ़ सकते हैं। इस तरह से अन्य गीतों के साथ मेरी संगीत की क्लास सामाजिक विज्ञान की क्लास भी बनती गयी और अन्ततः मैं बन गयी संगीत के साथ–साथ सामाजिक विज्ञान की भी अध्यापिका।

बच्चों को भगत सिंह के बारे में बताया तो वे छोटे–छोटे बच्चे भगत सिंह के फाँसी के तख़्ते पर झूल जाने के पीछे का पूरा इतिहास भले ही न समझ पायें हों लेकिन वे उनकी कुर्बानी के जज़्बे का एहसास कर पा रहे थे। एक छह साल की बच्ची ने मुझसे पूछा कि जब भगत सिंह को फाँसी लगी होगी तो उन्हें बहुत दर्द हुआ होगा न। उसकी और मेरी आँखों में एक साथ आँसू थे। मैं सोचने पर मजबूर हुई कि हाँ भगत सिंह शहीद तो थे पर वह एक इन्सान भी थे और उन्हें निश्चित रूप से दर्द हुआ होगा। बच्ची की संवेदना और सरोकार से मैं दंग थी।

2 अक्टूबर को हम सबने मिलकर एटेनबरो की फ़िल्म 'गाँधी' देखी। बच्चों ने फ़िल्म के एक दृश्य पर सवाल उठा दिया जिसमें गाँधी जी बाथरूम साफ़ करने के सवाल पर बा से उलझ पड़ते हैं। बच्चों ने कहा कि गाँधी जी अपनी पत्नी के साथ ऐसा व्यवहार क्यों कर रहे थे। इस प्रश्न के जवाब में हम बड़ों के पास गाँधी को डिफेंड करते हुए कई डिस्कोर्स हो सकते हैं लेकिन बच्चे बहुत ही स्वाभाविक सवाल उठा रहे थे। बच्चों का कहना था कि उन्हें लगता था कि बापू सभी दोषों से परे हैं। लेकिन हमारी इतिहास की शिक्षा ने बापू का एक ऐसा सुपरनेचुरल–सा स्केच खींचा है जिससे इतर जाने पर उन्हें एक आम इन्सान के रूप में स्वीकार करना

एक चुनौती होती है। बच्चे दरअसल गाँधी की उसी अवधारणा पर सवाल कर रहे थे। ऐसे ही भगत सिंह के जन्मदिवस के अवसर पर हमने बच्चों को अजय देवगन द्वारा अभिनीत एक फ़िल्म दिखायी–'द लेजेण्ड ऑफ़ भगत सिंह'। बच्चों ने फ़िल्म के पहले दृश्य से सवाल खड़ा कर दिया। पहले दृश्य में ही लोग गाँधी जी को भगत सिंह की फाँसी न रुकवाने के लिए काले झण्डे दिखा रहे थे। बच्चों ने फ़िल्म ख़त्म होने के बाद सवाल किया कि गाँधी जी ने भगत सिंह की फाँसी रुकवाने के लिए कुछ क्यों नहीं किया। ये कुछ ऐसे असुविधाजनक सवाल हैं जिनके जवाब देने से हम कतराते हैं। आज भी गाँधीवादी इतिहास और इतिहासकार गाँधी को इस जगत से इतर कुछ दैवी–सा दर्ज़ा देते हैं। वे ये नहीं मानते कि गाँधी के विचार एवं नीतियाँ समाज में मौजूद तमाम वर्गीय–जातीय अन्तर्विरोध से घिरी हुई थीं।

बच्चों के एहसास और तर्क के इस स्तर ने मुझे इतिहास के प्रति और भी संवेदनशील बना दिया। मुझमें एक अलग तरह का अध्यापक विकसित होने लगा। मैं तो इतिहास को केवल गम्भीर अकादमिक अनुशासन का विषय ही समझती थी। परम्परागत इतिहास लेखन ने भगत सिंह और गाँधी दोनों को ही एक परामानवीय रूप दे दिया है। जबकि बच्चों की दृष्टि से हम देखें तो वे एक मनुष्य पहले थे और वे अपने देशकाल की सीमा से बँधे हुए थे। मेरे लिए यह एक बड़ी शिक्षा थी। मेरे भीतर का अध्यापक बच्चों के सहज नज़रिये से भी इतिहास को समझने का प्रयास करने लगा था।

हमने बच्चों से यह चर्चा की कि हम किसी व्यक्ति को उनके किसी एक वक्तव्य या एक गतिविधि से नहीं परख सकते। इसके लिए हमें उनके समूचे जीवनकाल को देखना होगा और उनके व्यक्तिगत और सामाजिक–राजनीतिक जीवन का मूल्यांकन इस आधार पर करना होगा कि समाज के परिवर्तन में उस व्यक्ति का योगदान कितना है। इसी अर्थ में हमने राष्ट्रीय आन्दोलन में गाँधी की भूमिका का भी मूल्यांकन किया और उस आधार पर बच्चों ने उनकी भूमिका को समझने का प्रयास किया।

मैं, इत्तेफ़ाक़न आनन्द निकेतन डेमोक्रेटिक स्कूल से जुड़ी और यहाँ पर शुरू हुआ अपने द्वारा पढ़े, समझे और एहसास किये हुए इतिहास और समाज का पुनर्पाठ। विगत पाँच वर्षों में बच्चों के साथ उनके तमाम सवालों से गुज़रना काफ़ी चुनौतीपूर्ण रहा। इन सवालों पर हुई चर्चाओं से

बच्चों के साथ–साथ मैं भी नये तरह से इतिहास और समाज को समझ रही थी/हूँ। बच्चों की दृष्टि से उन सवालों को पकड़ रही थी/हूँ जो बेहद मासूम होने के साथ–साथ बेहद गम्भीर भी थे/हैं।

आनन्द निकेतन डेमोक्रेटिक स्कूल एक समावेशी और लोकतान्त्रिक स्कूल है। यहाँ बच्चे सवाल करने को आज़ाद हैं। चूँकि यहाँ कोई निश्चित सिलेबस नहीं है इसलिए हमारे सिर पर उसे पूरा करने का दबाव नहीं रहता। लेकिन यहाँ के लोकतान्त्रिक माहौल के कारण हम अध्यापकों को हर वक़्त अपने आपको कसौटी पर कसते रहना पड़ता है। जनवाद की बात करना एक बात है और अपने जीवन में उसे हर वक़्त लागू करना बिल्कुल अलग बात होती है। कई बार हम अपने वयस्क होने का फ़ायदा उठाने लगते हैं। हमारे बच्चे हमें तुरन्त कस देते हैं। लेकिन लोकतान्त्रिक होने का मतलब उच्छृंखल हो जाना नहीं है। अतः बच्चों के साथ हमें हर वक़्त जनवाद की कसी हुई रस्सी पर चलते रहना होता है। हमें एक साथ 'माँ और पेशेवर अध्यापक' (पाउलो फ्रेरे) की भूमिका निभानी पड़ती है।

जैसा कि मैंने आपको बताया कि सामाजिक विज्ञान की क्लास बच्चों के सवालों से विकसित हुई। बच्चे जानना चाहते थे कि दुनिया कैसे बनी और इन्सान कैसे बने। हमने 'ब्रह्माण्ड की उत्पत्ति' विषय पर बातचीत की और उन्हें एक 15 मिनट की फ़िल्म दिखायी। आश्चर्य की बात है कि इतने जटिल विषय को बच्चों ने पूरी तरह एकाग्र होकर सुना और उस पर ढेरों सवाल किये। ब्रह्माण्ड की उत्पत्ति की चर्चा के बाद एक बच्चे ने पूछा कि जब ब्रह्माण्ड बनने की कहानी इतनी वास्तविक है तो लोग ये क्यों कहते हैं कि दुनिया भगवान ने बनायी। फिर तो वे अड़ गये ये जानने के लिए कि भगवान हैं कि नहीं बताइए। वे ख़ास तौर से मेरी राय जानना चाहते थे। मैंने उनसे कहा व्यक्तिगत रूप से तो मैं भगवान को नहीं मानती, पर अपने लिए तो आपको ही तय करना है। सभी बच्चों ने अपने–अपने तरीक़े से ईश्वर के अस्तित्व को परखने का प्रयास किया और क्लास में उन्होंने अपने–अपने अनुभव शेयर किये। ग़ौरतलब है कि किसी भी बच्चे ने ईश्वर से टॉफ़ी–चॉकलेट नहीं माँगे। ईश्वर के अस्तित्व को परखने के लिए भगवान से किये गये उनके सवाल बहुत दिलचस्प और गम्भीर थे। कुछ दिनों के बाद बच्चों ने अपने सवालों और उनके जवाबों को साझा किया। 8 साल की एक बच्ची है जिसे 3 साल की उम्र से एक लाइलाज जेनेटिक बीमारी है। इसके तहत उसे हर माह ब्लड ट्रांसफ्यूज़न

की दर्द भरी प्रक्रिया से गुज़रना पड़ता है। पहले तो वह ईश्वर से किये अपने सवाल को सबके सामने व्यक्त करने से बच रही थी क्योंकि वह अपनी बीमारी के बारे में बात करना पसन्द नहीं करती है। उसने चाहा कि वह अकेले में मुझसे अपना अनुभव बाँटे। लेकिन पता नहीं क्या सोच कर उसने फिर पूरी क्लास के सामने बताया–'मैंने न जाने कितनी बार भगवान से माँगा कि मेरी बीमारी ठीक कर दे। मुझे बीटी न करवाना पड़े। मेरी मम्मी न जाने कितनी तरह से भगवान से माँगती हैं कि मेरी बीमारी ठीक हो जाये। पर कोई असर नहीं। इसलिए मुझे लगता है कि भगवान हो ही नहीं सकता क्योंकि वह मेरी बात सुनता ही नहीं।' साढ़े पाँच साल का एक बच्चा कहता है–'भगवान–वगवान कुछ नहीं होते। होते तो क्या वे मेरी चोट ठीक नहीं कर देते। एक बार तो मुझे उनके मन्दिर में ही चोट लगी थी तब वे क्यों नहीं आये ठीक करने के लिए?' वह बच्चा ये बात पूरे यक़ीन के साथ कह रहा था। एक अन्य बच्ची ने कहा कि बहुत–से बच्चे स्कूल नहीं जा पाते तो भगवान सारे बच्चों को स्कूल क्यों नहीं भेज देते। एक बच्चे ने कहा – 'अगर भगवान मन्दिर में रहते हैं तो पत्थर क्यों बने रहते हैं। अपने जादू से ज़िन्दा क्यों नहीं हो जाते?' ज़ाहिर है कि मुझे अब भगवान के अस्तित्व पर और बात करने की ज़रूरत नहीं रह गयी थी।

ये सामान्य–से दिखने वाले तर्क हम वयस्कों के गले से नीचे इसलिए नहीं उतरते हैं क्योंकि हम अपने ढेर सारे वैचारिक आग्रहों–पूर्वाग्रहों के क़ैदी होते हैं जिनसे ये बच्चे फ़िलहाल मुक्त हैं और आनन्द निकेतन का माहौल इसमें उनकी मदद करता है।

इसके बाद शुरू हुई *'इन्सान के जन्म की कहानी'*। बच्चों ने इस कहानी में बहुत दिलचस्पी दिखायी। इसको समझने के लिए हमने काफ़ी दिनों तक मानवता के विकास पर चर्चा की। उनके ढेरों सवाल आये फिर उन पर चर्चा हुई। इस क्रम में हमने बच्चों के साथ एक फ़िल्म 'क्वैस्ट फ़ॉर फायर' देखी। इस फ़िल्म को दिखाने का उद्देश्य यह था कि बच्चे यह विज़ुअलाइज़ कर पायें कि हमारे आदिम पूर्वजों का जीवन कैसा था। 8 साल की एक बच्ची ने कहा कि हमारे पूर्वजों ने आज को बचाने के लिए कितनी मेहनत की। इसी वजह से आज हम ज़िन्दा हैं। इसलिए हमें इस दुनिया को बचाना चाहिए ताकि हमारे बच्चे आसानी से जी सकें। ग्लोबल वार्मिंग के इस दौर में यह एक ऐसा तार्किक निष्कर्ष था जिसका हम वयस्क भी अक्सर एहसास नहीं कर पाते। यहाँ एक बार फिर बच्चे हमारे अध्यापक बन गये।

इसी क्रम में हम भोपाल के पास स्थित भीमबेटका के रॉक शेल्टर्स देखने गये। जहाँ हमारे पूर्वजों ने अपने फ़ुर्सत के क्षणों में अपनी कला को दीवारों पर उकेरा है। आप जब वहाँ जायेंगे तो उन गुफ़ाओं के द्वार पर आज के इन्सान ने दो मूर्तियाँ लगायी हैं। (जिन्हें सम्भवतः पर्यटन विभाग ने लगाया है) एक मूर्ति में हमारी पूर्वज महिला चक्की पीस रही है और एक पूर्वज पुरुष दीवार पर तूलिका से चित्र उकेर रहा है। यानी पितृसत्ता के उद्‌भव से पहले ही पुरुष ज़्यादा रचनात्मक काम करता आ रहा है और औरतें उस वक़्त भी खाना बनाने का काम करती थीं। 8 साल की एक बच्ची ने फ़ौरन मुझसे पूछा कि क्या हमारी मम्मियाँ तभी से खाना बना रही हैं। मेरे लिए पितृसत्ता और जेंडर के इतिहास पर अगली क्लास तैयार करने की चुनौती थी। इसके बाद की कई कक्षाओं में हमने औरतों और लड़कियों की समाज में कम हैसियत के बारे में चर्चा की।

हमारे बच्चों के लिए अध्यापक की कही बात अन्तिम सत्य नहीं होती। बच्चे हरेक बात को अपने तर्क की कसौटी पर कसते हैं। जो बात उन्हें स्वीकार्य नहीं होती उसे वे अन्त तक स्वीकार नहीं करते। इस तरह बच्चों के सवालों के साथ एक अलग तरह की 'आलोचनात्मक पेडागॉजी' भी आकार लेती चलती है। मसला यह है कि सामाजिक विज्ञान में हम किसी निष्कर्ष तक किस पद्धति से पहुँचते हैं, उस पद्धति के प्रति बच्चों की जिज्ञासा देखने लायक होती है और यही जिज्ञासा बच्चों को मुक्त करती है और अध्यापक को भी।

हमारे बच्चों की जिज्ञासा हम अध्यापकों को लगातार गढ़ती है। जे.एन.यू. परिघटना और कश्मीर जैसे मुद्‌दे उन्हें भी समझने होते हैं। राष्ट्रवाद और राष्ट्रद्रोह उन्हें भी समझना होता है। केवल भारतीय चुनाव ही नहीं अमरीकी चुनाव के समीकरण भी वे समझना चाहते हैं।

अध्यापक और छात्र के बीच जिस लोकतान्त्रिक व्यवहार और संवादात्मक व्यवहार की बात की जाती है वह कोई औपचारिक और अमूर्त चीज़ नहीं है बल्कि छात्र और अध्यापक के बीच मौजूद सामाजिक यथार्थ को बदलने का सबसे बेहतरीन तरीक़ा है। यदि अध्यापक सामाजिक यथार्थ को बदलने के इस कार्यभार को भूल जायेगा तो लोकतान्त्रिक और संवादात्मक व्यवहार महज़ एक औपचारिक कार्यवाही बनकर रह जायेगी।

एक रोज़ एक आठ साल की बच्ची ने सवाल किया कि आप क्लास में गाँधी, नेहरू की चर्चा तो करती हैं लेकिन अम्बेडकर जी के बारे में

आपने हमें ज़्यादा क्यों नहीं बताया। किताबों में भी उनके बारे में ज़्यादा नहीं मिलता। उसके इस सवाल ने मुझे सोचने पर मजबूर किया। यह सच है कि नीचे से लेकर ऊपर तक पाठ्यपुस्तकों में अम्बेडकर के बारे में बहुत कम सामग्री होती है। और हम इस सवाल से कतरा कर निकल जाते हैं जबकि इस बच्ची के लिए यह एक बड़ा सवाल था।

यहीं से शुरू हुआ अम्बेडकर के बारे में हमारा अध्ययन। हम सभी ने अम्बेडकर पर बनी जब्बार पटेल की फ़िल्म देखी और सभी बच्चों ने अम्बेडकर पर एकलव्य प्रकाशन से छपी शानदार किताब 'भीमायन' पढ़ी और उस पर विस्तृत चर्चा की। भीमायन के माध्यम से बच्चों ने अम्बेडकर के जीवन संघर्ष को क़रीब से समझा। एक बच्ची ने कहा कि इस किताब को पढ़कर हमें पता चला कि उस वक़्त ग़रीब बच्चों के लिए सामान्य तौर पर शिक्षा हासिल करना कितना मुश्किल काम था। ऐसे में अम्बेडकर जैसे एक दलित बच्चे के लिए तो यह और भी मुश्किल रहा होगा। एक अन्य बच्ची ने कहा कि किताब पढ़कर हमें पता चलता है कि अम्बेडकर जी के जीवन का सफ़र कितना कठिन था। फिर भी पढ़ाई करने के कारण वे इतने आगे गये। अम्बेडकर पर फ़िल्म देखकर बच्चों ने पूना पैक्ट का अपना विश्लेषण किया। उनका प्रश्न था कि क्या 'गाँधी जी अपनी बात मनवाने के लिए अनशन का सहारा अम्बेडकर को ब्लैकमेल करने के लिए ले रहे थे?' इतिहास के प्रति ऐसी आलोचनात्मक दृष्टि विकसित करने में अध्यापक की एक सचेत भूमिका हो सकती है बशर्ते वह भी इतिहास के प्रति वैसी ही सचेत दृष्टि रखे और उसे लगातार विकसित करती चले।

अम्बेडकर से शुरू हुई चर्चा का अगला चरण था भारत में जाति व्यवस्था का इतिहास। ज़ाहिर–सी बात है इतने जटिल विषय पर बच्चों से बातचीत करना एक चुनौती थी। इसको समझने के लिए हमने अपने आसपास के माहौल से उदाहरण लिए और यह समझने की कोशिश की कि हमारे समाज में अभी भी जाति व्यवस्था गम्भीर रूप से मौजूद है।

किसी शहर में कचरे का प्रबन्धन कैसे होता है इसे समझने के लिए हमने बच्चों को एक प्रोजेक्ट दिया कि वह अपने घर के और मुहल्ले के कचरे के प्रबन्धन पर जानकारी इकट्ठा करें। इसमें घर में कचरा रोज़ कौन बाहर करता है, से लेकर कचरा लेने आने वाली/वाले की जाति पता करनी थी। सभी बच्चों ने अपने स्तर पर यह काम किया। बच्चों को सबसे ज़्यादा परेशान कर रही थी कचरा उठाने वाली/वाले की जाति।

ज़ाहिर है उनका सवाल था कि कचरा एक ख़ास जाति के लोग ही क्यों उठाते हैं। इसे समझने के क्रम में हमने एक मार्मिक डाक्यूमेंट्री देखी 'कचरा' (https://www.youtube.com/watch?v=FXjq0JPPOWc) देखते हुए हम सभी के रोंगटे खड़े थे। अब बच्चे जाति का इतिहास जानना चाहते थे। मेरे अध्यापक के सामने एक नयी चुनौती थी। एक हद तक वह काम हुआ। अब बच्चों के दिमाग़ के स्तर पर वह यथार्थ बदलने लगा। जो सवर्ण छात्र थे उनके मन में दलित या वंचित छात्रों के साथ एकजुटता बढ़ी और दलित/वंचित छात्रों के मन में आत्मसम्मान और आत्मविश्वास का संचार हुआ। केवल स्कूल में ही नहीं घर व आसपास बच्चे इस भेदभाव को रेखांकित करने लगे और अपने स्तर पर उसका विरोध भी करने लगे।

स्पष्ट है कि बच्चों की अवलोकन की क्षमता हम वयस्कों से कहीं आधिक शार्प होती है क्योंकि उनका दिमाग़ अभी उतना 'कंडीशंड' नहीं होता जितना हम वयस्कों का। एक दिन इसी स्कूल के एक साढ़े पाँच साल के बच्चे ने सवाल किया–'सारे ग़रीब लोग काले क्यों होते हैं?' उसके इस अवलोकन पर मैं दंग थी।

एक समावेशी और लोकतान्त्रिक स्कूल के अध्यापक की अपनी अलग चुनौती और विवशता होती है। हम लगातार बच्चों के साथ संवाद करते हुए आगे बढ़ते हैं इसलिए हमारा हरेक बच्चे के साथ बहुत आत्मिक रिश्ता क़ायम हो जाता है। एक दिन अचानक वह बच्ची या बच्चा स्कूल आना बन्द कर देता है। पता चलता है कि वह पूरा परिवार किसी दूसरी जगह पलायन कर गया। कभी अचानक कोई बच्ची कई दिनों तक स्कूल नहीं आती। आने पर बताती है कि उसका छोटा भाई बीमार पड़ गया था और माँ काम करने जाती है, तो भाई की देखभाल के लिए उसे घर पर ही रहना पड़ा। एक बच्चा जो शुरू से ही स्कूल में आ रहा था। वह पूरे स्कूल का एक अभिन्न हिस्सा बन गया था। सभी का प्यारा–दुलारा। उसका शराबी बाप उसकी माँ की बहुत पिटाई करता था। एक रोज़ उसकी माँ घर छोड़कर कहीं चली गयी। उसका पूरा परिवार बिखर गया। बाप से बच्चों की सँभाल नहीं हो सकी। उसने हम सबके प्यारे मोहन (नाम बदला हुआ है) को स्कूल से निकालकर कहीं काम पर भेज दिया और हम कुछ नहीं कर सके। ऐसे में हमारी यह विवशता होती है कि हम कुछ क्यों नहीं कर सकते। हमारा संवेदनशील मन कचोटने लगता है अपने आप को, अपने अध्यापकीय पेशे की विवशता को।

ऐसे में थोड़े बड़े सवाल मन में उठने लगते हैं। क्या अध्यापक होना अपने आप में आपको पूरा करता है?

समावेशी और लोकतान्त्रिक स्कूल में हम बच्चों को एक बराबरी का माहौल देते हैं। हमारी कोशिश होती है कि यहाँ बच्चों के बीच जाति/धर्म/लिंग/वर्ग का भेदभाव न हो। लेकिन स्कूल से बाहर जाते ही बच्चे अपने–अपने सामाजिक–आर्थिक खाके में जाकर फ़िट हो जाने को मजबूर हो जाते हैं। यानी बच्चे दो परस्पर विरोधी मूल्य–मान्यताओं वाली दुनिया में रहने के लिए विवश होते हैं। इन दो दुनियाओं की विरोधी अन्तःक्रिया में मेरे जैसे अध्यापक का मानस पिसता रहता है।

लेकिन समाज भी कोई स्थिर इकाई नहीं है। यहाँ भी इन खाँचों को पाटने के लिए बहुत–सी प्रगतिशील ताक़तें सक्रिय रहती हैं। अध्यापन कर्म की पूर्णता इस बात पर निर्भर करती है कि अध्यापक किस स्तर पर इन ताक़तों के साथ अपना सरोकार व जुड़ाव रखता है। इसी अर्थ में पाउलो फ्रेरे कहते हैं कि अध्यापन एक राजनीतिक–सांस्कृतिक कार्यवाही होती है। (टीचर्स एज़ कल्चरल वर्कर्स लैटर्स टू दोज़ हू डेयर टू टीच, पेज 31)

इसके अलावा अध्यापकीय पेशे की कुछ और मजबूरियाँ हैं जो बहुत परेशान करती हैं। हमारे स्कूल में किसी तरह की कोई परीक्षा या टैस्ट नहीं होता है। हम बच्चों को अंकों में नहीं मापते। हमारे लिए हर बच्चा यूनिक होता है। लेकिन हमारे सामने एक तलवार लटक रही है कक्षा पाँच में बोर्ड की परीक्षाओं की। सरकार आमादा है कि बच्चों को प्रश्नपत्र और अंकतालिका से तौला जाये। इसके साथ कुछ अन्य सरकारी प्रावधान भी हैं, जिन्हें हमें पूरा करने को बाध्य किया जाता है। हमारे भीतर के रचनात्मक अध्यापक की जड़ें हिलने लगती हैं। हमें मजबूर किया जा रहा है लीक पर चलने के लिए। इन सरकारी आदेशों से निपट पाने में फ़िलहाल हम अपने आपको पूरी तरह से अक्षम पा रहे हैं।

अपने अध्यापन–कर्म में बच्चों के साथ ख़ुद को गढ़ते हुए हम डूबे हुए रहते हैं और एक दिन पता चलता है कि इतना रचनात्मक काम करने के बावजूद हम ऐसे अध्यापक नहीं हैं जो इस स्कूल के माध्यम से मुनाफ़ा कमा सकें और इस स्कूल का फण्ड बन्द होने की कगार पर आ जाता है। हमारे बच्चों के साथ हमारे भीतर का जो अध्यापक निरन्तर विकसित होने की प्रक्रिया में था वह अस्तित्व बचाने की तमाम आशंकाओं से घिर जाता है।

यह मेरे अध्यापक बनने की प्रक्रिया की एक ऐसी तस्वीर है जो वैकल्पिक शिक्षा के अपेक्षाकृत खुले व रचनात्मक माहौल में रची जा रही है। यहाँ हम अपनी दृष्टि से बेहद रचनात्मक पेडागॉजी का इस्तेमाल कर सकते हैं। यह पेडागॉजी आनन्द निकेतन डेमोक्रेटिक स्कूल जैसे माहौल में ही सम्भव है। लेकिन हमारे आसपास का माहौल हमारे उसमें टिके रहने के खिलाफ़ हर वक्त साज़िश–सा करता रहता है।

ऐसे में हमें बहुत सचेत तरीक़े से ऐसे अध्यापक बनाने का माहौल बनाना चाहिए जो समाज में और अपने छात्र के जीवन मूल्यों में, सरोकारों में व विश्व दृष्टिकोण में बदलाव के लिए सक्रिय हस्तक्षेप करें। मेरे कहने का अर्थ यह है कि एक मुक्तिदायिनी शिक्षा और एक मुक्तिदायी अध्यापक बनने के लिए ज़रूरी है कि एक ऐसा अनुकूल सामाजिक–सांस्कृतिक और राजनीतिक माहौल बनाने की दिशा में भी काम किया जाये जिसमें अध्यापक की चेतना और निखरे और वह इस योग्य बने कि एक सुन्दर समाज के निर्माण में रचनात्मक सहयोग कर सके। इसके बिना एक सचेत और संवेदनशील अध्यापक के बनने की कल्पना करना एक काग़ज़ी फूल में ख़ुशबू की तलाश करना ही है।

मैंने अपना जो अनुभव शेयर किया है, वह शिक्षा के बृहद संसार में महज़ एक बिन्दु सरीखा है। किसी भी गुणात्मक परिवर्तन के लिए मात्रात्मक विस्तार बहुत ज़रूरी है। इसीलिए मुझे कोई ख़ुशफ़हमी नहीं है कि ये प्रयोग शिक्षा व अध्यापन कर्म में कोई ज़रूरी परिवर्तन लेकर आयेंगे। लेकिन मेरे कक्षा के अनुभव यह बताते हैं कि शिक्षा एवं बच्चों में असीम क्षमता होती है और अगर अनुकूल सामाजिक–आर्थिक–राजनीतिक–सांस्कृतिक माहौल हो तो वे समूची मानवता को किस ऊँचाई तक ले जा सकते हैं।

कुल मिलाकर मैं अध्यापक–अध्यापन कर्म को व्यापक सामाजिक–राजनीतिक–सांस्कृतिक परिदृश्य में अवस्थित करके ही देख पाती हूँ। इसलिए अध्यापक व अध्यापन कर्म की मुक्ति अलग से शिक्षा व्यवस्था के किसी वैकल्पिक मॉडल में नहीं बल्कि वैकल्पिक सामाजिक मॉडल में निहित है।

सन्दर्भ सूची

1. फ्रेरे, पाउलो, उत्पीड़ितों का शिक्षाशास्त्र, नयी दिल्ली : ग्रन्थ शिल्पी
2. फ्रेरे, पी., *टीचर्स एज़ कल्चरल वर्कर्स लैटर्स टू दोज़ हू डेयर टू टीच,* पृ 31, वेस्टव्यू प्रेस

बाल-केन्द्रित प्रक्रियाओं में शिक्षक की भूमिका

–ताहिरा ख़ान और वर्तुल ढौंडियाल

इस पर्चे का उद्देश्य बाल–केन्द्रित शिक्षा की प्रक्रियाओं को व्यवहार में लाते हुए शिक्षक की भूमिका पर पुनर्विचार करना है। इस पर्चे में लेखिका ने अपने दस वर्षों के भाषा–शिक्षण के दौरान हुई कक्षा–कक्षीय प्रक्रियाओं से उदाहरण लेते हुए इस बात की पैरवी करने की कोशिश की है कि सीखने की प्रक्रियाओं, शिक्षा के उद्देश्य और बदलते समाज की समझ रखने वाले शिक्षकों को परम्परागत शिक्षण पद्धतियाँ छोड़कर बच्चों के सीखने को केन्द्र में रखकर शिक्षण प्रक्रियाओं को बदलना पड़ेगा।

कक्षा का परिदृश्य

मैं कक्षा 3 और 4 को पढ़ाती हूँ। इन कक्षाओं में विभिन्न स्तर के बच्चे हैं। मैं काफ़ी समय से भाषा पर कार्य कर रही हूँ, लेकिन कुछ समस्याएँ लगातार बनी हुई थीं। मुझे पिछले 10 सालों के अनुभव से यह यक़ीन हो चला था कि हर साल कुछ बच्चे तो कक्षा उपयुक्त सीख लेंगे लेकिन कुछ बच्चे बिना सीखे ही रह जायेंगे, लेकिन मैं ऐसा नहीं होने देना चाहती थी। मेरी कक्षा में बच्चों को कई तरह की समस्याएँ थीं, जैसे– कुछ बच्चे शब्दों को वर्णों में तोड़ कर पढ़ते थे और पढ़े हुए का कुछ अर्थ नहीं बता पाते थे, अधिकतर बच्चे कहानी के तथ्यों को याद करने में ही सारी शक्ति लगा देते थे और इसलिए वो कहानी के घटनाक्रम के अलावा और कुछ नहीं बता पाते थे। कोई भी बच्चा कहानी के किसी पात्र या घटना का आलोचनात्मक ढंग से विश्लेषण कर के अपना मत नहीं कह पाता था।

इस कार्य से पहले की कक्षा–शिक्षण प्रक्रिया

एक अध्यापक के लिए कक्षा–शिक्षण का सबसे महत्त्वपूर्ण बिन्दु यही है कि वह कैसे कार्य करे कि उन उद्देश्यों को प्राप्त कर सके जो वो ख़ुद से

और बच्चों से प्राप्त करना चाहती है। आज जब मैं अपनी कक्षा–शिक्षण प्रक्रियाओं पर विचार करती हूँ तो काफ़ी परिवर्तन महसूस करती हूँ, न केवल शिक्षण में बल्कि ख़ुद में भी, शिक्षण को लेकर मेरा नज़रिया काफ़ी बदल गया है।

पहले मैं शिक्षण करने के लिए कार्य योजना तो बनाती थी परन्तु वह लिखित नहीं होती थी न ही शिक्षण–पूर्व कोई ख़ास तैयारी और पुख़्ता योजना होती थी। पूरा ध्यान समयानुसार पाठ्यक्रम पूरा करने में होता था, इसलिए पाठ्यवस्तु को बच्चों को पढ़ाना और पढ़ाने के बाद अभ्यास–प्रश्नों पर चर्चा करने पर ही सारा ध्यान रहता था। जब बच्चे अभ्यास–प्रश्नों का उत्तर नहीं बता पाते थे तो फिर से उनको बार–बार अभ्यास और याद करवाती थी। कई बार पाठ को दोबारा पढ़कर समझाया करती और अभ्यास–प्रश्नों को लिखवाकर याद करने को देती थी, जैसे–प्रारम्भिक कक्षा में वर्णमाला को बार–बार पढ़ाना तथा लिखने को देना, बारहखड़ी, वर्णों को जोड़कर शब्द बनाना, गिनती याद करवाना, बार–बार लिखने को देना। सुलेख देना, जोड़, घटाव, गुणा, भाग के सवालों का बार–बार अभ्यास करवाना आदि। बच्चों को जो भी पढ़ाया उस पर प्रश्न कर उनका मूल्यांकन करती थी। लेकिन तार्किकता और भाववाचक तर्क जैसी संज्ञानात्मक प्रक्रियाओं पर कम ही कार्य होता था। सारा ध्यान पाठ्यवस्तु को निर्धारित समय में पूरा कर मूल्यांकन करना और इस सब में अनुशासन का पालन करवाने में रहता था। मैं कई बार हतोत्साहित भी होती थी कि इतनी मेहनत करने पर भी वह क्यूँ नहीं हो पा रहा जो मैं चाहती हूँ। फिर उतनी ही लगन से दोबारा काम में जुट जाती थी।

पिछले कुछ वर्षों से सेवाकालीन प्रशिक्षणों में समग्र भाषा पद्धति पर काफ़ी चर्चा हो रही है। मैं ख़ुद भी कई बार इन प्रशिक्षणों में प्रशिक्षक के तौर पर भागीदारी करते हुए इस पद्धति पर बात कर चुकी थी, लेकिन कभी इसके अनुसार शिक्षण नहीं किया। मैंने इस विषय पर बहुत–से लेख और पुस्तकें पढ़ीं जैसे पढ़ने की समझ; एन.सी.ई.आर.टी., कीर्ति जयराम; समझकर पढ़ना सीखना, कीर्ति जयराम; क्या समझ से पढ़ना बच्चों को सिखाया जा सकता है? सुशील जोशी; बच्चे पढ़ क्यों नहीं पाते? आदि। भाषा के सन्दर्भ व्यक्ति से इस विषय पर काफ़ी चर्चा की और फिर मैंने *दक्षता आधारित भाषा शिक्षण* (सी.बी.एल.टी.) के तहत *समग्र भाषा पद्धति* के अनुसार कार्य करने का निश्चय किया।

पारम्परिक शिक्षण में पाठ के कंटेंट के ज्ञान पर अधिक ज़ोर रहता है लेकिन फिर सवाल यह उठता है कि हम उनको स्कूल के इन आरम्भिक वर्षों में दुनिया की तमाम चीज़ों की जानकारी तो दे नहीं सकते। शायद इससे बेहतर यह है कि बच्चों में इस तरह की क्षमताओं का विकास किया जाये कि वे स्वयं आवश्यकता या रुचि के अनुसार किसी भी कंटेंट का विश्लेषण कर अपने लिए ज्ञान का सृजन कर सकें। सी.बी.एल.टी. में जानकारियों को याद रखने पर उतना फ़ोकस नहीं रहता जितना जानकारियों के विश्लेषण करने की क्षमता के विकास पर, साथ ही इस पद्धति में यह बात निहित ही है कि बच्चे अपने लिए ज्ञान का निर्माण स्वयं करते हैं और ज्ञान कोई ऐसी चीज़ नहीं है जिसे जैसे का तैसा दिया जा सकता है।

इस तरह के कार्य को करने के लिए यह आवश्यक है कि बच्चों को कोई भी पाठ पढ़ाते समय अध्यापक के उद्देश्य स्पष्ट होने चाहिए कि वे बच्चों को क्या सिखाना चाहते हैं। क्योंकि कई बार ऐसा भी हो सकता है कि बाल–केन्द्रित गतिविधियाँ मज़ेदार तो हों लेकिन उनसे वे उद्देश्य प्राप्त नहीं हों जिनके लिए गतिविधि की गयी। कहानी या पाठ्यवस्तु पर जब बच्चों से बात शुरू की तो मेरा पहला उद्देश्य था कि बच्चे जो सुन रहे हैं उसे कितना समझ पा रहे हैं? क्या वे सुने हुए को अपने जीवन के अनुभवों से जोड़ पा रहे हैं? क्या वे आनन्द प्राप्ति के साथ–साथ कुछ सीख भी रहे हैं?

दक्षता आधारित भाषा-शिक्षण (सी.बी.एल.टी.)

"दक्षता आधारित भाषा–शिक्षण में विद्यार्थियों की दक्षताओं के आधार पर समूह बनाकर उनके साथ अगले स्तर की दक्षताओं पर कार्य करना होता है" (रिचर्ड्स एंड रॉजर्स, 2001, पृ. 147)। यह दक्षताएँ वह क्षमताएँ हैं जो उनकी आयु/कक्षा के आधार पर उनसे अपेक्षित हैं। सामान्यतः पाठ्यक्रम और पाठ्यपुस्तकें इसी आधार पर विकसित की जाती हैं।

हालाँकि दक्षता आधारित भाषा–शिक्षण के तहत कई तरह की शिक्षण विधियाँ आती हैं लेकिन इसकी सबसे मुख्य विशेषताएँ इस तरह हैं–

- शिक्षक के मन में यह स्पष्ट हो कि बच्चों को आगे बढ़ने के लिए क्या जानने और क्या कर पाने की दक्षताओं को सीखने की ज़रूरत है।
- सतत मूल्यांकन, बच्चों को मदद देना और प्रत्येक बच्चे की सम्प्राप्ति की निगरानी करना।

- बच्चे किसी दक्षता को सीख पायें इसके लिए उनकी अभी की दक्षता को पहचानना और उनकी ज़रूरत के मुताबिक़ शिक्षण करना।
- अलग–अलग बच्चों के सीखने के तरीक़े और समय को शिक्षण में स्थान देना।
- भाषा–शिक्षण बच्चों के सामाजिक परिवेश से जुड़ा हो।

उपलब्ध साहित्य को पढ़ने पर सी.बी.एल.टी. के बारे में और जानकारी मिली। साथ ही उन शिक्षकों के अनुभव भी जानने को मिले जिन्होंने इस पद्धति को अपनाया है। यह जानकर बहुत प्रोत्साहन मिला कि इसको कई तरह के परिवेशों में प्रयोग किया जा चुका है, जैसे– स्पेन में बच्चों को अंग्रेज़ी सिखाने के लिए, चीन में बच्चों को अंग्रेज़ी माध्यम से 'प्रकृति और समाज' सिखाने के लिए, मलेशियन हाई स्कूल में विज्ञान और गणित को अंग्रेज़ी में सिखाने के लिए इत्यादि (लिस्टर और बॉलिंगर, 2011)।

एक महत्त्वपूर्ण बात यह समझ आयी कि शिक्षक होने के नाते मुझे पाठ्यक्रम और हर पाठ में दक्षता कौशलों को स्वयं पहचानना होगा और पाठ को इन दक्षताओं को ध्यान में रखकर पढ़ाया जाना चाहिए न कि पाठ की विषयवस्तु पर केन्द्रित होकर (ग्रिफ़िथ और लिम, 2010; रिचर्ड्स एंड रॉजर्स, 2001; वॉंग, 2008)।

मार्शिलिनो (2005) आगाह करते हैं कि हो सकता है शुरू में बच्चे इस पद्धति को न अपनाना चाहें क्योंकि उन्हें अपने सीखने में कोई तात्कालिक लाभ नहीं दिखेगा। वह यह भी सुझाते हैं कि यदि शिक्षक ऐसी पठन–सामग्री इस्तेमाल करें जो बच्चों की रोज़मर्रा की ज़िन्दगी से ताल्लुक़ रखती हो तो बच्चे जल्दी सीखेंगे।

कक्षा में सी.बी.एल.टी. के प्रयोग के अनुभव

कक्षा में हर बच्चे का भाषा का शैक्षिक स्तर और समस्याएँ अलग हैं। मुझे अपनी कक्षा के प्रत्येक बच्चे के बारे में अच्छी तरह पता है कि कौन बच्चा क्या कर पाने में सक्षम है, फिर भी अपने पूर्वाग्रहों को न्यूनतम रखने के लिए मैंने बच्चों को उनकी पाठ्यपुस्तक से एक कहानी पढ़ने को दी। बच्चों ने कहानी के बारे में एक–दो बातें कीं, ज़्यादा उत्तर नहीं दिये, दो बच्चे तो चुप ही रहे। मुझे लगा क्योंकि कहानी में कुछ नये शब्द हैं जिनसे बच्चे अपरिचित हैं इसलिए उन्हें कहानी के बारे में अनुमान लगाने में परेशानी हुई होगी। जब उनसे कहानी को अपने शब्दों में दोहराने को

कहा तो वे एक–दो वाक्य ही बोले, वो भी बहुत ज़्यादा याद कर के और वो भी क्रमबद्ध नहीं। वे पात्रों पर भी चर्चा नहीं कर सके। मैंने निष्कर्ष निकाला कि कहानी की घटनाओं का उनके अनुभव से सम्बन्ध स्थापित नहीं हो सका इसलिए वे कहानी पर कुछ ख़ास समझ नहीं बना सके। मैंने यह भी निष्कर्ष निकाला कि शिक्षक द्वारा पाठ्यवस्तु का सही चयन करना बहुत ही महत्त्वपूर्ण है।

बातचीत के मुख्य बिन्दु :

- कहानी में ऐसा क्यों हुआ?
- आगे क्या होगा?
- कहानी में कौन अच्छा लगा और क्यों लगा?
- अगर आप किसी पात्र की जगह होते तो क्या करते?

इसके बाद मैंने फिर से उनके द्वारा अब तक किये गये लिखित कार्य का विश्लेषण किया और बरखा सीरीज़ की पुस्तक 'फूली रोटी' कहानी पढ़वायी। फिर उनसे कहानी पर ऊपर दिये गये चर्चा बिन्दुओं पर चर्चा करने के साथ–साथ लेखन कार्य भी दिया। इस प्रकार मैंने उन्हें भाषा की दक्षताओं के आधार पर चार समूहों में बाँट दिया।

1. ब्रह्मकमल–इस समूह में वे बच्चे हैं जो धाराप्रवाह (कम–से–कम बिना हिज्जों पर अटके) पढ़ लेते थे और पढ़े हुए को बता भी पाते थे, वे कहानी की घटनाओं और पात्रों पर चर्चा कर पाते थे।

2. गुलाब–इस समूह के बच्चे थोड़ा ज़्यादा समय लेकर पढ़ तो लेते थे लेकिन पढ़े हुए का अर्थ नहीं बता पाते थे और न ही उस पर कोई बात कर पाते थे।

3. सूरजमुखी–इस समूह के बच्चे हर एक शब्द को रुक–रुककर हिज्जों में तोड़कर पढ़ते थे लेकिन पढ़े हुए का अर्थ नहीं बता पाते थे और न ही उस पर कोई बात कर पाते थे।

4. कमल–इस समूह में वो बच्चे थे जो कुछ भी नहीं पढ़ पाते थे या केवल शब्दों में से कुछ वर्णों को पहचानते थे। ये बच्चे केवल सुनकर या चित्रों पर थोड़ी बात कर पाते थे।

कार्य एवं अवलोकन

- इस नयी शिक्षण विधि में कंटेंट के ज्ञान पर उतना ज़ोर नहीं दिया गया जितना कि बच्चों में साक्षरता और बोधगामी दक्षताओं पर;

क्योंकि यह कार्य इस परिकल्पना पर आधारित है कि अगर बच्चों में यह दक्षताएँ आ जायें तो वे किसी भी पढ़े या सुने हुए ज्ञान का विश्लेषण करके स्वयं के ज्ञान का निर्माण कर पायेंगे।

- प्रत्येक समूह के साथ उसकी दक्षताओं के सम्प्राप्ति स्तर के अनुसार कार्य किया गया (परिशिष्ट 1 में दक्षतानुसार कार्य की विस्तृत सूची)।
- बच्चों के साथ शिक्षण के उद्देश्यों को साझा किया गया और फिर बच्चों ने स्वयं अपने लिए तय किया कि कितनी देर क्या विषय पढ़ेंगे और गतिविधियों की समय–सारिणी बनायी।
- बच्चों को जोड़ियों में (2 बच्चे), समूह में (दक्षतानुसार), बड़े समूह में (दोनों कक्षा के बच्चे एक साथ) और व्यक्तिगत रूप से कार्य दिये गये और गतिविधियाँ करवायी गयीं। उदाहरण के लिए–

व्यक्तिगत काम	कहानी पढ़ते हुए शब्दों पर उँगली रखकर दोहराना, कहानी / कविता / अख़बार से शब्दों को छाँटना / पहचान कर पढ़ना, कहानी और कविता के वाक्यों की पट्टियाँ काटकर बच्चों से फिर से कहानी / कविता को क्रमानुसार लगवाना, लेखन कार्य।
दो के समूह में काम	कहानी / कविता को बच्चों से ग्रुप में पढ़वाना तथा दो के समूह में और अकेले पढ़वाना, कहानी और कविता के वाक्यों की पट्टियाँ काटकर बच्चों से फिर से कहानी / कविता को क्रमानुसार लगवाना, अभिनय द्वारा कहानी को समूह में प्रस्तुत करना, पात्रों के संवाद बदलकर लिखवाना।
बड़े समूह में काम	कविता का सस्वर वाचन, कहानी / कविता ख़ुद पढ़कर बच्चों को अपने शब्दों में सुनाना, कहानी के शीर्षक पर चर्चा करके शीर्षक बदलना, अभिनय द्वारा कहानी को समूह में प्रस्तुत करना, किसी वस्तु के नाम को सुनकर जिन वस्तुओं का ख़याल आता है उनको लिखकर अवधारणा मानचित्र (Concept Map) बनाना और फिर उन शब्दों से कई गतिविधियाँ करवाना जैसे वर्गीकरण, आये शब्दों से कहानी बनाना, कविता बनाना आदि।

- बच्चों को रोज़ कहानी पढ़ कर सुनायी जाती, उनसे पढ़वायी जाती, उसी कहानी से कई तरह की मौखिक अभिव्यक्ति, साक्षरता और समझ आधारित गतिविधियाँ करवायी जातीं और चर्चा की जाती थी।

मैं हर गतिविधि के दौरान और बाद में बच्चों की प्रतिक्रियाएँ, उनकी प्रतिभागिता, उद्देश्यों की प्राप्ति, शिक्षण–सामग्री की उपयोगिता और ख़ुद की शिक्षण विधि व गतिविधि के दौरान अपनी भूमिका पर चिन्तन करती और अगली गतिविधि के लिए कुछ नियम निर्धारित करती। बच्चों के हावभाव और गतिविधि में हिस्सा लेने के उत्साह का अवलोकन करके मैंने बहुत–सी चीज़ें समझीं। बच्चे कविता के सस्वर वाचन और हावभाव से कविता करने में बहुत आनन्द लेते थे। वे उन विषयों पर चर्चा करने में ज़्यादा सहज महसूस करते थे जिसका उनके परिवेश, उनके जीवन से सम्बन्ध होता था। उन्हें एक–दूसरे की कॉपी जाँचने में बहुत मज़ा आता था, इसके ज़रिये वे हिज्जों की ग़लती सुधार लेते थे। शुरू–शुरू में उन्हें समूह चर्चा में क्या करना है यह समझ नहीं आता था और वे ज़्यादा चर्चा नहीं कर पाते थे। जब उन्हें अपने शब्दों में कहानी कहने को कहा जाता तो वे कोशिश करते कि कहानी को ही रट डालें और पाठ्यपुस्तक में लिखी कहानी को शब्द–दर–शब्द सुनायें। बहुत प्रोत्साहित करने और टीवी सीरियल/फ़िल्म की कहानी को अपने शब्दों में सुनाने के बाद उनमें यह विश्वास आया कि वे अपनी तरह से कहानी में शब्दों का बदलाव भी कर सकते हैं।

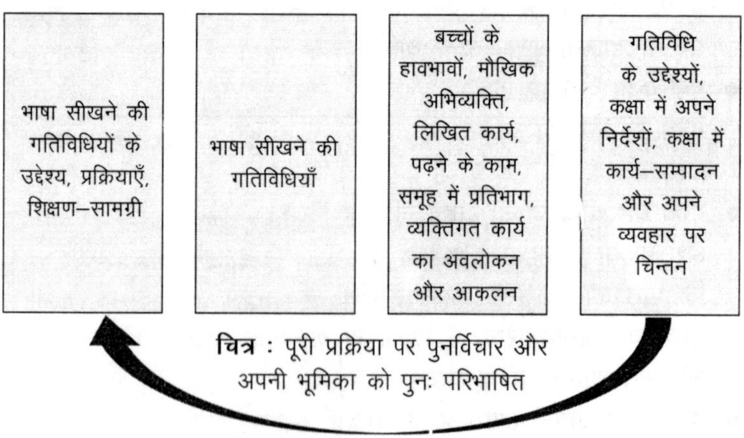

चित्र : पूरी प्रक्रिया पर पुनर्विचार और अपनी भूमिका को पुनः परिभाषित

परिणाम : लगभग चार माह में ही बच्चे पहले से काफ़ी बेहतर करने लगे। स्पष्ट रूप से उन्होंने वे दक्षताएँ प्राप्त की हैं जो वे पहले नहीं कर पाते थे। सभी समूह पहले से बहुत बेहतर करते और सोचते हैं। लगभग सभी बच्चे अर्थ समझकर कहानी पढ़ लेते हैं, स्वयं से कहानी बनाकर लिख लेते हैं (5 बच्चे हिज्जों की थोड़ी–बहुत ग़लती के साथ)। वे शीर्षक या पात्रों के बारे में अपने विचार भी बता पाते हैं और परिस्थितियों को अपने जीवन के अनुभवों (या कल्पना) से जोड़कर उनका विश्लेषण, तुलना करने लगे हैं और उन पर अपने मत बताने लगे हैं। शुरू के तीन समूहों के बच्चे नयी दक्षताएँ सीखकर अगली दक्षता समूह में चले गये हैं। सबसे उच्च दक्षता समूह में भी बहुत बदलाव हैं और वे अगले स्तर की दक्षताओं को सीखने के लिए तैयार हैं। मैंने पाया कि इस तरह से शिक्षण करने पर मेरी मान्यताएँ बदल गयी हैं और उनके अनुरूप शिक्षण विधि में भी बदलाव आया क्योंकि मैं अब अपने आपको कक्षा में ज्ञान देने वाले नहीं बल्कि बच्चों के सहयोगी और मित्र के रूप में देखने लगी हूँ।

कुछ मुख्य बातें जो ये काम करके समझ में आयीं–

- आनन्द केवल खेल, कविता और कहानी जैसी दिलचस्प गतिविधियों तक ही सीमित नहीं है, बच्चों को सीखने में ही आनन्द आना शुरू हो जाता है। शुरू में इस तरह की गतिविधियाँ करनी चाहिए जिनमें बच्चों को मज़ा आये लेकिन धीरे–धीरे सीखने की ज़िम्मेदारी बच्चों पर भी डालनी शुरू करनी चाहिए।
- पूरी कक्षा के लिए एक ही तरह का शिक्षण करने से, न सीखनेवाले बच्चे सीखने की प्रक्रिया से दरकिनार हो जाते हैं। इसलिए यह आवश्यक है कि ऐसे बच्चों को सही प्रोत्साहन मिले।
- बच्चे वह चीज़ें जल्दी सीख जाते हैं जिसका उनके जीवन में कोई अर्थ हो या उसमें उन्हें आनन्द आ रहा हो। इसलिए यह ज़रूरी है कि पाठ को एकतरफ़ा जानकारी न रहने दिया जाये बल्कि उसमें बच्चों को जानकारियों के विश्लेषण का मौक़ा देकर उनके विचार और मत शामिल किये जायें।
- शिक्षक को अपनी अपेक्षाओं को बच्चों के साथ साझा करना चाहिए और हर गतिविधि के सीखने के उद्देश्य बताने चाहिए।

- कक्षा–संचालन में बच्चों की मदद लेने से वे भी अपनी ज़िम्मेदारी समझने लगते हैं जो शिक्षक और बच्चों दोनों के हित में है।
- शिक्षक कुछ सिखा नहीं सकता बल्कि सीखने के लिए परिस्थितियाँ बना सकता है, बच्चों को सीखने के लिए प्रेरित कर सकता है और सीखने में उनकी मदद कर सकता है।

चुनौतियाँ

- इस कार्य को करते समय शुरू में थोड़ी दिक्क़त इस काम के लिए उपयुक्त पठन–सामग्री न होने के कारण हुई, क्योंकि मैं भी इस तरीक़े से पहली बार पढ़ा रही थी तो मुझसे भी चूक हो रही थी। मैंने सभी प्रकार की पठन–सामग्री में से इस कार्य के लिए उपयुक्त सामग्री छाँटी, जैसे अख़बारों में प्रकाशित चित्रोंवाली बाल कहानियाँ, बरखा सीरीज़ की पुस्तकें, अज़ीम प्रेमजी फाउंडेशन की लाइब्रेरी से एकलव्य और अन्य प्रकाशनों की पुस्तकें, राजीव गाँधी फाउंडेशन का कविता संग्रह और पाठ्यपुस्तक की चुनिन्दा कहानियाँ।
- पहले सभी समूहों को एक साथ कार्य करवाने और पढ़ाने में समय का ध्यान नहीं रहता था और किसी समूह को ज़्यादा समय तो किसी को कम समय दे पाती थी लेकिन काम करते–करते कुछ ही दिनों में मैं सभी समूहों में अलग–अलग काम करवाने और उन सभी को पर्याप्त समय देने में सक्षम हो गयी।
- सभी समूहों का एक साथ संचालन करना भी एक चुनौती था। लेकिन मैंने बच्चों को एक–दूसरे की मदद करने, समूह में कार्य करने और एक–दूसरे के काम को जाँचने के लिए प्रेरित किया और अब काफ़ी हद तक बच्चे यह कर पाते हैं जिसके कारण मैं सभी समूहों का एक साथ संचालन कर पाती हूँ।

निष्कर्ष : शिक्षक की भूमिका

शिक्षक जो शिक्षण–पद्धति कक्षा में अपनाता है और उस पद्धति के अनुसार पढ़ाने के लिए जो भूमिका निभाता है उसका सीधा सम्बन्ध शिक्षक की मान्यताओं से है। मैंने अपनी पुरानी शिक्षण–पद्धति का विश्लेषण करके अपनी ऐसी मान्यताओं को पहचानने की कोशिश की जिनके कारण मैं अब तक ऐसा पढ़ा रही थी। मैंने उन मान्यताओं को श्रेणीबद्ध करने का भी प्रयास किया।

सारणी 1 : शिक्षक की मान्यताएँ

श्रेणीबद्ध मान्यताएँ	पूर्व–मान्यता	मान्यता के अनुरूप कक्षा–कक्ष प्रक्रियाएँ	शिक्षक की भूमिका
पाठ्यक्रम	पुस्तक ही सीखने का एकमात्र साधन है	पुस्तक की पाठ्यवस्तु का ही शिक्षण	–पाठ्यपुस्तक से पाठ का चयन –पाठ को क्रमानुसार पढ़ाना – मुख्य उद्देश्य समय से पाठ्यक्रम पूरा करवाना – पाठ का वाचन –तथ्यों को याद करवाना
सीखना	शिक्षक का काम सिखाना है	शिक्षक द्वारा एकतरफ़ा भाषण बच्चों द्वारा ध्यानपूर्वक सुनना और पूछे जाने पर ही जवाब देना सभी गतिविधियाँ शिक्षक द्वारा तय	–पाठ का वाचन और पाठ को विस्तार से समझाना –बच्चों को उदाहरण द्वारा समझाना –एक पाठ से सब बच्चे एक–सी ही सीख लें –बच्चों से पाठ्यवस्तु के तथ्यों पर सवाल–जवाब –शिक्षक द्वारा हर प्रश्न का उत्तर देने की कोशिश
लर्नर	कक्षा में अलग–अलग मानसिक स्तर के बच्चे हैं	मानसिक स्तर के अनुसार कक्षा–कक्ष में काम और उसके अनुसार ही भेदभाव क्योंकि कम मानसिक स्तर के बच्चे सब कुछ नहीं सीख सकते	–होशियार बच्चों को ज़्यादा बोलने का मौक़ा देना –कमज़ोर बच्चों को अलग से काम देना और ज़्यादा समय देना –कमज़ोर बच्चों के थोड़ा–बहुत सीखने पर सन्तुष्ट हो जाना

पाठ्यक्रम	मूल्यांकन करके यह पता करना है कि बच्चों को तथ्य याद हैं या नहीं	मूल्यांकन के लिए जो मौखिक या लिखित प्रश्न दिये जाते थे उनसे सिर्फ़ तथ्यों को ज्यों का ज्यों लिख देने की क्षमता का ही मूल्यांकन होता था	–याद्दाश्त आधारित मौखिक या लिखित प्रश्न पूछना –सही जवाब न देने पर दोबारा याद करवाना
लर्नर	पढ़ना–लिखना सीखने के लिए वर्णमाला सीखना आवश्यक है	वर्णमाला का बार–बार मौखिक और लिखित अभ्यास	–वर्णमाला याद करवाना –वर्णों की ध्वनि का चित्र से मिलान करवाना –बारहखड़ी का मौखिक और लिखित अभ्यास
लर्नर	पूरी कक्षा के बच्चे एक ही तरीक़े से सीख सकते हैं	पूरी कक्षा को पाठ पढ़ाना, समझाना और फिर अभ्यास–प्रश्न लिखाकर याद करवाना	–कक्षा को पाठ पढ़ाना तथा विषयवस्तु समझाना –अभ्यास–प्रश्नों को मौखिक पूछना –बोर्ड पर अभ्यास–प्रश्नों को लिखकर याद करवाना
पाठ्यक्रम	पाठ्यक्रम पूरा करना ही कक्षा–कक्ष शिक्षण का उद्देश्य है	अलग–अलग कक्षा को उनके पाठ्यक्रम के अनुसार पढ़ाना और समय पर पाठ्यक्रम पूरा करने की चिन्ता	–साल की शुरुआत में ही पाठ्यक्रम को महीनों के अनुसार बाँटना –बहुस्तरीय (Multi grade multi level / एम.जी.एम. एल.) शिक्षण विधि के तहत हर कक्षा को अलग–अलग विषय पढ़ाना
कक्षा–कक्ष संचालन	कक्षा में शान्ति और अनुशासन आवश्यक है	बच्चों के चुप रहकर पाठ्यवस्तु पर ध्यान केन्द्रित करने को अनुशासन मानना और बच्चों को आपस में चर्चा करने के अवसर नहीं देना	– बच्चों के आपस में बात करने पर सख़्त पाबन्दी, मात्र पाठ्यवस्तु पर ध्यान लगवाना – पाठ्यवस्तु पर ही बात करना और उसी पर चर्चा करना तथा अपनी बात कहना और न सुनने पर डाँटना

सीखना	बच्चों को सही तरह सीखने पर पुरस्कार देना और ग़लती सुधारने के लिए व्यवहार करना ज़रूरी है	बच्चों द्वारा कोई उपलब्धि हासिल करने पर पैन या कॉपी देना और निराशाजनक प्रदर्शन पर उन्हें डाँटना या बहुत उपदेशात्मक भाषण देना	– अच्छा प्रदर्शन करने वाले बच्चों को पुरस्कार देना और अच्छा प्रदर्शन न करने वाले बच्चों को पुरस्कार पाने के लिए प्रेरित करना – सही काम न करने वाले बच्चों से बार–बार लिखवाना और पढ़वाना – लगातार ख़राब प्रदर्शन करने वाले बच्चों पर ज़्यादा ध्यान न देना

मैंने पाया कि मेरी अधिकतर मान्यताएँ *बच्चों की सोच, वे कैसे सीखते हैं, उनके लिए क्या सीखना ज़रूरी है, सीखने में पाठ्यक्रम की उपयोगिता* जैसी चीज़ों से सम्बन्धित थीं। दक्षता आधारित भाषा–शिक्षण की नयी शिक्षण प्रक्रिया के कारण *बच्चों की सोच, वे कैसे सीखते हैं, उनके लिए क्या सीखना ज़रूरी है, सीखने में पाठ्यक्रम की उपयोगिता* के प्रति मेरी समझ बदलने से मेरी दृष्टि में शिक्षक की पारम्परिक भूमिका बदली है और एक नयी छवि उपजी है।

शिक्षक की नयी भूमिका

सारणी 2 : शिक्षक की नयी भूमिका

श्रेणीबद्ध मान्यताएँ	नयी कक्षा–कक्ष प्रक्रियाएँ	नयी प्रक्रियाओं के अनुरूप वर्तमान मान्यता	शिक्षक की नयी भूमिका
पाठ्यक्रम	बातचीत द्वारा बच्चों के शब्द–भण्डार, भावनाओं, विचारों को जानना तथा उसके अनुसार शिक्षण करना	शिक्षण का उद्देश्य बच्चों में सही दक्षताओं का विकास करना है जिसके लिए पाठ्यपुस्तक के साथ–साथ परिवेश की चीज़ें,	– पाठ्यपुस्तक के साथ–साथ अन्य बाल–केन्द्रित पठन सामग्री, दृश्य–श्रव्य साधनों का चयन – बच्चों के अभिभावकों और बृहद समाज से रिश्ते बेहतर करना ताकि बच्चों के परिवेश को जान सकें

		अन्य किताबें, किस्से–कहानियाँ आदि भी सीखने का माध्यम हैं	– बच्चों की बोली को शिक्षण में शामिल करना – चर्चा में बच्चों के परिवेश से उदाहरण लेना
सीखना	जिज्ञासाओं को जगाना, विषय में रुचि पैदा करने के लिए वातावरण बनाना और स्वयं सीखने के लिए प्रेरित करना	शिक्षक का काम बच्चों को स्वयं सीखने के लिए प्रेरित करना और सहायक की तरह सीखने में मदद करना है	– बातचीत करके अपने स्वयं के अनुभव या बच्चों के अनुभवों को विषयवस्तु में शामिल कर रोचकता पैदा करना – बच्चों को विश्लेषण करने, तर्क करने, प्रश्न करने और तथ्यों को स्वयं से जाँचने के मौक़े देना और तार्किकता के आधार पर एक से ज़्यादा निर्णय/सीख तक पहुँचना – बच्चों के मन में आये सवालों को ज़िम्मेदारी से बताना, यदि स्वयं को नहीं आता तो उन्हें बताना कि कल ढूँढ़कर बताती हूँ
लर्नर	बच्चों की दक्षताओं के आधार पर समूह बनाकर हर समूह की ज़रूरत के हिसाब से शिक्षण	बच्चे अलग–अलग दक्षताओं के स्तरों में होते हैं इसीलिए ज़्यादा से ज़्यादा ये कहा जा सकता है कि कक्षा में बच्चों का अधिगम स्तर अलग–अलग है	– दक्षताओं के अनुसार बच्चों के समूह बनाकर हर समूह के लिए अलग कार्य योजना बनाना – हर समूह को अलग–अलग कार्य और गतिविधियाँ देना – बीच–बीच में अवलोकन करके आवश्यकता के अनुरूप मदद करना
पाठ्यक्रम	एक बार बच्चों का मूल्यांकन न करके अलग–अलग गति–विधि करते हुए, पढ़ते हुए, समूह चर्चा करते हुए दक्षताओं की प्राप्ति के स्तर के अनुसार मूल्यांकन	मूल्यांकन हर बच्चे का अधिगम स्तर जानकर उनकी आवश्यकता के अनुसार कार्य योजना बनाने के लिए किया जाना है	– समूह चर्चा, कहानी, कविता आदि की गतिविधियों के दौरान मौखिक प्रश्न पूछकर, अवलोकन करके, बातचीत करते हुए अवलोकन करना – दक्षताओं का मूल्यांकन

लर्नर	समग्र भाषा पद्धति के अनुरूप शिक्षण	पढ़ना–लिखना सीखने के लिए अर्थपूर्ण पाठ्यवस्तु आवश्यक है, बच्चे शब्दों को समग्रता में समझते हैं न कि वर्णों में	– परिवेश से मिलती–जुलती पाठ्यवस्तु का चयन – अर्थपूर्ण कहानी और उनको रोज़मर्रा के शब्दों द्वारा पढ़ना सिखाना – विभिन्न प्रकार की कहानी, कविता, बच्चों के अनुभवों पर चर्चा करते हुए पढ़ाना
लर्नर	पाठ पर प्रत्येक समूह के अनुरूप साक्षरता और बोधात्मक गतिविधियाँ, उच्च भाषाई दक्षताओं जैसे; विचारों की अभिव्यक्ति, तर्क, पाठ के विश्लेषण आदि से सम्बन्धित गतिविधियाँ करना	सभी बच्चे अलग –अलग तरीके से सीखते हैं इसलिए उन्हें बहुत–सी शिक्षण प्रक्रियाओं का अनुभव देना चाहिए	– दक्षताओं का मूल्यांकन करके समूह बनाना – प्रत्येक समूह के लिए अलग योजना बनाकर कार्य करना – भाषिक दक्षताओं के लिए पठन–सामग्री, गतिविधियाँ और कक्षा–कार्य की योजना बनाना – समूहों के बीच चर्चा करवाना
पाठ्यक्रम	पाठ्यक्रम को बच्चों की आवश्यकता के अनुसार आगे–पीछे करके पढ़ाना, अतिरिक्त पुस्तकों/ गतिविधियों/साधनों का उपयोग करके कक्षा के अनुरूप दक्षताओं का विकास करने की कोशिश करना	पाठ्यक्रम आवश्यक है लेकिन ज़्यादा आवश्यक है कि बच्चे कक्षा के अनुरूप दक्षताओं को प्राप्त करें	– बच्चों का सतत मूल्यांकन करते हुए उनकी दक्षताओं को पहचानना – इन दक्षताओं की प्राप्ति के लिए शिक्षण–सामग्रियों का चयन करना – दक्षताओं के अनुसार सही गतिविधियाँ और समूह या व्यक्तिगत कार्य देना
कक्षा–कक्ष संचालन	अनुशासन का अर्थ बदल कर बच्चों द्वारा स्वयं अपने लिए नियम बनवाकर कक्षा में टास्क/ असाइनमेंट/ गतिविधियाँ करना।	बच्चों के साथ मिलकर अनुशासन के नियम तय किये जायें तो वे उनका खुद पालन करते हैं और बातचीत करना,	– बच्चों से शिक्षण के उद्देश्य साझा करना – बच्चों के साथ मिलकर अनुशासन के नियम तय करना – आवश्यकता पड़ने पर उन्हें उनके द्वारा तय किये गये नियम याद दिलाना

	उनको अभिव्यक्ति के पर्याप्त अवसर देना।	चर्चा करना, समूह कार्य करना सीखने में सहायक होता है	– समय–समय पर तय नियमों का पालन करने पर तारीफ़ करना
सीखना	बच्चों द्वारा बेहतर प्रदर्शन पर उनके काम की तारीफ़ करना और निराशाजनक प्रदर्शन पर भी वे जो कर पाये हैं उसका विवरण देना और स्पष्ट करना कि अभी और कितना सीखना बाक़ी है और सीखने के लिए प्रेरित करना	बच्चे तब बेहतर सीखते हैं जब वे स्वयं अपनी क्षमताओं का मूल्यांकन कर पाते हों और उन्हें सीखने के लिए प्रेरित किया जाये	– सही–ग़लत से परे उनके कामों और दक्षताओं का सही विश्लेषण करना – उनकी उपलब्धियों को उनसे साझा करना और सराहना – सुधार के क्षेत्र पर चर्चा करना – नयी दक्षता सीखने के लिए प्रेरित करना

शिक्षक की भूमिका में बदलाव

सारणी 3 : नयी भूमिका

श्रेणीबद्ध मान्यताएँ	शिक्षक की भूमिका	शिक्षक की नयी भूमिका
पाठ्यक्रम	• पाठ्यपुस्तक से पाठ का चयन • पाठ को क्रमानुसार पढ़ाना • मुख्य उद्देश्य समय से पाठ्यक्रम पूरा करना • पाठ का वाचन • तथ्यों को याद करवाना और पाठ के तथ्यों का ही आकलन	• पाठ्यपुस्तक के साथ–साथ अन्य बाल–केन्द्रित पठन–सामग्री, दृश्य–श्रव्य साधनों का चयन • बच्चों के अभिभावकों और बृहद समाज से रिश्ते बेहतर करना ताकि बच्चों के परिवेश को जान सकें • बच्चों की बोली को शिक्षण में शामिल करना • चर्चा में बच्चों के परिवेश से उदाहरण लेना

सीखना	• पाठ का वाचन और पाठ को विस्तार से समझाना • बच्चों को उदाहरण द्वारा समझाना • एक पाठ से सब बच्चे एक–सी ही सीख लें बच्चों से पाठ्यवस्तु के तथ्यों पर सवाल–जवाब • शिक्षक द्वारा हर प्रश्न का उत्तर देने की कोशिश	• बातचीत करके अपने स्वयं के अनुभव या बच्चों के अनुभवों को विषयवस्तु में शामिल कर रोचकता पैदा करना • बच्चों को विश्लेषण करने, तर्क करने, प्रश्न करने और तथ्यों को स्वयं से जाँचने के मौक़े देना और तार्किकता के आधार पर एक से ज़्यादा निर्णयों/सीख तक पहुँचना • बच्चों के मन में आये सवालों का ज़िम्मेदारी से जवाब देना, यदि स्वयं को नहीं आता तो उन्हें बताना कि कल ढूँढ़कर बताती हूँ
लर्नर	• होशियार बच्चों को ज़्यादा बोलने का मौक़ा देना • कमज़ोर बच्चों को अलग से काम देना और ज़्यादा समय देना • कमज़ोर बच्चों के थोड़ा–बहुत सीखने पर सन्तुष्ट हो जाना	• दक्षताओं के अनुसार बच्चों के समूह बनाकर हर समूह के लिए अलग कार्य योजना बनाना • हर समूह को अलग–अलग कार्य और गतिविधियाँ देना • बीच–बीच में अवलोकन करके आवश्यकता के अनुरूप मदद करना
पाठ्यक्रम	• याद्दाश्त आधारित मौखिक या लिखित प्रश्न पूछना • सही जवाब न देने पर दोबारा याद करवाना	• समूह चर्चा, कहानी, कविता आदि की गतिविधियों के दौरान मौखिक प्रश्न पूछकर, अवलोकन करके, बातचीत करते हुए अवलोकन करना • दक्षताओं का मूल्यांकन
लर्नर	• वर्णमाला याद करवाना वर्णों की ध्वनि का चित्र से मिलान करवाना • बारहखड़ी का मौखिक और लिखित अभ्यास	• परिवेश से मिलती–जुलती पाठ्यवस्तु का चयन • अर्थपूर्ण कहानी और उनके रोज़मर्रा के शब्दों द्वारा पढ़ना सिखाना • विभिन्न प्रकार की कहानी, कविता, बच्चों के अनुभवों पर चर्चा करते हुए पढ़ाना

लर्नर	• कक्षा को पाठ पढ़ाना तथा विषयवस्तु समझाना • अभ्यास–प्रश्नों को मौखिक पूछना • बोर्ड पर अभ्यास–प्रश्नों को लिखकर याद करवाना	• दक्षताओं का मूल्यांकन करके समूह बनाना • प्रत्येक समूह के लिए अलग योजना बनाकर कार्य करना • भाषिक दक्षताओं के लिए पठन–सामग्री, गतिविधियाँ और कक्षा–कार्य की योजना तैयार करना समूहों के बीच चर्चा करवाना
पाठ्यक्रम	• साल की शुरुआत में ही पाठ्यक्रम को महीनों के अनुसार बाँटना • एम.जी.एम.एल.के तहत हर कक्षा को अलग–अलग विषय पढ़ाना	• बच्चों का सतत मूल्यांकन करते हुए उनकी दक्षताओं को पहचानना इन दक्षताओं की प्राप्ति के लिए शिक्षण–सामग्रियों का चयन करना • दक्षताओं के अनुसार सही गतिविधियाँ और समूह या व्यक्तिगत कार्य देना
कक्षा–कक्ष संचालन	• बच्चों के आपस में बात करने पर सख़्त पाबन्दी, मात्र पाठ्यवस्तु पर ध्यान लगवाना • पाठ्यवस्तु पर ही बात करना और उसी पर चर्चा करना तथा अपनी ही बात कहना, न सुनने पर डाँटना	• बच्चों से शिक्षण के उद्देश्य साझा करना • बच्चों के साथ मिलकर अनुशासन के नियम तय करना • आवश्यकता पड़ने पर उन्हें उनके द्वारा तय किये गये नियम याद दिलाना • समय–समय पर तय नियमों का पालन करने पर तारीफ़ करना
सीखना	• अच्छा प्रदर्शन करने वाले बच्चों को पुरस्कार देना और अच्छा प्रदर्शन न करने वाले बच्चों को पुरस्कार पाने के लिए प्रेरित करना • सही काम न करने वाले बच्चों से बार–बार लिखवाना और पढ़वाना	• सही–ग़लत से परे उनके कामों और दक्षताओं का सही विश्लेषण करना • उनकी उपलब्धियों को उनसे साझा करना और सराहना • सुधार के क्षेत्र पर चर्चा करना नयी दक्षता सीखने के लिए प्रेरित करना

इस कार्य से शिक्षक के रूप में अपनी भूमिका के बारे में सोचने और कार्य पर चिन्तन करने के सिद्धान्तों की पहचान की। यह सिद्धान्त ही इस कार्य की प्रमुख सीख लगते हैं। इन्हें कोई भी शिक्षक किन्हीं और परिस्थितियों में भी प्रयोग कर सकते हैं और अपनी शिक्षण–प्रक्रिया पर चिन्तन कर उसे बेहतर बना सकते हैं। यह सिद्धान्त हैं–

अपने कार्य पर प्रश्न करना–

1. कार्य के लिए जो प्रक्रिया चुनी उसके चयन के आधार क्या हैं?
2. इस प्रक्रिया से जो उद्देश्य पाना चाहते थे क्या वो प्राप्त हो रहे हैं या ऐसा कोई प्रमाण मिलता है कि इस प्रक्रिया से भले ही अब तक उद्देश्य प्राप्त नहीं हुए लेकिन भविष्य में ऐसा होने की सम्भावना है?
3. क्या इन उद्देश्यों को किसी और प्रक्रिया से प्राप्त नहीं किया जा सकता था?
4. इस कार्य के दौरान विद्यार्थियों को किस प्रकार की चुनौतियाँ मिल रही थीं?
5. क्या किसी विद्यार्थी विशेष के लिए प्रक्रिया बदलनी पड़ी और यदि हाँ तो क्यों?

प्रक्रिया को बेहतर समझने के लिए अध्ययन करना–

जिस भी प्रक्रिया को अपना रहे हैं उसके बारे में उपलब्ध साहित्य पढ़ने का प्रयास करना और अगर सम्भव हो तो अन्य साथियों या विषय के ज्ञाता के साथ उसकी बारीक़ियों और उसको अपनाने में सामने आयी चुनौतियों आदि पर विमर्श करना।

एक शिक्षक के तौर पर शिक्षक की भूमिका के बारे में मुझे अभी और जानना और समझना है और यह तभी सम्भव हो सकेगा जब मैं बच्चों की क्षमताओं, सीखने की प्रक्रिया और समाज को और बेहतर तरीक़े से समझने और जानने का प्रयास करती रहूँगी।

सन्दर्भ सूची

1. ग्रिफ़िथ, डब्ल्यू. आई., एंड लिम, एच. वाई. (2010), 'मेकिंग स्टूडेंट–सेन्टर्ड टीचिंग वर्क', *मेक्सिटेसोल जर्नल,* 34(1), 75–83
2. रिचर्ड्स, जे., एंड रॉजर्स, टी. (2001), *अप्रोचेस एंड मैथड्स इन लैंग्वेज टीचिंग।* न्यूयार्क : कैम्ब्रिज यूनिवर्सिटी प्रेस

3. वोंग, आर. एम. एच. (2008), कॉम्पीटेंसी–बेस्ड इंग्लिश टीचिंग एंड लर्निंग : इन्वेस्टिगेटिंग प्री–सर्विस टीचर्स ऑफ़ चाइनीज़ लर्निंग एक्सपीरियंस। पोर्टा लिंगुरुम 9, 179–198
4. पॉल, जी. (2008, दिसम्बर 16), कॉम्पीटेंसी–बेस्ड लैंग्वेज टीचिंग रिर्पोट, [वेब लॉग कमेंट] http://glendapaul62.blogspot.com/2008/12/competency-based-language-teaching.html
5. मार्शिलिनो, एम. (2005), कॉम्पीटेंसी–बेस्ड लैंग्वेज इन्स्ट्रक्शन इन स्पीकिंग क्लासेस : इट्स थ्योरी एंड इम्पलीमेंटेशन इन इंडोनीशियन कॉन्टैक्स्ट्स. इंडोनीशियन जर्नल ऑफ़ इंग्लिश लैंग्वेज टीचिंग, 1 (1), 33–44

परिशिष्ट–1

यह सभी कार्यों की पूरी सूची नहीं है बल्कि उदाहरणस्वरूप कुछ गतिविधियाँ यहाँ दी गयी हैं।

दक्षताएँ	कमल	सूरजमुखी	गुलाब	ब्रह्मकाल
सुनना	1. कविता का सस्वर वाचन 2. कहानी / कविता ख़ुद पढ़कर बच्चों को अपने शब्दों में सुनाना 3. कहानी के परिणाम पर समूह चर्चा	1. कविता का सस्वर वाचन 2. शिक्षक द्वारा स्वयं कहानी पढ़कर सुनाना 3. कहानी में आयी वस्तुओं, पात्रों, परिवेश को बच्चों के पूर्व–ज्ञान से जोड़कर बातचीत 4. कहानी के परिणाम पर समूह चर्चा	1. कहानी को किसी एक बच्चे से पढ़ने को कहना तथा सभी से सुनकर चर्चा करवाना 2. पढ़ी हुई कहानी को बच्चों से अपने शब्दों में सुनाने को कहना तथा बीच–बीच में चर्चा हेतु प्रश्न करना 3. किसी वस्तु के नाम को सुनकर जिन वस्तुओं का ख़याल आता है उनको लिखकर अवधारणा मानचित्र (Concept Map) बनाना और फिर उन शब्दों से कई गतिविधियाँ करना जैसे वर्गीकरण, आये शब्दों से कहानी बनाना, कविता बनाना आदि	1. कविता / कहानी को सुनकर उसकी घटनाओं पर चर्चा 2. दूसरे की बात को धैर्य से सुनकर उस पर समझ बना पाना और चर्चा कर पाना 3. संवादों को सुनकर अन्दाज़ा लगा पाना कि यह किस पात्र ने कहा होगा

बोलना	1. कहानी के चित्रों पर बात 2. कहानी में आये परिचित शब्दों पर बातचीत 3. कहानी को बच्चों से उनके शब्दों में सुनाने को कहना 4. कहानी की घटनाओं को बच्चों के अनुभव से जोड़ कर बातचीत करना 5. तुकान्त शब्द बनाना जैसे खाना–गाना–आना–जाना	1. कहानी को बच्चों से उनके शब्दों में सुनाने को कहना 2. उन्हें पाठ के अनुरूप अपने साथ घटी घटना सुनाने को प्रेरित करना 3. अभिनय द्वारा कहानी को समूह में प्रस्तुत करना 4. अपनी पसन्द–नापसन्द पर बात करना	1. कहानी पर चर्चा करवाना तथा पात्रों पर राय देना 2. अभिनय द्वारा कहानी को समूह में प्रस्तुत करना 3. भावों को विस्तार देना जैसे– वह इतना हँसी इतना हँसी कि.....	1. कहानी का पात्र बनकर कहानी सुनाना 2. कहानी के शीर्षक पर चर्चा करके शीर्षक बदलना 3. कहानी में घटना बदलकर कहानी को आगे बढ़ाना 4. वस्तुओं का गुणों के आधार पर वर्गीकरण करना 5. कहानी की समीक्षा करना 6. कहानी में घटना बदल कर कहानी को आगे बढ़ाना
पढ़ना	1. कहानी को पढ़ कर सुनाना 2. कहानी पढ़ते हुए शब्दों पर उँगली रखकर दोहराना 3. कहानी/कविता/अख़बार से शब्दों को छाँटना/पहचान कर पढ़ना 4. शब्दों और आकृतियों का मिलान करना	1. कहानी/कविता को बच्चों से ग्रुप में पढ़वाना तथा दो के समूह में और अकेले पढ़वाना 2. वाक्यों से शुरू करके कहानी तक पढ़ने की प्रक्रिया 3. कहानी और कविता के वाक्यों की पट्टियाँ काटकर बच्चों से फिर से कहानी/कविता को क्रमानुसार लगवाना	1. कहानी को अकेले पढ़वाना तथा नये शब्दों को रेखांकित कर बार–बार पढ़वाना, दो के समूह में पढ़वाना 2. कहानी से नये शब्दों को छाँटकर उच्चारित करवाना तथा वाक्य बनाने को कहना 3. कहानियों और कविताओं पर प्रश्न बनाना	1. धाराप्रवाह कहानी पढ़ना 2. कथा साहित्य/ग़ैर–कथा साहित्य पढ़कर समझ बना पाना 3. अपरिचित शब्दों का अनुमान के आधार पर अर्थ बताना

लिखना	1. रिश्तेदार, परिवार के सदस्यों के नाम, खेल, दोस्तों, खाने की चीज़ों के नाम लिखवाना 2. कहानी के शब्दों में आये वर्णों के क्रम बदल कर नये शब्द बनवाना 3. कहानी के शब्दों से शब्द खेल जैसे पसन्द के शब्दों को बोर्ड पर आ कर लिखना 4. घर के सदस्यों, दोस्तों, टीवी सीरियल के पात्रों के नाम लिखना 5. कहानी में आये शब्दों, वस्तुओं, पात्रों पर चित्र बनाना	1. तुकान्त शब्द बनाना जैसे खाना–गाना –आना–जाना 2. छोटे–छोटे अनुच्छेदों को पढ़वाकर प्रश्न बनाना (लिखना) 3. कहानी में आयी वस्तुओं के नाम लिखना 4. वाक्यों पर इमला लिखना 5. नये शब्दों को छाँटकर वाक्य बनाना	1. शब्दों से वाक्य निर्माण करना 2. कहानी को अपने शब्दों में लिखवाना 3. चित्र दे कर उसका विवरण लिखवाना 4. कहानी के संवाद लिखवाना 5. वस्तुओं / परिवेश की चीज़ों का अवलोकन कर के लिखना 6. वाक्यों में शब्दों के क्रम को बदल कर दिये जाने पर उन्हें क्रम से लगा कर वाक्य सही करना	1. किसी वस्तु के नाम को सुनकर जिन वस्तुओं का ख़याल आता है उनको लिखकर अवधारणा मानचित्र बनाना और फिर उन शब्दों से कई गतिविधियाँ करना जैसे वर्गीकरण, आये शब्दों से कहानी बनाना, कविता बनाना आदि 2. घटना बदलकर कहानी को लिखवाना 3. बच्चों को घटना या शब्द देकर स्वयं से कहानी लिखवाना 4. पात्रों के बारे में लिखवाना 5. पात्रों के संवाद बदलकर लिखवाना 6. चित्र देकर उसका विवरण लिखवाना

पढ़ना सिखाने की प्रक्रिया में एक अध्यापक के अनुभव

–अक्षय कुमार दीक्षित

यह लेख लेखक के प्राथमिक कक्षा में वंचित वर्गों से आये बच्चों को पढ़ना सिखाने के अनुभवों पर आधारित है। इसमें लेखक बच्चों को पढ़ना सिखाने में आने वाली उन चुनौतियों को रेखांकित करते हैं, जिनके लिए शिक्षक–प्रशिक्षण की प्रक्रिया शिक्षकों को तैयार नहीं कर पाती। लेखक बच्चों की पढ़ने के प्रति रुचि उत्पन्न करने हेतु अपने द्वारा किये गये प्रयासों, सामने आयी चुनौतियों और इस प्रक्रिया में प्राप्त सीख को साझा करते हैं। एक अहम प्रयास जिसका उल्लेख विस्तार से किया गया है वह है कहानी की किताबों का प्रयोग। लेखक ने अपने अनुभवों के आधार पर बच्चों को पढ़ाने में मददगार उपयुक्त किताबों की चयन प्रक्रिया पर भी प्रकाश डाला है।

सार

प्रस्तुत पर्चे में लेखक ने अपने शिक्षण–अनुभवों के आधार पर यह बताने का प्रयास किया है कि वर्तमान में शिक्षण–प्रशिक्षण संस्थान वास्तव में शिक्षक को ज़मीनी हक़ीक़तों के लिए तैयार नहीं कर पाते हैं। ऐसे में लेखक ने वंचित वर्गों के नन्हे बच्चों को कैसे पढ़ना सिखाया, यह लेख हमें इसी अद्‌भुत यात्रा पर ले जाता है। पढ़ने को लेकर एक क़िस्म की उदासीनता या यथास्थितिवाद हमारे विद्यालयों में दिखायी देती है। अभिभावक अपने बच्चों को स्कूल में भेजने मात्र से निश्चिन्त–से हो जाते हैं कि अब उनका बच्चा पढ़ना शुरू कर देगा। 'स्कूल को तो पता ही है कि कैसे पढ़ाना है। स्कूल को नहीं पता होगा तो भला किसे पता होगा!' उधर स्कूल काग़ज़ पर लिखे कुछ निर्देशों के पालन मात्र को ही पढ़ाना मान लेते हैं। बच्चों को उन सब कामों से कुछ लाभ हो रहा है या नहीं, इसका पता भी तब लगाया जायेगा जब कोई अन्य काग़ज़ी आदेश इसके लिए याद दिलायेगा। ऐसे में लेखक ने स्व–प्रयासों से कैसे बच्चों को पढ़ना सिखाया,

यह लेख इसी सफ़र की कहानी कहता है। एक शिक्षक के लिए पुस्तकों का क्या महत्त्व होता है, यह इस बात से पता चलता है कि लेखक को शिक्षण की राह कुछ पुस्तकों ने ही दिखायी और बच्चों को पढ़ाने में भी बाल–साहित्य ने ही लेखक का भरपूर साथ दिया। बाल–साहित्य द्वारा बच्चों को पढ़ना कैसे सिखाया जा सकता है, प्रस्तुत पर्चा इस बारे में भी ठोस सुझाव देता है।

इस प्रक्रिया में लेखक के सम्मुख अनेक चुनौतियाँ आयीं जिनका सफलतापूर्वक सामना किया गया। एक ही परिवेश में मौजूद दो कक्षाओं में से एक कक्षा ने जब सफलतापूर्वक पढ़ना सीखा तो इस सफलता ने अन्य शिक्षकों को भी प्रेरित किया। प्रस्तुत लेख यह भी स्वीकार करता है कि पढ़ना सिखाने के सन्दर्भ में अभी भी कई चुनौतियाँ बाक़ी हैं जिनका समाधान किया जाना आवश्यक है। इस तरह यह पर्चा भविष्य के लिए लक्ष्यों को भी सामने रख देता है।

भूमिका

यूँ तो हमारे समाज के मानस में गुरु को भगवान का दर्जा हासिल है और गुरु की महिमा के बारे में अनेक दोहे, शेर और कविताएँ सदियों से प्रचलित हैं और यह कम महत्त्वपूर्ण नहीं है। लेकिन आज भी शिक्षक के काम को यदि एक पंक्ति में बताना हो तो यही बताया जाता है कि टीचर का काम है 'पढ़ाना'। 'पढ़ाना' ही शिक्षक की पहचान बन गया है और पढ़ाने की शुरुआत 'पढ़ना' सिखाने से होती है। प्राथमिक स्तर के शिक्षक का तो पहला काम ही माना जाता है 'पढ़ना' सिखाना। सैकड़ों सालों से शिक्षक, बच्चों और कभी–कभी बड़ों को भी 'पढ़ना' सिखाने की कोशिश किये जा रहे हैं और बच्चे 'पढ़ना' सीखते चले जा रहे हैं। इसके बावजूद, हैरानी की बात है कि शिक्षण–कला सिखाने वाले अधिकतर संस्थानों में भावी शिक्षकों को यह बताया ही नहीं जाता कि बच्चों को पढ़ना कैसे सिखाया जा सकता है। ऐसे में वे पढ़ना कैसे सिखाते हैं? यहाँ मैं अपने ही कुछ अनुभवों से यह समझने का प्रयास करूँगा कि बच्चों को पढ़ाना और 'पढ़ना' सिखाना किस क़दर पहेलीनुमा है और किसी पहेली को हल करने जितना आनन्ददायक कैसे है! इन अनुभवों में आपको पढ़ना सिखाने के सन्दर्भ में शिक्षक की बदलती भूमिकाओं की ज़रूरत दिखायी देगी। साथ ही, इन भूमिकाओं की झलक भी आपको अवश्य नज़र आयेगी।

सम्भव है कि मेरे ये अनुभव इतने जाने–पहचाने लगें कि आपको लगे कि ये तो मेरे अपने अनुभव हैं। इसी भावना में इन अनुभवों को साझा करने का महत्त्व और उपयोगिता छिपी है।

पढ़ना सिखाने की तैयारी, समस्याएँ और समाधान

शिक्षक–प्रशिक्षण के दो वर्षों में मुझे काफ़ी कुछ जानने–समझने का मौक़ा मिला जैसे कि बाल–मनोविज्ञान, बाल–विकास की अवस्थाएँ, हिन्दी–शिक्षण, सामाजिक शिक्षा, कला–शिक्षण, पाठ–योजना आदि। सम्भव है कि इस सब से मेरे अवचेतन मन में पढ़ाने के बारे में कुछ बीज पड़ गये हों। नौकरी मिलने के बाद जब मैं पहली बार विद्यालय पहुँचा तो मैंने प्रधानाध्यापक से मुलाक़ात की और कहा कि मुझे पहली क्लास के अलावा कोई भी क्लास दे दीजिए। मुझे लग रहा था कि पहली क्लास को पढ़ाना काफ़ी कठिन होगा। मुझे पता ही नहीं था कि कैसे पढ़ाते हैं क्योंकि शिक्षक–प्रशिक्षण में इस बारे में कुछ ख़ास नहीं बताया गया था। प्रधानाचार्य ने मुझे समझाया कि पहली कक्षा को पढ़ाना तो सबसे 'आसान' होता है। शायद इसका कारण यह था कि बाक़ी सभी कक्षाएँ अध्यापकों को प्राप्त कर चुकी थीं! मुझे तो उनकी बात माननी ही थी। मैंने पूछा कि पहली कक्षा कहाँ बैठती है। पता चला कि पहली कक्षा के 120 बच्चे स्कूल के छोटे–से मैदान में लगे तम्बू में बैठते हैं। मैंने सोचा, तम्बू में इतने बच्चों को कैसे पढ़ाऊँगा!

उस समय तक तो मुझे यह भी नहीं पता था कि रजिस्टर में हाजिरी कैसे लगानी है। सौभाग्य से उस स्कूल के लगभग सभी शिक्षक बहुत सहयोगी और अच्छे स्वभाव के थे। उन्होंने मुझे हर बात विस्तार से समझायी। कैसे हाजिरी लेते हैं, कैसे प्रार्थना होती है, कैसे भोजन बँटता है, शिक्षक–डायरी कैसे लिखते हैं आदि।

मैं तम्बू में पढ़ाने लगा लेकिन उसमें मेरी पहली कक्षा के 120 बच्चे समाते ही नहीं थे। बोर्ड नहीं था तो मैंने एक रोलर–बोर्ड ख़रीद लिया लेकिन उसे लगाने और इस्तेमाल करने की कोई सम्भावना नहीं थी। तम्बू में चार्ट का इस्तेमाल भी कठिन था। हवा से चार्ट हिलते रहते थे और फट जाते थे। जैसे–तैसे मैं काम चला रहा था और झुग्गी–बस्ती के उन 120 बच्चों को पढ़ा रहा था। सौभाग्य से जल्दी ही एक और अध्यापक आ गया और मेरे पास लगभग 70 बच्चे रह गये। एक कमरा भी मिल गया।

अब मैं कमरे में बच्चों को पढ़ाने लगा। कमरे में आने से पहले मैंने उसके जाले और गन्दगी साफ़ कर दी और दीवारों पर चार्ट भी लगा दिये। कुछ पुराने टीचरों ने मुझे सावधान किया : 'सुबह की पाली के बच्चे फाड़ देंगे...फ़िज़ूल में मेहनत कर रहे हो?'

एक बार ऐसा हो भी गया था। दोबारा कोई चार्ट फाड़ न दे, इसके लिए अगले दिन मैं थोड़ा जल्दी आ गया और उस अध्यापिका से मिला जो सुबह की पाली में इस कमरे में बैठती थीं। उनसे मिलकर मैंने उन्हें बताया कि किसी बच्चे ने दीवार पर लगा चार्ट फाड़ दिया है। उन्होंने वादा किया कि वे भविष्य में ख़याल रखेंगी।

अपेक्षाएँ

मैं प्रयास तो कर रहा था लेकिन अभी तक मुझे यह नहीं पता था कि बच्चों को पढ़ना कैसे सिखाऊँ। मुझे यह तो पता ही था कि पाठ्यपुस्तक पढ़ाना मेरी ज़िम्मेवारी है, यानी साल–भर में मुझे उस पुस्तक के प्रत्येक पृष्ठ को 'पढ़ा' देना है जो प्रशासन ने उस कक्षा के लिए निर्धारित की है, लेकिन बच्चे इससे पढ़ना कैसे सीख जायेंगे, यह मुझे नहीं पता था। अब तक जो अपने आसपास देखा था, जो फ़िल्मों में होता है, जो बचपन में अनुभव किया था, वही जाने–अनजाने करने लगा।

ब और स मिलकर बनता है बस!
राधा आम खा।
अचकन पहन, टमटम पर चढ़।

एक–एक बच्चे से पढ़वाता, उँगली रखकर। श्यामपट्ट पर लिखकर पढ़वाता। कुछ बच्चे पहले दिन समझ जाते, कुछ दूसरे दिन, लेकिन कई बच्चे कभी न समझ पाते। मेरी समझ में ही न आता कि इतनी आसान–सी बात इस बच्चे की समझ में क्यों नहीं आ रही है कि क म र कमर बनता है, कमरा नहीं! कुछ तो गड़बड़ थी! मेरे पढ़ाने में? पुस्तकों में? धीरे–धीरे मुझे एहसास हुआ कि बच्चों को पढ़ना सिखाने के लिए पाठ्यपुस्तक ही एकमात्र साधन नहीं है और प्रशासन द्वारा निर्धारित पुस्तक न तो 'अन्तिम' और न ही 'पर्याप्त' साधन है। अब मैंने विभिन्न अक्षरों और मात्राओं के फ्लैश कार्ड बना लिए लेकिन उनका इस्तेमाल करने के तरीक़ों को लेकर भी मुझे ज़्यादा अन्दाज़ा नहीं था और पढ़ना सिखाने में तो वे ख़ास कुछ कर भी नहीं पा रहे थे। मैंने महसूस किया कि बच्चों को पाठ्यपुस्तक पढ़ने से न तो

कोई ख़ुशी मिल पा रही है, न ही उनमें पढ़ने को लेकर कुछ उत्साह है। अभिभावकों के लिए तो यही पर्याप्त था कि उनके बच्चे स्कूल में आ रहे हैं। उन्हें विश्वास था कि बच्चे स्कूल में आ रहे हैं तो पढ़ना सीख जायेंगे, कुछ बन जायेंगे। प्रशासन की अपेक्षाएँ ज़्यादा व्यावहारिक थीं। बच्चे अनुशासन में रहें, रोज़मर्रा के प्रशासनिक कार्य सुचारू रूप से चलते रहें, इतना ही पर्याप्त था। कोई शिक्षक कैसे पढ़ा रहा है, कितना पढ़ा रहा है, इसकी चिन्ता करना प्रशासन के लिए ग़ैर–ज़रूरी था। मेरे लिए इस व्यवस्था में समायोजित हो जाना बहुत सरल मार्ग था। किन्तु बच्चों को न पढ़ा पाने की स्थिति से सन्तुष्ट होकर बैठने वालों में से तो मैं बिल्कुल नहीं था। मैंने सरल मार्ग न अपनाकर प्रयास करते रहने का फ़ैसला किया।

परिवर्तन की बुनियाद

फिर कुछ ऐसा हुआ कि मेरे जीवन की दिशा बदलने लगी। रास्ता मिला मुझे कुछ पुस्तकों से।

पढ़ने का शौक़ मुझे बचपन से रहा है। बचपन में कॉमिक्स पढ़ता था, फिर कहानियों और रोचक जानकारियों से भरी पुस्तकें पढ़ने लगा। अब बारी थी शिक्षा से जुड़ी पुस्तकों की। संयोग से एक दिन मुझे गिजुभाई की लिखी 'दिवास्वप्न' और कृष्ण कुमार की लिखी 'बच्चे की भाषा और अध्यापक' ग्रीनपार्क के राष्ट्रीय पुस्तक न्यास के विक्रय–केन्द्र पर नज़र आ गयी। संयोग से वह हमारे शिक्षा–विभाग के कार्यालय के बगल में था। मैं न तो लेखकों को जानता था, न उन पुस्तकों के नाम मैंने कभी सुने थे। मेरे लिए यही पर्याप्त था कि ये दोनों पुस्तकें पढ़ने–पढ़ाने से जुड़ी हैं और दोनों का मूल्य मेरी पहुँच में है। उस समय शायद उनका मूल्य 25 रुपये था।

ख़ैर, इन पुस्तकों ने मेरे मन पर गहरा असर डाला। मुझे एहसास हुआ कि एक शिक्षक वास्तव में स्वयं की खोज में निकला एक अन्वेषक होता है। वह रोज़ सुबह उठकर बच्चों की दुनिया में मुस्कान के साथ प्रवेश करता है और बच्चों को कुछ सिखाने के प्रयास में ख़ुद को पा लेता है। मेरे विचार से मुझे सबसे बड़ी बात तो यह समझ में आ गयी कि शिक्षक ही वे एकमात्र प्राणी नहीं हैं जिनसे बच्चे सीखते हैं, साथ ही यह भी एहसास हुआ कि न तो शिक्षक मात्र 'शिक्षक' होते हैं और न ही विद्यार्थी मात्र 'विद्यार्थी', बल्कि वे प्रत्येक पल दोहरी भूमिकाओं में होते हैं।

इन पुस्तकों का प्रभाव यह हुआ कि मेरे भीतर एक नया उत्साह जागा और नये–नये प्रयोग करने की हिम्मत भी बढ़ गयी। यह तसल्ली हुई कि पढ़ाने का जो तरीक़ा बचपन से अनुभव करते आये हैं, यह आवश्यक नहीं कि उन्हीं पर चलते चले जायें, भले ही सभी बच्चों को उनसे लाभ हो रहा हो या नहीं।

कहानी की पुस्तकों का उपयोग

मैंने अपनी कक्षा की समस्याओं और उनके समाधानों पर ग़ौर किया तो पाया कि सीखने में सबसे बड़ी रुकावट है–रोचकता का अभाव। पढ़ना सीखने के लिए या कुछ भी सीखने के लिए जो चीज़ सबसे ज़रूरी है, वह है उस चीज़ से जुड़ाव। बच्चों के लिए किसी चीज़ से जुड़ाव तब बनता है जब उसमें बच्चों की रुचि जागे। इस जुड़ाव को बनाने और मज़बूत करने के लिए जो नाम मेरे दिमाग़ में सबसे पहले आया, वह था 'कहानी'।

कहानी सबको अपनी ओर खींच लेती है। बच्चों को भी कहानी अच्छी लगती है। इसलिए कहानी स्कूल और कक्षा की रोज़मर्रा की गतिविधियों का अभिन्न अंग बन सकती है। लेकिन ऐसा होता नहीं है। या तो स्कूल में कहानी की कोई किताब होती ही नहीं, अगर होती भी है तो किसी सुरक्षित क़िले रूपी सन्दूक़ या अलमारी में बन्द रहती है। किसी–किसी जगह उन्हें बच्चों से अधिक दीमकों की संगति नसीब हो जाती है। मेरे स्कूल में भी यही स्थिति थी। स्कूल में धूल में लिपटी लकड़ी की एक अलमारी थी जिसमें एक पुराना–सा ताला लटका रहता था। उस ताले की चाबी एक अध्यापक महोदय की निगरानी में रहती थी। वह अलमारी बच्चों की कहानियों की किताबों से भरी हुई थी। शायद उन किताबों को कभी पढ़ा भी नहीं गया था, क्योंकि धूल से भरी होने या पन्नों के पीले पड़ जाने के बावजूद वे सही–सलामत थीं। इसी 'सलामती' के कारण इस अलमारी का ताला शायद कभी खोला नहीं जाता था।

संयोग से एक दिन किताबें 'कंडम' करवायी जा रही थीं। जो किताबें दीमकें खा नहीं पातीं, निर्धारित आयु के बाद उन्हें काग़ज़ों से हटाने का तरीक़ा होता है उन्हें कंडम करवाना। जो किताबें कंडम हो गयी थीं, उनमें से एक किताब मैंने माँग ली। उसका नाम था 'रूपा हाथी'। किताब के नाम से आकर्षित होकर मैंने उसके पन्ने पलटने शुरू किये।

पुस्तक में 32 पृष्ठ थे, पर आकर्षक चित्रों से लबरेज़ इस पुस्तक को पढ़ने में अधिक समय नहीं लगा, मैंने वहीं खड़े–खड़े उस पुस्तक को पढ़ डाला।

रूपा हाथी, राष्ट्रीय पुस्तक न्यास से प्रकाशित एक कहानी है जिसका मुख्य पात्र रूपा नाम का हाथी है। वह अपने भूरे टब जैसे शरीर के कारण दुखी है। उसकी मित्र है चिंची चिड़िया। चिंची, चिड़ियाघर के सभी जानवरों और पक्षियों की मदद से रूपा को रंग–बिरंगा तो बना देती है पर इससे रूपा का दुख कम नहीं हो पाता क्योंकि तब चिड़ियाघर में आने वाले बच्चे रूपा से डरने लगते हैं। कहानी इतनी आकर्षक थी कि मैं इस पुस्तक को उसी समय अपनी कक्षा में ले गया।

जैसे ही मैं कक्षा में दाख़िल हुआ, बच्चों की गहमागहमी थम–सी गयी। सबकी नज़रें मेरे हाथ में मौजूद उस किताब की ओर थीं जिसे वे पहली बार देख रहे थे। मैंने उनकी जिज्ञासा को भाँपकर किताब को इस तरह थाम लिया कि सभी उसे आराम से देख सकें। फिर मैंने बच्चों को बताया कि यह किताब मैं उनके लिए ही लाया हूँ। मैंने किताब का नाम बताया। किताब का नाम बताते हुए मैंने उँगली के इशारे से दिखाया कि वह नाम मैं कहाँ से पढ़ रहा हूँ। बच्चों को जैसे ही पता चला कि यह किताब मैं उनके लिए लाया हूँ, वे सब उसे लेने के लिए उतावले हो उठे। पर किताब एक थी और बच्चे पचास। मैंने उन्हें शान्त करने की कोशिश की और सुझाव दिया कि पहले मैं उन्हें कहानी पढ़कर सुना देता हूँ। बाद में सबको बारी–बारी से किताब मिल जायेगी। मेरे मस्तिष्क में बहुत तेज़ी–से आगे की योजना बनती जा रही थी।

मैंने कहानी को पढ़कर सुनाना शुरू किया। मैं कोशिश कर रहा था कि मेरी आवाज़ इतनी ऊँची हो कि सभी बच्चों तक पहुँच जाये और मैं इतना जल्दी–जल्दी न पढ़ दूँ कि कहानी का आनन्द ही ख़त्म हो जाये। बच्चे भी मन्त्रमुग्ध होकर कहानी सुन रहे थे। कहानी सुनाते–सुनाते मैं बच्चों को चित्र भी दिखाता जा रहा था। कोई–कोई बच्चा तो कहानी में इतना खो गया था कि अपना मुँह बन्द करना तक भूल गया! इसी जादू भरे माहौल में मैं कहानी की अन्तिम पंक्ति तक पहुँच गया– "फिर वे चले चिड़ियाघर के और जानवरों से मिलने।"

अब जाकर बच्चों का सम्मोहन टूटा और वे ख़ुद–ब–ख़ुद तालियाँ बजाने लगे। तालियों का शोर कुछ कम हुआ तो कुछ बच्चों ने फिर से कहानी सुनने की इच्छा ज़ाहिर की। जब बच्चों को कोई कहानी अच्छी लगती है

तो वे उसे फिर से सुनना चाहते हैं। मैंने बच्चों से कहा, "मैं कल फिर से यह कहानी सुनाऊँगा, पर अभी कुछ और मज़ेदार काम कर लेते हैं। इस कहानी का जो हिस्सा आपको सबसे अच्छा लगा, आप उसका चित्र बनाइए।"

मैं कहानी की वजह से बने माहौल को बरक़रार रखना चाहता था, इसलिए मैंने कहानी से सम्बन्धित चित्र ही बनाने के लिए कहा था। पूरी कक्षा चित्र बनाने में जुट गयी। इस दौरान मैं बच्चों के पास जाकर उनके साथ बातचीत करने लगा कि वे क्या बना रहे हैं और क्यों। साथ–साथ मैं आगे की योजना भी बनाता जा रहा था। जब सबने अपने चित्र बना लिए तो मैंने बच्चों से कहा, "अब आप अपने–अपने चित्र पर अपना नाम लिखकर सामने वाली दीवार पर लगा दीजिए।" जिन बच्चों को अपना नाम लिखना नहीं आता था, मैंने उन्हें उनके नाम लिखकर बता दिये जिन्हें उन्होंने अपने हिसाब से अपने चित्र पर लिख लिया। जल्दी ही पूरी दीवार चित्रों से भर गयी। सब बच्चे अपने चित्रों को भी गर्व से देख रहे थे और अपने दोस्तों के चित्रों को भी!

इसके बाद वह पुस्तक कई दिनों तक कई हाथों में गयी। बच्चे एक–दूसरे को कहानी 'पढ़कर' सुना रहे थे। लेकिन यह परम्परागत रूप में पढ़ना नहीं था बल्कि वे चित्रों, याद और अपने अनुमान की सहायता से कहानी को पढ़कर सुना रहे थे। इस प्रक्रिया में सुनने वालों और सुनाने वालों को पूरा आनन्द आ रहा था। यह उनके 'पढ़ने' की पहली सीढ़ी थी।

बच्चों के लिए उपयुक्त पुस्तकों के चयन की कसौटियाँ

मैंने अनुभव किया कि शायद पहली बार कक्षा का प्रत्येक बच्चा कक्षा में हो रही गतिविधि में पूरी तल्लीनता से शामिल था। इसलिए मैंने आगे भी कहानियों का उपयोग करने का फ़ैसला कर लिया। अब मेरे सामने कई सवाल थे। कहानियों की पुस्तकें कहाँ से लाऊँ? कौन–सी पुस्तकें लाऊँ? उन्हें सब बच्चों को कैसे दूँ? दूँ या न दूँ? आदि।

मेरे पास घर पर कहानियों की कुछ पुस्तकें रखी थीं। मैं उन्हें कक्षा में ले आया। जब वे कहानियाँ उन्हें सुनायीं तो बच्चों ने उनमें से कुछ कहानियाँ तो पसन्द कीं, लेकिन कुछ उन्हें पसन्द नहीं आयीं। तो मैंने अपनी जेब से कुछ किताबें ख़रीदने का फ़ैसला किया। पुस्तकें ख़रीदने के लिए मैंने अनजाने में ही कुछ निर्णय कर लिए जो मेरे अनुभव (विशेष रूप से बचपन के अनुभव) और सहज–बोध से उपजे थे।

किसी भी पुस्तकालय, पुस्तक मेले या पुस्तक भण्डार में चले जाइए। आप पायेंगे कि हज़ारों पुस्तकें उपलब्ध हैं जो दावा करती हैं कि वे बच्चों के लिए लिखी गयी हैं। उनमें कुछ अच्छी होंगी पर ज़्यादातर बचकानी और बेकार ही होंगी। सच्चाई यह है कि बच्चों के लिए अच्छी किताबें चुनना कोई 'बच्चों' का खेल नहीं है।

छोटे बच्चों के लिए कौन–सी पुस्तक 'अच्छी' कही जा सकती है?

मेरे विचार से इस प्रश्न का उत्तर बहुत ही सरल है–वह पुस्तक जिसे बच्चे पढ़ना चाहते हैं।

लेकिन कई बार हम बच्चों को ज़बरदस्ती कोई पुस्तक पढ़ने पर मजबूर करने लगते हैं भले ही वह बच्चों को बिल्कुल नापसन्द हो क्योंकि हमें लगता है कि इससे उनकी 'जानकारी' बढ़ेगी या उनमें 'अच्छी आदतों' का विकास होगा। इस तरह की विचारधारा का बहुत विध्वंसात्मक असर होता है। सबसे पहले तो, इससे बच्चों की पढ़ने की इच्छा समाप्त हो जाती है। दूसरे, पुस्तकों के प्रति उनमें अरुचि का भाव पैदा हो जाता है। इसलिए बच्चों के लिए उपयुक्त पुस्तकें चुनने के लिए मैंने कुछ बातों का विशेष ध्यान रखा।

किताब की विषयवस्तु : मोटे तौर पर विषयवस्तु का अर्थ है कि वह पुस्तक किस बारे में है। उदाहरण के लिए लोक–कथाएँ, दोस्ती, खेल आदि। छोटे बच्चों के लिए रोज़मर्रा की समस्याएँ और घटनाएँ पुस्तक का विषय हो सकती हैं। उदाहरण के लिए, स्कूल से घर लौटते समय रास्ते में मिलने वाले कुत्ते से डर लगना। मैंने ऐसी विषयवस्तु की पुस्तकें चुनीं जो सीधे–सीधे बच्चों के अनुभवों से सम्बन्धित थीं। सभी पुस्तकें उनके आयु–वर्ग के अनुसार हों, मैंने यह प्रयास किया। मेरी कोशिश यह थी कि कहानियाँ बहुत अधिक लम्बीं या जटिल न हों और उनमें बहुत ज़्यादा घटनाएँ या पात्र न हों।

चित्र : प्रत्येक बच्चे को चित्र अच्छे लगते हैं। चित्र ही वह तत्त्व है जो बच्चों की पुस्तकों को जादुई प्रभाव देता है और बच्चों के लिए पुस्तकों को आकर्षक बनाता है, विशेष रूप में छोटे बच्चों को। इसलिए बच्चों के लिए पुस्तकें चुनते समय मैंने उन पुस्तकों के चित्रों पर भी ध्यान दिया।

छोटे बच्चों की पुस्तकों में बहुत सारे चित्र होने चाहिए। केवल पुस्तक में सुन्दर–सुन्दर चित्र होना ही पर्याप्त नहीं है। चित्र और शब्द एक–दूसरे के पूरक होने चाहिए। चित्र कथानक और पुस्तक की भावना से संगत हों

और उसमें कुछ नयी बात जोड़ते हों, न कि उससे ध्यान भटकाते हों। चित्रों में किसी क़िस्म के पूर्वाग्रह नज़र नहीं आने चाहिए।

बच्चों की ज़्यादातर पुस्तकों में केवल कामचलाऊ चित्र दिये जाते हैं, यह सोचकर कि बच्चों को क्या पता चलेगा अच्छे और बुरे चित्र का या क्या फ़र्क़ पड़ता है चित्र से, कहानी तो अच्छी है! लेकिन जो बाल–साहित्य के प्रति गम्भीर प्रकाशक हैं, वे चित्रों की ओर भी उतना ही ध्यान देते हैं जितना वे पुस्तक की विषयवस्तु पर देते हैं। इसलिए कुछ प्रयास करने से मुझे भी उपयुक्त चित्रों वाली पुस्तकें मिल ही गयीं।

नैतिक मूल्य : सदियों से कहानियों को नैतिक शिक्षा का माध्यम भर समझा जाता रहा है। आमतौर पर हर 'बड़ा' जब किसी बच्चे के लिए कोई कहानी की किताब चुनता है तो उसकी यह जानने की तीव्र इच्छा होती है कि उस पुस्तक की कहानियों से शिक्षा मिलती है या नहीं।

मेरा यह मानना है कि इस विषय में हमें इतना चिन्तित होने की ज़रूरत नहीं है क्योंकि हर अच्छी पुस्तक में एक नहीं, अनेकों मूल्य गुँथे रहते हैं। बल्कि जब हम किसी मूल्य की ओर ज़बरदस्ती बच्चों का ध्यान आकर्षित करवाते हैं तो इससे यह ख़तरा हो जाता है कि बच्चा फिर बाक़ी मूल्यों की ओर ध्यान तक नहीं दे पाता। दूसरी ओर, यह भी ज़रूरी नहीं कि 'बड़े' जिन मूल्यों की ओर बच्चों का ध्यान ज़बरदस्ती आकर्षित करवा रहे हैं, वे उस आयु के बच्चों की आवश्यकता हों ही।

मेरी बात का सीधा–सा मतलब यह है कि कहानी के सन्देश को अलग से उभारने के बजाय उसी में निहित करके समग्र रूप में देखना चाहिए। बच्चों की बहुत–सी पुस्तकें दोस्ती, मिलकर काम करना, मुश्किलों को हल करना, सहिष्णुता जैसे मूल्यों को प्रस्तुत करती हैं।

यदि कहानी में सीख देने के लिए कृत्रिम परिस्थितियाँ गढ़ी गयी हैं तो बच्चे इस बात को महसूस कर लेंगे कि असल ज़िन्दगी में ऐसा नहीं हो सकता। इसलिए 'मेरी प्रिय नैतिक कहानियाँ' या 'सर्वश्रेष्ठ शिक्षाप्रद कहानियाँ' जैसी पुस्तकें बच्चों के लिए सबसे अधिक नीरस और उबाऊ साबित होती हैं। न ही इन्हें पढ़कर बच्चों का नैतिक विकास होने की सम्भावना है। वास्तव में बच्चों की बारीक़ नज़र किसी कहानी में छुपी और गुँथी सीख को अपने आप ही आत्मसात कर लेती है। उन्हें कहानी के अन्त में यदि अलग से रेखांकित करके सीख देने का प्रयास किया

जाये तो वे समझ जाते हैं कि 'बड़े' कहानी के बहाने से उन्हें प्रशिक्षित करने का प्रयास कर रहे हैं।

हमें बच्चों के मस्तिष्क का आदर करना चाहिए। उनका यह अधिकार है कि वे मुद्दों के बारे में अपनी स्वयं की राय बनायें। लेखक बिना उपदेश दिये या 'ब्रेनवाश' करने का प्रयास किये केवल सकारात्मक परिस्थितियों का चित्रण करके भी सही और ग़लत की पहचान करवा सकते हैं। अब परीक्षा हम बड़ों की है कि हम बच्चों के लिए ऐसी बेहतरीन पुस्तकें खोज पाते हैं या नहीं, जिनमें लेखक ने बिना उपदेश की मुद्रा में आये सही मार्ग दिखा दिया हो।

गुणवत्ता के कुछ और पैमाने : पुस्तक की छपाई की गुणवत्ता, रंग, अक्षरों का आकार, इस्तेमाल किया गया फॉण्ट, काग़ज़ और जिल्द की मज़बूती आदि कुछ ऐसे पक्ष हैं जो किसी पुस्तक को बेहतर या बदतर बना सकते हैं। मैंने कोशिश की कि जो पुस्तकें मैं ले रहा हूँ, उनका काग़ज़ ऐसा हो जो आसानी से फट न जाये। वह इतना पतला भी न हो कि पीछे छपी हुई सामग्री नज़र आये। छपाई साफ़–सुथरी हो और चित्रों या अक्षरों की स्याही फैली हुई न हो। अक्षरों का आकार इतना बड़ा हो कि पढ़ते हुए बच्चों की आँखों पर ज़ोर न पड़े। पुस्तक का आकार इतना बड़ा हो कि बच्चों को उसे पढ़ने, पकड़ने और सँभालने में दिक्क़त न हो।

सीमाएँ

एक शिक्षक के रूप में मेरा उद्देश्य था कि मैं बच्चों की मित्रता पुस्तकों से करवाऊँ। इसलिए मैंने अधिक से अधिक संख्या में ऐसी पुस्तकें कक्षा में लाने का प्रयास किया जो सभी को अच्छी लगें। अगर बच्चों की पसन्द या नापसन्द से किताबें चुनी जा रही हैं तो यह भी सम्भव है कि कोई पुस्तक अधिकतर बच्चों को पसन्द न आ रही हो लेकिन एक–दो बच्चों को बहुत अच्छी लगे। यह भी सम्भव है कि कोई पुस्तक बहुत अच्छी हो, गुणवत्ता के सभी पैमानों पर खरी उतरती हो लेकिन उसे पसन्द करनेवाला कोई बच्चा कक्षा में मौजूद न हो!

यदि बच्चे किसी अच्छी पुस्तक को पसन्द नहीं कर रहे हैं तो इसके कई कारण हो सकते हैं। उदाहरण के लिए, पुस्तक का विषय उनके मानसिक स्तर और रुचि के दायरे से बाहर का हो सकता है,

पुस्तक का विषय उनके अनुभव–संसार से बाहर का हो सकता है आदि। ऐसी स्थिति में प्रतीक्षा करना सर्वोत्तम मार्ग हो सकता है।

हो सकता है कि पाँच–छह पुस्तकों को पढ़ने के बाद बच्चा स्वयं उस पुस्तक को पढ़ने की इच्छा प्रकट कर दे जिस पर उसने पहले नज़र तक नहीं डाली थी।

सम्भवतः बच्चों की हर किताब उत्कृष्टता के हर मानक को पूरा नहीं कर सकती। कई बार कोई पुस्तक आपको इतनी पसन्द आ जाती है कि उसकी एक–दो कमियों पर आप ध्यान नहीं दे पाते। इसलिए कई मामलों में, एक विशेष पुस्तक का चुनाव करते हुए मुझे कुछ पहलुओं को नज़रअन्दाज़ करना पड़ा। हालाँकि मैंने पूरा प्रयास किया कि मैं बच्चों की पसन्द की पुस्तकें कक्षा में ला सकूँ, लेकिन फिर भी कुछ पुस्तकें किसी बच्चे को पसन्द नहीं आयीं। इससे मुझे बच्चों की रुचि की और गहरी समझ हासिल हुई।

कक्षा पुस्तकालय की स्थापना

अब समस्या यह थी कि उन पुस्तकों को कक्षा में रखा कैसे जाये। कक्षा में एक अलमारी थी, लेकिन मैं चाहता था कि पुस्तकें बच्चों की नज़रों के सामने रहें ताकि वे जब चाहे किसी भी पुस्तक को उठाकर उसके पन्ने पलट सकें। लेकिन यदि पुस्तकों को अलमारी में न रखा गया तो पुस्तकों को नुक़सान पहुँच सकता है। मैंने इस उलझन का हल निकाला साधारण–सी सुतली से। मैंने कुछ सुतलियों को कील से कक्षा के एक कोने से दूसरे कोने तक बाँध दिया और पुस्तकें लटकाने के लिए स्थान बना लिया। अब मैं रोज़ दोपहर अलमारी से बच्चों की किताबें निकालता और शाम को वापस रख देता।

इस जतन के कई लाभ हुए। बच्चे पुस्तकों को लगाव की नज़र से देखने लगे, ख़ुद उठकर उन्हें उतारते, सँभालते, मेरे पास लाते, पढ़कर कहानी सुनाने के लिए कहते, एक–दूसरे को अन्दाज़े से या याद के सहारे किसी किताब की कहानी सुनाते। उनमें कक्षा के प्रति अपनेपन की भावना बढ़ रही थी और किताबों से दोस्ती बढ़ रही थी।

पुस्तकों का पढ़ना सिखाने में उपयोग

भाषा का विकास उसके इस्तेमाल करने से होता है। जैसे–जैसे बच्चे में भाषा को नये–नये तरीक़ों से इस्तेमाल करने की क्षमता आती है,

वैसे–वैसे उसका आत्मविश्वास बढ़ता है और वह दुगुने उत्साह से नये भाषायी प्रयोगों और शब्दों को समझने लगता है। इसी लिहाज़ से मैं बच्चों को कक्षा में अधिक से अधिक पुस्तकें पढ़ने और उनकी शब्दावली का उपयोग करने के मौक़े दे रहा था। कभी हम किसी ख़ास या अटपटे शब्द पर बातचीत करते जैसे उड़नखटोला, कभी कहानी को आगे बढ़ाते अपनी सामूहिक कल्पना से, कभी किसी कहानी में किसी अक्षर या मात्रा वाले शब्द खोजते, कभी श्यामपट्ट पर लिखे किसी शब्द को कहानी की पुस्तक में खोजने की 'दौड़' लगाते।

प्रिंट-समृद्ध वातावरण

हमारे चारों तरफ़ 'लिखी हुई सामग्री' बिखरी रहती है। दीवारों पर, कैलेण्डर पर, पोस्टर, इश्तेहार, अख़बार आदि। और भी बहुत कुछ ऐसा है जिन पर लिखे या छपे हुए शब्द हर समय हमारी आँखों से गुज़रते रहते हैं। जब बच्चों की नज़र चारों ओर फैले हुए शब्दों पर पड़ती है तो उनकी आँखों की इन शब्दों के साथ मित्रता होने लगती है। वे शब्द अब अनजाने नहीं रहते। बार–बार देखने पर उनकी पहचान होने लगती है। फिर जब हम उन शब्दों को औपचारिक रूप से पढ़ाने की शुरुआत करते हैं तो पाते हैं कि बच्चे तो उनको पहले से जानते हैं!

पढ़ने की शुरुआत करने में सबसे अधिक सहायक है ऐसा वातावरण जिसमें बच्चों को जगह–जगह लिखी हुई सामग्री दिखाई दे। बच्चों को उस सामग्री पर बातचीत करने का मौक़ा मिले। इस वातावरण को बनाने में बाल–साहित्य की बहुत बड़ी भूमिका है। कई शोध भी सिद्ध कर चुके हैं कि यदि बच्चों को शुरू से ही आकर्षक पुस्तकें मिलें तो उनकी पढ़ने–लिखने की कुशलता बढ़ती है। कक्षा में पुस्तकों के रूप में जो बाल–साहित्य बच्चों की पहुँच में था, उसके अतिरिक्त मैंने पोस्टरों के रूप में भी दीवारों पर कविताएँ प्रदर्शित कर दीं। बच्चों के द्वारा रची गयी सामग्री भी पढ़ने–लिखने का माहौल बनाने में बहुत काम आयी।

चित्र

किसी भी पुस्तक का सबसे आकर्षक भाग उसके चित्र होते हैं। चित्र बच्चों को पुस्तक बार–बार उठाने और खोलने के लिए प्रेरित करते हैं। एक शिक्षक के रूप में मैंने चित्रों को अपना सर्वश्रेष्ठ सहायक पाया।

मैंने महसूस किया कि चित्रों पर बातचीत करना, उन पर आधारित गतिविधियाँ करवाना, चित्र में दिखायी गयी घटनाओं के बारे में कहानी या संवाद बनवाना जैसी अनेक गतिविधियाँ पढ़ना–लिखना सिखाने का अचूक औज़ार हैं।

शब्द

छोटे बच्चों को शब्दों से खेलने में मज़ा आता है। समान ध्वनि वाले शब्द, अटपटे शब्द, जैसे अगड़म–बगड़म, भड़क–भड़क आदि उन्हें आकर्षित करते हैं। भले ही 'बड़ों' के लिए उन शब्दों के अर्थ अधिक महत्त्व रखते हैं, पर बच्चों के लिए उनकी ध्वनि भी उतना ही महत्त्व रखती है। इन ध्वनियों की सुन्दरता बच्चों को लुभा लेती है। मैंने देखा कि ऐसी ध्वनियों वाली रचनाओं से बच्चों को पढ़ना–लिखना सीखने में भी मदद मिलती है। इन रचनाओं में जब कुछ शब्द बार–बार दोहराये जाते हैं, तो बच्चों के मस्तिष्क पर उनकी छाप अंकित हो जाती है।

गतिविधियाँ

पुस्तकों की सहायता से पढ़ना सिखाने के लिए मैंने ऊपर उल्लिखित गतिविधियों के साथ–साथ अन्य अनेक गतिविधियाँ नियमित रूप से कक्षा में आयोजित करवायीं। उदाहरण के लिए, कहानी–कविताओं की अभिनय–सहित प्रस्तुति करना, कहानी–कविता की रचना करना, पढ़ी गयी रचनाओं पर चर्चा करना, किसी चित्र के आधार पर कहानी का अनुमान लगाना या कहानी की रचना करना, किसी पुस्तक की किसी अन्य पुस्तक से तुलना करना, कहानी की पुस्तक का सामूहिक निर्माण करना, एक–एक वाक्य बोलकर/पढ़कर कहानी पूरी करना आदि।

ये गतिविधियाँ बच्चों को केवल लिखना–पढ़ना सिखाने–भर के लिए नहीं थीं, बल्कि वे बच्चों को उनके आसपास की दुनिया को समझने में भी मदद कर सकें, यह प्रयास था मेरा। मेरा प्रयास था कि इन गतिविधियों के माध्यम से बच्चे आपस में बातें करें, अपने विचार दूसरों के सामने रखें, बहस करें, अपने अनुभव सुनायें, दूसरों की बातों का समर्थन या विरोध करें, अपनी बात को सिद्ध करने के लिए उदाहरण दें, कल्पना से बातें गढ़ें, अनुमान लगायें, मिलकर काम करें।

इन गतिविधियों को मैं सामूहिक रूप में करवाता था ताकि काम आसानी से और ज़्यादा बेहतर रूप से किया जा सके। समूह में काम करते हुए बच्चे एक–दूसरे की मदद कर सकते हैं, बातचीत कर सकते हैं, एक–दूसरे से सीख सकते हैं और मिलकर काम करने के उचित तौर–तरीक़े समझ पाते हैं। साथ ही, इससे कई व्यावहारिक दिक्क़तों से भी छुटकारा मिल जाता है, जैसे रंगों या सामग्री की कमी, कक्षा में बच्चों की अधिक संख्या, स्थान की कमी, पुस्तकों की अपर्याप्तता आदि।

कई बार किसी गतिविधि में बच्चे ऐसे–ऐसे कौशलों का प्रदर्शन कर देते कि मैं हैरानी से भर उठता। उदाहरण के लिए, एक कहानी में बच्चों को एक शेरनी के खाली समय के लिए कुछ काम सुझाने थे। बच्चों ने इस समस्या के ये जवाब दिये– 'घूमना, खाना, शिकार करना, दौड़ना आदि।'

अब ज़रा विचार कीजिए कि बच्चों ने उत्तर देने के लिए किन–किन कौशलों का इस्तेमाल किया। उन्होंने उत्तर देने से पहले सोचा होगा कि शेरनी कौन–कौन से काम कर सकेगी और कौन–कौन से नहीं कर सकेगी। वह कौन–कौन से काम करना चाहेगी और कौन–कौन से नहीं। वह कहाँ रहती होगी? वहाँ कौन–कौन से काम सम्भव होंगे?

उन्होंने अपने आसपास से मिले अनुभवों के आधार पर और अपनी कल्पना के आधार पर इन प्रश्नों का उत्तर खोजा होगा। इतना सब करने में उन्हें केवल कुछ सेकेंड लगे होंगे। तर्क, विश्लेषण, कल्पना, वर्गीकरण, सम्बन्ध–स्थापना, उदाहरण देना, अनुमान लगाना, एक स्थिति का दूसरी स्थिति पर आरोपण करना आदि अनेक कौशल ऐसे हैं जिनका लाभ और प्रयोग पढ़ना–लिखना सीखने में होता है। इनका सीधा असर पड़ता है किसी भी व्यक्ति की पढ़ने और समझने की कुशलता पर। पर आप इन कौशलों को देख नहीं सकते, केवल इनके प्रभावों को महसूस कर सकते हैं।

बाल–साहित्य की सहायता से पढ़ना सिखाने की प्रक्रिया–पुनरावलोकन

अब तक मैंने अपने विभिन्न अनुभवों द्वारा बच्चों को पढ़ना सिखाने के बारे में जो बातचीत की है, उसे एक बार संक्षेप में दोहरा लेते हैं।

प्रारम्भ में मैंने बच्चों को कक्षा और स्कूल के माहौल में रचने–बसने का अवसर दिया। बच्चों के साथ बातचीत करना, उनको अपने अनुभव सुनाना, कविता–कहानी सुनाना और उनके अनुभव और कल्पनाएँ सुनना आदि कुछ ऐसी गतिविधियाँ हैं जिन्होंने बच्चों और मेरे रिश्ते को मज़बूती प्रदान की।

बच्चों के साथ खेल खेलना भी इसमें सम्मिलित है। बाल–साहित्य की पुस्तकों में दिये गये चित्र, कहानियाँ और कविताएँ भी इस काम में मदद करते रहे। मैंने चित्रों के साथ दिये शब्दों को पढ़कर सुनाया। इससे बच्चों को एहसास हुआ कि किसी भी कही हुई बात का एक लिखित रूप होता है जिसे पढ़ा जा सकता है। उनमें स्वयं भी पढ़ सकने की आकांक्षा का जन्म हुआ। कुछ बच्चे पढ़ने का अभिनय करने लगे। वे शब्दों पर उँगली रखकर कविता गाते और अपने दोस्तों को जताते कि वे पढ़ रहे हैं। यह मेरी और उनकी एक बड़ी उपलब्धि थी।

कुछ समय बाद मैंने देखा कि कविता गाते–गाते जब मैं किसी शब्द पर रुक जाता तो बच्चे उसे पूरा कर देते। जब मैं कविता का कोई शब्द बदल देता तो बच्चे उस अन्तर को पकड़ लेते।

जब मैं गतिविधियाँ करवाने के लिए शब्दों को पढ़कर सुनाता, बच्चों का ध्यान उन शब्दों पर जाता। धीरे–धीरे बच्चे बिना चित्रों के भी कुछ शब्दों को पहचानने लगे। अब इस क्षमता को और अधिक विस्तार देने का समय आ गया था। मैं बच्चों को एक ही ध्वनि से शुरू होने वाले शब्द दिखाता। उस ध्वनि की पहचान करवाता। इसके अलावा, कक्षा में बच्चों को श्यामपट्ट पर अपना नाम लिखने के लिए कहता।

मुझे एहसास था कि बच्चों को पूरी वर्णमाला की पहचान पहले महीने में ही हो जाये, इसकी न तो ज़रूरत है और न ही यह सम्भव है। धीरे–धीरे खेल–खेल में बच्चे पूरी वर्णमाला की पहचान कर सकेंगे।

अब उन्होंने टोलियाँ बनाकर स्वतन्त्र रूप से कार्य करना शुरू कर दिया था। वे आपस में मिलकर कोई कहानी या कविता पढ़ते और गढ़ते। मैं बच्चों को एक–दूसरे की सहायता करने और सहायता लेने को प्रोत्साहित करता क्योंकि मेरा मानना था कि बच्चे एक–दूसरे को बतायेंगे, सुनायेंगे, पूछेंगे और बहुत कुछ सीखेंगे। ज़रूरत पड़ने पर मैं भी मदद करता लेकिन किसी समस्या का समाधान बताने के बजाय मैं कोशिश करता कि उस समाधान तक पहुँचने का रास्ता सुझा दूँ।

उदाहरण के लिए, एक बार कोई भी बच्चा 'झटपट' शब्द को नहीं पढ़ पा रहा था। मुझे पता था कि उस टोली को झ की पहचान नहीं हुई है। मैंने यह संकेत दे दिया– "हमने पिछले हफ़्ते एक कविता पढ़ी थी 'झूला' (उसका नाम सोचो)।"

एक बार एक कहानी की पुस्तक में एक शब्द आया 'रस्साकशी'। मुझे यह जानकर बहुत हैरानी हुई कि किसी बच्चे को इसका मतलब नहीं पता था। जब बच्चे पढ़ना सीख रहे होते हैं, तो उस समय वे परिचित शब्दों को जल्दी पढ़ लेते हैं, अपरिचित शब्दों पर अटक जाते हैं। बच्चे रस्साकशी का मतलब नहीं जानते थे इसलिए उसे पढ़ने में भी उन्हें दिक्क़त हो रही थी। इसलिए मुझे यह ज़रूरी लगा कि इस शब्द से उन्हें अच्छी तरह परिचित करवा दिया जाये। इसके लिए सबसे बढ़िया उपाय था बच्चों में रस्साकशी करवाना।

स्कूल में रस्सा ढूँढ़ा, लेकिन मिला नहीं। तो बच्चों की बाँहों से ही रस्से का काम ले लिया। बच्चों को मैदान में लाया और दो टोलियाँ बना दीं। तीन–चार बार रस्साकशी करवायी बिना असली रस्से के। सबको ख़ूब मज़ा आया। क्लास में लौटे और दुगने उत्साह से पढ़ाई फिर से शुरू हो गयी। इस पूरे खेल में मुश्किल से 10 मिनट लगे।

अब तक बच्चे अनेक शब्दों और अक्षरों को पहचानने लगे थे। उनकी शब्दावली बढ़ रही थी, पढ़ने की गति बढ़ रही थी। कुछ अनुमान से, कुछ पूर्वज्ञान से और कुछ सहायता से वे अपनी पसन्द की कहानियाँ पढ़ने लगे थे। सबसे बड़ी बात यह थी कि अब बच्चे जो भी पढ़ रहे थे, वे उसे समझकर पढ़ रहे थे। भले ही किसी अनजाने शब्द पर वे अटक जाते हों और उसे जोड़–तोड़ कर पढ़ लेते हों, पर जब मैं पढ़ी हुई रचना पर बातचीत करता तो पाता कि बच्चे का ध्यान केवल किसी तरह पढ़कर अपनी बारी ख़त्म कर लेने में और जोड़–तोड़ करने में ही नहीं था बल्कि जो कुछ उसने पढ़ा है, उसे समझा भी है। यही सफलता है पढ़ना सिखाने में बाल–साहित्य के उपयोग की।

इस पूरे सफ़र के दौरान मुझे कुछ दिक्क़तों का भी सामना करना पड़ा जिनमें से अधिकतर का समाधान मैंने खोज लिया। उदाहरण के लिए, सामग्री और संसाधनों की कमी। जैसा कि मैंने चर्चा की थी, इस चुनौती का उपाय मैंने सामूहिक गतिविधियों के रूप में निकाला। लेकिन कुछ समस्याएँ ऐसी थीं जिनके उपाय तुरन्त मिलना सम्भव नहीं था। उदाहरण के लिए, इस तरीक़े में, प्रत्येक बच्चा अपनी गति और अपने तरीक़े से पढ़ रहा होता है। इसलिए किसी एक पैमाने से उनका आकलन करना सम्भव नहीं था, जिसकी अपेक्षा 'व्यवस्था' को होती है।

साथियों की प्रतिक्रियाएँ

जब मैंने कक्षा में पुस्तकालय की स्थापना की तो सभी शिक्षक साथियों के लिए यह अचरज और उपेक्षा का विषय था। वे कक्षा में आते, देखते और उनके भाव जता देते कि 'हम ऐसे चक्करों में नहीं पड़ते' या 'नया–नया जोश है, कुछ दिनों में ठण्डा हो जायेगा' लेकिन प्रधानाध्यापक हमेशा हर प्रयास को नैतिक समर्थन देते थे। फिर जब शिक्षक साथियों ने देखा कि मेरी कक्षा के बच्चे नियमित रूप से स्कूल में आने लगे हैं, हँसने लगे हैं, पढ़ने लगे हैं तो उन्होंने अधिकारपूर्वक कहना शुरू किया– 'भाई, हमारी क्लास में भी किताबें दे दिया कर पढ़ने के लिए!' उनकी इस माँग को मैंने तुरन्त स्वीकार कर लिया। हालाँकि मैं उनकी कक्षा में सदैव उपस्थित रहकर सभी गतिविधियाँ नहीं करवा सकता था, फिर भी इसका यह लाभ हुआ कि उन कक्षाओं के बच्चे भी पुस्तकों का आनन्द लेने लगे। जो बच्चे पढ़ना नहीं जानते थे, वे सुनकर आनन्द ले लेते थे।

एक साथी अध्यापिका ने मेरे प्रयोगों को अपनी कक्षा में दोहराने के लिए मेरी सहायता की इच्छा जतायी। मैंने उन्हें पूरा सहयोग दिया और उनकी कक्षा में भी कक्षा–पुस्तकालय की स्थापना हो गयी।

चुनौतियाँ

जिन महोदय के पास उस धूल भरी अलमारी की चाबी थी, वह फिर भी उन्हीं के पास रही। वह अलमारी विभागीय आदेश के बाद भी खुल नहीं सकी। इसका कारण शायद यह भी था कि सरकारी पुस्तकों के खोने या फटने पर इंचार्ज महोदय को अपनी जेब से मूल्य चुकाना पड़ता लेकिन ख़ुशी की बात यह है कि आज दिल्ली में यह नियम नहीं है।

इस स्थिति का एक पहलू और भी है। यदि वह अलमारी बच्चों के लिए खुल भी जाती तो भी उसमें बच्चों के पढ़ने के लिए ख़ास कुछ नहीं मिलता क्योंकि सरकारी ख़रीद में आज भी बच्चों के लिए उपयुक्त साहित्य की विशेषताओं को ध्यान में नहीं रखा जाता और अधिकांश पुस्तकें नीरस और बच्चों के आयु–वर्ग से बहुत ऊपर की होती हैं।

बच्चों के लिए अच्छे बाल–साहित्य के अभाव का एक बड़ा कारण इससे जुड़े लोगों की उदासीनता और अनभिज्ञता भी है। इस वर्ग में साहित्यकार, शिक्षक, अभिभावक, प्रकाशक, सरकारी नीति–निर्माता और अधिकारी वर्ग, सभी सम्मिलित हैं। इस उदासीनता और अनभिज्ञता को

दूर किया जा सकता है यदि अच्छे बाल–साहित्य के बारे में जागरूकता बढ़ाने की कोशिश की जाये और बाल–साहित्य और पढ़ने को लेकर बड़े पैमाने पर शोधों को प्रोत्साहित किया जाये।

हालाँकि बहुत–सी संस्थाएँ आजकल बाल–साहित्य के महत्त्व को समझते हुए इसके उपयोग पर बल देने लगी हैं लेकिन शिक्षकों और अभिभावकों का एक बड़ा वर्ग इनसे अभी भी दूरी बनाये हुए है। इसके कई कारण हो सकते हैं जैसे, नये तरीक़ों के प्रति अविश्वास, परम्परागत धारणा कि पाठ्यपुस्तक ही सफलता के लिए आवश्यक है, पाठ्यपुस्तक पद्धति की सरलता आदि।

निष्कर्ष

अब हम इस यात्रा के अन्तिम पड़ाव पर आ गये हैं। यह यात्रा मैंने शुरू की थी एक़ अनुभवहीन अध्यापक के रूप में जिसके पास पढ़ना सिखाने का एक ऐसा मार्ग था जो प्रचलित था लेकिन उस पर चलकर सभी बच्चे पढ़ना सीख नहीं पाते थे। मैंने नये रास्ते बनाये भी और खोजे भी ताकि वे बच्चे भी आगे आ सकें, पढ़ने और पढ़ाई से जुड़ सकें जो आमतौर पर हाशिये पर रहकर स्कूल का रास्ता ही छोड़ देते हैं। इस खोज यात्रा में मैंने बच्चों को अपने साथ पुस्तकों के संसार में ले जाने का कार्य तो सम्पन्न किया ही, उन्हें पढ़ना सिखाने में भी सफलता प्राप्त की। मैं अपनी कक्षा में कहानियों के उपयोग से पढ़ना–लिखना सिखा सका, इसका एक पहलू यह भी है कि मुझे बचपन से ही कहानियों की पुस्तकें पढ़ने का शौक़ था, इसलिए मुझे इस प्रयोग की सफलता में विश्वास भी था। अर्थात, यदि जीवन में एक बार पुस्तकों से मित्रता हो जाये तो इस मित्रता का टूटना अत्यन्त कठिन होता है।

बाल–साहित्य से मुझे न केवल बच्चों की दुनिया में शामिल होने का मौक़ा मिला बल्कि उनको समझने और उनकी पसन्द–नापसन्द को समझने का भी मौक़ा मिल गया। मेरे इन अनुभवों के आधार पर मैं यह विश्वासपूर्वक कह सकता हूँ कि जो मेरी कक्षा में सम्भव हुआ, वह किसी भी कक्षा में सफलतापूर्वक दोहराया जा सकता है बल्कि सम्भव है कि इस समय भी दोहराया जा रहा हो।

सन्दर्भ सूची

1. बाल भारती–भाग–1, एन.सी.ई.आर.टी.
2. गिजुभाई, *दिवास्वप्न*, नयी दिल्ली : राष्ट्रीय पुस्तक न्यास
3. कुमार, कृष्ण, *बच्चे की भाषा और अध्यापक*, नयी दिल्ली : राष्ट्रीय पुस्तक न्यास
4. *रूपा हाथी*, नयी दिल्ली : राष्ट्रीय पुस्तक न्यास
5. एन.सी.ई.आर.टी., *रिमझिम भाग–1*, नयी दिल्ली : एन.सी.ई.आर.टी.

नोट : पर्चे में प्रस्तुत विचार लेखक के पिछले सत्रह वर्षों के अध्यापन और बच्चों के साथ उनके लगाव का परिणाम हैं। बच्चों के शिक्षण को सार्थक और रोचक कैसे बनाया जाये, इस खोजबीन में और लेखक के विचारों को मूर्त रूप देने में लेखक की सहायता अनेक पुस्तकों और बच्चों द्वारा की गयी है। लेखक उन सभी का धन्यवाद करता है।

इस विषय पर अधिक जानकारी के लिए निम्नलिखित का अध्ययन किया जा सकता है –

1. पढ़ना है समझना (पढ़ने से सम्बन्धित लेखों का संकलन), एन.सी.ई.आर.टी., नयी दिल्ली
2. पढ़ना सिखाने की शुरुआत (पढ़ने से सम्बन्धित लेखों का संकलन), एन.सी. ई.आर.टी., नयी दिल्ली
3. पढ़ने की दहलीज़ पर (पढ़ने से सम्बन्धित लेखों का संकलन), एन.सी.ई.आर. टी., नयी दिल्ली
4. एंड टर्म सर्वे रिपोर्ट, मथुरा पाइलट प्रोजेक्ट (प्रोजेक्ट रिलेटेड टू रीडिंग एंड चिल्ड्रेन लिट्रेचर), एन.सी.ई.आर.टी., दिल्ली
5. द इफ़ैक्ट ऑफ़ लिट्रेचर ऑन वॉक्युबलरी एंड रीडिंग अचीवमेंट, कोहेन, डोरोथी एच.
6. एलमेंट्री इंग्लिश, वी45 एन2 पी209–13, 217 फरवरी 1968 http://files.eric.ed.gov/fulltext/ED035653.pdf
7. द इफ़ैक्ट ऑफ़ अ लिट्रेचर–बेस्ड प्रोग्राम इंटीग्रेटेड इनटू लिट्रेसी एंड साइंस इंसट्रक्शन विद चिल्ड्रेन फ्रॉम डाइवर्स बैकग्राउंड, लेस्ली मंडेल मोरो https:@@ila-onlinelibrary-wiley-com@doi@epdf@10-1598@RRQ-32-1-4

कक्षा में बच्चों की भाषाओं को शामिल करने का महत्त्व और उसकी उपयुक्त प्रक्रिया

–शिवानी नाग

यह लेख बहुभाषी शिक्षा प्रणाली और उसके सिद्धान्तों पर किये गये एक शोध पर आधारित है। शोध का मुख्य लक्ष्य यह जानना था कि क्या केवल बच्चों की भाषा को कक्षा में किसी तरह कुछ स्थान दे देना ही पर्याप्त है, या भाषा की उपस्थिति को और भी सार्थक बनाया जा सकता है? यह शोध ओडिशा के गजपति ज़िले के दो प्राथमिक स्कूलों में किया गया था जिनमें पढ़ने वाले अधिकतर बच्चे सोरा आदिवासी समुदाय से आते हैं। प्राप्त तथ्यों के विश्लेषण पर पाया गया कि जिस स्कूल में शिक्षक, भाषा के सांस्कृतिक और संज्ञानात्मक पहलुओं से परिचित नहीं थे, वे भाषा का उपयोग केवल अनुवाद या अनौपचारिक संवाद के लिए ही कर पाते थे। इससे अलग, जिस स्कूल में शिक्षकों को यह ज्ञान था, वे भाषा का उपयोग बच्चों के प्रतिदिन के अनुभवों और उनके सांस्कृतिक परिवेश को शैक्षिक सिद्धान्तों से जोड़ने के लिए भी करते थे। यह लेख भाषा और अकादमिक संकल्पनाओं के विकास के बीच के रिश्ते को समझने का भी प्रयास करता है।

सार

यदि हम मानते हैं कि शैक्षिक अवधारणाओं की नींव बच्चों को रटाकर नहीं बल्कि उनके अनुभवों से जोड़कर ही स्थापित की जा सकती है, तब हम यह भी समझ पायेंगे कि इस पूरी प्रक्रिया में भाषा की भूमिका कितनी महत्त्वपूर्ण है। अपने अनुभवों के बारे में सोचने या उन्हें व्यक्त करने के लिए भाषा की ही ज़रूरत पड़ती है, और अगर वह भाषा जिसमें 4–5 साल का एक बच्चा अपने अनुभवों को जीता है, कक्षा से बाहर कर दी जाये, तो शैक्षिक अवधारणाओं को उनसे जोड़कर उनकी नींव रख पाना

लगभग नामुमकिन–सा हो जायेगा। पर बच्चों की भाषा का महत्त्व समझना इस बात को सुनिश्चित नहीं करता कि यह समझने वाले शिक्षक यह भी जानते होंगे कि बच्चों की भाषा का प्रयोग किस तरह किया जाये। यह लेख शिक्षकों का ध्यान बच्चों की बोलचाल की भाषा की शैक्षिक उपयोगिता और उसके उपयुक्त इस्तेमाल की ओर केन्द्रित करने का एक प्रयास है।

यह लेख बहुभाषी शिक्षा प्रणाली और उसके सिद्धान्तों पर किये गये एक शोध पर आधारित है जिसके मुख्य लक्ष्यों में से एक लक्ष्य यह जानने की कोशिश करना था कि क्या केवल बच्चों की भाषा को कक्षा में किसी न किसी तरह कुछ स्थान देना मात्र ही पर्याप्त है, या ऐसा हो सकता है जिससे भाषा की इस उपस्थिति को और सार्थक बनाया जा सके? यह शोध ओडिशा के गजपति ज़िले के दो प्राथमिक स्कूलों में किया गया था जिनमें पढ़ने वाले अधिकतर बच्चे सोरा आदिवासी समुदाय से आते हैं। दोनों ही स्कूल सरकार के बहुभाषी शिक्षा कार्यक्रम के अन्तर्गत शामिल थे। इन दोनों स्कूलों में अन्तर सिर्फ़ भाषा–प्रयोग की सैद्धान्तिक समझ का था। शोध के दौरान दोनों स्कूलों की पहली से तीसरी कक्षा में चल रही शैक्षिक गतिविधियों का गहन अवलोकन किया गया और साथ ही स्कूल में पढ़ा रहे शिक्षकों के साक्षात्कार लिए गये।

प्राप्त तथ्यों के विश्लेषण पर यह सामने आया कि जिस स्कूल में शिक्षक भाषा के सांस्कृतिक और संज्ञानात्मक पहलुओं से परिचित नहीं थे, वे आदिवासी बच्चों की भाषा का उपयोग केवल अनुवाद या अनौपचारिक संवाद के लिए करते थे। उनके लिए बच्चों की भाषा को कक्षा में शामिल करने का प्रयास सिर्फ़ उनका शुरुआती भय दूर करने के लिए और जहाँ उन्हें स्कूल की भाषा में समझने में दिक्क़त आये, वहाँ अनुवाद तक के लिए ही था। इससे अलग, जिस स्कूल में शिक्षकों को भाषा–संस्कृति–मानसिक और अकादमिक विकास के सम्बन्धों के बारे में ज्ञान था, वे शिक्षक भाषा का उपयोग बच्चों के प्रतिदिन के अनुभव और उनके सांस्कृतिक परिवेश को शैक्षिक सिद्धान्तों से जोड़ने के लिए भी करते थे।

इस लेख में प्रयास रहेगा कि परिणामों की जगह दोनों स्कूलों की भाषा सम्बन्धित गतिविधियों और शिक्षकों की भाषा सम्बन्धी धारणाओं पर ध्यान दिया जाये जिससे भाषा और अकादमिक संकल्पनाओं के विकास के बीच के रिश्ते को बेहतर समझा जा सके।

परिचय

भारत में सन 2001 में हुई जनगणना में लोगों द्वारा क़रीब 6,600 भाषाओं को बतौर अपनी मातृभाषा अंकित कराया गया, जिनमें से 1635 को सूचीबद्ध किया गया (मोहन्ती, 2010)। यह पाया गया कि वर्ष 2009 तक इस बहुभाषी देश में इनमें से सिर्फ़ 41 भाषाएँ ही ऐसी थीं जिन्हें बतौर शिक्षण–माध्यम स्कूलों में शामिल किया जा रहा था (एन.सी.ई.आर.टी., 2009)। यह आँकड़े कई कारणों से महत्त्वपूर्ण हैं। एक ओर जहाँ ये दर्शाते हैं कि इस देश में सैकड़ों भाषाएँ हैं, पर उन सबका स्थान एक समान नहीं है। वहीं दूसरी ओर अगर शिक्षा के सन्दर्भ में इन आँकड़ों को समझने की कोशिश की जाये तो ये मौजूदा शिक्षा प्रणाली के सामने कुछ अहम मसले खड़े करते हैं। पहला तो यह कि अगर हज़ारों मातृभाषाओं में से केवल कुछ ही स्कूली शिक्षा का माध्यम बन पाती हैं, तो इसका मतलब यह है कि अधिकांश बच्चों को जिस भाषा में शिक्षा दी जाती है, वह उनके घर में बोली जाने वाली, उनके अनुभवों को व्यक्त करने वाली भाषा नहीं है। दूसरा, पहले मसले से जुड़ा हुआ है। अगर बच्चों की घर और स्कूल की भाषा के बीच एक अन्तर है, तो एन.सी.एफ. 2005 में जिन सिद्धान्तों की बात हुई है, जिनके तहत स्कूली शिक्षा को बच्चे के अनुभव और उसके परिवेश से जोड़ा जाना चाहिए, उनका पालन एक शिक्षक कैसे कर सकता है? कोई भी शिक्षक इस अन्तर को किस तरह भरने की कोशिश कर सकता है और बच्चों के अनुभवों को अकादमिक अवधारणाओं से कैसे जोड़ सकता है? यह लेख इन्हीं सवालों के जवाब तलाशने की कोशिश करेगा।

बच्चों की भाषा और उनके परिवेश को शामिल करने का शैक्षणिक महत्त्व

एक शिक्षक द्वारा किस तरह बच्चों की भाषाओं को कक्षा में शामिल किया जा सकता है, इस पर बात करने से पहले कुछ गहराई से यह समझना आवश्यक है कि बच्चों की भाषा और उनके परिवेश को शामिल करने का शैक्षणिक महत्त्व क्या है। सवाल सिर्फ़ यह नहीं है कि शिक्षक भाषा को कक्षाओं में शामिल करें, पर ये भी है कि शामिल करने का उद्देश्य या तरीक़ा क्या होगा।

आर.टी.ई. 2009 के अधिनियम 29 (2) के अनुसार एक शिक्षक के मुख्य कार्यों में से कुछ हैं–'बच्चों के ज्ञान का निर्माण' और 'जहाँ तक सम्भव हो

शिक्षा का माध्यम बच्चों की मातृभाषा हो'। अगर हम यह समझ सकें कि ज्ञान के निर्माण की प्रक्रिया कभी भी ज्ञान के एकतरफ़ा संचरण से नहीं हो सकती तो हम महसूस कर सकेंगे कि यह दोनों कार्य एक–दूसरे से जुड़े हुए हैं। ज्ञान के निर्माण की प्रक्रिया सह–निर्माण की प्रक्रिया है जिसमें एक बच्चा मात्र ज्ञान पाने वाला न होकर ज्ञान का सह–निर्माता होता है। सह–निर्माण की इस प्रक्रिया का एक ज़रूरी पहलू है, नयी अवधारणाओं को बच्चे के मौजूदा अनुभवों से जोड़ना और नयी अवधारणाओं की नींव उसके अब तक के जीवित अनुभवों पर रचना। ध्यान में रखना अत्यन्त ज़रूरी है कि ये अनुभव सह–निर्माण की प्रक्रिया का हिस्सा तभी हो सकते हैं, जब इन्हें व्यक्त करने के अवसर कक्षा में मिल सकें। पहली बार स्कूल में दाख़िला लेते बच्चे से यह उम्मीद रखना कि वह अपने अब तक के अनुभवों को एक ऐसी भाषा में व्यक्त कर सकेगा जिसे वह पहली बार सुन रहा है या जिससे वह एक सीमित रूप से ही अवगत है, उसे एक ख़ाली स्लेट की तरह दिखने पर मजबूर कर देगा।

सामाजिक–सांस्कृतिक शिक्षा सिद्धान्तों के अनुसार भाषा केवल एक पारस्परिक संचार का माध्यम नहीं है। भाषा एक सांस्कृतिक साधन भी है जो हमारे उच्च या जटिल मानसिक कार्यों में बेहद महत्त्वपूर्ण भूमिका निभाती है (कोल और एंगस्ट्रॉम, 1993)। व्यक्ति भाषा का उपयोग न केवल दूसरे से बात करने के लिए करता है, वह अधिकतर सोचता भी किसी भाषा में ही है। बच्चा पहली बार जब कक्षा में प्रवेश करता है तो वह ख़ाली स्लेट नहीं होता। पर अगर उसके तब तक के अनुभवों को, उसकी तब तक विकसित हो चुकी समझ को और उन अनुभवों और सोच को व्यक्त करने की भाषा को कक्षा से बाहर कर दिया जाये, तो निस्सन्देह हम उसे एक ख़ाली स्लेट में तब्दील कर देंगे और उस बच्चे से ज्ञान का सह–निर्माता होने का हक़ छीन लेंगे।

आने वाले अनुभाग बच्चों की भाषा को शामिल करने की प्रक्रियाओं और बच्चों की भाषा को शामिल कर पाने या न कर पाने से जुड़े शिक्षकों के अनुभवों पर केन्द्रित हैं। जैसा कि कहा गया था ये अनुभाग एक शोध पर आधारित हैं जिसकी कार्यप्रणाली पर एक संक्षिप्त चर्चा नीचे दी गयी है।

शोध की कार्यप्रणाली

बच्चों की भाषा को शामिल करने के विविध तरीक़ों का समन्वेषण करने हेतु ओडिशा के गजपति ज़िले के गुम मण्डल के तीन ऐसे स्कूलों को चुना गया जिसमें अधिकांश संख्या सोरा आदिवासी समुदाय के बच्चों की थी और जिनमें से दो स्कूलों में आदिवासी बच्चों की भाषा को शामिल करने हेतु, बहुभाषी शिक्षा प्रणाली का कार्यान्वयन हो रहा था। इन दोनों स्कूलों में पहली से पाँचवीं कक्षा तक स्कूली शिक्षा का माध्यम दो भाषाएँ थीं– स्कूल में पढ़ रहे आदिवासी बच्चों की मातृभाषा 'सोरा' और ओडिशा की आधिकारिक भाषा 'उड़िया'। बहुभाषी शिक्षा प्रोग्राम के तहत प्रारम्भ में माध्यम सोरा भाषा होती है, फिर दोनों एक साथ और पाँचवीं कक्षा में आते–आते शिक्षा का माध्यम उड़िया हो जाती है। बहुभाषी शिक्षा प्रणाली का पालन कर रहे दोनों स्कूलों की इस मसले पर सैद्धान्तिक समझ में फ़र्क़ था। एक स्कूल में बहुभाषी शिक्षा के 'ट्रांसमिशन मॉडल' का उपयोग होता था जिसके अनुरूप बहुभाषी शिक्षा का मुख्य उद्देश्य था बच्चों को मातृभाषा से राज्य की सरकारी भाषा तक लेकर जाना। दूसरे स्कूल में बहुभाषी शिक्षा के सामाजिक–सांस्कृतिक मॉडल का अनुसरण/उपयोग किया जाता था जिसके अनुसार बच्चों की भाषा का महत्त्व था उसका उनके दिन–प्रतिदिन से जुड़ा होना। इन स्कूलों को बहुभाषी शिक्षण प्लस कहा जाता था (पाण्डा और मोहन्ती, 2008)। यह कार्यक्रम वर्ष 2012 में समाप्त हो गया।

जो स्कूल बहुभाषी शिक्षा प्रणाली पर आधारित नहीं था, वहाँ शुरुआत से ही सोरा समुदाय के बच्चों की स्कूली शिक्षा का माध्यम भी उड़िया भाषा थी। बच्चों के परिवारों की सामाजिक–आर्थिक पृष्ठभूमि तुल्य हो, इसलिए तीनों स्कूलों को एक ही मण्डल से चुना गया। तीनों स्कूलों में कक्षा एक से तीन का निरीक्षण किया गया और साथ ही शिक्षकों के अर्ध–संरचित साक्षात्कार लिये गये। डाटा का विश्लेषण 'कंटेंट एनालिसिस' और 'डिस्कोर्स एनालिसिस' द्वारा किया गया।

कक्षा में बच्चों की भाषा

शुरुआत करते हैं उस स्कूल से, जिसमें आदिवासी बच्चों को पढ़ाने का आधिकारिक माध्यम उड़िया भाषा थी। यह उनके लिए एक ऐसी भाषा थी जिसे अधिकांश बच्चों ने पहली बार स्कूल में ही सुना था।

मातृभाषा की अनुपस्थिति में ख़ामोश कक्षाएँ

इन कक्षाओं में अधिकतर शिक्षक को बोलते हुए और बच्चों को सुनते हुए पाया गया। बच्चों की ख़ामोशी शिक्षकों को भी कुछ हद तक परेशान करती दिखती। कई शिक्षकों ने तो अपने साक्षात्कार के दौरान यह भी माना कि हालाँकि स्कूल में शिक्षा का माध्यम उड़िया भाषा थी, फिर भी वे कभी–कभी बच्चों के साथ सोरा भाषा का इस्तेमाल करते थे। जो शिक्षक स्वयं सोरा भाषा से परिचित नहीं थे, वे भी पाँचवीं या छठी कक्षा के बच्चों से मदद लेते थे। शिक्षकों के साक्षात्कार के कुछ अंश नीचे प्रस्तुत हैं :

शोधकर्ता : *आप कक्षा में कौन–सी भाषा में बात करते हैं?*

शिक्षक : *उड़िया*

शोधकर्ता : *बच्चे समझ जाते हैं?*

शिक्षक : *नहीं, समझते नहीं।*

शोधकर्ता : *तो, फिर क्या करते हैं?*

शिक्षक : *मैं सोरा में बताता हूँ। उड़िया में बोलने से पहले, सोरा में बोलना पड़ता है, जैसे सोरा में यह है और उड़िया में यह।* (नाग, 2014; 128)

एक अन्य शिक्षक ने अपने अनुभव साझा करते हुए कहा :

...मुझे बहुत थोड़ी सोरा आती है, तो उसे इस्तेमाल करने की कोशिश करता हूँ। स्कूल में दूसरा शिक्षक यहीं का है, तो उसकी भी मदद ले लेता हूँ। कभी–कभी कक्षा चार, पाँच, छह के बच्चों को भी पूछता हूँ, कक्षा एक और दो के बच्चों को समझाने के लिए। (नाग, 2014; 128–129)।

कई शिक्षक ऐसे भी थे जो यह तो मानते थे कि आदिवासी बच्चों के साथ शुरुआती सालों में उड़िया का प्रयोग करने से बच्चों को समझने में दिक्क़त होती थी, परन्तु स्वयं भाषा न जानने के कारण वे मात्र 'पिक्चर काड्र्स' (ऐसे कार्ड जिनमें तस्वीरें बनी हों) का ही प्रयोग कर पाते थे। वह यह भी जानते थे कि भाषा में दिक्क़त होने के कारण बच्चे अपनी अकादमिक समस्याएँ बता नहीं पाते थे।

ऊपर साझा किये अंशों से ज़ाहिर है कि बच्चों की घर की भाषा और स्कूल की भाषा में अन्तर होने से न केवल बच्चों को समझने में दिक्क़त आती है, कक्षा में ख़ामोशी का वातावरण भी निर्मित हो जाता है। इस ख़ामोशी के वातावरण में एक शिक्षक के लिए भी यह जानना मुश्किल हो जाता है कि बच्चे क्या और कितना समझ पा रहे हैं, या उन्हें कहाँ मदद की ज़रूरत है। इन मुश्किलों के चलते कई ग़ैर–बहुभाषी स्कूलों में भी

शिक्षक बच्चों की मातृभाषा का उपयोग करना ज़रूरी समझते हैं। शालिनी अडवाणी (2009) ने भी अपनी किताब में ऐसे कई वृत्तान्तों का उल्लेख किया है जहाँ स्कूल के अंग्रेज़ी माध्यम के होते हुए भी कक्षा में शिक्षक हिन्दी या किसी अन्य क्षेत्रीय भाषा का उपयोग करते हुए पाये जाते हैं।

यह समझते हुए कि बिना बच्चों की मातृभाषा के प्रयोग के उन्हें प्राथमिक स्तर पर अकादमिक विमर्शों में शामिल करना लगभग असम्भव–सा है, अगला सवाल यह है कि मातृभाषा का उपयुक्त प्रयोग किसे कहा जायेगा।

यह स्पष्ट है कि मातृभाषा को कक्षा में स्थान मिलने के कई तरीक़े हो सकते हैं और यह भी कि कुछ तरीक़े ज़्यादा लाभदायक हैं। यहाँ यह बताना ज़रूरी है कि जिन स्कूलों में बच्चों की मातृभाषा को औपचारिक तरीक़े से शामिल नहीं किया जाता था, वहाँ सोरा भाषा न जानने वाले शिक्षक की नियुक्ति किये जाने की सम्भावना भी ज़्यादा थी। इस वजह से कई शिक्षक जो मातृभाषा की महत्ता जानते भी थे, वे भी आदिवासी बच्चों के साथ उनकी भाषा में बात नहीं कर पाते थे। कक्षा पाँच–छह के बच्चों से जो मदद ली जा सकती है, वह सिर्फ़ अनुवाद या सीमित स्पष्टीकरण तक सीमित थी क्योंकि उन बच्चों का ख़ुद का अवधारणात्मक विकास अभी पूर्ण तरीक़े से नहीं हो पाया था। एक अहम दिक्क़त, जो बच्चों की भाषा की अनुपस्थिति से उनके सामने आ रही थी, वह थी शैक्षिक अवधारणाओं को बच्चों के अनुभवों से जोड़ने की। बहुभाषी शिक्षण प्रणाली के लागू न होने से भी एन.सी.एफ. 2005 के सिद्धान्त का पालन तो स्कूलों द्वारा किया ही जाना चाहिए था, पर शिक्षकों का कहना था कि बिना भाषा के अनुभव लाना आसान नहीं होता। एक शिक्षक ने साक्षात्कार में कहा :

जब बच्चा पैदा होता है, तो स्कूल आने से पूर्व चार–पाँच साल तक वह घर पर रहता है। वह अपने घर और परिवेश से बहुत सारी चीज़ें सीखता है, जैसे– भिन्न प्रकार के जानवर, पक्षी और अन्य चीज़ें जिन्हें वह अपने पर्यावरण में देखता है। वह अपने माता–पिता के साथ खेत भी जाता है और देखता है कि खेती कैसे होती है। पर जब हम सिर्फ़ उड़िया में पढ़ाते हैं और इन परिचित चीज़ों का नाम उड़िया में ही कहते हैं, तो बच्चा इन्हें पहचान नहीं पाता। इनके बारे में हो रहे संवाद में बच्चों को शामिल करने के लिए उनके साथ सोरा बोलना बहुत ज़रूरी है। पर क्योंकि मुझे सोरा नहीं आती, मेरे लिए बच्चे को पूछना बहुत मुश्किल हो जाता है कि उसने घर में क्या किया, आसपास क्या देखा (नाग, 2914; 131)।

सुनने में, शिक्षक द्वारा साझा की गयी यह सोच और अनुभव बेहद ज़ाहिर या सामान्य–सी बात लग सकती है जिन्हें सब जानते हैं, परन्तु इनका महसूस किया जाना और कहा जाना अपने आप में एक संकेत है कि उनका अपने इस संज्ञान का इस्तेमाल कई ऐसे पहलुओं पर टिका है जो उनके बस में नहीं हैं।

अगले हिस्से में उन दो स्कूलों में भाषा के प्रयोग की प्रक्रिया का उल्लेख है जहाँ आधिकारिक रूप से सोरा भाषा स्कूली शिक्षा के माध्यम का हिस्सा थी।

पहले नज़र डालते हैं बहुभाषी शिक्षा के उस मॉडल पर, जिसका मुख्य उद्देश्य था बच्चों को मातृभाषा के उपयोग से धीरे–धीरे राज्य की सरकारी भाषा तक ले जाना।

मातृभाषा का उपयोग सरकारी भाषा तक पहुँचने के पुल के रूप में

बहुभाषी शिक्षण के 'संक्रमण' मॉडल का पालन करते स्कूल की कक्षा एक में चल रहे शिक्षक–छात्र संवाद के कुछ अंश नीचे प्रस्तुत हैं :

शिक्षक (सोरा भाषा में) : यह क्या है? (हाथ में बाघ की एक तस्वीर बच्चों को दिखाते हुए)

बच्चे : (कोई जवाब नहीं)

शिक्षक : *टाइगर* (बाघ के लिए अंग्रेज़ी शब्द), *बागह* (बाघ के लिए उड़िया शब्द), *किन्न* (बाघ के लिए सोरा शब्द)। (फिर सोरा में बोलते हुए) *सोरा में इसे किन्न कहते हैं। बताओ सोरा में क्या कहते हैं?*

बच्चे (सोरा भाषा में) : *किन्न*

शिक्षक (सोरा भाषा में) : *यह क्या है?* (हाथ में द्वार की तस्वीर लिये)

बच्चे : (कोई जवाब नहीं)

शिक्षक : *सनंग* (द्वार के लिए सोरा शब्द)। *इसे उड़िया में 'कबाट' कहते हैं* (सोरा भाषा में बोलते हुए)।

(इस प्रकार शिक्षक कुछ और शब्दों से बच्चों को परिचित करवाता है और फिर उन सब शब्दों को एक बार फिर दोहराता है)

शिक्षक (सोरा भाषा में) : अब हमने उड़िया भाषा में ये शब्द सीखे–'चौकी' (कुर्सी के लिए उड़िया भाषा का शब्द) *माने 'कुरुचि'* (कुर्सी के लिए सोरा शब्द); *'बागह' मतलब 'किन्न'; 'कबाट' माने 'सनंग'; 'कुण्डी'* (चाकू के लिए उड़िया शब्द), *माने 'पनिकी'* (चाकू के लिए सोरा शब्द)।

ऊपर प्रस्तुत इस अंश में दिखाई देता है कि किस तरह शिक्षक सोरा भाषा के प्रयोग से बच्चों को उड़िया शब्द सिखाने की कोशिश कर रहा है। अगर शिक्षक–छात्रों के बीच में हो रहे संवाद पर ग़ौर किया जाये तो हम देखते हैं कि इस पूरी प्रक्रिया में बच्चों का कार्य सिर्फ़ शिक्षक द्वारा उच्चारित शब्दों को दोहराना है। उड़िया शब्दों का परिचय कराने से पहले शिक्षक कहीं यह प्रयास करता नहीं नज़र आता कि क्या वह शब्द बच्चों के दैनिक सन्दर्भ से जुड़ा हुआ है, या क्या बच्चे उस शब्द से अनुभवात्मक तौर पर कहीं ख़ुद को परिचित पाते हैं। भाषा विकास की इस कक्षा का उद्देश्य कहीं भी बच्चों को यह मौक़ा नहीं देता कि वह पहले जिस भाषा को जानते–समझते हैं, उसे विकसित होने दें और पहले उसमें अपने अनुभवों को समझने और व्यक्त करने की कोशिश करें। भाषा सीखना नये शब्द सीखने तक सीमित होता दीखता है। भाषा–विकास पर गहन अध्ययन करने वाले भाषाविद् जिम कमिन्स (2000) के अनुसार किसी बच्चे की एक दूसरी भाषा में क्षमता काफ़ी हद तक उसकी मातृभाषा में क्षमता पर निर्भर करती है। मातृभाषा जितनी विकसित होगी, दूसरी भाषा सीखना उतना ही आसान होगा।

लेकिन मातृभाषा के विकास का महत्त्व सिर्फ़ दूसरी भाषा को सफलतापूर्वक सीखने तक सीमित नहीं है। इसे समझने के लिए इसी स्कूल से एक और घटना नीचे प्रस्तुत है जिसमें शिक्षक कक्षा तीन के साथ पर्यावरण अध्ययन (ई.वी.एस.) की क्लास ले रहा था। उसने बच्चों को एक गोले में बिठाया और उस गोले के बीच में वह स्वयं बैठ गया। उसके हाथ में कुछ काड्र्स थे जिनके एक तरफ़ कुछ तस्वीरें थीं और दूसरी तरफ़ कुछ सवाल। हर कार्ड किसी एक विषय पर आधारित था जैसे– पेड़–पौधे, पशु, पक्षी, फल–फूल और सब्ज़ियाँ, इत्यादि। शिक्षक बच्चों को एक तस्वीर दिखाता और फिर पीछे लिखे सवाल पूछता। क्योंकि कक्षा तीन तक सोरा और उड़िया दोनों भाषाओं का प्रयोग होता था, शिक्षक और बच्चों के बीच का संवाद मिली–जुली भाषा में था–थोड़ी उड़िया और थोड़ी सोरा।

शिक्षक (सोरा भाषा में) : *अब यहाँ देखो। इसमें विभिन्न तरह के फल और सब्ज़ियाँ हैं* (फल, फूल और सब्ज़ियों वाला कार्ड बच्चों को दिखाते हुए)

शिक्षक (उड़िया भाषा में) : *यह क्या है?* (भिण्डी के चित्र की तरफ़ उँगली से इशारा करते हुए)

एक बच्चा (उड़िया भाषा में) : *भिण्डी।*

शिक्षक (उड़िया भाषा में) : *यह क्या है?* (टमाटर के चित्र की तरफ़ इशारा करते हुए)

सभी बच्चे (उड़िया भाषा में) : *टमाटर।*

शिक्षक (उड़िया भाषा में, बाक़ी के चित्रों की तरफ़ एक–एक करके इशारा करते हुए) : *और यह है– सूरजमुखी, नारियल, खीरा, मिर्ची, अनार, आलू, बैंगन, कटहल, सन्तरा...*

शिक्षक (सोरा भाषा में) : *क्या यह हमारे यहाँ मिलते हैं?*

(कुछ बच्चे सर हिलाते हैं, पर हाँ या न साफ़ नहीं पता चलता)

शिक्षक (उड़िया भाषा में) : *क्या अनार हमारे इलाक़े में मिलता है?*

(बच्चों की तरफ़ से कोई जवाब नहीं)

शिक्षक (सोरा भाषा में) : *यह सब हमारे यहाँ मिलते हैं। कटहल हमारे यहाँ मिलता है?* (फिर जानवरों वाला कार्ड उठाते हुए) *यह गाय, शेर, कुत्ता। क्या शेर हमारे यहाँ पाया जाता है?*

इस उद्धरण में, हालाँकि शिक्षक उड़िया और सोरा दोनों भाषाओं का उपयोग करता है, पर कुछ विषय जो उभरकर आते हैं, वे हैं :

–शिक्षक दोनों भाषाओं में ज़्यादा प्रयोग उड़िया भाषा का करता है हालाँकि ओडिशा बहुभाषी शिक्षण के मॉडल के अनुसार तीसरी कक्षा में शिक्षा के माध्यम के रूप में सोरा भाषा का उपयोग ज़्यादा होना चाहिए।

–दोनों भाषाओं के प्रयोग में भी एक दिलचस्प पैटर्न है– फल, फूल, सब्ज़ियों और जानवरों के नाम उड़िया में लिये जाते हैं, और सोरा भाषा ज़्यादातर तब प्रयोग की जाती है जब शिक्षक को किसी सवाल का जवाब न मिले या एक संवादात्मक वाक्य के रूप में। बाद के कुछ संवादों में सोरा का प्रयोग तब भी पाया गया जब किसी उड़िया शब्द के अनुवाद की ज़रूरत महसूस की गयी।

–यह ध्यान में रखते हुए कि यह भाषा सिखाने की कक्षा नहीं अपितु पर्यावरण अध्ययन की कक्षा थी, कहीं पर भी बच्चों की भाषा का उपयोग इन फूल, फलों या सब्ज़ियों से जुड़े बच्चों के अनुभवों को शामिल करने के लिए नहीं किया जाता– चाहे वे अनुभव इनके स्वाद से जुड़े हों, ख़ुशबू से जुड़े हों, रंग से जुड़े हों या किसी और पहचान से। इसका एक मुख्य कारण है जिस भाषा में बच्चे इन अनुभवों को समेटते हैं, उसका सीमित प्रयोग और जल्द से जल्द बच्चों को उड़िया भाषा तक ले जाने की उत्सुकता।

यह चिन्ता, न तो सही तरीक़े से भाषा का विकास होने देती है और न ही बच्चों में अपने पर्यावरण और परिवेश को जानने के प्रति एक उत्साह जाग्रत कर पाती है। हाँ, सोरा शब्दों के निरन्तर प्रयोग से शायद बच्चे उड़िया में पेड़–पौधों, फलों, जानवरों आदि के नाम ज़रूर सीख जाते हैं पर इन विषयों को लेकर एक बेहतर या अकादमिक समझ नहीं बना पाते। मातृभाषा का प्रयोग बस सरकारी भाषा तक शीघ्र पहुँचने का माध्यम बन पाता है, किन्तु अवधारणात्मक या वैचारिक संवाद में प्रवेश करने का प्रवेश बिन्दु नहीं।

जब इस स्कूल के शिक्षकों से पूछा गया कि वे पढ़ाने के लिए क्या तरीक़े प्रयोग करते थे, तो एक शिक्षक ने जवाब दिया–

छोटे बच्चों को हम तस्वीर दिखाते हैं, फिर सोरा में शब्द बताते हैं, फिर उड़िया में। किताब से भी एक लाइन उड़िया में पढ़कर उसे हम सोरा में समझाते हैं। इधर सब आदिवासी बच्चे हैं। शुरू–शुरू में उड़िया नहीं समझते। उड़िया उनको आती नहीं तो सोरा में अनुवाद करते हैं या समझाते हैं। (नाग, 2014; 156)

जब पूछा गया कि बहुभाषी शिक्षण से वे क्या समझते थे और बहुभाषी शिक्षण पर हुए प्रशिक्षण में उन्होंने क्या सीखा, तो उनका जवाब था :

कैसे सोरा भाषा से उड़िया भाषा में छात्रों को ले जाना है। जैसे कक्षा एक में 70% मातृभाषा, मतलब सोरा, उसके बाद कक्षा दो में 60%, *तीसरी कक्षा में 50%। ऐसे–ऐसे होगा तो पाँचवीं कक्षा में उड़िया में पढ़ायेंगे। हम उड़िया में ही शुरू में पढ़ायेंगे तो बच्चों को तकलीफ़ होगी।* (नाग, 2014; 158)।

शिक्षक के इस वाक्य से साफ़ है कि बच्चे की मातृभाषा को किसी और भाषा तक पहुँचने का पुल ही समझा जा रहा है। कहीं–न–कहीं वे यही मानते हैं कि स्कूली शिक्षा सिर्फ़ कुछ ख़ास भाषाओं में ही सम्भव है।

इस अनुभाग में प्रस्तुत उद्धरणों के आधार पर एक और महत्त्वपूर्ण निष्कर्ष की तरफ़ पहुँचा जा सकता है, कि अगर मातृभाषा का उपयोग केवल अनुवाद तक सीमित कर दिया जाये या उन वाक्यों तक जो उड़िया में बोले गये दो वाक्यों के बीच में उत्पन्न हुई ख़ामोशी को भर सकें, तो फिर मातृभाषा का यह उपयोग ग़ैर–बहुभाषी शिक्षा प्रणाली वाले स्कूलों में किये जा रहे मातृभाषा के उपयोग से कुछ ख़ास भिन्न नहीं।

मातृभाषा का उपयोग एक सामाजिक–सांस्कृतिक संज्ञानात्मक उपकरण के रूप में

बहुभाषी शिक्षण के जिस मॉडल पर हम अब नज़र डालने वाले हैं उसे एक विशेष हस्तक्षेप के रूप में ओडिशा के आठ बहुभाषी शिक्षण मॉडल पर आधारित स्कूलों में लागू किया था। इस प्रोजेक्ट का नाम था 'एम.एल.ई. प्लस' (बहुभाषी शिक्षण प्रणाली प्लस)[1] जिसे प्रोफ़ेसर अजित मोहन्ती और प्रोफ़ेसर मिनती पाण्डा के निर्देशन में 2008 में शुरू किया गया था। इस मॉडल में जिस पहलू को ज़रूरी मानकर जोड़ा या प्लस किया गया था, वह था वहाँ पढ़ रहे आदिवासी बच्चों के समाज की उन प्रथाओं को समझना, और जहाँ सम्भव हो उन्हें शामिल कर पाना, जो उस समाज की ऐतिहासिक और सांस्कृतिक पृष्ठभूमि में स्थित थीं। इन प्रथाओं को शामिल करने का लक्ष्य बच्चों के शिक्षण को उनकी अपनी प्रथाओं की जानकारी तक सीमित कर देना बिल्कुल नहीं था, जैसा कि अक्सर समझा जाता है। इसका मक़सद था कक्षा में ऐसे अध्यापक–सम्बन्धी व्यवहारों का सह–निर्माण कर पाना जिनमें बच्चे और उनका समुदाय भी शामिल हो सकें, और जिनके शामिल किये जाने से बच्चे एक संवेदनशील और बिना भय के माहौल में कठिन शैक्षिक विमर्श में बेहतर ढंग से प्रवेश पा सकें (पाण्डा और मोहन्ती, 2009)।

जिस क्षेत्रीय, सामाजिक परिवेश में स्कूल स्थित है, उस परिवेश से और वहाँ रह रहे समुदाय से एक जीवन्त और नियमित सम्पर्क बनाये रखना, एम.एल.ई. प्लस मॉडल का एक ख़ास पहलू था। इसके लिए 'समुदाय बहुभाषी शिक्षण कार्यकर्ता' (Community MLE Worker)– 'सी.एम. डब्ल्यू.' को भी प्रशिक्षण देकर तैयार किया गया था जिनका कार्य था स्कूल में शिक्षक की सहायता करना, स्कूल और समुदाय के बीच सम्पर्क क़ायम रखना और समुदाय से जुड़ी प्रथाओं, सांस्कृतिक–क्षेत्रीय ज्ञान, कथा–कहानियों इत्यादि को इकट्ठा करना। इस मॉडल के तहत गाँव में कई ऐसे कार्यक्रम भी आयोजित किये जाते थे जिनमें शिक्षकों और बच्चों के साथ–साथ वहाँ के समुदाय के और सदस्य भी ज्ञान–निर्माण की प्रक्रिया में शामिल हो सकें।

---

1. नीदरलैण्ड के बर्नार्ड वेन लिअर फ़ाउंडेशन के द्वारा फण्ड किया गया (पाण्डा और मोहन्ती, 2009)।

इस मॉडल के व्यवहार को समझने के लिए इसके तहत करवायी गयी गणित–विज्ञान पंचायत से एक उदाहरण प्रस्तुत करते हैं। इस पंचायत का एक अहम उद्देश्य था– गाँववालों के दैनिक जीवन से कुछ उदाहरण लेकर उनको गणित और विज्ञान की अवधारणाओं तक लेकर जाना। इसी सिलसिले में इस प्रोजेक्ट के निर्देशक, स्कूल के शिक्षक, बच्चे और बच्चों के माता–पिता और गाँव के बुजुर्ग एक साथ खेतों में गये और वहाँ उपस्थित कृषि यन्त्रों पर बात करने लगे। गाँव के लोग एक बहुत ही विशाल और भारी–से दिखने वाले यन्त्र के बारे में बताने लगे कि उसे खेत जोतने के लिए कैसे प्रयोग में लाया जाता है। यन्त्र को देखते हुए यह सोच पाना बेहद कठिन लगता था कि कोई एक इन्सान अकेला उसकी मदद से हल जोत पाये। गाँववालों ने यन्त्र के कुछ विशिष्ट भागों पर सबका ध्यान केन्द्रित कर बताया कि कैसे अगर उन जगहों पर दबाव डाला जाये तो उन्हें चला पाना इतना कठिन नहीं (नाग, 2014; 181)। इस बातचीत से यह निष्कर्ष एकदम नहीं निकाला जा सकता कि केवल उस यन्त्र का प्रयोग कर पाने से हम यह समझ लें कि वहाँ के लोग वैज्ञानिक सिद्धान्तों को अच्छे से समझते हैं, परन्तु इस उदाहरण को लेकर और उनकी मातृभाषा में हो रहे इस संवाद में ऐसे कई प्रवेश बिन्दु खोजे जा सकते हैं, जहाँ से एक विशेषज्ञ उन्हें अनुभवों के मार्ग से गुज़रते हुए एक वैज्ञानिक विमर्श तक ले जा सके। विदेशी यन्त्रों का चित्र दिखाकर एक अनजानी भाषा में न्यूटन के सिद्धान्तों का परिचय दे उन्हें रटाया ज़रूर जा सकता है, लेकिन अगर बच्चे को वैज्ञानिक सोच तक ले जाना हमारा लक्ष्य है, तो फिर उनकी भाषा, परिवेश और अनुभवों को नकारा नहीं जा सकता और उनकी भाषा को केवल एक पुल न मानकर स्वयं में एक विकसित भाषा मानना ज़रूरी हो जाता है।

इस अन्तर को समझने में शायद इस स्कूल के शिक्षक का निम्नलिखित बयान दिलचस्प साबित हो सकता है जिसमें उससे भी पूछा गया था कि उसके पढ़ाने का तरीक़ा क्या है और बहुभाषी शिक्षण से वह क्या समझता है? उसका जवाब था–

"उनकी कहानियाँ और गानों का प्रयोग करके, उनके घर के बारे में बात करके, कौन–कौन रहता है, कितने भाई–बहन हैं, उनकी माँ, उनका परिवार, वे क्या करते हैं–यह उनके परिवेश को बनाते हैं और वे (बच्चे) इनके बारे में बात कर पाते हैं क्योंकि ये सब उनकी भाषा में हैं।

फिर उनका घर कैसा है...अगर हम ई.वी.एस. पढ़ा रहे हैं, तो हम पूछ सकते हैं कि उनके पिता क्या करते हैं, तो अगर बच्चा कहे कि 'वे खेत में काम करते हैं', तो हम पूछेंगे 'कैसे काम करते हैं खेत में', तो बच्चा शायद कहे कि 'वे हल इस्तेमाल करते हैं' तो हम पूछेंगे कि 'हल किससे बनता है', तो बच्चा कहेगा 'लकड़ी से'...जब बच्चा यह सब कहता है तब हमें पता लगता है कि वह कितना जानता है... और फिर उनके ज़रिये हम बातचीत को आगे बढ़ाते हैं और नयी चीज़ें जोड़ते हैं" (नाग, 2014; 198)।

भाषा को इस तरह उसकी पूरी ऐतिहासिक, सामाजिक, सांस्कृतिक पृष्ठभूमि के साथ शामिल करने एवं उसे उसकी अनुवाद की क्षमता के कारण शामिल करने के बहुत अलग और महत्त्वपूर्ण निहितार्थ हैं। इस निहितार्थ को समझने में इसी स्कूल से एक प्रकरण नीचे प्रस्तुत है।

पहला प्रकरण एक ऐसे दिन से है जब एक कमरे में कक्षा एक, दो और तीन के बच्चे साथ बैठे थे और शिक्षक कक्षा तीन के बच्चों के साथ कुछ पढ़ रहा था। कक्षा दो के कुछ बच्चे उठे और सामने पड़ी शिक्षा शिक्षण–सामग्री (टी.एल.एम.) रैक से एक किताब ले आये जिसके एक पृष्ठ पर विभिन्न जानवरों की तस्वीरें थीं। बच्चे उस चित्र को बीच में रखकर, एक घेरा बनाकर सोरा भाषा में बात करने लगे। उनके आपसी संवाद के कुछ अंश :

बच्चा 1 : *शेर का बीच वाला नाख़ून बहुत तेज़ है।*

बच्चा 2 : *उसका पेट भी बहुत बड़ा है।*

बच्चा 3 : *जब शेर आदमी को खाता है तो उसे अपने पेट में रखता है।*

बच्चा 4 : *अगर बंगाल के शेर और चीते में लड़ाई हो तो कौन जीतेगा?*

बच्चा 1 : *चीता*

बच्चा 3 : *पर जब शेर आता है न, तो हाथी के बच्चों के चेहरे पे भी डर होता है।* (यह कहते हुए यह बच्चा पहले शेर की तरह दहाड़ता है और फिर एक डरा हुआ चेहरा बनाता है)

(इसके बाद संवाद अलग–अलग जानवरों की ताक़त, ऊँचाई, गति आदि की तुलना करने की दिशा में बढ़ता है) (नाग, 2014; 210)

कक्षा दो के बच्चों के बीच का यह संवाद रोचक तो है ही लेकिन एक अच्छा शिक्षक इसे पर्यावरण अध्ययन से जुड़ी कई नयी अवधारणाओं तक पहुँचने के लिए इस्तेमाल कर सकता है। अब ज़रा सोचिए, अगर इस अनुभाग से पहले वाले अनुभाग में शिक्षक जानवरों की तस्वीर वाला

कार्ड उठाकर केवल उनका नाम न पूछकर उनके बारे में और बात करता, तो क्या अवधारणात्मक विकास की दृष्टि से यह बेहतर न होता? इस प्रक्रिया से भाषा के विभिन्न पहलुओं (जैसे संज्ञानात्मक, अभिव्यक्ति से जुड़े इत्यादि) का भी विकास होता है। साथ ही, जिम कमिन्स (1981) के सामान्य अन्तर्निहित प्रवीणता (कॉमन अंडरलाइंग प्रफ़ीशिएंसी) सिद्धान्त के अनुसार किसी भी अवधारणा की समझ भाषाबद्ध नहीं होती। बच्चा अगर अपनी मातृभाषा में एक शैक्षिक अवधारणा की समझ बनाता है, तो दूसरी भाषा के विकसित होने पर उस अवधारणा को अलग भाषा में भी व्यक्त किया जा सकता है। परन्तु अगर अवधारणा की शुरुआती समझ का निर्माण ही अपरिचित या कम विकसित भाषा में करने की कोशिश की जाये तो वह अवधारणात्मक समझ के साथ समझौता होगा।

उपसंहार

इस पर्चे में तीन तरह के स्कूलों में मातृभाषा के प्रयोग को प्रस्तुत करने का उद्देश्य था –बच्चों की मातृभाषा की कक्षा में उपयोगिता और उपयोग के उपयुक्त तरीक़ों को उजागर करना। बच्चों की भाषा में शैक्षिक विकास के सैद्धान्तिक कारणों के अलावा अगर हम ग़ौर करें तो यह भी पायेंगे कि बच्चों की भाषा की ग़ैर–मौजूदगी में सार्थक शिक्षक–छात्र सम्बन्ध बन पाना भी कठिन है। हर शिक्षक चाहता है कि वह बच्चों के सीखने में एक सार्थक भूमिका निभा सके और यही कारण है कि ग़ैर–बहुभाषी शिक्षण प्रणाली के स्कूलों में भी बच्चों की मातृभाषा का प्रयोग होते हुए देखा गया। यही नहीं, नाग (2014 बी) द्वारा किये गये एक शोध में यह भी पाया गया कि शिक्षक भी चाहते हैं कि बच्चे उनसे घुल–मिल जायें, उनके सामने निडरता से अपने सवाल पूछें और उन्हें पसन्द करें। इस शोध में एक अध्यापिका, जो स्वयं आदिवासी समुदाय से नहीं आती थी पर उसकी नियुक्ति एक बहुभाषी शिक्षा प्रणाली स्कूल में हुई थी, अपना अनुभव साझा करते हुए बोलीं– *"मैं इस स्कूल में पिछले दस साल से हूँ। मैंने देखा है कि बच्चे बहुभाषी शिक्षा प्रणाली में प्रशिक्षण प्राप्त किये शिक्षकों के कितना क़रीब महसूस करते हैं। उनसे बात करते हैं, अपनी समस्याएँ साझा करते हैं। वे तो महेन्द्र (बहुभाषी शिक्षण में प्रशिक्षित एक आदिवासी– सी.एम.डब्ल्यू.) से ज़बरदस्ती भी करते हैं कि वो उनके साथ खेलें। अब मैंने भी सोरा सीख ली है। मैं उन शिक्षकों की तरह सोरा*

लिख–पढ़ तो नहीं सकती, पर बोल लेती हूँ। जहाँ अटक जाऊँ, वहाँ बच्चे मदद कर देते हैं" (नाग, 2014 बी; पृ. 43)। अगर हम मानते हैं कि शिक्षक और छात्रों के बीच के सम्बन्धों का शैक्षिक महत्त्व भी है, तब हम शायद इस शिक्षिका द्वारा साझा किये इस अनुभव की महत्ता बेहतर समझ पायेंगे। साथ ही, अगर बच्चों की भाषा का कक्षा में उपयोग शिक्षक–छात्र सम्बन्ध के लिए भी ज़रूरी है तो निश्चित ही यह केवल भाषा के अनुवाद तक सीमित उपयोग से सम्भव नहीं हो पायेगा। इसके लिए ज़रूरी है भाषा और संज्ञान के परस्पर रिश्ते की सैद्धान्तिक समझ होना। बहुभाषी शिक्षा प्रणाली के कार्यक्रमों और उनकी बुनियादी धारणाओं का विश्लेषण करते हुए नाग (2017) ने पाया कि एक परिवर्तनकारी बहुभाषी शिक्षण कार्यक्रम का आधार स्कूल में एक संवेदनशील वातावरण स्थापित करना ही नहीं, अपितु, यह सिद्धान्त भी है कि सीखने की और संज्ञान के विकसित होने की प्रक्रियाएँ हमारे सामाजिक–सांस्कृतिक परिवेश में स्थित हैं। अतः शिक्षक की तैयारी में एक महत्त्वपूर्ण कार्य है शिक्षक को इस प्रकार तैयार करना कि वह भाषा को उसकी पूरे ऐतिहासिक, सामाजिक, सांस्कृतिक पृष्ठभूमि के साथ शामिल कर सके।

सन्दर्भ सूची

1. मोहन्ती, 2010
2. एन.सी.ई.आर.टी., 2009
3. एन.सी.एफ., 2005
4. आर.टी.ई. 2009
5. कोल और एंगस्ट्रॉम, 1993
6. पाण्डा और मोहन्ती, 2008
7. नाग, 2014
8. अडवाणी (2009)
9. कमिन्स (2000)
10. कमिन्स (1981)
11. अडवाणी, एस. (2009), *स्कूलिंग द नेशनल इमेजिनेशनः एजुकेशन, इंग्लिश एंड द इण्डियन मार्डन*। नयी दिल्ली : ऑक्सफोर्ड इण्डिया
12. कोल, एम. एंड. एंगस्ट्रॉम, वाई (1993), ए क्लचरल हिस्टोरिकल अप्रोच टू डिस्ट्रीब्यूटेड कॉग्नीशन। इन जी. सालोमन, *ड्रिस्टीब्यूटेड कॉग्नीशन्सः साइकोलॉजिकल एंड एजुकेशनल कंसीडिरेशन* (पेज 1–46, कैम्ब्रिज : कैम्ब्रिज यूनिवर्सिटी प्रेस)

13. कमिन्स, जे. (1981), बाइलिटरेसी, लैंग्वेज प्रफिशिएंसी एंड एजुकेशनल प्रोग्राम्स। इन जे. आर. एडवर्ड्स, *द शोसल साइकोलॉजी ऑफ़ रीडिंग* (पेज 131–146)। सिल्वर स्प्रिंग : इंस्टिट्यूट ऑफ़ मॉडर्न लैंग्वेजेस

14. कमिन्स, जे. (2000), पुटिंग लैंग्वेज प्रफिशएंसी इन इट्स प्लेस : रिस्पाण्डिंग टू क्रिटीक्स ऑफ़ द कन्वर्सेशनल/एकेडमिक लैंग्वेज डिस्टिंक्शन, इन जे. सेनोज़, एंड. यू. जेसनर, *इंग्लिश इन यूरोपः द एक्वेज़िशन ऑफ़ ए थर्ड लैंग्वेज,* क्लेवेदोन : मल्टीलिंगवल मैटर्स

15. मोहन्ती, ए. के. (2010), लैंग्वेजेस इनिक्वालिटी एंड मार्जिनलाइजेशन : इमलीकेशन्स ऑफ़ द डबल डिवाइड इन इंडियन मल्टीलिंगवलिज़्म। *इंटरनेशनल जर्नल ऑफ़ द सोशियोलॉजी ऑफ़ लैंग्वेज,* 2010 (205), 131–154

16. नाग, एस. (2014 ए), *अ स्टडी ऑफ़ सोशियो–कल्चरल इनक्लूसन ऑफ़ चिल्ड्रेन इन थ्योरीज़ एंड प्रैक्टिसेज़ ऑफ़ मल्टीलिंगवल एजुकेशन इन इंडिया* (डॉक्टरल थीसिस, जवाहरलाल नेहरू यूनिवर्सिटी, नयी दिल्ली, इंडिया)

17. नाग, एस. (2014 बी), टीचर्स एक्सपीरियंस ऑफ़ यूजिंग ट्राइबल चिल्ड्रेन्स लैंग्वेज इन क्लासरूम : अ कलैबरेटिव लर्निंग पर्सपेक्टिव। *एजुकेशनल क्वैस्ट*–एन इंटनेशनल जर्नल ऑफ़ एजुकेशन एंड एप्लाइड सोशल साइंसेज, 5(1), 41–50

18. नाग, एस. (2017), थ्योरिटिकल अज़म्शनस रिगार्डिंग द माइंड–कल्चर–लैंग्वेज रिलेशनशिप अण्डरलाइंग मॉडल्स ऑफ़ मल्टीलिंगवल एजुकेशन इन इंडिया एंड देयर इम्पैक्ट ऑन रिज़ल्टिंग प्रैक्टिसेज़। *मल्टीलिंगवलिज़्म एंड (सिलेक्टेड प्रोसिडिंग्स– ऑफ़ द इलेवंथ लैंग्वेज एंड डेवलपमेंट क्रॉन्फ्रेंस,* नयी दिल्ली, इंडिया, 2015), लन्दन : ब्रिटिश काउंसिल, 131–150 –ISBN 978–0–86355–840–5

19. नेशनल कॉउंसिल ऑफ़ एजुकेशनल रिसर्च एंड ट्रेनिंग (एन.सी.ई.आर.टी.) (2005)। *नेशनल करिकुलम फ्रेमवर्क*। नयी दिल्ली : एन.सी.ई.आर.टी.

20. पाण्डा, एम., एंड मोहन्ती, ए. (2009), लैंग्वेज मैटर्स, सो डज़ कल्चर : बियॉण्ड द रेटोरिक ऑफ़ कल्चर इन मल्टीलिंगवल एजुकेशन। इन ए. मोहन्ती, एम. पाण्डा, आर. फिलिप्सन, एंड टी. स्कुटनब–कांगस, *मल्टीलिंगवल एजुकेशन फ़ॉर सोशल जस्टिस : ग्लोबलाइजिंग द लोकल* (पेज–295–312), नयी दिल्ली : ओरिएंट ब्लैकस्वान

सहृदयता : शिक्षा का भावनात्मक पहलू

–निशा राजकुमार बुटोलिया

प्रस्तुत लेख में छात्रों और शिक्षकों की अन्तःक्रिया में भावनात्मक पहलू की भूमिका को अहम मानते हुए सीखने–सिखाने के मायने, शिक्षकों के व्यवहार का बच्चों पर प्रभाव, 'सहृदयता' के शिक्षा के सन्दर्भ में मायने और शिक्षकों में सहृदयता विकसित करने हेतु किये जाने वाले प्रयासों पर विमर्श करने का प्रयास किया गया है। यह विमर्श लेखिका के अपने शिक्षिका होने के अनुभवों, तथा शिक्षकों और शिक्षक–प्रशिक्षकों के साथ हुए विमर्श पर आधारित है। लेख में किये गये विश्लेषण और चिन्तन के आधार पर लेखिका का मानना है कि सहृदयता शिक्षक बनने की आवश्यक शर्त है और वह सहृदय शिक्षक के निर्माण हेतु कुछ सुझाव भी इस लेख में प्रस्तुत करती हैं।

सार

छात्रों और शिक्षकों की अन्तःक्रियाओं में भावनात्मक पहलू मुख्य भूमिका निभाते हैं। हमारे देश के नीतिगत दस्तावेज़ों में भी इस बात पर ज़ोर दिया गया है। ख़ासतौर पर प्राथमिक और पूर्व–प्राथमिक कक्षाओं में सहृदय वातावरण को सुनिश्चित करना अनिवार्य है।

मेरे इस अध्ययन में क़रीब 20 शिक्षक और शिक्षक–प्रशिक्षकों से बातचीत के दौरान यह पाया गया कि उन सभी के जीवन में उनके शिक्षकों ने महत्त्वपूर्ण भूमिका निभायी है–किसी शिक्षक ने आत्मबल देकर, तो किसी ने अपनी प्रभावी शिक्षण विधि से। इस आलेख में मैंने स्वयं के बतौर विद्यार्थी, शिक्षक और शिक्षक–प्रशिक्षक अनुभवों का भी विश्लेषण करने का प्रयास किया है।

इस अध्ययन के आधार पर इस आलेख में निम्नलिखित प्रश्नों पर चर्चा की गयी है : सीखने–सिखाने के मायने क्या हैं? शिक्षकों के व्यवहार का

बच्चों पर कितना गहरा प्रभाव होता है? 'सहृदयता' के शिक्षा के सन्दर्भ में क्या मायने हैं? और शिक्षकों में सहृदयता विकसित करने हेतु क्या प्रयास किये जा सकते हैं?

प्रस्तावना

अमूमन हमारा प्रिय विषय वही बन जाता है जिसके शिक्षक हमारे प्रिय होते हैं। पूछने पर कई बार जवाब मिलता है कि वे अच्छा पढ़ाते हैं। इस 'अच्छा पढ़ाने' में क्या–क्या शामिल होता है? विषय पर पकड़ और पद्धति का ज्ञान तो ज़रूरी है ही, पर इसी के साथ–साथ यह सवाल भी है कि सीखने–सिखाने की प्रक्रिया में बच्चों और अभिभावक या अन्य वयस्कों के बीच की अन्तःक्रिया में भावनात्मक पहलुओं की क्या भूमिका है?

कक्षा–कक्ष में अन्तर्निहित पारस्परिक सम्बन्धों के ग़ैर–संज्ञानात्मक पहलू–भावनात्मक पहलू बच्चों के सीखने के लिए कम महत्त्वपूर्ण नहीं हैं, फिर भी; यहाँ तक कि ग़ैर–पारम्परिक कक्षाओं के वर्णन में भी, जहाँ अन्तःक्रियाएँ इतनी महत्त्वपूर्ण होती हैं, भावनात्मक पहलुओं का उल्लेख मुश्किल से मिलता है (कैज़डेन, 2001)।

बच्चों को उनके कार्य (या कुछ सीखने की प्रक्रिया) के दौरान यदि उचित मदद दी जाये तो वे जल्दी सीखते हैं और अवधारणा की समझ विकसित कर पाते हैं। यहाँ शिक्षक या अन्य समझदार वयस्क की भूमिका 'उचित मदद' देने तक ही सीमित है। यह 'उचित मदद' कब दी जा रही है, कौन दे रहा है और किस तरह से दे रहा है इसपर निर्भर करता है कि बच्चा समझ विकसित कर पायेगा या नहीं। यदि बच्चा ख़ुद कुछ कर रहा हो और किसी एक पड़ाव पर आ कर आगे न बढ़ पा रहा हो, तब उसके कार्य में रुचि लेते हुए, उसकी मेहनत को सम्मान देते हुए कुछ सुझाव उसके सामने रखे जायें तो बच्चे के सीखने में वयस्क की भूमिका सकारात्मक मानी जायेगी और बच्चा यक़ीनन सीखेगा।

सीखने का तात्पर्य है कि हम हमारी समझ पर काम करें (बार्न्स, 2008)। शिक्षक सही वातावरण बनाकर या कार्यों को उचित ढंग से प्रस्तुत कर मदद कर सकते हैं, पर विद्यार्थी को ही अपनी समझ पर काम करना होगा, कोई और यह कार्य उसके लिए नहीं कर सकता। डग्लस बार्न्स (2008) स्पष्ट करते हैं कि समझ पर काम करना खुली बातचीत (exploratory talk) से सम्भव है। एक उदाहरण लेते हैं :

बच्चा : यह एक अजीब बात है कि नदियों में पानी नहीं है और एटीएम में पैसे नहीं हैं।

वयस्क : अच्छा, ये अजीब है?

बच्चा : हाँ...अजीब तो है ही न...

...अजीब नहीं है...इतना भी अजीब नहीं है..

लोगों ने पानी खरीदने के लिए एटीएम से सारे पैसे निकाल लिये होंगे, इसलिए अब एटीएम में पैसे नहीं हैं...

इस उदाहरण में बच्चा अपने इर्द–गिर्द होने वाली घटनाओं में सम्बन्ध तलाशने की कोशिश कर रहा है। यहाँ पर वह अपने अन्दर के विचारों को, अपनी सोच को उसी रूप में अभिव्यक्त कर रहा है या हम यह कहें कि वह सोच रहा है। इसे डग्लस बार्न्स समझ पर काम करना कहते हैं। इस वक़्त यदि बच्चे को उचित मदद (scaffolding) मिल जाये तो वह गहरे रिश्ते बना पायेगा। डग्लस बार्न्स का यह अवलोकन रहा है कि अमूमन जब लोग अपनी समझ पर काम कर रहे होते हैं, उनके वाक्य अधूरे, टूटे हुए हो सकते हैं। उन्हें संकोच होगा, कुछ कहकर वे सोचने के लिए समय लेंगे, यह विचारों के प्रस्तुतीकरण (Presentational talk) से भिन्न होता है। (बार्न्स, 2001 पृ. 4)

यहाँ एक सबसे अहम सवाल है कि 'किस वातावरण में विद्यार्थी खुली बातचीत कर सकते हैं?' "सीखने के इन संरचनात्मक विचारों में 'शिक्षक–छात्र सम्बन्ध' के लिए क्या सुझाव अन्तर्निहित हैं?"

शिक्षक–शिक्षा के लिए राष्ट्रीय पाठ्यचर्या की रूपरेखा–2010 में भी कवर पृष्ठ पर ही लिखा है 'व्यावसायिक' और 'ह्यूमेन' शिक्षक के निर्माण हेतु"। 'ह्यूमेन' को मैं 'सहृदय' के मायने में समझ रही हूँ और यह व्याख्या मेरे आलेख का केन्द्र बिन्दु है ।

हमारी राष्ट्रीय चिन्ताएँ

लर्निंग विदाउट बर्डन रिपोर्ट 1993 में यह चिन्ता कुछ इस तरह दर्ज़ की गयी :

"हमारी समिति हमारी शिक्षा प्रणाली के एक प्रमुख दोष से चिन्तित थी। इस दोष को संक्षेप में पहचाना जा सकता है कि–बहुत कुछ सिखाया जाता है, लेकिन थोड़ा सीखा या समझा जाता है। समस्या विभिन्न तरीक़ों से अभिव्यक्त होती है" (लर्निंग विदाउट बर्डन रिर्पोट, 1993 पृ. 1)।

कक्षा–कक्ष में बच्चों को बातें करने के मौक़े न मिल पाना भी इसी दोष की अभिव्यक्ति है। अपनी समझ पर काम करते हुए आगे बढ़ने के अवसर कक्षाओं में कम ही मिल पाते हैं क्योंकि 'बहुत कुछ सिखाना होता है'।

राष्ट्रीय शिक्षा नीति 1986 की समीक्षा रिपोर्ट 1990 में कहा गया कि इस नीति में,

"शिक्षक के भावनात्मक पहलुओं के विकास के लिए बहुत कम या कोई गुंजाइश नहीं है, ख़ासकर शिक्षकों के आवश्यक गुण जैसे सहानुभूति, छात्रों के प्रति सम्मान, बच्चे, समाज और व्यवसाय के प्रति दृष्टिकोण और मूल्यों का विकास आदि।

व्यावसायिक कौशलों पर कोई ज़ोर नहीं दिया गया। जैसे बच्चों के सीखने में सुगमकर्ता की भूमिका निभाना, यह सुनिश्चित करना कि सिखाने का उद्देश्य मानवीय विकास है, न कि केवल परीक्षाओं में उत्तीर्ण होना" (आचार्य राममूर्ति कमेटी रिपोर्ट 1990, पृ. 267)।

फिर पृष्ठ 268 पर शिक्षकों की शिक्षा में कमी को दूर करने के लिए दिये गये कुछ सुझावों में आयोग ने यह कहा–

"संवेदनशील पहलुओं को ध्यान में रखा जाना चाहिए, ताकि छात्रों में ऐसे गुणों को विकसित कर सकें जैसे कि सहानुभूति, पेशे, समाज के प्रति दृष्टिकोण और मूल्यों का विकास।"

राष्ट्रीय पाठ्यचर्या की रूपरेखा 2005 में भी इन चिन्ताओं का ज़िक्र किया गया है। बच्चा, बच्चे के अनुभव, बच्चे के विचार और उसकी कल्पनाओं को प्रधानता दिये जाने की बात बार–बार इस दस्तावेज़ में की गयी है।

इन सभी नीतिगत दस्तावेज़ों में किये गये आग्रह को वास्तविक स्वरूप देने के लिए शिक्षक–छात्र सम्बन्ध पर बातचीत करना अनिवार्य है।

अध्ययन विधि

इस अध्ययन के दो प्रमुख सवाल हैं :

1. शिक्षा में 'सहृदयता' को कैसे समझा जाये?
2. शिक्षकों में 'सहृदयता' का विकास करने के लिए क्या प्रयास किये जा सकते हैं?

इस अध्ययन के लिए मैंने निम्न स्रोतों से प्राप्त जानकारी को विश्लेषित किया :

1. मेरे स्वयं के अनुभव : बच्चों के साथ और बतौर विद्यार्थी, शिक्षक और फ़िर बतौर शिक्षक–प्रशिक्षक (मैंने 2003 से 2009 तक दो निजी विद्यालयों में तीन–तीन वर्ष तक कार्य किया। ये विद्यालय औद्योगिक कम्पनी द्वारा उनके कर्मचारियों के बच्चों की शिक्षा के लिए स्थापित किये गये थे। इन विद्यालयों में आने वाले बच्चे अलग–अलग सामाजिक एवं आर्थिक पृष्ठभूमि के थे। मैं प्राथमिक शिक्षिका और अकादमिक समन्वयक के तौर पर कार्य कर रही थी। 2009 से शिक्षक–प्रशिक्षण के कार्य में संलग्न हूँ।)
2. मेरे परिवार के सदस्य, अज़ीम प्रेमजी फ़ाउंडेशन में काम कर रहे मेरे सहकर्मी और उनके परिवार के सदस्य, असम डॉन बोस्को यूनिवर्सिटी के सहकर्मी आदि कुल 20 लोग। सभी सहकर्मी शिक्षा के कार्यों में विभिन्न स्तर पर जुड़े हुए हैं जैसे शिक्षक–प्रशिक्षण, नीतिगत कार्य आदि।

सहृदयता के विविध आयाम खोजने के प्रयास में मैंने उन व्यक्तियों को चुना जिन्हें मैं पहले से जानती थी और उनमें भी वे लोग जो मुझसे स्वतन्त्र रूप से बिना संकोच के बात कर सकते थे। ऐसा इसीलिए क्योंकि–

- हो सकता है स्कूली अनुभव ऐसे हों, जिन्हें किसी अजनबी व्यक्ति के साथ साझा करने में दिक़्क़त आये।
- मैं अपने परिचित व्यक्तियों का सन्दर्भ क़रीब–क़रीब जानती थी, इससे उनके द्वारा दी गयी जानकारी को बेहतर समझने में मुझे मदद मिली।

अधिकतर सहकर्मियों को ईमेल भेजकर उनसे उनके अनुभव साझा करने को कहा, कुछ सहकर्मियों के साथ टेलीफ़ोन पर बातचीत की। परिवार के अन्य सदस्यों की जानकारी ख़ुद सहकर्मियों ने मुझे प्राप्त करवायी। खुली बातचीत द्वारा उनके अनुभवों को सुना और लिखित स्वरूप में रिकॉर्ड किया।

सारी बातचीत इस एक प्रश्न पर ही केन्द्रित थी कि अपने बचपन के स्कूली अनुभवों को याद करें और ऐसे अनुभव साझा करें जिनमें किसी–न–किसी रूप में शिक्षक शामिल हों। यह भी साझा करें कि आप आज उन अनुभवों के बारे में क्या सोचते हैं? अधिकतर प्रतिभागियों ने दो–तीन क़िस्से सुनाये। क़रीब 20 व्यक्तियों से मैंने उनके कई अनुभव सुने।

इन सभी अनुभवों का विश्लेषण कर सहृदयता पर समझ बनाने की

कोशिश की। सहृदय शिक्षकों के निर्माण हेतु कुछ सुझाव विश्लेषण के दौरान सामने आये। इनकी चर्चा इस आलेख के अन्तिम हिस्से में की गयी है।

कुछ अन्य शोध कार्यों ने मुझे इस अध्ययन विधि के बारे में सोचने में मदद की जैसे ब्रुक्स (1993) और जर्सिल्ड (1940)। ये अध्ययन विस्तृत और गहरे हैं, पर इन दोनों अध्ययनों में प्रतिभागियों के स्कूली जीवन के अनुभव मुख्य हैं। मैंने यह देखा कि हमारे और दूसरों के जीवन के अनुभव और इनके विश्लेषण से 'सहृदयता' जैसे अमूर्त और व्यक्तिपरक विषयों पर बेहतर समझ बनायी जा सकती है।

अनुभवों का विश्लेषण

(अ) मेरे अनुभव

पाँच वर्ष के होते–होते बच्चे काफ़ी कुछ सोचने लगते हैं। उनके सवाल कुछ इस प्रकार के होते हैं : मेरा नाम वेदान्त क्यों है? आदित्य कश्यप क्यों नहीं? डकार (बर्प) कैसे आती है? रोज़ रात में नींद क्यों आती है? हम जो खाना खाते हैं, वो हाथों तक कैसे पहुँचता है? इलेक्ट्रिसिटी दिखती नहीं है, फिर मोबाइल में कैसे जाती है, चार्जिंग कैसे होती है? अधिकांश बच्चे ये सारी बातें कर पाते हैं, सोच पाते हैं और व्यक्त भी कर पाते हैं क्योंकि उन्हें घर पर उन्मुक्त वातावरण मिलता है। वे जो कुछ भी करना चाहते हैं/कहना चाहते हैं बेफ़िक्र होकर करते/कहते हैं। उनकी बातें धैर्य से सुनने और समझने के लिए उनके इर्द–गिर्द लोग होते हैं, जिन पर उन्हें भरोसा होता है। "जहाँ पर सकारात्मक शिक्षक–छात्र सम्बन्ध हैं, वहाँ विद्यार्थी सीखने के प्रति उत्साही होते हैं, वे जल्दी सीखते हैं और उन्होंने जो सीखा वह प्रभावी होता है।" (हॉक, काउली, हिल, एंड सदरलैंड, 2002)। तो बात घर के माहौल की हो या स्कूल के, दोनों ही जगह हों पर बच्चों के साथ वयस्कों के अन्तःसम्बन्ध सीखने–सिखाने की प्रक्रिया में अहम हैं। बतौर शिक्षक भी, मेरे अनुभव इसी ओर इंगित करते हैं।

जिन शिक्षकों का कोर्स पहले ख़त्म हो जाता है और जो शिक्षक रिवीज़न भी करवा पाते हैं, उनको प्रभावी शिक्षक माना जाता है। 2003 में जब मैं शिक्षक के पद पर नियुक्त हुई, मुझे सबसे शरारती कक्षा मिली, या यह भी कह सकते हैं कि मैं नयी–नयी शिक्षक बनी थी, तो मुझे ये बच्चे बहुत शरारती लगते थे। बाक़ी शिक्षक अनुभवी थे। उनका और स्कूल में सबका मानना था कि अनुभवी शिक्षक क्लासरूम को प्रभावी ढंग

से कंट्रोल करते हैं, उनकी कक्षाओं से कभी शोर नहीं आता। मैं एक तो अनुभवी नहीं थी और मेरी कक्षा से शोर भी आता था, इससे उनकी थ्योरी की पुष्टि हो गयी थी।

धीरे–धीरे मैं भी अनुभवी होने लगी और कक्षा का शोर कम होने लगा। मैं पढ़ती, बच्चे मेरे बाद दोहराते, उन्हें मैं समझाती और (मैं यह मान लेती कि) बच्चे समझ जाते। मैंने यह भी सीखा कि किस तरह बच्चों को व्यस्त रखा जाये, कैसे उन्हें चुपचाप बैठाया जाये। इसमें से अधिकतर कार्य ऐसे थे–उन्हें एक पाठ के सारे सर्वनाम अण्डरलाइन करने हैं, कोई कविता 5 बार कॉपी करनी है, कुछ ड्रॉ कर सकते हैं, बस आपस में बात नहीं होगी और मुझसे तो बिल्कुल नहीं। क्योंकि मुझे नोटबुक्स जाँचनी हैं, प्रश्न–पत्र बनाना है, अटेंडेंस रजिस्टर को अपडेट करना है, कई काम हैं।

अनुभव का पुनरावलोकन व विश्लेषण : आज जब अपने स्कूल के अनुभव का विश्लेषण करती हूँ तो कर्टनी कैज़डेन (कैज़डेन, 1986) के 'डिफ़ॉल्ट पैटर्न' की उक्ति याद आती है। उनके अनुसार स्कूलों में शिक्षक–बच्चों के बीच अन्तःक्रिया का एक डिफ़ॉल्ट पैटर्न–सा बन गया है –IRE & Initiate & Respond & Evaluate, (शुरू–जवाब–मूल्यांकन या यूँ कहिए क्रिया–प्रतिक्रिया–मूल्यांकन)। मैं भी इस डिफ़ॉल्ट पैटर्न को आत्मसात कर चुकी थी और यह इतना मुश्किल भी नहीं था क्योंकि बतौर विद्यार्थी भी मैंने ख़ुद इस पैटर्न का अनुभव लिया था। बच्चों से कभी किसी विषय पर खुलकर बात नहीं हो पायी, न ही उन्हें मुझसे बात करने का मौक़ा मिल पाया। कुछ बच्चे लंच ब्रेक या फ्री पीरियड में बात करने आते, मैं भी बात करती, पर यह बातचीत, किसी अवधारणा पर या पाठ्यक्रम से जुड़ी नहीं होती और न ही कभी मैं उनके अनुभवों को कक्षा में जोड़ने की कोशिश करती। अनौपचारिक बातचीत अपनी जगह है, पर पढ़ाई–लिखाई के लिए तो 'डिफ़ॉल्ट पैटर्न' ही स्वीकार्य था!

पूरे सेशन–भर स्टाफ़ रूम में बच्चों की बातें चलतीं... 'ये तो फ़ेल होगा', 'इस पर ध्यान देना इसकी मम्मी बहुत परेशान करती हैं', 'इसको तो तुम छोड़ ही दो; इसके माँ–बाप कभी मिलने भी नहीं आते, उनको ही परवाह नहीं हैं तो हम भी क्या कर सकते हैं?' 'वो! पिछले साल मैं उसकी क्लास टीचर थी, उसने तो नाक में दम कर दिया था' आदि। तब मैं मानती थी कि मुझे मेरी कक्षा का एक–एक बच्चा पता है। इसका मतलब शायद इतना ही था कि मैं भी इसी तरह की टिप्पणियाँ दे सकती हूँ।

सेशन के अन्त तक सारी किताबें पूरी हो जातीं और सब शिक्षक 'फ्री' महसूस करते, क्योंकि हम शिक्षकों ने सिलेबस पूरा कर लिया है!

यह 'डिफ़ॉल्ट पैटर्न' यह सुनिश्चित करने में मदद करता है कि सब कुछ पढ़ाया जा सके, वैसे ही जैसे पाठ्यपुस्तक में दिया गया है।

यह तो निश्चित तौर पर मैं कह सकती हूँ कि मैं ख़ुद अपने व्यक्तिगत जीवन में किसी एक ढर्रे पर चलने वाली, अपने समुदाय के बच्चों से नपा–तुला बर्ताव करने वाली महिला नहीं थी, तो फिर कक्षा में मैं ऐसा क्यों कर रही थी? शायद मैं 'शिक्षक' का पात्र निभा रही थी। शिक्षक किस तरह का पात्र है, यह मैंने अलग–अलग जगहों से सीखा था–इस स्कूल के अनुभव, मेरे विद्यार्थी जीवन के अनुभव आदि, इसमें शामिल हैं।

मेरा यह स्कूल क़रीब 1500 बच्चों को शिक्षा देने का काम कर रहा था। बड़े कार्य के लिए व्यवस्था को अंगीकृत करना ज़रूरी था। सभी कक्षाओं के लिए शिक्षक, अलग–अलग विषयों के लिए शिक्षक, सभी को बराबर पढ़ाने का मौक़ा मिले इसीलिए टाइम–टेबल, निर्धारित मापदण्ड जैसे चुनी हुई पाठ्यपुस्तक से पूरा–पूरा पढ़ाना, उसके आधार पर ही मूल्यांकन करना, अभिभावकों के साथ परीक्षा–परिणाम साझा करना आदि इस व्यवस्था के हिस्से थे। इस व्यवस्था का पालन करना हर शिक्षक की ज़िम्मेदारी थी। रोज़ हमारी दिन–भर की प्लानिंग डायरी मुख्य–अध्यापिका जाँचतीं, उद्देश्य था कि पाठ्यपुस्तक से सारे पाठ आगे बढ़ रहे हैं या नहीं। ऐसे में बच्चों के जीवन अनुभव के लिए न वक़्त था और न ही कभी कोई ज़रूरत महसूस हुई। शायद कुछ बच्चे और अच्छा कर पाते, उनका स्कूली जीवन इतना उदासीन न होता, अगर शिक्षक सीखने के सिद्धान्त जान लेते, शिक्षा का मर्म जान लेते और बच्चों को समझने की कोशिश कर लेते।

जॉन होल्ट कहते हैं, "शिक्षकों को भूमिकाएँ नहीं खेलनी चाहिए, वे जिस प्रकार के व्यक्ति हैं, उन्हें कक्षा में भी वैसे ही रहना चाहिए। उन्हें 'बच्चों' को सिखाना होगा, न कि 'विषयों' को। जिन तौर–तरीक़ों से ये स्कूल जैसे संस्थान बनते हैं, वही तौर–तरीक़े अनुभव की निरन्तरता और वास्तविकता के साथ अन्तःक्रिया को पनपने नहीं देते" (होल्ट, 1969)।

(ब) प्रतिभागियों के अनुभव और विश्लेषण

प्रतिभागियों द्वारा साझा किये गये कुछ अनुभव

1. "मेरा बचपन चिन्ताओं और परेशानियों से भरा था। सभी मुझे नज़रअन्दाज़ करते और मैं भी चुपचाप अकेले बैठी रहती।

ऐसे ही वर्ष बीत रहे थे। फिर एक नयी शिक्षिका अंग्रेज़ी पढ़ाने आयीं। वे अलग–अलग विषयों पर लिखने के लिए प्रोत्साहित करतीं, कभी किसी ग़लती पर लाल निशान नहीं लगातीं बल्कि हमें फ़ीडबैक देतीं। वे जीवन, भगवान के साथ का रिश्ता, मौत, दुःख, खोने का दर्द, इन सब विषयों पर भी हमसे चर्चा करतीं, हमसे पूछतीं। मेरे छोटे–से लेख और कविताओं में मेरा बचपन मैं बिना झिझक अब अभिव्यक्त करने लगी थी। इसी दौरान मुझे कविता लिखने में आनन्द आने लगा। और अपनी चिन्ताओं से निपटने के लिए मैंने इस रचनात्मक कार्य की शरण ली। मैं आज भी अपनी उन शिक्षिका की आभारी हूँ।"

2. "शिक्षक बहुत अच्छा पढ़ाते थे, विज्ञान की कक्षा हमेशा पेड़ के नीचे या प्लेग्राउंड में होती। सर, विषय से जुड़ी कुछ कहानियाँ भी बताते। हमें ऐसा लगता कि सिर्फ़ सर का ही पीरियड चलता रहे।"
3. "मैं पापा या मम्मी को लेकर ही स्कूल जाती और उनसे कहती कि प्लीज़ टीचर्स से कहो कि मुझे न मारें, न डाँटे। ऐसा ही चलता रहा, लेकिन जैसे ही मम्मी–पापा चले जाते मेरे मन में डर रहता। शायद मेरी एक शिक्षिका यह बात जान गयीं। उन्होंने बड़े ही विश्वास के साथ हम सबसे कहा, 'तुम्हें यदि कोई भी मारे या डाँटे तो मुझे बताना।' वो हमसे प्यार से भी बात करतीं, धीरे–धीरे उन पर विश्वास आने लगा, और फिर मम्मी–पापा की रोज़ की ड्यूटी भी ख़त्म हुई।"
4. "गणित की क्लास चल रही थी, एक बच्चा खड़ा होकर बोला, 'सर, एक बात पूछूँ, आप बुरा तो नहीं मानेंगे?' सर ने कहा, 'नहीं बेटा, पूछो'। बच्चा बोला, 'सर ममता हार रही हैं, या जीत रही हैं?' क्लास के सब बच्चे ये सोच रहे थे कि अब पता नहीं सर इसके साथ क्या करेंगे? सर ने कहा, 'मुझे ख़ुशी है कि तुमने यह सवाल पूछा, हमारे आसपास क्या चल रहा है, इसके बारे में हमें उत्सुक होना ही चाहिए।' इसके बाद सर ने चुनाव के बारे में कुछ जानकारी दी। इससे हम सबके मन में सर के प्रति विश्वास की भावना आयी, हम हमारे सवाल सर से निस्संकोच पूछने लगे।"

हम इन सभी उदाहरणों का विश्लेषण करें तो पाते हैं कि इन सभी शिक्षकों ने बच्चों के मन में जगह बनायी। ऐसा नहीं है कि इन शिक्षकों

ने बच्चों को ख़ुश रखने के लिए अलग से कोई क़वायद की। यह तो कहा जा सकता है कि शिक्षकों का ध्यान "बच्चों को पढ़ाने की ओर था, न कि विषयों को पढ़ाने की ओर "(होल्ट, 1969)। शिक्षकों ने अपने विषय को ठीक तरह से बच्चों तक ले जाने की कोशिश की, बच्चों के सवाल, उनके जीवन के अनुभवों को जगह दी और उनके बालमन को समझने की कोशिश की। साथ ही पाठ्यक्रम के उद्देश्य की भी पूर्ति की। जैसे भाषा–शिक्षा का एक उद्देश्य अपने विचारों की लिखित अभिव्यक्ति भी है, जो कि वृत्तान्त 1 और 4 में दिखायी देता है। शिक्षा हमें हमारे जीवन के उतार–चढ़ाव से जूझने की दक्षता देती है। हमारे जीवन को समझने का दृष्टिकोण देती है। जीवन के अनुभवों से परे शिक्षा को समझा ही नहीं जा सकता।

आज ये सभी लोग 20 से 30 वर्ष पहले के अनुभवों को साझा कर रहे हैं और इन प्रतिभागियों के मन में अपने शिक्षकों की छवि आज भी स्पष्ट है। अब इस बात पर चिन्तन किया जा सकता है कि शिक्षक बच्चों के जीवन में क्या मायने रखते हैं? इसी अध्ययन के एक प्रतिभागी ने अपना एक अनुभव साझा किया :

"जब मैं कक्षा चौथी की वर्ग शिक्षिका बनी, पहली ही अभिभावक–शिक्षक मीटिंग में मेरी एक छात्रा की माँ ने मुझसे गुस्से में कहा, 'मेरी बेटी जबसे आप की कक्षा में आयी है उसकी हैंडराइटिंग ख़राब हो गयी है, उसका पढ़ने में मन ही नहीं लगता।' मैं तो सुनकर हैरान हो गयी। मैंने उनको विश्वास दिलाते हुए कहा, 'आप चिन्ता न करें, मैं ध्यान दूँगी।' उसके बाद मैंने उस छात्रा से कक्षा में बात करना शुरू किया, उसने घर पर क्या किया, उसे कौन–से खेल पसन्द हैं? विशेष पाठ पढ़कर उसे कैसा लगा? क्या उसने कभी ऐसा महसूस किया? आदि पर उससे और कक्षा के सभी बच्चों से बात की। अच्छे काम पर प्रोत्साहन दिया, जब वह कुछ शेयर करना चाहे, तो ध्यान से सुना। अगली मीटिंग में उस छात्रा की माँ ने कहा, 'मैडम आपने ऐसा क्या जादू किया?'

छोटे संवेदनशील बदलाव भी बड़े परिवर्तन ला सकते हैं, विशेषकर जब शिक्षक इसकी पहल करें।

इस छोटे–से अध्ययन के दौरान मैंने शिक्षक–छात्र सम्बन्ध की कुछ नकारात्मक कहानियाँ भी सुनीं। इन नकारात्मक सम्बन्धों के प्रभाव आज तक प्रतिभागियों के जीवन में हैं। ऐसे स्कूल जहाँ पर शिक्षक बच्चों से

अशिष्ट बर्ताव करते हैं, उनका अपमान करते हैं, उन स्कूलों में बच्चे भी आपस में इसी तरह का व्यवहार करते हैं और जब थोड़े बड़े हो जाते हैं तो शिक्षकों के साथ अशिष्ट आचरण से भी पीछे नहीं हटते। शिक्षक–छात्र सम्बन्ध के परिणाम स्कूल की संस्कृति को भी प्रभावित करते हैं। ऐसी परिस्थितियों में शिक्षा के लक्ष्य तो दूर मानवोचित व्यवहार का पनपना भी मुश्किल हो जाता है।

एक प्रतिभागी ने बताया कि, "कुछ ही महीने पहले, मैं अपने बेटे के लिए स्कूल ढूँढ़ रही थी। कुछ कारणों से मैं अपने बेटे को नियमित रूप से स्कूल नहीं भेज पायी थी। एक स्कूल में जाकर जब मैंने शिक्षिका को बताया कि मेरा बेटा 5 वर्ष का है, लेकिन वह नियमित रूप से स्कूल नहीं जा पाया। तो इसके पहले कि मैं कुछ आगे कहती, उन्होंने तपाक से पूछा, 'क्या वह स्लो लर्नर है?' वह शिक्षिका 24–27 साल की होंगी।" ये तथ्य कि लोगों की जीवन–परिस्थितियाँ अलग–अलग होती हैं, ऐसा भी हो सकता है कि सब कुछ ठीक हो, पर कुछ समस्याएँ होंगी, आदि सोचने में वह अक्षम प्रतीत हुईं।

चर्चा और निष्कर्ष

1. शिक्षा में 'सहृदयता' को कैसे समझा जाये?

सहृदयता (विद्यार्थियों के प्रति विश्वास, उनके जीवन–अनुभव के प्रति संवेदनशीलता, उनके मन की भावनाओं के प्रति जागरूकता और उनकी ज़रूरतों के हिसाब से शिक्षण विधि को चुनने की दक्षता) और सीखने–सिखाने के लिए काम में लायी जाने वाली सामग्री और पद्धति में अन्तःसम्बन्ध हैं। एक सहृदय शिक्षक की कक्षा में सिर्फ़ रिश्ते ही नहीं बल्कि सामग्रियाँ, गतिविधियों की रूपरेखा भी संवेदनशील होंगी। जिन पहलुओं का मापन हो सकता है उन पहलुओं की चर्चा करना आसान होता है, पर मानवीय रिश्ते, उनमें छिपे भाव और उनकी अभिव्यक्ति इनमें सीधे–सीधे तर्क लगाना मुमकिन नहीं होता। एक सहृदय शिक्षक कभी उदास हो सकता है, किसी दिन वह एकान्त में रहना चाह सकता है, वह किसी दिन बच्चों से शायद उतनी बात न कर पाये जितना वह अक्सर करता है आदि। सहृदयता के पैमाने मापन के लिए उपलब्ध होना मुश्किल है। हाँ, यह हो सकता है कि लगातार बातचीत से, कक्षा के अवलोकन से इसका पता लगाया जा सकता है।

प्रतिभागी (सेवाकालीन प्रशिक्षण के सन्दर्भ में) किसी भी आयु के हों, बड़े अधिकारी ही क्यों न हों, जब वे विद्यार्थी की भूमिका में होते हैं, उन्हें भी किसी छोटे समूह का नेतृत्व करने को मिले तो ख़ुशी होती है। उनकी किसी बात की सुगमकर्ता द्वारा पुनरावृत्ति करने पर उन्हें फ़ख्र महसूस होता है तथा वे और भी जोश से चर्चाओं में भाग लेते हैं। उनके अनुभव और चिन्ताओं को पूरे समूह द्वारा सुने जाने पर उन्हें समाधान होता है। यदि कार्यशालाओं की रूपरेखा उनके कार्य और सन्दर्भ के इर्द–गिर्द बुनी हों, तो उन्हें सम्मिलित किये जाने का भाव महसूस होता है। दिये गये कार्यों को यदि वे गम्भीरता से देखते हैं तो सार्थक प्रतिभागिता निभाते हैं। सहृदयता के मायने शिक्षा में बहुत गहरे हैं। एक सहृदय सुगमकर्ता अपने प्रतिभागियों के कार्य, उनके सन्दर्भ, उनकी अपेक्षाओं को समझता है, अपनी कार्यशालाओं में उनके जीवन–अनुभवों को सम्मान देते हुए बड़े लक्ष्यों की प्राप्ति की ओर बढ़ता है।

के. हॉक और अन्य साथियों (हॉक व अन्य साथी, 2002) द्वारा किये गये अध्ययन में यह पाया गया कि कुछ गुणों को विद्यार्थियों ने शिक्षक–छात्र सम्बन्ध के लिए महत्त्वपूर्ण माना : सहानुभूति, फ़िक्र करना, सम्मान, विद्यार्थियों के लिए रूटीन से ज़्यादा काम करना, प्रेरणा देना, धैर्य और अनवरत प्रयास, बच्चों की क्षमताओं में विश्वास। हमने इस आलेख की शुरुआत में जिन शिक्षकों के बारे में पढ़ा, उनमें भी ये विशेषताएँ दिखायी देती हैं। के. हॉक और उनके साथियों के अध्ययन में यह भी पाया गया कि ऐसे शिक्षकों के प्रति विद्यार्थियों के मन में आदर तो आया ही, साथ ही विद्यार्थियों में ख़ुद के प्रति आत्मविश्वास की भावना भी बढ़ी। जब शिक्षकों को मेहनत करते देखा तो खुद भी मेहनत करने लगे, विद्यार्थी निष्ठापूर्ण व्यवहार करने लगे। यह व्यवहार शिक्षक को ख़ुश करने के लिए नहीं बल्कि इसीलिए आत्मसात किया गया क्योंकि विद्यार्थियों को ऐसे व्यवहार के सकारात्मक पहलू दिखायी दिये।

अब तक की चर्चा से यह भी स्पष्ट है कि 'सहृदयता' शिक्षक बनने की आवश्यक शर्त है। सिर्फ़ सहृदय शिक्षक ही शिक्षा के कार्य में भूमिका निभा सकते हैं। सहृदय शिक्षक का विकास करने के लिए शिक्षा के मायने, सिखाने के सिद्धान्तों की समझ, विद्यार्थियों के जीवन से परिचय और उनकी ज़रूरतों को शिक्षा में जगह देने की तत्परता विकसित करना शिक्षक–शिक्षा का अनिवार्य हिस्सा है।

सहृदयता के लिए कुछ सिद्धान्त आत्मसात करना ज़रूरी है :

- सीखना माने अपनी समझ पर काम करना
- सीखना माने अनुभवों की निरन्तरता
- शिक्षक और छात्र के बीच वास्तविक अन्तःक्रिया हो। शिक्षक पात्र के रूप में नहीं, बल्कि वे जैसे व्यक्ति हैं, उसी रूप में बच्चों से अन्तःक्रिया करें
- बच्चों को सिखाना है, न कि विषयों को
- शिक्षा का लक्ष्य संवेदनशील समाज की रचना है, असंवेदनशील माहौल में मानवीय संवेदनाएँ जन्म नहीं ले सकतीं।

सहृदयता से परे शिक्षा का कर्म अधूरा ही रहेगा।

2. सहृदय शिक्षक-निर्माण हेतु कुछ सुझाव

इस अध्ययन का एक और उद्देश्य यह भी समझना था कि शिक्षकों में सहृदयता का विकास करने के लिए क्या प्रयास किये जा सकते हैं? बातचीत तथा साहित्य से उभरे कुछ बिन्दु नीचे प्रस्तुत किये गये हैं :

- इस विषय पर शिक्षक–प्रशिक्षण पाठ्यक्रम में विशेष जगह दी जाये, स्कूल प्रैक्टिस के दौरान इस पहलू पर भी विशेष ध्यान दिया जाये। शिक्षक बनने की प्रक्रिया में यह ज़रूरी है कि हम समझें कि शिक्षा के मायने क्या हैं? सिखाने के क्या मायने हैं? 'सहृदयता' का व्यापक अर्थ क्या है? 'सहृदयता' को किसी एक ही विषय से जोड़कर नहीं देखा जा सकता। यह शिक्षक–प्रशिक्षण का वह उद्देश्य है जो पूरे पाठ्यक्रम की समझ पर विकसित होता है। इसी वजह से सहृदयता की बात किसी कक्षा में विस्तारपूर्वक होने की गुंजाइश बहुत कम होती है। यह एक चिन्ता का विषय है।
- छोटे परिवर्तन से अच्छे परिणाम मिल सकते हैं। लगातार शिक्षक–छात्र संवाद की जगह थोड़ा वक़्त विद्यार्थियों के (या छात्राध्यापक के) छोटे समूह बनाकर उनके बीच संवाद के लिए दिया जाये तो हम देख सकते हैं कि कुछ ही दिनों में कक्षा के भीतर अन्तःसम्बन्ध सार्थक बनने लगेंगे, विद्यार्थी अपनी बातें साझा करने की हिम्मत जुटा पायेंगे, बहुआयामी चर्चाओं की शुरुआत होगी।
- खुली बातचीत करने के अनेक अवसर छात्राध्यापकों को देने होंगे। यह आसान नहीं होगा, वक़्त ज़्यादा लगेगा, विषय से हटकर बातचीत

हो सकती है, लेकिन, इस प्रक्रिया में जो भी सीखा जायेगा उसका निर्माण वे ख़ुद कर रहे होंगे। और फिर ऐसे अवसर वे अपने छात्रों को भी देने में सशक्त बन सकेंगे।

- छात्राध्यापकों को ख़ुद के स्कूली अनुभवों की पड़ताल के मौक़े देने होंगे। अक्सर शिक्षक अपने ही स्कूली अनुभवों की पुनरावृत्ति कर रहे होते हैं, यह सोचे बग़ैर कि वे ऐसा क्यों कर रहे हैं, इसके पीछे क्या उद्देश्य हैं? (एलेंडर एंड एलेंडर, 2006)। यह ज़रूरी है कि वे सीखने–सिखाने में शिक्षक की भूमिका को समझें और अपने पूर्व–अनुभवों से प्राप्त 'भ्रमों' से मुक़्त हों। यह इसीलिए भी अनिवार्य है कि हम हमारे विद्यार्थियों को जानते ही नहीं हैं। सरकारी स्कूलों में आ रहे बच्चे और शिक्षक के सामाजिक वर्ग में विषमता दिन–ब–दिन बढ़ती जा रही है। ऐसे में बतौर विद्यार्थी जो अनुभव हमारे थे, उनकी पुनरावृत्ति नहीं की जा सकती, बल्कि अपने अनुभवों को बेहतर समझने की, दूसरों के जीवन को समझने की आवश्यकता है। मानवीय संवेदनाएँ, सन्दर्भ और अन्य लोगों के जीवन चरित्रों को समझकर ही विकसित की जा सकती हैं।
- शिक्षक–प्रशिक्षण के दौरान प्रशिक्षुओं को विभिन्न आत्मचरित्रों को पढ़ने के अवसर देने से वे विभिन्न सन्दर्भों को जान–समझ पायेंगे। अपने जीवन के अनुभवों को भी बेहतर समझ पायेंगे। अपने अन्य साथियों के साथ चर्चा करने से भी उनमें विविधता की समझ और गहरी होगी (फ्लोरियो एंड रुएन, राफेल, ग्लेज़ियर, मैकवी, भोलहॉर्न, एंड वॉलेस (1999)।

आभार

मैं इस अध्ययन के सभी प्रतिभागियों को उनके सहभाग के लिए धन्यवाद देना चाहती हूँ। उनके अनुभवों के बग़ैर यह आलेख पूरा नहीं हो पाता।

सन्दर्भ सूची

1. एलेंडर, जे. एंड एलेंडर, डी. (2006), हाउ डिड अवर अर्ली एजुकेशन डिसाइड हू वी आर एज़ टीचर्स? इन एल. एम. फिट्ज़गेराल्ड, एम.एल. हेस्टन, एंड डी.एल. टिडवेल (एडिट), कलैबरेशन एंड कम्युनिटी : पुशिंग बाउंड्रीज़ थ्रू सेल्फ़–स्टडी। प्रोसिडिंग्स ऑफ़ द सिक्सथ इंटरनेशनल कॉन्फ्रेंस ऑन सेल्फ़–स्टडी ऑफ़ टीचर एजुकेशन प्रैक्टिसेज़, हर्स्टमोनसुक्स कैसल, ईस्ट ससेक्स, इंग्लैण्ड (पृ.14–17)

2. सीडर फॉल्स : यूनिवर्सिटी ऑफ़ नॉर्दन लोवा इन पिथौस, के (2011), द फ्यूचर ऑफ़ अवर यंग चिल्ड्रेन लाइज़ इन अवर हैंड्स : री–एन्विसिजिंग टीचर अथॉरिटी थ्रू नरेटिव सेल्फ़–स्टडी। इन सी. मिशेल, टी. स्ट्रॉन्ग–विल्सन, के. पिथौस एंड एस. अल्लनट (एडिट) मेमोरी एंड पेडागॉजी (पीपी. 177–190) न्यूयॉर्कः रूटलेज
3. बार्न्स, डी. (1993), सर्पोटिंग एक्सप्लॉरेटरी टॉक फ़ॉर लर्निंग। *साइकल्स ऑफ़ मीनिंग : एक्सप्लोरिंग द पोटेंशियल ऑफ़ टॉक इन लर्निंग कम्युनिटीज़,* 17–34
4. ब्रुक्स, आर. (1993), द इम्पैक्ट ऑफ़ टीचर्स : अ स्टोरी ऑफ़ इंडेलिबल मेमोरीज़ एंड सेल्फ़–एस्टीम। *देयर वर्ल्ड 1993, नेशनल सेंटर फॉर लर्निंग डिसएबिलिटीज़,* 1996–2004
5. कैज़डेन, सी. बी. (1986), क्लासरूम डिस्कोर्स. हैण्डबुक ऑफ़ रिसर्च ऑन टीचिंग, 432–463
6. डेनिसन, जी. (1969), द लाइव्स ऑफ़ चिल्ड्रेन, रैंडम
7. फ्लोरियो–रुएन, एस., राफेल, टी. ई., ग्लेज़ियर, जे., मैकवी, एम., भोलहॉर्न, बी., एंड वॉलेस, एस. (1999). कल्चर, आटोबॉयोग्राफ़ी, एंड द एजुकेशन ऑफ़ लिट्रेसी टीचर्स
8. हॉक, के., काउली, ई.टी., हिल, जे., एंड सदरलैंड, एस. (2002), द इम्पॉर्टेंस ऑफ़ द टीचर/स्टूडेंट रिलेशनशिप फॉर माओरी एंड पैसिफिका स्टूडेंट्स। *सेटः रिसर्च इनफार्मेशन फॉर टीचर्स,* 3, 44–49
9. इंडिया एजुकेशन कमीशन, एंड कोठारी, डी.एस. (1966), *रिपोर्ट ऑफ़ द एजुकेशन कमीशन, 1964–66 : एजुकेशन एंड नेशनल डेवलपमेंट*। गवर्नमेंट ऑफ़ इंडिया प्रेस
10. जैकब्स, एन. एल., एंड एस्क्रिज, बी.जे. (1999), टीचर मेमोरीज़ : रिपोर्ट ऑर हिंडरेन्स टू गुड प्रैक्टिस?. यंग चिल्ड्रेन, 54(5), 64–67
11. जर्सिल्ड, ए. टी. (1940), कैरिक्टरिस्टिक्स ऑफ़ टीचर्स हू आर लाइक्ड बेस्ट एंड डिस्लाइक्ड मोस्ट। *द जर्नल ऑफ़ एक्सपेरिमेन्टल एजुकेशन,* 9(2), 139–151
12. नेशनल एडवाइज़री कमिटी, (1993), लर्निंग विदाउट बर्डन
13. एन.सी.ई.आर.टी. (2005), नेशनल करिकुलम फ्रेमवर्क, नयी दिल्ली
14. एन.सी.टी.ई. (2010), नेशनल करिकुलम फ्रेमवर्क फॉर टीचर एजुकेशन, नयी दिल्ली
15. रामामूर्ति, ए. (1990), रिपोर्ट ऑफ़ द रिव्यु कमिटी ऑन द नेशनल पॉलिसी ऑन एजुकेशन 1986, गवर्नमेंट ऑफ़ इंडिया, नयी दिल्ली

राजनीति और समानतापूर्ण शिक्षा प्रणाली का विकास : फिनलैंड और थाईलैंड का तुलनात्मक अध्ययन

–अमन मदान

यह लेख शिक्षा को समतापूर्ण बनाने हेतु राजनीति को अहम कारण मानते हुए, दो ऐसे देशों–फिनलैंड और थाईलैंड के अनुभवों पर प्रकाश डालेगा जो अपने कमज़ोर वर्गों की शिक्षा सम्बन्धी स्थिति को काफ़ी हद तक सुधारने में कामयाब हुए हैं और जिनसे भारत भी कुछ सीख ले सकता है। इस लेख का मुख्य उद्देश्य है–उन उदाहरणों की तरफ़ ध्यान दिलाना जिन्हें शैक्षणिक बराबरी को आगे बढ़ाने के लिए ज़िम्मेदार समझा जा सकता है। इस पर्चे में राजनीति, उसकी प्रक्रियाओं, घटनाओं, संस्थाओं, उसमें हिस्सा लेने वाले भागीदारों, विचारधाराओं की खोजबीन पर ख़ास ज़ोर दिया गया है जो एक समतापूर्ण शिक्षा की तरफ़ ले जाने वाली हो सकती हैं। लेखक का मानना है कि यह प्रयास हमारे अपने देश में हो रही तब्दीलियों को ठीक से समझने और भविष्य की सम्भावनाओं का अनुमान लगाने में सहायक हो सकता है।

उदारवादियों और समाजवादियों की यह धारणा कि 'सभी मनुष्य बराबर पैदा हुए हैं' एक बहुत ही शक्तिशाली सिद्धान्त रहा है, जिसने पिछली दो सदियों में राजनीति के साथ ही साथ शिक्षा प्रणालियों को ढालने में एक भूमिका निभायी है। मनुष्य की बराबरी की धारणा इस निर्णय की तरफ़ ले जाती है कि समाज को इसे यक़ीनी बनाना चाहिए कि यह सिर्फ़ व्यक्ति की सख़्त मेहनत और योग्यता ही है जो उनके जीवन में नाबराबरी पैदा करती है, न कि यह इत्तेफ़ाक़ कि वे कहाँ पैदा हुए हैं। इसे 'प्रतिभा' के संकल्प के रूप में समझा गया है, जो कि हाल ही में शिक्षा और दूसरी औपचारिक संस्थाओं के विकास को प्रभावित करने वाला एक मूल विचार है। समाज में प्रतिभाशीलता (मेरिटोक्रेसी–meritocracy) को बढ़ावा

देने की परियोजना भी इसी के साथ जुड़ी है, जिसका मतलब है ऐसी सामाजिक, राजनीतिक और आर्थिक हालात का निर्माण करना जो व्यक्ति को अपनी योग्यता को पूरी तरह प्रकट करने में मदद करें और उसके लिए एक खुला माहौल बनायें। लेकिन फिर भी जब सिस्टम के भीतर मौजूद विपरीत परिस्थितियों को नज़रअन्दाज़ किया जाता है और प्रतिभा के तर्क का इस्तेमाल उन हालात से तोड़कर सत्ता, सम्मान और दौलत में पायी जाने वाली असमानता को न्यायसंगत ठहराने के लिए होता है, तो प्रतिभाशीलता के सिद्धान्त को अक्सर ही पूरी तरह से उल्टा दिया जाता है। यह एक अजीब उलटफेर है, क्योंकि प्रतिभाशीलता की धारणा का सारा तर्क ही एक ऐसा सिस्टम बनाने में है जहाँ अवसरों और प्रगति के मामले में सामाजिक पायदानों (लोकेशन–location) की भूमिका ही समाप्त हो जाये। लेकिन प्रतिभाशीलता के सिद्धान्त का मौजूदा उल्टा इस्तेमाल, जो उसे सन्दर्भों से तोड़ लेता है, एक अजीब विडम्बना से भरा है क्योंकि वह इस तीक्ष्ण एहसास से निकलता है कि कैसे सामाजिक पायदान मानवीय प्राप्तियों को तोड़–मरोड़ सकते हैं।

शिक्षा और जीवन में मिलने वाले मौक़ों में असमानता लाने वाली सामाजिक प्रक्रियाओं पर क़ाबू पाने और उन्हें बदलने के संघर्षों का भी दुनिया–भर में एक विचित्र इतिहास है। भारत जैसे देशों में, जहाँ असमानता को स्वाभाविक ठहराने और उसके लिए विभिन्न शारीरिक और सामाजिक व्याख्याएँ ढूँढ़ने का एक लम्बा इतिहास रहा है, 'प्रतिभाशीलता' के नाम पर असमानता को जायज़ ठहराना उसी दिशा में बढ़ाया गया एक सहज क़दम है। हालाँकि उन देशों की मिसालें, जिन्होंने 'प्रतिभाशीलता' के आदर्श की तरफ़ काफ़ी प्रगति की है, यह दिखाती हैं कि वह स्वाभाविक या कुदरती नहीं है। इस तरह के सवाल पूछे जाते हैं कि क्यों वे इतना अच्छा कर पाने के योग्य हो पाये हैं और यह भी पूछा जाता है कि किस तरह से उसी तरह के परिवर्तन यहाँ भी लाये जा सकते हैं। एक मुश्किल सवाल यह भी है कि ऐसा क्यूँ लगता है कि सामाजिक असमानता दुनिया–भर में एक बार फिर से बढ़ती जा रही है। जन शिक्षा (मास एजुकेशन), जिसका उन्नीसवीं और बीसवीं सदी में दुनिया के अलग–अलग हिस्सों में उभार आया, को सामाजिक असमानता को कम करने का एक तरीक़ा समझा गया था। भारत और दूसरे कई देशों में, जहाँ स्कूलिंग या शिक्षा जन तक के पैमाने पर हासिल तो कर

ली गयी है लेकिन जहाँ वह स्पष्ट रूप से नाबराबरी वाली है, इस तरह के सवाल बहुत महत्त्वपूर्ण हो गये हैं।

इस तरह के मुद्दों का महत्त्व यह दिखाने में है कि किस तरह पूरे के पूरे सामाजिक और शैक्षणिक ढाँचे को और अधिक बराबरी वाली दिशा में बढ़ाया जा सकता है। मिसाल के तौर पर रोज़ाना के स्तर पर वे किसी विशेष शिक्षा प्रणाली में अध्यापक की भूमिका पर पड़ने वाले दबावों और विकसित होते रुझानों को बेहतर रूप से समझने में हमारी मदद करते हैं। अध्यापक की ज़िन्दगी के एक पहलू को लें तो एक अध्यापक की अपने बारे में जो समझ बनती है वह उसके अपने सोच–विचार और उस एजेंसी से जुड़ी मजबूरियों तथा विकल्पों का एक मिश्रण ही होती है, जो एक सामाजिक सन्दर्भ उन पर लादता है। एक ऐसी शिक्षा प्रणाली जिसका बुनियादी तर्क ही उच्च वर्ग की सत्ता और दर्जे को बनाये रखने का होता है, वह अध्यापक को भी उसी वृत्तान्त (नैरेटिव) को आगे बढ़ाने का दबाव महसूस करायेगी। इसके विपरीत बराबरी की ज़ोरदार भावनाओं से चलने वाली शिक्षा प्रणाली अध्यापक के लिए ख़ुद को कमज़ोरों और हाशिये पर धकेल दिये गये लोगों को सशक्त करने के एक माध्यम के तौर पर देखना अधिक आसान कर देगी।

यह पेपर एक बड़े विषय पर छोटी–सी खोजबीन है : कौन–सी चीज़ें हैं जो किसी शिक्षा प्रणाली को बराबरी की दिशा में ले जाने में सहायक होती हैं? यह पेपर उन दो देशों के अनुभवों को ध्यान में रखते हुए, जो अपने कमज़ोर वर्गों की शिक्षा सम्बन्धी स्थिति को काफ़ी हद तक सुधारने में कामयाब हुए हैं, कुछ निष्कर्ष निकालने की कोशिश करता है। विभिन्न प्रक्रियाओं पर चिन्तन करने के लिए यह उन उदाहरणों की तरफ़ ध्यान दिलायेगा जिन्हें शैक्षणिक बराबरी को आगे बढ़ाने के लिए ज़िम्मेदार समझा जा सकता है। इस पेपर में राजनीति, उसकी प्रक्रियाओं, घटनाओं, संस्थाओं, उसमें हिस्सा लेने वाले भागीदारों, विचारधाराओं की खोजबीन पर ख़ास ज़ोर दिया जायेगा, जो उन सुधारों की तरफ़ ले जाने वाली हो सकती हैं। राजनीति का अर्थ यहाँ पर राज्य और सार्वजनिक क्षेत्र दोनों से ही है। ऐसी खोजबीन हमारे अपने देश में हो रही तब्दीलियों को ठीक से समझने और भविष्य की सम्भावनाओं का अनुमान लगाने में सहायक हो सकती है।

समानता वाली शिक्षा प्रणाली की तरफ़ बढ़ने में राजनीति की भूमिका पर खोजबीन, भारत में जिन चीज़ों को आम तौर पर पहल दी जाती है उनके पूरक ढूँढ़ने में सहायक होगी। हमारे देश में जिन विषयों पर ज़्यादातर काम किया गया है, उनमें हैं (अ) संस्थागत सुधार (उचित मात्रा में संसाधनों की पूर्ति कैसे की जाये, प्रभावशाली और स्थायी फ़ीडबैक, सूचनाओं को इकट्ठा करने का सिस्टम, अध्यापकों को शिक्षित करने की प्रणालियाँ वग़ैरह) और (ब) पाठ्यक्रम और शैक्षणिक सुधार (पाठ्यक्रम और पढ़ायी जाने वाली पुस्तकों के बारे में पुनर्विचार, पढ़ाने के बेहतर तरीक़े वग़ैरह)। हालाँकि बेशक यह सब बहुत महत्त्वपूर्ण है, लेकिन यह पेपर इनके साथ–साथ ही राजनीति के महत्त्व की खोजबीन की दिशा में आगे बढ़ता है।

समानतापूर्ण शिक्षा प्रणाली के उभार (की व्याख्या) को समझना

जहाँ एक तरफ़ दुनिया–भर में जन शिक्षा के उभार को समझाने के लिए काफ़ी सारा काम हुआ है, लेकिन जन शिक्षा और समानतापूर्ण शिक्षा को एक–सा ही नहीं समझा जा सकता। जन शिक्षा समाज के ज़्यादा से ज़्यादा बच्चों को स्कूल या विश्वविद्यालयों में लाने की बात करती है। भारत में हम शुरुआती शिक्षा के क्षेत्र में लगभग सभी को शामिल कर पाने के काफ़ी नज़दीक पहुँच चुके हैं। समानतापूर्ण शिक्षा की तलाश उससे आगे की बात है, जिसका मतलब है एक ऐसे सिस्टम की तलाश जिसमें विभिन्न सामाजिक वर्गों के बीच की दूरियाँ या तो कम कर दी गयी हों या बिल्कुल ख़त्म कर दी गयी हों। भारत में हम अपनी प्राथमिक (शुरुआती) शिक्षा प्रणाली को एक जन शिक्षा प्रणाली कह सकते हैं, लेकिन क्योंकि हमारे स्कूलों के बीच मौजूद अन्तर बहुत ही ज़्यादा हैं, इसलिए यह एक बेहद नाबराबरी वाली शिक्षा भी है। स्कूल जाने के नतीजे बहुत हद तक इस बात पर निर्भर करते हैं कि बच्चे के परिवार के पास कितने संसाधन हैं, सिर्फ़ या मुख्यतः बच्चे की अपनी योग्यता या मेहनत पर नहीं। जन शिक्षा और समानतापूर्ण शिक्षा की धारणाएँ कुछ हद तक मिलती–जुलती हैं, क्योंकि दोनों में ही यह समझा जाता है कि समाज उस दशा से जहाँ सिर्फ़ कुछ उच्च वर्गों के लोग ही स्कूल जाते हैं उस समाज में तब्दील हो रहा है, जहाँ लगभग सभी बच्चे स्कूल जाते हैं। लेकिन समानतापूर्ण शिक्षा का मतलब है कि उन सभी को संस्थागत शिक्षा से एक समान

लाभ होना चाहिए, स्कूल और विश्वविद्यालय का असर समाज के बीच की दर्जेबन्दी को घटाने के लिए होना चाहिए न कि उसे क़ायम रखने या बढ़ाने के लिए। बेशक यह ज़रूरी नहीं है कि यह सारी ऊँच–नीच या दर्जेबन्दी को पूरी तरह ख़त्म करने की दिशा में ले जाये।

हालाँकि इस सवाल को कि 'कब और क्यों; कोई समाज जन शिक्षा की तरफ़ रूपान्तरित होता है', अकादमिक साहित्य में भरपूर जगह मिली है, और इस विषय पर ढेरों काम हुआ है (मिसाल के लिए कार्नोए, 1973, फ़ैजरलिंड और साहा 1983, बोलि व अन्य 1985, बेनावोट 2006, रामिरेज़ और बोलि 2011, शैफलबेन और मैकजिन 2017), लेकिन शिक्षा प्रणाली बनाने के लिए कौन–से कारक सक्रिय होते हैं इस दिशा में बहुत कम ही काम हुआ है। फिर भी क्योंकि शुरू में इन दोनों में काफ़ी कुछ मिलता–जुलता है, इसलिए पहले विषय से सम्बन्धित हुए विभिन्न कामों और उनके सुझावों पर एक सरसरी–सी नज़र डालना अभी भी काफ़ी काम आ सकता है।

जन शिक्षा की शास्त्रीय कार्यात्मक (फंक्शनलिस्ट) व्याख्या यह रही है कि समाज तभी कोई शिक्षा–व्यवस्था बनाता है, जो उसके सारे तानेबाने को एक सूत्र में पिरोती है, जब उसे यह अपनी संस्कृति और सामाजिक ढाँचे के लिए ज़रूरी और फ़ायदेमन्द नज़र आती है। कार्यात्मक चिन्तकों का यह मानना है कि जब समाज अधिक जटिल हो जाते हैं और ऐसे कामों और भूमिकाओं को विकसित कर लेते हैं जिन्हें घर पर नहीं सीखा जा सकता, तब समाज बच्चों के सामाजीकरण के लिए अलग संस्थाओं के रूप में स्कूल और कॉलेजों का विकास करते हैं और उनकी मुनासिब सामाजिक भूमिकाएँ निर्धारित करते हैं (दुर्खीम 1961/1902 पार्सन्स 1959)। कई कार्यात्मक चिन्तकों के कथनों से ऐसा लगता है जैसे जन शिक्षा का उभार सामाजिक विकास का एक लाज़िमी नतीजा हो (क्लार्क 1962)। यह विकास और राष्ट्रवाद के वृत्तान्त का भी एक हिस्सा है और लोगों के मनों पर इसकी एक ज़बरदस्त पकड़ है। एक ज़्यादा सूक्ष्म पहुँच यह दिखाती है कि जटिल और तकनीकी रूप से संगठित समाज को सर्वव्यापी शिक्षा–संस्थाओं से फ़ायदा हो सकता है, लेकिन उनका उभार और फैलाव अटल नहीं होता (मैरटन 1968)। व्यक्तियों की तरह, समाज भी किसी विशेष सूरत में उससे चूक सकते हैं जो तार्किक रूप से उनके लिए सबसे बेहतर हो सकता है। लेकिन फिर भी जन शिक्षा की एक आम कार्यात्मक समझ यही है कि वह बड़े पैमाने के जटिल और तकनीकी रूप

से विशेषीकृत समाज की एक लाज़िमी उपज है। इस तरह की समझ अक्सर विशेषीकृत, तकनीकी ज्ञान और ऐसी संस्थाओं की 'ज़रूरत' पर ज़ोर देती है जो नौजवानों को समाज की ज़रूरतों के मुताबिक ज्ञान, मान्यताएँ, मूल्य और प्रेरणाएँ देती हैं, जो समाज के लिए सही ढंग से काम करने के लिए ज़रूरी होती हैं।

जन शिक्षा के उभार की व्याख्या के लिए मार्क्सवादी और पुनरुत्पादनवादी सिद्धान्तकार भी एक तरह से कार्यात्मक सिद्धान्तों की छाया को ही थोड़ा उल्टा–पुल्टा करके सामने लाते हैं। उनका भी यही कहना है कि जन शिक्षा का उभार एक ख़ास तरह के सामाजिक ढाँचे को बनाये रखने के लिए ही होता है। मगर जहाँ कार्यात्मक सिद्धान्तकार उस सामाजिक ढाँचे को जटिल या सर्वव्यापी समाज कहते हैं, वहीं मार्क्सवादी उन्हें पूँजीवादी (बाउल्स एंड गिटिंस 2011/1976) या बस्तिवादी (कुमार एंड शुक्ला 1985) कहना ज़्यादा पसन्द करते हैं। दूसरे पुनरुत्पादनवादी सिद्धान्तकार फिर से उत्पादित किये गये उस समाज को पितृवंशी पूँजीवाद या गोरों के दबदबे वाला समाज कहते हैं।

इस तरह के व्याख्यानों से कई बेशकीमती चीज़ें सीखने को मिलती हैं, जिनसे पिछली दो सदियों में जन शिक्षा के फैलाव के कई महत्त्वपूर्ण रुझानों का पता चलता है, फिर भी यह मान लेना मुश्किल है कि यह सिद्धान्त जन शिक्षा के विकास की पूरी–पूरी और सटीक व्याख्या देते हैं। जैसा कि जॉन मेयर और उनके छात्रों ने दिखाया है (बोलि एवं अन्य 1985, बोलि 1989) कि कई ऐसी अवस्थाएँ हैं जहाँ पर जन शिक्षा का उभार समाज के पूँजीवादी या उद्योगवादी बदलावों के साथ जुड़ा हुआ नहीं है। जापान इसकी एक जानी–मानी मिसाल है जो इन सिद्धान्तों को चुनौती देता है, जहाँ उन्होंने 1880 में, उस तरह के किन्हीं दबावों के बिना ही जिनका कार्यात्मक या पुनरुत्पादनवादी ज़िक्र करते हैं, सबके लिए शिक्षा की नीति अपनायी। उस समय जापान एक खेती प्रधान और ग्रामीण समाज था। मेयर और उनके छात्रों का तर्क है कि जन शिक्षा के उभार के लिए बुनियादी शर्त असल में औद्योगिकीकरण की नहीं, बल्कि आधुनिकीकरण के प्रवचन की है। उनका मानना है कि यह एक बहुत ही शक्तिशाली सांस्कृतिक और राजनीतिक वृत्तान्त बन जाता है जो दुनिया–भर में उच्च वर्ग के कुछ लोगों के मन पर अपनी पकड़ बना लेता है, और यही बात जन शिक्षा के उभार की तरफ़ ले जाती है।

दूसरे सिद्धान्तों के मुक़ाबले 'आधुनिकीकरण वृत्तान्त' के सिद्धान्त की ख़ूबी यह है कि यह दुनिया–भर में होने वाले ठोस अनुभवों से मिलते सबूतों से ज़्यादा मेल खाता है। मगर यह भी अधूरा ही लगता है, जो बहुत सारे सवालों का कोई जवाब नहीं देता। 'आधुनिकीकरण वृत्तान्त' कब और क्यों इतना प्रभावशाली बन जाता है? जन शिक्षा की तरफ़ बढ़ने के लिए ज़रूरी होने के साथ क्या यह अपने आप में ही काफ़ी भी है? जन शिक्षा के उभार के लिए और किन चीज़ों की ज़रूरत होती है? और हमारे लिए सबसे ख़ास सवाल यह है कि जन शिक्षा प्रणाली को समानतापूर्ण बनाने के लिए क्या–क्या ज़रूरी है?

जन शिक्षा के उभार और फिर समानतापूर्ण शिक्षा प्रणाली के विकास को समझने के लिए अकेले आधुनिकीकरण के वृत्तान्त को ही केन्द्र में रखकर चलने की बजाय कई सारे कारकों की सैद्धान्तिक समझ को अपना आधार बनाना सच्चाई के कहीं ज़्यादा नज़दीक महसूस होता है। विभिन्न कारकों के आपसी सम्बन्धों की सैद्धान्तिक समझ सापेक्षक स्वतन्त्रता की धारणा से आती है, जिसे पुरानी मार्क्सवादी व्याख्या के आर्थिक नियतिवाद की कमज़ोरियों से बचने के लिए बाद के मार्क्सवादी सिद्धान्त में विकसित किया गया (विलियम्स 1977, ग्राम्सी 1971)। सापेक्षक स्वतन्त्रता का संकल्प इस नव–मार्क्सवादी कहे जाने वाले सिद्धान्त को वैबेरियन नज़रिये के काफ़ी करीब़ ले आता है, जो आर्थिक कारकों के साथ–साथ सांस्कृतिक और राजनीतिक कारकों की आपसी क्रियाओं पर भी ध्यान देता है, मिसाल के लिए विभिन्न सभ्यताओं के ऐतिहासिक विकास की रूपरेखा तैयार करते हुए वैबर के काम को देखा जा सकता है। इस पेपर में इसी तरह की एप्रोच अपनायी गयी है, अनेकों कारक किस तरह से एक–दूसरे को प्रभावित करते हैं और किस तरह से एक–दूसरे के प्रति प्रतिक्रिया करते हैं, उस सबकी जाँच–पड़ताल करते हुए, यह जीवन्त प्राणियों और सामाजिक ढाँचे के विभिन्न पहलुओं की सापेक्षक स्वतन्त्रता के पक्ष में ही तर्क प्रस्तुत करता है। एक नया ही सवाल इस विधि में अब एक केन्द्रीय मुद्दा बनकर उभरने लगता है, 'ठीक है, मान लेते हैं कि एक सापेक्षक स्वतन्त्रता है, लेकिन इसका ठीक–ठीक मतलब क्या है, वे सब अलग–अलग कारक कौन–से हैं और किस तरह से वे एक–दूसरे को प्रभावित करते हैं?'

विभिन्न कारकों के आपसी सम्बन्धों का सिद्धान्त पेश करना इस पेपर के दायरे से बाहर की बात है, फिर भी जिस सामग्री का हमने ऊपर ज़िक्र किया है उसकी मदद से उन कारकों की एक मोटी सूची तैयार की जा सकती है जो समानतापूर्ण शिक्षा का ढाँचा बनाने की प्रक्रिया में शामिल होते हैं :

(क) संस्थागत ढाँचे और प्रक्रियाएँ : जिनमें यह भी शामिल है कि इमारतों और अध्यापकों की संख्या जैसे संसाधन पर्याप्त रूप से उपलब्ध हैं या नहीं। यह बात भी इससे जुड़ी है कि अध्यापकों को शिक्षित करने का तरीक़ा कारगर है या एकदम बेकार ही है। संस्था के भीतर अध्यापकों के लिए दूसरी तरफ़ से मिलने वाली सूचना यानी फ़ीडबैक की कड़ियाँ सुचारू हैं या नहीं और क्या वह कमज़ोर विद्यार्थियों की मदद करने के लिए अध्यापकों को निर्देशित करती हैं। ऐसे ही कई संस्थागत कारक समानतापूर्ण शिक्षा प्रणाली की तरफ़ बढ़ने में बहुत अहम भूमिका निभा सकते हैं।

(ख) पाठ्यक्रम और शिक्षा सम्बन्धी कारक : मसलन क्या वहाँ बाल–केन्द्रित शिक्षा को आम रूप से स्वीकार किया गया है या नहीं, क्या पाठ्यक्रम बच्चे की उम्र और उसकी संस्कृति के मुताबिक़ है या नहीं। इसी के साथ पाठ्यपुस्तकों और दूसरी शिक्षा–सामग्री की गुणवत्ता का सवाल भी जुड़ा है। बेशक यह सब बातें संस्थागत कारकों के माध्यम से अध्यापकों की शिक्षा, अच्छे अध्यापकों का पर्याप्त संख्या में मिलना आदि सवालों के साथ परस्पर जुड़ी हुई हैं।

(ग) आर्थिक या श्रम बाज़ार से जुड़े हालात : जिनमें यह बात भी शामिल है कि क्या किसी समाज की भौतिक स्थितियाँ ऐसी हैं जिनसे लोगों की स्कूल जाने में दिलचस्पी बढ़े और क्या शक्तिशाली वर्ग यह चाहते हैं कि स्कूल जाने वालों की संख्या बढ़े। पढ़े–लिखे और निपुण मज़दूरों की बढ़ती हुई माँग भी स्कूलों को प्रोत्साहन देती है, क्योंकि आख़िर वे लोग पढ़ाई–लिखाई के ज़रिये ही अपनी योग्यता बढ़ाते हैं। इसी से जुड़ा हुआ सवाल यह भी है कि क्या उस तरह की शिक्षा कमज़ोर वर्गों की ताक़त भी बढ़ाती है या सिर्फ़ उन्हें कमज़ोर ही करती है। समाज के अन्दर पैदावार, बँटवारा और खपत कैसे होती है, यह भी इस बात पर गहरा असर डालती है कि पढ़े–लिखे मज़दूर ज़्यादा समानतापूर्ण होंगे या समाज में मौजूद ऊँच–नीच के पायदानों का ही हिस्सा बने रहेंगे।

(घ) सांस्कृतिक पहलू : लोग शिक्षा के बारे में किस तरह से सोचते हैं, क्या उन्हें उसके होने या न होने से कुछ फ़र्क़ नहीं पड़ता या वे उसके

लिए सख़्त मेहनत करने के लिए भी तैयार हैं। मसलन क्या परिवार के लोग छोटे बच्चों को स्कूल जाने के लिए प्रेरित करते हैं और क्या युवा पीढ़ी के भी वहाँ बने रहने की सम्भावना रहती है। यह शिक्षा के अनुमानित आर्थिक फ़ायदों के साथ जुड़ा हुआ भी हो सकता है और उससे आज़ाद भी। बचपन, बालिग़ अवस्था और जवानी के बारे में कोई समाज कैसे सोचता है और लिंग भेद किस तरह से सामाजिक भूमिकाओं को निर्धारित करते हैं, इस सब की अपनी एक भूमिका है।

हालाँकि यह चारों बातें इस बात पर गहरा प्रभाव डालती हैं कि शिक्षा–प्रणाली समानता की दिशा में बढ़ेगी या नहीं, लेकिन इस पेपर में राजनीति को ही केन्द्र में रखा गया है, जो कि एक अलग फैक्टर है। यहाँ यह देखने की कोशिश की गयी है कि शिक्षा–व्यवस्था को ढालने में राजनीति की क्या भूमिका है। यहाँ यह मानकर ही नहीं चला गया है कि शिक्षा–व्यवस्था तो हर हाल में सामाजिक नाबराबरी को ही फिर से पैदा करेगी। न ही स्पष्ट रूप से यह दावा किया जा सकता है कि राजनीति ही शिक्षा–व्यवस्था को प्रभावित करने वाला एकमात्र या सबसे प्रमुख कारक है। बल्कि यह कहने की कोशिश की गयी है कि विभिन्न सामाजिक तबक़े राज्य की नीतियों को प्रभावित करते हुए शिक्षा–व्यवस्था को समानता की तरफ़ या उससे दूर ले जाने में एक अहम भूमिका निभाते हैं। उन सामाजिक तबक़ों की विचारधाराएँ और उनकी सियासी संस्कृति, शिक्षा के बारे में उनके चिन्तन, और किस दिशा में वे उसे ले जाना चाहते हैं, को प्रभावित करती है। उनके हाथ में कितने संसाधनों की बागडोर है, किन–किन को वे अपने साथ जोड़ सकते हैं, इस सबका शिक्षा क्षेत्र की घटनाओं पर एक असर दिखता है। राजनीतिक ढाँचे का, उसके अलग–अलग अंगों के आपसी सम्बन्धों का और उनकी तय भूमिका का भी उस पर एक असर होता है। सामाजिक आन्दोलनों और लोकतान्त्रिक राजनीति भी विरोधी हितों, नज़रियों, विचारधाराओं और उनकी पोज़िशनों में तालमेल बिठाने के लिए दबाव का इस्तेमाल कर सकती है। अगर यही सब कुछ राजनीति है, तो समानतापूर्ण शिक्षा–प्रणाली की तरफ़ तब्दीली लाने में राजनीति एक महत्त्वपूर्ण कारक है और उसकी भूमिका को समझना हमारे लिए फ़ायदेमन्द हो सकता है।

प्रमुख देशों की समीक्षा

यह पेपर एक लम्बी योजना का हिस्सा है जिसमें यह देखने की कोशिश की गयी है कि जिन देशों का शिक्षा–तन्त्र भारत के मुक़ाबले ज़्यादा बराबरी वाला है, वहाँ राजनीति कैसे काम करती है और कैसे उसने अपने–अपने देशों की शिक्षा–प्रणाली पर प्रभाव डाला। यह उन देशों की शिक्षा के इतिहास पर उपलब्ध सामग्री की समीक्षा करते हुए किया जायेगा। यह तो मानना ही पड़ेगा कि उनमें से कोई भी देश पूरी तरह समानतापूर्ण नहीं है, बल्कि उनके दरमियान बहुत महत्त्वपूर्ण आपसी भेद हैं, और उनकी तुलना बहुत फलदायी हो सकती है। कोई देश या समाज कमोबेश कितना समानतापूर्ण है, इसका पता लगाने के तरीक़ों में एक तो इस बात का अध्ययन है कि वहाँ सामाजिक गतिशीलता कितनी है, कितने लोगों को सामाजिक पायदान पर ऊपर चढ़ने का मौक़ा मिलता है और उसमें शिक्षा का क्या स्थान है, सामाजिक ढाँचे में शिक्षा को किस स्तर पर रखा जाता है, वग़ैरह। मौजूदा पेपर में फिनलैंड और थाईलैंड को तुलना और विश्लेषण के लिए चुना गया है, यहाँ यह पता लगाने की कोशिश करेंगे कि और अधिक समानतापूर्ण शिक्षा की तरफ़ बढ़ने में राजनीति के स्थान और भूमिका के बारे में उनके तजुर्बे से हम क्या सीख सकते हैं।

अन्त में हम क्यूबा और दक्षिण कोरिया जैसी बस्तिवादी हुकूमतों के ख़िलाफ़ संघर्ष में उभरे देशों की स्थिति का भी विश्लेषण करेंगे। यूनाइटेड स्टेट, यूनाइटेड किंगडम और रूस जैसे विकसित देशों के बारे में उपलब्ध सामग्री की भी छानबीन की जायेगी। इस तरह उनके बीच के साझे रुझानों और विविधताओं की जाँच–पड़ताल करेंगे। पहले से ही यह मानकर नहीं चला जायेगा कि संस्थाओं, पाठ्यक्रमों, आर्थिक, सांस्कृतिक और शिक्षण से जुड़े पहलुओं पर राजनीति हावी ही रहती है, बल्कि यह देखा जायेगा कि कैसे वह उनके साथ आपसी सम्बन्ध बनाती है और उसके ज़रिये से प्रतिभा या मैरिटोक्रेसी के निर्माण में तथा अध्यापक और अध्यापन के सामाजिक चरित्र को प्रभावित करने में राजनीति के महत्त्व को समझने की कोशिश की जायेगी।

फिनलैंड

फिनलैंड एक छोटा–सा देश है जिसकी आबादी बेंगलूरु से भी कम है। पिछले लगभग दो दशकों से वह शिक्षा सम्बन्धी अन्तरराष्ट्रीय स्तर पर

होने वाली चर्चाओं में छाया रहा है। पीसा (प्रोग्राम फ़ॉर इंटरनेशनल स्टूडेंट असिस्मेंट) टैस्टों में उसकी बड़ी प्राप्तियों ने सारी दुनिया का ही ध्यान अपनी तरफ़ खींचा। वहाँ के अध्यापकों की शिक्षा के बारे में, परीक्षा की बेहद दबाव वाली पद्धति को कैसे उन्होंने बदलकर तैयार किया, कैसे शिक्षा के दायरे में सबको लेकर आया गया, इस सबके बारे में बहुत कुछ लिखा गया है। लेकिन उसके मुक़ाबले में इस विषय पर बहुत कम सामग्री है कि आख़िरकार समानतापूर्ण शिक्षा की तरफ़ यह तब्दीली शुरू कैसे और क्यों हुई। आगे अहोनैन (2002), सिमोला (2005) और साहलबर्ग (2011) के अध्ययनों के ज़रिये से उस सबका एक संक्षिप्त इतिहास देने की कोशिश की गयी है। इन विद्वानों ने राजनीतिक, सांस्कृतिक और ऐतिहासिक कारकों पर बहुत विस्तार से लिखा है। ऐसा लगता है कि सोचने–विचारने वाली और ख़ुद को बेहतर बनाती रहने वाली नौकरशाही, खोज आधारित उच्च शिक्षा के रुझान और ख़ासतौर पर अध्यापकों की शिक्षा–व्यवस्था के अलावा उन सब प्रक्रियाओं ने भी समानतापूर्ण शिक्षा की तरफ़ तब्दीली में एक निर्णायक भूमिका निभायी।

फिनलैंड में व्यापक पैमाने पर प्राथमिक स्कूलों का बनना समानतापूर्ण शिक्षा की तरफ़ बढ़ने में एक ऐतिहासिक घटना थी, जहाँ सभी सामाजिक वर्गों से आने वाले विद्यार्थी नौ साल तक एक ही तरह के स्कूलों में जाते थे। अलग–अलग तरह के सरकारी स्कूलों को एक ही तरह के स्कूल में बदल दिया गया था। प्राइवेट स्कूलों को तो पहले से ही बहुत ज़्यादा सरकारी मदद दी जाती थी, अब उन्हें व्यापक स्कूली सिस्टम का हिस्सा बनाने के लिए उनका राष्ट्रीयकरण कर लिया गया। सापेक्षक रूप से और अधिक समानतापूर्ण शिक्षा की तरफ़ होने वाले इस बदलाव को फिनिश संसद ने 1963 में क़ानूनी तौर पर मंज़ूरी दे दी, पर अपने शिखर तक पहुँचने में उसे कई साल लग गये थे। इस परिवर्तन को समझने के लिए हम इस बात पर ध्यान केन्द्रित कर सकते हैं कि फिनलैंड पश्चिमी यूरोप के उन आख़िरी देशों में से था जो औद्योगिकीकरण की तरफ़ बढ़ रहे थे। उन्नीसवीं सदी के मध्य से ही शिक्षा फिनलैंड में एक उच्च आदर्श बनी हुई थी। 'सात भाई' नाम का अलैक्सिस किवी का लिखा हुआ पहला फिनिश उपन्यास 1870 में प्रकाशित हुआ था, यह उन भाइयों के संघर्ष की कथा थी जो अपने लिए एक सम्मानपूर्वक और बढ़िया जीवन का निर्माण करना चाहते थे, पढ़ना सीखना उनके संघर्ष का केन्द्रीय हिस्सा था।

व्यापक स्कूलों की स्थापना से पहले फिनलैंड की शिक्षा–प्रणाली मोटे तौर पर जर्मन और स्वीडिश प्रणालियों की ही तरह थी। प्राइमरी स्कूलों का कामकाज कई तरह के सरकारी और निजी प्रबन्धन में चल रहा था। विद्यार्थियों का बहुत छोटा–सा ही हिस्सा ग्रामर स्कूलों की निचली सेकेंडरी स्टेज तक पहुँच पाता था। अगर वे विश्वविद्यालय में पढ़ना चाहते तो इसके बाद उन्हें जिमनेज़ियम में अध्ययन करना होता था।

इस बदलाव से पहले की आधी सदी तो ख़ासतौर पर मुश्किलों से भरी थी। 1918 में फिनलैंड को एक ख़ूनी गृहयुद्ध से गुज़रना पड़ा था, जिसमें एक तरफ़ 'लाल' थे, जो सोवियत क़िस्म की सरकार बनाना चाहते थे और दूसरी तरफ़ 'सफ़ेद' थे जो उनका विरोध कर रहे थे। दूसरे विश्वयुद्ध के दौरान तो और भी ज़्यादा ख़ून बहाया गया, सोवियत यूनियन और नाज़ी जर्मन के ख़िलाफ़ लड़ते हुए लगभग एक तिहाई जनसंख्या या तो मारी गयी थी या हमेशा के लिए अपाहिज हो गयी थी। इस छोटे–से देश ने जब दूसरे विश्वयुद्ध के बाद ख़ुद को सँभालने की कोशिशें शुरू कीं तो वहाँ ख़ुद को फिर से बनाने और मज़बूत करने की एक ज़बरदस्त इच्छा थी। सारा का सारा सामाजिक और राजनीतिक माहौल ही ऐसा था जो बड़ी तब्दीलियाँ चाहता था और वहाँ का बुद्धिजीवी वर्ग दूसरे देशों के शिक्षा–प्रबन्धों में होने वाले परिवर्तनों से भली–भाँति परिचित था। राजनीतिक माहौल निर्णायक तौर पर केन्द्र से बायीं तरफ़ को झुका हुआ था, जहाँ पूरा माहौल ही फिनिश समाज में समानता लाने की तरफ़ रचित था। 1948 की संसद में 50 सीटें सोशल डेमोक्रेटिक पार्टी की, 49 कृषि पार्टी की और 49 ही कम्युनिस्ट पार्टी की थीं। युद्ध के बाद के उस पीरियड में सोवियत यूनियन का अपने छोटे–से पड़ोसी पर एक ज़बरदस्त प्रभाव था। 1946 में शिक्षा–प्रणाली में सुधार लाने के लिए एक कमेटी बनायी गयी, जिसने पहले आठ सालों तक बच्चों के लिए एक ही तरह के स्कूल बनाने का सुझाव रखा। हालाँकि यूनिवर्सिटियों और ग्रामर स्कूल के अध्यापकों की यूनियन के विरोध की वजह से इस सुझाव को मंज़ूर नहीं किया जा सका, जिनकी चिन्ताएँ गुणवत्ता को लेकर थीं।

दूसरे विश्वयुद्ध के बाद के पहले दशक में समाज एक और बड़ी उथल–पुथल में से निकल रहा था, प्रमुख रूप से खेतीप्रधान देश से फिनलैंड अब एक औद्योगिक देश होता जा रहा था। निर्माण–कार्यों और सेवाओं के क्षेत्र में लोग बड़ी संख्या में शहरों की तरफ़ भाग रहे थे।

यह विचार लोगों के भीतर और भी शिद्दत से महसूस किया जा रहा था कि शिक्षा ही उनके लिए जीवन के रास्ते खोल सकती थी, गाँव से नये–नये आये लोगों और खेती से जुड़े वर्गों में यह बात ख़ास तौर पर महसूस की जा रही थी। कृषि पार्टी शिक्षा में सुधारों का ज़बरदस्त समर्थन कर रही थी, हालाँकि शुरू में व्यापक स्कूलों को लेकर उसकी कुछ शंकाएँ थीं। फिनिश प्राइमरी स्कूल टीचर यूनियन (FPSTU–एफ.पी.एस.टी.यू.) ने व्यापक स्कूलों के विचार के हक़ में लहर खड़ी करने में एक अहम भूमिका निभायी थी। उसके द्वारा बनायी गयी कमेटी ने सभी विद्यार्थियों को एक ही छत के नीचे लाने के लिए प्राइमरी और ग्रामर स्कूलों को एक करने की सिफ़ारिश की थी। एफ.पी.एस.टी.यू. इस बदलाव के हक़ में ज़बरदस्त तरीक़े से खड़ी थी, और बहुत से राजनेता उसकी बातों पर ध्यान देते थे, जिनमें 1956 से 1982 तक फिनलैंड के राष्ट्रपति रहे उरहू केकोन्न भी शामिल थे। 1956 में जब सरकार ने शिक्षा प्रणाली में सुधारों के लिए सुझाव देने के लिए एक नयी कमेटी का गठन किया, तो उस वक़्त माहौल जोश और उत्साह से भरा था। युद्ध के बाद आने वाला आर्थिकता का उभार अब ढेर हो चुका था और उसकी जगह मन्दी ने ले ली थी। 1957 में सोवियत यूनियन ने पहले अन्तरिक्ष यान स्पुतनिक को अन्तरिक्ष में भेजा था, और दुनिया–भर के देशों ने यह देख लिया था कि अन्तरराष्ट्रीय राजनीति अब अन्तिम रूप में किसी देश की शिक्षा की गुणवत्ता और नयी खोजों पर ही निर्भर करेगी। उस कमेटी ने फिर से व्यापक स्कूलों के अपने सुझाव को दुहराया, लेकिन इस बार स्कूली शिक्षा का समय नौ साल तक बढ़ा दिया गया था। इस प्रस्ताव को संसद ने पास कर दिया, और यह बदलाव 1972 से शुरू हो कर 1978 में पूरे होने वाले थे, इनकी शुरुआत खेतीप्रधान इलाक़ों से होनी थी और वहाँ से इन्हें दक्षिणी इलाक़ों की तरफ़ बढ़ाया जाना था।

सेकेंडरी स्कूलों और यूनिवर्सिटी स्टाफ़ ने इस बदलाव का भरपूर विरोध किया था, लेकिन आख़िरकार उसे कुचल दिया गया था। फिनलैंड जिन मुसीबतों से होकर निकला था, उसने मुल्क के सामने खड़ी समस्याओं के हल के लिए समाज के भीतर सर्वसम्मति को एक महत्त्वपूर्ण एप्रोच के रूप में स्थापित किया था। सर्वसम्मति के बचे रहने और देश के सामने खड़ी भयंकर समस्याओं पर क़ाबू पाने का सबसे बेहतर तरीक़ा माना गया था। उसी समय एक कल्याणकारी राज्य की भी स्थापना की जा रही थी।

उसके और व्यापक स्कूलों के पीछे मूल विचार यही था कि यह कोई दान देने का मामला नहीं है, बल्कि लोगों की सम्भावित ऊर्जा को देश की तरक़्क़ी के लिए इस्तेमाल और सक्रिय करने का सवाल था। असमानता और तरह–तरह के स्कूली सिस्टम को अब लोगों की योग्यता की बरबादी और उनके सम्भावित योगदान को गँवाने के रूप में देखा जाने लगा था।

जैसा कि ऊपर बताया गया है, प्राइमरी स्कूल के अध्यापकों की हिमायत ने इस बदलाव में एक अहम भूमिका निभायी थी। उनके समर्थन की एक वजह यह भी थी कि प्राइमरी स्कूलों और सेकेंडरी स्कूलों को एक कर देने से समाज में उनका दर्जा बढ़ता था। लम्बे समय से फिनलैंड में अध्यापकों का एक सम्मान रहा था, वे अपने समाज की प्रभावी उच्च संस्कृति के समर्थक और व्यवस्था का एक हिस्सा थे। दोनों तरह के स्कूलों को मिला देने की हालत में शिक्षा की गुणवत्ता को लेकर जो सवाल उठाये गये थे, उसके लिए 1979 में एक क़ानून पास किया गया, जिसके ज़रिये स्कूल अध्यापकों के लिए यूनिवर्सिटी की उच्च शिक्षा प्राप्त करना लाज़िमी कर दिया गया था। इससे अध्यापकों के मान–सम्मान में और भी बढ़ोतरी हुई और एक तरह से उनकी एक मदद हुई कि अपने काम को वे एक पेशेवर तरीक़े से ले सकें। उस बदलाव को यक़ीनी बनाने में प्राइमरी स्कूल के अध्यापकों के उत्साह और समर्थन ने व्यापक स्कूलों की लहर को जीवन्त बनाये रखा।

दूसरी तरफ़ यूनिवर्सिटियों और बुद्धिजीवियों में इस बात का समर्थन बढ़ रहा था कि फिनलैंड को मौजूदा हालात से उभारने के लिए कुछ सख़्त क़दम उठाने ज़रूरी हैं। विभिन्न कमेटियों ने दुनिया–भर में चल रहे प्रगतिशील अभियानों का लेखा–जोखा लिया और फिनिश शिक्षा–व्यवस्था ने अपनी मूल प्रक्रियाओं को बदलना शुरू किया। अलग–अलग योग्यताओं वाले विद्यार्थियों को एक ही संस्था में लेने की चुनौती को स्वीकार किया। कई सारे बदलावों में एक यह भी था कि अब जर्मनों की तरह सिलेबस पूरा करने पर ज़ोर देना बन्द कर दिया गया, उसकी बजाय कहीं ज़्यादा बाल–केन्द्रित एप्रोच अपनायी गयी जहाँ विद्यार्थी अपनी अलग–अलग गति के साथ चल सकते थे।

अब सवाल यह है कि वे कौन–सी मुख्य प्रक्रियाएँ और हालात थे जो फिनलैंड की शिक्षा–व्यवस्था को और अधिक समानतावादी दिशा में ले गये?

उनमें से एक तो वह भयानक आर्थिक उथल–पुथल ही थी, जिसकी पीड़ा से समाज गुज़र रहा था। एक आम विश्वास था कि अगर सबको उसमें शामिल करना है और किसी को पीछे नहीं छोड़ना है तो शिक्षा उसके लिए ज़रूरी है। दूसरी थी, मुश्किल भू–राजनीतिक (जियो–पॉलिटिकल) माहौल में टिके रहने और उसके साथ चल पाने के लिए बड़े सुधारों को लागू करने की ज़ोरदार इच्छा जो जनता में नीचे तक फैली हुई थी। इसके साथ ही उस संस्कृति का भी प्रभाव था जिसमें शिक्षा को सफल जीवन की एक मूल निशानी समझा जाता था। ऐसे कई सामाजिक और राजनीतिक ग्रुप थे जो प्राथमिक शिक्षा को बढ़ावा देने की माँग का समर्थन करने को राज़ी थे। कुछ अध्यापक संगठनों का समर्थन भी इसका महत्त्वपूर्ण हिस्सा था। और एक ऐसा बुद्धिजीवी वर्ग भी वहाँ था जो दूसरे देशों की नीतियों और वहाँ जो भी चल रहा था, उस सबका मूल्यांकन करने में सक्षम था और उनमें से जो भी उनके लिए बेहतर था उसका चुनाव कर सकता था। उससे भी बड़ी बात यह थी कि राज्य बुद्धिजीवियों की सुनता था ताकि उनके सुझावों को नीति–निर्माण की प्रक्रिया में शामिल किया जा सके। राजनीतिक प्रणाली भी इस सब कुछ को एक मुनासिब नीति में बदलने और फिर दशकों तक उसे कारगर तरीक़े से लागू करने में सक्षम थी, ताकि वे गहराई में जाकर अपना काम कर सकें और मज़बूती पकड़ सकें। ऐसा लगता है कि कुछ महत्त्वपूर्ण सांस्कृतिक, ऐतिहासिक और राजनीतिक कारकों तथा शिक्षा–क्षेत्र की नौकरशाही और अध्यापकों की शिक्षा–प्रणाली ने साझे रूप से फिनलैंड में समानतापूर्ण शिक्षा–प्रणाली की स्थापना में अपना योगदान दिया। यही बात थी जिसने फिनलैंड के अध्यापकों को, बिना किसी लैंगिक भेदभाव के, यह एहसास दिलाया कि वे समाज के सम्मानित उच्च वर्गों का ही एक हिस्सा हैं, जो बेशक़ीमती सांस्कृतिक और आर्थिक संसाधनों को नयी पीढ़ी के साथ साझा कर रहे हैं। इसने एक उच्चस्तरीय आन्तरिक समानता वाली शिक्षा–प्रणाली का निर्माण किया।

थाईलैंड

थाईलैंड के अनुभवों को देखना ख़ुद में ही एक रोचक विषय है और बहुत मामलों में तो वह फिनलैंड से एकदम विपरीत हैं। थाईलैंड दुनिया के अमीर देशों में से तो नहीं है; फिर भी वहाँ उच्च शिक्षा तक पहुँचने वाले लोगों

की संख्या अपेक्षाकृत ज़्यादा थी, जो 2011 में 52.7 प्रतिशत जी.ई.आर. था (वर्ल्ड बैंक 2017)। प्राथमिक शिक्षा और उच्च शिक्षा में नामांकित लोगों के बीच का अन्तर और अनुपात यह देखने का एक आम तरीक़ा है कि वह समाज और उसकी शिक्षा–प्रणाली किस हद तक असमानतापूर्ण है। अगर हम जापान और दक्षिण कोरिया जैसी एशिया की बड़ी ताक़तों को छोड़ देते हैं तो थाईलैंड में शिक्षा में नाबराबरी का स्तर एशिया के सबसे निचले स्तरों के ही आसपास था, जो लगभग तुर्की के बराबर था (सी.एफ. सारणी 1)। तुर्की और थाईलैंड में अभी हाल ही में उच्च शिक्षा के क्षेत्र में तेज़ी–से बढ़ोतरी हुई थी। हालाँकि थाईलैंड का जी.ई.आर. तुर्की के मुक़ाबले कम था फिर भी तुर्की की जगह अध्ययन के लिए यहाँ उसे इसलिए चुना गया है क्योंकि उसके विकास पैटर्न में अधिक निरन्तरता और नियमितता नज़र आती है। थाईलैंड एक एशियाई देश को देखने का अवसर देता है जो सांस्कृतिक रूप से भारत के ज़्यादा क़रीब है, जिसने शिक्षा के प्रबन्धन में काफ़ी सुधार किया था, लेकिन अभी काफ़ी कुछ करना बाक़ी था।

सारणी 1 : उच्च शिक्षा के क्षेत्र में जी.ई.आर.

	1971	1981	1991	2001	2011
भारत	5.0	5.3	6.0	9.7	22.9
थाईलैंड	2.9	7.7	NA	39.0	52.7
तुर्की	5.1	5.7	14.0	25.3	60.7

स्रोत : वर्ल्ड बैंक (2017)

थाईलैंड एशिया के उन कुछ ही देशों में से एक था जो उन्नीसवीं सदी में बस्तिवादी हुकूमत के चंगुल में फँसने से बच गये थे। विली शासक फ्रेंच, ब्रिटिश और डच बस्तिवादी ताक़तों को एक–दूसरे के ख़िलाफ़ ही उलझाये रखने और कुछ हद तक राजनीतिक स्वतन्त्रता को बचाये रखने में कामयाब हुए थे। इस दौर का थाई उच्च वर्ग एक छोटी–सी पश्चिमी रंग में रँगी नौकरशाही के रूप में पला–बढ़ा था, जिसके सबसे ऊपरी हिस्सों ने पश्चिमी यूरोप या उत्तरी अमेरिका में शिक्षा हासिल की थी। राजवंश और नौकरशाही एक पैतृक तरीक़े से हुकूमत कर रही थी। किसानी, जो लगभग एक ही जैसी थी, में उसके प्रति कोई ख़ास विरोध या प्रतिरोध

की भावना नहीं थी। व्यापारी वर्ग, जिसमें ज़्यादातर थाई–चीनी ही थे, के पास न तो इतनी ताक़त थी और न ही स्थानीय जड़ें कि उन्हें गम्भीर रूप से चुनौती दे सकें (एंडरसन 1977)।

राजा चुलालांग्कोर्न, जिसने 1868 से 1910 तक हुकूमत की, और उसकी मन्त्री–परिषद् ही थाईलैंड में पश्चिमी शिक्षा को बढ़ावा देने के लिए उत्तरदायी थी। पश्चिमी देशों द्वारा खड़ी की गयी चुनौतियों के बीच खड़े रहने का यही एक तरीक़ा था। साक्षरता और संगठित शिक्षा का थाईलैंड में एक लम्बा इतिहास था, जिसे बौद्ध संघ द्वारा संचालित मठ चलाते थे। आम तौर पर यह माना जाता था कि शिक्षा संस्कृति और रूहानियत के साथ–ही–साथ सांसारिक ज्ञान भी देती है। राजा चुलालांग्कोर्न और उसके समर्थकों के लिए यह नयी शिक्षा–प्रणाली पश्चिमी रंग में रँगे बग़ैर आधुनिक होने का एक तरीक़ा थी, जिसमें आप थाई ही बने रहते हैं और नयी संस्कृति में भी बौद्धमत और राजा के लिए वही आदर–सत्कार बना रहता है (फ्राई और बी 2013, मिशेल 2015)। चुलालांग्कोर्न कॉलेज की स्थापना 1917 में हुई थी, जिसे बाद में यूनिवर्सिटी बना दिया गया, उसका मक़सद नौकरशाहों, मिलिट्री अफ़सरों और अध्यापकों की संख्या बढ़ाना था। 1921 में एक क़ानून पास करके तीन साल की शुरुआती शिक्षा सबके लिए अनिवार्य कर दी गयी। फिर भी आम थाई शहरी को इससे ज़्यादा कुछ देने की इच्छा का एक तरह से वहाँ अभाव ही था। बुनियादी साक्षरता के शुरुआती ऊँचे स्तर के बावजूद भी देश की हुकूमत बहुत ही छोटे–से उच्च वर्ग के हाथों में थी, जो अक्सर पश्चिमी देशों से उच्च शिक्षा हासिल करके आता था।

1932 में फ़ौज और नौकरशाही ने राजशाही के ख़िलाफ़ बग़ावत कर दी और राजा का तख़्तापलट कर देश की सत्ता सीधे अपने हाथों में ले ली। फिर भी उन्होंने राजतन्त्र को राजनीति के सांस्कृतिक और राष्ट्रीय केन्द्र में बनाये रखा। यह तख़्तापलट लोकतान्त्रिक राजनीतिक व्यवस्था में नहीं बदला था, मुख्य तब्दीली यही थी कि राजा अब देखने में भले ही राज्य–प्रमुख बना हुआ था, लेकिन असल में अब उसकी जगह फ़ौज और नौकरशाही ने ले ली थी जिसने अब आम लोगों के मार्गदर्शक और रक्षक का लबादा ओढ़ लिया था। 1934 में नैतिक और राजनीतिक विज्ञानों के लिए थामासत यूनिवर्सिटी बनायी गयी, जिसका मोटो (आदर्श सूत्र), 'सर्वोतम बनें, निष्पक्ष रहें, समाज की मुख्य चालक शक्ति बनें' रोशन

विचारों वाली उच्चवर्गीय हाकिम जमात बनाने के उद्देश्य की तरफ़ संकेत करता था। उच्च वर्गों के ऐलान और उनकी स्वयं की पहचान भले ही कुछ भी रही हो, लेकिन व्यावहारिक रूप से थाईलैंड में कोई बहुत ज़्यादा तरक़्क़ी नहीं हुई थी, क्योंकि उच्च वर्गों की दिलचस्पी लोगों की आर्थिक हालत सुधारने और उन्हें राजनीतिक तौर पर मज़बूत करने की बजाय अपने घर भरने में ज़्यादा थी।

बीसवीं सदी के मध्य तक जो थाई समाज उभरकर आया था; उसमें एक तरफ़ पश्चिमी रंग–ढंग वाली नौकरशाही थी और नाममात्र का राजतन्त्र, जो ग़ैर–राजनीतिक थाई–चीनी व्यापारी वर्ग पर राज करता था और ख़ुद में ही सिमटे हुए किसान थे, जिनके पास कोई अधिकार नहीं थे। 1950 के बाद हालात तेज़ी–से बदलने शुरू हुए। 1959 में प्रधानमन्त्री बने मार्शल सारित ने सरकारी नीतियों में बदलाव किया और पुराने ढंग–तरीक़ों को बनाये रखने की जगह आर्थिक तरक़्क़ी पर ज़ोर देना शुरू किया। उनका यह आकलन कि बढ़ती हुई अर्थव्यवस्था एक जड़ हो चुकी व्यवस्था के मुक़ाबले कहीं ज़्यादा फ़ायदेमन्द होगी, थाई समाज के इतिहास में एक निर्णायक क्षण था। यह सब उस समय हुआ जब अमेरिका इंडो–चाइना क्षेत्र में फ्रेंच, ब्रिटेन और डच शक्तियों का स्थान ले रहा था, उस इलाक़े में कम्युनिज़्म को फैलने से रोकने के लिए थाईलैंड उनकी गतिविधियों का केन्द्र बन रहा था। साउथ ईस्ट एशियन ट्रीटी ऑर्गेनाइज़ेशन (एस.ई.ए.टी.ओ. SEATO) का मुख्य अड्डा बैंकॉक था और उसके साथ अमरीकी पूँजी की जैसे एक बाढ़–सी आ गयी थी। बाद में जापानी और दूसरे निवेशक भी उसमें शामिल हो गये थे। 1960 के दशक के दौरान यूनिवर्सिटियों की संख्या में हुई ज़बरदस्त वृद्धि के पीछे आधुनिकीकरण के अमरीकी विचारों का काफ़ी प्रभाव था। स्कूली शिक्षा की माँग तेज़ी–से बढ़ी थी क्योंकि बैंकॉक के गिर्द बढ़ रही आर्थिक सरगर्मियों में शामिल होने का रास्ता वहीं से होकर निकलता था, जो देश के दूसरे हिस्सों में स्थापित विभिन्न अमरीकी कम्पनियों से जुड़ता था। व्यापारिक भाईचारा अब एक बड़ा बिज़नेस क्लास बन चुका था और ख़ुदगर्ज़ नौकरशाही तथा बेईमान फ़ौज के ख़िलाफ़ उसकी घुटन अब बढ़ती ही जा रही थी। एक पढ़ा–लिखा मध्यम वर्ग सामने आ गया था जो सरकारी क्षेत्रों से बाहर काम कर रहा था और उसकी संख्या और प्रभाव तेज़ी–से बढ़ रहा था। आंशिक रूप से उसे उसकी पहचान उसकी पढ़ाई–लिखाई से ही मिल रही थी,

हालाँकि वह देश पर हुकूमत करने वाले जरनलों और नौकरशाहों के साथ एकजुटता महसूस करता था, लेकिन उनके भ्रष्टाचार तथा कामकाज के मौक़ों की वृद्धि में आने वाली अड़चनों को लेकर उसका धीरज अब तेज़ी–से डोलने लगा था (बेकर और फोंगपाईचिट, 2014)। इन वर्गों के उभार ने ही आगे चलकर शिक्षा के फैलाव में एक केन्द्रीय ऊर्जा का काम किया था (क्लेन 1998, पृ. 14)।

थाईलैंड के एक बराबरी वाले समाज की तरफ़ बढ़ने की दिशा में एक निर्णायक मोड़ 1997 का संविधान था, जिसने बारह साल की उम्र तक के सभी बच्चों के लिए मुफ़्त स्कूली शिक्षा लाज़िमी कर दी थी। इसके साथ ही जुड़ा था 1999 का शिक्षा क़ानून, जिसने उसे लागू किया। इन क़ानूनी घटनाओं के पीछे थाईलैंड में हुए अनेकों राजनीतिक और आर्थिक परिवर्तन ही काम कर रहे थे। 1997 के संविधान और 1999 के क़ानून से पहले के तीन दशकों में थाईलैंड ने लोकतान्त्रिक राजनीति का उदय होते हुए देखा था, जब उच्च वर्गों के आपसी संघर्ष का पुराना पैटर्न भी साथ चल रहा था, और साथ–ही–साथ यह माँग भी ज़ोर पकड़ रही थी कि अपने हाकिमों के चुनाव में लोगों की भी एक आवाज़ होनी चाहिए। बड़े कारोबार और पढ़े–लिखे मध्य वर्ग की फ़ौजी–नौकरशाही उच्च वर्ग से निराशा ने इसमें निर्णायक भूमिका निभायी थी। 1970 के दशक से पहले जितने भी तख़्तापलट होते, नयी सरकारें बनतीं या मन्त्रिमण्डल में जो कोई फेरबदल किये जाते, ज़्यादातर मामलों में वही फ़ौजी–नौकरशाही उच्च वर्ग ही अदल–बदलकर सत्ता में रहते थे। अब बड़े कारोबारी और बैंकॉक के गिर्द केन्द्रित व्हाइट कॉलर मज़दूर, जिनकी संख्या अब काफ़ी हो गयी थी, और आर्थिक रूप से विकसित दक्षिणी क्षेत्र भी सरकार में अपना हिस्सा चाहते थे। लेकिन वे उन राजनीतिक संस्थानों और लीडरों से भी परेशान थे जो अब लोकतान्त्रिक लहर के भीतर से उभरने शुरू हो गये थे।

बड़े कारोबारियों, मैनेजरों, तकनीकी मज़दूरों और पेशेवर लोगों की संख्या में बढ़ोतरी तो अमरीकियों के आने के साथ ही शुरू हो गयी थी और जब वे छोड़कर गये तो जल्द ही जापानियों और दूसरे विदेशी निवेशकों ने उनकी जगह ले ली थी। लम्बे समय से ही थाईलैंड कृषि पदार्थों का निर्यातक रहा था। 1980 में वह एक औद्योगिक और ऐसी चीज़ें निर्यात करने वाला देश बन गया, जिनको शुरुआती स्तर पर वहाँ असेम्बल किया जाता था और फिर उसके निर्यात में निर्मित वस्तुओं की

संख्या बढ़ती चली गयी। 1980 के मध्य तक खेतीबाड़ी कुल घरेलू उत्पाद (GDP–जी.डी.पी.) का आधा ही रह गयी थी जो इक्कीसवीं सदी तक आते–आते घटकर लगभग दस प्रतिशत ही रह गयी (वर्ल्ड बैंक, 2017 बी)। बैंकॉक नयी आर्थिकता और पूँजीवाद की नयी संस्कृति का केन्द्र था, व्हाइट कॉलर और हाथ से काम करने वाले मज़दूर, खपतवाद और काम से जुड़ी उसकी नैतिकता सब वहाँ मौजूद था।

1973 में शिक्षित वर्गों और कारोबारियों के विरोध ने पहली बड़ी कामयाबी देखी, जिसके फलस्वरूप नयी सरकार बनी। 1975 के एक फ़ौजी तख़्तापलट ने उसे बर्ख़ास्त कर दिया, जिसके बाद विभिन्न पार्टियों में एक लम्बा संघर्ष चला, जिसमें एक तरफ़ मध्यम वर्ग और कारोबारी हितों और संस्कृति को प्रकटाने वाले दल थे और दूसरी तरफ़ फ़ौजी–नौकरशाही उच्च वर्ग के लोग। सत्ता के इस खेल में एक तीसरा स्तम्भ भी राजनीति के आसमान पर उभरकर आया था, उसका दावा था कि वह थाईलैंड के उन उत्तर और उत्तर–पूर्वी इलाक़ों का प्रतिनिधित्व करता था जो औद्योगिक रूप से पिछड़े हुए थे।

1997 के संविधान पर काम बहुत पहले शुरू हो गया था, जिसे मुख्य तौर पर डेमोक्रेटिक पार्टी ने ही चलाया था, जिसके अन्तरराष्ट्रीय कारोबार और पेशेवर वर्गों के साथ घनिष्ठ सम्बन्ध थे। संविधान का उद्देश्य भ्रष्टाचार के ख़िलाफ़ एक संवैधानिक सुरक्षा प्रदान करना था और फ़ौज को फिर से सत्ता हथियाने से रोकना था। इससे पहले कि संविधान पास हो पाता डेमोक्रेटिक पार्टी सत्ता से बाहर हो गयी, पर उसकी और सिविल सोसाइटी के अनेकों ही नेटवर्क्स की निरन्तर कोशिशों ने यह यक़ीनी बनाया कि बाद में आने वाली गठबन्धन सरकारें उस नये संविधान को वापिस न ले सकें। 1997 के आर्थिक संकट ने भी संविधान और उससे जुड़े बाद के ऐलानों को जल्द पूरा करने के लिए दबाव बनाया। लोगों में एक बहुत ही फैली हुई धारणा यह थी कि नौकरशाही और फ़ौजी लीडरों के ख़राब प्रबन्धों की वजह से आर्थिक ढाँचा ढेर हो गया था, जिसके चलते लगभग दस फ़ीसदी लोगों को अपनी नौकरियाँ गँवानी पड़ी थीं। दूसरी चीज़ों के अलावा, यह भी उम्मीद की जाती थी कि शिक्षा पर फिर नये सिरे से ज़ोर देना शुरू कर के थाईलैंड अन्तर्राष्ट्रीय आर्थिक अखाड़े में टिके रहने के योग्य हो पायेगा (लीकपाल 2000, विट्टी 2000)।

1997 के संविधान के पास होने के बाद, जब थाई करेंसी एकदम गिर गयी तो सत्ता वाले गठबन्धन को सरकार छोड़नी पड़ी और इस उम्मीद के साथ कि इससे देश की हालत में सुधार होगा, एक ऐसे राजनीतिक दल के रूप में डेमोक्रेटिक पार्टी को वापिस बुलाया गया, जिसके पास अन्तरराष्ट्रीय बिज़नेस का विशाल अनुभव और ज्ञान था। 1997 से 2001 तक फिर से सत्ता में रहते हुए डेमोक्रेटिक पार्टी ने 1999 का राष्ट्रीय शिक्षा क़ानून पास करवा लिया और परिवर्तन की गति को बनाये रखने में कामयाब रही। लेकिन 2001 में सत्ता में आयी थाकसिन शिनावत्रा की सरकार में शिक्षा को कोई ख़ास प्राथमिकता नहीं दी गयी। अगले दशक की राजनीतिक अनिश्चितता ने यह पक्का कर दिया कि राष्ट्रीय शिक्षा क़ानून पूरी तरह से लागू न हो (फ्राई और बी 2013)। फिर भी थाईलैंड के कई हिस्सों में लोगों की शिक्षा तक पहुँच के स्तर में काफ़ी सुधार हुआ। फिर भी 2001 के बाद उच्च शिक्षा के निजीकरण से सामाजिक रूप से पिछड़े वर्गों की उच्च शिक्षा हासिल कर पाने और सामाजिक तौर पर अपनी हालत में सुधार कर पाने की क्षमता और भी सीमित हो गयी थी। थाकसिन शिनावत्रा सरकार ने यह ऐलान किया था कि दिये जाने वाले अतिरिक्त सरकारी फण्ड अब से उच्च शिक्षा की बजाय सिर्फ़ स्कूलों को ही दिये जायेंगे। इससे निजी कॉलेजों, पॉलिटेक्निक कॉलेज और यूनिवर्सिटियों की एक बाढ़–सी आ गयी थी, जिनकी गुणवत्ता का दर्जा बेहद अलग–अलग था। एक ऐसे मज़दूर वर्ग के लिए, जिसका ज़्यादातर हिस्सा बहुत ही कम वेतन पर काम कर रहा था, उच्च शिक्षा का निजी फण्ड के ज़रिये से हो रहा फैलाव सामाजिक असमानता को कम करने की दिशा की तरफ़ नहीं ले जा रहा था (मिशेल 2015)।

समानतापूर्ण शिक्षा–प्रणाली के निर्माण का सिद्धान्त

फिनलैंड और थाईलैंड के इतिहास, सामाजिक ढाँचों और शिक्षा–प्रणालियों में स्पष्ट रूप से काफ़ी अन्तर है। लेकिन दोनों में शिक्षा हासिल करने के बढ़ते अवसरों को लेकर एक साझा पैटर्न भी है, ख़ास तौर पर शिक्षा के शिखर तक पहुँचे हुए और शिक्षा के मामले में पीछे छूट गये और पिछड़े हुए सामाजिक वर्गों के बीच की घटती हुई दूरी के मामले में यह बात प्रत्यक्ष रूप से समान थी। उन दोनों के दरमियान समानताओं को ढूँढ़ते हुए और भी कई सारे दिलचस्प पैटर्न सामने आते हैं।

फिनलैंड की ही तरह थाईलैंड में भी शिक्षा का प्रसार–प्रचार उस समय में हो रहा था जब वह मुख्य तौर पर खेती आधारित अर्थव्यवस्था से एक औद्योगिक अर्थव्यवस्था में तब्दील हो रहा था। साधारण लोगों से लेकर, सरकार और निजी व सरकारी तौर पर शिक्षा के क्षेत्र में लगे हुए सभी लोगों में यह विश्वास साझे रूप से काम कर रहा था कि शिक्षा से आर्थिकता को फ़ायदा होगा और साथ ही लोगों की हालत भी सुधरेगी। हालाँकि दोनों ही देशों में शिक्षा का अर्थ सिर्फ़ नौकरी हासिल करना ही नहीं था। दोनों ही देशों में ऐसी पुरानी परम्पराएँ थीं, जिनमें शिक्षा को धर्म, संस्कृति और ऊँचे सामाजिक दर्जे से जोड़कर देखा जाता था। शिक्षा का दोनों के लिए ही एक सांस्कृतिक और साथ ही व्यावहारिक मतलब भी था। अब तक तो यह सारा मामला कार्यात्मक सिद्धान्त वालों के मुताबिक़ ही चल रहा है, फिर भी यह सिद्धान्त दोनों ही देशों में पूरी तरह लागू नहीं हो पाता। थाईलैंड में औद्योगिक रूप से विकसित बैंकॉक और दक्षिणी थाई इलाक़ों और उत्तर और उत्तर–पूर्व के इलाक़ों के बीच, जो अभी भी कृषि प्रधान थे, की गहरी सामाजिक खाई हमें उनके इस दावे को स्वीकार करने से रोकती है कि शिक्षा की माँग तो सामाजिक स्थिरता के लिए ही की जाती है। क्योंकि पिछड़े हुए इलाक़े राजनीतिक रूप से ज़्यादा सरगर्म थे, तो शिक्षा उसके उलट बड़े सामाजिक टकरावों की तरफ़ ले जा रही थी। बैंकॉक में भी शिक्षा के सांस्कृतिक अर्थ आधुनिक वृत्तान्त से बिल्कुल अलग ही नज़र आते थे, क्योंकि राजा, धर्म और रूहानियत अभी भी शिक्षा का सरगर्म हिस्सा बने हुए थे। हालाँकि आधुनिकीकरण का सिद्धान्त थाईलैंड में शिक्षा के शुरुआती प्रसार की व्याख्या में कुछ हद तक काम आ सकता है, लेकिन वहाँ अभी औद्योगिकीकरण का कोई स्पष्ट वजूद नहीं था, पर वह 1997 के बाद की घटनाओं की स्पष्ट व्याख्या नहीं कर पाता था, जो वर्तमान के ज़्यादा क़रीब थीं। थाईलैंड के 1997 के संविधान की ही तरह 1950 के आख़िर और 1960 के शुरू में फिनलैंड ने शिक्षा की तरफ़ जो निर्णायक क़दम उठाये थे उन्हें सिर्फ़ एक औद्योगिक समाज की तकनीकी और सांस्कृतिक माँगों के जवाब के ही रूप में नहीं देखा जा सकता। यह दोनों ही देशों के भीतर विश्वास की एक छलाँग थी, जो ऐसे समाज में घट रही थी जो भारी दबाव और अनिश्चितता में घिरा था, एक उम्मीद लगाये कि शिक्षा उनके बचाव के लिए किसी कवच का काम करेगी।

ऐसे सैद्धान्तिक दृष्टिकोण जो शिक्षा में होने वाले बदलावों के पीछे सामाजिक ग्रुपों के बीच के टकराव और सामाजिक अन्तर्विरोधों पर ज़ोर देते हैं, फिनलैंड और थाईलैंड दोनों की ही परिस्थितियों पर ज़्यादा फ़िट बैठते हैं। कुछ भी हो सामाजिक पुनरुत्पादन का सिद्धान्त साधारण अर्थों में तो यहाँ लागू नहीं होता, इसकी वजह यह है कि यह तेज़ी–से बदलने वाले समाज हैं और शिक्षा को यहाँ सिर्फ़ एक यथास्थिति बनाये रखने वाली रूढ़िवादी ताक़त के रूप में देखना सम्भव नहीं। एक नव–मार्क्सवादी और वैबेरियन नज़रिया यहाँ ज़्यादा कारगर है, जो कुछ ग्रुपों को उभरते और सत्ता पर क़ाबिज़ होने के लिए संघर्ष करते हुए देखता है, जो शिक्षा को अपनी पहचान और दावों का एक आधार बनाते हैं। उत्तरी थाईलैंड के खेतीप्रधान इलाक़ों से आने वाले राजनीतिक लीडरों और नौकरशाह तथा फ़ौजी उच्च वर्ग में एक समानता थी, दोनों की ही शिक्षा के फैलाव में कोई दिलचस्पी नहीं थी। यह मध्य वर्ग और बड़े बिज़नेस की मदद से चलने वाली पार्टियाँ ही थीं, और उनके साथ का वह सिविल सोसाइटी नेटवर्क जो इसके लिए दबाव बना रहा था। फिनलैंड में औद्योगिक रूप से कम विकसित इलाक़ों से आने वाली पार्टियाँ ही शिक्षा के फैलाव और उसमें समानता लाने के लिए सबसे ज़्यादा दबाव डाल रही थीं। जिन्हें लगता था कि शिक्षा के प्रसार से उनकी सत्ता और मान–सम्मान पर आँच आ सकती थी, वही लोग पूरे ज़ोर से इसका विरोध कर रहे थे। इसे न तो कार्यात्मक और न ही पुनरुत्पादन के सिद्धान्तों से समझा जा सकता है, स्पष्ट रूप से यह सत्ता के खुले संघर्ष की एक वैबेरियन धारणा ही थी जो घटनाओं को समझने में सबसे ज़्यादा सहायक हो रही थी।

राजनीति और समानतापूर्ण शिक्षा का फैलाव

इससे अब हमारे सामने राजनीति और उसके महत्त्व का सवाल खड़ा होता है। दोनों ही देशों का अनुभव यह बताता है कि समानतापूर्ण शिक्षा की तरफ़ ले जाने वाला एकमात्र कारक राजनीति नहीं थी। दोनों ही देशों की संस्कृतियों में यह बात अहम रूप से स्थापित थी कि शिक्षा का एक गहरा सांस्कृतिक महत्त्व है और हर किसी को इसे हासिल करना चाहिए। शिक्षा के आर्थिक फ़ायदों की मिसालें भी उनके सामने थीं। आर्थिक रूप से ठोस प्रतिबद्धताओं का होना, प्रबन्धन की योग्यता और अकादमिक ज्ञान ने भी एक अहम भूमिका निभायी थी, और राष्ट्रीय स्तर की संस्थाओं के

लिए काम करना और एक–दूसरे के साथ तालमेल बनाये रखना सम्भव बनाया था, और उन्हें इस योग्य बनाया था कि वे मुनासिब पाठ्यक्रम और शिक्षा–सामग्री का निर्माण कर सकें। फिनलैंड और थाईलैंड के बीच जो अन्तर थे, उनमें से कुछ एक तो उनकी प्रशासकीय और अकादमिक योग्यताओं और सामर्थ्यों में पाये जाने वाले तुलनात्मक अन्तर ही थे।

साथ–ही–साथ दोनों ही देश अलग–अलग ग्रुपों, वर्गों और संस्कृतियों में हुए आपसी संघर्ष की अहम भूमिका को भी दिखा रहे थे, विचारधाराओं के फैलाव और इस बात को भी कि राज्य के संसाधनों पर किसका कंट्रोल रहता है। दोनों ही देशों में राज्य ही सबसे शक्तिशाली संस्था और सांस्कृतिक स्थल था जो शिक्षा के फैलाव और समानता की ज़िम्मेदारी ले सकता था। राजनीति राज्य पर कंट्रोल करने का ही नाम है। कौन–सा ग्रुप और कौन--सी विचारधारा किसी एक ख़ास संस्था पर कंट्रोल करने में कामयाब रहती है, यही बात इसके लिए निर्णायक हो जाती है कि समानतापूर्ण शिक्षा पर ज़ोर दिया जायेगा या नहीं। मिसाल के लिए फिनिश प्रधान उरि हैकोनिन प्राइमरी स्कूल टीचरर्स ऐसोसिएशन की तरफ़ से प्राइमरी स्कूलों को व्यापक स्कूलों में बदलने, और उनको उच्चस्तरीय माने जाने वाले ग्रामर स्कूलों में मिला देने की माँग के साथ हमदर्दी रखते थे। वे दो दशकों तक सत्ता में रहे, जिसमें कुछ समय तक उन्हें सोवियत यूनियन का समर्थन भी हासिल रहा। इसने व्यापक स्कूलों को ज़मीनी हक़ीक़त बनाने और कई तरह के क़ानूनों और दूसरे उपायों से उन संस्थाओं को मज़बूत बनाने में मदद की। थाईलैंड में बहु–क़ौमी कम्पनियों और व्हाइट कॉलर मज़दूरों ने इस उम्मीद के साथ शिक्षा के विस्तार के लिए दबाव बनाया कि इससे उनके विरोधी वर्गों की संस्कृति पर अंकुश लगेगा। राज्य सत्ता पर कारगर ढंग से क़ब्ज़ा बनाये रखने की उनकी अयोग्यता ने उनकी योजनाओं के पूरा होने में निरन्तर रुकावटें डालीं।

इन दोनों देशों के अध्ययन से ऐसे स्पष्ट संकेत मिलते हैं कि किस तरह से हम समानतापूर्ण शिक्षा के निर्माण की अपनी सैद्धान्तिक कल्पनाओं में राजनीति की भूमिका को शामिल कर सकते हैं। लेकिन अगला सवाल यही उठ खड़ा होता है कि इसकी व्याख्या कैसे की जाये और कैसे इसे सैद्धान्तिक रूप से समझा जाये कि दूसरे कारकों के बीच राजनीति का स्थान क्या है। बदक़िस्मती से अलग–अलग कारकों के आपसी सम्बन्धों की किसी सैद्धान्तिक समझ का विस्तार इस पेपर के दायरे में नहीं लाया जा सकता।

अलग–अलग कारकों के आपसी सम्बन्धों का मामला कहीं बड़ा सैद्धान्तिक मामला है और जो कहीं ज़्यादा मेहनत की माँग करता है। फिर भी आदमी इन दोनों देशों के अध्ययन से कुछ सुझाव तो दे ही सकता है : पहली बात तो यह है कि यह अध्ययन हरगिज़ यह सुझाव नहीं देता कि राजनीति ही बदलाव का एकमात्र या मुख्य स्रोत है या बाक़ी चीज़ों को बदलने के लिए सबसे पहले राजनीति को ही बदलना होगा। इन देशों में शिक्षा के बदलाव की जड़ें कई दिशाओं में फैली हैं, जो धीरे–धीरे निर्णायक क्षणों की तरफ़ बढ़ती हैं। मिसाल के लिए थाईलैंड की बौद्ध संस्कृति को लोगों तक यह सन्देश पहुँचाने में कई सदियाँ लग गयी होंगी कि शिक्षा से जुड़ी संस्थाओं में कुछ बरस बिताने से आदमी की रूहानी ख़ूबियों को बढ़ावा मिलता है। हालाँकि बदलाव की निर्णायक घड़ियाँ अन्ततः हमेशा राजसी संस्थाओं और प्रक्रियाओं से ही होकर गुज़रती दिखायी देती हैं। मिसाल के लिए, एक राष्ट्रीय क़ानून का पास होना, नयी शिक्षा स्कीम को लागू करने के लिए देश–भर में संस्थाओं का ज़ाल फैलाना, दोनों ही देशों में इस सबकी क़िस्मत सत्ताधारी सामाजिक समूहों और उनकी विचारधाराओं तथा हितों के ही आधार पर तय हुई थी। ऐसी राजनीति जो शिक्षा के अधिक समानतापूर्ण फैलाव की तरफ़ रुझान रखती है, समतावादी दिशा में बदलाव का एक ज़रूरी घटक प्रतीत होती है। लेकिन ज़ाहिर है कि वह अकेली ही अपने आप में सब कुछ नहीं है।

इन देशों के अनुभवों से भारत के लिए कोई भी सबक निकालते हुए हमें बड़ी सावधानी से काम लेना होगा। हर देश की ऐतिहासिक परिस्थितियाँ अपने आप में अनोखी होती हैं। फिर भी एक बात जो उनमें साझा नज़र आती है वह है शिक्षा में राज्य की रणनीतिक भूमिका और उन सामाजिक सरंचनाओं की प्रतिबद्धता जिनका उस पर असर रहता है। पूरे देश–भर में फैले स्कूल और यूनिवर्सिटी सिस्टम की स्थापना करना, इस पैमाने पर संचालन की ज़िम्मेदारी केवल राज्य ही सँभाल सकता है। इसका एक मतलब तो यही है कि अपने हितों और विचारधारा से चलने वाले संगठनों को, जो राज्य पर कंट्रोल करते हैं, यह पक्का यक़ीन होना चाहिए कि समानतापूर्ण शिक्षा से उन्हें व्यावहारिक, राजनीतिक और सांस्कृतिक रूप से लाभ होगा। इसके बिना वे बराबरी वाली शिक्षा को अपना समर्थन नहीं देंगे और न ही उसे लागू करने के लिए कुछ करेंगे। चुनौती यह है कि भारत में ऐसी सरंचना बनायी कैसे जाये। वे कौन–सी पार्टियाँ हैं,

या पार्टियों में बैठे हुए लोग या गुट हैं जिनकी सभी के लिए अच्छी शिक्षा में रुचि हो सकती है? किस तरह के विश्वास और विचारधाराएँ इस तरफ़ ले जायेंगी? इसका फ़ैसला तो विशेष ऐतिहासिक सन्दर्भ में ही होगा और हो सकता है कि यह वही सांस्कृतिक या राजनीतिक ग्रुप न हों जिन्होंने दूसरे देशों में निर्णायक भूमिका निभायी थी। यह मदद बिल्कुल ही अनजान दिशाओं से आ सकती है, जिसके बारे में किसी ने सोचा भी न हो। हो सकता है कि यह उन लोगों का ग्रुप हो जो मध्यम वर्गीय उत्तमता की भाषा में बात करता हो, जो 'अनपढ़, बेसमझ, दुखियारी, बदक़िस्मत" जनता की सरपरस्ती का दावेदार हो। मुमकिन है कि वह किसी तंगदिल सांस्कृतिक गठजोड़ का हिस्सा हो जो दूसरों पर ख़ुद को लादना चाहता हो। आत्म–प्रशंसा में डूबी हमारी चिड़चिड़ाहट या हमारा नैतिकवादी रवैया समानतापूर्ण शिक्षा की दिशा में ऐसे क्षेत्रों से मिलने वाले सकारात्मक योगदान के सही–सही मूल्यांकन में बाधा नहीं बनना चाहिए। यह हमेशा याद रखना चाहिए कि इतिहास सीधी लकीरों पर नहीं बल्कि घुमावदार रास्तों से होकर आगे बढ़ता है।

शिक्षक भारत में स्पष्ट रूप से अनेक तरह की सामाजिक शक्तियों और दबावों के चौराहे पर खड़े हैं। अगर केवल शिक्षण के आन्तरिक तर्क की बात करें तो उससे शिक्षक के संकल्प को मज़बूती दी जा सकती है और उसे किसी दिशा में मोड़ा जा सकता है, पर यह अध्यापक की भूमिका को समझने के लिए काफ़ी नहीं है। सामाजिक, सांस्कृतिक, आर्थिक और राजनीतिक व्यवस्था का स्वभाव शिक्षक से कुछ उम्मीदें रखता है। यह उम्मीदें बहुत अलग–अलग तरह की हो सकती हैं, जो विशेष सामाजिक हालातों तथा चल रहे संघर्ष पर भी निर्भर करती हैं। राजनीति की समानतापूर्ण शिक्षा–व्यवस्था के निर्माण में एक अहम भूमिका है, इसका एक मतलब तो यह निकलता है कि अध्यापक भी एक राजनीतिक प्राणी के रूप में दिखने लगता है। भले ही वे उसके बारे में सजग हों या न हों, लेकिन घटनाओं के अलग–अलग प्रवाह पर सोचते–विचारते हुए कम–से–कम उनके कुछ चुनाव/विकल्प तो विशाल राजनीतिक और सामाजिक प्रक्रियाओं द्वारा ही तराशे या बनाये जाते हैं। बेशक यह संस्थागत संस्कृतियों के लिए परेशानी का मामला हो सकता है जो शिक्षक को एक निष्पक्ष, ग़ैर–राजनीतिक प्राणी के रूप में ही देखती हैं, जो हर जगह बस एक बुद्धिजीवी ही है। यह दिखती हुई

निष्पक्षता बहुत अहम है क्योंकि यही है जो अध्यापक को उसके भाईचारे में सुरक्षित रखती है। अगर हम यह कहने लगें कि अध्यापक को भी एक राजनीतिक प्राणी के रूप में देखा जाना चाहिए, तो वह सुरक्षा ख़तरे में पड़ जाती है और अध्यापक उन सभी के स्पष्ट निशाने पर आ जाता है जो उसकी राजनीति के विरोधी हो सकते हैं। अध्यापक ख़ुद को संस्था की राजनीति के ही ख़िलाफ़ खड़ा हुआ महसूस कर सकता है। यही सब वे मुश्किलें हैं जिनका मेरे पास कोई आसान जवाब नहीं है।

तो मैरिटोक्रेसी या प्रतिभा–निर्माण एक ऐसी परियोजना है जो इस बात के ठीक बीचोबीच तक जाती है कि कैसे सत्ता को किसी समाज में खड़ा किया जाता है और बनाये रखा जाता है। किसी क्रान्तिकारी आदर्श की तरह, जैसे फ्रेंच क्रान्ति के वक़्त था, यह चीज़ों को करने के एक बिल्कुल ही नये तरीक़े खोजती है, विरासत में मिले विशेषाधिकारों और फ़ायदों को नकारते हुए। इस नज़रिये की कितनी ही महान उपलब्धियों के बावजूद, आज यह स्पष्ट है कि हो सकता है हम इसकी ज़रूरतों को ठीक से समझ न पाये हों। मैरिटोक्रेसी या प्रतिभा–निर्माण का विचार जो सारा दारोमदार या ज़िम्मेदारी व्यक्ति पर ही डालता है, सम्भव है कि सामाजिक ऊँच–नीच या नाबराबरी ने जिस तरह एक व्यवस्थित तरीक़े से प्रतिभा को तोड़ा–मरोड़ा है, उसे वह देखता ही न हो और जिस तरह से राज्य और शिक्षा से जुड़ी संस्थाएँ समाज के किसी एक हिस्से को ही सक्षम बनाती हैं और दूसरों को नहीं, उसे वह नज़रअन्दाज़ करता हो। फिनलैंड और थाईलैंड के अनुभव भले ही कोई अन्तिम या निश्चित निर्णय न दे पायें, लेकिन यह समझने में मदद ज़रूर करते हैं कि अगर हम सचमुच ही मैरिटोक्रेसी या प्रतिभा–निर्माण करना चाहते हैं तो राज्य और शिक्षा से जुड़ी संस्थाओं को असल में क्या करने की ज़रूरत है और राजनीति के कामकाज में किस तरह के बदलाव ज़रूरी हैं।

सन्दर्भ सूची

1. अहोनैन, एस. (2002), फ्रॉम एन इंडस्ट्रियल टू अ पोस्ट–इंडस्ट्रियल सोसाइटी : चैंजिंग कंसेप्शन्स ऑफ़ इक्वालिटी इन एजुकेशन–*एजुकेशनल रिव्यु*, 54(2), 173–181
2. एंडरसन, बी. (1977), विड्राल सिंप्टम्स : सोशयल एंड कल्चरल एस्पेक्ट्स ऑफ़ दी अक्टूबर 6 कूप–बुलेटिन ऑफ़ कंसंर्ड एशियन स्कॉलर्स, 9 (3), 13–30
3. बेकर, सी., एंड फोंग्पाईचिट, पी. (2014), *ए हिस्ट्री ऑफ थाईलैंड* (3 एडिट)। मेलबर्न : कैम्ब्रिज यूनिवर्सिटी प्रेस

4. बेनावोट, ए, रेसनिक, जे., एंड कोरालेस, जे. (2006), *ग्लोबल एजुकेशनल एक्सपेंशन : हिस्टोरिकल लीगेसी एंड पॉलिटिकल ऑब्सटिकल्स।* कैम्ब्रिज, मास : अमेरिकन एकेडमी ऑफ़ आर्ट्स एंड साइंसेज
5. बोलि, जे., रामिरेज़, एफ. ओ., एंड मेयर, जे. डब्ल्यू. (1985), एक्सप्लैनिंग दि ओरिजिन्स एंड एक्सपेंशन ऑफ मास एजुकेशन। *कम्पैरेटिव एजुकेशन रिव्यु,* 29 (2), 145–170
6. बोलि, जे. (1989), *न्यू सिटिजन्स फॉर ए न्यू सोसाइटी : दि इंस्टिट्युशनल ओरिजिन्स ऑफ मास स्कूलिंग इन स्वीडेन।* ऑक्सफोर्ड : पेरगामन
7. बाउल्स, एस. एंड गिंटिस, एच. (2011), *स्कूलिंग इन कैपिटलिस्ट अमेरिका : एजुकेशनल रिफॉर्म एंड दि कान्ट्रडिक्शन्स ऑफ़ लाइफ़*–हेमार्केट बुक्स–(ओरिजिनल वर्क पब्लिश्ड 1976)
8. कार्नोए, एम. (1974), *एजुकेशन एज कल्चुरल इम्पीरियलिज़्म*–न्यूयार्क : डी मैके कम्पनी
9. क्लार्क, बी. आर. (1962), *एजुकेटिंग दि एक्सपर्ट सोसाइटी।* सेन फ्रांसिस्को : चैंडलर पब्लिकेशन कम्पनी
10. क्लार्क, एन. (2014, मार्च 3), एजुकेशन इन थाईलैंड। रिट्रीव्ड मई 16, 2017, फ्रॉम http://wenr.wes.org/2014/03/education-in-thailand
11. दुर्खीम, ई. (1961), मॉरल एजुकेशन : अ स्टडी इन दि थ्योरी एंड एप्लीकेशन *ऑफ़ दि सोशियोलॉजी ऑफ़ एजुकेशन।* (ई. के. विल्सन एंड एच. श्नेकर अनु.) न्यूयार्क एंड लन्दन : दि फ्री प्रेस एंड कोलियर एंड मैकमिलन। (ओरिजिनल वर्क पब्लिश्ड 1902)
12. फ़ेजरलिंड, आई., एंड साहा, एल. जे. (1983) *एजुकेशन एंड नेशनल डेवलपमेंट : ए कपैरेटिव पर्सपेक्टिव।* ऑक्सफोर्ड : पेरगामन
13. फेगेनब्लट, ओ. एफ. वॉन, सुतिचुजित, वी., शुएब, एम. एस., क्लिंग, एम. एफ. एंड अजीस, एम. एन. (2010), वेपन्स ऑफ़ मास असिमलेशन : ए क्रिटिकल एनालिसिस ऑफ़ दि यूज़ ऑफ़ एजुकेशन इन थाईलैंड। *जर्नल ऑफ एशिया पेसिफ़िक स्टडीज़,* 1(2), 292–311
14. फ्राई, जी. डब्ल्यू. (2004, अक्टूबर 6) रिकवरी थ्रू रिफॉर्म। हार्वर्ड इंटरनेशनल रिव्यु। रिट्रीव्ड फ्रॉम http://hir.harvard.edu/article/?a=1254
15. ग्राम्सी, ए., एंड होरे, क्यू. (1971), *सेलेक्शंस फ्रॉम दि प्रिज़न नोटबुक्स।* इंटरनेशनल पब्लिशर्स कम्पनी
16. क्लेन, जे. आर. (1998), *दि कान्स्टिट्यूशन ऑफ़ दि किंग्डम ऑफ़ थाईलैंड, 1997 : अ ब्लूप्रिंट फॉर पार्टिसिपेटरी डेमोक्रेसी* (वर्किंग पेपर ऑफ़ द एशिया फाउंडेशन नम्बर 8)। एशिया फाउंडेशन
17. लाओ, आर. (2015), *ए क्रिटिकल स्टडी ऑफ़ थाईलैंड'स हायर एजुकेशन रिफॉर्म्स।* रूटलेज
18. मैरटन, आर. के. (1968), मैनफेस्ट एंड लेटेंट फंक्शन्स : टूवार्ड दि कोडिफ़िकेशन ऑफ़ फंक्शनल एनालिसिस इन सोशियोलॉजी। *इन सोशल थ्योरी एंड सोशल स्ट्रक्चर* (पृ. एडिट, पेज. 72–138)। न्यूयार्क : फ्री प्रेस

19. मिशेल, एस. (2015), एजुकेशन इन थाईलैंड : व्हेन इकोनॉमिक ग्रोथ इज़ नो लॉन्गर इनफ। *लन्दन रिव्यु ऑफ़ एजुकेशन,* 13(3), 79–91
20. पार्सन्स, टी. (1959), दि स्कूल क्लास एज़ ए सोशल सिस्टम : सम ऑफ़ इट्स फंक्शन्स इन अमेरिकन सोसाइटी। *हार्वर्ड एजुकेशनल रिव्यु,* 29 (4), 297–318
21. फक्तनकुल, टी. (2015), दि रोल्स ऑफ़ गवर्नमेंट इन दि एजुकेशन रिफॉर्म पॉलिसी इन थाईलैंड एंड देयर इम्पैक्ट्स 1999–2009। *आई.ए.एफ.ओ.आर जर्नल ऑफ़ पॉलिटिक्स, इकोनॉमिक्स एंड लॉ,* 2(1)। रिट्रीव्ड फ्रॉम https://doi.org/10.22492/ijpel.2.1.02
22. रामिरेज़, एफ. ओ., एंड बोलि, जे. (2011), दि पॉलिटिकल कंस्ट्रक्शन ऑफ़ मास स्कूलिंग : यूरोपियन ओरिजिन्स एंड वर्ल्डवाइड इंस्टिट्युशनलाइज़ेशन। इन ए. आर. सदोवनिक (एडिट), *सोशियोलॉजी ऑफ़ एजुकेशन : अ क्रिटिकल रीडर* (सैंकेड, पृ. 217–236)। न्यूयॉर्क एंड लन्दन : रूटलेज
23. साहलबर्ग, पी. (2011), *फिनिश लैसन्स : व्हाट कैन दि वर्ल्ड लर्न फ्रॉम एजुकेशनल चेंज इन फिनलैंड।* न्यूयॉर्क एंड लन्दन : टीचर्स कॉलेज प्रेस, कोलम्बिया यूनिवर्सिटी
24. शैफलबेन, ई., एंड मैकजिन, एन. एफ. (2017), दि हिस्ट्री ऑफ़ नेशनल स्कूल सिस्टम्स। *इन लर्निंग टू एजुकेशन : इबे ऑन करिकुलम, लर्निंग एंड असेस्मेंट।* रॉटरडैम : सेंस पब्लिशर्स
25. शुक्ला, एस., एंड कुमार, के. (एडिट), (1985), *सोशियोलॉजिकल पर्सपेक्टिव इन एजुकेशन : अ रीडर।* नयी दिल्ली : चाणक्य पब्लिकेशन्स
26. सिमोला, एच. (2005), दि फिनिश मिरेकल ऑफ़ पीसा : हिस्टोरिकल एंड सोशियोलॉजिकल रिमार्क्स ऑन टीचिंग एंड टीचर एजुकेशन। *कपैरेटिव एजुकेशन,* 41(4), 455–470
27. विलियम्स, आर. (1977), मार्क्सिज़्म एंड लिट्रेचर। ऑक्सफोर्ड : ऑक्सफोर्ड यूनिवर्सिटी प्रेस
28. वर्ल्ड बैंक, (2017ए, मार्च 1), ग्रॉस एन्रोलमेंट रेशो, टर्शरी, बोथ सेक्सेज़ (%) रिट्रीव्ड फ्रॉम http://data.worldbank.org/indicator/SE.TER.ENRR
29. वर्ल्ड बैंक, (2017बी), एग्रीकल्चर, वैल्यु एडेड (% जी.डी.पी.)। रिट्रीव्ड अगस्त 3, 2017, फ्रॉम http://data.worldbank.org/indicator/NV.AGR.TOTL.ZS

खण्ड : 2

अध्यापक की पहचान

शिक्षक होने के मायने

–हृदय कान्त दीवान

प्रस्तुत लेख मूलतः दो धारणाओं/मतों को मानते हुए शिक्षक होने के मायने पर बात रखता है–पहला यह कि शिक्षक की तैयारी की बात शिक्षा के उद्देश्यों को नज़रअन्दाज़ कर नहीं की जा सकती, और दूसरा यह कि संविधान के वायदे, लोकतन्त्र के निहितार्थ व इन्सान होने के अर्थ से आसवित शिक्षक की पहचान, अस्मिता व कार्य–स्वतन्त्रता को मद्देनज़र रखकर ही हम उनकी तैयारी व कार्य पद्धति का आकलन कर सकते हैं। इस लेख में विमर्श के कुछ मुख्य बिन्दु हैं–शिक्षक का महत्त्व, शिक्षक और शिक्षकीय कार्य के प्रति रवैया और इस अवधारणा की पड़ताल कि क्या सचमुच सबसे 'अच्छे अथवा सक्षम' युवा शिक्षक नहीं बनना चाहते। यह लेख नीति दस्तावेज़ों, मौजूद शिक्षा–साहित्य और इससे जुड़े शोधों की समीक्षा और शिक्षाकर्मियों द्वारा हाल में प्रस्तावित रास्तों के विश्लेषण पर आधारित है।

परिचय

पिछले दशकों में शिक्षक होने के मायने और उसकी तैयारी पर ज़ोरदार बहस और विचार होता रहा है। इस जद्दोजहद में शिक्षा का उद्देश्य तो एक महत्त्वपूर्ण मसला बना ही है, किन्तु उसके साथ–साथ पार्श्व में इन्सान होने का अर्थ, लोकतन्त्र, संविधान का वायदा व उसके क्रियान्वयन के लिए बनी नीतियों व ढाँचों की समालोचना भी इसके सन्दर्भ का हिस्सा बनी हैं। हम इस पर्चे में दो मसलों को मानकर ही और बात करेंगे। पहली तो यह कि शिक्षा के उद्देश्यों को नज़रअन्दाज़ कर शिक्षक की तैयारी की बात नहीं की जा सकती और दूसरी यह कि संविधान के वायदे, लोकतन्त्र के निहितार्थ व इन्सान होने के अर्थ से आसवित शिक्षक की पहचान, अस्मिता व कार्य–स्वतन्त्रता को मद्देनज़र रखकर ही हम उनकी तैयारी व कार्य पद्धति का आकलन कर सकते हैं।

पर्चे में विमर्श का एक मुख्य बिन्दु है कि क्या सचमुच सबसे 'अच्छे अथवा सक्षम' युवा शिक्षक नहीं बनना चाहते। हमारे अनुसार यह बात भी आधी या उससे कम ही सच है। इसके बारे में हम आगे और बात करेंगे। इसके विश्लेषण के लिए हमें 'अच्छे व सक्षम' को समझना होगा व शिक्षकीय कर्म के लिए सबसे बेहतर गुण वालों की परख का तरीक़ा बनाना होगा। हमें यह भी देखना होगा कि हमारे इस कथन का आधार क्या है। जितनी संख्या में हमें शिक्षक चाहिए उनकी तुलना में अन्य चहेते पदों की संख्या कितनी है? हाल के वर्षों में बहुत–से राज्यों में सरकारी शालाओं में शिक्षकीय कार्य हासिल करने के लिए होड़ बढ़ी है। 'अच्छे व सक्षम' उम्मीदवार बड़े जोश से इस कार्य को लेते हैं पर कुछ ही वर्ष (यदि माह में ही नहीं हो जाये तो) में कुन्द पड़ जाते हैं। उनका जोश, सीखना व लचीलापन सब चुक जाता है और वह 'ढर्रे' में फँसकर वैसे ही बन जाते हैं, जैसा ढाँचा चाहता है। इस सामान्य धारा में कुछेक अपवाद रह जाते हैं, जिनकी कहानियाँ बनती हैं, परन्तु उन्हें ढाँचे की प्रतिमान सम्भावना के रूप में नहीं प्रस्तुत किया जा सकता।

हालाँकि शिक्षक के महत्त्व पर एक आम सहमति है और यह शोधशास्त्रियों के विमर्श व नीति–दस्तावेज़ों में अलग–अलग ढंग से व्यक्त की जाती है, किन्तु इस सहमति के पीछे छिपी मान्यताएँ इनके निहितार्थों में ही दिखायी देती हैं। सहमति के आधार में बनी इन सभी मान्यताओं को अगर हम समझना चाहें तो इन्हें पहले दो मुख्य धाराओं में बाँटना उचित होगा। यह धाराएँ शिक्षक के प्रति अपनाये जाने वाले व्यवहारों व उसके प्रति नज़रिये में झलकती हैं। इस बँटवारे में दोनों धाराओं को सान्द्र (concentrate) करना होगा ताकि वह स्पष्ट रूप से अलग दिखें। यह भी कहना उचित होगा कि इन धाराओं को पहचानने में इनकी चरम सीमाओं पर व्यक्त विचार मदद करेंगे।

हम यह भी देखने का प्रयास करेंगे कि शिक्षक के प्रति मतों में व उनके प्रति प्रस्तावित रवैयों में इन दोनों धाराओं के प्रभाव से बनी छवियाँ कैसी हैं। और यह भी देखेंगे कि छवियों को गढ़ने वाले विचारों में कई बार कितनी असंगतियाँ हो जाती हैं। कुछ नीति–दस्तावेज़ों को देखते हुए, कुछ शोधों में मिले दृष्टिकोणों को खँगालते हुए व शिक्षाकर्मियों द्वारा हाल में प्रस्तावित रास्तों के विश्लेषण द्वारा हम शिक्षक के प्रति स्किज़ोफ्रेनिया को उभारने का प्रयास करेंगे। इस पर्चे में हम शिक्षक और शिक्षकीय कार्य

के प्रति रवैयों पर बात करेंगे। हमारा मानना है कि शिक्षक को इज़्ज़त व स्वत्व, आत्मगौरव व इज़्ज़तदार पहचान मिले तभी वे अपना कार्य कर सकते हैं। उनके प्रति समाज व शिक्षा–विभाग (शासकीय व अशासकीय दोनों) में व्याप्त धारणाएँ और यह मान्यता कि शिक्षक का कार्य आराम का कार्य है, अनुचित है। इस सबके साये में न तो शिक्षक व उसके कर्म पर एक सन्तुलित दृष्टिकोण बनेगा और न ही वैसा व्यवहार होगा जिससे शिक्षकीय कार्य बेहतर हो पायेगा।

मायने की धारणा

समाज में किसी भी कार्य के लिए इज़्ज़त के आधार मोटे तौर पर उस कार्य को हासिल करने के लिए आवश्यक योग्यता, मेहनत व वहाँ तक पहुँचने में लगे समय पर भी निर्भर है। इसके अलावा कार्य से जुड़ा आर्थिक लाभ, अन्य लोगों पर असर डालने की ताक़त, पद व कार्य का लोगों की ज़िन्दगी में महत्त्व, कार्य के प्रति ऐतिहासिक व सांस्कृतिक विरासत से मिला दृष्टिकोण, आज कार्य की प्रकृति व उसके निष्पादन का जनमानस में आकलन, सत्ता व्यवस्था में कार्य करने वाले व्यक्तियों की स्वायत्तता, सृजनात्मकता, ख़ुदी (अस्मिता), कार्य–सन्तुष्टि जैसे पहलुओं पर निर्भर हैं। मायने की इस समझ को संक्षेप में लिखें तो इन बिन्दुओं में उसे व्यक्त किया जा सकता है :

- उस कार्य के प्रति धारणा, उसके लिए आवश्यक तैयारी, गुणवत्ता, उसकी गम्भीरता व महत्त्व पर सहमति से।
- उस कार्य में निहित भूमिका की साझी समझ व उसके महत्त्व के एहसास व इज़्ज़त से। ऐसी समझ जिसमें यथार्थपूर्ण अपेक्षाओं व उस कार्य में मशगूल व्यक्तियों की उन्हें कर पाने की क़ाबिलियत व सम्भावना पर विश्वास शामिल होना ज़रूरी है।
- अपने कार्य को करने की स्वतन्त्रता व स्वत्व से। यानी हर पल कोई आपके कार्य पर प्रश्न न उठाये, यह निर्देशित न करता रहे कि आपको क्या करना है और आपके काम के आकलन के तरीक़े आख़िरी हर्फ़ तक निर्देशित न किये गये हों। कर्मी के पास कार्य की स्पष्टता व उसे कर पाने व सुधारते रहने के लिए आवश्यक व्यवस्था जुटाने हेतु सामाजिक, प्रशासनिक, राजकीय व राजनीतिक ज़िम्मेदारी व विश्वास व अपने कार्य की समझ से, जिसे वह लगातार

गतिशील परिवेश में परिभाषित कर पाये यानी कर्मी के कार्य से प्रभावित होने वाले व उस पर असर डालने वाले सभी लोगों में कुछ हद तक उस कार्य की स्पष्टता है और क्या कर्मी को यह भी स्पष्ट है और भरोसा है कि उसके पास इसे पूरा करने के औज़ार काफ़ी हद तक मौजूद हैं।

- सामाजिक स्टेटस व छवि से। यानी इस कार्य के बारे में लोगों की क्या धारणाएँ हैं। कार्य में शामिल होने पर लोग आपको कैसे देखते हैं। वे इनकी आर्थिक स्थिति के बारे में क्या धारणाएँ रखते हैं?

इस लेख में हम इनमें से कुछ के लिए पड़ताल करेंगे। इस पड़ताल के लिए हम अनुभवजनित आँकड़ों, नीति–दस्तावेज़ों व शिक्षकों के साथ साक्षात्कारों का सहारा लेंगे। चूँकि हमारा मुख्य फ़ोकस शिक्षक की तैयारी की प्रक्रिया नहीं है, इसलिए उस पर हम ज़्यादा बात नहीं करेंगे। फिर भी शिक्षकों की छवि गढ़ने में यह एक महत्त्वपूर्ण कड़ी है। हाल के वर्षों में इसकी गुणवत्ता व स्तर पर दिया जाने वाला ध्यान बढ़ रहा है। इसके चलते शिक्षकों की सेवापूर्व तैयारी की अवधि, प्रकृति व गुणवत्ता पर विमर्श व चिन्तन इतना अधिक है कि उस पर सारांश में कुछ बातें कहना आवश्यक है।

शिक्षक की तैयारी की स्थिति, स्तर व उसका असर

इसमें हमारे इस लेख के सन्दर्भ में जो महत्त्वपूर्ण पहलू सामने आता है वह इस प्रयास की व्यवस्था के पहलुओं व उसके नतीजतन (अथवा उसके बावजूद) मानसिकताओं व यथार्थ का है। शिक्षक की तैयारी में[1] लगने वाले समय की अवधि बढ़ा दी गयी है। एक पूर्णतः निर्धारित व बख़ूबी निरूपित पाठ्यचर्या भी बनाकर प्रभावित कर दी गयी है। किन्तु इस पूरे प्रयास से शिक्षकों की सेवापूर्व तैयारी के प्रति ज़िम्मेदारी की भावना अथवा उसकी गुणवत्ता के भरोसे की धारणा में कोई इज़ाफ़ा हुआ नहीं दिखता।

'शिक्षक की तैयारी' व 'कौन शिक्षक बने' ये प्रश्न इस बात से सीधे जुड़े हैं कि उसे करना क्या है और क्यों करना है। यह दोनों प्रश्न शिक्षा के उद्देश्यों, शिक्षा के मायने व उसकी पैडागॉजी से सम्बन्धित हैं।

---

1. इसके लिए काले (1970) द्वारा व्यक्त धारणाा को देखना भी उपयोगी होगा। हालाँकि वह कुछ सीमित है, उसमें एक अलग दृष्टि व कई अलग आयाम हैं।

शिक्षक पर विमर्श शिक्षा के मायने की परिधि के बाहर नहीं हो सकता। इस लेख में हम इन्सानी शिक्षा के लक्ष्य व संविधान से उपजे मायनों को राष्ट्रीय पाठ्यचर्या की रूपरेखा (एन.सी.एफ.) 2005 द्वारा व्यक्त मानकर चलेंगे (सेक्शन 1.4, 1.7, 2.5 और 2.6)। हालाँकि उन पर व उन तक पहुँचने के रास्ते पर भी कुछ बातें कहेंगे, जिससे शिक्षक के सन्दर्भ में होने वाला विश्लेषण स्पष्ट हो सके। शिक्षक 'कौन व कैसा हो', यह प्रश्न शिक्षक व बच्चों के बीच के सांस्कृतिक जुड़ाव, निकटता व आत्मीयता, उसके बच्चों के प्रति रवैये व उनके सीखने के प्रति दृष्टिकोण से जुड़ा है और शिक्षक की अकादमिक व तकनीकी योग्यता से हमेशा मेल नहीं खाता। प्रशिक्षणों व शोध परीक्षणों में बेहतर समझ दिखाने वाले व बेहतर करने वाले हमेशा अच्छे शिक्षक नहीं बनते।

अच्छे शिक्षक के गुणों में समझदारी, बच्चों से प्यार, उनकी पृष्ठभूमि व सोचने के ढंग की समझ, उनके सीखने के ढंग के बारे में एक मोटी समझ व उनके प्रति संवेदना व विश्वास महत्त्वपूर्ण हैं। इसके अलावा शिक्षक में विषय की समझ व विषय कैसे सीखा जाता है इसकी समझ तो चाहिए ही, साथ–साथ विषय की प्रकृति, उसमें ज्ञान–निर्माण के ढंग और सत्यता की कसौटी के साथ विषय की अवधारणाओं की समझ भी चाहिए। एक और पक्ष जो एन.सी.एफ.–2005 बख़ूबी रेखांकित करता है, वह है–ज्ञान क्या है और सीखने का अर्थ क्या है। इतने सबके अलावा शिक्षक को पाठ्यक्रम व सीखने–सिखाने की सामग्री व उसके उपयोग की तैयारी चाहिए। कुल मिलाकर यह सब एक बड़ा 'प्रपंच' है और राष्ट्रीय शिक्षक–शिक्षा परिषद् (एन.सी.टी.ई.) की व सभी राज्यों की राज्य शैक्षिक अनुसन्धान और प्रशिक्षण परिषद् (एस.सी.ई.आर.टी.) व विश्वविद्यालयों की पाठ्यचर्याएँ इसे अपने–अपने हिसाब से विस्तार देती हैं।

हम इस सब पर विस्तार से चर्चा नहीं करेंगे; सिर्फ़ यह इंगित करना चाहते हैं कि यह आवश्यक क्षमताएँ व गुण शिक्षक में पनपें व बने रहें, यह तो बृहद शिक्षा–व्यवस्था की ही ज़िम्मेदारी है। इसकी पूरी ज़िम्मेदारी होने वाले अथवा कार्यरत शिक्षक पर नहीं डाली जा सकती और न ही सेवापूर्व शिक्षक–शिक्षा पर। इस सन्दर्भ में केन्द्रीय स्तर से निर्धारण तरह–तरह से मॉनिटरिंग व नियन्त्रण के साथ–साथ टेट परीक्षा, रैंकिंग, मॉनिटरिंग व इस जैसी और प्रक्रियाओं की कारगरता व लाभ पर विचार करने की ज़रूरत है। यह सब व सेवारत शिक्षक सम्बलन भी उन पहलुओं पर ही

निर्भर है जिनकी हम आगे बात करेंगे। यहाँ केवल इतना कहना चाहते हैं कि तैयारी का समय व प्रकृति बदलने का असर तभी दिख सकता है जब उसमें निहित विचारों का पाठ्यचर्या की प्रस्तुति व उसके लागू करने के ढंग के साथ सामंजस्य हो।

काले (1970) द्वारा वर्णित एक बच्चे के साक्षात्कार में व्यक्त किये गये विचार आज की परिस्थिति से भी पूरा–पूरा मेल खाते हैं। "पिछले कुछ सालों में शिक्षण का बाज़ारीकरण हो गया है। शिक्षक वेतन से पाँच गुना अधिक ट्यूशन से कमाते हैं। उन्होंने शिक्षकीय कार्य को एक धन्धे में बदल दिया है। एक भ्रष्टाचारी धन्धे में। पर वे ऐसा क्यों करते हैं? क्योंकि उनके पास कोई सुरक्षा नहीं है (शायद आर्थिक सुरक्षा की बात भी है), समाज चाहता है कि स्कूल मास्टर एक प्रेरक बने किन्तु वह उसे सुरक्षा, आय, पेंशन जिसकी उसे ज़रूरत है, नहीं देता।" इस तरफ़ कितना हम बढ़े हैं और उसका कितना असर हुआ है कहना मुश्किल है, किन्तु शिक्षाकर्मियों व प्राइवेट स्कूलों के लगभग सभी शिक्षकों के लिए तो यह अब भी वैसा ही है। यह देखते हुए कि हमारी पद्धति धीरे–धीरे और ज़्यादा शिक्षाकर्मियों की तरह की नियुक्ति की ओर जाने की है, इस भावना की जड़ व उसे उत्पन्न करने वाले कारकों में 45 वर्ष बाद भी कोई ख़ास असर नहीं हुआ है।

इस सन्दर्भ में जहाँ इस छवि को बदलने की भी ज़रूरत है कि सक्षम व क़ाबिल छात्र शिक्षक–प्रशिक्षण महाविद्यालयों में नहीं आ रहे, वहीं काले के इस वक्तव्य पर भी ग़ौर करने की ज़रूरत है। यह बात जहाँ स्कूल में शिक्षक पर लागू है वहीं सेवापूर्व व सेवारत प्रशिक्षणों में शिक्षक–प्रशिक्षकों पर भी लागू है। इस गुँथे हुए परिदृश्य में हालाँकि सभी पहलुओं पर यथा शिक्षक की तैयारी; स्नातक व स्नातकोत्तर तक हर स्तर पर, उसकी शिक्षक बनने की तैयारी व उसकी कार्य पद्धति पर नज़र व आगे सीखने के लिए मौक़े व परिस्थितियों की उपलब्धता पर ध्यान देने की ज़रूरत है। पर सबसे अधिक ज़रूरत है, उनकी उपलब्ध कार्य–व्यवस्था, उनके कार्य की पेचीदगी व ज़िम्मेदारी की समझ और उसके आधार पर अपेक्षाओं व उनके कार्य पर समालोचनात्मक फीडबैक देने के ढाँचे पर नज़र डालने की।

भारत में शिक्षक के प्रति रूख़

हमारे देश में काफ़ी समय से शिक्षक के कार्य व शिक्षक की पहचान किंवन्दतियों, व्यक्तिगत दृष्टान्तों, सांस्कृतिक मान्यताओं, सामाजिक व

प्रोफ़ेशनल स्टेटस व ऐसे जुमलों, कथनों व नारों पर आधारित है जिनमें गहरे विरोधाभास हैं। उनके बारे में राय बनाने से पहले न तो किसी गहरे सोच–विचार की ज़रूरत समझी जाती है और न ही किसी व्यवस्थित अध्ययन की। शिक्षकों के काम व उनके बारे में सोच व इसका उनके कार्य व आत्मछवि पर असर के बारे में कोई अधिकारिक विमर्श तो नहीं है, किन्तु उनकी अकर्मण्यता व ग़ैर–ज़िम्मेदारी व उन पर नक़ेल डालने के बारे में अनेकों अध्ययन व प्रस्तावित रास्ते हैं (रामचन्द्रन, चटर्जी, माथुर और रवि, 2005)। पिछले तीन–चार दशकों से जैसे–जैसे शिक्षा पर ध्यान बढ़ा है और शिक्षकों की तथाकथित क्षमतावर्धन पर ख़र्चा बढ़ा है, वैसे–वैसे शिक्षकों के प्रति रवैये सख़्त हुए हैं व उन पर नकेल डालने व उनके प्रति हिक़ारत की भावना भी बढ़ी है। हालाँकि इससे पहले के काल के लिए भी काले, 1970 में छपे अपने लेख में कहती हैं कि शिक्षकों से बहुत कम सोचने व नया सृजन करने की अपेक्षा है। वे कहती हैं कि, "शिक्षक कई छवियों में घिरा है।"

शिक्षक के प्रति व शिक्षकीय कार्य के प्रति एक अजीब स्किज़ोफ्रेनिक दृष्टि दिखती है। जन उत्सवों व अन्य आयोजनों में तो यह कहा जाता है कि गुरु ब्रह्म, विष्णु व महेश है और वही साक्षात परब्रह्म है। वह गोविन्द से श्रेष्ठ है, जीवन बनाने वाला है और सभी लोगों से यह अपेक्षा है कि वे गुरु की इज़्ज़त करें, उनकी बात मानें व उनके चरण छुयें। शिक्षा के नीति–दस्तावेज़ों में भी कहा जाता है कि कोई देश अपने यहाँ के शिक्षकों के स्तर से ऊँचा या आगे नहीं जा सकता। वे ही देश के भविष्य के निर्माता हैं।

और दूसरी ओर ऐसा लगता है कि शिक्षक सबसे निकम्मे, निकृष्ट लोग हैं, जिन पर नकेल डालना आवश्यक है। 'वे मास्टर' एक ऐसा सम्बोधन है जिसमें शिक्षकों के प्रति रवैया टपकता है। सामान्य लोगों को, अफ़सरों को, पालकों को, राजनीतिज्ञों को, सरकारी नुमाइन्दों और ख़ुद शिक्षकों के एक हिस्से को भी ऐसा लगता है कि ऐसे साधन बनाने की ज़रूरत है जो लगातार शिक्षकों पर निगरानी रख सकें। जब तक उनके ऊपर नज़र नहीं होगी तब तक वे काम नहीं करेंगे। इसके साथ ही यह भी माना जाता है कि किसी भी युवा व्यक्ति की पसन्द शिक्षक बनना नहीं है। कोई शिक्षक इच्छा से नहीं बनता, यह तो आख़िरी 'च्वाइस' है। एक राज्य के वरिष्ठ अधिकारी का संजीदगी से दिया गया कथन उन सभी कथनों का

प्रतिनिधित्व करता है जो ज़िम्मेदार अधिकारी देते रहते हैं। यह कथन है; "एक छोटी–सी बात, जो शिक्षक होते हैं वे अपने काम से इसलिए भी असन्तुष्ट रहते हैं कि वो मजबूरी में शिक्षा में आते हैं। बहुत कम लोग ऐसे होंगे जो 'बाय च्वाइस' शिक्षक बनते हैं। हमने अधिकांश लोग ऐसे देखे हैं जो पढ़ने में बहुत अच्छे हैं, उन्होंने बहुत सारे कॉम्पिटिटिव एक्जाम दिये हैं, यह किया है, वो किया है, आदि; और कहीं नहीं लग पाये तो शिक्षक बन गये।" यानी, शिक्षकीय कार्य तो आख़िरी विकल्प है, इस कथन में छिपी भावना शिक्षक की स्थिति पर प्रश्न नहीं खड़ा करती, बल्कि उसकी हीनता का बखान करती है (दीवान, 2017)।

इसी तरह कई राज्यों में अलग–अलग समय पर शिक्षा सँभाल रहे वरिष्ठ अधिकारियों की यही माँग रही है कि आप ऐसी किताबें/वर्कबुक बना दो जो शिक्षक प्रूफ़ हों। हमारे यहाँ के शिक्षक तो काम करेंगे ही नहीं। या फिर यह कहना कि शिक्षक कार्य करे इसके लिए डण्डे की ज़रूरत है। शिक्षकों से ऐसी कोई अपेक्षा नहीं की जा सकती जिसमें उन्हें स्वप्रेरणा से कुछ करना हो। वह पुराने शिक्षक जिन्होंने हमें पढ़ाया, वे तो और थे। 9 राज्यों में किये गये अध्ययन (रामचन्द्रन, 2016; मपोकसा और न्दारुहुत्से, 2008) के आधार पर यह साफ़ दिखता है कि शिक्षक की भूमिका को सरकारी व्यवस्था उनके सरकारी नौकर होने के आलोक में ही देखती है। उसकी मुख्य ज़िम्मेदारी प्रशासन व प्रशासन द्वारा दिये गये काम पर आधारित है। यह दोहरी दृष्टि सिर्फ़ पॉपुलर चर्चाओं में ही नहीं दिखती है, यह तो नीति--दस्तावेज़ों व इनके आधार पर बनी कार्य करने की योजनाओं व इनके क्रियान्वयन के ढंग में भी दिखती है। इसके साथ–साथ शिक्षा का ढाँचा चला रहे लोगों व शिक्षकों व शिक्षकीय कार्य के नियोजन, प्रबन्धन, देखरेख आदि में लगे लोगों के विचारों में भी दिखती है। इस विमर्श में शिक्षक को एक पेशे के रूप में स्वीकार करने व उसकी भूमिका को सन्तुलन से आँकने की जगह नहीं है।

नीति विमर्श

शिक्षा नीतियों में शिक्षक

नयी शिक्षा नीति 2016–2017 के विमर्श में शिक्षकों की स्कूल–व्यवस्था में स्थिति, उनके कमज़ोर मनोबल, कुचली आत्मछवि व कार्य के प्रति

उदासीनता की न तो पड़ताल के बारे में सोचा जा रहा है और न ही उसके सन्दर्भ में वर्तमान परिस्थितियों को बदलने के बारे में (रामचन्द्र, 2016; दीवान और महदले, 2015)। सामान्य तौर पर प्रशासन में ऐसा माना जाता है कि शिक्षकों का मसला मात्र वेतन का है और चूँकि बढ़े वेतन की भीख शिक्षकों को मिल गयी है, इसलिए उन्हें अब वह सब करना चाहिए जो अधिकारी चाहते हैं (दीवान और महदले, 2015; दीवान, 2016ए)। उन्हें ज़्यादा कार्य करना चाहिए और ज़्यादा जवाबदेही होनी चाहिए। शिक्षा नीतियों व अन्य दस्तावेज़ों (जैसे राष्ट्रीय शिक्षा नीति, 1968; 1986; प्रोग्राम ऑफ़ एक्शन, 1992; एन.सी.एफ.–2005; निःशुल्क और अनिवार्य बाल शिक्षा का अधिकार अधिनियम–आर.टी.ई., 2009) ने भी शिक्षकों के इन मसलों को प्रशासन व प्रबन्धन के दायरे में ही डाला है।

इस सबकी शुरुआत कहाँ से हुई, कैसे हुई और इस पर व्यक्त समझ कैसे धीरे–धीरे बदली; इसके लिए 1968 की नीति में शिक्षक के स्टेटस, वेतन व शिक्षा के बारे में कथनों से शुरू करने की ज़रूरत है। 1968 के नीति–दस्तावेज़ (सेक्शन 4.2, पृ. 38) में कहा गया था कि–

(क) राष्ट्रीय विकास व शिक्षा की गुणवत्ता को प्रभावित करने वाले योगदायकों में शिक्षक निस्सन्देह सबसे महत्त्वपूर्ण है। उनके व्यक्तिगत गुण, चरित्र, शैक्षिक स्तर व क्षमता पर ही शिक्षा के सभी प्रयास निर्भर हैं। इसलिए उन्हें समाज में सम्मानित स्थान मिलना चाहिए। उनके वेतन व अन्य सेवा–शर्तें पर्याप्त/सन्तोषजनक होनी चाहिए। उनकी शैक्षिक उपलब्धि व स्तर उनकी ज़िम्मेदारी के समकक्ष होने चाहिए।

(ख) उनको स्वतन्त्र शोध व अध्ययन करने की और महत्त्वपूर्ण राष्ट्रीय व अन्तरराष्ट्रीय मसलों पर बेबाक़ बोलने व लिखने की शैक्षिक आज़ादी होनी चाहिए।

यह कथन महत्त्वपूर्ण हैं क्योंकि यहाँ केवल शिक्षकों के वेतनमान की बात नहीं है, किन्तु उनकी स्वतन्त्रता, स्वायत्तता, उनके प्रति रवैये व उनकी सामाजिक पहचान को भी उनके अच्छे शिक्षक होने व अच्छी शिक्षा के लिए अनिवार्य माना गया है।

राष्ट्रीय शिक्षा नीति (1986) व प्रोग्राम ऑफ़ एक्शन (1992) में संशोधित नीति तक आते–आते इस भावना की अभिव्यक्ति में बहुत बदलाव आ गया। एक बड़ा संशोधन नीति की शिक्षक के 'प्रबन्धन' के बारे में समझ में था। हम उस बदलाव के कुछ हिस्से यहाँ दे रहे हैं। ढाँचे को कारगर बनाने

वाले हिस्से 7.1 में नीति कहती है कि, "शिक्षा का प्रबन्धन अत्यधिक बौद्धिक दृढ़ता, ध्येय में गम्भीरता और साथ–साथ नवाचार व नव–निर्माण के लिए स्वतन्त्रताजनक माहौल में होना चाहिए। शिक्षा की गुणवत्ता व विस्तार में बहुत से परिवर्तन तो लाने होंगे, किन्तु शिक्षा के ढाँचे में अनुशासन डालने की प्रक्रिया को यहीं से और जो हाल में अभी उपलब्ध है, उसी में शुरू करना होगा।"

आगे नीति और स्पष्ट रूप से कहती है, "लोगों ने शिक्षा पर बहुत भरोसा किया है, उन्हें ठोस नतीजों की उम्मीद करने का अधिकार है। ढाँचे को काम करवाना पहला क़दम है। सभी शिक्षकों को पढ़ाना चाहिए और बच्चों को पढ़ना चाहिए।" इस सबके लिए कार्य नीति में उदाहरण के लिए निम्नलिखित क़दम प्रस्तावित थे–

- शिक्षकों के लिए ज़्यादा कड़ी जबावदेही के साथ–साथ उनके लिए बेहतर परिस्थिति।
- संस्थानों के कार्य का राष्ट्रीय व राज्य स्तर पर विश्लेषण।
- नॉर्म (मानदण्डों) तक पहुँचने के स्तर के आधार पर संस्थानों की कार्य पद्धति का आकलन।

इस सब में हम 1968 से काफ़ी आगे आ गये थे और शिक्षक अब एक मॉनिटर्ड सरकारी नुमाइन्दा बनने की कगार पर पहुँच गया था। हालाँकि शिक्षक पर लिखा खण्ड 9 (एन.पी.ई., 1986), शिक्षक के महत्त्व व उसके जोश व उत्साह को बनाये रखने में समाज व सरकार की ज़िम्मेदारी का उल्लेख करता है व उन्हें खोजने व स्वयं के रास्ते तय करने की स्वतन्त्रता के बारे में बात करता है पर साथ–साथ वह शिक्षकों की जवाबदेही व उसके केन्द्रीकृत आकलन पर ज़ोर देता है। इस नीति में शिक्षकों की परेशानियों, उनके स्थानपन्न, पदोन्नति आदि पर खुली निरपेक्ष, पारदर्शक व भागीदारीपूर्ण व्यवस्थाओं का भी वायदा है और इस बात का भी कि बेहतर काम करने वालों को प्रोत्साहन स्वरूप आगे बढ़ाया जायेगा व जो ठीक काम नहीं करेंगे उन्हें लताड़ मिलेगी। नयी शिक्षा नीति 2016–2017 के विमर्श तक आते–आते यह पहलू बिल्कुल ही गुम हो गया है। इसकी बात करना ही असम्भव लगता है।

ज़ाहिर है कि यह ढाँचा कभी बन ही नहीं पाया। न तो यह व्यवस्था हो सकी कि शिक्षक के कार्य का कोई आकलन हो और न ही यह कि शिक्षकों को कार्य के लिए अतिरिक्त प्रोत्साहन दिया जाये।

प्रोत्साहन के छलावे के रूप में ज़िले, राज्य व राष्ट्रीय स्तर पर सम्मान पाने वालों की संख्या इतनी कम व वहाँ तक पहुँचने की प्रक्रिया इतनी जटिल है कि अधिकांश शिक्षकों का उससे कुछ लेना–देना नहीं है। उनका इस चुनाव के तरीक़े में कोई विश्वास भी नहीं है। काम न करने वालों का पता लगाने का भी कोई कारगर ढाँचा व कार्य–पद्धति नहीं है। एकमात्र उपलब्ध ढंग केन्द्रीकृत, अव्यवस्थित व पूर्णतः ग़लत दिशा में है। स्कूल व शिक्षक का आकलन बच्चों द्वारा विभिन्न तरह की परीक्षाओं में प्राप्त अंकों के आधार पर, उनके उपलब्धि स्तर और अपेक्षित स्तर में अन्तर के आधार पर ही होता है। इनमें तुलना के बाद शिक्षक व स्कूल को भी असफलता का तमग़ा दे दिया जाता है, बग़ैर स्कूल अथवा बच्चों की परिस्थिति अथवा उनकी व शिक्षक की मेहनत का आकलन किये। इसके निहितार्थ के रूप में, शिक्षक की वेतनवृद्धि रोकने के अलावा कोई ख़ास क़दम नहीं दिखता।

यह नीति (एन.पी.ई., 1986) शिक्षक व शिक्षा के दर्जे के सन्दर्भ में चाहे अनचाहे एक और तरह से मील का पत्थर साबित हुई। कुछ हड़बड़ायी नेक नियति के कारण जहाँ इसके खण्ड 3.2 में सभी के लिए समान स्कूल शिक्षा–व्यवस्था की ओर बढ़ने के लिए माकूल प्रभावी क़दम उठाने का वायदा था और सभी को समकक्ष शिक्षा उपलब्ध करवाने का लक्ष्य बताया गया था, जिसके लिए उचित आवंटन कर कार्यक्रम चलाये जायेंगे। इसके साथ–ही–साथ खण्ड 4.6 में नीति ने अनौपचारिक शिक्षा–केन्द्रों का रास्ता बनाया और खण्ड 5.9 में इसका खुलासा किया। खण्ड 5.15 में समान शाला–व्यवस्था के उलट नवोदय जैसी विशिष्ट शालाओं के लिए जगह बनायी। सबको समान शिक्षा देने की इस बात को 1992 के दस्तावेज़ 7.4 में सन्तोषप्रद शिक्षा किया गया और 2009 के एक्ट में पूरी तरह छोड़, यथास्थिति स्वीकार कर, उसी में बराबरी के कुछ टुकड़े रखने का रास्ता खोला गया।

मूल बात यह है कि इन अनौपचारिक केन्द्रों की शुरुआत से सरकारी स्कूली शिक्षकों के अति–स्तरीकरण का रास्ता खुल गया। इन केन्द्रों के लिए बनी योजनाओं में शिक्षकों के वेतन व उनकी शैक्षिक उपलब्धि में सबसे बड़े परिवर्तन थे। ये योजनाएँ कुछ पैडागॉजिक अवधारणाओं यथा बाल–केन्द्रित, गतिविधि आधारित शिक्षण हो, सिर्फ़ पढ़ाना नहीं, शिक्षक नहीं सुगमकर्ता आदि के साथ आयीं। किन्तु इनसे शिक्षक की उपलब्धि के स्तर व एक तरह से शिक्षक की परिभाषा में ही संशोधन हुए। साथ–साथ इसमें

एक ऐसे स्थानीय, समर्पित, बलिदानी, मित्रवत और थोड़ा बहुत पढ़े–लिखे युवा की कल्पना की गयी, जो प्राथमिक व प्रारम्भिक स्तर पर बच्चों को पढ़ा सके। इनकी तैयारी, इनके स्वप्रेरण, इनकी इज़्ज़त, चुनाव के ढंग, लगातार मदद आदि के बारे में व इस व्यवस्था के साथ जुड़ी समझ कि यह तात्कालिक अस्थायी क़दम है, को दरकिनार कर, धीरे–धीरे बहुत से राज्यों में इनकी आड़ में 'पैरा टीचर' का एक नया दल खड़ा किया गया।

क्या छूटता जा रहा है

नीति व ढाँचागत स्तर पर कोई भी ऐसा प्रयास नहीं है जिसकी जड़ में शिक्षकीय कार्य का सकारात्मक आकलन सम्मिलित हो व उसके आधार पर सेवा–शर्तें बनें। हालाँकि 1992 का कार्यक्रम दस्तावेज़ भी अतिरिक्त प्रोत्साहन की इस बात को मानकर दोहराता है लेकिन इसके बावजूद न तो खुला व भागीदारीयुक्त सकारात्मक आकलन हुआ और न ही उससे आगे बढ़ने के कोई मौक़े बन पाये। हालाँकि यह कहकर कि शिक्षक आकलन के आधार पर आगे बढ़ने की व्यवस्था नहीं चाहते, इस नाकामी का ठीकरा भी शिक्षकों के सर ही फोड़ा जायेगा, पर इसका असली कारण प्रशासनिक विसंगतियाँ, भ्रष्टाचार व पक्षपात के कारण गहराया अविश्वास है।

1986 की नीति में शिक्षक–संगठनों की अहमियत पर भी ज़ोर दिया गया था। यह कहा था कि शिक्षकों के सम्मान को बढ़ाने, प्रोफ़ेशनल ईमानदारी और गम्भीरता व शिक्षण–प्रक्रिया की गम्भीरता बनाये रखने के साथ–साथ अनुचित व्यवहार को रोकने में इनकी बड़ी भूमिका होगी। यह भी सोचा गया था कि शिक्षक–संगठन कार्य, मूल्यों व आचरण से सम्बन्धित दस्तावेज़ बनाकर यह सुनिश्चित कर सकते हैं कि शिक्षक उस पर चलें। चूँकि जैसा कि बहुत से अध्ययन बताते हैं (रामचन्द्रन, 2016) शिक्षक व प्रशासन का सम्बन्ध ट्रांसफर, पोस्टिंग, फिक्सेशन, प्रमोशन, टी.ए.–डी.ए., मिड–डे–मील, विभिन्न गणनाएँ व ऐसे ही अन्य कार्यों के बीच फँसा रहता है। शिक्षक–संगठन के लिए इन्हें ही अपना मुख्य कार्यक्षेत्र मानने के सिवाय कोई चारा नहीं है। सरकारी शिक्षक–समूह की दूसरी बदक़िस्मती है बढ़ता राजनीतिक हस्तक्षेप व उसका उनकी सेवा–परिस्थिति पर प्रभाव। हाल के वर्षों में इसमें एक और पहलू जुड़ गया है और वह है राजनीतिक प्रतिबद्धता व रुझान। शिक्षकों व शिक्षक–संगठनों का उपयोग व उस कारण उनका रुझान विभिन्न तरह से राजनीतिक प्रक्रियाओं में

सम्मिलित होने व उसके माध्यम से अपना रुतबा व साख और प्रशासन पर प्रभाव बनाने में है।

भर्ती, ट्रांसफर व पोस्टिंग में भ्रष्टाचार व भाई–भतीजावाद पर अलग–अलग समय पर बवाल होता रहा है। हमेशा से शिक्षकों के साथ प्रशासन के सम्बन्ध एक उद्योग का दर्जा प्राप्त किये रहे हैं और इसमें शिक्षक–संगठन मध्यस्थता करते हैं। शिक्षकों के लिए नियमबद्ध ढंग से अपनी पोस्टिंग स्वीकार करना व कार्य करना कई कारणों से दुश्वार है। पहला कारण तो स्कूल की जगह पर रहने की व्यवस्था व अन्य सुविधाएँ हैं और इस पर कुछ न कर पाने (अथवा कुछ न करने की इच्छा) के कारण प्रशासन व शासन प्रभावशाली शिक्षकों को व उनके चहेतों को वैसी जगहों पर भेज देता है जहाँ वह जाना चाहते हैं। अक्सर यह कार्यवाही नियम संगत व तार्किक रूप से उचित नहीं होती। इसका नतीजा यह है कि बाक़ी सब भी जोड़–तोड़, प्रभाव ढूँढ़ने व प्रयास करने में जुटे रहते हैं। हालाँकि प्रशासनिक तौर पर यह संवेदनशीलता से कर पाना आसान नहीं है किन्तु धन, राजनीति व कुटुम्बवाद के चलते इसे पारदर्शी अथवा तार्किक बनाने की कोई मंशा भी नहीं दिखती। इससे भी शिक्षक–संगठन के स्वरूप व कार्य का दायरा निर्धारित हुआ है और होता रहेगा (मपोकसा और न्दारुहुत्से, 2008; बेटेल्ले, 2015)।

इस मामले में नीति ने दो अन्य महत्त्वपूर्ण बातें कही थीं। एक तो यह कि शिक्षकों की ज़्यादातर समस्याएँ बिना अतिरिक्त अर्थ आवंटन के संवेदनशील, सुनियोजित व योजनाबद्ध कार्यशैली अपनाने से हल की जा सकती हैं। और दूसरी यह कि उद्देश्यों की ग़ैर–स्पष्टता और कई ग़ैर–ज़रूरी कारकों के प्रभाव के चलते शिक्षकों को अपनी वाजिब जगह व रुतबा नहीं मिल पाया। इसी के कारण शिक्षकों की जवाबदेही नहीं है और उनकी कारगरता कम हुई है। (1986 की नीति के 'शिक्षक व उसकी भूमिका' वाले हिस्से से)।

इस कथन के निहितार्थ की व्याख्या व उनसे निपटने की रणनीति न तो 1992 के दस्तावेज़ में थी और न ही किसी प्रशासनिक विचार प्रक्रिया में। आज तो इसके बारे में बात करने में बहुत बड़ी बाधा यह है कि शिक्षकों की कार्यशैली व उनकी कार्य तत्परता पर गहरा अविश्वास है और यही माँग है कि वे पहले कक्षा में रहें और पढ़ायें व सिखायें तो फिर और कोई बात होगी। यह सवाल छूट जाता है कि इसमें से पहले कौन होगा।

क्या पहले इज़्ज़त हो, पारदर्शिता हो व कार्य की स्पष्टता हो अथवा पहले थोपा अनुशासन हो? वैसे अभी बात सिर्फ़ नकेल व मॉनिटरिंग की ही हो रही है, दूसरे के बारे में तो सिर्फ़ भाषण व प्रस्तावनाओं में बात होती है।

राष्ट्रीय पाठ्यचर्या दस्तावेज़ व शिक्षक

हालाँकि राष्ट्रीय पाठ्यचर्याओं के 2000 तक के दस्तावेज़ों में शिक्षकों, उनकी तैयारी व व्यवस्था पर कुछ ख़ास नहीं था, लेकिन एन.सी.एफ.–2005 के दस्तावेज़ में इस पर एक पूरा हिस्सा है। इसमें शिक्षक की स्वायत्तता और पेशेवर स्वतन्त्रता का हिस्सा 4.8 कहता है– कि बच्चों की विविध ज़रूरतों को पूरा करने हेतु सीखने का माहौल बन पाने के लिए शिक्षक की स्वायत्तता आवश्यक है। जितनी ज़रूरी सीखने वाले के लिए स्वतन्त्रता, लचीलापन, विचार, कार्य, खोजबीन व पहल की गुंजाइश है, उतनी ही ज़रूरी वह शिक्षक के लिए भी है। आज शैक्षिक प्रशासन का ढाँचा व व्यवस्था इस क़दर स्तरीकृत व नियन्त्रण के लिए कटिबद्ध है कि शिक्षक व प्रधान पाठक की स्वायत्तता बुरी तरह से बाधित है। (इसमें कुछ तीखापन जोड़ा गया है) केन्द्रीकृत योजना व पाठ्यचर्या रिफॉर्म इसको और बढ़ाते ही हैं और जहाँ पाठ्यचर्या में स्वतन्त्रता की बात की भी जाती है, शिक्षक को यह विश्वास नहीं कि वे स्वयं सोचकर कुछ कर सकते हैं। और ऐसा करने पर प्रशासन उन्हें लताड़ेगा नहीं।

यह दस्तावेज़ शिक्षकों की आवाज़ सुने जाने की माँग करता है और उनके प्रशासन के साथ सम्बन्धों में बराबरी व पारस्परिक इज़्ज़त की भी। यह उनकी अपनी क्षमतावर्धन के लिए व कार्य–योजना बनाने के लिए स्वायत्त समय देने की भी बात करता है। यह आगे कहता है कि और कुछ नहीं तो प्रशिक्षण के लिए आवंटित 20 दिन का समय तो इसमें ख़र्च किया ही जा सकता है। हालाँकि इसका एक निहितार्थ शिक्षक के लिए प्रतिदिन पढ़ाने के घण्टों व शिक्षक–छात्र और शिक्षक–कक्षा/वर्ग संख्या पर भी होना चाहिए, पर उसके बारे में कोई बात नहीं हुई है।

यह दस्तावेज़ शिक्षक की तैयारी को एक निरन्तर प्रक्रिया मानता है और सेवापूर्व व सेवारत प्रशिक्षणों की विषयवस्तु, स्वरूप, व्यवस्था व कार्य–पद्धति पर बुनियादी सवाल उठाते हुए कुछ स्पष्ट बातें कहता है। एक तो यह कि शैक्षिक रिफॉर्म के काम में उसके लिए शिक्षकों की तैयारी व भागीदारी योजना–निर्माण से क्रियान्वयन तक आवश्यक है।

यह स्पष्ट कहता है कि शिक्षकों के सेवारत प्रशिक्षणों के बारे में गहरे रूप से सोचने की ज़रूरत है। प्रशिक्षण के नाम पर सिर्फ़ 'तथाकथित' विशेषज्ञों द्वारा पूर्व तय ज्ञान को सामान्य ढर्रे की अन्तःक्रियाओं द्वारा बाँटने से कोई लाभ नहीं है। 'थोक प्रशिक्षण' व 'तकनीकी' कुछ तरह के प्रशिक्षण में तो मदद कर सकती हैं, किन्तु क्षमतावर्धन में साथियों से विमर्श व सीखना, व्यक्तिगत मनन की जगह, अधिक ईमानदारी, स्पष्टता व खुली सृजनात्मकता की ज़रूरत है। इससे ही उनके कार्य के प्रति अलगाव, स्वत्व व पेशेवर निष्ठा के अभाव को रोका जा सकेगा। प्रशिक्षकों की नियोजित तैयारी, प्रशिक्षण हेतु आमन्त्रित शिक्षकों का चुनाव सब में आमूल परिवर्तन व विकेन्द्रीकरण की आवश्यकता है। इन मसलों पर शिक्षकों की राय के बारे में हम अगले हिस्से में कुछ कहेंगे।

2005 के बाद

2005 के इस दस्तावेज़ के बाद राष्ट्रीय स्तर पर शिक्षक की तैयारी हेतु एन.सी.टी.ई. ने पाठ्यचर्या का निर्माण किया। इसके साथ–साथ और भी कई क़दम उठाये गये, शिक्षा के अधिकार का अधिनियम बना व संसद व अन्य सदनों में स्वीकृत होकर क़ानून बना। इसकी तैयारी में गहन चिन्तन के बाद यह तो तय किया गया कि सभी छात्रों को सीखना है और सिखाने की ज़िम्मेदारी ढाँचे को लेनी चाहिए, पर ढाँचे में इस ज़िम्मेदारी का धारक कौन हो, यह सवाल महत्त्वपूर्ण है। विमला रामचन्द्रन (2016), मपोकसा और न्दारुहुत्से (2008) के लेख के आधार पर कहती हैं कि, "शिक्षा के सामने सबसे बड़ी चुनौती शिक्षक प्रभाविकता की है। इसमें सामर्थ्य (अर्हता व ज्ञान), अभिप्रेरण, व प्रबन्धन शामिल हैं। कुल मिलाकर रस्साकशी बच्चों के गुणवत्तापूर्ण शिक्षा हासिल करने के अधिकार व शिक्षकों के अधिकार (कार्य–व्यवस्था) में ही है। ढाँचे को इन दोनों के बीच सन्तुलन हासिल करने की ज़रूरत है।" इस तरह के विश्लेषण शिक्षक व उनकी भूमिका के बारे में एक अनुपयुक्त मान्यता है। यही मान्यता बहुत ध्यान से बने आर.टी.ई. एक्ट में भी है। यह एक्ट भी शिक्षकों को बच्चों के शिक्षा के अधिकार का रक्षक न मानकर उन्हें इस अधिकार के लिए एक साधन ही मानता है। वह यह जगह नहीं देता कि शिक्षक स्वविवेक व स्वप्रेरण से शिक्षण का रास्ता तय करे। वह शिक्षकों के निम्नलिखित दायित्व स्पष्ट रूप से उल्लेखित करता है :

(i) स्कूल में नियमित रूप से व समय पर उपस्थित होना

(ii) पाठ्यचर्या को लागू कर निर्धारित समय में पूरा करना (इसका अर्थ निर्धारित कौन करेगा यह स्पष्ट नहीं है, हालाँकि बाद में एन.सी.एफ.–2005 को इस एक्ट के साथ जोड़ दिया गया। किन्तु इसमें व्यक्त कई बातें एन.सी.एफ.–2005 के सिद्धान्तों के विपरीत हैं।)

(iii) हर बच्चे की सीखने की क्षमता का आकलन व उसके अनुसार सिखाने की प्रक्रिया में कुछ आवश्यकतानुसार अतिरिक्त हिस्से व निर्देश शामिल करना

(iv) माता–पिता व अभिभावकों के साथ नियमित बैठक करके उन्हें बच्चे की उपस्थिति, सीखने की क्षमता, क्या सीखा व अन्य ज़रूरी जानकारी देना

(v) और वे सभी कर्तव्य निभाना जो निर्धारित किये जायें।

एन.सी.एफ.–2005 में व्यक्त शिक्षक के प्रति दृष्टिकोण में व आर.टी.ई.–2009 के अनुसार शिक्षक के लिए आवश्यक बन्धनों व शिक्षकों के स्थान में बुनियादी अन्तर्विरोध स्पष्ट हैं। शिक्षकों की संख्या व उनके सन्दर्भ में दिये निर्देश व निर्धारित अपेक्षाएँ इस एक्ट में निहित समस्याओं को और भी अधिक स्पष्ट करती हैं। यह एक्ट जहाँ हर प्रारम्भिक शिक्षक के साप्ताहिक कार्य–घण्टे 45 निर्धारित करता है और इसमें तैयारी के घण्टे शामिल मानता है, वहीं इस बात पर ख़ामोश है कि कार्य–घण्टों में क्या–क्या शामिल होगा व उनकी गणना कैसे होगी। वह यह भी नहीं स्पष्ट करता कि इन घण्टों का वितरण कैसे होगा। शिक्षकों को क्या–क्या करना है, निर्धारित करते समय यह ध्यान नहीं रखा गया कि इसके लिए शिक्षक–छात्र अनुपात क्या हो और स्कूल में शिक्षकों की संख्या क्या हो। शिक्षक की सेवा–शर्तें, उसके कार्य–निर्धारण व अन्य नियम सभी राज्य असेम्बली पर डाले गये हैं। स्थानीय सरकार अपने आकलन, सुधार व व्यवहार के लिए ख़ुद ज़िम्मेदार है। वह इस बात के लिए भी स्वायत्त है कि वह कितना ख़र्च करे, कितना वेतन दे, शिक्षकों की शिकायत निवारण की क्या प्रक्रिया बनाये। यानी साफ़ है कि एक्ट के अनुसार जो व्यक्तिगत तौर पर निशाने पर हैं वह शिक्षक ही हैं, उसकी ही आँकने योग्य व्यक्तिगत ज़िम्मेदारियाँ हैं, बाक़ी सब जो यह सब तय करते हैं कि वह क्या कर पाता है, उसका मनोबल व कार्य–परिस्थिति कैसी है, लगभग पूरी तरह बरी हैं। स्कूल में शिक्षा अच्छी तरह से चले

इसका पूरा दारोमदार शिक्षा के विशाल ढाँचे के सबसे निचले पायदान पर कार्यरत अदने शिक्षक पर है।

विमला रामचन्द्रन बताती हैं कि, "प्रारम्भिक व माध्यमिक कक्षाओं के बहुत सारे शिक्षकों व प्रशासकों के साथ शोध के सन्दर्भ में चर्चा के दौरान, जो सन्देश सब ओर से मिला वह यही था कि सरकारी शिक्षण–व्यवस्था शिक्षकों को सरकारी नौकर के रूप में देखती है (रामचन्द्रन, 2016; रामचन्द्रन, चटर्जी, माथुर व रवि, 2015)। वह मानते हैं कि उनका प्रथम उत्तरदायित्व प्रशासन का ही है। उसे बच्चों का ध्यान रखने में मशगूल शिक्षक के रूप में नहीं देखा जाता।" यह सन्देश आर.टी.ई.–2009 में भी झलकता है। इसमें भारतीय परम्परा व व्यवस्था से शिक्षक की तथाकथित 'उच्च हैसियत' का ह्रास साफ़ दिखता है। टेट परीक्षा, सी.सी.ई. फॉर्मेट, अन्य मॉनिटरिंग के तरीक़े सभी शिक्षकों को शुबहा की दृष्टि से देखते हैं। ऐसा लगता है उनकी मान्यता है कि नैसर्गिक तौर पर सभी शिक्षक अकर्मण्य, असक्षम, अप्रेरित होते हैं व बहुत खोजें तो कुछेक होंगे जो थोड़े बहुत ईमानदार हो सकते हैं।

और भी सामान्य मत

शिक्षा में कार्य करने वाले बहुत से एक्टिविस्ट, शिक्षा–कम्पनियाँ व अपने आप को शिक्षा व दुनिया के बारे में चिन्तित मानने वाले बहुत से लोग और यहाँ तक कि ख़ुद शिक्षक भी यह मानने और प्रचारित करने लगे हैं कि शिक्षक के प्रशिक्षण पर, उसे ठीक–ठाक वेतन देने के स्थान पर, ख़र्च सामग्री पर होना चाहिए। शिक्षक को सोचने के लिए सक्षम भी नहीं किया जा सकता और प्रेरित भी नहीं। वे 'क्या करना चाहिए' नहीं तय कर सकते, उन्हें तो बताना पड़ेगा कि वे क्या करें व कैसे। कई चिन्तित, स्वप्रेरित टिप्पणीकर्ता यही कहते हैं कि– "शिक्षण का कार्य कोई मुश्किल नहीं है, कोई भी कर सकता है, मैं भी।" और यही समझ उन्हें अधिकार देती है कि वे शिक्षकों के कार्य करने के तरीक़े व ज्ञान को पाँच मिनट के सरसरे अवलोकन के बाद व बच्चों से चन्द रैंडम प्रश्न पूछकर उन्हें अज्ञानी व शिक्षक को नकारा सिद्ध कर दें। और फिर कुछ भी सरकारी आँकड़े इकट्ठे करने का काम हो, शिक्षक से करवा लेते हैं। और जैसा एक अधिकारी ने कहा व शिक्षा में काम करने वाले कुछ 'ऐडुकेटर्स' ने दूसरे शब्दों में कहा, "क्या फ़र्क़ पड़ता है अगर उनको ग़ैर–शैक्षिक काम के लिए

भेज दिया जाता है। वे पढ़ाते तो हैं नहीं। उनको वेतन भी अच्छा मिलता है, कम–से–कम इस बहाने कुछ काम तो करना ही चाहिए।" यह सब हमें उसी तरह की परिस्थिति का आभास दिलाता है जैसी काले (1970) में भी दिखती है। तो एक ओर तो यह छवि है, और दूसरी ओर वह ब्रह्मतुल्य व सबसे व सबके लिए पूजनीय व्यक्ति जो छात्र के जीवन व देश; दोनों का निर्माता है, की छवि है। शिक्षक से अपेक्षा दूसरी छवि के आधार पर और उस स्तर की है और उससे व्यवहार नकारा वेतनभोगी कर्मचारी की छवि के आधार पर ही है।

अतः शिक्षक और शिक्षा 'अच्छी व पूजनीय' और 'अनिच्छा से नौकरी करने वाले' की दो छवियों के बीच में फँसे हैं। हालाँकि काले (1970) ने शिक्षक की छवि के वितरण को कुछ भिन्न श्रेणियों में बाँटा है, किन्तु उन छवियों का आधार भी ऐसा ही है। उसमें भी यह दो अति छोर साथ–साथ दिखते हैं। वे कहती हैं कि, "शिक्षक को कई तरह के रूपों में देखा गया है जिनमें राष्ट्र–निर्माता, त्यागी, बलिदान देने व समर्पण करने वाला, सरकारी कर्मचारी/वेतनभोगी शामिल हैं, पर इन सब में कहीं भी उसे अध्येता नहीं समझा जाता। उसे बुद्धिमान अथवा होशियार भी नहीं समझा जाता। यही माना जाता है कि मानो वह सभी तीसरी श्रेणी में उत्तीर्ण हुए कमज़ोर छात्र थे। यही समझा जाता है कि सामान्य क़ाबिलियत के लोग, अन्य किसी व्यवसाय के अभाव में शिक्षक बनते हैं।" इन दो अस्वाभाविक व वर्तमान यथार्थ से परे छवियों के बीच फँसे शिक्षकीय कार्य को समझने की और इनके उस पर असर से 'निपटने' की ज़रूरत है। इनके बारे में शिक्षक काफ़ी समय से कुछ बातें कह रहे हैं। अगले हिस्से में हम इन पर चर्चा करेंगे।

शिक्षकों की आवाज़ें और मत

शिक्षकों की आवाज़ें भी इस दुविधा में फँस जाती हैं। वे अपनी पहचान व्यक्तिगत तौर पर अलग आँकते हैं व सामूहिक तौर पर अलग। कई मौक़ों पर वे अपने अन्य साथियों को काम न करने वालों की श्रेणी में रखते हैं। हालाँकि ख़ुद पर वे परिस्थितियों को हावी मानते हैं और यही कहते हैं कि हम तो पढ़ाना चाहते हैं, पर बाक़ी नहीं पढ़ाते। ऐसे वक्तव्य 'शिक्षक काम नहीं करते' के विमर्श को बढ़ाने में एक कारक हैं। इस समझ तक पहुँचने के कारण क्या हैं, इस पर कुछ रोशनी शिक्षकों के साथ चर्चाओं में मिलती है।

यह चर्चाएँ पिछले 30–35 सालों में उनके साथ किये गये काम के दौरान स्वाभाविक अन्तःक्रिया में हुईं व इस पर्चे के लिए विशेष तौर पर व अन्य अध्ययनों के लिए विशेष तौर पर भी की गयीं।

हम आगे शिक्षकों के मत के कुछ उदाहरण देंगे। इनसे जो महत्त्वपूर्ण बात उभरकर आती है, वह यह है कि उनके मन में शिक्षकों के कार्य व अधिकारों का दायरा एक प्रश्न रहा है। हर राज्य में, हर समय शिक्षकों के साथ विमर्श में इन दोनों के बीच की यही खाई सामने आती रहती है। सार में देखें तो कथन यही है कि– 'हम पढ़ाना चाहते हैं, किन्तु हमें पढ़ाने नहीं दिया जाता। बाहर से आने वाले इंस्पेक्टर की आवभगत, उनको स्कूल में जाँच व निरीक्षण करवाना, उन्हें व्यक्तिगत तौर पर अथवा अलग से माँगे गये आँकड़े उपलब्ध करवाना, लिस्टें बनवाना, पशुगणना, पल्स पोलियो, सीमांकन, परिसीमन, चुनाव, जनगणना, बी.पी.एल., नेताओं की आवभगत, उत्सव मनाना, विभिन्न परीक्षण (बच्चों के व अन्य), आदि बहुत से काम उन्हें पढ़ाने से विलग करते हैं। इनमें अब मिड–डे–मील, बैग, यूनिफॉर्म, साइकिल, पारितोषिक, वजीफ़ा इत्यादि का वितरण भी है और अन्यान्य नये परीक्षण व जानकारियाँ भी। इसी प्रकार अलग–अलग तरह के फण्ड का हिसाब, बैंक व ट्रेजरी खाते, अन्य दी गयी सामग्री का आहरण, रखरखाव व उसका बही–खाता आदि रखना, कितने सारे काम हैं।"

शिक्षक, पढ़ाना व अन्य कार्य

कर्नाटक के शिक्षकों के साथ 1999 में हुए अध्ययन[2] में शिक्षकों ने तब भी यह कहा था कि उनको बहुत से अतिरिक्त कार्य मिलते हैं। सिर्फ़ 8 प्रतिशत शिक्षकों ने कहा कि उनकी एकमात्र प्रमुख ज़िम्मेदारी बच्चों को पढ़ाना है। इसी तरह से 2007 में राजस्थान के बारां ज़िले के वरिष्ठ चयनित गम्भीर शिक्षकों ने अपने ढंग से व असल में तो व्यवस्थित ढंग से ही पढ़ा पाने में असमर्थता ज़ाहिर की। उन्होंने कहा कि मिड–डे–मील बहुत अच्छी चीज़ है और इससे बहुत फ़ायदा है, स्कूल की बिल्डिंग बननी ही चाहिए, स्कूल में सामग्री आनी ही चाहिए, किन्तु हमें व बच्चों को इनसे

2. रिपोर्ट ऑफ़ दि स्टडी ऑफ़ दि इफ़ेक्ट ऑफ़ फर्स्ट फ़ेज़ ऑफ़ वर्क अण्डर डी.पी.ई.पी. इन दि कर्नाटका स्टेट, स्टडी कमिशंड बाय दि एम.एच.आर.डी., प्रिंसिपल इन्वेस्टीगेटर दीवान, एच. के.

हो सकने वाले फ़ायदे देखने का मौक़ा ही नहीं मिलता। पूरा समय बही खाता मिलाते रहते हैं। हर समय डर लगता है कि कहीं कुछ भूल न हो जाये, कोई कार्यवाही के क़दम न उठें, कोई दस्तख़त न छूट जायें। और फिर यह भी कि हम कैसे अपनी ईमानदारी बनाये रखें? कैसे बच्चों के सामने रोल मॉडल बनें व छाती ठोंककर कहें कि भ्रष्टाचार ग़लत है या यह कि भ्रष्टाचार का विरोध करना चाहिए। इस पूरे गोरखधन्धे ने तो हमें ही आँकड़े ऊपर–नीचे करने पर मजबूर कर दिया है। हम एक ही बात चाहते हैं 'हमें पढ़ाने दिया जाये'। और देर–सवेर इधर–उधर के काम में न लगा दिया जाये। एक और बात जो उन शिक्षकों ने कही जिनके साथ आपसी क़रीबी बातचीत हुई थी। उन्होंने कहा आपने जो बातें प्रशिक्षण में कहीं व हमने अपने भीतर से भी खोजीं, वे सही हैं और अच्छी हैं (दीवान, 1999; 2015)। यही बातें हमने लोक जुम्बिश में भी सीखी थीं। शुरू–शुरू में यह अच्छी लगती थीं और हमें इनके अनुसार कार्य करने में मज़ा आता था और सामग्री भी इसी के अनुकूल बनने की राह पर लग रही थी। किन्तु अभी हम लोगों ने इन्हें अच्छे से समझा भी नहीं था और ठीक से उपयोग भी करना शुरू नहीं किया था कि फिर वह सब हट गया और कुछ नयी ही बात आ गयी। ठीक यही बात हाल में शिक्षकों ने कही। कई राज्य के शिक्षकों ने यही बात अलग–अलग ढंग से कही। उनका कहना था, बहुत सारे प्रयोग हो रहे हैं। हमारे ही स्कूल में तीन अलग–अलग तरह के लोग आते हैं और अलग–अलग बात करते हैं। हम अपने विचार ट्राई करने की तो सोच ही नहीं रहे, पर यह समझ नहीं आता किसकी मानें और क्या करें? कभी कुछ तो कभी कुछ। इतने प्रयोग हो रहे हैं कि समझ में नहीं आते और मुश्किल यह है कि कोई भी प्रयोग गम्भीर नहीं है।

शिक्षकीय कार्य के लिए प्रोत्साहन

ज़िला, राज्य व राष्ट्र स्तर पर पुरस्कारों की बात करें तो कुछ शिक्षक तो इसके लिए तैयारी में काफ़ी मेहनत करते थे। वे ख़ुशी–ख़ुशी आवश्यक दस्तावेज़ों का बड़ा पुलिन्दा तैयार कर जगह–जगह यात्रा कर के अपना पक्ष प्रस्तुत करते थे। दूसरी ओर अधिकांश शिक्षकों को इससे कुछ लेना–देना नहीं था। यह पूरी प्रक्रिया कुछ और शिक्षकों के लिए थी, जो स्कूल व कक्षा में कम व अपनी 'फ़ाइल' को बड़ा करने में ज़्यादा मशगूल थे। वे प्रभावशील भी थे, सक्षम और वाचाल भी। किन्तु उनकी स्कूल व कक्षा के

प्रति प्रतिबद्धता अस्पष्ट थी। इसी तरह, बहुत से प्रशिक्षणों के दौरान साथी स्रोत दल के शिक्षकों व अन्य शिक्षकों से अनौपचारिक चर्चा में एक और बात जो लगभग सभी ने कही, कुछ इस प्रकार की थी, "हालाँकि आपको लगता है कि जो ज़्यादा बोलते हैं, जिन्हें ज़्यादा समझ आता है, वे अच्छा पढ़ाते हैं किन्तु ऐसा नहीं है। ये तो अक्सर कक्षा में ही नहीं जाते। आप स्कूलों में जाकर देखें तो यह बात सही दिखेगी।"

यह समस्या न सिर्फ़ स्कूल शिक्षकों के लिए है, बल्कि उनके शिक्षकों यथा शिक्षक–प्रशिक्षकों के लिए भी है। उनके कार्य व ज़िम्मेदारियों के विश्लेषण के आधारों में भी कई बातें छूट जाती हैं। एक टीचर्स कॉलेज में चयन समिति द्वारा चयन के निर्णय की घोषणा के बाद सम्मिलित प्रत्याशियों में से कुछ ने बड़ी वेदना से कहा, "आपने यह तो देखा नहीं कि हम कॉलेज कितने बजे आते हैं, कितना समय बच्चों के साथ गुज़ारते हैं, उनकी पाठयोजना पर चर्चा कर प्रोत्साहन देते हैं, कार्यशाला, ब्लॉक–टीचिंग, अतिरिक्त गतिविधि सिखाते हैं। बस यही देखा कि क्या पेपर लिखे हैं, क्या किताबें लिखी हैं, कहाँ–कहाँ सेमिनार में भाग लिया; इस सब में पढ़ाने की, कॉलेज आने की क्या ज़रूरत नहीं? वो क्यों नहीं देखा जाता? उसका क्यों आकलन नहीं होता? वह क्यों प्रमोशन को त्वरित करने में शामिल नहीं किया जाता?" यह सब बातें पूरी तरह सच हैं या नहीं यह महत्त्वपूर्ण है, पर उससे ज़्यादा महत्त्वपूर्ण है कि ऐसी भावना क्यों है और फिर रास्ता क्या हो? इसके साथ–साथ दोनों उदाहरणों के सन्दर्भ में यह सवाल उभरता है कि पढ़ाने का काम महत्त्वपूर्ण है या नहीं, उसका वज़न है या नहीं; और यह भी कि वे शिक्षक जो अवधारणाएँ समझते हैं, वे क्यों पढ़ाने के लिए प्रेरित नहीं होते?

शिक्षकों की एक बड़ी चिन्ता यह है कि बच्चों के सीखने के लिए उन्हें जो ज़रूरी लगता है उसे भी कर पायें, उस सब के साथ–साथ जो समय–समय पर उस समय के अधिकारी चाहते हैं। उनका कहना था कि आजकल बहुत कठिन परिश्रम के बाद, परीक्षा में चुने जाकर युवा शिक्षक बनते हैं। बाक़ायदा कोचिंग लेते हैं और बड़ी तमन्ना से सरकारी शिक्षक बनते हैं। उनमें कुछ करने की इच्छा भी होती है, पर धीरे–धीरे सब चला जाता है। उनका भी 'सरकारीकरण' हो जाता है। अनुभवी शिक्षक यही कहते हैं कि नया–नया मुर्गा है, उछल रहा है; ठीक हो जायेगा। सभी ने अलग–अलग ढंग से यह कहा, नये शिक्षक को नैराश्य

(डिप्रेशन –depression) हो जाता है। धीरे–धीरे हो जाता है क्योंकि कोई सुनना नहीं चाहता। ज़्यादातर लोग अच्छे काम की तारीफ़ नहीं करते। उन्हें लगता है कौन फँसे और जवाब दे। सीधे–सीधे चलो। साक्षात्कार में शिक्षकों ने बताया कि इन्हीं सब कारणों की वजह से कहा जाता है, "जैसा हम कहें वैसे ही करो, क्या फ़ायदा ज़्यादा मगज़मारी का, कौन तमग़ा देनेवाला है। बस वो करो जो हम कहें, हमें पता है वे क्या चाहते हैं। इतने जल्दी–जल्दी इतने सारे विचार व परिवर्तन यकायक हो रहे हैं कि उन्हें जानने, समझने व उनसे निपटने में ही बहुत समय निकल जाता है। नये–नये विचार, विषय व पैडागॉजी की नयी अवधारणाएँ तथा सिद्धान्त, पाठ्यपुस्तक अथवा अन्य शिक्षण–सामग्री, गतिविधियाँ और तरीक़ों को समझना शुरू कर कुछ–कुछ सक्षमता से उपयोग कर पाने तक हम पहुँचे भी नहीं होते कि वह सब बदल दिया जाता है। इतनी जल्दी–जल्दी परिवर्तन का कोई लाभ नहीं।"

शिक्षक व उनकी जवाबदेही

शिक्षक के लिए दूसरी दिक़्क़त यह है कि उन्हें यह स्पष्ट नहीं है कि वे किस काम के और किसके प्रति जवाबदेह हैं। उनके अनुसार यदि प्रतिबद्धता बच्चों की तरफ़ हो भी तो भी वे अपनी जवाबदेही प्रशासन के प्रति ही मानते हैं। उनका बहुत सारा ध्यान आँकड़े भरने, रिपोर्ट बनाने, डायरी लिखने, तरह–तरह के इवेंट करवाने, रिपोर्ट–तस्वीर भेजने आदि में ही लगता है। एक ही आँकड़ा बार–बार इकट्ठा करते हैं और भेजते हैं, न तो प्रशासन याद रखता है और न ही स्कूल। बदलते हुए आँकड़ों को सरलता से तैयार करने की भी कोई योजना नहीं उपयोग होती है। असल में प्रशासन व प्रबन्धन से जुड़े किसी भी व्यक्ति को इस बात से मतलब नहीं है कि वे बच्चों को सिखा पा रहे हैं अथवा नहीं। इससे भी नहीं कि उन्हें पढ़ाने–लिखाने के लिए कितना समय मिल पा रहा है। कितना समय इवेंट करने व उनको करने के नाटक करने में व उस सबके दस्तावेज़ीकरण में जाता है। एक शिक्षिका ने अपने साथियों की ओर से कहा, "शिक्षक कहते हैं, वैसे भी काम करते कौन देखता है? काम नहीं देखते, हमेशा कमी देखते हैं, ग़लती निकालने ही आते हैं।" एक और ने कहा, "मैं जिन भी गणित व विज्ञान के शिक्षकों से मिला हूँ, उनमें से अधिकांश में विज्ञान व गणित के लिए एक उत्साह व जोश है।

वह काफ़ी कुछ जानते हैं और बहुत कुछ और भी सीखना चाहते हैं। लेकिन धीरे–धीरे सब कुछ कुन्द हो जाता है।"

उसने आगे कहा कि, "जो ऊपर से लोग आते हैं (अथॉरिटी) उनके मत एक जैसे नहीं होते, उनका दृष्टिकोण भी अलग–अलग होता है। वह वही देखना चाहते हैं जो उस समय उनके मन में है। शिक्षक निशक्त व असहाय महसूस करता है। कभी क़लेक्टर आ जाते हैं, कभी ज़िले से कोई और, कभी राज्य और कभी दिल्ली से ही कोई आ जाते हैं। बग़ैर इजाज़त, बिना शिक्षक से बात किये, कक्षा में घुस जाते हैं। घुसकर चुपचाप बैठकर अथवा रुककर कक्षा में क्या हो रहा है; ही नहीं देखते, बल्कि शिक्षक को छोटा दिखाते हैं और रौब झाड़ते हैं। कभी कुछ पूछ लिया, कभी कुछ और। कभी शौक़ चढ़ आया तो कुछ भी पढ़ाना शुरू कर दिया। बच्चों को उत्तर नहीं आया तो शिक्षक से पूछ लिया। विज्ञान की कक्षा हो, गणित की हो, इतिहास की हो, क्या फ़र्क़ पड़ता है। सवाल वही, यह मन्त्री कौन है, वह कौन है, कलेक्टर कौन है। ऐसा लगता है सब पढ़ाना छोड़कर बच्चों को यह सब ही याद करवायें क्योंकि इसी को बता पाने से हमारी व बच्चों की बेइज़्ज़ती नहीं होती। सब कुछ देख सकते हैं, कुछ नहीं कहते।"

प्रशासन व उसके नुमाइन्दों की कोशिश सिर्फ़ ग़लती ढूँढ़ने व उस का ढिंढोरा पीटने की होती है, वे उसके सुधार में मदद को उत्प्रेरित नहीं लगते। वे आकर ढाँचा, व्यवस्था जो भी देखें, देखेंगे तो इस दृष्टि से कि बच्चों ने क्या ग़लतियाँ की हैं। उनके स्वायत्त काम व उनकी सीखने की उन्नति को नहीं देखेंगे। शायद वे इसके लिए सक्षम भी नहीं हैं और न ही इतनी मेहनत व समय का निवेश करना उन्हें आवश्यक लगता है। शिक्षकों को प्रोत्साहन नहीं मिलता। उन्हें बोलने को, विचार रखने को नहीं कहा जाता व न ही उनके विचारों के लिए जगह है। अनेक तरह के लोग ढाँचे के बाहर से अपने विचार थोप रहे हैं। उनके द्वारा थोपे गये तरीक़ों, सामग्री व कार्य–पद्धति में कई तरह की ग़लतियाँ और समस्याएँ हैं। कई जगह तो बहुत ही बड़ी–बड़ी।

जो शिक्षक जानते हैं, वे भी प्रशिक्षण में दी गयी आदर्श पाठयोजना में स्पष्ट दिखती ग़लती भी नहीं बताते, क्योंकि 'उन्हें' लगता है कि कुछ बोलेंगे तो 'नेतागीरी' के ठप्पे में फँस जायेंगे। ज़्यादा सामने आयेंगे और फिर न जाने क्या हो। जो हो रहा है, जो भी बदलाव अथवा पालन का

ढाँचा (जैसे सी.सी.ई. करना ही है) थोपा जाता है, वह वैसा ही होना चाहिए, जैसा कुछ लोगों ने कहीं और बैठकर तय कर दिया। जो 'थोपने वाले' हमारे सामने होते हैं और थोपने के कारण, सिद्धान्त व आधार को नहीं समझते और उनका उसमें विश्वास भी नहीं होता, उनको कोई भी सवाल अथवा वैकल्पिक अनुभव व दृष्टिकोण डरा देता है। अतः वह उस बात को परेशान करने के लिए नेतागीरी के रूप में ही देखते हैं। इसीलिए हमारे प्रशिक्षणों व अन्य अन्तःक्रियाओं में कोई संवाद नहीं हो पाता। सीखने–सिखाने व पैडागॉजी के तमाम सिद्धान्त धरे रह जाते हैं। कोशिश यह होती है कि किसी तरह ट्रेनिंग के घण्टे पूरे हो जायें और काम निपट जाये। ज़ोर इसी बात पर होता है कि किस फॉर्मेट में, किस रूप में, किन तालिकाओं को भरकर ट्रेनिंग हो गयी व उसके अनुसार काम हो रहा है यह जता पायें।

एक शिक्षिका ने अपनी पीड़ा सुनायी, "शिक्षक कम होते हैं। बच्चे गाँव के होते हैं। उनके साथ जितनी मेहनत चाहिए, उतनी नहीं कर पाते। मैं बहुत जोश से गाँव के बच्चों को पढ़ाने के लिए गयी। किन्तु वहाँ सुविधाएँ भी नहीं हैं। धीरे–धीरे ठहराव–सा, नीरस–सा लगने लगा। प्रोजेक्ट करने की गतिविधि करने के लिए सामग्री भी नहीं थी। और फिर बार–बार अकारण ट्रांसफर। ऐसा ही लगता है मानो राजनीतिक थे। 15 महीने में तीन बार। जैसे ही कुछ काम शुरू हो, लोगों का विश्वास नया करने में बने, तो खट ट्रांसफर। और फिर यह कि सामान का, लाइब्रेरी का, लैब का ज़िम्मा (चार्ज–Charge) कौन ले। कौन सब सँभाले, पैसा कहाँ से आयेगा, कौन हिसाब रखेगा और इन्क्वायरी हुई तो क्या जवाब देंगे।

पहले जिस एडेड स्कूल में थी वहाँ भी बहुत कुछ ऐसा था। शिक्षक अपने आप को सरकारी ही मानते थे। टीचर भी मेहनत नहीं करना चाहते, नये रास्तों पर नहीं चलना चाहते, नये तरीक़ों में विश्वास नहीं था। फिर भी सामग्री थी। काम की स्वतन्त्रता थी और शिक्षकों से बात होती थी। सरकारी स्कूल में भी कुछ–कुछ शुरू हुआ था। पर वह बिखर गया। 8 में से 3–4 टीचर ही बचे हैं। वह सामग्री जो इकट्ठी हुई थी, वो ख़त्म हो गयी। शासन से जो किताबें आयीं वह बच्चों के लायक नहीं हैं। मैंने हिम्मत नहीं हारी, फिर शुरू किया। किन्तु अब जिस स्कूल में हूँ, उसमें कुछ बेहतर है। अब मुझे (i) थोड़ी बहुत सहायता मिलती है (1–2 लोग साथ आये)। (ii) सामग्री मैं ले गयी, बच्चों को दी तो वह करने लगे।

(iii) धीरे–धीरे कुछ बदलता महसूस होता है। किन्तु कहीं से कोई वास्तविक प्रोत्साहन नहीं है। सिर्फ़ कुछ साथी शिक्षक हैं।"

यह सब दिखाता है कि यह कहना कि सरकारी शिक्षक काम नहीं करना चाहते यदि सफ़ेद झूठ नहीं, तो भी एक अधूरा सच है। यह भी लगता है कि अधिकारी जो इस कथन को सबसे ज़ोर से कहते हैं, वही इसके लिए सबसे अधिक ज़िम्मेदार हैं। यह सब इस बात को भी सामने लाता है कि ढाँचे के काम करने का ढंग शिक्षकों पर अविश्वास की नकेल से नहीं सुधर सकता। वह उन्हें और अधिक निशक्त, उदासीन व ग़ैर–शिक्षकीय रुझान व जोड़–तोड़ की ओर ही मोड़ता है।

शिक्षक सरकारीकरण प्रक्रिया

हम सब शिक्षक की तरह उसकी ज़िम्मेदारी, कार्य–रचना व तैयारी पर तो चिन्ता व्यक्त करते हैं और यह भी चिन्ता करते हैं कि सबसे अच्छे व सबसे सक्षम युवा शिक्षक नहीं बनना चाहते। पर यह नहीं सोचते कि ऐसा क्यों है। एक युवा शिक्षक का यह कथन इसको उभारता है, "असल में शिक्षक निशक्त और असहाय महसूस करते हैं। वे अपने आप को निरर्थक और फूटी कौड़ी का ही समझते हैं। परन्तु पिछले 10–12 साल से इस राज्य में और बहुत से अन्य राज्यों में सबसे होशियार लोग सरकारी शिक्षक बनने का प्रयास कर रहे हैं। वे हर मामले में अच्छे हैं और बहुत मेहनत व संघर्ष के बाद ही शिक्षक पद के लिए चुने जा सकते हैं। वे और भी सीखना व जानना चाहते हैं किन्तु इज़्ज़त सहित व व्यवस्थित रूप से। उन्हें प्रोत्साहन, साधन, उपयुक्त मौक़ों व मदद की ज़रूरत है। उन्हें बेहतर शिक्षक बनने के लिए तैयार किया जा सकता है। सभी सरकारी नौकरियों और शिक्षक की नौकरी के लिए भी कड़ा मुक़ाबला है और भावी शिक्षकों को चुनाव परीक्षा पार करने के लिए मेहनत करनी पड़ती है। आर.ए.एस. परीक्षा, बैंक अफ़सर परीक्षा और अन्य परीक्षाओं जैसे ही दूर–दूर जाकर कोचिंग लेनी होती है। हमारे राज्य में तो अच्छे छात्र ही एस.टी.सी. और बी.एड. में दाख़िला लेते हैं।"

उसने आगे कहा, "हमारे जैसे युवा जो पढ़ाना ही चाहते थे, जोश में आते हैं लेकिन धीरे–धीरे वह सब ख़त्म हो जाता है। फिर यही प्रचलित बात सही लगने लगती है कि 'आप भी सरकारी हो जायेंगे'। हमें कक्षा से हटकर इतना सब करना पड़ता है कि कक्षा में पूरी तरह रह भी नहीं पाते,

तैयारी आदि तो छोड़ ही दें। हमें स्वयं सोचने और रास्ता पता करने/तय करने के लिए कोई जगह नहीं है। यह तो सही नहीं माना जाता। हर पल कोई नये इंस्ट्रक्शन और निर्देश आ जाते हैं, जिनका पालन करना होता है। इन निर्देशों के ही अनुसार सब कुछ करना होता है। किन्तु इससे न तो कार्यक्रम में कोई भागीदारी हो पाती है और न ही सब ठीक से हो पाता है। एक तरह की मात्र औपचारिकता रह जाती है। पूरा काम इसलिए करना है क्योंकि यह किसी को दिखाना है।

इस दिखावे का वास्तव में हमारे काम, छात्र–छात्राओं के साथ हमारा व्यवहार, उनकी ज़रूरत व उनका सीखना, इस सबसे कुछ लेना–देना नहीं है। असल में इसे ज़रूरी नहीं माना जाता। सीखना, स्कूल, शिक्षकों, प्रक्रिया व सीखने वाले के बीच कोई सम्बन्ध नहीं बन पाता। जो भी किया जाता है, उनका उद्देश्य रिपोर्ट व तस्वीरें भेजना है। चिन्तन, मनन, सुधार, सुझावों व फीडबैक के लिए कोई जगह, समय और मौके़ नहीं हैं। शैक्षिक ढाँचा यह अपेक्षा ही नहीं करता कि शिक्षक पढ़ा व सिखा पायेंगे और बच्चे समझ व सीख पायेंगे। मुख्य उद्देश्य उनका पास होना व उन्हें किसी तरह से पास करवाना है। ठीक से पढ़ा नहीं पाते क्योंकि बहुत से और काम हैं। बार–बार नये प्रफोर्मा (Performa) आते हैं, उन्हें भरना देखा जाता है। वही माँगते हैं, जब उन्हें भरना होता है तो हमें पढ़ाने नहीं देते। सी.सी.ई. क्या है, इसका कोई महत्त्व नहीं है, पूरा ध्यान केवल सी.सी.ई. के आँकड़े भरने पर है और इस तरह भरने पर है कि कहीं कोई बात किसी को शायद ज़्यादा रोचक न मिल जाये। सी.सी.ई. का क्रियान्वयन व सारे फॉर्मेट उस पूरी अवधारणा के ख़िलाफ़ हैं, जो सी.सी.ई. का आधार है। पर इससे क्या लेना, हमें तो बस फॉर्मेट भर के देने हैं और वो भी ऐसे 'साथी शिक्षक' एक्सपर्ट की मदद से जिससे हमारा स्कूल निगाह में न चढ़े। और अभी केन्द्रीय सरकार ने यह फ़ैसला लिया है कि राज्यों को अब बच्चों के सीखने के क्रम का लेखा–जोखा रखना अनिवार्य होगा। यानी और फॉर्मेट भरो, और रिकार्ड भेजो। हालाँकि यह केन्द्रीय सरकार ने किया है, पर ऐसा नहीं है कि राज्य सरकारें इससे असहमत हैं। राज्य सरकारें भी इस ओर बढ़ती जा रही हैं। आँकड़े रखना, बच्चों की तथाकथित योग्यता के आधार पर श्रेणियाँ बनाकर उन्हें अलग–अलग पढ़ाना व अलग–अलग स्तर का पढ़ाना। इसमें बराबर स्तर व प्रकृति की शिक्षा के साथ–साथ शिक्षकीय कार्य की प्रमुखताओं में भी बहुत बड़ा परिवर्तन है।

जवाबदेही फिर प्रशासन व जाँचकर्ताओं को। इसमें अधिकांशतः सीखने वाला भी और सिखाने वाला भी मात्र एक आँकड़ा है।"

यह स्थिति एक राज्य की नहीं है और ऊपर प्रस्तुत मत एक या दो शिक्षकों के मत नहीं हैं, जिन भी शिक्षकों के साथ भी यह बातचीत हुई उन्होंने ये सब ही कहा। अनौपचारिक चर्चाओं में व उन प्रशिक्षणों में जहाँ वे खुलकर बोलते हैं, शिक्षकों का यह लगातार कहना रहा है कि हमारी दिक्क़तों, हमारे अनुभवों और विचारों का कोई अर्थ नहीं है। हमारी बात तो अधिकारी सुनते ही नहीं, वह अपने आपको व अपने द्वारा चयनित लोगों को एक्सपर्ट मानते हैं। ऐसा नहीं है कि बाहर से आये सभी अधिकारी शिक्षा व कक्षा की प्रक्रिया को बिल्कुल ही नहीं समझते, किन्तु बहुत से नहीं समझते और कई बहुत अच्छी तरह नहीं समझते। कइयों ने तो सरकारी अथवा कम फीस वाले प्राइवेट स्कूलों को कभी क़रीब से नहीं देखा। न तो उन्होंने स्कूलों में ज़्यादा समय बिताया है और न ही शिक्षा के बारे में व्यवस्थित रूप से बहुत कुछ पढ़ा है। अपने बचपन के अथवा अपने बच्चों के इक्के–दुक्के अनुभवों के आधार पर बने मतों को वे पुख़्ता ज्ञान समझ कर हर चीज़ पर थोपते हैं। कुछ ने तो यह भी कहा कि आजकल तो कुछ कहते डर लगता है, अधिकारी और बाक़ी सब लोग अपने अधिकार के मद में चूर हैं। कुल मिलाकर कथन यह है कि हमारा जोश, हमारी पहल व कार्य–इच्छा एडजस्ट होने में चुक जाती है। कोशिश यही होती है कि कैसे वो किया जाये जिससे वे लोग ख़ुश रहें।

यह काले द्वारा किये गये अध्ययन से मेल खाता है जिसमें उन्होंने पाया था कि उस समय का शिक्षक भी, पश्चिमी पैडागॉजी की छवि में फँसा था, जिसमें स्कूल मास्टर प्रशासनिक व्यवस्था में जकड़ा हुआ ऐसा बाशिन्दा है जिसे दी गयी कार्यप्रणाली पर ही चलना है। समय–समय पर उसे निर्देशानुसार जानकारियाँ भेजना है, छात्रों में उत्तीर्ण प्रतिशत की उचित दर हासिल करनी है और आगन्तुक इंस्पेक्टर, जो कभी–कभी आता है और कुछेक मिनट देखकर ही सब कुछ देख लेता है, को इस छोटे समय में ही विश्वास हो जाना चाहिए कि कोई नियम नहीं तोड़े गये हैं और कुछ उपयोगी काम हुआ है। यानी यह आवश्यक है कि काम को अच्छा बनाकर दिखा दिया जाये। इस सब में वही व्यक्ति आगे बढ़ते हैं जो चमका–दमका कर, टीम–टाम कर प्रदर्शन को प्रभावी दिखाकर प्रस्तुत करें। पढ़ाने व ठीक से काम करने के स्थान पर वह ही चमक पाते हैं जो

सारे नियम–क़ायदे जानते हैं और जिन्हें इंस्पेक्टर के फ़ितूरों का पता होता है। महत्त्वपूर्ण है दिखावे के प्रदर्शन को ठीक रखना और छात्रों को व्यक्ति के रूप में नहीं वरन् सिर्फ़ प्रतिशत संख्या के रूप में ही देखना। उसका असली व्यक्तित्व तभी सामने आता है जब वह घर जाकर दिन–भर के काम के बाद अपना कृत्रिमता का चोगा उतारता है। प्रदर्शन व इंस्पेक्शन (फटाफट ताड़कर फ़रमान सुनाने वाला) का यह दौर अभी भी जारी है और बढ़ी स्कूल संख्या व उलझते प्रशासन के कारण और भी दबाने और नीचा दिखाने वाला बन गया है।

उसके अध्ययन में भी शिक्षक–प्रशिक्षण जानकारी व निर्देश देने का माध्यम है, शिक्षकों की तैयारी में भी ज़ोर 'बताये गये' को लागू करने का ही रहा है। शिक्षक को व शिक्षक–प्रशिक्षक को भी अपनी सृजनात्मकता व अपनी समझ को दरकिनार कर दिये गये तरीक़ों की नक़ल करना है और इंस्पेक्शन में भी यही अपेक्षा है कि उसे उन तरीक़ों का पालन करने का प्रयास करते दिखना चाहिए जो उसे बताये गये हैं (काले, 1970)।

वेतन सम्बन्धित व कौन शिक्षक बन रहे हैं

अक्सर यह व्यक्त किया जाता है कि ज़्यादा 'क़ाबिल' लोग शिक्षक नहीं बनते क्योंकि शिक्षकों के वेतन कम हैं अथवा यह पद प्रभावशील नहीं है। यदि ज़्यादा क़ाबिल लोग शिक्षक के कार्य के लिए आकर्षित किये जा सकें तो सारी समस्या हल हो जायेगी। इस कथन पर भी ग़ौर करने की ज़रूरत है क्योंकि इससे तय होगा इस मसले पर आगे के प्रयासों का चरित्र। 2009 में हुए अन्तरराष्ट्रीय सेमिनार की रिपोर्ट में कहा गया है कि सरकारी शिक्षक का कम–से–कम वेतन औसत प्रति व्यक्ति आय का 3–4 गुना और कई राज्यों में तो यह 10–12 गुना है। इसके साथ–साथ यदि हम हाल के वर्षों के आयकर के सरकारी आँकड़ों को देखें तो उसमें नियमित वेतन पाने वालों का लेखा–जोखा तो मिल ही जायेगा। देश में 2015–16 वर्ष के लिए केवल 3.7 करोड़ लोगों ने टैक्स सूचना दर्ज की। इसमें से ढाई लाख के ऊपर कर योग्य आय केवल पौने तीन करोड़ लोगों से कम की थी। यदि इसमें से वेतन पाने वालों की संख्या निकाली जाये तो यह और भी कम होगी। इसका अर्थ यह हुआ कि अगर हम अन्य कारकों की चिन्ता न करें तो शिक्षक बनना काफ़ी आकर्षक होना चाहिए। हमारे देश के सरकारी स्कूलों में माध्यमिक कक्षाओं तक पढ़ा रहे शिक्षकों

की संख्या वर्ष 2010–11 में लाख से अधिक थी (गवर्नमेंट ऑफ़ इण्डिया Government of India, 2010)। इनमें पैराटीचर शामिल नहीं हैं। यदि पैराटीचर की संख्या का अनुपात न बढ़ा हो तो 2015–16 में शिक्षकों की संख्या इससे अधिक होगी। इन सब को यदि सहायक शिक्षक का नियमित वेतन भी मिलता हो तो भी इनका औसत सालाना वेतन 2015–16 में 3–4 लाख होगा। और इनमें से कुछ उस श्रेणी में होंगे जो 5 लाख से ऊपर वेतन पा रहे हैं। वर्ष 2015–16 के लिए, संसद में प्रस्तुत आँकड़ों में बताया गया है कि केवल 76 लाख लोग 5 लाख से अधिक वेतन दिखा रहे हैं। यानी नियमित सरकारी शिक्षक कम वेतन पाने वालों में नहीं बल्कि ऊपर की श्रेणी में हैं, आय पाने व रिपोर्ट करने वालों के ऊपरी 1% या उससे भी कम प्रतिशत वाली श्रेणी में। यदि वेतन अपेक्षाकृत कम नहीं है तो शिक्षकों के निरुत्साह व उसके लिए होड़ के प्रति उदासीनता के कारणों की पड़ताल करनी होगी (बंसल, 2014; दी हिन्दू बिज़नेस लाइन, फ़रवरी 1, 2017; दी इंडियन एक्सप्रेस, मई 1, 2016)।

शिक्षकों के वेतन के बारे में कुछ राज्यों[3] से मिली जानकारी दिखाती है कि सबसे कम वेतन वाले राज्य में भी और नये वेतनमानों में बड़ी कटौतियों के बाद भी, सबसे कम वेतन की श्रेणी में भर्ती हुए नये शिक्षक को नियुक्ति पर 10500 से अधिक मिलता है। (*कुछ राज्यों में नियुक्ति से पहले परीविक्षा अवधि में कुछ वर्ष, अधिक से अधिक तीन के लिए, वेतन नहीं मानदेय मिलता है, हम उसके बाद की बात कर रहे हैं।*) कई राज्यों में तो ट्रेनिंग प्राप्त शिक्षक को 19000 रुपये तक शुरू करने पर मिलते हैं। यह राशि बढ़ती जाती है। इससे ऊपर के दर्जों में भर्ती शिक्षकों को शुरुआत से ही इससे बहुत अधिक मिलता है। कुछ राज्यों में शिक्षकों की नियुक्ति संविदा शिक्षक के नाम से 19000 से कम पर होती है, किन्तु 3–4 वर्ष के बाद इन्हें शिक्षक श्रेणी में सम्मिलित कर लिया जाता है और तब इन सबको 22000 से भी अधिक वेतन मिलता है। इनमें से कुछ जो आगे की श्रेणियों में चयनित होते हैं उन्हें अब 30000 से अधिक वेतन मिलने लगता है।

इस जानकारी के साथ ही टाइम्स ऑफ़ इण्डिया की एक वेबसाइट है जिसमें मासिक आय डालकर आप पता कर सकते हैं कि आप भारत

---

3. बिहार, मध्यप्रदेश, छत्तीसगढ़, राजस्थान और तेलंगाना में अभी लागू सेवा भरती नियम व वहाँ कार्यरत शिक्षकों से प्राप्त जानकारी

में किस स्तर पर हैं[4]। 12000 डालने पर पता चलता है कि आप ऊपर के 8.45% में हैं, 15000 डालने पर पता चलता है कि आप ऊपर के 5.53% में हैं, 20000 डालने पर पता चलता है कि आप ऊपर के 2.93% में हैं, 25000 डालने पर पता चलता है कि आप ऊपर के 1.98% में हैं, 30000 डालने पर पता चलता है कि आप ऊपर के 1.35% में हैं, 35000 डालने पर पता चलता है कि आप ऊपर के 0.91% में हैं, 40000 डालने पर पता चलता है कि आप ऊपर के 0.53% में हैं। जैसा कि ऊपर बताया गया है कि सबसे कम वेतन पाने वाले पूर्णकालिक सरकारी सहायक शिक्षक को शुरू में 10500 से 19000 के बीच वेतन मिलता है। और यह 50000 रुपये से ऊपर तक जा सकता है। इसी तरह एक द्वितीय श्रेणी शिक्षक को शुरुआत में ही 12000 से अधिक वेतन मिलता है। शिक्षक को मिलने वाली यह राशि तो बहुत बड़े आँकड़े तक जा सकती है। कई राज्यों में नियुक्त पंचायत/संविदा व पैराटीचर्स को भी 5000–6000 से शुरू करके 2–3 वर्षों में 10000 से ऊपर वेतन मिलने लगता है, जो कि ऊपर के 12.9% में हैं। यह बात कि शिक्षकों का वेतन देश में आर्थिक स्तर से ऊपर के 1 से 2% के बीच है, scroll-in की मार्च 18, 2017 की रिपोर्ट से भी पता चलती है।

यानी सवाल वेतन का नहीं है। अन्तरराष्ट्रीय स्तर से तुलना करें तो भारत में सरकारी शिक्षकों का वेतन बहुत कम कहा जा सकता है। किन्तु देश में ही तुलना करने पर शिक्षक के वेतन को अनाकर्षक नहीं कहा जा सकता। फिर समस्या क्या है? शिक्षकों के वेतन भुगतान के ढाँचों व प्रक्रियाओं में न सिर्फ़ विविधताएँ हैं परन्तु उसमें अड़चनें और गड़बड़ियाँ भी हैं। एक राज्य में नियुक्ति एक अन्य विभाग में होती है। शायद इसलिए कि उन्हें वेतन कम देना पड़े। उनका नियोजन व आधा नियन्त्रण शिक्षा–विभाग में है, जहाँ से उनका वेतन बनता है। इसमें समय पर आवंटन न पहुँचने से बाक़ी सबको वेतन मिल जाता है किन्तु इनका वेतन रुका रहता है। कई बार दो–दो महीने तक। इसके अलावा कई शिक्षकों का भी वेतन प्लान मद से आता है, इसमें आने वाले शिक्षकों के वेतन में भी असाधारण विलम्ब व अन्य समस्याएँ आती हैं। एक अनकही स्थायी अस्थायिता इनके साथ जुड़ी रहती है, एक अदृश्य तलवार की तरह

4. https://timesofindia.indiatimes.com/calculator.cms

जो हमेशा सर पर लटक रही है। शिक्षकों का वेतन कितना हो, कैसे तय हो यह एक अलग प्रश्न है। यहाँ इस पर कोई राय नहीं दे रहे, किन्तु उदासीनता का कारण कम वेतन नहीं है।

दूसरी समस्या जो अन्य विभाग में मिली नियुक्ति से आती है वह उनके नियन्त्रण, प्रबन्धन व उनकी मातहतता के प्रश्न के बारे में है। उन्हें सभी शिक्षकों की तरह परस्पर विरोधी आदेश मिलते रहते हैं जो उन्हें एक ही समय अलग–अलग स्थान पर उपस्थित होने को निर्देशित करते हैं, किन्तु इनके लिए किसका पालन करें चुनना ज़्यादा कठिन है। उनका क़रीबी अधिकारी शिक्षा से है परन्तु उनका असल नियन्त्रण कहीं और है। तो किसकी बात मानें? जो भी मानें लोग तो यही कहेंगे कि शिक्षक तो अपनी मनमानी करते हैं। वही करेंगे जो उनके लिए आसान है। प्रश्न यह नहीं है कि उनका यह आकलन सही है या नहीं, पर यह है कि इस तरह का अतिनियन्त्रण व विरोधाभासी व्यवस्था क्यों है? इन शिक्षकों का तो औपचारिक नियन्त्रण ही अस्पष्ट या उलझा हुआ है, किन्तु इसके अलावा सभी स्कूलों को बहुत से अन्य विरोधाभासी निर्देश मिलते रहते हैं। ज़्यादा से ज़्यादा राज्य अब शिक्षकों को लगातार निर्देश देने व उन्हें बिना सोचे उसी तरह से लागू करने के विरोधाभासी सन्देश भी देते रहते हैं। निर्देश जो अस्पष्ट हैं, बदलते रहते हैं, ख़ूब सारे काग़ज़–पत्र भरने की माँग करते हैं और लागू करने वालों व स्कूल का इंस्पेक्शन अथवा मॉनिटरिंग करने वालों को स्पष्ट भी नहीं हैं। और अब तो और ज़्यादा राज्य जैसे बिहार, मध्यप्रदेश, छत्तीसगढ़, राजस्थान, और तेलंगाना के शिक्षकों के वेतन को बच्चों के बाहरी टैस्ट (परीक्षा) में परिणाम से जोड़ रहे हैं। सवाल यह तो है ही कि यह अपने आप में कितना उपयोगी है और इसका शिक्षक की स्वायत्तता, जवाबदेही व आत्मविश्वास पर क्या असर होगा, पर यह भी है कि हमारे ढाँचे में इसको लागू करने का ढंग कितना विचित्र, आतंकजनक, दिशाहीन व निरर्थक होगा।

यही बात हाल में बने युवा शिक्षकों ने कही। उन्होंने बताया कि, "इस पद के लिए कड़ा मुक़ाबला होता है और लगकर तैयारी करनी होती है। जो परीक्षा में बैठते हैं उनका चयन पुराने रिकॉर्ड व तैयारी के बाद परीक्षा की उपलब्धि के आधार पर ही होता है।" यही बात बी.एड. व डी.एड. कर रहे छात्रों के प्रोफ़ाइल से मिलती है। उसमें भी यह भी दोनों बातें चाहिए। हालाँकि बहुत से ऐसे लोगों को भी शायद अब बी.एड. व डी.एड. में

एडमिशन मिल जाता है जिनके परीक्षा में ज़्यादा अंक नहीं हैं। किन्तु फिर भी जो 'सबसे अच्छे' हैं वे भी इन कोर्स में एडमिशन लेते हैं। शिक्षक महाविद्यालयों में आने वाले छात्रों की शैक्षणिक अर्हताओं में पिछले वर्षों में बहुत इज़ाफ़ा हुआ है। व्याख्याताओं ने कहा कि इनमें से भी ज़्यादा अच्छी उपलब्धियों वाले कुछेक चुने गये छात्रों को ही शिक्षकीय कार्य मिल पाता है। इसका अर्थ यह है कि हमारे उच्च माध्यमिक विद्यालयों, महाविद्यालयों एवं विश्वविद्यालयों से निकले सबसे सक्षम छात्र ही शिक्षक बनने का प्रयास कर पाते हैं और उन्हीं में चुनकर कुछ सरकारी स्कूलों में शिक्षक बनते हैं। प्राइवेट स्कूलों में काम कर रहे शिक्षक परीक्षा दे–देकर सरकारी स्कूलों में जाने की कोशिश करते हैं। इसका अर्थ यह है कि सरकारी स्कूलों की व्यवस्था ही इनकी क़ाबिलियत व उत्साह को दबा देती है। सवाल यह नहीं है कि सबसे क़ाबिल युवा शिक्षकीय कार्य के लिए आ रहे हैं या नहीं। सवाल यह है कि हमारी शिक्षा–व्यवस्था उनकी क़ाबिलियत व जोश को बढ़ाये नहीं तो भी क्या वह उसे बरक़रार नहीं रख सकती? और दूसरा सवाल यह है कि क्या हमारी शिक्षा–व्यवस्था पढ़ा–लिखाकर सक्षम युवाओं को तैयार कर पा रही है या नहीं? 2009 के सेमिनार के निष्कर्षों में बहुत सारे विश्लेषण के बाद यही माना गया कि शिक्षकों की कार्य के प्रति उदासीनता उनके विभाग व सरकार में और समाज में उनके दर्जे के कारण व उनके प्रति नकारात्मक रवैये के कारण है। उनका आत्मबल व आत्मविश्वास बहुत कम है और साथ ही ढाँचे की तटस्थता, सहानुभूतिपूर्ण दृष्टिकोण व सकारात्मक समालोचना पर ही नहीं उसकी मंशा पर भी सवाल हैं। उसमें व्यवस्थित व विस्तार में सुझाव दिये गये हैं। किन्तु नयी शिक्षा नीति 2016 के आधारों में व उनके लिए बने सवालों में इन्हें पूरी तरह दरकिनार कर दिया गया। इन सवालों में शिक्षक उत्साह व उनके साथ हो रहा प्रशासनिक व्यवहार कहीं चर्चा में नहीं है।

शिक्षक की इज़्ज़त क्यों हो

अक्सर यह कहा जाता है कि सिखाने वाले के रूप में शिक्षक की इज़्ज़त होनी चाहिए। यह बात साफ़ दिखती है कि ऐसा सिर्फ़ कहा जाता है पर माना नहीं जाता। हालाँकि कुल मिलाकर शिक्षक समूह का रुतबा नहीं के बराबर है व उनके कार्य की कोई वास्तविक इज़्ज़त नहीं है क्योंकि सांस्कृतिक समझ अभी वैसी नहीं है। फिर भी हम यह देखते हैं कि कुछ

शिक्षकों की इज़्ज़त अभी भी होती है। रोल मॉडल के रूप में इसमें कई तरह के शिक्षक शामिल हैं। वे शिक्षक जो बच्चों से सहानुभूतिवाला व्यवहार तो करते हैं पर वैसे पक्के इरादों वाले हैं। ऐसे शिक्षकों को भी प्यार व इज़्ज़त मिलती है जो अपने कार्य को जोश व पूरी ईमानदारी से करते हैं।

कोई भी व्यवसाय उतना भावनात्मक व मानसिक निवेश नहीं माँगता, जितना शिक्षक का कार्य माँगता है। हर रोज़ नया कुछ सिखाना है व नया करवाना है और हर साल बिल्कुल नये समूह से शुरुआत। यह पेशा इन सब नये सम्बन्धों को आत्मीयता व दूरी के बीच सन्तुलन की धार पर रख कर निभाने की अपेक्षा करता है। यह सारे सम्बन्ध सीखने वालों के विकास के साथ–साथ विकसित होकर बदलते जाते हैं और शिक्षक से भी इन सभी के सन्दर्भ में विकसित होने व बदलने की अपेक्षा करते हैं। जैसा कि हमने देखा है शिक्षकों के प्रति दृष्टिकोण में एक बडी विलोमता है। एक ओर यह अपेक्षा कि शिक्षक त्यागी, ग़ैर–संसारी, दृढ़/कठोर, अनुशासन परक, भावनाविहीन, तटस्थ छवि वाला हो और दूसरी ओर उसका रूप एक मित्र व क़रीबी का है। शिक्षक का असाधारण, त्यागी व सर्वगुणसम्पन्न होना तो उस छवि से भी टकराता है, जिसमें उसे एक इंसाान के रूप में देखा जायेगा। इन मझधारों के बीच सभी शिक्षक फँसे हैं, कौन–सी छवि को अंगीकार कर उस ओर बढ़ें और इनके बीच सन्तुलन कैसे बनायें।

ऐसे और बहुत से मझधार हैं। एक ओर तो शिक्षक सब जानने वाला ज्ञानी है और दूसरी ओर संवाद करने वाले, साथ खेलने–खिलाने, सीखने को तत्पर, जानने को तत्पर वाले के रूप में है। सवाल यह है कि शिक्षक की छवि क्या हो, उसकी कितनी और किस कारण इज़्ज़त हो? अभी शिक्षक की इज़्ज़त का एकमात्र आधार डर के कारण है। जो उसके पास अधिकार होने व उसके वयस्क होने के कारण है, उसके दृढ़ होने के कारण है। और बाक़ी जो है वह सामाजिक ढकोसले के कारण ही है और यथार्थ नहीं है। उनका आदर उनके व्यवहार, ममता व संवेदना के कारण कम है व उनकी मित्रवत प्रवृत्ति, रिश्ते व दृष्टि के खुलेपन के कारण और भी कम। स्कूल व शिक्षक को यदि सार्थक होना है तो उनकी इज़्ज़त उनके सीखने वालों को सही दिशा देने, अटकने पर समर्थन, मदद व हौसलाअफ़जाई के कारण होनी होगी। शिक्षक का बच्चों में विश्वास हो और वह माध्यमिक और उच्च माध्यमिक कक्षाओं में भी वैकल्पिक अनुशासन की सम्भावना को महसूस कर पाये। इसके लिए बच्चों के मन में भी उसके प्रति आदर

की गुंजाइश हो और यह शिक्षक के व्यवहार के साथ–साथ समाज में शिक्षकों के प्रति राय से तय होगा। असल में वह छवि ही उनके व्यवहार व समझ का आधार बनेगी।

शिक्षकों की भूमिका की व्याख्या का एक बड़ा हिस्सा उनका बच्चों के लिए रोल मॉडल होना भी है। बच्चों के लिए पढ़े–लिखे लोगों का सबसे क़रीबी प्रतिनिधि शिक्षक ही है। टामिलैसो (2014), दीवान और दीवान (2016) और इस बात पर काफ़ी ज़ोर देते हैं कि सीखने वाले के लिए उसके और सिखाने वाले के बीच क़रीबी रिश्ता तो होना ही चाहिए परन्तु साथ–साथ सीखने वाले के मन में सिखाने वाले के लिए प्यार भरी इज़्ज़त सीखने में मदद करती है। यानी सीखने की प्रक्रिया बेहतर तब होगी, जब शिक्षक सीखने व जानने को तत्पर व्यक्ति, जिसकी समाज में इज़्ज़त, रुतबा व प्रतिष्ठा है, के रूप में सामने आयेगा। उन्हें इसी बात से पढ़ने–लिखने की प्रेरणा मिलेगी कि वे भी पढ़ाने वालों के जैसा बनें। सीखना बेहतर तब होगा जब आपसी व्यवहार में खुलापन हो, संवेदना हो व आपसी विश्वास व इज़्ज़त हो। जहाँ यह महत्त्वपूर्ण है कि शिक्षक बच्चों के प्रति ममत्व रखें, विश्वास रखें, उनको समर्थन दें, हौसलाअफ़जाई करें, वहीं यह भी ज़रूरी है कि बच्चों में भी वैसी ही भावना हो। इस भावना को बनाने में समाज व शिक्षा–प्रशासन व पूरी व्यवस्था का बड़ा हाथ है।

इसके अलावा किसी भी काम को अच्छे से करने के लिए कर्मी को अपने में आत्मविश्वास व स्वत्व चाहिए! बच्चों को हर रोज़ पढ़ा पाने के लिए व उन्हें समझ पाने के लिए भावनात्मक सुदृढ़ता व प्राप्त होने लायक अपेक्षा व लक्ष्य चाहिए। साथ ही साथ साथियों के लिए व साथियों की इज़्ज़त चाहिए। यह कथन कि, "मैं करता हूँ, बाक़ी नहीं करते" उपयोगी नहीं है। स्कूली व्यवस्था शिक्षकों की भागीदारी से ही चल सकती है। टीम में काम करने की भावना, संस्थानों की रचना व पारस्परिक संकट के रास्ते खोल एक–दूसरे को जोश दिला पाना स्कूल चलने के लिए आवश्यक है! यह सोचना होगा कि इसको नैसर्गिक ढंग से कैसे शिक्षकों की तैयारी व क्षमतावर्धन में जोड़ा जा सके व उनके अधिकारियों को दिये जाने वाले प्रशिक्षण में उनके लिए इज़्ज़त होना शामिल हो सके। शायद इन अधिकारियों को तामझाम उतारकर कुछ दिन किसी प्रारम्भिक शाला में सामान्य शिक्षक की तरह पढ़ाने की ज़रूरत है।

संक्षेप में

ये समझना ज़रूरी है कि शिक्षक का काम बहुत मुश्किल है और उसमें हर व्यक्ति जिसका स्कूल से सरोकार है शिक्षक से अलग–अलग अपेक्षाएँ रखता है और उस पर ये अपेक्षाएँ इतनी अलग–अलग व कहीं–कहीं विरोधाभासी हैं कि कोई भी इन्सान आसानी से इन अपेक्षाओं को एक साथ पूरा नहीं कर सकता है। इस वजह से हम अपने शिक्षक साथियों को हमेशा कमज़ोर पाते हैं, और यही मानते हैं कि अगर वो भी ज़्यादा नम्बर पाये होते तो शायद कुछ और हो गये होते, शिक्षक नहीं। हम खुद यह भी जानते हैं कि वह लोग मय हमारे साथियों के जो ज़्यादा नम्बर पाते हैं, हमेशा उनको हमसे ज़्यादा नहीं आता। नम्बर पाना और विषय की समझ दोनों एक साथ नहीं चलतीं। इसलिए यह समझना बहुत ज़रूरी है कि शिक्षक और शिक्षा को अगर बदलना है तो उसमें सबसे बड़ी ज़िम्मेदारी समाज की है। शिक्षक की जिस इज़्ज़त की बात हम कहते हैं, उसको करना शुरू करें।

डॉक्टर से हमारा ख़ुद का नाता पड़ता है, शिक्षक से हमारा नाता बहुत बचपन का था। हम अपने उन शिक्षकों की इज़्ज़त करते हैं, उन्हें याद करते हैं जिन्होंने हमें पढ़ाया (कम–से–कम कुछ को तो ज़रूर) लेकिन जिन शिक्षकों से हमारे बच्चे पढ़ते हैं उन शिक्षकों की हम वैसी इज़्ज़त नहीं करते और न ही उनको अपने बच्चों की दृष्टि से देख पाते हैं। मैं यह बात पालक के लिए भी कर रहा हूँ, क्योंकि हम शिक्षक भी हैं और पालक भी। इस समाज में यह एक बहुत बड़ी समस्या है कि हम अपना बचपन पुनः देख नहीं सकते। हम ये भूल जाते हैं कि उस समय भी हमने और हमें पढ़ाने वाले शिक्षकों ने बहुत ग़लतियाँ की होंगी। किन्तु हमें सिर्फ़ यह दिखता था कि शिक्षक हमें पढ़ा रहे हैं। वे हमें कभी मारते भी थे, डाँटते भी थे किन्तु ऐसा नहीं है कि वे हमें प्यार नहीं करते थे और हम यह समझते थे। शिक्षकों का अपने छात्रों के (यानी हमारे) साथ एक घनिष्ठ रिश्ता था। लेकिन अभी हम अपने बच्चे के शिक्षक से बात करते हैं तो उन्हें ऐसे आँकते हैं कि वो अगर ख़ुदा से थोड़ा–सा भी कम हो गये, तो वो नालायक हो गये।

शिक्षक के बारे में दोहरा दृष्टिकोण, जिसमें डर, पद का गुरूर, सामाजिक ढकोसला व इज़्ज़त का छलावा हो, कक्षा की प्रक्रिया को सार्थक नहीं बना सकता। नीतियों में वर्णित कथनों की स्पष्ट व्याख्या कर

उन्हें कहे अनुसार व्यवहार में लाने की ज़रूरत है। यह आवश्यक नहीं कि शिक्षकों का अति आदर किया जाये किन्तु शिक्षकों के इन नदी के छोरों के रूप में दिखने वाले दृष्टिकोणों को पास लाकर एक समूची मान्य छवि के निर्माण की आवश्यकता है। एक समग्र व सन्तुलित दृष्टि जिसमें समुचित सम्मान शामिल है। शिक्षा के उत्थान का कोई भी प्रयास शिक्षक पर विश्वास किये बिना व व्यवहार की पारदर्शिता और माकूलता के बिना कारगर नहीं हो सकता। शिक्षकों का स्वायत्त स्वप्रेरण ही लोकतान्त्रिक शिक्षा की नींव डाल सकता है।

यह भी आवश्य[illegible] है कि इस छवि में शिक्षकों को विश्वास हो और उन्हें यह समान रूप से [illegible] यथार्थ में सिर्फ़ अपने लिए नहीं बल्कि अपने सभी साथियों के लि[illegible] स[illegible] लगे। हमारे अनुसार ज्ञान व समझ का निर्धारण करने में पहचान सबसे महत्त्वपूर्ण कारक है। पहचान ही ज्ञान व कर्म को निर्धारित करती व उसमें विश्वास उत्पन्न करती है।

इस सबसे नीचे दिये सवाल उभरते हैं :

पहला सवाल यह है कि हमारी शिक्षा–व्यवस्था आने वाले शिक्षकों की क़ाबिलियत व जोश को बढ़ाये नहीं तो भी क्या वह उसे बरक़रार नहीं रख सकती? काफ़ी कुछ तो वह जोश व उत्साह के साथ बच्चों व साथियों के बीच ही सीख लेंगे।

दूसरा सवाल है कि क्या पहले इज़्ज़त हो, तार्किक नियोजन हो, पारदर्शिता हो व कार्य–स्पष्टता हो अथवा पहले थोपा हुआ अनुशासन हो?

तीसरा सवाल जो निकलकर आता है वह है कि क्या शिक्षा–व्यवस्था पढ़ा–लिखाकर सक्षम युवाओं को तैयार कर पा रही है या नहीं?

चौथा सवाल है कि क्या यह समझ कि कोई भी पढ़ा सकता है (ख़ास तौर से मध्यम वर्ग के लोगों में) ठीक है या नहीं? अगर ठीक नहीं है तो यह मत कैसे जल्दी से जल्दी बदला जाये।

और फिर यह सवाल कि क्या शिक्षकीय कार्य एक व्यक्तिगत कौशल व जन्मजात गुण है अथवा इसे पढ़ाने वाला कड़ी व सही तैयारी व उसके पुनर्बलन से हासिल करता है।

क्या समाज, शिक्षा–व्यवस्था व ढाँचा शिक्षक को एक अध्येता के रूप में माने व उसके कार्य के लिए व्यवस्था उपलब्ध करवाना आवश्यक समझे या फिर शिक्षक को एक तकनीकी कर्मी माना जाये जो दिये गये निर्देशों व क्रियाविधि के अनुसार ही कार्य करे।

सन्दर्भ सूची

1. शिक्षकों के साक्षात्कार व उनसे हुई चर्चाएँ– अप्रकाशित
2. बंसल, एस. (मई, 4, 2014), हाउ मेनी इंडियंस आर रिचर दैन यू? दि हिन्दू रिट्रीव्ड फ्रॉम https://www.thehindu.com/data/how-many-indians-are-richer-than-you/article8551773.ece
3. बेटिल, तारा (2009), ऐब्संटीइज़्म, ट्रांसफर्स एंड पैट्रनेज : दि पॉलिटिकल इकोनॉमी ऑफ़ टीचर लेबर मार्केट्स इन इंडिया। (डॉक्टरल डिसर्टेशन)। स्टैंडफोर्ड यूनिवर्सिटी
4. बेटिल, तारा (2015), फिक्सर्स इन इंडिया'ज़ टीचर लेबर मार्केट्स, बिहाइंड दि सीन्स। एशियन सर्वे, वॉल्यूम 55 (5), पृ.। 942-968. DOI:10.1525/as.2015.55.5.942
5. दीवान, एच. के. (2015), शिक्षा पर सरकारी ख़र्च बयान–ए–हक़ीक़त। *शिक्षा विमर्श,* पृ. 40–47
6. दीवान, एच. के. (2016), डिमेन्शन्स ऑफ़ क्वालिटी एजुकेशन–सिचुएशन, चैलेंजेस एंड दि वे फॉर्वर्ड। *राइट टू एजुकेशन पेपर्स एंड प्रोसिडिंग्स ऑफ़ ए कन्सल्टेशन,* सोलापुर : अजित फ़ाउंडेशन, पेज 46
7. दीवान, एच. के. (2017), टॉक गिवेन इन भोपाल, एम. पी. इन जनवरी 2017।
8. दीवान, एच. के., एंड महादले, ए. (2015), टूवाड्र्स ए न्यू एजुकेशन पॉलिसी डायरेक्शंस एंड कंसीडिरेशंस। *इकोनॉमिक एंड पॉलिटिकल वीकली,* वाल्यूम (48), पेज 15–18
9. दीवान, एच. के. (2015), न्यू एजुकेशन पॉलिसी फेल्स टू एड्रेस इश्यूज़ ऑफ़ इक्विटी। *विलेज स्क्वायर*। रिट्रीव्ड फ्रॉम /http://www.villagesquare.in/2016/12/05/new-education-policy-fails-address-issues-equity
10. दीवान, एच. के. एंड दीवान, एस. (2016), पुअर लर्निंग अमंग सोशली मार्जिनलाइज़्ड चिल्ड्रेन सोशियो–कल्चरल फैक्टर्स एंड चैलेंजेस। (प्रेज़ेंटेशन) पेपर प्रेज़ेंटेड एट नेशनल कॉन्फ्रेंस ऑन "फैक्टर्स ऑफ़ पुअर लर्निंग : चैलेंजेस, अपॉर्च्युनिटीज़ एंड प्रैक्टिशेज़ फ़ॉर लर्निंग इम्प्रूवमेंट इन सोशली डाइवर्स एलमेन्टरी स्कूल्स ऑफ़ इंडिया", नयी दिल्ली
11. ''सेंटर अमेन्ड्स आर.टी.ई. रूल्स : स्टेटस मस्ट नाउ मैप लर्निंग आउटकम्स'', *दि इंडियन एक्सप्रेस* मार्च 5, 2017, रिट्रीव्ड फ्रॉम https://indianexpress.com/article/india/centre-amends-rte-rules-states-must-now-map-learning-outcomes-4554950
12. गवर्नमेंट ऑफ़ इंडिया (1959), राइट टू फ्री एंड कम्पलसरी एजुकेशन एक्ट (2009)। *इन दि कॉन्स्टिट्युशन ऑफ़ इंडिया* (पी. {क्लॉज़ 29 (2)}), गवर्नमेंट ऑफ़ इंडिया

13. गवर्नमेंट ऑफ़ इंडिया (1968), सेक्शन 4.2, *नेशनल पॉलिसी ऑफ़ एजुकेशन 1968* I नयी दिल्ली : डिपार्टमेंट ऑफ़ एजुकेशन, गवर्नमेंट ऑफ़ इंडिया, पृ. 38
14. गवर्नमेंट ऑफ़ इंडिया (1986), *नेशनल पॉलिसी ऑफ़ एजुकेशन 1986*। नयी दिल्ली : एम.एच.आर.डी., गवर्नमेंट ऑफ़ इंडिया
15. गवर्नमेंट ऑफ़ इंडिया (1992), दि प्रोग्राम ऑफ़ एक्शन 1992। नयी दिल्ली : एम.एच.आर.डी, गवर्नमेंट ऑफ़ इंडिया
16. गवर्नमेंट ऑफ़ इंडिया (2010), स्टेटिस्टिक्स ऑफ़ स्कूल एजुकेशन 2010–2011, नयी दिल्ली : ब्यूरो ऑफ़ प्लानिंग, मॉनिटरिंग एंड स्टेटिस्टिक्स, मिनिस्ट्री ऑफ़ ह्यूमन रिसोर्स एंड डेवलपमेंट। रिट्रीव्ड फ्रॉम : http://mhrd.gov.in/sites/upload_files/mhrd/files/SES-School_201011_0.pdf
17. काले, ए. (1970), दि गुरु एंड दि प्रोफ़ेशनल : दि डिलेमा ऑफ़ दि सेकेंडरी स्कूल टीचर इन पूना, इंडिया। कम्पैरेटिव एजुकेशनल रिव्यु, वॉल्यूम 14 (3), पी 371–376
18. मपोकसा, चिकोंडी एंड न्दारुहुत्से, सूज़ी। (2008), मैनेजिंग टीचर्स : दि सेंट्रलिटी ऑफ़ टीचर मैनेजमेंट टू क्वालिटी एजुकेशन। *लैसन फ्रॉम डिवेल्पिंग कंट्रीज़*। सी.एफ.बी.टी एंड वी.एस.ओ, यू.के.
19. एन.सी.ई.आर.टी. (नेशनल काउंसिल ऑफ़ एजुकेशनल रिसर्च एंड ट्रेनिंग)। (2005), चैप्टर्स 1–2। *नेशनल करिकुलम फ्रेमवर्क 2005*। नयी दिल्ली : एन.सी.ई.आर.टी.
20. रामचन्द्रन वी., एंड शर्मा आर. (एडिट, 2009), *दि एलमेन्टरी एजुकेशन सिस्टम इन इंडिया : एक्सप्लोरिंग इंस्टिट्युशनल स्ट्रक्चर्स, प्रोसेसेज़ एंड डाइनामिक्स*। रूटलेज
21. रामचन्द्रन वी., चटर्जी पी. जी., माथुर एन., एंड रवि ए. (2015) इग्ज़िक्यूटिव समरी–टीचर्स इन दि इंडियन एजुकेशन सिस्टम–सिन्थिसिस ऑफ़ ए नाइन–स्टेट स्टडी। नयी दिल्ली : नेशनल यूनिवर्सिटी ऑफ़ एजुकेशनल प्लानिंग एंड एडमिनिस्ट्रेशन
22. रामचन्द्र, वी (2016), दि मिसअण्डरस्टुड स्कूल टीचर, *सेमिनार*, 677 पेज 82–85
23. ''एवरीवन इन इंडिया थिंक्स दे आर 'मिडिल क्लास' एंड ऑलमोस्ट नोवन एक्चुअली इज़, ओनली 2% ऑफ़ इंडियंस आर एक्चुअली मिडिल इन्कम, एकॉर्डिंग टू ए सर्वे पी.ई.डब्ल्यू'' Scroll.in, शनिवार, मार्च 18 2017] http://timesofindia.indiatimes.com/calculator.cm, में मासिक आय डालकर आप पता कर सकते हैं कि आप भारत में किस स्तर पर हैं
24. एम.एच.आर.डी. (फ़रवरी, 2009), टीचर डेवलपमेंट एंड मैनेजमेंट डिस्क्शन्स : सजेशन्स फॉर पॉलिसी एंड प्रैक्टिस इमर्जिंग फ्रॉम एन इंटरनेशनल कॉन्फ्रेंस ऑन टीचर डेवलपमेंट एंड मैनेजमेंट हैल्ड एट उदयपुर। रिट्रीव्ड फ्रॉम : http://teacher-ed.hbcse.tifr.res.in/resources/documents/report-of-teacher-development-and-management

25. ''ओनली 76 लैक इंडियंस शोड इनकम ऑफ़ ओवर रुपीज़ 5 लैक : सेज़ जेटली इन पार्लियामेंट।'' *दि हिन्दु बिज़ेनस लाइनफ़रवरी* 1, 2017, रिट्रीव्ड फ्रॉम : https://www.thehindubusinessline.com/economy/budget/only-76-lakh-indians-showed-income-of-over-rs-5-lakh-jaitley/article9514752.ece
26. ''डेटा शोज़ ओनली 1% ऑफ़ पापुलेशन पेज़ इनकम टैक्स, ओवर 5000 पे मोर दैन 1 करोर।'' *दि इंडियन एक्सप्रेस* मई 1, 2016, रिट्रीव्ड फ्रॉम https://indianexpress.com/article/india/india-news-india/data-shows-only-1-of-population-pays-income-tax-over-5000-pay-more-than-1-crore-2779065/
27. टामिलैसो एम. (2014), ए नेचुरल हिस्ट्री ऑफ ह्यूमन थिंकिंग। हार्वर्ड यूनिवर्सिटी प्रेस

शिक्षक होने की दुविधा

–मुरारी झा

मुरारी झा ने अपने लेख में शिक्षक बनने के बाद अपने निकट के व अन्य लोगों के उनके इस कार्य व ओहदे पर प्रतिक्रियाओं के आधार पर यह कहा है कि न सिर्फ शिक्षकों से अपेक्षाएँ कम हैं, उस पद के प्रति इज़्ज़त कम है वरन् शिक्षक बनने की आकांक्षा रखना ही आश्चर्य का विषय बन गया है। यहाँ तक कि खुद शिक्षक यही मानते हैं कि वे कोई महत्त्वपूर्ण अथवा सार्थक कार्य नहीं कर रहे हैं व अगर किसी में कोई उत्साह है तो वह भी धीरे–धीरे ख़त्म हो जायेगा। पढ़ने वाले बच्चों को भी यही लगता है कि ज्यादा पढ़े हुए लोगों को कुछ बड़ी भूमिका में होना चाहिए, शिक्षक नहीं रहना चाहिए। मुरारी कहते हैं कि शिक्षक में पढ़ाने के हुनर व इच्छा के साथ–साथ इन भ्रान्तियों भरे मतों से जूझने की हिम्मत चाहिए।

मेरी ज़्यादातर पढ़ाई बिहार के दरभंगा ज़िले के एक गाँव में हुई है। पहली से पाँचवीं क्लास तक गाँव में ही चलने वाले एक छोटे–से निजी स्कूल में मैंने पढ़ाई की और उसके बाद अपने ही गाँव के सरकारी स्कूल में छठी एवं सातवीं की पढ़ाई पूरी की। गाँव के स्कूल में आठवीं क्लास नहीं थी। इसके लिए गाँव से 3 किलोमीटर दूर दूसरे गाँव में जाना होता था। यहाँ एक हाई स्कूल हुआ करता था। और यहाँ मैंने आठवीं, नौवीं और दसवीं की पढ़ाई की। यह दौर बिहार में सामाजिक न्याय की राजनीति का दौर था। स्कूल में एक भी शिक्षक नहीं था। प्रशासनिक कर्मचारी किसी तरह साल में एक बार होने वाली परीक्षा की व्यवस्था कर देते थे। कहने का मतलब यह है कि सातवीं क्लास के बाद मैं स्कूल का विद्यार्थी तो रहा, लेकिन कभी स्कूल नहीं गया। 1999 में दसवीं के बाद गाँव से क़रीब 7 किलोमीटर दूर एक कॉलेज में मैंने दाख़िला लिया और यहाँ भी कॉलेज

जा कर पढ़ने की ज़रूरत नहीं होती थी। और फिर ग्रेजुएशन तक की पढ़ाई यहीं पूरी की। स्नातक की पढ़ाई चल ही रही थी कि इसी बीच मैं दिल्ली आ गया और यहाँ सिविल सेवा के लिए तैयारी शुरू की। शुरुआती कुछ प्रयत्नों में असफल होने के बाद मैंने जामिया से बी.एड. कर लिया और बाद में टाटा सामाजिक विज्ञान संस्थान से प्रारम्भिक शिक्षा में एम.ए. किया।

सर्वोदय विद्यालय नम्बर–3, दिल्ली सरकार का एक विद्यालय है जो आर. के. पुरम क्षेत्र में पड़ता है। यह एक को–एड स्कूल है। 1500 के आसपास बच्चे और 72 के आसपास शिक्षक इस स्कूल में हैं। आर. के. पुरम में केन्द्रीय कर्मचारियों के रहने के लिए आवास की व्यवस्था है। हमारे इस स्कूल में, शायद ही कभी कर्मचारियों के घर से कोई बच्चा पढ़ने आता होगा। इन सरकारी कॉलोनी के बीच अस्थायी रूप से स्लम विकसित हो गये हैं, अधिकतर बच्चे यहीं से आते हैं। ज़्यादातर बच्चों के माँ–बाप दैनिक मज़दूरी करते हैं।

एक शिक्षक कैसा हो? यह एक चिरकालिक प्रश्न रहा है। विषय कुछ ऐसा है कि समाज में हर प्रकार के व्यक्ति इस बारे में अपनी एक राय रखते हैं। इस दृष्टिकोण से तो यह एक बहुत ही लोकतान्त्रिक प्रश्न लगता है, परन्तु शिक्षक के लिए बनाये जाने वाले मानदण्ड कुछ ही लोग तय कर देते हैं। किसी अन्य पेशे की भाँति शिक्षक भी कई प्रकार के होते हैं, जैसे कि स्कूल में पढ़ाने वाले, इनमें भी कई वर्गीकरण हैं–निजी तथा सरकारी स्कूल, निजी स्कूल में फिर सामान्य या अन्तरराष्ट्रीय स्कूल, सरकारी स्कूल में राज्य सरकार या केन्द्र सरकार के स्कूल और फिर विषय एवं कक्षा के आधार पर वर्गीकरण और भी जटिल है। इसके अलावा, कोचिंग संस्थानों में पढ़ाने वाले शिक्षक और शायद विश्वविद्यालय में पढ़ाने वाले शिक्षक। हालाँकि विश्वविद्यालय में पढ़ाने वाले शिक्षकों को शिक्षक कहना शायद उनका अपमान होगा, उनमें से ज़्यादातर तो 'प्रोफ़ेसर' कहलाते हैं। शिक्षकों के एक बड़े समूह को हमारे देश में 'अतिथि शिक्षक' कहा जाता है, इनमें भी कई समूह हैं। अलग–अलग राज्यों में इनको अलग–अलग नामों से जाना जाता है। जैसे सामाजिक विज्ञान में छात्रों को अक्सर खनिज के वर्गीकरण को याद करने को कहा जाता है और पुस्तकों में इसके लिए एक आलेख–सा बना होता है, शिक्षकों का वर्गीकरण भी क़रीब–क़रीब उसी प्रकार का है। अलग–अलग संगठन, समाज के अलग–अलग समूह शिक्षक को किस प्रकार देखते हैं, और इन सबके बीच शिक्षक किस प्रकार अपनी ही पहचान को लेकर एक दुविधा में फँस जाता है।

जब हम इस सवाल पर विचार करते हैं कि शिक्षक कैसा हो तो सबसे पहले यह तय कर लेना ज़रूरी है कि हम शिक्षकों की किस श्रेणी के बारे में सोच रहे हैं? ऊपर मैंने लिखा है कि यह एक बहुत ही लोकतान्त्रिक प्रश्न है, परन्तु शायद एक समुदाय जो इस प्रश्न पर सबसे कम विचार करता है, वह है–शिक्षकों का समुदाय। मैं भी इसी समुदाय का एक हिस्सा हूँ। इस लेख में मैंने अपने शिक्षक–जीवन के कुछ सालों के अनुभव में समाज की अलग–अलग संस्थाओं ने मुझे किस प्रकार देखा है और इन संस्थाओं की एक शिक्षक के रूप में मुझसे क्या अपेक्षाएँ रही हैं, इसे समेटकर लिखने की कोशिश की है तथा इसके माध्यम से यह जानने की कोशिश की है कि शिक्षक कैसा हो।

मोटे तौर पर इस लेख में निम्न समूहों की एक शिक्षक के लिए क्या अवधारणा है, इसे जानने की कोशिश मैंने की है।

1) मेरे पड़ोसी एवं रिश्तेदार।

2) वो छात्र जिनको कुछ पढ़ाने एवं जिनसे कुछ सीखने का मौक़ा मुझे मिला।

3) स्कूल प्रशासन एवं नौकरशाही।

4) मेरे सहकर्मी शिक्षक व साथी।

5) शिक्षकों को 'प्रेरित' करने के लिए काम करने वाले ग़ैर–सरकारी संगठन

6) शिक्षक तथा विश्वविद्यालय

अपनी सीमित जानकारी के आधार पर मैं इस स्थिति में तो नहीं हूँ कि शिक्षक कैसा हो, इस विषय पर कोई सिद्धान्त प्रतिपादित करूँ, लेकिन अपने निजी अनुभवों को आधार बनाकर मैंने कुछ जटिल सवालों को समझने की कोशिश ज़रूर की है। ये सवाल हैं कि बदलते आर्थिक एवं सामाजिक परिवेश में, जहाँ कोई माता–पिता अपने बच्चे को शिक्षक नहीं बनाना चाहता है, एक शिक्षक किस प्रकार अपने लिए एक पहचान बनाता है? एक शिक्षक, शिक्षक है या नौकरशाही के ढाँचे का अन्तिम पायदान? और ऐसे ही कई सवाल। इस लेख में उत्तर कम और सवाल ज़्यादा हैं।

मेरे पड़ोसी एवं रिश्तेदार

एक बार मेरे एक पड़ोसी ने मेरी माँ से पूछा, "आपका बेटा आजकल क्या करता है?" माँ ने जवाब दिया कि वह मास्टर बन गया है, "सिर्फ़ मास्टर!

अरे! वह तो कोई भी बन जाता है।" ....अपनी निराशा जताते हुए उन्होंने कहा। वह आगे कहने लगे, "...हमने तो सुना था कि दिल्ली में रहकर बड़ी पढ़ाई करता है।"

इस तरह शिक्षक होने की यह यात्रा शुरू होती है, जिसमें यह बात हमेशा मानकर चलना होता है कि शिक्षक के रूप में आप किसी तरह की सामाजिक हैसियत की कल्पना नहीं करें। शिक्षकों के प्रति समाज का बदलता हुआ यह रुख़ चिन्ता का विषय है। इससे मेरा अभिप्राय है कि स्कूल में पढ़ाने वाले शिक्षकों से समाज में लोगों की उम्मीदें कम हुई हैं। पिछले दशक में जिस प्रकार बड़ी संख्या में ठेके पर तथा अन्य कई तरीक़ों से शिक्षकों की भर्ती की गयी, उनके प्रशिक्षण से सम्बन्धित योग्यताओं को नज़रअन्दाज़ किया गया, इससे समाज में शिक्षकों के प्रति आशंका उत्पन्न हो गयी है।

जहाँ एक ओर शिक्षा के प्रति लोगों में जागरूकता बढ़ी है, यानी साक्षरता दर बढ़ी है, निचले तबक़े के लोगों की स्कूल तक पहुँच बढ़ी है, वहीं दूसरी ओर शिक्षकों के प्रति समाज का दृष्टिकोण भी बदल रहा है और यह नकारात्मक होता जा रहा है। कहीं–न–कहीं सामाजिक आकांक्षाओं पर शिक्षक खरे नहीं उतर पा रहे हैं।

छात्रों की नज़र में शिक्षक

मेरे छात्र अक्सर मुझसे यह सवाल करते हैं कि मैं शिक्षक क्यों बना। वह मुझे सलाह देते हैं कि मुझे तो आर्मी में होना चाहिए था। वह बताते हैं कि मेरी हाइट अच्छी है इसलिए आर्मी नहीं तो कम–से–कम पुलिस में तो ज़रूर होना चाहिए था, क्योंकि मैं देखने में भी हट्टा–कट्टा हूँ। और यह बात किसी एक कक्षा के बच्चों ने नहीं बल्कि अलग–अलग कक्षा के बच्चों ने मुझसे कही है। बच्चों के द्वारा की गयी इन टिप्पणियों से यह तो कम–से–कम तय हो ही जाता है कि बच्चों के मन नें ऐसी अवधारणा है कि शिक्षक सामान्य क़द–काठी के और साधारण–से दिखने वाले व्यक्ति को ही बनना चाहिए।

राजनीति विज्ञान पढ़ाते हुए जब मैं बच्चों को उनके दैनिक जीवन से अलग–अलग तरह के उदाहरण देता हूँ, तो यह बच्चों को बहुत पसन्द आता है और वह तुरन्त ही सलाह देने लगते हैं कि मैं राजनीति में क्यों नहीं चला जाता हूँ। वे यहीं नहीं रुकते हैं, आश्वासन भी देते हैं कि अगर

मैं राजनीति में गया तो वे मुझे ही वोट देंगे। शायद राजनीति विज्ञान की थोड़ी–बहुत समझ रखने वाले को बच्चे शिक्षक नहीं, नेता के रूप में देखना चाहते हैं।

आजकल ज़्यादातर कक्षाएँ (और शायद हमेशा से ही) अलग–अलग तरह की भाषा बोलने वाले छात्र–छात्राओं से मिलकर बनी होती हैं, और इसलिए एक शिक्षक के रूप में मैं अलग–अलग भाषाओं का प्रयोग कक्षा के अन्दर करता हूँ। कभी–कभी इंग्लिश भी बोलनी पड़ती है। फ़िर से बच्चों की सलाह तुरन्त मेरे सामने आ जाती है...आप सामाजिक विज्ञान के शिक्षक क्यों है? अंग्रेज़ी के शिक्षक क्यों नहीं? उनको ऐसा लगता है कि अंग्रेज़ी के शिक्षक को ही कक्षा में अंग्रेज़ी बोलना चाहिए या जो अंग्रेज़ी बोल सकते हैं वह अंग्रेज़ी के शिक्षक होते हैं, ठीक वैसे ही जैसे उर्दू जानने वालों को मुसलमान मान लिया जाता है। मेरे ख़याल में भाषा का किसी विषय विशेष से क्या लेना–देना है? भाषा तो किसी भी विषय को अभिव्यक्त करने का साधन मात्र है। और यह भी शायद कि अंग्रेज़ी का शिक्षक बनना एक पदोन्नति है।

नौकरशाही और शिक्षक की अवधारणा

मैंने अक्सर यह पाया है कि कई सालों से स्कूल में पढ़ा रहे पुराने साथी अपने नये साथियों को यह सलाह देते हैं कि यह पेशा छोड़ दो। वे कहते हैं...अभी तुम जवान हो, सिविल सेवा की तैयारी करो और निकल जाओ यहाँ से। यह सलाह उनके अपने अनुभव से आती है। वह देखते हैं कि जब एक 30 साल का व्यक्ति, जिसका शायद शिक्षा में काम करने का कोई अनुभव न हो, शिक्षा निदेशक (Director education) के पद पर तैनात हो जाता है, स्कूल में छापा मारता है, और उस समय दशकों से पढ़ा रहे शिक्षकों की इस अनुभवहीन निदेशक के सामने जो हालत होती है, ऐसे में तो उनको ऐसा लगना स्वाभाविक ही है कि भाई शिक्षक मत बनो। एक शिक्षक के लिए इससे बड़ी पीड़ा की बात और क्या हो सकती है कि कोई उस पेशे को, जिसको वह इतने दिनों से जी रहा हो, नकारता है। शायद कोई बड़ी मजबूरी हो...शायद नौकरशाही के सामने घुटने टेकने की मजबूरी!

हमारे एक साथी ने एक बार एक वाक़या सुनाया। वह शिक्षा में अपनी समझ को बढ़ाने के लिए पीएच.डी. करना चाहते थे और इसके लिए

यूनिवर्सिटी में उनका दाख़िला भी हो गया था, लेकिन एक शिक्षक के लिए यह ज़रूरी होता है कि वो जहाँ काम कर रहे हों, वहाँ से अनुमति लेकर आयें। सरकारी महकमे में पढ़ाई–लिखाई के लिए अनुमति लेना पीएच.डी. करने के बराबर ही होता है। वह साथी एक ऑफ़िस से दूसरे ऑफ़िस अनुमति के लिए घूमते रहे। अन्त में सबसे बड़े अधिकारी ने उनसे पूछा कि आपको पीएच.डी. करने की ज़रूरत ही क्या है। अधिकारी ने सुझाव दिया कि शिक्षक के लिए पीएच.डी. करना बिल्कुल ज़रूरी नहीं है, अगर आपने शिक्षक की अर्हता प्राप्त कर ली अर्थात बी.एड. कर लिया है तो फिर वही बहुत है, आपको और कुछ भी करने की क्या ज़रूरत है।

साथी शिक्षकों की नज़र में शिक्षक

कभी–कभार मेरे साथी मुझे दार्शनिक कहकर बुलाते हैं। वस्तुतः वे दार्शनिक शब्द का इस्तेमाल नहीं करते हैं, वे फिलॉसफ़र शब्द का इस्तेमाल करते हैं। मुझे ठीक से तो नहीं पता, पर शायद मेरे 'अपियरेंस' के कारण भी वो ऐसा करते हों। कभी–कभी मैं कुर्ता पहना करता हूँ। आज तक मैं इस जद्दोजहद में हूँ कि वे मेरी तारीफ़ करते हैं या बुराई। एक बात तो तय मालूम पड़ती है कि स्कूल दार्शनिक को शिक्षक के रूप में और शिक्षक को दार्शनिक के रूप में स्वीकार नहीं करता है। दार्शनिक होने से मेरा अभिप्राय है ऐसे शिक्षक जो शिक्षा से जुड़े मुद्दों पर विचार करते हैं, अलग–अलग विचारधाराओं के प्रति जागरूक हैं और उचित समय पर इन मुद्दों पर अपनी राय रखते हैं। 'यह सब होना चाहिए' के नारे के बीच में यथार्थ यही है कि इन बातों के लिए स्कूल में जगह नहीं है। स्कूल एक ऐसी संस्कृति चाहता है जहाँ अगर आप दार्शनिक हैं, तो शिक्षक न हों और अगर आप शिक्षक हैं, तो दार्शनिक न हों।

मैंने यह पाया है कि ज़्यादातर शिक्षक साथी इस बात को लेकर के बहुत दुखी रहते हैं कि शिक्षक के इस पेशे में पदोन्नति के ज़्यादा अवसर नहीं होते हैं। और वह मानते हैं कि क्लर्क की नौकरी शिक्षक के पेशे से बेहतर है। क्लर्क को अपने विभाग में आगे बढ़ने के बहुत अवसर मिलते हैं और शिक्षक अक्सर जिस पद पर नियुक्त होते हैं, वहीं से रिटायर भी हो जाते हैं। उनकी चिन्ता सही भी लगती है, जब तक शिक्षक अपनी हैसियत को पद से जोड़कर देखते हैं तब तक उनको क्लर्क की नौकरी शिक्षक के पेशे से बेहतर लगती रहेगी।

भौतिक विज्ञान पढ़ाने वाले एक साथी अपनी पदोन्नति को लेकर बहुत चिन्तित रहते थे। इस बात का उन्होंने सालों इन्तज़ार किया जब लोग उन्हें 'व्याख्याता' कहकर बुलायेंगे। 20 साल के बाद ही उन्हें ऐसा मौक़ा मिला। उस समय तक और उसके बाद भी उनका दर्द कुछ ज़्यादा ही था क्योंकि क्लर्क को दो–दो प्रमोशन मिल गये थे। और फिर उनकी मास्टर डिग्री किसी साधारण विषय में नहीं, बल्कि भौतिक विज्ञान में थी। अपने युवा साथियों को हमेशा समझाते थे... 'मुझे देख और समझ ले, जितनी जल्दी हो इस पेशे से निकल जा, कुछ और कर।' वह बहुत ही गहराई से यह मानते थे कि एक क्लर्क शिक्षक से बेहतर है।

शिक्षकों को 'प्रेरित' करने के लिए काम करने वाले ग़ैर–सरकारी संगठन

आजकल यह एक नया रिवाज़ हो गया है। ज़्यादातर ग़ैर–सरकारी संगठन, जो शिक्षा के क्षेत्र में काम कर रहे हैं, शिक्षक को प्रेरित करने के उद्देश्य से उन्हें सिखा पाने से अपने आपको नहीं रोक पाते हैं। इसमें कोई बुराई भी नहीं हैं, सीखने को चाहे हमें जहाँ से भी मिले; सीखते रहना चाहिए। शिक्षा के क्षेत्र में कौन काम करेंगे, इसको अगर हम एक मज़बूत परिधि से सीमित कर देते हैं, तो मुझे लगता है कि इससे शिक्षा का नुक़सान होता है। फिर भी अपने शिक्षक साथियों से बातचीत करते हुए मैंने यह पाया है कि इन संगठनों के प्रति उनके मन में असन्तोष की गहरी भावना है। उनके दो मुख्य आरोप होते हैं, एक कि जो लोग शिक्षकों के साथ काम करने के लिए आते हैं, उनमें अनुभव की कमी होती है तथा दूसरा यह कि यह एक धन्धा बन गया है। मुझे ऐसा लगता है कि दोनों ही एक–दूसरे को समझे बिना एक–दूसरे की मदद करना चाहते हैं। उदाहरण के लिए अगर शिक्षक पूरब की तरफ़ जा रहे हैं तो ये संगठन उनको पश्चिम की तरफ़ चलने में मदद करना चाहते हैं। यह बात सरकारी स्कूल के सन्दर्भ में कही गयी है। स्कूल में पढ़ानेवाले शिक्षकों की जवाबदेही इस बात के लिए माँगी जाती है कि उन्होंने प्रशासनिक कार्य जैसे कि बच्चों का बैंक अकाउंट खुलवाना, आधार कार्ड बनवाना, स्कॉलरशिप बाँटना इत्यादि को सही तरीक़े से और समय पर पूरा किया है या नहीं। ऐसा शायद ही कभी होता है कि शिक्षक क्या पढ़ा रहे हैं, बच्चे क्या सीख रहे हैं इन बातों को लेकर भी उनकी जवाबदेही तय की गयी हो। इस प्रकार धीरे–धीरे स्कूलों

में उन कार्यों को ज़्यादा महत्त्व मिलने लगा जो पढ़ाई से सम्बन्धित नहीं हैं। शिक्षकों ने इसे ही अपना महत्त्वपूर्ण काम मान लिया। और अब जब शिक्षकों को प्रेरित करने वाले समूह पढ़ाई–लिखाई के सम्बन्ध में शिक्षकों की मदद करना चाहते हैं, तो उन्हें यह असंगत मालूम पड़ता है। शिक्षकों को चाहिए कि कोई उन्हें आधार कार्ड बनवाने में मदद करें, कि कोई उन्हें बैंक के खाते खुलवाने में मदद करें।

मेरी समझ में इन संगठनों की महत्त्वपूर्ण भूमिका यह है कि ये पढ़ाने के नये–नये तरीकों को लेकर शिक्षक को अवगत कराते हैं। और चूँकि ये अलग–अलग क्षेत्र से आते हैं, इसलिए शिक्षा को अलग–अलग नज़रिये से देखते हैं। और मल्टीपल पर्सपेक्टिव का तो हर जगह स्वागत है।

विश्वविद्यालय एवं शिक्षक

शिक्षकों की पढ़ाई को लेकर विश्वविद्यालय में भी कोई बहुत ही शानदार माहौल नहीं है। अगर शिक्षक अपनी पढ़ाई को आगे बढ़ाना चाहते हैं तो विश्वविद्यालय एक से बढ़कर एक दिक़्क़तें उनके सामने ले आते हैं, जैसे कि एक साल तक लगातार कोर्स करना, कुछ जगहों पर तो यह प्रावधान दो साल का है। विश्वविद्यालय की अपनी मजबूरी हो सकती है, लेकिन इस तरह का प्रावधान शिक्षकों की पढ़ाई को तो बिल्कुल ही हतोत्साहित कर देता है। शायद ऐसा माना जाता है कि किसी स्कूल में पढ़ाने वाले शिक्षक विश्वविद्यालय में चलने वाले महान शैक्षिक चिन्तन को लेकर इतने गम्भीर नहीं होते हैं। शायद इसलिए उनको इससे दूर रखने का प्रावधान है।

शिक्षक के रूप में अपने अनुभव को जब मैं इन अलग–अलग नज़रियों से देखता हूँ तो मुझे ऐसा लगता है कि हम कई भ्रान्तियों को साथ लेकर चल रहे हैं। आधुनिक समय में शिक्षक होने का एक मतलब यह भी है कि अन्य गुणों के अलावा आप में इन भ्रान्तियों को समझने तथा इनको तोड़ने के गुण भी होने चाहिए। और शायद यही एक तरीक़ा है अपनी पहचान को लेकर आशंकित रहने वाले शिक्षक समुदाय के लिए दुविधा से निकलने का।

फ़र्ज़, हर्ज़ और मर्ज़ : सरकारी शिक्षक के पढ़ाने की वजह

–मुकेश मालवीय

लेखक का विश्वास है कि शिक्षण के प्रति प्रेरित सक्षम शिक्षक तैयार किये जा सकते हैं। वे इसके लिए कुछ आवश्यक शर्तें बताते हैं। इस माहौल या हवा के बावजूद कि शिक्षक पढ़ाना नहीं चाहते, लेखक अपने अनुभव से बताते हैं कि वास्तव में ऐसा नहीं है। अधिकांश शिक्षक अपना कार्य करते ही हैं, हालाँकि इसमें अलग–अलग स्तर की प्रतिबद्धता दिखती है। वह शिक्षकों को; उनकी अपने कार्य में संलग्नता व उसके विश्लेषण के आधार पर तीन श्रेणियों में रखते हैं, जिन्हें वह सरकारी स्कूल के अपने कार्य करने की वजह के रूप में परिभाषित करते हैं।

प्रस्तावना

मैं सरकारी शालाओं में विगत तीस वर्ष से अध्यापन कर रहा हूँ। इन वर्षों में मैं गाँव, क़स्बे और शहर की शालाओं में रहा हूँ। यहाँ अध्यापन करते हुए मैं अपने आसपास के सरकारी शिक्षकों को अवलोकित करता रहा हूँ और उनसे बातचीत भी। इस बारे में मेरे कुछ अनुभव भी हैं और मैं इसे अनुभवों के आधार पर कुछ विश्लेषण प्रस्तुत करना चाहता हूँ। यह इसलिए महत्त्वपूर्ण है चूँकि इन दिनों हमारे समाज में सरकारी शालाओं के शिक्षकों के बारे में यह सामान्य मान्यता और असन्तोष बन रहा है कि ये शिक्षक अपने शिक्षण–कार्य के प्रति भारी उदासीन हो रहे हैं अथवा हो गये हैं। इससे यह सवाल बनता है कि यह किस हद तक हुआ है और क्या शिक्षकों की इस परिस्थिति को किसी और नज़र से देखा जा सकता है। सवाल यह भी है कि इन शिक्षकों का अपने काम के साथ कैसा सम्बन्ध है और क्या इनमें से अधिकतर काम नहीं करते या करना नहीं चाहते?

अपनी नौकरी की शुरुआत में प्रायः सभी शिक्षक यह समझते हैं कि उनका काम सिर्फ़ बच्चों को सिखाना–पढ़ाना है। वे इस प्रेरणा से आते हैं कि वे बच्चों को पढ़ायेंगे, उन्हें सीखने में मदद करेंगे व बच्चे और पालक उनकी इज़्ज़त करेंगे। कुछ समय तक पढ़ाते हुए धीरे–धीरे उनमें से कुछ के उत्साह में कमी आने लगती है। उन्हें लगने लगता है कि उनके मुख्य काम की माँग बहुत आधिकारिक नहीं है। जिन बच्चों को वह पढ़ाई करवा रहे हैं वे बच्चे और उनके पालक उनके काम के क्रेता नहीं हैं, वे तो लाभार्थी हैं। उनके परिश्रम की कमी या बढ़ोतरी से उनकी आय पर कोई प्रभाव नहीं पड़ता है। और फिर बच्चों और उनके पालकों का वजूद इतना कमज़ोर होता है कि वह इन शिक्षकों को किसी तरह की ज़िम्मेदारी का एहसास नहीं करवा पाता। अतः एक तरह की निरंकुश स्वच्छन्दता उनमें पनपने लगती है। शिक्षा–ग्राहियों और शिक्षकों के बीच एक वर्ग–अन्तर आता जाता है, जिसमें ये शिक्षक अपने काम को दाता की मानसिकता से निर्वाहित करने लगते हैं। इसमें सरकारी प्रशासन का रवैया, जो हर सरकारी अन्तःक्रिया में उनके सामने आता है, भी उन्हें शिक्षा–ग्राहियों को अहसान प्राप्त कर रहे वर्ग में रखने को कहता ही नहीं वरन् मजबूर करता है। अधिकारी वर्ग द्वारा शिक्षा से इतर कामों में ही शिक्षकों की जबावदेही निरन्तर पूछी–परखी जाती है। इस तरह के कामों के लिए उन्हें अपरोक्ष रूप से शिक्षण को नज़रअन्दाज़ करने के लिए प्रेरित किया जाता है। इस न पढ़ाने की मानसिकता व उस पर ढाँचे के प्रभाव को खँगालने व उसका और अधिक विश्लेषण करने की बजाय मैं इस बात पर आना चाहता हूँ कि मेरे अनुभव के अनुसार यह भी सही है कि कार्य के प्रति उनकी प्रतिबद्धता व लगन एक जैसी नहीं होती। कार्य के प्रति गम्भीरता के वितरण को मैं तीन श्रेणियों में रखता हूँ और अपने अनुभव के आधार पर कह सकता हूँ कि इस सबके बावजूद भी अधिकांश शिक्षक बच्चों को सिखाते–पढ़ाते हैं। इन शिक्षकों के शिक्षण करने की वजह में मैं इन तीन तरह की श्रेणियाँ देख पाता हूँ–फ़र्ज़, हर्ज़ और मर्ज़। यह श्रेणियाँ मोटे तौर पर यह समझाती हैं कि इन शिक्षकों का कार्य क़रने का ढंग कैसा होगा। अगले हिस्से में हम इन श्रेणियों की व्याख्या करेंगे।

फ़र्ज़ वाले शिक्षक

कुछ शिक्षक हैं जो शिक्षण–कर्म को फ़र्ज़ समझते हैं। इनका मानना है कि शिक्षण–कर्म से ही इनकी रोज़ी–रोटी चलती है इसलिए इसका निष्ठा और ईमानदारी से निर्वाहन किया जाना चाहिए। अधिकतर ग्रामीण पृष्ठभूमि वाले ये शिक्षक सहज और सरल हैं। ये अधिकतर पहली पीढ़ी के शिक्षित और पहली पीढ़ी के नौकरी प्राप्त करने वाले शख़्स हैं। विद्यालय में पढ़ाने के इनके तरीक़े परम्परागत हैं और एक तरह की नियमितता के साथ दुहराये जाते हैं। बाहर से देखने पर इस तरह के शिक्षण में भय और कण्ठस्थ करवाने का अधिभार स्पष्ट दिखायी देता है। ये शिक्षक शिक्षा की नयी बातें स्वीकारते तो हैं, पर अपनी कक्षाओं में इन्हें आज़माने में असुविधा व असुरक्षा महसूस करते हैं। प्रायः ये शिक्षक अफ़सरों के कोप और युवा साथियों के उपहास को सहते हुए अपने शिक्षकीय कर्म में लगे रहते हैं। अफ़सरों का कोप इसलिए कि ये शिक्षण से इतर अब प्रमुख माने जाने वाले कार्य ठीक से नहीं करते, जैसे कम्प्यूटर के लिए एकत्रित किये जाने वाले आँकड़ों और शिक्षा की योजना बनाने या बनी योजना के अनुरूप दी जाने वाली जानकारियों को कॉलमबद्ध करना आदि। इसी तरह युवा साथियों के पास इनके उपहास के ऐसे ही कई–कई मसले होते हैं। इनके सिखाने–पढ़ाने के नियम–क़ायदों पर आधुनिक शिक्षाशास्त्रियों ने आलोचना का एक नया विमर्श खड़ा किया है। जैसे भाषा–शिक्षण में पढ़ना–लिखना सिखाने के लिए वर्णमाला वाले तरीक़े की आलोचना, गणित में पहाड़े याद करवाना, गिनती बुलवाना अथवा किताब से नक़ल करवाना आदि। उदाहरण के लिए मेरी नज़दीक की शाला में जो शिक्षक हैं वे शाला के समय के साथ इतने नियमित हैं कि गाँव की दिनचर्या में वे समय के एक मानक बिन्दु (रिफ़्रेंस पॉइंट) होते हैं। वे क़ायदों की सीख ही नहीं देते, क़ायदों में ही जीते हैं। विद्यालय में आने वाले बच्चे इनके पढ़ाने के परम्परागत तरीक़ों से ही सीख रहे हैं और गाँव में इनका सम्मान भी है। अगर मैं अपने आसपास 10 शिक्षकों को देखूँ तो इस श्रेणी में दो से तीन शिक्षक आते हैं।

हर्ज़ वाले शिक्षक

दूसरे समूह में वे शिक्षक हैं जो हर्ज़ या डर की वजह से पढ़ाई कराते हैं। हमारे (ग़ुलामी झेलने वाले) समाज में यह माना जाता है कि काम की संस्कृति दो कारकों से संचालित होती है–एक है प्रलोभन और दूसरा प्रताड़न।

शिक्षकों में स्वप्रेरणा से अपनी ज़िम्मेदारी समझने के कारक की मौजूदगी सरकारी स्कूलों में और सरकारी तन्त्र में बेहद कमतर होती जा रही है। सरकारी विद्यालयों में शिक्षकों की ज़िम्मेदारियों के निर्वहन के लिए एक तरह के डर की व्यवस्था की जाती है। जो शिक्षक इस तरह के प्रवाह में काम करते हैं, वे मेरे अनुसार हर्ज़ वाले शिक्षकों की श्रेणी में आते हैं। डर का प्रवाह बनाया जाता है–अधिकारियों के शाला–निरीक्षण, बच्चों की उपलब्धियों के बाह्य–आकलन और शालेय दस्तावेज़ के हरेक तरह के व्यक्तियों द्वारा अवलोकन व अपने–अपने तरीक़े से आकलन से। इस तरह के आधिकारिक निरीक्षण में विद्यालय में कमियाँ मिलने पर सम्बन्धित शिक्षक को प्रताड़ित किया जाता है और उस पर दण्ड की कार्यवाही की जाती है या यह डर तो रहता ही है कि दण्ड की कार्यवाही की जा सकती है। परम्परा यह बनी है कि बहुत से अधिकारियों ने इस अधिकार का बेजा इस्तेमाल भी किया है। इन निरीक्षणकर्ताओं की व इनके ऊपर के अधिकारियों की बच्चों की शिक्षा के विभिन्न पहलुओं, जैसे स्कूल व कक्षा में क्या होना चाहिए व किन पहलुओं को देखा जाना चाहिए व बच्चों में किन बातों का व किस तरह से शैक्षणिक आकलन हो आदि, को लेकर समझ बहुत सतही होती है। अतः ये अपने निरीक्षण में शालेय अभिलेखों की कमियों और बच्चों से चन्द सवाल कर शिक्षकों को नकारा बना जाते हैं। इस व्यवस्था से ज़्यादातर तो दिखावे के काम को बढ़ावा मिला, पर फिर भी इस तरह के डर की वजह से भी कुछ शिक्षक ग़ैर–शिक्षकीय काम करते हुए भी अपना शिक्षकीय काम दुरुस्त रखते हैं और जबावदेह बनते हैं। मेरे 10 शिक्षकों वाले सैम्पल में ऐसे शिक्षकों की संख्या तीन से चार है।

मर्ज़वाले शिक्षक

तीसरे समूह में वे शिक्षक हैं जिन्हें सीखने–सिखाने का मर्ज़ होता है। यहाँ मर्ज़ का आशय किसी बीमारी के अर्थ में न होकर, एक तरह की आदत अथवा एडिक्शन यानी लत से है। कुछ शिक्षकों को अपने शिक्षण–कार्य में आनन्द या मज़ा आता है। ये शिक्षक अपने शिक्षण में कई तरह से प्रयोगधर्मी दृष्टिकोण अपना सकते हैं। प्रायः अन्य शिक्षक हर विषय की अवधारणाओं को एक जैसे ही तरीक़े इस्तेमाल करके बताते हैं और बच्चों की समझ की विविधता या उनके अर्थ–ग्रहण व अर्थ–निर्माण की प्रक्रिया को टटोलते ही नहीं। ऐसे में जिन बच्चों की पृष्ठभूमि व आवश्यकता,

प्रमुख व सबल बच्चों की पृष्ठभूमि से भिन्न होती है वे अक्सर पीछे छूट जाते हैं। मर्ज़ वाले शिक्षकों की शिक्षण–प्रक्रिया विषय एवं बच्चों के अनुसार विविधता भरी होती है। असल में यह विविधता ही एक ही तरह के काम से उपजी एकरसता या ऊब को हावी नहीं होने देती। इन शिक्षकों को शिक्षा की नयी बातों को आज़माने से परहेज़ नहीं होता, बशर्ते ये नयी बात या नया तरीका उनके तर्क और बुद्धि में विचलन पैदा कर सके। मेरे 10 शिक्षकों में ऐसे शिक्षकों की संख्या एक या दो है।

इन शिक्षकों को मैं थोड़ा ज़्यादा समझना चाहता हूँ। मैं यह प्रश्न खँगालना चाहता हूँ कि आख़िर यह शिक्षक ऐसे क्यों हैं और ये ही क्यों ऐसे हैं? क्या ये ख़ास पृष्ठभूमि से हैं? क्या इनके पास शिक्षा की कोई अलग डिग्रियाँ हैं? क्या यह अन्य विशेष तरह के इलाक़ों से हैं? क्या यह हमेशा से ऐसे थे? आख़िर ये कौन–से शिक्षक हैं? इस आलेख में मैं इन सब प्रश्नों पर कुछ नहीं कह पाऊँगा, क्योंकि मेरे पास पर्याप्त संख्या में अवलोकन नहीं हैं, फिर भी इन शिक्षकों के जो गुण मुझे समझ आते हैं, वे नीचे दिये गये हैं।

मर्ज़ वाले शिक्षकों के गुण

मेरे अनुभव के अनुसार इन शिक्षकों की शैक्षणिक व अन्य पृष्ठभूमि वैसी ही है, जैसी बाक़ी शिक्षकों की। उसमें बहुत फ़र्क़ नहीं है। इनके पास जो अलग योग्यताएँ हैं, वह कुछ इस तरह की हैं–

1. **व्यक्तिगत योग्यता** : व्यक्तिगत योग्यता देखें तो इनके चरित्र में भीड़ का हिस्सा बनने की प्रवृत्ति नहीं होती। ये अपने निर्णय ख़ुद लेना चाहते हैं और ऐसा करने का विवेक इनमें होता है; जो इन्हें अलग बनाता है। यह विवेक लगातार उपयोग से और विकसित होता रहता है। किन्तु इनकी सोच व दिमाग़ बन्द नहीं हैं। यह लगातार कुछ खोजना व करके देखना चाहते हैं। दूसरों के विचारों को ये कई स्रोत्रों से ग्रहण करते हैं अतः इनमें वैचारिक सम्पन्नता होती है। ये समस्याओं के साथ जूझने और उनका विकल्प तलाशने का प्रयास भी करते हैं। इनके व्यवहार का एक और लक्षण संवेदनशीलता होता है।
2. **शिक्षकीय योग्यता** : शिक्षकीय योग्यता इनमें शिक्षण के दौरान उत्तरोत्तर विकसित होती ही रहती है, क्योंकि ये अपने कार्य व

उसके असर के बारे में सचेत होते हैं। हर क़दम पर मनन व नये रास्ते खोजना इनकी आदत है। यह योग्यता तीन तरह की समझ को विकसित करती है :

- बच्चों के सीखने की प्रक्रिया के बारे में
- विषय की अवधारणाओं के बारे में
- विषय की ख़ुद की समझ को बच्चों में अन्तरित करने के तरीक़ों को समझने व नये तरीक़े सृजित करने के बारे में

तीसरी श्रेणी के स्रोत का प्रश्न

वैसे तो मेरी तीन श्रेणियों वाली यह बात यहाँ ख़त्म हो जाती है; किन्तु अनेक लोगों, जिनमें शिक्षा–कर्म करने वाले साथी भी शामिल हैं, को इस तीसरे वर्ग के शिक्षकों के अस्तित्व पर सन्देह होता है। वे मानते हैं कि ऐसे शिक्षक तो जन्मजात होते हैं और ये संख्या में बहुत कम हैं। इतने कम कि इनसे शिक्षक–समुदाय व उसके व्यवहार अथवा उससे व्यवहार के बारे में कुछ नहीं समझा जा सकता। इसके अलावा इस तरह के शिक्षकों के बारे में एक और बड़ा सवाल है कि क्या ऐसे शिक्षक बनाये जा सकते हैं? क्योंकि ऐसे शिक्षक यदि बनाये नहीं जा सकते और सिर्फ़ कुदरती देन हैं व उन पर परिस्थितियाँ भी पूरा असर नहीं करतीं तो व्यवस्था कुछ भी रहे ऐसे कुछेक शिक्षक हमेशा रहेंगे। पर मेरा अनुभव और विश्वास है कि ऐसे शिक्षक जन्मजात नहीं होते, न ही परिस्थितियों से स्वतन्त्र होते हैं। मेरा यह भी दावा है कि ऐसे शिक्षक बनाये जा सकते हैं और बनाये गये हैं।

इसका एक उदाहरण मेरा ख़ुद का अनुभव है, जिसके बारे में मैं यक़ीन से बात कर सकता हूँ। मैं और मेरे कुछ साथी एकलव्य के प्राथमिक शिक्षा कार्यक्रम (प्राशिका)* के तहत चार–पाँच वर्ष तक कई प्रशिक्षणों के सहभागी रहे। इस प्रशिक्षण व इस पूरे कार्यक्रम से अन्तःक्रिया द्वारा हम लोग इस प्रकार के मर्ज़वाले शिक्षक बने। हालाँकि इस का असर सब पर

---

* प्राशिका–मध्यप्रदेश में एकलव्य शैक्षिक संस्था ने नब्बे के दशक में कुछ सरकारी प्राथमिक शालाओं में सीखने–सिखाने का एक कार्यक्रम चलाया था। यह कार्यक्रम शिक्षकों और बच्चों के मौजूदा परिवेश में सीखने के बुनियादी कौशल की पहचान कराता था। साथ ही यह कार्यक्रम सीखने–सिखाने में बच्चों के विवेक का इस्तेमाल करने के लिए शिक्षकों के साथ संवाद करता और शिक्षकों के चिन्तन के लिए सहज परिस्थितियाँ और सन्दर्भ बनाकर सीखने के नये अर्थ खोलता था।

बराबर नहीं था, फिर भी सब पर कुछ–न–कुछ असर तो था ही। इस कार्यक्रम की कुछ विशेषताओं, जिन्होंने मुझे प्रभावित किया और जिन्हें मैंने महसूस किया, को मैं अपनी तरह से अभिव्यक्त कर रहा हूँ। इनमें शिक्षक को सबसे पहले ऐसे व्यक्ति के रूप में विकसित होने की परिस्थितियाँ व मौक़े बनते थे जिनमें उसे–

1. स्वतन्त्र सोच, मौलिक विचार, कल्पनाशीलता, रचनात्मकता, सृजनात्मकता, तार्किकता का उपयोग करना था।
2. ख़ुद की, दूसरों की, और किताबों की समझ पर सवाल उठाने के सहज सन्दर्भ और मौक़े थे।
3. शब्दों के अपने अर्थ बना पाने और उस अर्थ को परिष्कृत करने के मौक़े थे।

यह सिर्फ़ मौक़े नहीं थे वरन् अपेक्षा व बाध्यता जैसे थे। एक–दूसरे की देखादेखी हम सब और अधिक करने लगे। चूँकि हर बात की अभिव्यक्ति के लिए जगह थी और उसे प्रशंसा व आदर के साथ सुना जाता था इसलिए पता नहीं चला कब हमने खुलकर बोलना शुरू कर दिया और दूसरों को सुनने की आदत बना ली। किसी भी साथी का, किसी भी बात का मज़ाक बनाना अस्वीकार्य होने से हमने ऐसी बहुत–सी चीज़ें करना शुरू किया जो बचपन में ही अथवा शिक्षक बनते ही शाला के बाहर छोड़ दी थीं।

बच्चों के बारे में, बच्चों के सीखने–समझने को लेकर हम शिक्षकों के जो पूर्वाग्रह थे उनको टटोलने के लिए बच्चों के घर और बाहर की गतिविधियों का बारीक़ अवलोकन और उनका विश्लेषण किया। स्वाभाविक सीखने और स्कूल में सिखाने में क्या अन्तर है इस समझ पर ख़ूब सारे संवादों के हम सहभागी बने। इन प्रशिक्षणों से हम शिक्षकों के पास कई हुनर आये या पहले से ही मौजूद ये हुनर (जो हर व्यक्ति के पास स्वाभाविक तौर पर होते हैं।) और अधिक विकसित हुए। इनके कुछ एक उदाहरण हैं–

1. सीखने की आवश्यक चुनौतियाँ निर्मित करना
2. सीखने की आवश्यकता या ज़रूरत निर्मित करना
3. सीखने में आपसी सहयोग की आवश्यकता को समझना
4. बच्चों के स्वयं के विवेक और समझ का इस्तेमाल कराना
5. बच्चों के आत्मविश्वास और उल्लास को बनाये रखना
6. सीखी उपलब्धि का एहसास कराना और जश्न मनाना आदि

इस सबके साथ–साथ ही हमने विषयों को समझने की बातें भी कीं।

विषयों को केवल ज्ञान के रूप में देखने के बजाय उनको समझने और अनुभव करने को आवश्यक समझा। किसी विषय की पाठ्यपुस्तकों में जो विषयवस्तु है वह हम शिक्षकों को कैसा अर्थ देती है, इस अर्थ को बनने में क्या कोई सन्देह या सवाल रुकावट ला रहा है। उस सन्देह के साथ जूझने और नये अर्थ बनाने के मौक़े हमें प्राशिका में मिले।

इस तरह के अनुभव से गुज़रकर कुछ ऐसे शिक्षक बन पाये जिनको आज भी यह मर्ज़ आनन्द देता है। यह मर्ज़ सब में बराबर बचा हो या उतना ही जितना उस माहौल में था ऐसा मैं नहीं कह सकता, पर फिर भी सबमें आज भी उसका कुछ–न–कुछ हिस्सा बाक़ी है। अतः मुझे लगता है ऐसे शिक्षकों का बड़ा समूह बनाना सम्भव है, पर सवाल यह है कि इस तरह की प्रक्रियाएँ व्यापक स्तर और स्थायी तौर पर कैसे सम्भव बनायी जा सकती हैं। इस पर विमर्श होना चाहिए, ठोस क़दम लिये जाने चाहिए, पर ज़ाहिर है ऐसा किया जाना सम्भव नहीं है।

** *नोट : पूरे लेख में हर 'शिक्षक' शब्द का आशय केवल पुरुष शिक्षक से नहीं है।*

शिक्षकों के बारे में अभिभावकों की धारणाएँ

–ऋचा गोस्वामी

ऋचा गोस्वामी का पर्चा शिक्षकों के बारे में समाज की धारणाओं पर प्रकाश डालता है और शिक्षक के कार्य से एक मामले में बहुत क़रीब से जुड़े व्यक्तियों की शिक्षकों के बारे में धारणाओं को खँगालता है। एक ओर तो उनकी शिक्षकों की भूमिका को लेकर बहुत–सी अपेक्षाएँ हैं और दूसरी ओर स्कूलों के मौजूदा शिक्षकों के कार्य को लेकर गहरा असन्तोष है। ऋचा के अनुसार बृहद शिक्षा तन्त्र को अभिभावकों के इस अनुभवजन्य की ओर ध्यान देने की ज़रूरत है कि बच्चे की शिक्षा में शिक्षक ही सबसे महत्त्वपूर्ण कारक है।

परिचय

शिक्षा का समकालीन सन्दर्भ सार्वजनिक शिक्षा प्रणाली की असफलता, शिक्षकों में जवाबदेही की बढ़ती ज़रूरतों और अभिभावकों द्वारा अपने बच्चों का सरकारी से निजी विद्यालयों में स्थानान्तरण जैसे विचारों से अत्यधिक प्रभावित है (ए.एस.ई.आर., 2016)। सफलता का यह आकलन सही है या नहीं, पर व्यापक मान्यता ऐसी ही है। नव–उदारवादी वैश्वीकरण और समाज के सभी क्षेत्रों में व्यापारिक सम्बन्धों के विस्तार का असर शिक्षा के क्षेत्र पर भी पड़ा है (एन.सी.एफ., 2005)। सार्वजनिक शिक्षा प्रणाली के प्रति ख़त्म होते विश्वास के परिणामस्वरूप इसकी बेहतरी के लिए लगने वाले संसाधनों और प्रयासों में कमी का दुश्चक्र इसका सबसे स्पष्ट उदाहरण है, जो कि स्थिति को और बदतर बनाता है। ऐसे परिदृश्य में स्कूल के चुनाव का सवाल गुणवत्तापूर्ण शिक्षा और अच्छे स्कूल जैसे सवालों से जटिलता से उलझा हुआ है। अभिभावकों के अनुसार एक अच्छे स्कूल में क्या होता है? और स्कूल के चयन को प्रभावित करने वाले प्रमुख कारक

कौन–से हैं? निश्चित रूप से इसका एक हिस्सा शिक्षकों के बारे में उनके विचार और धारणाएँ हैं।

भारतीय स्कूल–व्यवस्था में स्कूलों के प्रकारों में व्यापक विविधता मौजूद है। इस व्यापक विविधता के बावजूद अभिभावक, अपनी सामाजिक–आर्थिक स्थिति की बाध्यता के चलते अक्सर बहुत सीमित हिस्से में से ही स्कूल का चयन करते हैं। साहित्य बताता है कि ऐसे स्कूल जो फीस के मामले में लगभग एक जैसे हैं और इसलिए एक ही प्रकार की आर्थिक पृष्ठभूमि वाले अभिभावकों की पहुँच में है, उनमें भी चयन प्रक्रिया गुणवत्तापूर्ण शिक्षा के अपर्याप्त और कभी–कभी भ्रामक संकेतों जैसे स्कूल के मैदान का आकार, भौतिक संसाधन, स्मार्ट बोर्ड के प्रयोग (बारां स्टडी, अप्रकाशित, भट्टाचर्जी और किंगडन, 2016) पर आधारित होती है। इसका आशय यह है कि स्कूलों के प्रकारों और स्कूल में पढ़ाने वाले विभिन्न शिक्षकों के बारे में अभिभावकों की समझ बहुत सीमित है।

इस पर्चे में प्रस्तुत कार्य मेरे डॉक्टरेट शोध का एक हिस्सा है जिसमें गुणवत्तापूर्ण शिक्षा (क्वालिटी एजुकेशन) के बारे में अभिभावकीय अवधारणाओं को समझने का प्रयास किया गया है। इसके लिए एक गुणात्मक शोध प्रारम्भ किया गया। अभिभावकों, शिक्षकों और स्कूल प्रबन्धन के साथ अर्ध–संरचित साक्षात्कार प्रपत्रों के प्रयोग से डेटा एकत्रित किया गया। राजस्थान के एक छोटे शहर के चार स्कूलों के 57 बच्चों के अभिभावकों का साक्षात्कार किया गया। इन स्कूलों का चयन समाज के अलग–अलग वर्गों के अभिभावकों तक पहुँचने के लिए किया गया। शोध में एक राजकीय विद्यालय, एक केन्द्रीय विद्यालय, एक कम और एक ज़्यादा फीस वाला निजी विद्यालय शामिल है। प्रत्येक स्कूल में कक्षा 1 व कक्षा 5 के विद्यार्थियों के अभिभावकों से बात की गयी। अभिभावकों का चयन पूर्णतः रैंडम चयन प्रक्रिया से किया गया। इसके अलावा स्कूलों के 8 शिक्षकों और प्रबन्धन के 7 लोगों का भी साक्षात्कार किया गया। शोध के विषय के लिए अभिभावकों से गुणवत्तापूर्ण शिक्षा के बारे में उनकी धारणाओं, स्कूल चयन के कारण, अपेक्षाएँ और उनकी पूर्ति का स्तर पता किया जाना आवश्यक था। गहन साक्षात्कारों के लिए लचीले साक्षात्कार प्रपत्र तैयार किये गये।

हर प्रपत्र चार हिस्सों में विभक्त है। पहला हिस्सा अभिभावकों की शैक्षणिक पृष्ठभूमि और अनुभवों का पता लगाता है, दूसरा हिस्सा स्कूल चयन के कारणों और प्रक्रियाओं के बारे में है, तीसरा हिस्सा मोटे तौर

पर गुणवत्तापूर्ण शिक्षा के बारे में उनके विचारों का पता लगाता है और चौथे हिस्से में उनके द्वारा चयनित स्कूल के बारे में उनकी धारणाओं को समझने का प्रयास किया गया है। प्रपत्र में साहित्य समीक्षा और गुणवत्तापूर्ण शिक्षा के बारे में पहले से ज्ञात बिन्दुओं और अभिभावकों की धारणाओं को प्रभावित कर सकने वाले पहलुओं को शामिल किया गया है। अभिभावकों के जीवन–अनुभव, अपने और अपने बच्चों के लिए उनकी आकांक्षाएँ और सपने, आसपास के लोगों और शिक्षकों के साथ संवाद, मीडिया आदि कुछ ऐसे कारण हैं जो गुणवत्तापूर्ण शिक्षा के बारे में उनकी धारणाओं को प्रभावित कर सकते हैं। इसी प्रकार गुणवत्तापूर्ण शिक्षा के बारे में उनकी धारणाओं को समझने के लिए पाठ्यपुस्तकें, कक्षा–कक्षीय प्रक्रियाएँ, परीक्षा–परिणाम, भौतिक संसाधन, शिक्षा का माध्यम, शिक्षकों की विशेषताएँ, शिक्षकों और छात्रों के आपसी सम्बन्ध, समावेश, स्कूल–नेतृत्व, सह–शैक्षणिक गतिविधियाँ, आदि को भी इसमें सम्मिलित किया गया।

लगभग सभी साक्षात्कार उत्तरदाताओं के निवास स्थान पर ही किये गये जिससे उत्तरदाताओं के सन्दर्भ को समझने का मौक़ा मिला।

यह पर्चा अभिभावक साक्षात्कार के उस हिस्से पर आधारित है जो अच्छे शिक्षक के बारे में अभिभावकों की मान्यताओं, वे इसे एक अच्छे स्कूल के लिए कितना महत्त्वपूर्ण मानते हैं और जिस स्कूल में उनका बच्चा पढ़ रहा है, वहाँ के शिक्षकों से वे कितना सन्तुष्ट हैं, आदि बातों के बारे में पता लगाता है। शिक्षकों और प्रबन्धन के साक्षात्कार भी किये गये, परन्तु उनका विश्लेषण बाद में किया जायेगा।

यह पर्चा एक अच्छे शिक्षक के बारे में अभिभावकों की धारणाओं का अन्वेषण करता है। इसे तीन हिस्सों में संकल्पित किया गया है। पहला हिस्सा यह तर्क रखता है कि अभिभावक गुणवत्तापूर्ण शिक्षा और अच्छा स्कूल दोनों ही के लिए शिक्षक को सबसे महत्त्वपूर्ण कारक मानते हैं। इसलिए शिक्षकों के बारे में उनकी धारणा न केवल स्कूल के चयन के निर्णय को प्रभावित करती है, बल्कि स्कूल के प्रति उनका सतत विश्वास भी सुनिश्चित करती है। दूसरा हिस्सा अच्छे शिक्षक के बारे में अभिभावकों की धारणाओं का बारीक़ी से विश्लेषण करता है। तीसरा हिस्सा राष्ट्रीय पाठ्यचर्या की रूपरेखा 2005 में अभिव्यक्त अच्छे शिक्षक की धारणा की अभिभावकों द्वारा व्यक्त अवधारणा के साथ तुलना करता है।

1. अच्छा स्कूल माने अच्छे शिक्षक

आज के समय में सभी सामाजिक–आर्थिक वर्ग के अभिभावक यह मानते हैं कि स्कूली शिक्षा न केवल महत्त्वपूर्ण है, बल्कि आवश्यक भी है और यह बात बढ़ते नामांकन से ज़ाहिर भी होती है। इसको और बल पिछले कुछ दशकों में बढ़े सरकारी और निजी विद्यालयों की संख्या से मिलता है। अब जब स्कूलों की संख्या में इतनी बढ़ोतरी हुई है, तो यह मानना स्वाभाविक ही लगता है कि अभिभावकों के पास अपने बच्चे का स्कूल चुनने के लिए कई विकल्प उपलब्ध हैं, परन्तु इस विषय में थोड़ी चर्चा हम ऊपर भी कर चुके हैं, कि एक अभिभावक के स्कूल चुनने की प्रक्रिया पर उसकी सामाजिक स्थिति कई अनकहे प्रतिबन्ध लगा देती है। पर फिर भी यह कहना सम्भव है कि स्कूल का चुनाव, भले ही वह बहुत सीमाओं में बँधा हुआ हो, कुछ हद तक यह ज़रूर दर्शाता है कि अभिभावकों के लिए गुणवत्तापूर्ण शिक्षा का क्या अर्थ है।

1.1 "अच्छा स्कूल माने शिक्षक अच्छे होने चाहिए।"

(निजी स्कूल, एच.एफ.पी. की छात्रा निशिका की माँ)

उपरोक्त कथन, जहाँ एक माँ अच्छे स्कूल को अच्छे शिक्षक की उपलब्धता के तुल्य मानती है, काफ़ी अभिभावकों के कथनों से मिलता–जुलता है (चित्र–1 सम्बन्धित)। काफ़ी अभिभावकों के अनुरूप अच्छा शिक्षक एक स्कूल को अच्छा स्कूल बनाने के लिए सबसे महत्त्वपूर्ण कारक है। इसीलिए यह स्कूल चुनने में भी एक महत्त्वपूर्ण कारक के रूप में उभरा। ऐसा नहीं है कि अभिभावकों ने इमारत, गतिविधि जैसे कारक नहीं बताये, पर निस्सन्देह 'शिक्षक' सबसे अहम कारक रहा।

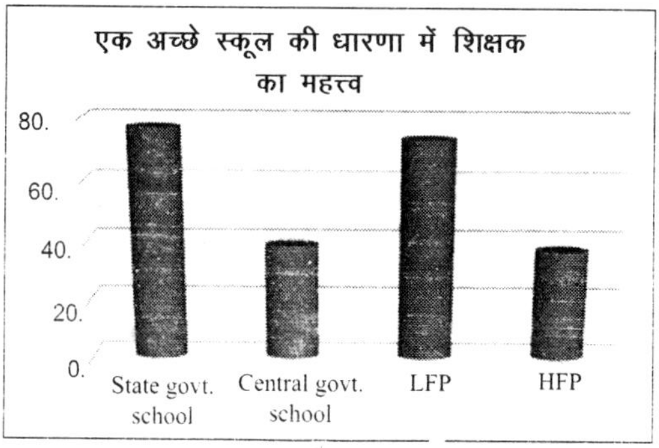

माता–पिता की प्रतिक्रियाओं का प्रतिशत

यह देखते हुए कि नीतिगत चर्चाओं में स्कूलों में भौतिक सुविधाएँ और तकनीक मुहैया कराने पर ज़ोर है, अभिभावकों की यह मान्यता कि अच्छे स्कूल अच्छे शिक्षकों से बनते हैं और भी अहम हो जाती है। ऊपर दिखाये गये ग्राफ़ में हम देख सकते हैं कि काफ़ी अभिभावकों ने अच्छे शिक्षक और अच्छे स्कूल में तुल्यता बतायी जब उनसे पूछा गया कि–"आपके हिसाब से कौन–सी बातें एक स्कूल को अच्छा स्कूल बनाती हैं?" राजकीय और छोटे निजी विद्यालयों में दो–तिहाई से ज़्यादा अभिभावकों ने व्यक्त किया कि शिक्षक ही एक स्कूल को अच्छा स्कूल बनाने में निर्णायक भूमिका निभाते हैं। साथ ही इस तरह के विचार केन्द्रीय विद्यालय और बड़े निजी विद्यालय में एक–तिहाई अभिभावकों ने व्यक्त किये। इन दो वर्गों में बँटे अभिभावकों की प्रतिक्रियाओं के अन्तर को समझने के लिए हम उनके अपने स्कूली अनुभव, यादों और उनके बच्चों के स्कूल के अन्तर की ओर देख सकते हैं। पहले वर्ग के दोनों स्कूलों (जहाँ ज़्यादा संख्या में अभिभावकों ने शिक्षक को अच्छे स्कूल का सबसे बड़ा कारक माना है) में केवल मूलभूत भौतिक सुविधाएँ उपलब्ध हैं, शिक्षा को गुणवत्तापूर्ण बनाने के अन्य कारक जैसे गतिविधियाँ, शिक्षण–सामग्री, अच्छी किताबें या पुस्तकालय आदि न के बराबर हैं, ऐसे में शिक्षक अच्छी शिक्षा का एकमात्र द्योतक होना स्वाभाविक है। साथ ही इन अभिभावकों ने या तो स्वयं स्कूल में पढ़ने का अवसर प्राप्त ही नहीं किया या फिर ऐसे ही स्कूलों में गये जहाँ सुविधाएँ न के बराबर थीं।

1.2 सरकारी शिक्षा–व्यवस्था और शिक्षक

देश की शिक्षा–व्यवस्था पर टिप्पणी करते हुए अभिभावकों ने आमतौर पर यह कहा कि सरकारी शिक्षा–व्यवस्था असफल हो चुकी है और साथ ही उन्होंने शिक्षकों को इस असफलता का मुख्य कारण माना। एक अभिभावक जिनकी बच्ची केन्द्रीय विद्यालय की पाँचवीं कक्षा में पढ़ती है और जो ख़ुद बिहार के एक गाँव से आये हैं, ने विस्तृत रूप से इसका वर्णन किया।

"सरकारी स्कूल को आज की डेट में गिराने वाले कौन हैं? टीचर ही हैं, स्कूल कोई ख़राब चीज़ नहीं होती। अब मान लीजिए कि पहले 10 कक्षाओं, 1 से लेकर 10 में दस ही टीचर थे, सो सब कक्षा अटैंड हो रहा था, पर अब 1 से लेकर 10 में टीचर दिये हैं चार, तो कक्षाएँ कैसे अटैंड होंगी। मेन प्रॉब्लम तो यहाँ से आता है।" (के. वि., पाँचवीं की छात्रा अनीता के पिता)

"शिक्षा मित्र जो हो गये न वो पढ़े ही कम हैं...

पहले हमारे गाँव में टीचर सही थे, पर जब से यह शिक्षा मित्र चल गया, जिस बच्चे को A, B, C, D का 26 अक्षर लिखना नहीं आयेगा, वो शिक्षा मित्र बन जायेगा। क्यों हुआ? कैसे भर्ती हुआ? कोई जाँच–पड़ताल नहीं है। वो केवल ग्रेजुएशन देख रहे हैं। मेरिट के आधार पर नहीं। मान लीजिए कि मेरे पास डॉक्टर का सर्टिफ़िकेट मिल जाये, पर डॉक्टर का ज्ञान तो नहीं होगा न। सबको पता है कि थोड़ा फीवर हो तो पैरासिटामोल दे दो। पर एंटीबायोटिक कहाँ इस्तेमाल करना है, ये तो पता नहीं है, मेन यहाँ प्रॉब्लम है शिक्षा का, मेरे गाँव में एक है, लड़का होगा 28–30 साल का, पर सात क्लास पढ़ा है। डिग्री लेकर आज शिक्षा मित्र में जॉब कर रहा है, वो नये बच्चों को शिक्षा देगा।" (के. वि., पाँचवीं की छात्रा अनीता के पिता)

"सभी शिक्षक आदर्श शिक्षक नहीं हो सकते। हमारे मानने से हैं, मगर हो नहीं सकते। क्योंकि आजकल जिस तरह से एक्जाम हो रहे हैं, जिस तरह से टीचर बन रहे हैं, उस हिसाब से तो शुरू से ही ग़लतियाँ कर रहे हैं, या ग़लत तरीक़े से टीचर बन रहे हैं, तो आगे जाकर क्या एजुकेशन देंगे।" (के. वि. पहली के छात्र शिवाशीष की माँ)

अनीता के पिता के उत्तर जहाँ एक ओर शिक्षकों के अपने आचरण पर टिप्पणी करते हैं, वहीं, शिक्षा के प्रबन्धन और उसमें आयी ग़ैर–ज़िम्मेदारी की ओर इशारा भी करते हैं। वे ज़ोर देते हैं, कि जब उपयुक्त संख्या में शिक्षक स्कूलों में होंगे ही नहीं तो शिक्षा का स्तर स्वतः गिरेगा! इन साक्षात्कार अंशों से सरकारी शिक्षा की असफलता के तीन शिक्षक आधारित कारण सामने आते हैं। पहला कारण शिक्षकों के निजी गुणों से जुड़ा है, जैसे समयनिष्ठा और काम के प्रति ईमानदारी जैसे मूल्यों की कमी। दूसरा कारण शिक्षा मित्र जैसी परियोजनाओं से जुड़ा है। ऐसी योजनाएँ केवल बिहार तक सीमित नहीं हैं, बल्कि देश के लगभग सभी राज्यों में 1990 के दशक से प्रचलित हैं (गोविन्दा और ज़ोसेफीन, 2005, बेतले और रामचन्द्रन, 2016)। तीसरा कारण शिक्षकों की भर्ती से जुड़ा है। अनीता के पिता से की गयी बातचीत परियोजनाओं में हुई भर्तियों की अनियमितता इंगित करती है, वहीं शिवाशीष की माँ आम भर्तियों में होने वाली भ्रष्ट प्रणालियों की ओर इशारा करती हैं।

अनुबन्धित शिक्षकों का शिक्षा–तन्त्र में आगमन शिक्षकों की छवि को प्रभावित करने वाले महत्त्वपूर्ण क़ारकों में से एक है। अनुबन्धित शिक्षकों को अलग–अलग राज्यों में अलग–अलग नामों से जाना जाता है, जैसे शिक्षा कर्मी, शिक्षा मित्र, शिक्षा सहायक, गुरुजी आदि (गोविन्दा और जोसेफीन, 2005), पर इनकी व्यवसायिक पहचान के दो प्रमुख संकेत हैं--अध्यापक से कम ओहदा और अस्थायी नौकरी। अनुबन्धित शिक्षकों की भर्ती की काफ़ी अकादमिक आलोचना हुई है जिसमें मुख्य बात है कि यह शिक्षक के कार्य की गम्भीरता को कम करते हैं (पूर्वोक्त)। इसका असर शिक्षक की सामाजिक छवि पर पड़ता है। जब कोई भी शिक्षक बन सकता है, तो न तो यह काम मुश्किल है और न इसके लिए कोई विशेष प्रशिक्षण चाहिए। तब फिर इसमें ज़्यादा तनख़्वाह का सवाल हीं नहीं उठता। सरकारी तर्क, अनुबन्धित शिक्षक नियुक्ति के लिए दो तरीक़े हैं– एक तो बजट की सीमाओं को ध्यान में रखते हुए शिक्षा के सार्वजनीकरण का यह सबसे उम्दा तरीक़ा है। और दूसरा अस्थायी नियुक्ति शिक्षकों की काम के प्रति प्रतिबद्धता बरक़रार रखती है। इन दोनों ही तर्कों का शिक्षाविदों ने जमकर खण्डन किया है और अभिभावकों की बातचीत से भी यही निकलकर आता है कि वे इस तर्क के पार देख पा रहे हैं और मानते हैं कि कमतर शिक्षा और तैयारी से नियुक्त किये गये शिक्षक पूरे शिक्षाई ढाँचे को नुक़सान पहुँचा रहे हैं।

गत वर्षों में शिक्षकों के स्तर, शिक्षा, मूल्यों, रवैये और प्रतिबद्धता में आयी कमी पर चिन्ता व्यक्त करते हुए अभिभावकों ने ग़लत और भ्रष्ट चयन प्रक्रियाओं जैसे–पेपर लीक, घूस, आरक्षण और परियोजनाओं में नियुक्ति की चर्चा की (टाइम्स ऑफ़ इण्डिया, 2014, 2015, बिज़नेस स्टैंडर्ड, 2015)। उनका मानना है कि इन्हीं कारणों के चलते कम स्तर के शिक्षकों की भर्ती होती हैं।

ऐसे में हम देख सकते हैं कि अभिभावक शिक्षकों के व्यक्तिगत गिराव के साथ–साथ, व्यवस्थागत बदलावों को भी ज़िम्मेदार मानते हैं। साथ ही यह चर्चा यह भी दर्शाती है कि अभिभावकों के लिए शिक्षक, स्कूल के अच्छे या ख़राब होने का मुख्य कारण हैं।

1.3 स्कूल की छवि और शिक्षक

डेटा से एक और निष्कर्ष जो सामने आता है, वह है अभिभावकों के मन में बनने वाली स्कूल की पहली छवि में शिक्षक की भूमिका।

ज़्यादातर अभिभावकों ने कहा कि जब वे पहली बार स्कूल गये तो वहाँ मौजूद शिक्षकों का व्यवहार, यानी शिक्षकों ने उनसे कैसे बात की और स्कूल में पहले से पढ़ने वाले बच्चों से कैसे पेश आये, स्कूल चयन के फ़ैसले को काफ़ी प्रभावित करता है।

2. अच्छे शिक्षक के बारे में अभिभावकों की धारणाएँ

इस हिस्से में हम अच्छे शिक्षक के बारे में व्यक्त अभिभावकीय धारणाओं से उभरने वाले प्रमुख विषयों पर चर्चा करेंगे। डेटा से निम्नलिखित 8 विषय/थीम उभरकर आयी हैं : अच्छा शिक्षक अच्छी तरह से पढ़ाता है, एक आदर्श मॉडल है, सुशिक्षित (अच्छी तरह से योग्य) है, सभी बच्चों के प्रति चौकस है, एक संरक्षक के रूप में कार्य करता है, अभिभावक की तरह है और घर–स्कूल के बीच एक पुल की भूमिका अदा करता है। इस पर और चर्चा करते हैं–

2.1 अच्छा शिक्षक अच्छी तरह पढ़ाता है

अच्छे शिक्षक की विशेषताओं/गुणों के बारे में पूछने पर कई अभिभावकों की सहज प्रतिक्रिया थी, "वो जो अच्छे से पढ़ाये।" अभिभावकों के विचार से 'अच्छा पढ़ाने' में चार चीज़ें आती हैं। एक अच्छा शिक्षक ईमानदारी से पढ़ाता है, बच्चे को अच्छी तरह से पढ़ने में सक्षम बना सकता है, अच्छी शिक्षण तकनीकों से लैस है और बुद्धिमान है।

माता–पिता की नज़र में महत्त्वपूर्ण चीज़ों में से एक है–ईमानदारी। इसका आशय यह है कि शिक्षक समय का पाबन्द हो और वो समय बर्बाद नहीं करता हो। उसका ध्यान अपने काम पर केन्द्रित होना चाहिए और उसे बिना मतलब की बातों में नहीं लगना चाहिए। अभिभावकों द्वारा व्यक्त शिक्षक की आम आलोचना यह है कि वे स्कूल जाकर अख़बार पढ़ते हैं, अपना ख़ुद का कुछ काम करते हैं या केवल बैठे–बैठे बातें करते रहते हैं। कुछ के लिए शिक्षकों की यह छवि अपने अनुभवों के आधार पर बनी है और दूसरों के लिए यह मात्र एक आम छवि है। ऐसे में इसके विपरीत छवि उन्हें यह अभिव्यक्त करने में मदद करती है कि उनके लिए एक अच्छा शिक्षक क्या है? इस प्रकार अपने पेशे के लिए ईमानदार होने का मतलब है कि शिक्षक के पास जितना भी समय है उसमें से ज़्यादातर समय वह बच्चों के साथ काम करे।

दूसरा, अभिभावक आशा करते हैं कि शिक्षक बच्चों को ठीक से पढ़ने के लिए मजबूर कर पायें। अभिभावकों के विवरण बार–बार दर्शाते हैं कि बच्चा या तो अभिभावकों या फिर शिक्षकों के हाथों में होता है। इसलिए अधिकांश अभिभावकों ने बताया कि पढ़ाई की ज़िम्मेदारी बच्चे पर ज़्यादा नहीं होती क्योंकि यह तो उसकी देखभाल करने वाले पर होती है जो या तो उनके अभिभावक हैं या फिर शिक्षक। यह ज़िम्मेदारी इस तरह से फिर एक अच्छे शिक्षक की विशेषता बन जाती है। एक अच्छा शिक्षक वो है जो अच्छी तरह से पढ़ाने के अलावा यह भी सुनिश्चित करने में सक्षम हो कि बच्चा ठीक से पढ़े चाहे दबाव से या फिर प्रेरणा से।

तीसरा, वह धैर्यपूर्वक समझाने में सक्षम होना चाहिए और इस तरह से समझाये जिसे समझना बच्चे के लिए आसान हो। वास्तव में कई अभिभावकों ने बार–बार शिक्षण तकनीक पर फ़ोकस किया है, जो एक अच्छे शिक्षक में होनी चाहिए। वे मानते हैं कि एक अच्छे शिक्षक को यह सुनिश्चित करने में सक्षम होना चाहिए कि सभी बच्चे सीखें। वह पाठ्यक्रम और पाठ्यपुस्तकों से इतर और उसके बाहर भी छात्रों को ज्ञान देने में सक्षम होना चाहिए। इसीलिए कुछ अभिभावकों ने इस बात के लिए शिक्षकों की आलोचना की कि वे सीधा पाठ्यपुस्तकों से पढ़ाते हैं? "वे टेक्स्ट का आधार उपलब्ध नहीं कराते, न ही ख़ुद की तैयारी करते हैं, बस किताब खोलते हैं और पढ़ाना शुरू कर देते हैं।"

चौथा, अभिभावक यह भी अपेक्षा रखते हैं कि अच्छा शिक्षक होने के लिए बुद्धिमान व्यक्ति होना आवश्यक है। हालाँकि यह इतना स्पष्ट नहीं होता है कि बुद्धिमता में क्या शामिल है। लेकिन इसके तर्कसंगत अनुमान से ऐसा प्रतीत होता है कि बुद्धिमता व्यक्ति में सहानुभूति, बच्चों के लिए प्यार, बच्चों की भाषा और संस्कृति के प्रति सम्मान तो नहीं होगी। इसमें शायद शैक्षणिक उत्कृष्टता और विषय का ज्ञान शामिल होंगे।

2.2 अच्छा शिक्षक एक रोल मॉडल है

अभिभावक मानते हैं कि एक अच्छे शिक्षक का काम केवल पढ़ाना नहीं है, बल्कि बच्चों के सीखने के लिए अपने व्यवहार और कार्यों से भी उदाहरण स्थापित करना है। "बोलने–चालने में अच्छा हो, तभी बच्चे भी उनके जैसे ही बात करेंगे।" (पवन की माँ, निजी स्कूल, पहली) एक अच्छा शिक्षक व्यवहार, विचार–शैली और मूल्यों के सन्दर्भ में अपने छात्रों के सम्मुख रोल

मॉडल के रूप में कार्य करेगा। अभिभावक उन शिक्षकों को याद करते और सराहते हैं जिनमें ज़्यादा शहरी और परिष्कृत व्यवहार–शैली, पहनावा और बातचीत के तौर–तरीक़े होते हैं। कई अभिभावकों के लिए परिष्कृत व्यवहार शिक्षित होने का मुख्य प्रमाण है। इसीलिए एक सुशिक्षित शिक्षक में यह सब होना चाहिए और पढ़ाई के दौरान उनके अपने विद्यार्थियों ने यह सब ग्रहण करना चाहिए। दूसरा, अभिभावक अक्सर यह चाहते हैं कि उनका बच्चा एक ऐसा इन्सान बने जिसे दूसरों से सम्मान मिले और जिसकी बात सुनी जाये। बच्चों के लिए इस तरह की आकांक्षाओं और उनके शिक्षकों में इस तरह के गुणों की अपेक्षा में एक प्रकार का सम्बन्ध है। शिक्षक को बच्चों के लिए आदर्श होना चाहिए। कई अभिभावकों ने कहा कि एक अच्छा शिक्षक वो है जो बच्चों को अच्छी शिक्षा देता है। शिक्षा का शाब्दिक अनुवाद 'एजुकेशन' है लेकिन इसे अक्सर नैतिकता या मूल्यों के रूप में भी इस्तेमाल किया जाता है। इन्हीं अर्थों में अभिभावकों ने इस शब्द का प्रयोग किया है। अभिभावक आशा करते हैं कि शिक्षित होने से बच्चे अच्छे इन्सान बनेंगे। और इसमें शिक्षक की भूमिका सबसे महत्त्वपूर्ण है। इस प्रकार बच्चों में अच्छे मूल्यों का स्थानान्तरण करने वाले अच्छे शिक्षक की धारणा गुणवत्तापूर्ण शिक्षा के विचार से मेल खाती है।

2.3 अच्छा शिक्षक यानी विश्वसनीय सलाहकार (मेंटर)

अभिभावकों ने शिक्षकों से कई ऐसी अपेक्षाएँ व्यक्त कीं जिनको समग्रता से देखा जाये तो मेंटर या 'विश्वसनीय सलाहकार' शब्द दिमाग़ में कौंधता है। भले ही अभिभावकों ने स्वयं इस शब्द का उपयोग नहीं किया पर यह उनकी अपेक्षाओं को समेकित करने के लिए उपयुक्त लगा। अभिभावकों ने व्यक्त किया कि एक अच्छा शिक्षक वो है जो बच्चों को एक अच्छा इन्सान बनने की प्रेरणा दे, अच्छे सिद्धान्त/संस्कार सीखने में मदद करे, उन्हें पढ़ने की कला सिखाये, उन्हें निजी और व्यावसायिक जीवन में सही निर्णय लेने की क्षमता सिखाये। "बच्चों को सही संस्कार दे, सही दिशा दे, बच्चों को सिखाये कि ऐसे रहो, ऐसे अपन को पढ़ना चाहिए, ऐसे अपन को रहना चाहिए, खाने–पीने को, सब चीज़ का।" (के.वि., पहली के छात्र फ़ैज की माँ)

एक अच्छा शिक्षक या गुरु वह है जो न केवल पढ़ाये बल्कि पढ़ने की कला सिखाये। कुछ अभिभावकों, ख़ास तौर पर वो जो ख़ुद स्कूली

शिक्षा से वंचित रहे, का कहना था कि "शिक्षक वो है, जिसको शिक्षा प्राप्त करने का मौक़ा मिला, इसलिए शिक्षा बाँटना अब उनका कर्तव्य बनता है।" ज्ञान बाँटने के अलावा अभिभावक शिक्षकों से यह भी अपेक्षा करते हैं कि वे अपने विद्यार्थियों की उच्च शिक्षा व व्यवसाय सम्बन्धी फ़ैसले लेने में भी मार्गदर्शन करेंगे। एक अच्छे शिक्षक को विद्यार्थियों की रुचियों के बारे में भी पता होना चाहिए ताकि वे विद्यार्थियों को उनकी रुचियों के अनुरूप मार्गदर्शन दे सकें।

"अच्छे टीचर्स! मेरे हिसाब से अच्छे टीचर्स ऐसे होने चाहिए जो बच्चों की रुचियाँ...बच्चों का इंटरेस्ट समझ सकें कि वो किस फील्ड में जा सकता है और वो जिस फील्ड में जा सकता हो, बच्चों की पूरी हेल्प करें। एक-एक बच्चे की तो नहीं कर सकते, हाँ लेकिन जो अपनी रुचि बता रहा हो, मतलब अपनी फील्ड में जाने की, तो ये एजुकेशन उसको दी जाये या ख़ाली रास्ता ही दिखाया जाये और दूसरा कि भावनात्मक रूप से बच्चों से जुड़ें, न कि प्रोफ़ेशनल रूप से। और पूरी ईमानदारी से बच्चों को पढ़ाये, कम-से-कम, ये न सोचे कि मुझे मेरा पीरियड ख़त्म करना है और जाना है, या कि आज इतना हो गया, कल इतना करा दूँगा और परसों इतना। ज़िम्मेदारी से उनको पढ़ायें ताकि उनका भविष्य ख़राब न हो।" (के. वि., पहली के छात्र शिवाशीष की माँ)

कई अभिभावकों का यह कहना था कि सभी बच्चे पढ़ाई में रुचि रखने वाले और अच्छा प्रदर्शन देने वाले नहीं हो सकते। पर उनका रुझान किसी और चीज़ में हो सकता है। दूसरे शब्दों में कहें, तो यह सम्भव है कि उनका कोई और ऐसा हुनर हो जिसे पहचाना जाये और पोसा जाये तो वही जीविका बन सकता है। अभिभावकों की अच्छे शिक्षक से यही अपेक्षा है कि वो बच्चों की ऐसी रुचि को पहचाने और उसमें आगे बढ़ने के तरीक़े सुझाये। यह शायद सम्भव न हो कि शिक्षक सब विषयों का ज्ञाता हो और आगे बढ़ने में मदद कर सके, पर अभिभावक चाहते हैं कि वो कम-से-कम माँ-बाप को अवगत कराये और थोड़ा रास्ता दिखाये। कुल मिलाकर यह कहा जा सकता है कि जैसे भी सम्भव हो, एक अच्छा शिक्षक वही है जो बच्चे को जीवन में आगे बढ़ने में मदद करे।

2.4 अच्छी योग्यता प्राप्त

अभिभावकों के अनुसार एक अच्छा शिक्षक वही है, जिसने शिक्षक बनने

के लिए उपयुक्त योग्यताएँ प्राप्त की हों। उनका यह मानना है कि बच्चों को ठीक से पढ़ाने के लिए यह एक आवश्यक शर्त है।

अच्छी पढ़ाई–लिखाई के अलावा कुछ अभिभावकों ने यह भी कहा कि शिक्षक के पास 'उपयुक्त' पढ़ाई होनी चाहिए यानी उसने वो विषय ज़रूर पढ़ा हो जो वो पढ़ाने वाले हैं, जैसे गणित के अध्यापक ने गणित पढ़ा हो।

"अच्छे टीचर का देखिए जिस सिलेबस से, जिस हिसाब से टीचर है, उस चीज़ का बच्चे को ज्ञान दिया जाये तो सबसे बैटर है। मान लीजिए इंग्लिश है, सिविक्स है, बायोलॉजी है, तो अगर उस हिसाब से बच्चे को ज्ञान दिया जाये तो मैं उसे सबसे बैटर मानता हूँ। और देखिये अगर बायोलॉजी के टीचर गये हैं, पर हिन्दी की क्लास ले रहे हैं तो मेरे को हिन्दी का उतना ज्ञान नहीं है, मैं पढ़कर बता सकता हूँ, पर मुझे उतना ज्ञान नहीं है।" (के. वि., पाँचवीं की छात्रा अनीता के पिता)

जब तक कि पढ़ाये जाने वाला विषय शिक्षक ने ख़ुद अच्छे से न पढ़ा हो, तब तक उसकी अपनी समझ सीमित होगी, जिसका असर शिक्षण पद्धति पर भी निस्सन्देह पड़ेगा।

अभिभावकों द्वारा बतायी गयी एक और अहम योग्यता है अंग्रेज़ी में बात करने की क्षमता। ज़्यादातर अभिभावकों ने कहा कि एक स्कूल को अच्छा स्कूल कहलाने के लिए उसका अंग्रेज़ी माध्यम का होना अनिवार्य है, उसी प्रकार एक शिक्षक के अच्छा शिक्षक होने की आवश्यकताओं में अंग्रेज़ी की निपुणता एक ज़रूरी योग्यता के रूप में उभरी।

2.5 ध्यान देने वाला

अभिभावक बच्चों पर ध्यान देने को शायद शिक्षक की सबसे महत्त्वपूर्ण विशेषता मानते हैं। उनके अनुसार यही वो बात है जो निजी स्कूलों के शिक्षकों को सरकारी शिक्षकों से अलग करती है। और यह कहना अतिश्योक्ति नहीं होगी कि जब ग़रीब अभिभावक अपने बच्चों को सरकारी स्कूलों से कम फीस वाले निजी स्कूलों में भर्ती करवाते हैं तो वे अपने बच्चों के लिए शिक्षकों का ध्यान ख़रीदने की कोशिश कर रहे होते हैं। हालाँकि भीड़ भरी कक्षाओं के कम तनख़्वाह वाले और कम प्रशिक्षित शिक्षकों, जो कि जल्दी बदलते रहते हों, के चलते इसकी वास्तविकता सन्दिग्ध है।

क्योंकि शिक्षक की तुलना अक्सर अभिभावक से की जाती है इसलिए उनसे अपेक्षा की जाती है कि वे भी उतने ही सर्तक रहें या उनका ध्यान

बच्चों पर उतना ही केन्द्रित रहे जितना अभिभावक का होता है। उन्हें हर बच्चे की पसन्द–नापसन्द, ताक़त और कमज़ोरियों का पता होना चाहिए।

अभिभावक यह मानते हैं कि सभी प्रकार के स्कूलों में और सभी शिक्षकों द्वारा ध्यान आमतौर पर उन्हीं बच्चों पर दिया जाता है जो ठीक से प्रदर्शन कर रहे हैं। और इसीलिए शायद अभिभावकों ने बताया है कि उनके विचार से अच्छा शिक्षक वह होता है जो सभी बच्चों पर ध्यान देने में सक्षम हो और सबके प्रति निष्पक्ष हो। कई अभिभावकों ने कहा कि एक अच्छा शिक्षक वह है जो हर बच्चे को अवसर दे और 'दूसरी और तीसरी श्रेणी' या विशेष ध्यान की ज़रूरत वाले बच्चों पर अतिरिक्त ध्यान दे। ये वे बच्चे हैं जिन्हें मदद की ज़रूरत होती है। जब शिक्षक बच्चे पर ध्यान देगा और बच्चे में रुचि दिखायेगा तो वह बच्चे का बेहतर निर्देशन करने में सक्षम हो पायेगा और अभिभावकों को भी यह बता पायेगा कि उनके बच्चे को किस तरह की मदद की ज़रूरत है। वह यह सुनिश्चित करने में भी सक्षम होगा कि बच्चे का काम पूरा हो, डायरी ठीक से लिखी गयी हो, कॉपियाँ ध्यान से जाँची गयी हों और बच्चे की लिखावट अच्छी हो।

2.6 अनुशासनात्मक

लगभग सभी अभिभावक अनुशासन बनाये रखने या अनुशासित होना सीखने को स्कूली शिक्षा के महत्त्वपूर्ण लक्ष्य के रूप में देखते हैं। इस लक्ष्य के प्रति शिक्षक की भूमिका अपने आप ही महत्त्वपूर्ण हो जाती है। अभिभावक अपेक्षा करते हैं कि शिक्षक अनुशासन पर ध्यान केन्द्रित करें और बहुत से लोग यह अफ़सोस भी जताते हैं कि समय के साथ इसमें अन्तर आया है। वे याद करते हैं कि उनके स्कूल के दिनों में शिक्षक अनुशासन पर ज़्यादा ध्यान देते थे जो कि इन दिनों नहीं दिया जाता है। इस बात का समर्थन करने के लिए वे यह भी कहते हैं कि एक अच्छा शिक्षक वो है जो अपने काम और जीवन के बारे में भी अनुशासित हो। दूसरी तरफ़ ऐसे भी अभिभावक थे जो सोचते हैं कि उनके समय में अनुशासन पर ज़रूरत से ज़्यादा ध्यान दिया जाता था जिसकी वजह से शिक्षक–छात्र के सम्बन्ध इस कदर प्रभावित होते थे कि या तो वे हमेशा डरे–सहमे रहते थे या फिर उनमें इतना फ़ासला होता था कि वे अपने शिक्षकों तक पहुँचने का साहस कभी नहीं कर पाते थे।

एक अभिभावक द्वारा उल्लेखित शिक्षक की योग्यता का एक अन्य दिलचस्प सूचक है। शिक्षक में स्कूल के बच्चों में होने वाले झगड़ों को

सँभालने की क्षमता होनी चाहिए। बच्चों के झगड़े घर तक न पहुँचे इस तथ्य का मतलब यह है कि शिक्षक उन्हें कक्षा में सफलतापूर्वक हल करने में सक्षम है और इसलिए वो एक अच्छा शिक्षक है।

शिक्षक–छात्र सम्बन्धों का एक अन्य महत्त्वपूर्ण हिस्सा है स्नेह और सख़्ती के बीच सन्तुलन बनाये रखना। इस प्रश्न पर अभिभावकों की प्रतिक्रिया को तीन श्रेणियों में बाँटा जा सकता है–

- शिक्षक को स्नेहपूर्ण और सख़्त दोनों होना चाहिए।
- बच्चों की भलाई के लिए शिक्षक को सख़्त होना चाहिए।
- शिक्षकों को बिल्कुल भी सख़्त नहीं होना चाहिए।

पहली और दूसरी राय में अभिभावकों को लगता है कि माता–पिता की तरह शिक्षक भी मौक़े की नज़ाकत के हिसाब से न्यायपूर्ण निर्णय ले सकते हैं। पहली राय के अनुसार शिक्षक बच्चों के साथ ज़्यादातर प्यार और सम्मान (या जैसा कि एक अभिभावक ने कहा–'एक सुसंस्कृत तरीक़े से') से बात करता है लेकिन जब ज़रूरत होती है तो सख़्ती बरतता है। ये अभिभावक इस बात के बारे में बहुत स्पष्ट थे कि–"यदि बच्चा शरारती हो तो शिक्षक को सख़्त होना ही पड़ेगा।" लेकिन साथ ही ऐसा भी नहीं होना चाहिए कि बच्चा हर समय डरा–सहमा महसूस करे। ज़्यादातर स्थितियों में एक 'सामान्य स्नेहपूर्ण तरीक़े से' पढ़ाने में सक्षम होना चाहिए।

दूसरी तरह की राय व्यक्त करने वाले अभिभावक शिक्षक–छात्र सम्बन्धों में स्नेह होने को अच्छी बात मानते हैं पर महत्त्वपूर्ण नहीं मानते। ज़रूरी ये है कि शिक्षक सख़्त हो। बच्चा कक्षा में हो रही चीज़ों को समझे, कक्षा–कार्य और गृहकार्य पूरा करे और अच्छा व्यवहार करे ये सुनिश्चित करने के लिए वे सख़्ती को ज़रूरी मानते हैं। वे इस बारे में बहुत स्पष्ट थे कि इस तरह की सख़्ती कड़वी दवाई की तरह है जो आगे के लिए अच्छी साबित होगी।

जो अभिभावक तीसरी राय का समर्थन करते हैं उन्हें लगता है कि हालाँकि कभी–कभी सख़्ती ज़रूरी होती है लेकिन हर कोई स्नेह और सख़्ती के बीच सन्तुलन नहीं बना सकता है, जिसकी वजह से बच्चों में नकारात्मक परिणाम जैसे दिमाग़ में अत्यधिक डर या अत्यधिक सज़ा जैसी घटनाएँ आदि हो सकते हैं। इस तरह की प्रतिक्रिया के दो स्रोत हो सकते हैं। पहला, शिक्षक और छात्र के बीच के सम्बन्ध को औपचारिक तरीक़े से देखा जाता है, माता–पिता की तरह नहीं। दूसरा, अभिभावकों ने यह भी

उल्लेख किया है कि डर के वातावरण में या जब बच्चा डरा–सहमा हो तो सीखना सम्भव नहीं है। वह ख़ुद को अभिव्यक्त ही नहीं कर पायेगा जिसके परिणामस्वरूप ऐसी स्थितियाँ उत्पन्न हो जायेंगी जहाँ पर वह सीख ही नहीं पायेगा। उनके अनुसार शिक्षक–छात्र सम्बन्धों में बच्चों के खुलकर बात करने की सम्भावना होनी चाहिए। ऐसे अभिभावकों ने स्पष्ट रूप से कहा कि शिक्षक को बच्चों को न ही मारना चाहिए और न ही तेज़ आवाज़ में बात करनी चाहिए। कई अभिभावकों को यह भी लगता है कि बच्चों को केवल प्यार से सँभालने और सख़्ती नहीं करने की यह नीति छोटे बच्चों के मामले में बहुत महत्त्वपूर्ण है, लेकिन बड़े बच्चों के मामले में इस पर छूट देने की सम्भावना हो सकती है। इसके पीछे के कारण स्पष्ट नहीं हैं; सम्भवतः इसका मतलब ये है कि बड़े बच्चों को प्यार से सँभालना मुश्किल है या इसका मतलब यह है कि बड़े बच्चों पर सख़्ती के परिणाम उतने नुक़सानदायक नहीं होते जितने छोटे बच्चों पर।

2.7 अभिभावक जैसे शिक्षक

सभी स्कूलों के अभिभावकों ने यह कहा कि स्कूल में बच्चे शिक्षक की ज़िम्मेदारी हैं, बिल्कुल वैसे ही जैसे घर में वे माँ–बाप की ज़िम्मेदारी होते हैं। "हम बच्चों को शिक्षक का विश्वास करके स्कूल भेजते हैं, घर में बच्चा हमारी ज़िम्मेदारी है, पर स्कूल में वो शिक्षक की ज़िम्मेदारी है", "बच्चे पर हमारा हक़ स्कूल से लौटने के बाद शुरू होता है, स्कूल में टीचर का पूरा हक़ बनता है", "माँ पहली गुरु है, पर माँ सब कुछ नहीं सिखा सकती, एक शिक्षक ही बच्चे को कुछ बना सकती है", जैसे कई अन्य कथन दर्शाते हैं कि अभिभावकों के मन में जो अच्छे शिक्षक की छवि है, और उससे जो अपेक्षाएँ हैं, उसमें शिक्षकों का माँ–बाप जैसा होना भी शामिल है।

माँ–बाप जैसा होने का क्या अर्थ है? इसका एक अर्थ या निहितार्थ है ऐसा वयस्क होना जो भरोसे लायक हो। अभिभावकों की अभिव्यक्ति में यह काफ़ी बार आया कि हम शिक्षकों पर भरोसा करके अपने बच्चों को स्कूल भेजते हैं। यानी एक तो शिक्षक स्वयं उन्हें नुक़सान नहीं पहुँचायेंगे और साथ ही उन्हें स्कूली समय और परिसर में हर सम्भावित ख़तरे से बचायेंगे। इस ज़िम्मेदारी के साथ अभिभावक शिक्षकों को उस समय और परिसर में बच्चों पर पूरा अधिकार भी देते हैं। माँ–बाप की तरह शिक्षकों

को बच्चे की भलाई को ध्यान में रखते हुए सभी तरह के कठोर क़दम उठाने की आज़ादी है।

अभिभावकों द्वारा कहे गये उक्त कथनों में आख़िरी कथन अपने आप में रोचक है। इसके दो सम्भावित विवेचन हो सकते हैं। एक तरफ़ यह कथन इंगित कर रहा है कि भले ही माँ 'प्रथम गुरु' है, पर माँ सब कुछ नहीं सिखा सकती और माँ और बच्चे के रिश्ते से अलग एक रिश्ते और एक वयस्क की ज़रूरत है, जो बच्चे को कुछ बना सके। यह विवेचना हमें मजबूर करती है, यह सोचने पर कि सम्भवतः अभिभावकों की अपेक्षाओं में अन्तर्विरोध है। पर दूसरी तरफ़ इसी कथन से हम यह भी समझ सकते हैं कि जैसे माँ, जो प्रथम गुरु है, अपने बच्चों को शुरुआती सालों में इतना कुछ सिखा पाती है, तो शिक्षक को भी वैसा ही रिश्ता स्थापित करने की आवश्यकता है ताकि बच्चे की सीखने की गति उसी प्रकार अग्रसर रहे।

हम ऊपर यह चर्चा कर चुके हैं कि कैसे राजकीय और छोटे निजी विद्यालयों में आने वाले बच्चों के अभिभावक स्कूल की गुणवत्ता को अच्छे शिक्षक के समानार्थी मानते हैं। इसी के साथ यह तथ्य भी रखा जा सकता है कि इन्हीं स्कूलों में आमतौर पर अभिभावकों ने बच्चों को पूर्ण रूप से शिक्षकों को सौंप देने की बात व्यक्त की। कुछ अभिभावकों ने यह भी कहा कि अच्छा टीचर वो ही हो सकता है, जिसके अपने बच्चे हों। इन अभिभावकों का मानना है कि बाल मनोविज्ञान को जिस तरह से एक माँ समझ सकती है, वैसे कोई और नहीं समझ सकता। इस तरह की प्रतिक्रियाएँ दर्शाती हैं कि कैसे शिक्षण को समाज में मातृत्व के विस्तार के रूप में देखा जाता है।

"मुझे लगता है कि इन्हें टीचर्स किसे रखना चाहिए जो मदर्स हों, क्योंकि वो जब ख़ुद के बच्चों को अंडरस्टैंड करती हैं तो दूसरों के बच्चों को भी अंडरस्टैंड कर पायेंगी। लड़कियाँ जो सिंगल होती हैं ठीक है, 10 में से 2 में हो सकती हैं जिनमें यह क्वालिटीज़ हों, कि बच्चों की साइकोलॉजी को समझ पायें, पर मदर की जो साइकोलॉजी होती है, उसे कोई कम्पीट नहीं कर सकता। तो मुझे लगता है कि 30–35 साल की जो रहती हैं, उन्हें रिक्रूट करना चाहिए।" (निजी स्कूल, एच.एफ.पी., पाँचवीं की छात्रा सुचेता की माँ)

"एक अच्छा टीचर तो अच्छा ही होना चाहिए। उसका व्यवहार बच्चों के प्रति अच्छा होना चाहिए। फिर कुछ ग़लत भावना नहीं होनी चाहिए,

अच्छी ही होनी चाहिए। कहने का मतलब आज वो पढ़ा रहा है, गुरु है, तो माता–पिता भी वही है। क्योंकि हमने अपने बच्चों को यहाँ पर उसके भरोसे छोड़ा है। अच्छा ही रखेगा। अच्छी शिक्षा देगा।" (निजी स्कूल, एल.एफ.पी., पहली की छात्रा भूमिका के पिता)।

एक और तरीक़े से शिक्षक को माँ–बाप सरीखा माना गया है। अभिभावकों के अनुसार यूँ तो बच्चों को आदतें सिखाना घर की ज़िम्मेदारी में आता है, पर सभी अभिभावक इन बातों पर ध्यान नहीं देते हैं। इसीलिए शिक्षकों को ध्यान देना चाहिए कि बच्चे हाथ धोना, पूरा खाना ख़त्म करना, दूसरे बच्चों से न झगड़ना आदि आदतें सीख जायें।

2.8 अच्छे शिक्षक संवाद बरक़रार रखते हैं

सभी वर्गों के अभिभावकों ने यह व्यक्त किया कि स्कूली शिक्षा की सफलता के लिए यह ज़रूरी है कि अभिभावक, विद्यार्थी और शिक्षक के बीच में सम्बन्ध निरन्तर स्थापित रहे। ऐसे में उनका कहना है कि एक अच्छा शिक्षक वो है, जो बच्चे और अभिभावक दोनों के साथ संवाद की धारा बनाये रखे। शिक्षकों को बच्चे की पढ़ाई सम्बन्धी स्थिति के बारे में अभिभावकों को सूचित करना चाहिए और जब भी उन्हें लगे कि बच्चा पिछड़ रहा है या उसे अतिरिक्त सहयोग की आवश्यकता है तो तुरन्त अभिभावकों को चेतायें। इसी प्रकार अभिभावकों का मानना है कि स्कूली शिक्षा के ढाँचे में इस बात की गुंजाइश होनी चाहिए कि वे भी जब चाहें तब शिक्षकों से बच्चों की शिक्षा पर चर्चा कर सकें। ज़्यादातर अभिभावक अनौपचारिक बातचीत की सम्भावना को अहमियत देते हैं क्योंकि वो ज़रूरत के अनुसार कभी भी की जा सकती है। पर वे औपचारिक भेंट और वार्तालाप, जो कि स्कूल द्वारा आयोजित मीटिंग में सम्भव है, को भी महत्त्वपूर्ण मानते हैं। अनौपचारिक वार्तालाप का अर्थ है, फ़ोन कर पाना या बच्चे को छोड़ने या लेने के समय पर मिल पाना।

राजकीय और छोटे निजी विद्यालय के आधे से ज़्यादा अभिभावकों का कहना है कि शिक्षकों से उनकी बातचीत अमूमन एकतरफ़ा होती है जिसमें कि शिक्षकों के पास शिकायतों का एक ढेर होता है। उन्हें शिकायत रहती है कि बच्चे अपना काम पूरा नहीं करते, माँ–बाप उन पर ध्यान नहीं देते और बच्चों की असंख्य शरारतें। कुछ अभिभावकों ने अपनी स्थिति को असहाय बताते हुए कहा कि क्योंकि हर भेंट शिक्षकों की तरफ़ से

आने वाली शिकायतों से शुरू होती है, तो उनके पास अपनी बात कहने की गुंजाइश/हिम्मत ही नहीं बचती। ज़्यादातर अभिभावकों ने कहा कि वो शिक्षक द्वारा दिये गये फीडबैक को गम्भीरता से लेते हैं और अपने बच्चों पर उनको अमल करने की कोशिश करते हैं। उनका मानना है कि अभिभावक के तौर पर हमें एक या दो बच्चों का अनुभव होता है और दूसरी तरफ़ एक शिक्षक काफ़ी ज्यादा बच्चों का अवलोकन करती हैं। अभिभावकों के लिए शिक्षक के फीडबैक की अहमियत इस बात से समझी जा सकती है कि कई अभिभावकों ने कहा कि वे शिक्षक से कुरेद कर पता लगाते हैं कि उनके बच्चे को किन चीज़ों पर ध्यान देने की ज़रूरत है ताकि वे इस फीडबैक पर अमल कर सकें। यानी एक अच्छे शिक्षक की एक और ख़ूबी है कि वह सही समय पर उपयुक्त फीडबैक अभिभावकों से साझा करे। संवाद के सन्दर्भ में एक अच्छे शिक्षक से अभिभावकों को अपेक्षा है कि वे शिष्टता से बात करें, उनकी समस्याओं को सुलझाने की कोशिश करें और उनके सुझावों का स्वागत करें।

3. अपेक्षाओं और असलियत में अन्तर

शिक्षक वर्ग की सामाजिक छवि दो एकदम विपरीत वास्तविकताओं से उभरती है। एक तरफ़ शिक्षक को बहुत मान–सम्मान दिया जाता है, उसे सभी नीति–दस्तावेज़ों में राष्ट्र–निर्माता और गुरु का दर्जा दिया जाता है, दूसरी तरफ़ वह कम तनख़्वाह में सभी तरह के काम करने वाला एक सरकारी कर्मचारी है, जिसकी व्यवसायिक पहचान और कार्यनिष्ठा हमेशा सवालों के घेरे में रहती है। यह विरोधाभास हमें साफ़ दिखता है जहाँ एक तरफ़ कलाम और राधाकृष्णन जैसे शिक्षकों के राष्ट्रीय शोक और स्मरण में भव्यता मौजूद है, वहीं दूसरी तरफ़ राजकीय और निजी शिक्षा–तन्त्र में ढेरों शिक्षक एक मज़दूर की दिहाड़ी से कम दैनिक आय पर काम कर रहे हैं। वास्तविकता के इस द्विभाजन का ही परिणाम है कि एक तरफ़ शिक्षकों को प्रतीकात्मक रूप से ख़ूब सम्मान दिया जाता है और दूसरी तरफ़ उनके काम को सामाजिक–आर्थिक सीढ़ी पर नीचा दर्जा मिलता है। एन.सी.एफ.–2005 एक अहम आधिकारिक दस्तावेज़ है। इसमें दर्ज शिक्षक की छवि और उससे अपेक्षाओं में और अभिभावकों के उरों से निकलती छवि और अपेक्षाओं में ज़मीन–आसमान का अन्तर है। ऐसे कुछ अन्तरों को समझने का प्रयत्न हम यहाँ करेंगे।

3.1 सीखने-सिखाने के सिद्धान्त

एन.सी.एफ.–2005 का मूल इस विचार पर टिका है कि सीखने का तात्पर्य है स्वयं ज्ञान की संरचना करना। यानी विद्यार्थी सीखने की प्रक्रिया में अपने ज्ञान का निर्माण सक्रिय रूप से करता है और शिक्षक की भूमिका एक जानकार सहयोगी या फैसिलिटेटर की है। हालाँकि सभी अभिभावकों के उत्तरों को सीखने–सिखाने के एक सिद्धान्त के अन्तर्गत रखना अन्यायपूर्ण होगा पर कुछ विचारों, जो ज़्यादातर लोगों ने व्यक्त किये, को अगर हम देखें तो पायेंगे कि वे एन.सी.एफ.–2005 से कोसों दूर हैं। एक अहम मुद्दा जो अभिभावकों की बातचीत में आमतौर पर उभरा वो है बच्चे के सीखने में अहम ज़िम्मेदारी किसकी है। ज़्यादातर अभिभावकों ने या तो शिक्षक को ज़िम्मेदार माना या स्वयं को। बहुत अल्प संख्या ने बच्चों को स्वयं अपने सीखने के लिए ज़िम्मेदार माना परन्तु यह भी एन.सी.एफ.–2005 में बतलाये गये ज्ञान के सक्रिय निर्माता से कोई मेल नहीं खाते। अभिभावकों के उत्तरों में सीखना आमतौर पर याद करने की क्षमता दर्शाता है। सीखने के बारे में जो मान्यताएँ हैं वो स्वाभाविक रूप से शिक्षक से जो अपेक्षाएँ हैं, उनसे जुड़ी हुई हैं।

यहाँ यह उपयुक्त होगा कि हम स्कूलों में जो थोड़ा–बहुत अन्तर देख सके उसकी चर्चा करें। जैसा कि हम पहले भी देख चुके हैं, राजकीय विद्यालय और छोटे निजी विद्यालय के अभिभावकों के उत्तर एक से थे। यहाँ ज़्यादातर अभिभावकों ने कहा कि बच्चे का सीखना पूर्णतया शिक्षक पर निर्भर करता है और एक अच्छा शिक्षक यह सम्भव कर पायेगा। इस ज़िम्मेदारी के साथ वे शिक्षकों को बच्चों के साथ सख़्ती करने, डाँटने और मारने की आज़ादी देते हैं।

3.2 बच्चों के साथ रिश्ता

शिक्षक और विद्यार्थी का रिश्ता, सीखने के सिद्धान्त और शिक्षक की भूमिका से अलग नहीं है। इस सन्दर्भ में एन.सी.एफ.–2005 बच्चों के प्रति देखभाल और उनमें दिलचस्पी को इस रिश्ते की विशेषता मानता है। इसके साथ ही यह आवश्यक है कि शिक्षक को अपने विद्यार्थियों की पृष्ठभूमि और उनकी व्यक्तिगत विशेषताओं की समझ हो। साथ–ही एन.सी.एफ.–2005 यह भी कहता है कि न्याय, बराबरी, अपने आपको व्यक्त करने की आज़ादी, बच्चों के अधिकार हैं और ये उनके विकास के लिए ज़रूरी भी हैं।

इसलिए ये मूल्य शिक्षक–विद्यार्थी के रिश्ते का मूल होना चाहिए। अभिभावकों और एन.सी.एफ.–2005 के विचारों में एक समानता जो उभरती है वह है शिक्षकों का बच्चों के प्रति चिन्तित होना या उनमें दिलचस्पी रखना। अभिभावकों का मानना है कि एक चिन्ताशील शिक्षक बच्चों पर ध्यान देगा और उनकी ज़रूरतों को पहचानेगा। उन्होंने यह भी कहा कि बच्चों का कक्षा में और शिक्षकों से बातचीत करते वक़्त फ्री महसूस करना सीखने के लिए आवश्यक है। अभिभावकों का फ्री से क्या मतलब है, यह समझना ज़रूरी है क्योंकि अब तक की समीक्षा यह दर्शाती है कि 'फ्री' शब्द को अभिभावक बहुत सीमित रूप में ही इस्तेमाल कर रहे हैं : कुछ समझ न आने पर सवाल पूछ सकें। अभिभावकों के उत्तरों में शिक्षक–विद्यार्थी के रिश्ते में घनिष्ठता की अपेक्षा इस बात से भी उभरती है कि वे चाहते हैं कि विद्यार्थी अपनी सभी तरह की समस्याओं की चर्चा शिक्षक से कर सके। जैसा कि हम पूर्व में बात कर चुके हैं कि शिक्षक एक 'विश्वसनीय सलाहकार' के रूप में भी देखा जाता है। एक तरफ़ काफ़ी अभिभावकों ने रिश्ते में खुलेपन और सहजता की बात की है, दूसरी तरफ़ लगभग सभी अभिभावकों ने शिक्षकों के बच्चों के प्रति कड़क रवैया रखने की पैरवी भी की है। सबने शिक्षक के सख़्त होने को महत्त्वपूर्ण एवं आवश्यक गुण माना है। अभिभावकों ने अनुशासन बनाये रखने को और ज़रूरत पड़ने पर सज़ा देने को शिक्षक की भूमिका का एक अभिन्न अंग और सीखने–सिखाने की प्रक्रिया के लिए आवश्यक माना है। अभी के लिए हम इस विरोधाभास को समक्ष रख रहे हैं, इसके बेहतर विश्लेषण की आवश्यकता है।

3.3 समुदाय/अभिभावकों के साथ सम्बन्ध

शिक्षक और समुदाय / अभिभावक के सम्बन्ध के बारे में भी एन.सी.एफ.–2005 और डेटा से उभरते विचारों में काफ़ी अन्तर है। एन.सी.एफ.–2005 स्कूल के समुदाय से रिश्ते पर बात करता है, न कि केवल अभिभावकों से। यहाँ अभिभावकों को साझेदार के रूप में देखा गया है न कि उपभोक्ता या लाभार्थी के रूप में जैसा कि निजी और सरकारी स्कूलों में क्रमशः देखा जाता है। एन.सी.एफ. का दस्तावेज़ कई बार इस बात पर ज़ोर देता है कि जानने–समझने योग्य बहुत–सा ज्ञान स्कूल की परिधि के बाहर मौजूद है और स्कूलों को सबसे पहले इस बात को स्वीकारने की और फिर उसे शिक्षा में शामिल करने की कोशिश करने की ज़रूरत है।

इसका पहला निहितार्थ तो यह है कि स्कूलों को अभिभावकों को ध्यान से सुनने की ज़रूरत है।

इस विषय पर अभिभावकों के उत्तरों से लगता है कि वे भी स्कूल और अभिभावक के रिश्ते को अहम मानते हैं परन्तु उनकी कल्पना में यह रिश्ता अपने बच्चे की शैक्षिक ज़रूरतों तक सीमित है। इसमें भी उनकी वार्ता, अभिभावकों को इस रिश्ते में कोई ख़ास हक़ नहीं प्रदान करती। वे शिक्षक द्वारा मिलने वाले फीडबैक को उपयोगी मानते हैं और मानते हैं कि शिक्षकों से निरन्तर संवाद रखने से वो अपने बच्चों के प्रति टीचर का ध्यान देना सुनिश्चित कर सकते हैं। इस अपेक्षा के विपरीत टीचर–अभिभावक रिश्ते की सच्चाई के साथ ख़ासतौर पर राजकीय और छोटे निजी विद्यालयों के सन्दर्भ में, जो अभिभावकों के अपने कथनों से झलकती है वो असल में उन पर लगाये एकतरफ़ा आरोपों की है। उन्होंने कहा कि क्योंकि लगभग सभी चर्चाएँ टीचर द्वारा दर्ज शिकायतों से शुरू होती हैं, तो उनके ख़ुद कुछ कह पाने और अपने बच्चों की शिक्षा में शामिल होने की सम्भावना लगभग ख़त्म हो जाती है।

उपसंहार

भारतीय सन्दर्भ में एक शिक्षक की छवि निरन्तर बदलती रही है। शिक्षा–तन्त्र में आये बदलाव, नयी नीतियों का आना, और बदलती सामाजिक–आर्थिक व्यवस्था आदि का शिक्षक की छवि पर प्रभाव रहा है। यह कहा जा सकता है कि यह बदलाव असल में निरन्तर नयी परतें चढ़ने जैसा है। भले ही प्राचीन काल के 'गुरु' की आज के शिक्षा–तन्त्र में कोई जगह नहीं है, पर फिर भी शिक्षक की सामाजिक छवि से वो हटा नहीं है। उसके साथ ही असंख्य परतें जुड़ती रही हैं, जिसमें से कुछ तो आज के शिक्षक समुदाय की विविधता को दर्शाती हैं।

उपनिवेशी समय में पश्चिमी पेडागॉज की छवि जिसमें से कुछ गुण शिक्षक की छवि का हिस्सा बन गये, आज़ादी के संघर्ष के समय शिक्षक की छवि में समाज–सुधारक के गुण शामिल होने लगे, आज़ादी के बाद एक तरफ़ तो शिक्षक को राष्ट्र–निर्माता माना गया, दूसरी तरफ़ सरकारी ढाँचे का एक निचला कर्मचारी, फिर वो एक अनुबन्धित शिक्षक की छवि से प्रभावित हुई, छोटे और बड़े निजी विद्याळयों के शिक्षक होने की कुछ और विशेषताएँ हैं जो इस आम छवि का हिस्सा बन गयीं (काले, 1970)।

शिक्षकों के बारे में अलग–अलग परिकल्पनाएँ और उनसे अलग–अलग अपेक्षाएँ भी, शिक्षक की छवि के इन विविध आयामों से निकलकर आती है।

साल–दर–साल शिक्षक की छवि और असुरिक्षत होती गयी या यूँ कहें कि शिक्षक पर सवालों का घेरा कसता जा रहा है। शिक्षा के उद्देश्य भी निरन्तर सीमित होकर अकादमिक उपलब्धि पर केन्द्रित रह गये हैं। और साथ ही शिक्षक को आँकने का पैमाना भी यही बन गया है। बड़े पैमाने पर होने वाले आकलन (जैसे असर) भी अकादमिक उपलब्धि पर ही ज़ोर देते हैं, वह भी एक संकीर्ण रूप में। ऐसे माहौल में शिक्षकों की उन्नति और सज़ा दोनों को बच्चों के परिणाम से जोड़ने की बातें सुनी जाती हैं। वर्तमान परिचर्चा की हवा ऐसी है कि शिक्षक लगभग हर चीज़ के लिए ज़िम्मेदार माना जाता है। बच्चों की स्कूल में हाज़िरी से लेकर स्कूली परिणाम, व्यवहार, मूल्य और समाज में हो रहे इन्सानियत के पतन के लिए। पर सवाल यह उठता है कि क्या शिक्षक इन सब चीज़ों में प्रभावी रूप से कोई भी असर डालने की क्षमता रखता है। निश्चय ही शिक्षक के कमज़ोर होते सामाजिक अस्तित्व का असर उसके बच्चों को प्रभावित करने की क्षमता पर भी पड़ेगा। अपने आप में यह भी सत्य है कि शिक्षक समुदाय पर से समाज का भरोसा काफ़ी हद तक घट गया है। आये दिन अख़बारों में आने वाली शिक्षक द्वारा की गयी हिंसा की ख़बरें इस अविश्वास को और बढ़ाती हैं (नवानी, 2013)। ऐसी ख़बरें परेशान करने वाली हैं और रोशनी में लायी जानी भी चाहिए क्योंकि पीड़ित इसमें मासूम और आश्रित बच्चे हैं। पर इसका दूसरा पक्ष यह है कि कुछ विकृत मानसिकता वाले शिक्षकों के चलते पूरे समुदाय को समाज के अविश्वास को झेलना पड़ता है। ऐसे में हर शिक्षक सम्भावित गुनाहगार के रूप में देखा जा रहा है और इसका शिक्षक की सामाजिक छवि पर गहरा प्रभाव पड़ा है। शिक्षकों के प्रति अविश्वास इस समय बढ़ा हुआ है और सभी समस्याओं में वे ही बलि का बकरा भी हैं।

ऐसे परिदृश्य में हम ऊपर प्रस्तुत विश्लेषण को कैसे समझें। डेटा में से उभरती तीन मुख्य बातों को हम पहले संक्षेप में देख लेते हैं–

- सभी स्कूलों के अभिभावक और ख़ास तौर पर ग़रीब परिवेश के अभिभावकों ने शिक्षक को अच्छे स्कूल का अहम सूचक माना।
- इसी तरह से अभिभावकों ने शिक्षकों को सरकारी स्कूल के पतन के लिए मुख्य रूप से ज़िम्मेदार माना।

- शिक्षकों से अभिभावकों की अपेक्षाएँ समाज में मौजूद, शिक्षक के विभिन्न काल्पनिक चित्रों से निकल रही हैं। ऐसे में सामाजिक छवि और समेकित अपेक्षाएँ निरन्तर बढ़ती रही हैं। और इनमें कई परस्पर विरोधाभासी अपेक्षाएँ भी शामिल हो गयी हैं।

ऐसे में अभिभावकों की बातचीत को वरीयता देते हुए जो सबसे महत्त्वपूर्ण बात सामने आती है वह है शिक्षकों की क्षमता–विकास में निवेश। यह देखते हुए कि सभी अभिभावक शिक्षक को अपने बच्चे की शिक्षा में सबसे अहम कारक मानते हैं और शिक्षा के गुणवत्तापूर्ण होने का पर्याय मानते हैं, बृहद शिक्षा–तन्त्र को भी यह बात समझने की ज़रूरत है। इस बात पर ज़ोर देने का अर्थ क़तई यह नहीं है कि अन्य कारक जैसे भौतिक सुविधाएँ या सीखने–सिखाने की सामग्री आवश्यक नहीं है। यह सब निश्चय ही ज़रूरी है क्योंकि इनके अभाव में एक कुशल शिक्षक भी कुण्ठित और असहाय महसूस करेगा। इसलिए यह कहा जा सकता है कि अच्छे शिक्षकों को आकर्षित करना, उन्हें ज़रूरत अनुसार सहयोग देना और उन्हें शिक्षा–तन्त्र द्वारा वास्तविक सम्मान देना (न केवल प्रतीकात्मक सम्मान) शिक्षा की गुणवत्ता बनाये रखने के लिए आवश्यक है।

सन्दर्भ सूची

1. गवर्नमेंट ऑफ़ इंडिया। (2016), नेशनल पॉलिसी ऑफ़ एजुकेशन 2016। नयी दिल्ली : मिनिस्ट्री ऑफ़ ह्यूमन रिर्सोस डेवलपमेंट
2. http://indianexpress.com/article/india/india-news-india/kv-teacher-recruitment-exam-cancelled-over-paper-leak
3. "पेपर लीक्स, एग्ज़ाम चीटिंग नाउ एन ऑर्गनाइज़्ड क्राइम इन राजस्थान", *टाइम्स ऑफ़ इंडिया*, 2014 http://timesofindia.indiatimes.com/city/jaipur/Paper-leaks-exam-cheating-now-an-organized-crime-in-Rajasthan/articleshow/38223660.cms
4. "मैनी राज लेक्चरर्स इनवॉल्व्ड विथ पेपर लीक एंड चीटिंग गैंग्स, *टाइम्स ऑफ़ इंडिया*, 2015 http://timesofindia.indiatimes.com/city/jaipur/Many-Raj-lecturers-involved-with-paper-leak-cheating-gangs/articleshow/48353235.cm
5. प्रेस ट्रस्ट ऑफ़ इंडिया, (2015), टीचर रिक्रूटमेंट एग्ज़ाम ऑफ़ केवि'स हिट बाइ पेपर लीक एलिगैशन। http://www.business-standard.com/article/pti-stories/teacher-recruitment-exam-of-kvs-hit-by-paper-leak-allegations-115100300888_1.html

6. एन.सी.ई.आर.टी. (एडिट) (2005)। नेशनल करिकुलम फ्रेमवर्क 2005। नयी दिल्ली : नेशनल काउंसिल ऑफ़ एजुकेशन रिसर्च एंड ट्रेनिंग
7. नवानी, डी. (2013), ''कॉर्परल पनिश्मेंट इन स्कूल्स'', *इकोनॉमिक एंड पॉलिटिकल वीकली*, वॉल्यूम XLVIII, नम्बर 24
8. गोविन्दा, आर. एंड जोसेफीन, वाइ. (2005), पैराटीचर्स इन इंडिया : ए रिव्यु। *कंटेम्परारी एजुकेशन डॉयलॉग*, वॉल्यूम 2:2, स्प्रिंग
9. काले, पी. (1970), दि गुरु एंड दि प्रोफ़ेशनल दि डिलेमा ऑफ़ दि सेकेंडरी स्कूल टीचर इन पूना, इंडिया। *कंटेम्परारी एजुकेशन रिव्यु*, वॉल्यूम 14, नम्बर 3
10. बेतले, टी. एंड रामचन्द्रन, वी. (2016), ''कॉन्ट्रेक्ट टीचर्स इन इंडिया'', *इकोनॉमिक एंड पॉलिटिकल वीकली*, वॉल्यूम LI, नम्बर 25
11. भट्टाचर्जी, पी. एंड किंगडन, जी. जी.(2016), ''स्कूल एजुकेशन एंड दि लैक ऑफ़ पेरेंट इन्फार्मेशन'', *कंटेम्परारी एजुकेशन डॉयलाग*, वॉल्यूम 13, नम्बर 1

शिक्षक की आत्मछवि एवं जनछवि का द्वन्द्व

–केवलानन्द काण्डपाल

यह लेख शिक्षक की जनछवि व उसकी आत्मछवि के शिक्षकीय काम पर असर की व्याख्या करता है। लेखक कहते हैं कि इनमें पारस्परिक अन्तःसम्बन्ध हैं और यह एक–दूसरे पर असर डालते हैं। लेखक नीति दस्तावेज़ों व कुछेक प्रमुख सार्वजनिक कथनों में शिक्षक की छवि पर व्यक्त को यथार्थ से बहुत दूर पाते हैं और कहते हैं कि शिक्षक स्वयं भी इस भूमिका में बेचारगी, बेबसी व फसावट महसूस करते हैं। जो चाहकर इस भूमिका में आये हैं वे भी धीरे–धीरे अपने को परिवर्तन व समाज में बदलाव व बेहतरी का एजेंट मानना छोड़ सरकारी नौकर के मानस तक पहुँच जाते हैं। वे आत्मछवि के निर्माण की व्याख्या करते हुए इस छवि के निर्माण की प्रक्रिया को समझने के लिए उसके कुछ स्तर प्रस्तुत करते हैं।

प्रस्तावना

सार्वजनिक शिक्षा, किसी लोकतान्त्रिक देश की महत्त्वपूर्ण ज़रूरतों में से एक ज़रूरत होती है। लोकतन्त्र के विकास के लिए विवेकशील नागरिकों की ज़रूरत होती है और सार्वजनिक शिक्षा से यह उम्मीद की जाती है कि वह अपने नागरिकों में विवेकशीलता विकसित करेगी। लोकतन्त्र में शिक्षा से यह भी उम्मीद की जाती है कि वह अपने नागरिकों का विवेक इस तरह से विकसित करेगी कि वे उसका उचित इस्तेमाल कर सकें। कोठारी आयोग (1964–66) ने अपनी रिर्पार्ट के शुरुआती हिस्से में लिखा है, "भारत का भविष्य इसकी कक्षाओं में निर्मित हो रहा है।"[1] (The destiny of India is now being shaped in her class room.) इस कथन के गम्भीर शैक्षिक निहितार्थ हैं और यह विचार देश के भविष्य–निर्माण में शिक्षकों की भूमिका को रेखांकित करता है। आज़ादी के दौर में ही

राष्ट्रपिता महात्मा गाँधी जी ने शिक्षा–तन्त्र में अध्यापकों की भूमिका को रेखांकित करते हुए कहा था, "मैं हमेशा से ही महसूस करता रहा हूँ कि एक विद्यार्थी के लिए सर्वोत्तम पाठ्यपुस्तक अध्यापक है।"[2] शिक्षक के बारे में यह विचार महज़ भावुकता न होकर एक प्राप्य आदर्श रहा है। शिक्षक समुदाय से औपचारिक बातचीत एवं बहुत बार शिक्षकों से अनौपचारिक बातचीत में जो प्रमुख बात उभरकर सामने आती है, उसमें शिक्षक अपने पेशे के प्रति जो भाव महसूस करते हैं, उसमें बेचारगी, बेबसी एवं कुछ हद तक निराशा के भाव ही अधिकता में परिलक्षित होते हैं, गर्व एवं सन्तोष के भाव बहुत ही कम नज़र आते हैं। अपवाद स्वरूप गिने–चुने स्वप्रेरित शिक्षक विपरीत परिस्थितियों में कुछ कर गुज़रने का भाव लिए सकारात्मक आत्मछवि गढ़ने का प्रयास कर भी रहे हैं। विषम हालातों में उनका जीवट कब तक बना रह सकेगा, यह गहन विमर्श का विषय है। शिक्षकों की बातचीत में प्रायः सुनने को मिलता है कि–अरे! कहाँ फँस गये, मैंने तो बहुत तैयारी की परन्तु कहीं हो नहीं पाया, मैं वर्तमान पद से उच्च पद की शैक्षिक/व्यावसायिक अर्हता रखता हूँ, मैं अमुक पद के लिए तैयारी कर रहा हूँ, यदि अवसर मिले तो मैं समान वेतन, कभी–कभी उससे भी कम परिलब्धियों पर किसी दूसरे विभाग में जाना पसन्द करूँगा (व्यावसायिक प्रगति के हिसाब से इसमें कुछ बुराई भी नज़र नहीं आती)। ये कथन शिक्षक की अपनी छवि की गर्वित अभिव्यक्तियाँ तो नहीं ही कहे जायेंगे, शिक्षक की आत्मछवि के सन्दर्भ में इन कथनों के गहन निहितार्थ हैं। यह शिक्षकीय पेशा चुनकर अपनाने एवं संयोग से बने शिक्षक के सतही विमर्श के बजाय शिक्षक की आत्मछवि एवं जनछवि के द्वन्द्वों की जाँच–पड़ताल का मुद्दा है। शिक्षण के उपक्रम में शिक्षक के व्यवहार के घटकों में ज्ञान, कौशल एवं अभिवृत्यात्मक मूल्य ही शामिल नहीं होते वरन् इसके अलावा अन्तर्बोध, संवेदनशीलता एवं मनोबल को भी सम्बोधित करना आवश्यक हो जाता है। अन्तर्बोध वह वैयक्तिक सामर्थ्य है जो सीखने–सिखाने की प्रक्रिया में अध्यापक को नवाचार की दिशा में ले जाता है जिससे बच्चे की शैक्षणिक ज़रूरतें सम्बोधित हो सकें। स्वप्रेरित शिक्षक ऐसा करते भी हैं।

दूसरा मसला संवेदनशीलता का है। विद्यालयों, विशेषकर सरकारी विद्यालयों में अधिकांश बच्चे सामाजिक एवं आर्थिक रूप से वंचित वर्गों से आते हैं और इनमें से बहुत बड़ा हिस्सा ऐसे बच्चों का है जो प्रथम पीढ़ी

के अधिगमकर्ता (First Generation learner) हैं। यदि इन बच्चों की शैक्षिक ज़रूरतों को संवेदनशीलता के साथ सम्बोधित नहीं किया जाये तो इनके बहिष्करण का जोखिम अभी भी बना हुआ रहता ही है। इस संवेदनशीलता के विविध आयामों में लैंगिक मुद्दे, सांस्कृतिक एवं भाषायी मुद्दे सहित वे सभी मुद्दे आ जाते हैं जो बच्चे के शिक्षा की मुख्य धारा में समावेशन में एक बड़ी बाधा सृजित करते हैं। यह शिक्षक के मनोबल से सम्बन्धित है, चूँकि मनोबल से तमाम प्रतिकूलताओं के बावजूद वह अपने प्रयासों को सतत रूप से जारी रखने की आन्तरिक प्रेरणा प्राप्त कर सकता है।

प्रायः अध्यापक स्वप्रेरणा, मनोबल एवं संवेदनशीलता के मूल्यों के साथ कुछ बेहतर करने की उम्मीद में शिक्षक करियर के शुरुआती वर्षों में अपने कार्य–व्यवहार में बहुत उत्साही एवं सकारात्मक नज़र आते हैं। शुरुआती वर्षों में शिक्षक स्वयं को इस रूप में देख रहा होता है कि वह बच्चों को मात्र सीखने–सिखाने का ही काम नहीं करने जा रहा है वरन् समाज के निर्माण में भी अप्रत्यक्ष रूप में उसका योगदान होगा और उसके कार्य की मान्यता होगी। इस उम्मीद से शिक्षक के मन में स्वयं के बारे में एक छवि बनती है, जो सकारात्मक या बहुत हद तक सकारात्मक होती है। बाद के वर्षों में कार्य करने का उपयुक्त वातावरण न मिलने से यह उत्साह सिमटकर कम शिक्षकों में ही नज़र आ पाता है। शिक्षकों की आत्मछवि की प्रेरित/प्रयास की अवस्था से शुरू होकर प्रतिबद्धता/समायोजन की अवस्था तक की यात्रा एवं उसके आयामों का अनुमान इससे मिलता हैं।

अभिभावकों एवं समुदाय से बातचीत में एक मुख्य बात उभरकर आती है कि शिक्षकों के बारे में उनकी राय बहुत सकारात्मक नहीं है। मीडिया, विभाग एवं जनसंचार माध्यमों में भी इस तरह की धारणा प्रस्तुत की जाती है कि शिक्षा–व्यवस्थाओं की ख़ामियों के लिए बहुत हद तक शिक्षक ही ज़िम्मेदार है। अतः समाज एवं समुदाय में शिक्षक की जनछवि अवलोकन/परीक्षण, समर्थन/आलोचना से न गुज़रते हुए स्वतः मान्यता/नकार में परिलक्षित होती है। छवि को बदलकर बेहतर बनाने के लिए शिक्षक को विलक्षण होने की ज़रूरत होती है। यहाँ पर पुनः ऊपर वर्णित स्वप्रेरित अध्यापकों के बारे में भी समुदाय की राय बहुत सकारात्मक नहीं थी व इन्हें भी जनछवि के अवलोकन/परीक्षण दौर से गुज़रना पड़ा था।

विगत कुछ दशकों से, विशेषकर 1980–1990 के दशकों में हुए उदारीकरण के बाद समाज शिक्षकों को अन्य वेतनभोगी सरकारी नौकरों के समान मानने लगा है। अपने सेवाकाल में शिक्षक अपनी आत्मछवि के भी विभिन्न पड़ावों से होकर गुज़रता है। इसी दौरान शिक्षक की आत्मछवि एवं जनछवि का द्वन्द्व भी चलता रहता है। कार्य करने की परिस्थितियाँ एवं कार्य करने के वातावरण में प्रेरक के पुट के आकलन से एक ऐसे मैट्रिक्स की निर्मिति होती है जो शिक्षक के मनोबल को दिखाती है।

शिक्षक की आत्मछवि स्वयं उसके अकादमिक एवं शैक्षणिक सामर्थ्य एवं कार्यदशा की आपसी रस्साकशी में निर्मित होती है। यह आत्मछवि उत्तरोत्तर वृद्धिमान या ह्रासमान दिशा की ओर गतिमान हो सकती है, या ऊपर–नीचे हो सकती है।

शिक्षक की आत्मछवि की निर्माण–प्रक्रिया वस्तुतः शिक्षक की तैयारी के प्रारम्भिक चरण से ही शुरू हो जाती है। शिक्षक की तैयारी में प्रशिक्षण की व्यवस्थाएँ, शिक्षक–प्रशिक्षक का व्यवहार व इस दौरान प्राप्त अनुभवों के आलोक में शिक्षक के अकादमिक एवं शैक्षणिक कौशल तराशने के साथ–साथ उनकी आत्मछवियाँ बुनना शुरू हो जाती हैं। डायट के एक दशक के अनुभव एवं अवलोकन के अनुभव के आधार पर मेरा मानना है कि चयन कर बने शिक्षक अपनी सकारात्मक छवि रखते हैं। और इसकी निर्मिति में उनके अपने स्कूली दिनों के सकारात्मक अनुभवों और ऐसे अनुभव सृजित करने वाले शिक्षकों की छवियों का कुछ–न–कुछ योगदान ज़रूर होता है।

सेवापूर्व प्रशिक्षणों की शुरुआत में ही परिचय सत्रों में हमारा प्रश्न होता था–"किस बात ने आपको शिक्षक बनने के लिए प्रेरित किया?" इस प्रश्न के उत्तर में जो बातें सामने आती थीं, उसमें ज़्यादातर के परिवार के क़रीब शिक्षक अथवा स्वयं के शिक्षक की प्रेरणा कारण बनती थी। इनमें कतिपय शिक्षक अच्छी नौकरी या व्यापार को छोड़कर भी आये थे। संयोगवश शिक्षक बनने वाले अध्यापकों के प्रत्युत्तरों में किसी आदर्श छवि के बजाय शिक्षण पेशे में आने के हालातों का ही ज़िक्र अधिक होता है और अपनी शैक्षिक योग्यताओं के आलोक में किसी प्रतियोगी परीक्षा की तैयारी का ज़िक्र ज़रूर होता है। यह इस बात का अनुमान लगाने में मदद करता है कि ऐसे शिक्षक, शिक्षण पेशे के बारे में बहुत सकारात्मक राय तो नहीं ही रखते। मेरे अनुभव अनुसार यदि इस दौरान इन भावी शिक्षकों

को स्वायत्तता के साथ सोचने–विचारने एवं निर्णय लेने के समुचित अवसर मिलते हैं तो वह सकारात्मक आत्मछवि के मार्ग पर अग्रसर होते हैं। इसके विपरीत सामान्य तौर पर परिलक्षित हालातों में वह विवशता एवं बेचारगी के अनुभव से सरोबार होकर नकारात्मक रवैया अपनाना सरल समझते हैं। वस्तुतः 'जो होना चाहिए' और 'जो वास्तव में घटित होता है' के बीच की खाई के कारण सामान्य शिक्षक को कोई रास्ता भी नहीं दिखता। इस तरह का नैराश्य बहुत बार पेशा चुनकर बने शिक्षकों को भी ग्रसित कर लेता है। कार्य करने की परिस्थितियाँ एवं व्यवस्थाएँ सबल आत्मछवि व शुरुआती उत्साह को कम और शिक्षक को वेतन पा रहे कार्मिक/नौकर में तब्दील करती जाती हैं। सामान्य तौर पर शिक्षक पालकों व बच्चों पर रौब चलाता है और उनके सामने यही दिखाता है कि उसे निर्णय लेने की समुचित शक्तियाँ, स्वायत्तता प्राप्त है। उसकी स्थिति प्रोफ़ेसर कृष्ण कुमार द्वारा वर्णित दब्बू तानाशाह[3] की भाँति ही होती है।

भावी शिक्षकों एवं कार्यरत शिक्षकों से औपचारिक/अनौपचारिक बातचीत एवं चर्चाओं से प्राप्त अन्तर्दृष्टि के आधार पर इस आलेख में शिक्षक की आत्मछवि व इसके विभिन्न चरणों, जनछवि एवं जनछवि के विभिन्न चरणों पर विचार करने का प्रयास किया गया है। यह शुरुआती विचार/प्रस्ताव है, यक़ीनन इस शुरुआती प्रस्ताव/विचार को साक्ष्य आधारित गहन शोध के आलोक में जाँचने–परखने की ज़रूरत होगी।

ऐतिहासिक पृष्ठभूमि

प्राचीन भारतीय समाज में विशेषकर औपनिवेशिक काल से पूर्व एवं कुछ हद तक औपनिवेशिक काल के एकदम शुरुआती वर्षों तक शिक्षा को एक विशेषीकृत कार्य के रूप में देखा जाता था। यद्यपि इस कालखण्ड में शिक्षा–व्यवस्था, सार्वजनिक शिक्षा के लक्ष्यों के उस रूप में मौजूद नहीं थी जैसा कि हम इसे औपनिवेशिक काल में अति सीमित रूप से तथा आज़ादी के बाद व्यापक रूप से लागू करने के तौर पर देखते हैं, फिर भी शिक्षण की देशज परम्परा में, "शिक्षक व्यक्तिगत रूप से जहाँ स्वतन्त्रता को अमल में लाता था, वह जगह थी छात्र की प्रगति के अपने आकलन के अनुसार ही शिक्षण–प्रक्रिया की गति निर्धारित करना।"[4] 'क्या पढ़ाया जाना है' यह भले ही किसी राजा, ज़मींदार या शासक द्वारा तय किया जाता रहा हो, परन्तु कैसे पढ़ाया जाना है, किस प्रकार मूल्यांकन

किया जाना है, इस मामले में तो शिक्षक स्वायत्त थे। "पाठों के चयन के मामले में व्यक्तिगत रूप से भी सभी शिक्षकों के पास अपना फ़ैसला लेने और अपनी रुचि को लागू कराने के लिए काफ़ी गुंजाइश मौजूद रहा करती थी।"[5]

उन्नीसवीं सदी के मध्यकाल तक औपनिवेशिक शासन द्वारा भारत में एक शिक्षा–प्रणाली की मोटे तौर पर स्थापना कर ली गयी। इसके बाद से शिक्षक स्वयं अपनी सोच और मान्यताओं के आधार पर यह तय करने की स्थिति में नहीं रह गया कि क्या पढ़ाया जाना चाहिए और किस तरह से पढ़ाया जाना चाहिए? निर्धारित पाठ्यक्रमों और पाठ्यपुस्तकों के अस्तित्व में आते ही ख्यातिलब्ध शिक्षकों द्वारा स्थापित परम्पराओं की जगह नियमों, निर्देशों एवं आदेशों ने ले ली। "पाठ्यक्रम और पाठ्यपुस्तकें न सिर्फ़ यह निर्धारित करती थीं कि क्या पढ़ाया जाना है, बल्कि यह भी कि उनकी पढ़ाई को कितने समय के अन्दर पूरा कर लिया जाना है? इसका अर्थ यह होता है कि शिक्षक अपनी शिक्षा–पद्धति की गति को अपने शिष्यों के अनुरूप निर्धारित नहीं कर सकता था। इस सबके ऊपर परिवर्तन का एक पहलू निर्वैयक्तिक परीक्षाओं का भी था। छात्र होने की अवधि के समापन का आधार अब शिक्षक की सन्तुष्टि नहीं रह गया था, इसका नया आधार था एक ऐसी परीक्षा में उसका प्रदर्शन, जिसका ख़ाका उस शिक्षक ने नहीं तैयार किया होता है।"[6]

औपनिवेशिक शिक्षा–प्रणाली की स्थापना के साथ ही शिक्षण के पेशे का भौतिक आधार और उसकी हैसियत बहुत सारे बदलावों से गुज़री। "शिक्षण सरकारी नौकरी का अंग बन गया और शिक्षक की नौकरी अपने साथ ढेर सारे किरानियों के काम भी लेकर आती थी, मसलन प्रवेश, उपस्थिति, परीक्षा और ख़र्चों का ब्यौरा दर्ज करना।"[7] मूलभूत बात यह है कि शिक्षक की हैसियत इतनी मामूली थी कि उसमें सुरक्षा या आत्मविश्वास पैदा होने का वातावरण ही नहीं था। भारतीय स्कूली शिक्षकों के बारे में मेह्यू (1926) ने लिखा है–"वह एक ऐसा व्यक्ति है, जिसके हाथों में नियमों की एक किताब होती है और लिखित के विचलन के किसी भी आरोप से वह काफ़ी सजगता के साथ अपनी रक्षा में जुटा रहता है।"[8]

औपनिवेशिक दौर के शिक्षक के बारे में की गयी टिप्पणी आज के दौर के अध्यापक के बारे में कमोबेश सही प्रतीत होती है। इससे न केवल अध्यापक की आत्मछवि पर असर पड़ता है वरन् जनछवि पर भी नकारात्मक

असर पड़ता है। अध्यापक की हैसियत की दृष्टि से यह एक संवेदनशील मुद्दा है। क़रीब–क़रीब उन्नीसवीं सदी की शुरुआत से शिक्षण को रोज़गार के एक साधन/नौकरी के बतौर देखा जाने लगा।

पहचान व हैसियत कमज़ोर क्यों?

जिन घटकों ने शिक्षक की पेशेवर पहचान एवं हैसियत को कमज़ोर करने में अहम योगदान दिया है, उनमें पाठ्यचर्या निर्धारण के मामले में अध्यापक की कोई भूमिका न होना, शिक्षा का परीक्षा केन्द्रित होना, जैसे मसले हैं। इससे अध्यापक की भूमिका केवल बच्चे को परीक्षा में अच्छे अंक लाने के लिए तैयार करते रहने–भर की रह जाती है। परीक्षा प्रधान शिक्षा–प्रणाली में शिक्षण का पाठ्यपुस्तक की विषयवस्तु तक सीमित हो जाना स्वाभाविक है। ऐसे में यदि कोई अध्यापक बच्चों की सीखने–सिखाने की प्रक्रिया में पाठ्यपुस्तकों से इतर प्रयास करता है तो उसके इन सद्प्रयासों से परीक्षा में अच्छे अंक लाने की गारण्टी तो नहीं दी जा सकती है। सम्भव है ऐसा करने से बच्चे कुछ ऐसा सीख पा रहे हों जो उनके लिए अर्थपूर्ण है। अपने छात्रों का परीक्षा में बेहतर प्रदर्शन न कर पाने का भय अध्यापक को निर्धारित पाठ्यवस्तु/पाठ्यपुस्तक से इधर–उधर खोजबीन के अवसर नहीं देता। दूसरी बात यह है कि इस प्रकार की पाठ्यपुस्तक केन्द्रित शिक्षा–प्रणाली एवं इसकी पृष्ठभूमि में काम कर रही परीक्षा–प्रणाली शिक्षा के प्रशासकों के हाथ में एक औज़ार देती है कि वे शिक्षकों की हैसियत को लगातार अपने नियन्त्रणाधीन बनाये रखें। बहुत से राज्यों में शिक्षकों का बोर्ड परीक्षाफल एक निर्धारित मानक से कम रहने पर 'रेड कार्ड', 'प्रतिकूल प्रविष्टि', 'वेतन वृद्धि' से जोड़ना आदि ऐसे उपाय हैं, जिससे शिक्षकों की आत्मछवि पर नकारात्मक असर पड़ता है, येन–केन–प्रकारेण अच्छा परीक्षाफल देने वाले शिक्षकों को बेहतर शिक्षक के रूप में प्रतिष्ठित करने के उपक्रम, जनचर्चा एवं मीडिया की हेडलाइन बन जाते हैं। इस प्रकार शिक्षक द्वारा किसी भी क़िस्म की पहल लेने की सम्भावना भी परीक्षा प्रणाली द्वारा निभायी गयी प्रभावी भूमिका के चलते पूरी तरह समाप्त हो जाती है।

भारत के स्कूली तन्त्र में शिक्षक की भूमिका हमेशा से विमर्श का विषय रही है। पहले यह विमर्श शिक्षक की राष्ट्र–निर्माण में भूमिका के मद्देनज़र था, परन्तु वर्तमान में शिक्षक की वांछनीय योग्यता, चयन, प्रशिक्षण एवं

तैयारी एवं बच्चों के सीखने–सिखाने में शिक्षक की भूमिका पर केन्द्रित हो रहा है। प्रारम्भिक शिक्षा के क्षेत्र में विभिन्न परियोजनाएँ (ज़िला प्राथमिक शिक्षा कार्यक्रम, सर्व शिक्षा अभियान) लागू होने से विद्यालयों में आधारभूत सुविधाएँ जुटाने को शीर्ष प्राथमिकता दी गयी परन्तु शिक्षकों के सशक्तीकरण एवं क्षमता विकास की उपेक्षा होती गयी।

राष्ट्रीय शिक्षा नीति 1986 में इस बात को महत्त्वपूर्ण ढंग से स्थापित किया गया है कि किसी भी राष्ट्र का स्तर, उस राष्ट्र के शिक्षकों के स्तर पर निर्भर करता है। "किसी समाज में अध्यापकों के दर्जे से उसकी सांस्कृतिक–सामाजिक दृष्टि का पता चलता है। कहा गया है कि कोई भी राष्ट्र अपने अध्यापकों के स्तर से ऊपर नहीं उठ सकता है। सरकार एवं समाज को ऐसी परिस्थितियाँ बनानी चाहिए जिनसे अध्यापकों को निर्माण एवं सृजन की ओर बढ़ने की प्रेरणा मिले, अध्यापकों को इस बात की आज़ादी होनी चाहिए कि वे नये प्रयोग कर सकें, सम्प्रेषण की उपयुक्त विधियाँ और अपने समुदाय की समस्याओं और क्षमताओं के अनुरूप नये उपाय निकाल सकें।"[9] हाल के वर्षों में शिक्षक की हैसियत, उसकी भूमिका, उसको प्राप्त होने वाली परिलब्धियों को लेकर समुदाय में तीखी चर्चाएँ होने लगी हैं। दूसरी ओर शिक्षा–व्यवस्था में शिक्षक की तैयारी, प्रशिक्षण, स्वायत्तता के मुद्दे आदि, समुदाय के विमर्श का हिस्सा नहीं बन सके हैं। शिक्षकों पर कठोर प्रशासनिक नियन्त्रण, कड़ी निगरानी एवं मीडिया द्वारा प्रस्तुत नकारात्मक छवि के कारण अध्यापक की छवि एक सामान्य सरकारी कर्मचारी के रूप में स्थापित होती जा रही है, जिस पर लगातार नकेल कसने की आवश्यकता है। वह एक ऐसा कर्मचारी है जो ठीक–ठाक वेतन प्राप्त करता है परन्तु करता कुछ ख़ास नहीं। कुछ ख़ास न करने के पीछे जो कारण हैं, उन मुद्दों पर दरअसल बात नहीं होती।

शिक्षकों की शिकायत रहती है कि सरकार के आज्ञाकारी प्रतिनिधि के रूप में शिक्षण करने के चक्कर में उनकी स्वायत्तता छिन गयी है और शिक्षा की व्यापक परियोजना में वे अपने को अलग–थलग महसूस करते हैं। शिक्षक कितने पेशेवर हैं, यह विचार शिक्षक को एक साधन के रूप में देखने के विचार पर टिका है। शिक्षकों का पेशेवर होना, उनके कुशलतापूर्ण व्यवहार से तय होना चाहिए परन्तु इस कुशलतापूर्ण व्यवहार को छात्रों की उपलब्धि तथा सामाजिक–आर्थिक बदलावों के आधार पर परखा जाता है। सुधारकर्ता के साधन के रूप में शिक्षक के इस्तेमाल का

अर्थ होता है कि वह मानकों एवं उद्देश्यों को हासिल करने के लिए निजी लक्ष्यों की बलि दे दें। इस प्रकार के परिदृश्य ने शिक्षक की आत्मछवि को प्रभावित किया है। सार्वजनिक शिक्षा–प्रणाली में यह प्रवृत्ति गहन रूप से स्थापित होती जा रही है कि शिक्षक भी अन्य सामान्य कर्मचारियों के समान ही सरकारी नौकर है, इससे अध्यापक की जनछवि की निर्मिति होती है। शिक्षक की आत्मछवि शिक्षक की प्रभावकारिता पर गहन असर रखती है। यदि यह सकारात्मक है तो शिक्षक अपने शिक्षण–कर्म का प्रभावपूर्ण ढंग से निर्वहन करते हैं, इसके अभाव में रस्मी तरीक़े से अपने काम को निबटाते हैं। शिक्षक की प्रभावशीलता को प्रभावित करने वाले घटकों में इसकी महत्त्वपूर्ण भूमिका है। इसी प्रकार शिक्षक की जनछवि शिक्षक को अभिप्रेरित/अनभिप्रेरित करती है कि वह आगे और अधिक प्रतिबद्धता के साथ काम करे या फिर सामान्य सरकारी नौकर की तरह अपने कामकाज को अंजाम दे। जनछवि, प्रेरणा एवं प्रतिबद्धता को बहुत हद तक प्रभावित करती है।

आत्मछवि

1970 के दशक के पूर्वार्द्ध में मनोवैज्ञानिक ड्राल बर्न ने आत्मछवि का सिद्धान्त प्रस्तुत किया।[10] आत्मछवि के लिए अंग्रेज़ी में प्रायः सेल्फ–परसेप्शन शब्द का इस्तेमाल किया जाता है। अंग्रेज़ी शब्दकोश में सेल्फ–परसेप्शन को पारिभाषित करते हुए लिखा गया है–"The idea that you have about the kind of person you are" अर्थात स्वयं के बारे में विचार कि वह किस तरह का व्यक्ति है? आत्मछवि उस प्रक्रिया एवं परिणाम को बतलाती है, जिसमें व्यक्ति अपने व्यवहार एवं मानसिक प्रक्रियाओं का सचेत अवलोकन करते हुए इस निष्कर्ष पर पहुँचता है कि उसके व्यवहार को संचालित करने में कौन–कौन सी अभिवृत्तियाँ एवं भावात्मक प्रतिक्रियाएँ प्रभावी रही हैं। सामान्यतः माना जाता है कि व्यक्ति का व्यक्तित्व एवं अभिवृत्तियाँ उसके कार्यों एवं क्रियाओं को नियन्त्रित एवं संचालित करती हैं, परन्तु आत्मछवि से सम्बन्धित सिद्धान्त बतलाते हैं कि हमेशा ऐसा नहीं होता है। सरल शब्दों में–"हम वह हैं, जो हम करते हैं"। आत्मछवि के सिद्धान्त बतलाते हैं कि–"हम अपने कार्य/क्रियाओं की व्याख्या/समीक्षा ठीक उसी प्रकार करते हैं जैसे कि हम दूसरों के कार्य/क्रियाओं की व्याख्या/समीक्षा करते हैं और बहुत बार हमारे कार्य/क्रियाएँ सामाजिक रूप से प्रभावित होती हैं,

हमारी स्वतन्त्र इच्छा का परिणाम नहीं होती हैं जैसे कि हम अपेक्षा करते हैं।"[11] किसी कार्यक्षेत्र में नियोजित व्यक्ति की आत्मछवि, कार्य करने की स्थितियों तथा कार्यक्षेत्र से सम्बन्धित ज्ञान, कौशल एवं योग्यताओं की आपसी अन्तःक्रियाओं के आलोक में निर्मित होती है और व्यक्ति के व्यवहार एवं क्रियाओं को प्रभावित करती है।

शिक्षक की आत्मछवि

शिक्षण एक चुनौतीपूर्ण काम है और यह बहुत अधिक मेहनत एवं समर्पण की माँग करता है। अभी भी बहुत सारे शिक्षक इस बात से प्रेरित होकर इस पेशे में आते हैं कि वे छात्रों को प्रेरित कर सकेंगे और उनको अपनी क्षमता पहचानने में मदद कर सकेंगे। कक्षाओं की विविधता शिक्षक से यह माँग करती है कि वह कक्षा की ज़रूरतों एवं परिस्थितियों के हिसाब से पाठ्यचर्या में लचीलापन ला सके। विगत में शिक्षा के क्षेत्र में (विशेषकर प्रारम्भिक शिक्षा एवं बाद के वर्षों में माध्यमिक शिक्षा में भी) लागू की गयी परियोजनाओं (ज़िला प्राथमिक शिक्षा परियोजना, सर्व शिक्षा अभियान एवं माध्यमिक शिक्षा परियोजना) में अन्य बातों की ओर ध्यान केन्द्रित किया गया। शिक्षक को एक संसाधन मानते हुए शिक्षक की हैसियत पर असर डालने वाले बहुत से निर्णय लागू किये गये। उदाहरण के लिए शिक्षक की शैक्षिक एवं प्रशिक्षण योग्यताओं को शिथिल किया गया, पैराटीचर नियुक्त किये गये, उनकी वेतन परिलब्धियों को मन–मुताबिक़ निर्धारित किया गया, सुनिश्चित कैरियर की सम्भावनाएँ ख़त्म कर दी गयीं। इन निर्णयों से समुदाय में यह विश्वास पुष्ट हुआ कि शिक्षण एक ऐसा काम है, जिसे कोई भी कर सकता है, शिक्षक भी आम कर्मचारी की तरह एक कार्मिक है, जिसे ज़ब चाहे हटाया जा सकता है। शिक्षक अपने हितों के लिए संघर्षरत रहते हैं (पैराटीचर शैक्षिक सत्र की समाप्ति के बाद अपनी सेवा–बहाली एवं मानदेय के मुद्दों पर संघर्षरत रहते थे) इसका शिक्षकों की आत्मछवि एवं जनछवि पर नकारात्मक रूप से प्रभाव पड़ा।

शिक्षक की आत्मछवि, उसकी स्वयं से अपेक्षाएँ तथा कार्य करने की दशाओं के आलोक में निर्मित होती है। वह अपनी पेशेवर अपेक्षाओं को पूर्ण करने में कार्यदशाओं को किस हद तक अनुकूल/प्रतिकूल पाता है, उसी के आधार पर आत्मछवि गढ़ता है। इसको गढ़ने में अध्यापक का विषय–ज्ञान, शिक्षण–कौशल, अध्यापन–मूल्य (जो संविधान में वर्णित

समता, समानता, स्वतन्त्रता, न्याय, व्यक्ति की गरिमा आदि से सन्दर्भित हैं), शिक्षण–अभ्यास से प्राप्त आत्मविश्वास एवं साथी शिक्षकों, उच्चतर स्तर से एवं समुदाय/समाज से प्राप्त मान्यता एवं अभिप्रेरण अहम भूमिका निभाते हैं। कार्यक्षेत्र की दशाएँ/वातावरण एवं बाह्य अपेक्षाओं से उसकी स्वयं की अपेक्षाओं के अन्तःगुन्थन से वह अपनी आत्मछवि बनाता है।

अधिगम के सुगमीकरण एवं कक्षा–कक्ष प्रबन्धन में शिक्षक की अहम भूमिका होती है। आत्मछवि की अवधारणा को बहुधा स्कूल में बेहतर या कमतर प्रदर्शन करने के रूप में परिभाषित किया जाता है। शिक्षण–कार्य के दौरान अनुभूत अनुभवों एवं परिणामों के आलोक में शिक्षक अपने बारे में छवि बनाता है। शिक्षक की भूमिका के बारे में अनुभूत भूमिका आत्मछवि पर असर डालती है। अर्थात वे यह आत्मछवि महज़ शैक्षणिक एवं पेशेवर योग्यता के आधार पर नहीं, वरन् कार्यक्षेत्र में सक्षमता के आलोक में निर्मित करते हैं। अर्थात आत्मछवि गढ़ने में प्रभावकारिता की भी भूमिका है और आत्मछवि पलटकर सक्षमता व प्रभावकारिता पर भी असर डालती है।

शिक्षक के द्वारा शिक्षण–अधिगम प्रक्रिया में लिए जाने वाले निर्णय इस बात पर निर्भर करते हैं कि वह अपने बारे में किस प्रकार की आत्मछवि रखता है। बण्डूरा (1997) स्व–प्रभावकारिता को परिभाषित करते हुए लिखते हैं, "प्रभावकारिता निर्धारित सम्प्राप्ति (लक्ष्य) को प्राप्त करने के लिए क्रियाओं के संगठन एवं क्रियान्वयन हेतु अपने सामर्थ्य में विश्वास है।"[12] शिक्षक का कार्यकौशल उसकी अपनी प्रभावकारिता को लेकर आत्मछवि पर निर्भर है। शिक्षकों में आत्मछवि के बारे में क्या अवधारणाएँ हैं और कौन–सी बातें हैं जो आत्मछवि गढ़ने पर प्रभाव डालती हैं, इन प्रश्नों पर शिक्षकों से हुई बातचीत से जो बिन्दु सामने आये, उनके आधार पर अनुलग्नक 1 में शिक्षक की आत्मछवि गढ़ने की प्रक्रिया में प्रभाव डालने वाले कारकों का एक ख़ाका खींचने का प्रयास किया गया है।

कार्यदशाओं/वातावरण के आलोक में अध्यापक अपनी आत्मछवि गढ़ता है और यह आत्मछवि प्रेरित शिक्षक, हतोत्साहित शिक्षक, कुण्ठित शिक्षक एवं व्यवस्था से अनुकूलित शिक्षक के अलग–अलग अनुपात से बने मिश्रण के रूप में समझी जा सकती है।

शिक्षक में आत्मछवि के द्वन्द्व के दो आयाम स्पष्ट दिखलायी पड़ते हैं। प्रथम–वह शिक्षक है, जिसे काम करने में स्वायत्तता प्राप्त है (वस्तुतः वह पूर्णतः नहीं होती।) या उच्चाधिकारियों के आदेशों एवं निर्देशों का अनुपालन

करने वाला सरकारी सेवक (यह भी पूर्णतः वैसा नहीं होता)। द्वन्द्व का दूसरा आयाम है, उसे पेशेवर शिक्षक होना है या बेहतर कार्य करने वाला संवेदनशील शिक्षक। पेशेवर शिक्षक की अवधारणा में बुनियादी ख़ामी यह है कि अध्यापक उस मायने में पेशेवर नहीं कहा जा सकता, जिस सन्दर्भ में हम स्वतन्त्र पेशेवर लोगों को देखते हैं, अच्छा काम/अच्छी सेवा, इसका परिणाम अच्छा मेहनताना, अच्छी ख्याति। इसके बजाय संवेदनशील शिक्षक की अवधारणा उचित जान पड़ती है। ऐसा शिक्षक जो बँधे–बँधाये ढर्रे से बाहर निकलकर, आदेशों एवं निर्देशों का पालन करने के साथ–साथ सभी बच्चों के लिए सीखने के अवसर सृजित कर लेता हो। जैसा हमने पहले भी कहा हमारा मानना है कि शिक्षक अपने कार्यकाल के शुरुआती चरण में सकारात्मक आत्मछवि के साथ आरम्भ करते हैं। इसमें धीरे–धीरे आये बदलाव की निम्नांकित अवस्थाएँ प्रतीत होती हैं। ये स्थैतिक अवस्थाएँ नहीं हैं और ठीक एक क्रम में दिखें; ये आवश्यक नहीं है, परन्तु हमारा दावा है कि शिक्षक अपने पेशेवर जीवन में इनमें से किसी–न–किसी अवस्था में ज़रूर रहता है। आत्मछवि की अवस्थाएँ निम्न हो सकती हैं–

1. प्रथम अवस्था (प्रेरित/प्रयास की अवस्था) : शिक्षक बनने की प्रक्रिया, सेवापूर्व शिक्षा/प्रशिक्षण एवं तत्पश्चात कार्य करने के शुरुआती सालों में अधिकांश अध्यापक एक सकारात्मक मनःस्थिति के साथ, अपने ज्ञान, कौशल एवं मूल्यों के साथ, बृहत लक्ष्यों के साथ प्रयास करते हैं। स्वयं को सबल एवं सक्षम मानते हैं। यदि इस दौर में प्रतिकूलताओं का सामना करना पड़े तो उनके मनोबल में धीरे–धीरे कमी आने लगती है।
2. द्वितीय अवस्था (सन्तुष्टि की या इसके विपरीत संघर्ष की अवस्था) : शैक्षिक व्यवस्थाओं से लगातार अनुसमर्थन मिलने, समाज/समुदाय से निरन्तर प्रोत्साहन मिलने से शिक्षक प्रेरित/प्रयास की अवस्था से आत्मछवि के उच्च सन्तुष्टि के स्तर को प्राप्त करते हैं। अपने प्रयासों में गहनता लाते हैं। वहीं दूसरी ओर उनके प्रयासों को समर्थन, मान्यता एवं प्रोत्साहन न मिलने पर, शिक्षा–तन्त्र में संघर्ष, सिफ़ारिश, पारदर्शिता के अभाव के कारण व्यवस्था से संघर्षरत नज़र आते हैं। इसी दौर में समाज/समुदाय की अपेक्षाओं पर खरे न उतरने के कारण समुदाय/समाज से भी द्वन्द्व की परिस्थितियाँ निर्मित होती हैं। आत्मछवि में विवशता एवं लाचारगी का समावेशन इस दौर में होता है।

3. तृतीय अवस्था (प्रतिबद्धता की या इसके विपरीत समायोजन की अवस्था) : शिक्षक के प्रयासों को शिक्षा–व्यवस्था एवं समुदाय से निरन्तर मान्यता एवं प्रोत्साहन मिलता रहता है तो शिक्षक प्रतिबद्धता के चरण में पहुँच जाते हैं। उनके प्रयास संस्थागत स्वरूप प्राप्त कर लेते हैं। इसके विपरीत जब शिक्षक महसूस करने लगते हैं कि प्रयास एवं मेहनत के बजाय शिक्षा–व्यवस्थाएँ नियमों, आदेशों, पहुँच एवं सिफ़ारिशों को महत्त्व देती हैं तो वे शिक्षा–व्यवस्था के अनुरूप ढलकर अपना हित साधने का प्रयास करते हैं और व्यवस्थागत ख़ामियों को अपने हित साधन में उपयोग करने लगते हैं।

आत्मछवि के निर्माण में कार्य करने की परिस्थितियों एवं कार्य करने की प्रेरक शक्ति के आलोक में, कार्य करने और कर सकने एवं इसकी विलोम स्थितियों के बीच हर शिक्षक में एक द्वन्द्व होता है। शिक्षक के कार्य करने की परिस्थितियों एवं कार्य करने की प्रेरक शक्ति के आपसी संयोग से जो सम्भावित मैट्रिक्स उभरकर सामने आता है उसे तालिका 1 में स्पष्ट करने का प्रयास किया गया है–

तालिका 1 : शिक्षक की आत्मछवि मैट्रिक्स

कार्य करने की परिस्थितियाँ कार्य करने की प्रेरक शक्ति	कार्य कर सकता है	कार्य नहीं कर सकता है
कार्य करता है	1. कार्य कर सकता है कार्य करता है (सकारात्मक स्व)	2. कार्य नहीं कर सकता है कार्य करता है (स्वप्रेरित स्व)
कार्य नहीं करता है	1. कार्य कर सकता है कार्य नहीं करता है (अनभिप्रेरित स्व)	2. कार्य नहीं कर सकता है कार्य नहीं करता है (परिस्थितियों से समायोजित स्व)

निहितार्थ

इस विश्लेषण के आधार पर हम कह सकते हैं शिक्षक सबसे बेहतर कार्य करें व उनमें सकारात्मक आत्मछवि बनाने की राह में कुछ पहलू महत्त्वपूर्ण हैं। इनमें से कुछ ये हैं :

1. सकारात्मक स्व–कार्य करने की बेहतर परिस्थितियों में निरन्तरता लायी जाये, जिससे शिक्षक अभिप्रेरित अवस्था में निरन्तर बना रहे। यह अध्यापकों में सकारात्मक आत्मछवि की सर्वश्रेष्ठ स्थिति होगी।
2. प्रेरित स्व–कार्य करने की परिस्थितियाँ अनुकूल न होने के बावजूद, शिक्षक स्व–प्रेरणा से बेहतर कार्य करने का प्रयास करते हैं। यदि कार्य करने की परिस्थितियाँ लगातार प्रतिकूल बनी रहती हैं, कार्य की परिस्थितियों में सुधार नहीं होता तो इनके अन–अभिप्रेरित स्व में बदलने की प्रबल सम्भावना बनी रहेगी।
3. अन–अभिप्रेरित स्व–कार्य करने की परिस्थितियों को बेहतर करने के प्रयास में निरन्तरता बनाये रखने के साथ–साथ, अध्यापक को स्वायत्तता, मान्यता एवं महत्त्व देकर प्रेरित स्व में रूपान्तरित किया जा सकता है।
4. परिस्थितियों से समायोजित स्व–कार्य करने की बेहतर परिस्थितियाँ न होने के साथ–साथ स्वप्रेरणा के अभाव में अध्यापक ऐसी मनःस्थिति में आ जाता है कि वह व्यवस्थाओं से समायोजन करते हुए किसी तरह अपनी नौकरी बचाने के प्रयास में काम कर रहा होता है। ऐसा विशेषकर तब होता है जब न तो काम करने की बेहतर परिस्थितियाँ हों और व्यवस्थाएँ इस प्रकार से काम कर रही हों कि शिक्षक के प्रयासों को लगातार नकारा जा रहा हो, व्यवस्था से अधिकार मिलने के लिए पहुँच की ज़रूरत हो, राजनीति एवं प्रशासनिक सम्पर्क ज़्यादा प्रभावी हों, नीति एवं नियमों के क्रियान्वयन में पारदर्शिता का अभाव हो। अध्यापकों में नकारात्मक आत्मछवि की यह बदतर स्थिति है। इसमें बदलाव ढाँचे की कार्य–पद्धति व उसे चलाने वाले के रवैयों में उलझा है।

अध्यापक की जनछवि

जैसा हमने कहा अध्यापक की जनछवि उसके कार्य को प्रभावित करने वाला एक और पहलू है और यह जनछवि शारीरिक, मानसिक, मनोवैज्ञानिक एवं मनो–सामाजिक परिप्रेक्ष्य में निर्मित होती है। अलपोर्ट (1996) ने छवि के बारे में कहा है–"यह एक तरीक़ा है जिसके द्वारा हम किसी के बारे में, जिनको जानते हैं, कोई राय रखते हैं या उसका मूल्यांकन करते हैं।"[13]

ईगन एवं कौचक (1996) छवि को एक प्रक्रिया मानते हैं, "जिसमें व्यक्ति अनुभवों को अर्थाभिव्यक्त करते हैं।"[14] बैरन एवं बर्न (1991) 'सामाजिक छवि' के बारे में कहते हैं, "यह एक प्रक्रिया है, जिसके द्वारा हम दूसरे व्यक्तियों को समझने का प्रयास करते हैं।"[15] शिम (2008)[16] सुझाव देते हैं कि शिक्षक एक अनुकूल आचरण का मॉडल प्रस्तुत करते हुए अपनी अहम ज़िम्मेदारी का निर्वहन करते हैं। शिक्षक इस ज़िम्मेदारी को किस प्रकार स्वीकारता है व कैसा व्यवहार अपनाता है, उससे शिक्षक की शिक्षक–समुदाय व व्यापक दायरे में छवि निर्मित होती है। जिसे हम मोटे तौर पर शिक्षक की जनछवि कह सकते हैं। इस जनछवि को निर्मित करने में भी बहुत से कारक होते हैं। इनमें अध्यापक बनने–बनाने की प्रक्रियाएँ, उच्चाधिकारियों का अध्यापक के प्रति दृष्टिकोण, शैक्षिक गुणवत्ता हेतु जवाबदेही निर्धारण, अध्यापक के प्रयासों का संज्ञान (विद्यार्थियों द्वारा अपने समुदाय में, समाज/समुदाय से अध्यापक की निरन्तर अन्तःक्रिया एवं उच्चस्तर द्वारा/मीडिया द्वारा) बच्चे के स्थानीय सन्दर्भों में शिक्षण की मान्यता, अध्यापक का आचरण, स्थानीय समुदाय से उसका संवाद, विद्यालय में उपस्थिति एवं नियमितता, शैक्षिक मुद्दों की मीडिया द्वारा प्रस्तुत छवियाँ, शिक्षा व शिक्षकों के प्रति राजनीतिक दृष्टिकोण आदि शामिल हैं। वस्तुतः जनछवि अध्यापक एवं विभिन्न हितधारकों के बीच अन्तःक्रिया के आलोक में निर्मित होती है और बहुत बार यह भ्रामक भी हो सकती है। कई बार ऐसा होता है कि बेहतर काम करने वाले अध्यापक के बजाय एक ऐसे अध्यापक की सकारात्मक छवि दिखलायी पड़ती है जिसने हितधारकों को साध लिया है। हालाँकि इस तरह से निर्मित छवियाँ शायद स्थायी नहीं होतीं, परन्तु गम्भीरता से प्रयास कर रहे अध्यापक के मनोबल और आत्मछवि पर विपरीत असर ज़रूर डालती हैं। शिक्षक की आत्मछवि एवं शिक्षक का प्रदर्शन और जनछवि एवं शिक्षक की अभिप्रेरणा चक्रीय रूप से एक–दूसरे को प्रभावित करते हैं।

कार्मिकों से चर्चाओं में शिक्षक की जनछवि के बारे में शिक्षकों से अपेक्षाएँ एवं उनके कार्य–व्यवहार से सम्बन्धित जो बिन्दु प्रमुख थे, उनमें शिक्षक की छवि के बारे में दो तरह के विचार सामने आये। प्रथम– शिक्षक एक वेतनभोगी कर्मचारी की तरह ही प्रशासनिक नीतियों, नियमों एवं निर्देशों से बँधा कर्मचारी है, जो अपनी नौकरी बचाये रखने के लिए

अधिक प्रतिबद्ध है। अपने शैक्षिक सरोकारों से उसका बहुत वास्ता नहीं है। द्वितीय–कुछ शिक्षक अपने शैक्षिक सरोकारों के प्रति प्रतिबद्ध हैं, जो नियमों, निर्देशों से बाहर जाकर अपने कार्य–दायित्वों को बेहतर तरीक़े से अंजाम देते हैं और बच्चों के प्रति संवेदनशील हैं। दूसरी छवि वाले शिक्षकों के पक्ष में समुदाय दृढ़ता से खड़ा रहता है। ऐसे शिक्षकों को उच्च स्तर से प्रताड़ना मिलने पर समुदाय इनके पक्ष में दृढ़ता से पैरवी करता है। ऐसे मामलों में प्रशासनिक दण्ड अथवा अन्य आधार पर की गयी कार्यवाहियों (स्थानान्तरण, वेतन रोकना आदि) का समुदाय डटकर विरोध करते हैं। शिक्षक के प्रदर्शन (Performance) एवं कार्य–व्यवहार/दशाओं के आलोक में अध्यापक की जनछवि निर्मिति को अनुलग्नक 2 में प्रस्तुत करने का प्रयास किया गया है। इसे भी तीन चरणों में देखा जा सकता है :

1. प्रथम चरण (अवलोकन/परीक्षण अवस्था) : अध्यापक के चयन, अध्यापक बनने की प्रक्रिया, सेवापूर्व प्रशिक्षण के बारे में मीडिया एवं अन्य स्रोतों से प्राप्त सूचनाओं के आधार पर जनछवि गढ़ने की प्रकिया आरम्भ हो जाती है और कार्य के शुरुआती दौर से ही उसके कार्य–व्यवहार, अपेक्षाओं पर खरा उतरना आदि के परीक्षण से होती है।
2. द्वितीय चरण (समर्थन/आलोचना की अवस्था) : यदि शिक्षक अपेक्षाओं को पूर्ण करने में प्रयासरत है तो उसकी सकारात्मक छवि विकसित होती है। यदि अध्यापक अपेक्षाओं की दिशा में प्रयासरत नहीं है तो उसकी आलोचना का उपक्रम शुरू हो जाता है। और फिर प्रत्येक असफलता के लिए अध्यापक को ही ज़िम्मेदार ठहराने का प्रयास होता है।
3. तृतीय चरण (मान्यता/नकार की अवस्था): जब शिक्षक लगातार प्रयास करते हुए अपेक्षाओं पर खरा उतरता है तो सकारात्मक जनछवि उच्च स्तर पर होती है। ऐसे शिक्षकों के विद्यालयों में लगातार नामांकन बढ़ने लगता है, दूसरे विद्यालयों से विद्यार्थी आने लगते हैं और उनका प्रदर्शन बेहतर होने लगता है। यह जनछवि का बहुत ही सकारात्मक स्तर है व कई बार ऐसे में शिक्षक की चर्चा समुदाय, उच्चाधिकारी एवं मीडिया में भी होने लगती है।

समेकन एवं निष्कर्ष

लोकतान्त्रिक ढाँचे में शिक्षक से अपेक्षा होती है कि वह सभी बच्चों के सीखने के लिए समतापूर्ण अवसर सृजित करे। वह बच्चों की रुचि, सीखने की गति एवं सीखने के तरीक़ों का सम्मान करते हुए संवैधानिक मूल्यों के आलोक में शिक्षण–कार्य करें तथा समता एवं समानता के मूल्यों की अवहेलना न करें। इसके विपरीत अभिभावक अपने बच्चे के लिए औरों से अच्छा चाहता है, अतः प्रतिस्पर्धा के मूल्यों में विश्वास करता है। बच्चा सर्वश्रेष्ठ अंक प्राप्त करे, अन्य बच्चों को बहुत पीछे छोड़ दे। समाज नवाचार एवं अभिनव प्रयोग के बजाय परीक्षा में प्राप्त अंकों की कसौटी पर शिक्षक का मूल्यांकन करता है। इससे उसकी छवियों में विरोधाभास दिखने लगता है। आत्मछवि व जनछवि को निर्मित करने के कारकों के अलग–अलग होने से अच्छे शिक्षक के व्यवहार को परखने में कुछ द्वन्द्व बनते रहते हैं। आत्मछवि व जनछवि के बरबस ऐसे कुछ द्वन्द्व निम्नांकित हैं–

- सभी बच्चों को सीखने के समान अवसर उपलब्ध कराना बनाम कुछ ख़ास (तथाकथित होशियार) बच्चों पर विशेष ध्यान देना।
- बच्चों को ज्ञान–सृजन के अवसर देकर विषयगत समझ विकसित करना बनाम बच्चों के प्रतियोगी परीक्षाओं में निकलने की गारण्टी देना।
- बच्चों के सीखने में मददगार बेहतर अध्यापक बनाम अधिकारियों एवं मीडिया का प्रिय अध्यापक (अधिकारियों एवं मीडिया को मैनेज करने की कुशलता)।
- नवाचारी, पहलकर्ता एवं स्वायत्त अध्यापक बनाम अधिकारियों के आदेशों एवं निर्देशों का शब्दशः अनुपालनकर्ता।
- बेहतर प्रयास एवं कार्य करने के बावजूद उपेक्षित अध्यापक बनाम जोड़–तोड़ से पुरस्कृत एवं मान्यता प्राप्त अध्यापक।

निष्कर्ष रूप में हम कह सकते हैं कि शिक्षक की आत्मछवि एवं जनछवि में द्वन्द मौजूद रहते हैं परन्तु ये दोनों दो छोर पर नहीं हैं। निरन्तर सकारात्मक आत्मछवि शिक्षक का मनोबल बढ़ाती है और उसे स्वप्रेरित बनाये रखती है और देर–सबेर उसके प्रति जनछवि में भी बदलाव आता ही है। जनछवि शिक्षक के पूर्ण नियन्त्रण में नहीं होती, क्योंकि इसकी निर्मिति में ऐसे घटकों का प्रभाव होता है जो उसके नियन्त्रण के दायरे से बाहर होते हैं।

सन्दर्भ सूची

1. रिपोर्ट ऑफ़ दि एजुकेशन कमीशन (1964–66), एजुकेशन एंड नेशनल डेवलपमेंट, मिनिस्ट्री ऑफ़ एजुकेशन गवर्नमेंट ऑफ़ इंडिया, पृ. 1, फर्स्ट एडीशन, 1966
2. गाँधी, एम.के. 'अक्षर ज्ञान', *सत्य के प्रयोग : आत्मकथा*, अनुवादक –काशीनाथ त्रिवेदी, नवजीवन ट्रस्ट, नवजीवन प्रकाशन मन्दिर, पहली आवर्ती 1957
3. कुमार, कृष्ण, ''दब्बू तानाशाह–शिक्षक के व्यक्तित्व का विरोधाभास'', *गुलामी की शिक्षा और राष्ट्रवाद*, प्रथम हिन्दी संस्करण 2006, दिल्ली : ग्रन्थ शिल्पी पृ. 77 से 102 तक।
4. वही, पृ. 78
5. वही, पृ. 78
6. वही, पृ. 79
7. वही, पृ. 81–82
8. आर्थर मेह्यू, दि एजुकेशन ऑफ़ इंडिया (लन्दन : एंड ग्वायर, 1926)
9. राष्ट्रीय शिक्षा नीति (1986), मानव संसाधन विकास मन्त्रालय, भारत सरकार, नयी दिल्ली, पृ. 22
10. बर्न, डी. जे. (1972), सेल्फ परसेप्शन थ्योरी, एडवांसेस इन एक्सपेरीमेंटल सोशल साइकोलॉजी,6, 1–62।
11. बर्न, डी. जे. परसेप्शन थ्योरी, एडवांसेस इन एक्सपेरीमेंटल सोशियल साइकोलॉजी, पृ. 6, (1972), "वी इंटरप्रेट अवर ओन एक्शन दि वे वी इंटरप्रेट अदर्स एक्शन्स एंड अवर एक्शन्स आर ऑफेन सोशली इंफ्लुअन्स्ड एंड नॉट प्रोड्युस्ड आउट ऑफ़ अवर ओन फ्री विल, एज़ वी माइट एक्सपेक्ट।"
12. बण्डूरा, ए. सेल्फ़ एफ़िकेसी : दि एक्सरसाइज़ ऑफ़ कंट्रोल, न्यूयॉर्क, डब्ल्यू. एच. फ्रीमैन।
13. अलपोर्ट, जी. डब्ल्यू. (1996), पैटर्न एंड ग्रोथ इन पर्सनालिटी, लन्दन; विलियम क्लोव्स एंड सन लिमिटेड। "परसेप्शन इज़ दि वे इंडिविजुअल्स इवेल्युएट पीपुल विथ हूम दे आर फैमिलियर इन एवरीडे लाइफ़," पृ. 3
14. ईगन, पी., कौचक डी. (2001), एजुकेशनल साइकोलॉजी; विंडो इन क्लासरूम, न्यू जर्सी प्रेंटिस हॉल, इनकॉर्पोरेटेड।
15. बैरन आर., बर्न डी. (1997), सोशल साइकोलॉजी (8वाँ एडिट), बोस्टन, एलिन एंड बैकन। "सोशल परसेप्शन विच इज़ दि प्रोसेस थ्रू विच वी अटैम्प्ट टू अंडरस्टैंड अदर पर्सन।"
16. शिम, एस. एच. (2008), ए फिलॉसोफिकल इंवेस्टीगेशन ऑफ़ दि रोल्स ऑफ़ टीचर्स : ए सिंथिसिस ऑफ़ प्लेटो, कन्फ्यूशियस, बुबेर एंड फ्रेयर। टीचिंग एंड टीचर एजुकेशन, 24 (3), 515–535 http://dx.doi.org/10.1016/j.tate.2017.03.39

अनुलग्नक–1

शिक्षक की आत्मछवि

शिक्षक की स्वयं की सामर्थ्य एवं अपेक्षाएँ	आत्मछवि	शिक्षक–प्रशिक्षण / कार्यक्षेत्र की दशाएँ / वातावरण एवं बाह्य अपेक्षाएँ
• प्रभावी शिक्षण–कौशल अर्जित करना। • बेहतर अध्यापक बनना। • सभी बच्चों को सीखने के अवसर उपलब्ध कराना एवं सीखने में मदद करना। • संवैधानिक मूल्यों के अनुरूप कक्षाओं में समान अवसर सृजित करना। • एन.सी.एफ. 2005 एवं बच्चों के शिक्षा के अधिकार अधिनियम 2009 के अनुरूप कर्तव्य का निर्वहन करना। • कार्य करने की अनुकूल परिस्थितियों में काम करना। • मनोबल बढ़ाने वाले तन्त्र में काम करना। • शिक्षक करियर में निरन्तर आगे बढ़ना एवं स्वयं का सतत व्यावसायिक विकास करना।	• विपरीत परिस्थितियों में स्वप्रेरित शिक्षक। • हतोत्साहित कर्मठ शिक्षक। • शिक्षा–व्यवस्था का अदना–सा पुर्जा, जिसकी कोई हैसियत नहीं है। • नियमों / आदेशों / निर्देशों को हू–ब–हू मानने वाला आज्ञाकारी सेवक।	• शिक्षक की तैयारी सम्बन्धी शिक्षा / प्रशिक्षण के ढाँचे एवं प्रक्रियाओं में ख़ामियाँ। • संसाधनों की अपर्याप्तता। • पाठ्यचर्या, पाठ्यक्रम एवं मूल्यांकन सम्बन्धी निर्णयों में भागीदारी का अभाव। • शिक्षणेतर कार्यों में अति–व्यस्तता। • आवश्यकतानुसार प्रशिक्षण प्राप्त न होना। • समुदाय की अपेक्षा कि बच्चे शिक्षा प्राप्त करके उच्च पदों पर चयनित हों। • उच्चाधिकारियों से अनुसमर्थन, मान्यता एवं प्रोत्साहन प्राप्त न होना। • सतत व्यावसायिक विकास के अवसरों का अभाव। • करियर विकास एवं पदोन्नति के सीमित अवसर। • पारदर्शी पदास्थापन एवं स्थानान्तरण नीति का अभाव। • स्वायत्तता की कमी। • शिक्षा को प्रभावित करने वाले निर्णयों में भागीदारी का अभाव।

• उच्च शिक्षाधिकारियों की नज़र में बेहतर शिक्षक की ख्याति अर्जित करना। • उच्चाधिकारियों एवं अकादमिक संस्थाओं से निरन्तर अकादमिक अनुसमर्थन मिलना। • समुदाय में सम्मानजनक स्थान प्राप्त करना।		• राजनीतिक एवं प्रशासनिक पहुँच की प्रबलता।

अनुलग्नक–2

शिक्षक की जनछवि

शिक्षक से हितधारकों की अपेक्षाएँ	**जनछवि**	**शिक्षक का प्रदर्शन (Performance) कार्य–व्यवहार / दशाएँ एवं प्रस्तुत छवियाँ**
• विद्यालयों में नियमित एवं समयबद्ध उपस्थिति। • सभी बच्चों को सीखने के समान अवसर मिलें। (यदि समाज समावेशन के मूल्य में यक़ीन रखता है।) • बच्चे लगातार परीक्षाओं में सफल हों और अच्छे अंक लायें। • विद्यालय में बच्चों के लिए भयमुक्त, तनावमुक्त एवं चिन्तामुक्त वातावरण का सृजन करें। • बच्चों की शिक्षा इस प्रकार से हो कि बाद में उच्च पदों में नियोजित हों।	• समुदाय को शैक्षिक नेतृत्व देने वाला शिक्षक। • कर्मठ एवं प्रतिबद्ध शिक्षक। • आदेशों एवं निर्देशों की सीमा में काम करने वाला सामान्य सरकारी नौकर। • ग़ैर–शैक्षणिक कार्यों में व्यस्त शिक्षक। • कर्तव्य के प्रति लापरवाह शिक्षक, जिसकी नकेल कसी जानी चाहिए।	• अध्यापक की नियमितता एवं समयबद्धता या इसके विपरीत। • एकल अध्यापकीय विद्यालय।(प्रत्येक कक्षा के लिए अध्यापक की उपलब्धता) • बच्चों का सीखना एवं समझना या इसके विपरीत। • शिक्षकों की ग़ैर–शैक्षणिक कार्यों में व्यस्तता। • अभिभावक / समुदाय से संवाद। • उच्चाधिकारियों द्वारा शिक्षकों के प्रयासों की सार्वजनिक प्रशंसा एवं मान्यता या इसके विपरीत। • आदर्श / अनैतिक आचरण। • कार्य–व्यवहार में पारदर्शिता या इसके विपरीत।

• आदर्श आचरण प्रस्तुत करें । • गैर–शैक्षणिक कार्यों से विरत रहें। • कार्य–व्यवहार में पारदर्शिता बरतें। • वित्तीय पारदर्शिता बरतें। • निर्णयों में अभिभावक एवं समुदाय की भागीदारी। • हड़ताल, संघबाज़ी एवं गुटबाज़ी से विरत रहें।	• शिक्षा की अव्यवस्था के लिए प्रमुख रूप से ज़िम्मेदार शिक्षक। • जुगाड़ू एवं व्यवस्थाओं की ख़ामियों से लाभ उठाने वाला शिक्षक।	• राजनीतिक पहुँच का इस्तेमाल एवं संघीय गतिविधियाँ। • मीडिया द्वारा प्रस्तुत नकारात्मक/सकारात्मक छवि। • बच्चों का शिक्षा प्राप्त कर के समाज की मुख्यधारा में सन्तोषजनक समावेशन होना/न हो पाना, आदि।

स्रोत : जिला शिक्षा एवं प्रशिक्षण संस्थान बागेश्वर (उत्तराखण्ड)

अध्यापक की पहचान - हो.वि.शि.का. के साथ

–सुनीला मसीह

यह लेख कक्षा में अध्यापक की वैकल्पिक भूमिका की सम्भावना, उसके लिए आवश्यक परिस्थितियों व पढ़ाने के दौरान स्वतन्त्रता महसूस करते हुए नये सृजनात्मक रास्ते खँगालने से बहुत से शिक्षकों को मिली ऊर्जा व उसके परिणामों की बात करता है। वे होशंगाबाद विज्ञान शिक्षण कार्यक्रम के दौरान प्राप्त अनुभवों के आधार पर इस बात को रखती हैं व आग्रह करती हैं कि शिक्षक की आत्मछवि एक सर्वज्ञाता की नहीं वरन् बच्चों के साथ मिलकर सीखने वाले जिज्ञासु इन्सान की होनी चाहिए।

वर्तमान परिस्थिति में अध्यापन कार्य को एक व्यवसाय की तरह देखा, सोचा–समझा जाता है। इस परिदृश्य में अध्यापक के बारे में अनेक विचार हो सकते हैं। शिक्षा के नये स्रोत, विचार व अनेक विश्लेषण, देश–विदेश से प्राप्त अनुभव शिक्षा के नये स्वरूप को प्रस्तुत करते हैं। नयी तकनीक व नयी शिक्षा प्रणाली के कारण अध्यापक की भूमिका भी बदल गयी है।

अध्यापक की पहचान कैसे, कब, कहाँ या कौन करेगा, यह गम्भीर प्रश्न है। अध्यापक होने का क्या अर्थ है? अध्यापक की योग्यता का मापदण्ड कौन तय करेगा? पाठ्यक्रम से जुड़ी डिग्री या प्रशिक्षण प्राप्त शिक्षक ही एक योग्य अध्यापक होगा, यह कहना उचित होगा या नहीं? आज प्रश्न यह है कि एक अध्यापक की पहचान कौन सुनिश्चित करेगा– विद्यार्थी, पालक, समाज या शिक्षा–विभाग से जुड़े अधिकारीगण?

क्या एक अध्यापक ही स्व–मूल्यांकन, आत्म–चिन्तन व आत्म–विश्लेषण करके अपनी पहचान बना सकता है? ऐसे कठिन विषय को अपने अनुभवों के आधार पर प्रस्तुत करके मैं एक अध्यापक की स्वयं की पहचान को प्रस्तुत करने का प्रयास करती हूँ।

सन् 1978 में होशंगाबाद ज़िले में विज्ञान विषय को माध्यमिक स्तर पर पढ़ाने का एक नया प्रयोग (होशंगाबाद विज्ञान शिक्षण कार्यक्रम–हो.वि.शि.का.) किया गया। इसके दौरान विज्ञान विषय को पढ़ाने का नया तरीक़ा, सोच–विचार में पूरा बदलाव व स्वतन्त्रता के साथ पढ़ाई का वातावरण तैयार किया गया। यही वह समय था जब एक 'अध्यापक अपनी पहचान' को प्राप्त कर सकता है। अपनी पहचान, ज्ञान की समझ, विषयवस्तु की पकड़ एवं अवधारणा को उचित तरीक़े से प्रस्तुत करने का अवसर ही 'विज्ञान विषय' को सीखने–सिखाने के नये पहलू को निर्देशित करता है। इस कार्यक्रम के अनुभव को प्रस्तुत करने के लिए कुछ प्रमुख बिन्दु यह हैं–

अध्यापक की तैयारी

अध्यापक कुछ स्थापित मापदण्डों को पूरा करके ही अपनी सेवाओं को शाला में देता है। यहाँ कार्यक्रम के समक्ष एक चुनौती थी। जिस शिक्षक ने विज्ञान नहीं पढ़ा है, जो आर्ट का विद्यार्थी/शिक्षक है, क्या वह कक्षा छह से कक्षा आठ को विज्ञान पढ़ा सकता है? इन कक्षाओं में अक्सर माना तो यही जाता है कि कोई भी शिक्षक कुछ भी पढ़ा सकता है। सेवापूर्व प्रशिक्षण के बाद और कुछ सीखने की ज़रूरत नहीं। किन्तु हो.वि.शि.का. में यह समझा गया कि शिक्षकों को प्रशिक्षण दिया जाये। इस तरह से 21 दिनों के प्रशिक्षण की व्यवस्था की गयी, जो लगातार तीन वर्षों के लिए आवश्यक था। इसे विज्ञान शिक्षक की मान्यता का सुनिश्चित मापदण्ड माना गया। कक्षा 6 से 8 तक 'बाल वैज्ञानिक' पाठ्यपुस्तक का प्रशिक्षण प्राप्त करना था। प्रशिक्षण के द्वारा बाल वैज्ञानिक इस्तेमाल करने का, जो कि 'गतिविधि आधारित' पुस्तक है, प्रशिक्षण अध्यापकों को दिया गया। 'बाल वैज्ञानिक' की विशेषता यह थी कि उसमें विषयवस्तु सम्बन्धी प्रयोग करने की पूरी जानकारी थी किन्तु प्रयोग सम्बन्धी परिभाषा, निष्कर्ष, विश्लेषण व उत्तर आदि कुछ नहीं था। प्रयोग करने के बाद ही कक्षा में सामूहिक चर्चा करके परिभाषा, निष्कर्ष, विश्लेषण व उत्तर तक पहुँच पाना सम्भव था।

यहाँ एक प्रमुख बात उभरकर आयी कि पढ़ाने की कार्यशैली में बदलाव चाहिए। रटने की पद्धति या सीधे किताबों में निशान लगाकर उत्तर याद करने–कराने व ऐसी ही अन्य प्रक्रियाओं पर पूरी तरह रोक लगी।

अध्यापक की तैयारी विषयवस्तु के अतिरिक्त भी हो, ऐसा सोच–विश्वास सभी अध्यापकों और प्रशासन में आया। पूर्व व पूर्ण तैयारी के साथ ही कक्षा में अध्यापक की भागीदारी तय हुई। विद्यार्थी व अध्यापक के बीच संवाद के अवसर खुले। दोनों के सोच–विचार में बदलाव आया और विद्यार्थी अपने अध्यापक के साथ बिना झिझक के आनन्दपूर्वक पढ़ाई करने लगे।

इस सबके लिए कक्षा की बैठक–व्यवस्था व समय बन्धन सीमा में परिवर्तन की भी ज़रूरत है। इससे एक व्यापक सवाल बना, विज्ञान विषय को बेहतर ढंग से कैसे पढ़ायें?

1. कक्षा-प्रबन्धन कैसा हो

हो.वि.शि.का. (1978 से 2002) में कक्षा को समूह में बाँटकर पढ़ाई का कार्य करवाना जटिल–रोमांचक और मज़ेदार भी था। मेरे लिए यहीं से 'समूह–प्रबन्धन' की शुरुआत हुई। पूरी कक्षा के विद्यार्थी चार–चार समूह में बैठकर पढ़ाई करते। इसमें मेरे लिए यह ध्यान रखना अति आवश्यक था कि सभी होशियार विद्यार्थी एक समूह में नहीं हों। मेरी कक्षा में चारों समूहों के काम बँटे थे – एक अध्याय (प्रयोग) पढ़ता, दूसरा प्रयोग करता, तीसरा अवलोकन करता और सब चर्चा करते और फिर चौथा कॉपी में उत्तर लिखता। इस तरह कक्षा के सभी विद्यार्थी कक्षा से जुड़े रहते। चर्चा में सभी हिस्सा लेते, ग़लत निष्कर्ष या उत्तर आने पर पुनः प्रयोग दोहराते। कक्षा में शोर बहुत होता, पर सभी का ध्यान विषयवस्तु पर टिका होता।

मेरे मत में एक अध्यापक कैसे अपने विषय, गतिविधि, चर्चा एवं निष्कर्षों को सटीक ठहरा पाता है, वही एक अच्छे अध्यापक की पहचान का केन्द्र–बिन्दु है। वैज्ञानिक कौशल की शुरुआत, स्वयं करना, निष्कर्ष व विश्लेषण तक पहुँच पाना गतिविधि आधारित शिक्षण पद्धति का प्रमुख चरण था। यहाँ रटने की कार्यशैली पर स्वयं ही रोक लग जाती। इस सबसे शिक्षक की भूमिका में बदलाव आता है, और उसका कार्य ज़्यादा सार्थक बन जाता है।

2. वैकल्पिक सामग्री का जुगाड़

अध्यापक को कक्षा की पूर्व तैयारी करनी पड़ती थी, कौन–सा प्रयोग होगा, किस समय देना है, किट क्या चाहिए वग़ैरह–वग़ैरह।

और फिर किट में दी गयी सामग्री के ख़त्म होने पर वैकल्पिक सामग्री जुटा पाना भी शिक्षण–पद्धति का प्रमुख पहलू था। जैसे–लोहे का बुरादा ख़त्म होने पर विद्यार्थी नदी की रेत या आसपास की रेत में छड़ चुम्बक के साथ खेलते हुए लोहे का बारीक़ बुरादा एकत्र कर लेते। छड़ चुम्बक एवं बुरादे से खेलते हुए अनेक आकृतियाँ कॉपी पर बनाते, बाद में 'चुम्बकीय बल रेखाएँ' पढ़ते समय यह आकृतियाँ विषय को समझने में मदद करतीं। और यह विकल्प एक अध्यापक से दूसरे तक और एक बच्चे से दूसरे तक जाता। इसमें भी शिक्षकों की भागीदारी पाठ्यपुस्तक ख़त्म करवाने वाले से अलग हो जाती थी।

यह भी था कि कुछ अध्यापक सामग्री का जुगाड़ कर पढ़ाते, जबकि कुछ शालाओं में सामग्री के अभाव में प्रयोग नहीं करवाये जाते थे और इस पर भी आपस में विमर्श होता था व मासिक गोष्ठी में विस्तृत चर्चा। यानी एक–दूसऱे को काम में मदद करने व साथी के काम पर फीडबैक देने का मौक़ा व ज़िम्मेदारी भी शिक्षकों को बराबरी के स्तर पर रहते हुए कार्य करने देने का प्रयास था।

3. परीक्षा एक चुनौती

कक्षा आठवीं के विज्ञान विषय की बोर्ड परीक्षा एक खुली किताब परीक्षा थी। अन्य विषयों में विद्यार्थी रटे–रटाये प्रश्नों के उत्तर लिखते, पर हो.वि.शि.का. की विज्ञान परीक्षा चुनौतीपूर्ण होती। इस तरह की परीक्षा के लिए बच्चों को आत्मविश्वास दिलाना, उनके लिए प्रश्न बनाना ताकि वे परीक्षा में हतप्रभ न रह जायें शिक्षक की भूमिका को ज़्यादा सृजनशील व गम्भीर बनाता था। शिक्षक इस तरह के ढाँचे में ख़ुद भी एक सीखने वाला बन जाता था व उसे भी हर समय नये सवाल हल करने का अभ्यास करना होता था।

उदाहरण : अनियमित आकृति का क्षेत्रफल निकालना। ग्राफ़ पेपर पर दी गयी आकृति का चित्र बनाकर क्षेत्रफल निकालने की गतिविधि। पूरे खाने, आधे से अधिक खानों को जोड़कर क्षेत्रफल निकालते। आधे से कम खाने छूट जाते। जिस विद्यार्थी ने इस तरह का अभ्यास किया होता वह हल कर लेता, पर जिस विद्यार्थी व अध्यापक ने अभ्यास नहीं किया हो, वह उत्तर प्राप्त कर ही नहीं पाता। जिस अध्यापक ने वर्ष–भर स्वयं व विद्यार्थी के साथ मेहनत से सीखा होता था, वह इस परीक्षा से घबराता

नहीं था व पद्धति से पूर्णतः सन्तुष्ट होता, किन्तु कई शिक्षक असन्तुष्ट होते। इस बदलती भूमिका से मेरे जैसे कई लोगों पर ऐसा असर पड़ा कि हमारे लिए ख़ुद की और साथियों की भी छवि ही बदल गयी।

इसी तरह परीक्षा के दो हिस्से थे–प्रायोगिक एवं लिखित। दोनों में अलग–अलग उत्तीर्ण होना आवश्यक था। प्रश्न–पत्र बनाने का अभ्यास शिक्षक–प्रशिक्षण के दौरान ही दिया जाता था। 'खुली किताब' परीक्षा की अवधारणा हो.वि.शि.का. से ही सामने आयी। इसमें भी प्रायोगिक परीक्षा का प्रश्न–पत्र बनाने व पर्चे का आकलन करने की ज़िम्मेदारी शिक्षकों की थी। एक ऐसी ज़िम्मेदारी जिसे निभाने के लिए अनुकूल परिस्थितियाँ न होने के कारण इस कार्य को व्यक्ति पर न छोड़कर सामूहिक बनाया गया फिर भी इसमें अपेक्षा थी कि शिक्षक प्रशिक्षक के रूप में कुछ–न–कुछ आकलन भी करेगा व परिस्थितिनुसार प्रायोगिक परीक्षा में फेरबदल भी।

4. मूल्यांकन

खुली किताब परीक्षा का मूल्यांकन भी एकदम अलग होता। सभी शालाओं से सैम्पल उत्तर–पुस्तिकाएँ किसी केन्द्र पर एकत्र की जातीं। निर्धारित सूत्र के आधार पर मूल्यांकन हेतु अंक तय किये जाते। अंक निर्धारण की प्रक्रिया बहुत कठिन होती। एक अध्यापक मॉडल उत्तर नहीं बनाता। लगभग 40 अध्यापकों का समूह मूल्यांकन प्रणाली से जुड़ता, तब कहीं जाकर मॉडल उत्तर बनता।

उपरोक्त चार बिन्दुओं का प्रशिक्षण समस्त शिक्षकों को शिक्षक–प्रशिक्षण (21 दिवस) में दिया जाता था। इस प्रशिक्षण को प्राप्त करने के बाद ही एक शिक्षक अपनी शाला में अध्यापन–कार्य करने में सक्षम माना जाता। अध्यापक की तैयारी का यह प्रमुख हिस्सा था। ज़ाहिर है इस तैयारी में ही एक फ़र्क़ भूमिका के निर्वहन की तैयारी निहित थी।

रचनात्मकता की पहुँच में अध्यापक की भूमिका

हो.वि.शि.का. एक नये स्वरूप में सामने आया। अब विषयवस्तु केवल भाषण के रूप में प्रस्तुत नहीं कर सकते, बल्कि अध्यापक को अपनी कक्षा के पाठ्यक्रम को अन्य विषयों के साथ जोड़कर पढ़ाने में सक्षम बनना था। विषयवस्तु की सीमा से बाहर जाकर उसे आसपास के परिवेश, अनुभव व ज्ञान से जोड़कर पढ़ाने का प्रयास करना था। यह भी अपेक्षा है कि वह

विद्यार्थियों के साथ मिलकर सोचे व प्रयोग करे। इसका कारण यह है कि जब विद्यार्थी व अध्यापक एक–दूसरे के साथ सहयोगात्मक व रचनात्मक कार्य करते हैं तब ही विषयवस्तु रुचिकर व सरल बनती है। ज्ञान को शाला के बाहर प्रतिदिन की दिनचर्या से जोड़ना, रटने की प्रणाली को बदलकर समझ विकसित करना आदि। पाठ्यपुस्तक विषय केन्द्रित हो किन्तु विद्यार्थी के बहुमुखी विकास के अवसर ढूँढ़कर पाठ्यवस्तु से जोड़ना एक अध्यापक की ज़िम्मेदारी है। यह सब अध्यापक को एक अलग भूमिका प्रदान कर उसे अधिक महत्त्वपूर्ण बनाता है।

मैं सातवीं कक्षा का अपना एक अनुभव देकर यह समझाऊँगी कि कैसे इससे हमारी समझ तो बदली ही, साथ ही हम में नया करने का आत्मबल भी आया। मैं एक अंग्रेज़ी की कक्षा में थी जहाँ मुझे अंग्रेज़ी की कविता "दि रेनबो" पढ़ानी थी। मैंने शुरू किया यह पूछकर कि क्या इन्द्रधनुष बारिश में ही दिखायी देता है? क्या बिना बारिश के भी इन्द्रधनुष देख सकते हैं? इस पर काफ़ी मत आये व चर्चा हुई। मैंने कुछ और प्रश्न किये, जैसे–

1. इन्द्रधनुष में कौन–कौन से रंग होते हैं?
2. आकाश का रंग कैसा होता है?
3. पृथ्वी से आसमान तक क्या सच में पुल बनता है?

प्रश्नों पर चर्चा के बाद मैंने उनसे कहा कि कल हम दीवार पर इन्द्रधनुष बनायेंगे। सभी के चेहरों पर असमंजस, धीमी–सी हँसी, जिज्ञासा एवं उत्सुकता के भाव थे। मैंने कहा–"कल घर से पानी भरने के लिए कटोरी, काँच (आईना) का टुकड़ा लेकर आना।" कुछ विद्यार्थियों ने ध्यान से सुना, कुछ ने अनसुना किया। उनके लिए यह अजीब था कि अंग्रेज़ी की कक्षा में काँच आदि लेकर आने का क्या अर्थ है। वह तो विज्ञान में ही होता है। अंग्रेज़ी की कक्षा में प्रयोग कैसे हो सकते हैं और उससे क्या भाषा सीखने में भी मदद मिल सकती है? दूसरे दिन कक्षा में कौतूहल, शोर–शराबा था। लगभग पाँच विद्यार्थी अलग–अलग तरह की कटोरी, काँच लेकर आये। मैंने निर्देश दिये, संकेत दिये–कटोरी को लगभग आधा पानी से भरो, आईने (काँच) को तिरछा करके प्रकाश (सूर्य) किरण की ओर घुमाकर दीवार पर तस्वीर बनाने का प्रयास करो।

सभी ने प्रयास शुरू किया, अचानक से एक चीख़ सुनाई दी–"देखिए सफ़ेद दीवार पर इन्द्रधनुष झिलमिला रहा है।" इस गतिविधि के बाद अपेक्षानुसार विज्ञान की चर्चा भी हो गयी। अंग्रेज़ी की कविता ने विज्ञान

विषय को जोड़ दिया। किताब पर बने काले चित्र को विद्यार्थियों ने रंगों से सजा दिया। दूसरे दिन कार्डशीट पर बारिश के चित्रों के साथ इन्द्रधनुष बनाकर बच्चों ने कल्पना–शक्ति व रचनात्मकता के विकास का परिचय दिया।

मेरा मानना है कि हर अध्यापक एक विषय को दूसरे विषय के साथ जोड़ने व नये प्रयोग करने के लिए स्वतन्त्र है। विषयों के बीच उपस्थित सीमाओं को लचीला कर रचनात्मकता को बढ़ावा देना अध्यापक की कुशल कार्यशैली को दर्शाता है। इससे विद्यार्थी आनन्दपूर्वक व रुचि के साथ पढ़ाई की समझ को पुख़्ता कर सकते हैं। इस प्रकार के प्रयासों से शिक्षक की आत्मछवि और उसके कार्यक्षेत्र दोनों का विस्तार होता है।

अध्यापक व बच्चों में सहयोग : इस तरह कार्य करने से बच्चों व शिक्षकों में सहयोग का एक और रास्ता खुला। इसे हम एक उदाहरण से समझते हैं।

कक्षा सातवीं में 'हवा के दाब' पर अनेक छोटे–छोटे प्रयोग हैं। हवा को क्या किसी ने देखा है? हवा कैसे कार्य करती है? क्या हवा स्थान घेरती है? आदि! इस अध्याय में हैंडपम्प की कार्यविधि को समझाया गया। हैंडपम्प कैसे कार्य करता है? किट सामग्री के साथ हैंडपम्प बनाने की विधि किताब में है। इसी तरह के कार्यों में विद्यार्थी सहयोग द्वारा कबाड़ से जुगाड़ कर हैंडपम्प का मॉडल बनाते हैं; जिसमें वे सरलता से मिल रही सामग्री जो हैंडपम्प बना सके ढूँढ़ते हैं, जैसे ख़ाली पेन, ख़ाली रिफिल, वॉल्व हेतु रबर के पतले टुकड़े। अब इस तरह के कार्य का विकल्प क्या हो सकता है कई बार कोशिश करके मिलता है। यानी शिक्षक भी बच्चों के साथ–साथ एक खोजने वाला है। और फिर इस तरह की चीज़ों का जीवन से क्या रिश्ता है यह भी मिलकर खोजा जाता है। यहाँ हैंडपम्प में वॉल्व की कार्यविधि मुख्य है, वॉल्व की कार्यविधि को समझकर हैंडपम्प सुधारने का तरीक़ा खोज सकते हैं। जिन विद्यार्थियों ने स्वयं हैंडपम्प बनाया उनके लिए यह रोचक व आजीवन समझ का कारण बना।

मैंने अध्यापक बनना क्यों चुना?

ऐसा माना जाता है जिसको कोई रोज़गार नहीं मिला वह अध्यापक बन गया। मेरी दृष्टि में यह ग़लत है। आज अध्यापक की छवि और उसकी अस्मिता का क्षरण हो रहा है। मेरे विचार से अपनी अस्मिता के क्षरण का

कारण खोजने की ज़िम्मेदारी मेरी ही है। अध्यापक स्वयं आत्म–विश्लेषण करे कि किन कारणों से आज अध्यापक अपनी पहचान खो रहा है। अध्यापक बनना आसान है पर उस भूमिका के अनुसार कार्यरूप में स्वयं को बदलना बहुत मुश्किल है। अध्यापन–कार्य व्यवसाय नहीं है, यह एक मिशन है जो समर्पण के साथ निस्वार्थ भावना से किया जाता है। सीखने व सिखाने के उचित कौशल, ज्ञान व विचार एक विद्यार्थी को उसके लक्ष्य तक पहुँचाने में मददगार होते हैं। एक योग्य अध्यापक ही अपने प्रतिदिन के सामान्य ज्ञान को पुख़्ता करने के लिए अवलोकन, विश्लेषण व निष्कर्ष तक पहुँचने का हरसम्भव प्रयास कर सकता है। विज्ञान विषय एक अनूठा विषय है जिसमें कल्पना–शक्ति, अवलोकन, विश्लेषण, निष्कर्ष व सिद्धान्त के साथ ही सत्य तक पहुँच सकते हैं क्योंकि विज्ञान के पास ही सत्य तक पहुँचने की पद्धति है। मैं अध्यापक का कार्य करते हुए पूर्णतः सन्तुष्ट हूँ।

अध्यापक का व्यक्तित्व एक विद्यार्थी को बदल सकता है। कक्षा के 40 या 80 मिनिट के कालखण्ड का सही उपयोग करके अध्यापक बहुत कुछ कर सकता है। सवाल यह है कि अध्यापक का व्यक्तित्व कैसा हो?

मेरे स्वयं के अनुभव के अनुसार और अन्य साथियों को देखकर, यह मुख्य पहलू अध्यापक के लिए आवश्यक गुण दिखाते हैं। अध्यापक–

1. विद्यार्थियों के साथ मित्रता का भाव रखने वाला हो।
2. विषयवस्तु की अभिव्यक्ति स्वतन्त्र होकर, बिना किसी दवाब के सत्य को ध्यान में रखकर करे। विद्यार्थी द्वारा पूछे गये किसी प्रश्न का उत्तर अध्यापक के पास न हो तो वह अपने विद्यार्थी से कहे कि उसे सटीक उत्तर नहीं मालूम है, खोजकर उन्हें बतायेगा। इस स्पष्टता से विद्यार्थी अपने शिक्षक पर विश्वास करेंगे।
3. पूरी कक्षा को एक साथ बाँधकर पढ़ाने में सक्षम हो। कक्षा में अलग–अलग स्तर के विद्यार्थियों को अपनी अभिव्यक्ति व भाषा शैली से बाँध सके।
4. विषयवस्तु सम्बन्धी गतिविधियों को रुचिकर बनाकर प्रस्तुत करने का प्रयास करे।

इसमें सबसे महत्त्वपूर्ण है आत्मछवि में सीखने का पहलू होना। अध्यापक भी सीखने वाला है और उसे सब कुछ पता होने की ज़रूरत नहीं है। स्वयं के ज्ञाता होने का झूठा आडम्बर छोड़ना बहुत आवश्यक है। तभी हम विद्यार्थियों को सही सीखने का आभास दे सकेंगे।

आज मोबाइल, इंटरनेट व अन्य स्रोतों के कारण शिक्षक के लिए यह बदलाव और भी ज़रूरी हो गया है। उसकी आत्मछवि एक सर्वज्ञाता की नहीं, बल्कि एक सीखने वाले की होनी होगी और विद्यार्थियों के साथ मिलकर कार्य कर रहे खोजी व जिज्ञासु इन्सान की। उसे ख़ुद ही अपनी अस्मिता को पुख़्ता करना है परन्तु हो.वि.शि.का. जैसे प्रयास, जहाँ उनके लिए यह सब करना सम्भव और अपेक्षित हो, इसे और बढ़ाने में उनकी मदद करते हैं।

मानक भाषा और संस्कृति का मुहाफ़िज़

भाषा का मानकीकरण और भाषा शिक्षकों के प्राधिकार का प्रश्न

–मनोज कुमार और हिमांशु उपाध्याय

भारत में भाषाओं के मानकीकरण की प्रक्रिया उन्नीसवीं सदी के उत्तरार्ध और बीसवीं सदी के शुरुआती दशकों तक चली, जबकि बीसवीं सदी के आख़िरी दशक तक आते–आते शिक्षा के सार्वभौमिकीकरण की प्रक्रिया तीव्र हुई। भारत जैसे बहुभाषी, बहुसांस्कृतिक देश में स्कूली कक्षाएँ हमेशा से भाषा के मामले में बहुपरतीय या बहुभाषिक रही हैं, लेकिन शिक्षा के सार्वभौमिकीकरण के कारण अलग–अलग सामाजिक समूहों के स्कूल में आने से स्कूल का परिवेश और ज़्यादा बहुभाषिक और बहुसांस्कृतिक हुआ है। साथ ही पाठ्यचर्या में इस बात पर बल दिया जाने लगा है कि बहुभाषिकता परेशानी नहीं है, बल्कि भाषा सीखने–सिखाने के लिए समृद्ध संसाधन मुहैया करवाती है। ऐसा लगता है कि भारतीय भाषा के शिक्षक बहुभाषिकता–खासकर अगर वह बहुभाषिकता आसपास की 'अमानक' भाषाओं की स्कूल में 'घुसपैठ' से बनी है–को सिर्फ अध्यापन की दृष्टि से ही चुनौती नहीं मानते हैं, बल्कि बहुभाषिकता से उनका प्राधिकार भी संकटग्रस्त होने लगता है।

इस लेख में हम हिन्दी और गुजराती भाषा के मानकीकरण और शिक्षण की कुछ शुरुआती चर्चाओं के ज़रिये भारतीय भाषाओं के अध्यापन की निर्मित होती परम्परा को समझने की कोशिश करेंगे। हम यह भी समझने की कोशिश करेंगे कि भारतीय भाषाओं के शिक्षकों की पहचान को निर्मित करने वाले कौन–से कारक हैं और वे कक्षा में उनके पेशेवर काम को कैसे प्रभावित करते हैं।

दुनिया–भर में विभिन्न समाजों ने जब आधुनिकता की ओर क़दम बढ़ाये तो उन समाजों में अनेक नये पेशेवर काम ईजाद किये गये। अगर हम इंजीनियरिंग, वकालत जैसे पेशेवर कामों की बात करें तो भारत सहित शायद ही किसी मध्यकालीन समाज में इनसे मिलते–जुलते किसी पेशे

को ढूँढ़ पायेंगे।[1] दूसरी तरफ़ समाज के आधुनिक युग में प्रवेश करने के साथ बहुत सारे पारम्परिक पेशों का आधुनिकीकरण हुआ। अध्यापन एक ऐसा ही पेशा है। अध्यापक आधुनिक युग से पूर्व भी होते थे, हालाँकि उनके काम की प्रकृति आधुनिक युग के शिक्षकों से काफ़ी अलग होती थी। बेशक समाज में उनकी पहचान भी अलग होगी और वे अपनी आत्मछवि भी भिन्न प्रकार से गढ़ते होंगे।

जिन पेशेवर कामों की शुरुआत ही समाज़ के आधुनिक युग में प्रवेश करने के साथ हुई है उन पेशों के आधुनिक स्वरूप की पहचान करना अपेक्षाकृत आसान है, लेकिन अध्यापन जैसे जिन पेशेवर कामों का आधुनिकीकरण हुआ है उनमें आधुनिकता के साथ आये बदलावों की पहचान करना थोड़ा कठिन है। आधुनिक काल में शिक्षक जब अपनी आत्मछवि गढ़ते हैं तो हम अक्सर उन्हें ऐसी कठिनाई से गुज़रते देख सकते हैं। शिक्षकों के जीवनानुभव आज किसी हद तक सरकारी या ग़ैर–सरकारी कर्मचारियों[2] से मिलते–जुलते हैं, लेकिन अपने काम या पेशे को व्यक्त करने की जो भाषा उनके पास मौजूद है वह उनके काम की आलंकारिक और पारम्परिक छवि गढ़ती है।

भारत में आधुनिक समाज के गठन से पहले व्यापक समाज में शिक्षक की अथॉरिटी का एक पारम्परिक आधार था। जिन सांस्कृतिक संसाधनों से शिक्षक की वह पहचान निर्मित होती थी, आधुनिक राज्य की नौकरशाही के साथ जुड़ने के बाद उन संसाधनों की प्रासंगिकता गौण होती चली गयी। शिक्षक के सामने अब राज्य द्वारा वैधता प्राप्त ज्ञान के आधार पर अपनी अथॉरिटी क़ायम करने की चुनौती थी। स्कूल और विश्वविद्यालय की सार्वजनिक परीक्षाओं में मिलने वाले अंक और उनके ज़रिये जुटायी गयी डिग्रियों के आधार पर वह नौकरी का दावा भी कर सकता था और

---

1. बावजूद इसके कि इन पेशों का ईजाद आधुनिक युग में हुआ है पौराणिक और ऐतिहासिक आख्यानों में इनसे मिलते–जुलते पेशों को ढूँढ़ने का चलन है–मसलन नारद मुनि को आदि पत्रकार और विश्वकर्मा को आदि इंजीनियर के रूप में पेश किया जाता है।
2. सरकारी या गैर–सरकारी शिक्षक के काम का एक, केवल एक पक्ष नौकरशाही या प्रबन्धकीय तन्त्र में काम में करने वाले कर्मचारियों से मिलता–जुलता है। उसके समग्र काम का यह एक हिस्सा है लेकिन उसके प्रति आम तौर पर शिक्षकों के मन में शिकायत का भाव है।

अपनी अथॉरिटी भी स्थापित कर सकता था। शिक्षक का वह ज्ञान जिसे वस्तुनिष्ठ तरीक़े से राज्य द्वारा निर्वैयक्तिक रूप से जाँचा जा सकता था, उसकी अथॉरिटी का आधार बना। यह विश्वास भी क़ायम हुआ कि इस प्रकार प्राप्त आधुनिक ज्ञान–मसलन विज्ञान, भूगोल आदि–बदले हुए समाज के लिए उपयोगी है। इस प्रक्रिया में हम शिक्षक की पहचान और उसकी सत्ता के आधार को बदलते हुए देख सकते हैं। एक पारम्परिक पेशे के इस आधुनिकीकरण की प्रक्रिया को हम मैक्स वेबर की अथॉरिटी यानी प्राधिकार की तीन प्रकार की धारणाओं के साथ समझ सकते हैं। जहाँ पहले अध्यापकों के प्राधिकार का आधार पारम्परिक था, अब मोटे तौर पर उसे अपनी सत्ता तार्किक–प्रशासनिक शर्तों पर क़ायम करनी थी। उदाहरण के लिए, विज्ञान के शिक्षक की स्वीकार्यता और वैधता इस बात से क़ायम हुई कि उसने विज्ञान में स्नातक की परीक्षा पास की है और साथ ही उसके पास शिक्षा–स्नातक (बी.एड.) की डिग्री भी है।

इस पृष्ठभूमि में भारतीय भाषा के शिक्षकों की स्थिति कुछ विशिष्ट है। स्कूल या विश्वविद्यालय की ज़रूरी डिग्रियाँ उसके पास भी हैं, लेकिन उसका किस प्रकार के ज्ञान पर दावा है? क्या भाषा का उसका जो ज्ञान है वह उस भाषा को बोलने वाले अन्य लोगों के ज्ञान से कुछ विशिष्ट है? गुजरात में गुजराती और हिन्दीभाषी राज्यों में हिन्दी तो अधिकांश लोग जानते ही हैं, तो सिवाय बच्चों को साक्षर बनाने के अध्यापक की भाषा सिखाने में और क्या भूमिका है? क्या उस ज्ञान की नये समाज के लिए कोई उपादेयता है?

उपर्युक्त प्रश्नों के बने–बनाये उत्तर नहीं हैं, लेकिन आमतौर पर भाषा शिक्षक का दावा होता है कि उसे मानक भाषा का ज्ञान है और उसे उस भाषा के साहित्य का भी ज्ञान है। उसके अनुसार साहित्य के इस ज्ञान का सांस्कृतिक मूल्य है और यह उसका दायित्व है कि वह विद्यार्थियों के भाषिक–सांस्कृतिक व्यवहार को मानक व्यवहार से विचलित नहीं होने दे। भाषा–शिक्षक के प्राधिकार का मुद्दा एक ओर भाषा के मानकीकरण से जुड़ा हुआ है तो दूसरी ओर उस भाषा के साहित्य कैनन निर्माण से। मानक–भाषा और स्वीकृत साहित्यिक कैनन के मुहाफ़िज़ के रूप में भी वह अपनी भूमिका तलाशता है। (स्वीकृत साहित्यिक कैनन के लिए देखें : त्रिपाठी–नावेद, 2019)

आम व्यवहार की भाषा का मानकीकरण

भाषा में अलग–अलग प्रकार की अभिव्यक्तियों के लिए कुछ रिवाज बनते रहे हैं, कुछ मानक भी तय होते रहे हैं। उदाहरण के लिए किसी भाषा में जब कविताएँ लिखी जाती हैं तो कौन–से शब्द और पदबन्ध काव्य की दृष्टि से उपयुक्त हैं और कौन–से नहीं, भाषा में कितने प्रकार के आलंकारिक प्रयोग सम्भव हैं, आदि पर कवियों और काव्य–रसिकों के समाज में चर्चा होती है और कुछ मानक भी तय हो जाते हैं। उदाहरण के लिए, जब सोलहवीं–सत्रहवीं शताब्दी में दिल्ली, आगरा, मथुरा से लेकर ग्वालियर और राजस्थान तक और उधर पूर्वी उत्तरप्रदेश तक ब्रजभाषा में कृष्ण भक्ति और शृंगार की कविताएँ लिखी जाने लगीं तब अच्छी और साधारण काव्य भाषा के मानक भी तय हुए। इसी प्रकार उर्दू साहित्य में वली के बाद औरंगाबाद से दिल्ली तक दक्खिनी, हिन्दवी आदि में जो कविताएँ लिखी जा रही थीं उनके भाषिक मानक तय होने लगे। ये उर्दू साहित्य और उसकी भाषा के प्रतिमान निर्धारण के शुरुआती दिन थे (डालमिया, 1997, पृ.–157)। इस प्रकार आधुनिक युग से पहले भी हम साहित्यिक, काव्यात्मक अभिव्यक्तियों के लिए भाषा के मानकीकरण की प्रक्रिया को घटित होते देख सकते हैं। इस प्रकार दर्शन और ज्ञान–विज्ञान के अन्य क्षेत्रों में एक निश्चित अर्थ में शब्दों के प्रयोग के महत्त्व को हमेशा से पहचाना गया है। यही बात प्रशासनिक कार्यों में शब्दों के प्रयोग को लेकर भी कही जा सकती है।

भाषा का जो मानकीकरण आधुनिकता की धमक के साथ–भारत में उन्नीसवीं–बीसवीं शताब्दी में हुआ उसे हम मानकीकरण के उपरोक्त उदाहरणों की निरन्तरता में ही देखें–समझें या इस बार की जो प्रक्रिया चली वह बुनियादी तौर पर अलग थी?

आधुनिकता के आगमन के साथ प्रिंटिंग प्रेस के आने और आधुनिक गद्य के विकास के दौरान रोज़मर्रा की आम बोलचाल की भाषा का मानकीकरण हुआ है। इस दौरान राज्य और समाज के सम्बन्ध भी बदले। सामाजिक रिवाज क़ानूनी संहिताओं में बँधते चले गये और क़ानून का सार्वभौमिक राज स्थापित होता चला गया। राज्य की समाज में पैठ सर्वव्यापी होने लगी। इस बदले हुए सम्बन्ध के साथ प्रशासनिक कार्य का दायरा भी बढ़ा और प्रशासन की पहुँच भी बढ़ी और इसने भाषा के मानकीकरण की नयी ज़रूरतें पैदा कीं।

करोड़ों लोगों द्वारा अपने–अपने अन्दाज़ में अनगिनत सन्दर्भों में व्यवहार में लायी जाने वाली भाषा का मानकीकरण इससे पहले हुए मानकीकरण से ज़्यादा बड़ी ऐतिहासिक घटना है। इससे पहले के दौर में हुए मानकीकरण से सिर्फ़ कवि, प्रशासक या एक पेशा विशेष के लोग प्रभावित होते थे। अब शिक्षा के सार्वभौमिकीकरण, साक्षरता के प्रसार के साथ नये दौर के मानकीकरण से किसी का जीवन अछूता नहीं रहने वाला था।

लिखित भाषा के स्थिर मानक बनते हैं तो एक ख़ास तरह के सन्देश के प्रसारण में सुविधा होती है। शायद इससे भौगोलिक स्तर पर भाषा की बोधगम्यता भी बढ़ जाती है। लेकिन दूसरी तरफ़ एक नये प्रकार की भाषिक सत्ता–संरचना (लिंग्विस्टिक ऑर्डर) का निर्माण होता है। प्रकाशक, सम्पादक, प्रूफ़रीडर के साथ भाषा–शिक्षक भी इस सत्ता–संरचना का अहम हिस्सा है। भाषा के अध्यापन और शिक्षक की आत्मछवि पर इसका प्रभाव पड़ता है।

भाषा–शिक्षण

क्या कक्षा में भाषाएँ घटित भी होती हैं?

भाषा बन्द व्यवस्था नहीं है। भाषा की ख़ासियत यह है कि वह व्याकरण के सीमित नियमों का पालन करते हुए जीवन्त सन्दर्भों में अनन्त रूप और विभिन्न अर्थ–सन्दर्भों को धारण कर सकती है। भाषाविज्ञानी लक्ष्मण खूबचन्दानी भाषा के इसी पहलू को रेखांकित करते हुए कहते हैं कि भाषा 'बीइंग' ही नहीं 'बिकमिंग' भी है–हिन्दी में कहें तो भाषा सिर्फ़ 'होती नहीं है', बल्कि 'हो रही होती है' (खूबचन्दानी, 2004)। जब कक्षा में विद्यार्थियों को मानकीकृत प्रयोगों और स्वीकृत भाषिक व्यवस्थाओं तक लाने की एकतरफ़ा कोशिश होती है तो कक्षा में भाषा के घटित होने की गुंजाइश कम हो जाती है। कक्षा में एक स्तर पर बच्चे कक्षा के बाहर और अपने भावी जीवन में किये जाने वाले उपयुक्त भाषिक व्यवहार की तैयारी कर रहे होते हैं–उसे सीख रहे होते हैं वहीं दूसरी ओर कक्षा स्वयं ही एक जीवित भाषिक परिवेश है।

अब अगर कक्षा में भाषा को घटित होने दिया जायेगा तो भाषाएँ अपने अड़ोस–पड़ोस से हिलमिलकर घटित होंगी, जबकि भाषा के मानकीकरण की क़वायद इस अवधारणा पर टिकी है कि हर भाषा स्वायत्त और दूसरी भाषाओं से अलग होती है।

हिन्दी के मानकीकरण का क़िस्सा और भी मज़ेदार है। बोलचाल के स्तर पर जब मानक हिन्दी को साफ़ तौर पर हिन्दुस्तानी, हिन्दवी आदि कही जाने वाली भाषा से अलगाया नहीं जा सका तो हिन्दी भाषा को नागरी और सिर्फ़ नागरी लिपि में लिखने पर ज़ोर बढ़ता गया। हिन्दी को शिक्षा और प्रशासन का माध्यम बनाने और उसके लिए शब्दकोश आदि के निर्माण के ज़रिये भाषा को व्यवस्थित करने के लिए जो संस्था बनी उसका नाम ही 'नागरी प्रचारिणी सभा' रखा गया।

भाषा की कक्षा में अगर भाषा को घटित होने दिया जाये तो, जिसे खूबचन्दानी 'कोड फ्लुडिटी' या 'भाषिक संहिताओं की प्रवाहिता' कहते हैं, उसके प्रति सहनशील और पारस्परिक संवाद के मूल्य को स्थापित करना होगा। (उपाध्याय, 2010)

लिखना–पढ़ना सिखाना आधुनिक शैक्षिक प्रक्रिया के केन्द्र में है और प्राथमिक कक्षा की बहुत सारी गतिविधियाँ इसी उद्देश्य से संचालित की जाती हैं। अभी भाषा के अध्यापन में जब तक बच्चा लिखित भाषा की पूरी संरचना यानी वर्णमाला, बारहखड़ी आदि में सिद्धहस्त नहीं हो जाये तब तक संवाद को स्थगित रखने पर ज़ोर है। आगे चलकर संवाद की जो जगह पाठयक्रम में दी भी गयी है वह काफ़ी हद तक पूर्व निर्धारित, अपेक्षित नतीजों वाला संवाद है–पत्र–लेखन, प्रश्न–उत्तर, निबन्ध–लेखन आदि। भाषा में कुछ नया रचने के लिए; भाषा के ज़रिये कुछ सोचने के लिए भाषा से दोस्ती करनी पड़ती है, जबकि संवादरहित ऐसी कक्षाओं में होता यह है कि विद्यार्थी पर मानक भाषा का पूरा नियन्त्रण हो जाता है। यह कुछ ऐसा है जैसे गाड़ी चलाना सीख रहे चालक के नियन्त्रण में गाड़ी नहीं होती है, बल्कि गाड़ी के ही नियन्त्रण में चालक होता है।

अंग्रेज़ी की लेखिका झुम्पा लाहिड़ी ने 2015 में इतालवी भाषा सीखने के अपने अनुभवों के बारे में एक किताब लिखी है। किताब इतालवी भाषा में है जिसका 2016 में 'इन अदर वड्र्स' नाम से अंग्रेज़ी में अनुवाद हुआ। उस किताब में लेखिका ने भाषा के लिए एक बड़ी झील का और भाषा सीखने वाले के लिए तैराक का रूपक गढ़ा है। तैराक को झील को पार करके दूसरे किनारे पर जाना है, जहाँ एक सुन्दर घर बना है। तैराक को पता है कि झील के बीच इतना पानी है कि उसके पाँव ज़मीन तक नहीं पहुँचेंगे। काफ़ी समय तक वह तैराक झील के किनारे–किनारे तैरता रहता है, झील के बीच नहीं जाता। कहीं ऐसा तो नहीं है कि अधिकांश

भारतीय विद्यार्थी अपने स्कूली जीवन में भाषा की झील के किनारे–किनारे तैरते रह जाते हैं और जब एक दिन उन्हें कुछ अपने मन से लिखने को कहा जाता है तो उन्हें इस झील की गहराई में डूब जाने का डर इस तरह सताने लगता है कि वे कई बार बीच में ही पढ़ाई छोड़ देते हैं।

लेखिका ने इतालवी भाषा सीखने की ख़ूब कोशिश की और उस कोशिश में सबसे पहले उसने एक छोटी–सी पॉकेट डिक्शनरी ख़रीदी, जिससे उसे मदद तो मिली, लेकिन उसने महसूस किया कि वह भाषा के घर के सामने है जिसमें वह झाँक तो सकती है, लेकिन उस घर में उसका अभी प्रवेश नहीं हुआ है। प्रवेश मिला जब उसके इतालवी अनुवादक और प्रकाशक ने उससे लगातार इतालवी में बात की, उसकी कमज़ोर इतालवी के बावजूद बात की और उसकी ग़लतियों को बर्दाश्त करते हुए बात की। कुल मिलाकर देखें तो भाषा सीखने के लिए भाषा का आसपास घटित होना ज़रूरी है। कक्षा में जीवन्त संवाद ज़रूरी है, लेकिन भाषा–शिक्षक अपनी ज़रूरी भूमिका विद्यार्थियों के भाषिक आचरण को दुरुस्त कर के उसके व्यवहार को मानक स्तर पर स्थिर करने में देखता है।

इस स्थिति से अगर पार पाना है तो भाषा के शिक्षक को अपनी अध्यापकीय पहचान और प्राधिकार के नये आधार तलाशने होंगे। ऐतिहासिक कारणों से मानक भाषा और संस्कृति के मुहाफ़िज के रूप में उसकी जो पहचान बनी है उससे उसे निकलना होगा। ज़ाहिर है कि भारतीय भाषाओं के मानकीकरण के इतिहास के साथ–साथ इन भाषाओं को स्कूली शिक्षा का माध्यम बनाने का जो इतिहास है उससे गुज़रना शिक्षकों के लिए उपयोगी होगा जिससे वे अपनी इस पहचान को एक ऐतिहासिक निर्मिति के रूप में देख सकें। भाषाओं के मानकीकरण की प्रक्रिया एक सहज नैसर्गिक प्रक्रिया नहीं है जिस तरह से कई बार उसे पेश किया जाता है। बीसवीं शताब्दी के दूसरे–तीसरे दशक तक, जब भारतीय भाषाएँ काफ़ी हद तक स्थिर और मानकीकृत होकर शिक्षा का माध्यम बनीं, तब तक यह बहस मौजूद थीं कि आख़िर कक्षा में भाषा को कैसे बरता जाये और पाठ्यपुस्तकों और अक्षरमालाओं और जोडणीकोश (गुजराती में) आदि बनाने में भाषा के प्रति कैसा दृष्टिकोण अपनाया जाये जिससे राष्ट्र का, समाज का विकास हो।

नीचे हम गुजराती और हिन्दी में हुई ऐसी शुरुआती बहसों पर एक सरसरी नज़र डालेंगे।

शिक्षा का प्रसार और गुजराती में पाठ्यपुस्तकों की भाषा पर चर्चा

सन् 1882 में बॉम्बे प्रेसीडेंसी के डिपार्टमेंट ऑफ़ पब्लिक इंस्ट्रक्शन ने जो गुजराती पाठ्यपुस्तक प्रकाशित की उसके लेखक थे टी. सी. होप। होप ने पाठ्यपुस्तक की शुरुआत में पढ़ाने की प्रक्रिया के विषय में कुछ ऐसा लिखा था :

'इस देश में आज तक पढ़ना–लिखना सिखाने की जो प्रक्रिया चल रही थी, उसकी अपेक्षा इस पुस्तक में कुछ अलग पद्धति की ओर ध्यान दिलाया गया है, इसलिए सारे शिक्षकों को इस नयी पद्धति को ठीक से समझ लेना चाहिए। मूलाक्षर, बारहखड़ी और जोड़ाक्षर सीखने में विद्यार्थियों को बहुत समय लगता था और उन्हें तकलीफ़ भी बहुत होती थी। यूरोप खण्ड के विद्वान और अनुभवी लेखकों को इस पद्धति में कुछ ख़ामियाँ महसूस हुईं। ये विद्वान शिक्षाविद् जिस नयी पद्धति की अनुशंसा करते हैं उसे ध्यान में रखते हुए यह पाठ्यपुस्तक लिखी गयी है। मुख्य बिन्दु जो है वह है विद्यार्थियों को पढ़ना, लिखना और अर्थ ये तीनों तत्त्व साथ–साथ पढ़ाये जायें।'

(गुजराती फर्स्ट बुक, टी.सी. होप, गवर्नमेंट सेंट्रल बुक डिपो बाम्बे, 1864)

सन् 1927 ई. में गुजरात विद्यापीठ की तरफ़ से गुजरात की पाठ्यपुस्तक की चतुर्थ आवृत्ति प्रकाशित हुई। यह किताब छोटालाल बालकृष्ण पौराणिक के द्वारा प्रकाशित करवायी गयी थी। इस समय तक आते–आते शायद भाषा के अध्यापन को लेकर दृष्टिकोण बदल रहा था। ऊपर टी. सी. होप ने जिन तत्त्वों की बात की थी, उसमें अर्थग्रहण भी एक तत्त्व था। यहाँ तक आते–आते मानक भाषा को बरतने पर अन्य दो तत्त्वों से ज़्यादा वरीयता दी गयी। इस किताब की प्रस्तावना में शिक्षकों को यह हिदायत दी गयी है :

1. विद्यार्थियों के उच्चारण के दोषों को सुधारने के प्रयत्न करने के विषय में ध्यान देना चाहिए। विराम चिह्न की समझ के साथ बच्चे पढ़ पायें उस दिशा में पूरा ध्यान देना चाहिए...शुरुआत में लिखने की गति की अपेक्षा, बच्चे के लेखन में सुवाच्य अक्षर, शुद्ध वर्तनी और स्वच्छता पर ध्यान देना चाहिए। (गुजराती पहेली चोपड़ी, छोटालाल बाळकृष्ण पुराणी (सम्पादक) गुजरात विद्यापीठ, अहमदाबाद, 1927)

सन् 1930 ई. में गुजरात विद्यापीठ की तरफ़ से गुजरात जोडणीकोश प्रकाशित होता है, इसका आमुख महात्मा गाँधी लिखते हैं और यह नसीहत

देते हैं कि–"इस कोश के प्रकाशन के बाद अब गुजराती के किसी भी भाषक को किसी शब्द की वर्तनी मनमर्ज़ी के मुताबिक़ करने का अधिकार बचता नहीं है।''

1. अध्यापक कक्षा में इन सारे आग्रह को लेकर अपने व्यक्तित्व और प्रतिभा को तलाशते हैं, फिर भले ही जो कुछ मुद्रित हो रहा था उसमें वर्तनी के स्तर पर विविधता बरक़रार रही हो। गाँधीवादी विचारधारा से जुड़े कुछ और लोगों का मानना था कि नव साक्षरों और महिलाओं के लिए हमें ऐसी पाठ्य सामग्री निर्मित करने की आवश्यकता थी, जिसमें पढ़ना सीखने की प्रक्रिया को आसान रूप देने के अवसर हों। एक समसामयिक पुस्तिका, जो सतारा के गुजराती वणिक महाजन समुदाय ने प्रकाशित की थी, में साफ़ दिखता है कि गुजराती शब्द की वर्तनी ह्रस्व उ (short u) से की गयी है जबकि गुजरात विद्यापीठ के जोडणीकोश के अनुसार गुजराती शब्द की वर्तनी दीर्घ ऊ (long U) है। यही बात गुजरात शब्द के आख़िरी अक्षर के बारे में कही जा सकती है। गुजराती वणिक महाजन समुदाय की किताब में महाप्राण 'थ' है, जबकि गुजरात विद्यापीठ के जोड़णीकोश के अनुसार गुजरात के अन्त में अल्पप्राण 'त' होना चाहिए। (गुज़राथी शिक्षण माला, गुज़राथी शिक्षण मण्डल, महाजनवाड़ी, सतारा, 1917)

इस प्रकार गुजराती भाषा के लेखन में वर्तनी को लेकर जो एकाधिक विकल्प थे, उन्हें दरकिनार करते हुए लिखित भाषा को अन्तिम रूप से निर्विकल्प अथवा मानकीकृत करने की कोशिश 1930 में होती है। हिन्दी को भी हम मानकीकरण की ऐसी प्रक्रिया से गुज़रते हुए देखते हैं।

हिन्दी की अक्षरमालाएँ और पाठ्य सामग्री

हिन्दी में बीसवीं सदी के दूसरे–तीसरे दशक तक आते–आते पाठ्यपुस्तक की भाषा का लचीलापन समाप्त होने लगता है। उसके पहले उन्नीसवीं सदी में जो अक्षरमालाएँ बनीं, उनमें से कई में अध्यापन को किसी हद तक अर्थपूर्ण बनाने की चिन्ता दिखती है।

ककहरा तो पहिले लिखा है पर पाठक उस को पहिले न पढ़ावें परन्तु चौथे पृष्ठ से शुरू करके पढ़ावें।

एक अक्षरमाला है जिसमें लेखक ने पहले वर्ण आदि दिये हैं और फिर चौथे पेज से बिना मात्रा वाले दो अक्षरों से बने शब्द। लेखक ने शिक्षकों/अध्यापकों से स्पष्ट तौर पर कहा है कि भले ही पुस्तक की शुरुआत वर्णमाला के अक्षरों से हुई है, लेकिन वे बच्चों को पेज चार पर दिये गये शब्द पहले पढ़ायें। (अक्षरमाला, हिन्दी प्राइमर, द क्रिस्चियन लिटरेचर सोसायटी, इलाहाबाद, 2009)

हिन्दी में भी पाठ्यपुस्तकों को सबसे अधिक विद्यार्थी केन्द्रित बनाने की कोशिश तब हुई जब किताबें महिलाओं के लिए बनायी गयीं। इसे महिलाओं के प्रति संरक्षणवादी दृष्टिकोण या दया भाव भी माना जा सकता है। शायद स्त्री साक्षरता से अपेक्षाएँ भी सीमित थीं, लेकिन उनके लिए जो किताबें बनीं

भूमिका

—:0:—

मैंने अब तक कोई पुस्तक ऐसी नहीं देखी कि जिसमें औरतों की जानी हुई बातें और उनके मन लगने की कहानी हो अक्षर चीन्हने के पीछे के पढ़ार : अपने ख्याल से बाहर की बातें उनको पढ़ना मौकूफ़ होता है, और वे जल्दी २ पढ़ने से अरचा लगता है, और अरचा लगने से तबियत उचट जाती है इसवास्ते मैंने पहिले बे मात्रा की दो हरफी बातें लिख के धीरे धीरे मात्रा वाली दो हरफी तीन हरफी और चौहरफी बातें लिखा है तिस के पीछे एक २ किसम की चीजों का नाम जो राति दिन स्त्रियों के देखने और सुनने में आती है बाद इसके उनकी तबियत लगने के वास्ते थोड़ी बहुतेरे के दस्तूरात और गीतें लिखा है॥

छोटई तिवारी

लखनऊ
ता० १० अगस्त १८६४ ई०

उनमें ख़ासतौर पर ध्यान रखा गया कि वे जिन भाषाओं में बात करती हैं उन भाषाओं को भी पठन–सामग्री में जगह मिले और पाठ्यपुस्तक में उन महिलाओं के जीवन–सन्दर्भ हों। सन् 1864 ई. में मुंशी नवल किशोर प्रेस से महिलाओं के लिए 'बालाबोध' नाम से पाठ्य सामग्री छपी। यह किताब अवध देश के चीफ़ कमिश्नर के कारिन्दे छोटई तिवारी ने बनायी। छोटई तिवारी ने किताब की भाषा जौनपुर ज़िले की भाषा के आसपास की हिन्दी रखी। किताब की भूमिका में छोटई तिवारी ने ये बातें लिखीं–

मैंने अव तक कोई पुस्तक ऐसी नहीं देखी कि जिसमें औरतों की जानी हुई बातैं औअर उनके मन लगने की कहानी हो अक्षर चींन्ह के पीछे बे सहार रू अपने ख्याल से बाहेर की बातैं जलदी पढ़ना मोशकिल होता है, और वे जलदी 2 पढने से अरसा लगता है, और अरसा लगने से तबियत उचटि जाती है इस वास्ते मैंने पाहिले बे मात्रा की दोहरफी बातैं लिख के धीरे धीरे मात्रा वाली दो हरफी तीन हरफी और चौहरफीं बातैं लिखा है तिस के पीछे एक 2 किसम की चीजों का नाम जो राति दिन स्त्रियों के देखने और सुन्ने में आती हैं बाद इसके उनकी तबियत लगने के वास्ते शादी वगैरह के दस्तू रात और गीतैं लिखा है।

(बालाबोध–स्त्रियों के पढ़ने की प्रथम पुस्तक, लेखक पण्डित छोटई तिवारी, मुंशी नवलकिशोर छापाखाना, लखनऊ, 1864)

छोटई तिवारी की यह भूमिका शिक्षकों के लिए लिखी टी. सी. होप की टिप्पणी से काफ़ी मिलती–जुलती है। साक्षरता के प्रसार के इन शुरुआती प्रयासों में सीखने वाले के भाषिक–व्यवहार और भाषा सीखने में उनकी सक्रिय भूमिका को स्वीकार किया जाता है। क्रमशः ये प्रयास अधिकाधिक शिक्षक केन्द्रित और स्थिर व मानक भाषा में लिखी पाठ्यपुस्तकों पर निर्भर होते चले गये। भाषा–शिक्षण की इस पद्धति की सीमाओं पर पर्याप्त चर्चा हुई है, लेकिन शायद इस प्रचलित शिक्षण–पद्धति का एक पहलू शिक्षक के प्राधिकार या अथॉरिटी से भी जुड़ा हुआ है। एक आधुनिक पेशेवर के रूप में भाषा–शिक्षक अपनी सत्ता मानक भाषा की सत्ता के साथ जोड़ कर देखता है।

सन्दर्भ सूची

1. डालमिया, वसुधा (1997), *जेनिसिस ऑफ़ हिन्दी* चैप्टर–4, दि नेशनलाइज़ेशन ऑफ़ हिन्दु ट्रेडीशन्स : भारतेन्दु हरिश्चन्द्र एंड नाइनटीन्थ सेंच्युरी बनारस। ऑक्सफोर्ड यूनिवर्सिटी प्रेस इंडिया

2. खूबचन्दानी, एल. एम. (2004), *लिविंग टूगेदर इन ए मल्टीलिंगुअल वर्ल्ड : एक्सप्लोरिंग ए न्यू कम्युनिकेशन ऑर्डर*। इंडियन एन्थ्रोपोलॉजिस्ट। वॉल्यूम 34, नम्बर 1 जून 2004 पृ. 41–54
3. उपाध्याय, एच. (2010), गाँधी, गुजराती स्पैलिंग एंड दि आइडियोलॉजी ऑफ़ स्टैंडर्डाइज़ेशेन। *इकोनॉमिक एंड पॉलिटिकल वीकली*, XLV (24), जून 2016 26–33
4. त्रिपाठी, मृत्युंजय, नावेद, शाद, 2019 , *द हिन्दी कैनन : इंटलेक्टचुअल्स, प्रोसेसेज, क्रिटिसिज़्म*। तूलिका बुक्स, दिल्ली
5. अक्षरमाला, हिन्दी प्राइमर, द क्रिस्चियन लिटरेचर सोसायटी, इलाहाबाद, 2009
6. बालाबोध (स्त्रियों के पढ़ने की प्रथम पुस्तक), पण्डित छोटई तिवारी, मुंशी नवलकिशोर छापाखाना, लखनऊ, 1864
7. गुजराती फर्स्ट बुक, टी.सी.होप, गवर्नमेंट सेंट्रल बुक डिपो बॉम्बे, 1864
8. गुजराथी शिक्षण माला, गुज़राथी शिक्षण मण्डल, महाजनवाड़ी, सतारा, 1917
9. गुजराती पहेली चोपड़ी, छोटालाल बाळकृष्ण पुराणी (सम्पादक), गुजरात विद्यापीठ, अहमदाबाद, 1927

मिर्ज़ा-साहिबा की प्रेमगाथा का फ़िल्मी रूपान्तरण

शिक्षा, शिक्षण संस्थान और शिक्षक के संकेतों का विश्लेषण

–दलजीत अमी

यह लेख पंजाब के एक लोकप्रिय प्रेमाख्यानक पर बनी फ़िल्मों के विश्लेषण का माध्यम लेकर समय के साथ–साथ शिक्षक अथवा उस्ताद की बदलती छवियों को चित्रित करता है। इसमें न सिर्फ़ उनको प्रस्तुति में मिले स्थान में व उनके व्यवहार के चित्रण में फ़र्क़ आया है वरन् उनके प्रति दृष्टिकोण व उनसे अपेक्षित आदर्शों व उनके हस्तक्षेप के ढ़ंग में भी। वे कहते हैं कि ठीक आज़ादी के बाद हालाँकि अध्यापक और स्कूल के प्रस्तुत अक्स में कुछ उम्मीद दिखती है पर सामान्य तौर पर वह सामाजिक, धार्मिक और राजनीतिक हुकूमत के पहरेदार के रूप में ही दिखता है। वे कहते हैं कि शिक्षा के बदलते स्वरूप के चलते शिक्षक की प्रस्तुत छवि में इस तरह का अन्तर आना बिल्कुल आश्चर्यजनक नहीं है।

पंजाबी साहित्य में चार धाराओं को प्रमुख माना जाता है जिनमें लोक–साहित्य, सूफ़ी–साहित्य, गुरबाणी–साहित्य और क़िस्सा–साहित्य शामिल हैं। लोक–साहित्य के साथ–साथ ही क़िस्सा–साहित्य ने मौखिक रिवायत से लिखित साहित्य का रूप धारण किया। क़िस्सा–साहित्य की विशेषता यह है कि इसका उल्लेख हर धारा में मिलता है। क़िस्सा–साहित्य का जन्म फ़ारसी की मसनवी और संस्कृत में प्रेमाख्यान से जुड़ता है तथा इनमें पंजाब के भौगोलिक, सांस्कृतिक और सामाजिक जीवन की विशेषताएँ समायी हैं।

क़िस्साकाव्य के प्रेमी भौगोलिक, सामाजिक दस्तूर और सांस्कृतिक बन्दिशों को पार करके एक–दूसरे के प्यार में क़ुर्बान होते हैं। इस मौखिक रिवायत का ज़िक्र भाई गुरुदास की वारों में मिलता है, जो सोलहवीं–सत्रहवीं

सदी में हुए और सिखों के धार्मिक ग्रन्थ, आदिग्रन्थ के पहले लिपिक थे। सबसे पहला क़िस्सा दामोदर की लिखी हुई हीर मिलती है जिनके जीवन का विवरण विवादित है। सबसे पहले मौखिक साहित्य से कुछ हद तक पाण्डुलिपियों में दर्ज हुए क़िस्सों का रूप लगातार बदलता रहा जो 1850 में पंजाब में छापाख़ाना शुरू हो जाने के बाद किताबों में दर्ज़ होना शुरू हुआ, लेकिन इनका मूल पाठ, प्रामाणिकता और लेखकत्व लगातार सवालों के घेरे में रहे हैं। यह अस्थिरता मिर्ज़ा–साहिबा के क़िस्से के साथ भी बनी हुई है जिसको 1880 के दशक में बर्तानवी मानवविज्ञानियों (टेम्पल 1883; स्टील 1884; स्वेनरटोन 1884; टेम्पल 1890) ने मौखिक से लिखित में दर्ज़ किया।

मूलपाठ, प्रामाणिकता और लेखकत्व के सवाल जहाँ क़िस्सों को विवादित बनाते हैं वहीं इनके बहुपरतीय पठन की सम्भावना को भी बढ़ाते हैं। क़िस्साकाव्य में हर क़िस्से को अलग–अलग समय पर अलग–अलग कवियों ने लिखा है। इसमें रूप से लेकर वृत्तान्तों की विविधता है, जो इन्हें सृजनात्मक और विश्लेषणात्मक स्तर पर ज़रख़ेज़ बनाती है। इसी ज़रख़ेज़पन के चलते क़िस्सों ने हर विधा की कला रचना में अपना स्थान बनाया है। कविता, गायन, चित्रकारी, नाटक से लेकर फ़िल्मों से होता हुआ क़िस्सा–साहित्य आज भी हर कला विधा में सक्रिय है। बहुत से विद्वानों और आलोचकों ने क़िस्सों का समाजशास्त्रीय, ऐतिहासिक और वाचनिक अध्ययन किया है। हमारा यह अध्ययन मिर्ज़ा–साहिबा के क़िस्से में पेश हुए मुल्ला/मौलवी/क़ाज़ी/अध्यापक (शिक्षक) के किरदार की फ़िल्मों में हुई पर्दापेशी के हवाले से समझने का प्रयास है। इस अध्ययन का केन्द्रीय नुंक्ता शिक्षा, शिक्षा–संस्थान और शिक्षक के सामाजिक रुतबे के संकेतों की शिनाख़्त करना और उन्हें विश्लेषणात्मक पद के तौर पर इस्तेमाल करना है। यह लेख किसी ऐतिहासिक तथ्य की गवाही नहीं है, बल्कि मिर्ज़ा–साहिबा के क़िस्से के एक किरदार को रूपक के तौर पर देखते हुए समकालीन हालात की संस्कृति में हो रही पेशकारी को समझने का प्रयास है।

मिर्ज़ा–साहिबा की प्रेमगाथा को सबसे पहले सर रिचर्ड्स कार्नेक टेम्पल ने दर्ज़ किया जो बतौर अंग्रेज़ सैनिक अफ़सर पंजाब में नियुक्त थे। अंग्रेज मानवविज्ञानी रिचर्ड्स टेम्पल ने लोगों से सुनकर इस क़िस्से को लिखा। इस क़िस्से की कई 'लिखतें' हैं क्योंकि एक तरफ़ तो अलग–अलग लोगों

ने इसे अलग–अलग ढंग से सुनाया और दूसरी तरफ़ एक ही व्यक्ति ने भी अलग–अलग समय पर इसे अलग–अलग रूप में सुनाया। मानवीय याद्दाश्त के साथ जुड़ी सीमाएँ इस क़िस्से के पाठ को प्रामाणिकता की कसौटी पर खरा उतरने से बचाये रखती हैं। और अलग–अलग लेखकों के लेखन में उनकी अपनी समझ और समकालीन परिदृश्य इसके पाठ में झलकता है।

हरनाम सिंह शान अपने लेख 'त्रासदिक प्रेमगाथाएँ, पूर्व और पश्चिम' में लिखते हैं कि, "प्रेमगाथाएँ मानवीय नस्ल की रिवायत में मौखिक से लेकर लिखित साहित्य में सबसे लोकप्रिय और अमीर परम्परा हैं।" इनका स्रोत साझा है और आकर्षण सर्वव्यापी है। शान लिखते हैं, "प्रेमगाथाएँ सिर्फ़ अपनी मौलिक भौगोलिक सीमाओं को ही पार नहीं करतीं, बल्कि अपना प्रभाव चारों तरफ़ बढ़ाती हैं।" (शान 2000 पृ. 101) शान इसाक डिसरेली की बात को दुहराते लगते हैं जो लिखते हैं कि, "अफ़सानों के पंख होते हैं। वे चाहे पश्चिम से आयें या पूर्व से, जहाँ पर पड़ाव डालते हैं वहीं आबाद हो जाते हैं।"[1]

फरीना मीर अपने लेख, 'पंजाब के लोकप्रिय वृत्तान्तों में रचना–पद्धति और निष्ठा : सांस्कृतिक और धार्मिक समन्वयात्मवाद पर पुनर्विचार,' में पंजाबी क़िस्सा–साहित्य में फ़ारसी–इस्लामी रिवायत की निरन्तरता देखती हैं और साथ ही इसके स्वरूप की विशेषता को भी अंकित करती हैं। एक तरफ़ वह क़िस्सा–साहित्य में 'मंगलाचरण' की परम्परा को, फ़ारसी–इस्लामी रिवायत में मसनवी के वंश–क्रम को देखती हैं और दूसरी तरफ़ पंजाब के सामाजिक–सांस्कृतिक माहौल के मुताबिक़ आयी तब्दीलियों के कारण इसे स्थानिकता से जुड़ा हुआ पाती हैं। उन्नीसवीं सदी के दूसरे अर्धांश में लिखे गये हीर–राँझा के क़िस्सों का वह 'निष्ठा' और 'पुण्यशीलता' के संकल्पों के हवाले से अध्ययन करती हुई क़िस्सा–साहित्य में पंजाब के अन्दर सभी धर्मों के लोगों से जुड़े रूहानी दस्तूर की शिनाख़्त करती हैं। वह मानती हैं कि यह रूहानी दस्तूर कोई समन्वयात्मक रुझान नहीं है बल्कि यह समानान्तर रूहानी दस्तूर है, जिसमें हर धर्म के पंजाबी (लोग) शामिल हो जाते हैं। वह सुझाती हैं कि जब हिन्दू, मुस्लिम, सिख और ईसाई धर्म के अनुयायियों में दीवारें मज़बूत हो रहीं हो तो क़िस्साकाव्य में पेश हो रहे

1. शान में उद्धृत (2000, पृ. 103)

'निष्ठा' और 'पुण्यशीलता' के संकल्प पंजाब के सामाजिक और सांस्कृतिक जीवन को समझने के लिए अहम तथ्य बनते हैं जिन्हें इतिहासकारों ने नज़रअन्दाज़ किया है (मीर 2006)। फरीना मीर उस दौर का अध्ययन कर रही हैं जब सिंघसभा, आर्य समाज और अंजुम–इस्लामिया का उभार हो रहा था। यह तीनों रुझान धर्म को पहचान का केन्द्रीय नुक्ता मान कर पंजाबी पहचान को अपने–अपने धर्म के इर्द–गिर्द तामील कर रहे थे।

मिर्ज़ा–साहिबा के क़िस्से का अध्ययन करते हुए जीवन दिओल ने लिखा है कि प्रेमगाथाओं का उत्तरी भारत की प्रेम–कहानियों के भण्डार में अहम योगदान है जो पहले मौखिक और बाद में क़िस्से के लिखित माध्यम से प्रचलित हुईं। दिओल का तर्क है कि क़िस्से प्रमुख तौर पर मुस्लिम लेखकों ने लिखे हैं और उन्होंने प्रेमियों द्वारा इश्क़ के पौराणिक मार्ग को दर्शाया और इस प्रक्रिया में प्रेमगाथाओं में निहित नियमभंगता का सामर्थ्य कमज़ोर पड़ा है। मिर्ज़ा–साहिबा का क़िस्सा हीर–राँझा के बाद मक़बूल हुआ पर यह कई समानताओं के बावजूद बाक़ी क़िस्सों से भिन्न है, क्योंकि इस क़िस्से में प्रेमियों के माँ–बाप में टकराव का कारण उनका असमान सामाजिक–आर्थिक रुतबा या सामाजिक नियमभंगता नहीं है। इस क़िस्से में टकराव 'व्यक्तिगत चुनाव और परिवार के इख़्तियार' में तनाव से पैदा होता है। दिओल लिखते हैं : 'मिर्ज़ा–साहिबा की गाथा कोई प्रतिशोधी और निर्दयी क़त्ल की कहानी नहीं है, बल्कि यह (कई सम्भव पठनों में से एक पठन) प्रेम और इज़्ज़त की संकेतबद्धता के बीच टकराव का रूपक है–पारिवारिक ज़िम्मेवारी और व्यक्तिगत इच्छा में टकराव का रूपक है।' (दिओल 2007)

इन हालात में मिर्ज़ा–साहिबा की प्रेमगाथा पंजाब के इतिहास के सामाजिक और सांस्कृतिक अध्ययन का महत्त्वपूर्ण स्रोत है। प्रेमगाथाओं में अलग–अलग किरदारों के दरमियान संवाद को सामाजिक व्यवहार और सामाजिक संस्थाओं के आपसी सम्बन्धों को समझने के लिए इस्तेमाल किया गया है। किरदारों की भाषा में छुपे संकेतों को समझने का प्रयत्न हुआ है। फरीना मीर हीर–राँझा में हीर और उसकी माँ के संवादों में से 'निष्ठा' और 'पुण्यशीलता' के संकल्पों को समझती हैं। नजम हुसैन सय्यद इसी तरह राँझा और क़ाज़ी के बीच के संवादों से मस्जिद और आवाम के रिश्ते को समझते हैं। इसी तरह से मिर्ज़ा–साहिबा का भी अध्ययन हुआ है। अहम किरदारों के संवादों, उनके नामों और उनके व्यवहार से

समाजशास्त्रीय संकेत पढ़े गये हैं। इसमें तीर–कमान, मिर्ज़ा की बक्की, सियालों और खरलों की लड़ाई, सियालों और चन्दढ़ द्वारा मिर्ज़ा–साहिबा का पीछा किये जाने और जंड के पेड़ के संकेतों को समझने के प्रयास लगातार किये गये हैं। भूदृश्य मिर्ज़ा–साहिबा के बहुपठन की सम्भावना को बहुपरतीय बना देता है। उस भूदृश्य में व्यक्तिगत इच्छा की सम्भावना के बारे में साहिबा के हवाले से नजम हुसैन सय्यद लिखते हैं, "साहिबा ना तो खीवा में रह सकती है और ना ही दानाबाद में रह सकती है। वह सिर्फ़ बक्की की पीठ पर रह सकती है (1999)।' अपने लेख 'नदियों पार राझण दा ठाणा' में नजम हुसैन सय्यद प्रेमगाथाओं के हवाले से लिखते हैं कि हीर–राँझा और सोहनी–महिवाल में दरिया, सस्सी–पुन्नू में रेगिस्तान और मिर्ज़ा–साहिबा में बीहड़ स्थापित निज़ाम के पहरेदार हैं। इन्हें पार किये बिना प्रेमी के प्रेमनगर नहीं पहुँचा जा सकता। यह निज़ाम की तरफ़ से डराते हैं और प्रेमनगर का सपना देखने वालों को चुनौती देते हैं। नजम लिखते हैं कि प्रेम की राह पर दरिया, रेगिस्तान और बीहड़ की चुनौती को स्वीकार करके यही आगे बढ़ने का हौसला देते हैं, पर पुराने निज़ाम के अन्दर ही नये स्थान की दावेदारी करना मौत का रास्ता है। राँझा तख़्तहज़ारा से झंग जा सकता है, पर हीर से विवाह करके वापिस नहीं लौट सकता। मिर्ज़ा घुड़सवार होकर साहिबा के पास खीवा तो पहुँच सकता है, पर उसे लेकर दानाबाद नहीं लौट सकता। महिवाल अपने माँ–बाप के घर बुख़ारा नहीं लौट सकता और सस्सी रेगिस्तान को पार करके पुन्नू के पास नहीं जा सकती। यह सभी पैतृकसत्ता से विद्रोह करके चले हैं और इस विद्रोह के बाद पैतृक समाज में इनके लिए कोई जगह नहीं है। इनका दरिया में डूबना, रेगिस्तान में भस्म हो जाना और बीहड़ में क़त्ल होना तय है क्योंकि यह निज़ाम की सरहदें हैं जिनकी रक्षा के लिए निज़ाम बेअन्त और बेहिसाब ताक़त का इस्तेमाल कर सकता है (सय्यद 1999)।

फ्रेडरिक जेम्सन अपने लेख 'थर्ड–वर्ल्ड लिटरेचर इन दी इरा ऑफ़ मल्टीनेशनल कैपिटलिज़्म' में तीसरी दुनिया के पाठ को राष्ट्रीय दृष्टान्त के तौर पर देखते हैं। उनका मानना है कि पश्चिमी पाठक की अभिरुचि उनके आधुनिकता के तजुर्बे से बनती है जिस कारण तीसरी दुनिया का पाठ पुराना लगता है जो समकालीन दौर से पहले हो चुका है। इस कारण इसको क्लासिक बनाम पॉपुलर या कैनॉनिकल बनाम पल्प की

धारणाओं में नहीं समझा जा सकता क्योंकि तीसरी दुनिया के पाठ उनके अपने ऐतिहासिक तजुर्बे से जन्मे हैं। वह अपनी परिकल्पना का ख़ाका ख़ुद बनाते हैं :

> तीसरी दुनिया के पाठ मूल रूप में विलक्षण ढंग से दृष्टान्तक हैं। मेरी दलील है कि उन्हें राष्ट्रीय दृष्टान्त के तौर पर पढ़ा जाना चाहिए, शायद या चाहे उनके रूपकीय ढाँचे का विकास नावल की तरह मुख्य तौर पर पश्चिम के प्रतिनिधित्व करने के खाँचों से पनपा हो। इस विभेदन को मैं निहायत सरलता से पेश करता हूँ : पूँजीवादी संस्कृति का एक निर्धारक तत्त्व पश्चिमी यथार्थवाद और आधुनिक उपन्यास (नावल) में स्पष्ट होता है जो निजी और सार्वजनिक, कवित्व और सियासी में स्वच्छन्द भावी विभाजन है। जिसको हम एक तरफ़ कामुकता और अचेतन और दूसरी तरफ़ वर्गों में बँटी आर्थिकता और धर्मनिरपेक्ष सियासी सत्ता की सार्वजनिक दुनिया के प्रक्षेत्रों में देखते हैं। दूसरे शब्दों में इसे फ्रायड बनाम मार्क्स देखा जाता है। तीसरी दुनिया के यथार्थतः शृंगार रस में लिप्त और यथोचित व्यक्तिगत पाठ भी अनिवार्य राष्ट्रीय दृष्टान्त के तौर पर सियासी पहलू पेश करते हैं। तीसरी दुनिया की संस्कृति और समाज में मुक़द्दर की व्यक्तिगत कहानी सदैव संकटग्रस्त सार्वजनिक हालात का दृष्टान्त होती है (जेम्सन 1986 : 69)।

मिर्ज़ा–साहिबा का ज़्यादातर विश्लेषण इतर लिंगी रिश्तों तक सीमित रहा है जबकि इसके अन्दर और भी कई तरह के संकेत हैं जो विश्लेषण का हिस्सा हो सकते हैं। इस अध्ययन में मिर्ज़ा–साहिबा के क़िस्से में पेश हुए अध्यापक के किरदार को समझने का प्रयास किया गया है। अध्ययन मिर्ज़ा–साहिबा की प्रेमगाथा पर बनी फ़िल्मों के हवाले से यह समझने का प्रयास है कि समकालीन हालात के मुताबिक़ यह किरदार किस तरह बदलता है। फ़िल्म का इतिहास बहुत पुराना नहीं है। यह तक़रीबन एक सौ बीस साल पुराना है और उसमें मिर्ज़ा–साहिबा पर फ़िल्म इतिहास तक़रीबन 85 साल पुराना है। इस दौर में उत्तरी भारत ने साम्राज्यवाद के ख़िलाफ़ संघर्ष से लेकर बँटवारे के क़त्लेआम, बड़ी लड़ाइयों, जम्हूरियत, तानाशाही, इमरजेंसी, हथियारबन्द लहरों और उदारीकरण के विभिन्न तज़रबात को अपने तन पर झेला है। इस विभिन्नता के तजुर्बे को शिक्षा, शिक्षा–संस्थान और शिक्षक ने भी जिया है। यहाँ पर नजम हुसैन सय्यद का कथन महत्त्वपूर्ण है :

> दरिया के इस तरफ़ माँ–बाप का हुक्म चलता है–सभी स्कूल, कॉलेज, अदालतें, दफ़्तर, मन्दिर, मस्जिदें, तकिये, अदारे, थिएटर, क्लब, चकले, शराबख़ाने माँ–बाप के हुक्म से जुड़े हैं। यह हमें माँ–बाप की रियासत में घेरे रखने में लगे रहते हैं (सय्यद 1995 : 105)।

मिर्ज़ा–साहिबा की प्रेमगाथा पर बनी फ़िल्मों में कहानी के अहम किरदारों में मुल्ला/मौलवी भी शामिल है। हर फ़िल्म में उसका तत्कालीन दौर असर अन्दाज़ हुआ है। मुल्ला/मौलवी/क़ाज़ी/अध्यापक का किरदार भी हर दौर के प्रभाव ग्रहण करता है। यह किरदार पितृसत्ता के दरबान से लेकर प्यार के हमदर्द के रूप में पेश हुआ है। यह किरदार अगर एक दौर में समाज के आदरणीय किरदार के तौर पर पेश हुआ है तो दूसरे दौर में अनदेखा भी किया गया है। अगर यह किसी दौर में हिंसा का शिकार हुआ है तो किसी दूसरे दौर में हिंसक पक्ष का पक्षधर रहा है। इस किरदार ने हिन्दुस्तान के विभाजन से लेकर हिंसक आन्दोलनों और पाकिस्तान में तानाशाही का दौर देखा है। यह किरदार वैश्वीकरण के दौर से दो–चार हो रहा है। इस लेख में यह देखने का प्रयास है कि कहानी की सीमाओं के अन्दर यह किरदार फ़िल्मसाज़/लेखक की कल्पना के साथ–साथ तत्कालीन दौर के अध्यापन तथा अध्यापक के सामाजिक रुतबे को कैसे पेश करता है? मिर्ज़ा–साहिबा की फ़िल्मों में दर्ज़ हुए इस रिश्ते को देखने का यह प्रयास इतिहास, विद्या और वाचनिक विश्लेषण द्वारा किया जा रहा है। पहले प्रेमगाथा की संक्षिप्त कहानी।

संक्षिप्त कहानी : मिर्ज़ा–साहिबा

मिर्ज़ा–साहिबा मध्यकालीन प्रेमगाथा है जो मौखिक से लिखित साहित्य में दर्ज़ की गयी है। यह गाथा हीर–राँझा, सोहनी–महिवाल, लैला–मजनू जैसी मशहूर प्रेमगाथाओं में शुमार है। हर क़िस्से को अलग–अलग कवियों ने लिखा है पर फिर भी हर क़िस्से को किसी एक क़िस्साकार के साथ ज़्यादा जोड़ा जाता है जैसे हीर–राँझा को वारिस शाह, सोहनी–महिवाल को फ़ज़ल शाह, सस्सी–पुन्नू को हाशिम शाह के साथ और इसी तरह मिर्ज़ा–साहिबा को पीलू के साथ जोड़ा जाता है। पीलू के अलावा हाफ़िज़बरखुद्दार, हाफ़िज़बरखुद्दार मुल्तानी, हाशिम शाह और भगवान सिंह ने भी यह क़िस्सा लिखा है। इस तरह मिर्ज़ा के क़िस्से के साथ भी क़िस्साकाव्य के सारे सवाल जुड़े हुए हैं। तमाम विविधताओं के चलते मिर्ज़ा–साहिबा के क़िस्से का चौखटा इस तरह है।

मिर्ज़ा खरल क़बीले का लड़का है जो दानाबाद गाँव में पैदा हुआ। वह सियाल क़बीले में अपने मामा, वंजल ख़ान के गाँव खीवा में पलता है। वंजल ख़ान की बेटी और मिर्ज़ा एक साथ गाँव की मस्जिद में पढ़ने जाते हैं।

बचपन का लगाव प्यार में बदल जाता है। इस प्यार का सबसे पहले अन्दाज़ा मस्जिद में पढ़ाने वाले मुल्ला/मौलवी जी को होता है। साहिबा के भाइयों को उसका मिर्ज़ा के साथ मिलना बिल्कुल पसन्द नहीं है। वंजल ख़ान के परिवार के अन्दर मिर्ज़ा–साहिबा के रिश्ते को लेकर दो मत हैं। जवान हो रहे बेटों का घर के फ़ैसलों में दख़ल इस रिश्ते को स्वीकार नहीं करता। साहिबा के भाई शमीर को मिर्ज़ा बिल्कुल पसन्द नहीं है। दोनों में बेहतर तीरन्दाज़ और घुड़सवार होने का भी मुक़ाबला है। यह मुक़ाबला साहिबा की क़िस्मत का फ़ैसला करने के अधिकार के मामले में भी है। मिर्ज़ा अपने प्यार और ताक़त के दम पर साहिबा को पाना चाहता है और दूसरी तरफ़ शमीर अपने प्यार और परिवार में पितृसत्ता के दावेदार के तौर पर साहिबा की 'अच्छाई–भलाई' का फ़ैसला अपने हाथ में लेना चाहता है। मिर्ज़ा को उसके गाँव दानाबाद भेज दिया जाता है और साहिबा का निकाह चन्दढ़ क़बीले में ताहिर ख़ान के साथ तय कर दिया जाता है। मिर्ज़ा को ख़बर मिलती है तो वह अपनी बक्की (घोड़ी) पर सवार होकर आता है और साहिबा को शादी वाले दिन भगाकर ले जाता है। उसे इस बात का अभिमान है कि कोई उसकी बक्की को पकड़ नहीं सकता और उसके तीरों से बच नहीं सकता। क़िस्साकार पीलू द्वारा रचित मिर्ज़ा–साहिबा में मिर्ज़ा का दावा है, 'मेरी बक्की तों डर न फ़रिश्ते, ते मै थों डरे ख़ुदा।'

साहिबा अपने भाइयों को भी जानती है। वह जल्द से जल्द सियाल क़बीले की हद पार कर जाना चाहती है। बक्की थक जाती है और मिर्ज़ा भी आराम करना चाहता है। साहिबा ख़ून–ख़राबा नहीं चाहती और उसे लगता है कि वह अपने भाइयों को मना लेगी। साहिबा मिर्ज़ा को रोकने के लिए उसके तीर तोड़ देती है, पर अपने भाइयों को नहीं रोक पाती। साहिबा के भाई और चन्दढ़ क़बीले के लोग उन्हें घेर लेते हैं। मिर्ज़ा मारा जाता है और साहिबा कुछ क़िस्सों में क़त्ल कर दी जाती है और कुछ में ख़ुदकुशी कर लेती है। जंड के पेड़ के नीचे मिर्ज़ा–साहिबा मारे जाते हैं। जंड का पेड़ इस पूरी त्रासदी का बिम्ब बन जाता है। खुला आसमान, कच्ची जगह और बीहड़ में क़त्ल हुए मिर्ज़ा–साहिबा उस काल–मुक्त इतिहास के बिम्ब बन जाते है जिसके पन्ने प्यार के ख़िलाफ़ हिंसा से सने हैं। साहित्य और कला विधाओं के लिए साहिबा का मिर्ज़ा के तीरों को तोड़ना और मिर्ज़ा का बेपरवाही से सो जाना सवाल रहे हैं, जो साहित्य सृजन के लिए अनुकूल ज़मीन साबित हुए हैं।

मिर्ज़ा–साहिबा का क़िस्सा हर कला माध्यम का आकर्षण बना है। गायन, नाटक, चित्रकारी और म्यूज़िक वीडियो में पेशकारी मुख्य किरदारों तक सीमित रही है। फ़िल्मों में भी यही रुझान रहा है पर फिर भी दूसरे माध्यमों के मुक़ाबले छोटे और कथा रस में कम महत्त्वपूर्ण किरदारों को कुछ ज़्यादा जगह मिली है। फ़िल्म में कथा के साथ संगीत, भूदृश्य और रोशनी–अँधेरे का मायाजाल बहुआयामी विश्लेषण की सम्भावनाएँ खोल देता है। पटकथा में कथा की कम महत्त्वपूर्ण चीज़ें और दृश्य दर्ज हो जाते हैं। कैमरा कथा के साथ माहौल की अनुभूति को दर्ज करके एक सेंसोरियम (संज्ञाकेन्द्र) का सृजन करता है, जो वाचनिक विश्लेषण को गहराई मुहैया कराता है। अनुभवात्मक और सौन्दर्यशास्त्रीय विश्लेषण की गुंजाइश को बढ़ाता है।

मिर्ज़ा–साहिबा की कहानी को तक़रीबन एक दर्जन बार फ़िल्म का विषय बनाया गया है। इन फ़िल्मों को तीन श्रेणियों में बाँटा जा सकता है, पहली श्रेणी में वह फ़िल्में आती हैं जो मिर्ज़ा–साहिबा की प्रेमगाथा का फ़िल्मी–रूपान्तरण करती हैं। दूसरी श्रेणी में मिर्ज़ा–साहिबा की प्रेमगाथा बतौर रूपक पेश होती है। तीसरी श्रेणी में मिर्ज़ा–साहिबा की प्रेमगाथा एक समानान्तर कहानी है या फिर इसे आह्वान के तौर पर इस्तेमाल किया जाता है। मिर्ज़ा–साहिबा की प्रेमगाथा को पहली मर्तबा 1929 में मूक फ़िल्म में रूपान्तारित किया गया।[2] इसके बाद 1933 में मिर्ज़ा–साहिबा पर वाचाल या बोलती फ़िल्म बनी जिसके साथ संवाद, संगीत और माहौल से जुड़ी आवाज़ें पर्दे पर पेश होने लगीं। इन फ़िल्मों का इतिहास 1920 के दशक से मौजूदा दौर तक फैला हुआ है।[3] फ़िल्मी पर्दे पर पेश करने के लिए मिर्ज़ा–साहिबा को अलग–अलग पटकथा लेखकों ने लिखा और अलग–अलग चलचित्रकारों तथा निर्देशकों ने अलग–अलग अदाकारों,

2. *मिर्ज़ा साहिबा* (निर्देशक मिश्रा, बी. पी. 1929) और *मिर्ज़ा साहिबा* (निर्देशक बेगम, फातमा 1929), *इश्क़–ए–पंजाब (अका मिर्ज़ा साहिबान)* (निर्देशक सेठी, जी. आर. 1935), *मिर्ज़ा साहिबान* (निर्देशक मधोक, डी. एन. 1939) और *मिर्ज़ा साहिबान* (निर्देशक अमरनाथ के. 1947) *मिर्ज़ा साहिबान* (निर्देशक दाउद चन्द 1956), *मिर्ज़ा साहिबान* (निर्देशक रवि कपूर 1957), *मिर्ज़ा जट्ट* (निर्देशक मसूद परवेज़ 1967), *मिर्ज़ा जट्ट* (निर्देशक मसूद परवेज़ 1982), *जट मिर्ज़ा* (निर्देशक जहाँगीर क़ैसर 1982), *मिर्ज़ा, मजनू, राँझा* (निर्देशक सईद डार 1983), *मिर्ज़ा जट्ट* (निर्देशक रविन्दर रवि 1992), *हीरो हिटलर इन लव* (निर्देशक सुखवन्त धड्डा 2011) और *मिर्ज़ा, द अनटोल्ड स्टोरी* (निर्देशक देव 2012), *मिर्ज़या* (निर्देशक राकेश ओमप्रकाश मेहरा 2016)

3. *मिर्ज़ा साहिबान* (निर्देशक मज़ूमदार, नागेन्द्र 1933), (राजाध्यक्ष और विलेमैन 1994)

संगीतकारों और गायक कलाकारों के साथ काम किया। इस अध्ययन में मिर्ज़ा–साहिबा से जुड़ी सारी फ़िल्मों को शामिल नहीं किया गया पर अलग–अलग समय के प्रतिनिधित्व को ध्यान में रखते हुए कुछ चुनिन्दा फ़िल्मों का विश्लेषण किया गया है।

आज़ादी की उम्मीद में

भारत के बँटवारे से पहले 1947 में अमरनाथ खेतरपाल (के. अमरनाथ) द्वारा बनायी गयी मिर्ज़ा–साहिबा में मक़तब के पहले दृश्य में विद्यार्थी गाना गा रहे हैं :

'आज मियाँजी को चढ़ जाये बुख़ार तो बड़ा मज़ा आये,
सुनी जाये जो अपनी पुकार तो बड़ा मज़ा आये,
मैं तख़तपोश पर बैठूँ और सबको सबक़ पढ़ाऊँ
जो भूले कोई एक बार तो जूते चार लगाऊँ
फिर कान पकड़कर छोड़ के आऊँ गाँव से बाहर
तो बड़ा मज़ा आये, तो बड़ा मज़ा आये...'

इसके बाद मक़तब[4] के दो दृश्य हैं जिनमें मियाँजी समकालीन सामाजिक हालात के साथ जोड़कर हरूफ़–ए–ताहाजी[5] के साथ–साथ व्यावहारिक हिसाब सिखाने का प्रयास कर रहे हैं और हर बात पर मज़ाक़ का पात्र बनते हैं। उपरोक्त गाने के भावार्थानुसार विद्यार्थी मक़तब को बोझिल मानकर छुटकारा पाना चाहते हैं और सज़ा देना मक़तब का नियम है। यहाँ पर पढ़ाने की जगह विद्यार्थियों को अनुशासन में लाने को ज़्यादा तवज्जोह दी जा रही है। मक़तब बच्चों के लिए समय काटने और शरारत करने का स्थान ज़्यादा लगता है। मियाँजी का किरदार भैंगा है जिसकी नज़र बिखरी हुई है। उनका भैंग आँखों तक महदूद नहीं है बल्कि यह उनकी शख़्सियत का रूपक है। उनको कुछ भी स्पष्ट नहीं है और विद्यार्थियों की उनमें कोई दिलचस्पी नहीं हैं। वह मक़तब के अन्दर बच्चों के माँ–बाप की भूमिका निभाते हुए ज़्यादा नज़र आते हैं और शरारती बच्चों के आगे बेबस हैं।

---

4. मक़तब फ़ारसी का शब्द है, जिसका अर्थ प्राथमिक पाठशाला है।
5. हरूफ़–ए–ताहाजी फ़ारसी का शब्द है, जिसका अर्थ वर्णमाला है।

आज़ादी की परछाइयाँ

कृष्ण कुमार ने अपनी किताब 'प्रेज्यूडिस एंड प्राइड,' 'स्कूल हिस्ट्रीज़ ऑफ़ इण्डिया एंड पाकिस्तान' में भारत और पाकिस्तान के स्कूलों में आज़ादी के संघर्ष के बारे में पढ़ाई जाने वाली पाठ्यपुस्तकों का तुलनात्मक अध्ययन किया है :

> राज्य के तौर पर, आधुनिक समाज अल्पायु पाठक वर्ग के लिए लिखने वाले इतिहासकारों पर भारी ज़िम्मेदारी लाद देता है। नये बने राज्यों के सियासी नेता और विशिष्ट वर्ग समझते हैं कि शिक्षा मुख्यतः नौजवान वर्ग में राष्ट्रीय पहचान को मज़बूत करने का साधन मात्र है।...पुरानों के मुक़ाबले नये बने राज्यों या उत्तर–उपनिवेशी राज्यों में बच्चों की शिक्षा के उद्देश्यों में राष्ट्र–सरंचना इतनी हावी है कि शिक्षा के अन्य उद्देश्यों की पूर्ति के लिए बहुत कम मौक़े हैं, विशेषकर बौद्धिक विकास से जुड़े शिक्षा के उद्देश्यों के लिए अवसर बेहद सीमित हैं। मुफ़लिसी से ग्रस्त स्कूल और परीक्षाओं पर दिया गया अत्यधिक महत्त्व अन्य उद्देश्यों में बाधाओं के हिस्सेदार बन जाते हैं (कुमार 2001: 5)।

बँटवारे के बाद 1957 में सर दूलक्वात्रा ने पाकिस्तान से विस्थापित होकर भारत आये अदाकारों/कलाकारों की टोली के साथ मिलकर मिर्ज़ा–साहिबा बनायी, जिसकी कहानी राजिन्दर सिंह बेदी ने लिखी और निर्देशन रवि कपूर ने किया। इस फ़िल्म में बँटवारे की हिंसा का असर स्पष्ट नज़र आता है, पर इसमें मस्जिद का सिर्फ़ ज़िक्र होता है। मिर्ज़ा की शरारतों से परेशान खीवा ख़ान को फुम्मन सलाह देता है कि मिर्ज़ा को मस्जिद भेजा जाये: 'अगर अलिफ़ से अल्लाह हो गया तो समझ लेना कि बे से बकरी भी हो जायेगी।' मीर, शमीर, मिर्ज़ा और साहिबा तख्तियाँ लेकर मस्जिद में पढ़ने जाते हैं। मीर और शमीर घर पर आकर शिकायत करते हैं कि मस्जिद में मिर्ज़ा और साहिबा एक–दूसरे में ही मस्त रहते हैं। यहाँ पर भी बच्चों को पढ़ाने का मतलब उन्हें सिर्फ़ अनुशासन में बाँधना है और गृहस्थ के लिए अच्छे पारिवारिक सदस्य पैदा करना है।

इस फ़िल्म में मस्जिद पर्दे पर पेश नहीं होती पर माहौल और संवाद मस्जिद का नक़्शा दर्शक के दिमाग़ में खींचने का काम करते हैं। बँटवारे के बाद बनी इस फ़िल्म में रूपक के तौर पर उस दौर में हुए क़त्लेआम का मातम तो नहीं, पर इसमें बच जाने की मानवीय इच्छा दर्ज़ होती है। इस फ़िल्म में साहिबा ख़ून–ख़राबे पर उतारू दो पक्षों में शान्ति के लिए मध्यस्थता करती दिखाई देती है और अपने समकालीन दौर में क़त्ल हुई

मानवीय आकांक्षा का प्रतीक बनती है। क़त्लो–गारत के उस दौर में शिक्षा, शिक्षा–संस्थान और शिक्षक के सरोकार तक़रीबन ग़ैर–हाज़िर हो गये थे। इसीलिए उम्मीद की जा रही थी कि शायद बच्चों को अलिफ़ से अल्ला पढ़ाकर उसी धर्म के साथ जोड़ा जा सकता है जो बँटवारे में क़त्लेआम का कारण और मैदान बना था। उजड़े घरों के बाशिन्दे उम्मीद कर रहे थे कि शायद बच्चों को बे से बकरी पढ़ाकर उसी गृहस्थ में बाँधा जा सकता है जो बँटवारे के दौरान सुरक्षा प्रदान करने में असमर्थ रहा है।

राज्य शिक्षा की और शिक्षा राज्य की सेवा में

भारत में शिक्षा, स्कूल और अध्यापक की हालत को सुधारने के लिए कोठारी कमीशन बनाया गया जिसने 1966 में अपनी रिपोर्ट पेश की। कोठारी कमीशन की रिपोर्ट की भूमिका में दर्ज है कि–'एक बात हम बिना किसी शक या झिझक से कह सकते हैं कि भारतीय संस्कृति और मूल्यों से जुड़ी हुई विज्ञान आधारित शिक्षा ही राष्ट्र के विकास, सुरक्षा और कल्याण की बुनियाद तथा औज़ार हो सकती है (कोठारी कमीशन की रिपोर्ट 1966 : ix)।' शिक्षा की गुणवत्ता और इसके राष्ट्र निर्माण में योगदान में कई तत्त्व महत्त्वपूर्ण हैं पर बिना शक अध्यापक की सक्षमता, गुणपूर्णता और आचरण इनमें सबसे अहम है। रिपोर्ट में आगे दर्ज है कि नौजवान युवक–युवतियों को इस पेशे की तरफ़ आकर्षित करने के लिए अध्यापक के रुतबे को सामाजिक, आर्थिक और पेशेवर स्तर पर बेहतर बनाने के प्रयास करने होंगे। इससे उनका समर्पण, उत्साह और सन्तुष्टि बनी रहेगी (कोठारी कमीशन की रिपोर्ट 1966 : 146)। इस रिपोर्ट में अध्यापकों के वेतन में वृद्धि और समानता लाने की सिफ़ारशें की गयीं, जो मान ली गयीं। बढ़े हुए वेतन से अध्यापक की समाज पर निर्भरता कम हो गयी, पर इससे उसके सामाजिक रुतबे में तब्दीली नहीं आयी। पहले वह समाज पर निर्भरता के कारण सेवा करने वाला बेचारा था। वेतन में वृद्धि के बाद वह बेचारा नहीं रहा, पर सेवाभाव वाली पहचान ख़त्म हो गयी। इस कारण अध्यापन नौकरी बन गया जिसे अध्यापक अपने घर के गुज़ारे के लिए करता है।

जब 1967 में मसूद परवेज़ ने पाकिस्तान में 'मिर्ज़ा जट्ट' नाम की फ़िल्म बनायी तब नये मुल्क के साथ जुड़ा सपना टूट रहा था, पर नये मुल्क से उम्मीद पूरी होने की तवक़्क़ो कुछ हद तक क़ायम थी। मुल्क की माँ के तौर पर पहचानी गयीं फ़ातिमा जिन्नाह का इन्तक़ाल हो गया था,

अयूब ख़ान की फ़ौजी तानाशाही और बांग्लादेश के अलग मुल्क की माँग के साथ पाकिस्तान ख़ाना जंगी की कगार पर था। धर्म और सियासत का तनाव जम्हूरियत से कन्नी खिसका रहा था। मिर्ज़ा को खीवा ख़ान के साथ भेज रहा वंजल ख़ान कहता है, 'इसका ध्यान रखना, यह अबाध न घूमता रहे, इसे पढ़ने ज़रूर लगा देना।' साहिबा भी पढ़ने की ज़िद करती है तो उसके भाई मज़ाक़ उड़ाते हैं। खीवा ख़ान सवाल पूछता है–'तेरे भाइयों ने तो मस्जिद में कभी पाँव नहीं रखा और तुम पढ़ने जाओगी?' साहिबा को समझाया जाता है कि लड़कियों को पढ़ने की ज़रूरत नहीं है। उसे कपड़ों का लालच देकर मनाने का प्रयास किया जाता है। आख़िर साहिबा की ज़िद के सामने उसका बाप मान जाता है। मस्जिद में मुल्लाजी आयतें आज़ान की तर्ज़ पर पढ़कर सुनाते हैं और क़ुरान मजीद की आयत को युसूफ–जुलेखा की प्रेमगाथा के साथ जोड़कर समझाते हैं। यहाँ मस्जिद में विद्यार्थियों की लिखाई–पढ़ाई में दिलचस्पी है और मुल्लाजी उन्हें अपने–आपसे ऊपर उठकर बेहतर इन्सान बनने की शिक्षा दे रहे हैं। वह एक तरफ़ अपने विद्यार्थियों को जहालत से निकालकर बेहतर इन्सान बनाना चाहते हैं और दूसरी तरफ़ सामाजिक व्यवहार की कठोरता से डरते हैं। इसी द्वन्द्व के दौर में मध्यस्थता करते हुए वह समाज के सम्मानित, पर कमज़ोर शख़्स हैं। उनके किरदार में पितृसत्ता और आधुनिकता के बीच में मध्यस्थता की इच्छा निवास करती है, पर वह अपनी सीमाओं को समझते हुए अल्लाह का सहारा लेते हैं। यहाँ साम्राज्यवाद के बाद मुल्क में नयी सुबह लाने का सपना मुल्क की अन्दरूनी व्यग्रता में घिर गया है जिसमें क़ाज़ी की आवाज़ आज़ादी के वायदे याद दिलवाती है, पर साथ ही इन सपनों के बेदम होने की शिनाख़्त भी करती है। यहाँ पर मुल्लाजी के लिए अल्लाह वह ज़रिया है जो एक तरफ़ समाज के साथ विचार–विमर्श में महत्त्वपूर्ण है और दूसरी तरफ़ विद्यार्थियों को अदृश्यता के सहारे दृश्यता के साथ जोड़े रखने का औज़ार है। इस तरह कुल मिलाकर मध्यस्थता का काम अध्यापक द्वारा अल्लाह ही कर रहा है। यहाँ अध्यापक में परम्परा और आधुनिकता के बीच की व्यग्रता निवास करती है।

कृष्ण कुमार लिखते हैं कि भारत और पाकिस्तान के इतिहासकारों द्वारा मिलकर इतिहास लिखने का उद्यम नहीं हुआ जबकि दोनों मुल्कों के इतिहास से लेकर ऐतिहासिक सामग्री में बहुत समानताएँ हैं।

दोनों मुल्कों में इस बौद्धिक मश्क को काफ़ी निरुत्साहित किया गया है जिससे एक–दूसरे की सोच को समझा जाये : 'सिर्फ़ केबल टेलीविज़न और फ़िल्म उद्योग ने इस गहरे पाट को भरने का काम किया है, पर यह दोनों अपने दर्शक वर्ग को जो परोसते हैं वह एक तरफ़ अमनपसन्दी और दूसरी तरफ़ दुश्मनी तथा पूर्वाग्रह मज़बूत करने का आहार बनता है (कुमार 2001 : 9)।' कोठारी कमीशन की रिपोर्ट का 1966 में आना और 1967 में मसूद परवेज़ द्वारा पाकिस्तान में 'मिर्ज़ा जट्ट' नाम की फ़िल्म बनाना, वही काम करते हुए जान पड़ते हैं जिसकी तवज्जोह कृष्ण कुमार इतिहासकारों से करते हैं।

जनकल्याण का वायदा और अनुशासन की क़वायद

इवान इलिच ने अपनी किताब 'डिस्कूलिंग सोसाइटी' में शिक्षा के 'मसीही सिद्धान्त' को चुनौती देते हुए स्कूल को उद्योग के तौर पर देखा है, जो विद्यार्थी को उलझाने का काम करता है। यहाँ अध्यापन को अध्ययन के साथ, छोटी कक्षा से बड़ी कक्षा में जाने को शिक्षा के साथ, डिप्लोमा को क्षमता और वाकपटुता को कुछ नया कहने के सामर्थ्य के साथ जोड़कर उलझाया जाता है (इलिच 1973ए : 57)।

> मैं विश्वास करता हूँ कि हमारा दिलपसन्द भविष्य उपभोग की ज़िन्दगी बसर करने की जगह विचारपूर्वक रचनात्मक क्रियाशीलता से जुड़ा हुआ है। हमें ऐसी तर्ज़–ए–ज़िन्दगी बनानी होगी जो हमें स्वाभाविक और स्वच्छन्द बनाने के साथ–साथ एक–दूसरे के साथ जोड़ती हो। हमें वैसी तर्ज़–ए–ज़िन्दगी नहीं चाहिए जो हमें सृजन–विसृजन, उपज और उपभोग, की इजाज़त देती हो–यह तो पर्यावरण के प्रदूषण और क्षीणता के रास्ते पर वक़्ती ठहराव मात्र है। हमारा भविष्य हमारे ऐसे अदारों के चुनाव पर निर्भर करता है जो हमें नयी विचारधाराओं और तकनीकों के विकास का ज़रिया बनाने की जगह रचनात्मक ज़िन्दगी बसर करने में सहायक बनें (इलिच 1973ए : 57)।

इवान इलिच की धारणाएँ उस दौर में ज़्यादा स्पष्ट नज़र आती हैं जब राज्य किसी आन्दोलन को कुचलने में बेतहाशा ताक़त के इस्तेमाल में कोई दवाब महसूस नहीं करता और आन्दोलन धर्म के नाम पर सबको एक ही रंग में रंगने पर आमादा हैं। पंजाब में दहशतगर्दी और सरकारी दमन के दौर में 1992 में रविन्दर रवि ने 'मिर्ज़ा जट्ट' नाम की फ़िल्म बनायी जो मस्जिद में पढ़ने जा रहे मिर्ज़ा, साहिबा और शमीर समेत अन्य विद्यार्थियों के साथ शुरू होती है। साहिबा मीम (म) से मिर्ज़ा बताती है तो क़ाज़ी इसे ग़लत क़रार देते हैं। क़ाज़ी को मिर्ज़ा के सुआद (स) से

साहिबा बताने से समाज की बुनियाद हिलती हुई दिखायी देती है। क़ाज़ी मीम (म) से मालिक, मेहँदी या मोमिन कहलवाना चाहते हैं और उसकी गुस्ताख़ी की शिकायत साहिबा के अब्बा के पास करते हैं। वह पितृसत्ता के दरबान बन जाते हैं और मिर्ज़ा को साँप का बच्चा क़रार देते हैं। वह खीवा ख़ान के सामने इस चिनगारी के आग बनकर सब कुछ बर्बाद कर देने की भविष्यवाणी करते हैं। यहाँ पर क़ाज़ी उन हालात का प्रतिनिधित्व करने लगते हैं, जो शब्द को एकमात्र अर्थ में बाँधना चाहते हैं और किसी दूसरे अर्थ की गुंजाइश बर्दाश्त नहीं करते। पंजाब में उस दौर में यही हो रहा था जहाँ दहशतगर्द और राजतन्त्र अपने–अपने ढंग से हर असहमति को दबा देना चाहते थे। दहशतगर्दी धर्म के नाम पर और राजतन्त्र एकता और अखण्डता के नाम पर सिर्फ़ सज़ा देने की ताक़त पर निर्भर थे, जो एक रूपक के तौर पर फ़िल्मसाज़ ने क़ाज़ी के मुँह में डाल दी है। उस दौर में आधुनिक राजतन्त्र के ज़्यादातर अदारे कमज़ोर पड़ गये और उनमें अनुदारता हावी हो गयी। फ़िल्म के निर्देशक रविन्दर रवि ख़ुद गवाह हैं जब फ़िल्म निर्देशक और अदाकार वीरेन्दर को 6 दिसम्बर 1988 को दहशतगर्दों ने 'जट्ट ते ज़मीन' फ़िल्माते समय क़त्ल किया था। असहनीयता के दौर में क़ाज़ी इसी असहनीयता का प्रतिनिधित्व करते लगते हैं।

उस दौर में एक तरफ़ राजतन्त्र और दूसरी तरफ़ दहशतगर्दी आवाम के ऊपर अपनी मलकियत की दावेदारी के लिए स्कूल और घर को महत्त्वपूर्ण कार्यस्थल मानते हैं। वह विद्यार्थियों और बच्चों को अपने हिसाब से पढ़ाये/पाले जाने की कार्यवाई में अध्यापक और माँ–बाप पर अपना दवाब बढ़ाने के लिए ताक़त का इस्तेमाल कर रहे हैं। इन बेरहम हालात में एक तरफ़ अध्यापक/मुल्ला के लिए अपनी जान और नौकरी बचाना तथा दूसरी तरफ़ माँ–बाप का बच्चों को ज़िन्दा रखना मुश्किल हो गया है। इसलिए अध्यापक मीम से मिर्ज़ा और सुआद से साहिबा को अपनी जान–माल पर हमले के बराबर मानता है। मीम से मिर्ज़ा और सुआद से साहिबा को तर्कसंगत मानने वाला खीवा ख़ान अपने मुँहज़ोर बेटों के सामने बेबस हो जाता है। उस दौर में मुँहज़ोर नौजवान पीढ़ी अपनी ताक़त के दम पर तर्ज़–ए–ज़िन्दगी तय कर रही है और मुल्ला की दाढ़ी ज़्यादा ही लम्बी हो गयी है। पंजाब में जो कुछ वाहेगुरु के नाम पर हो रहा था उसे फ़िल्म में मुल्लाजी अल्लाह के नाम पर करते हुए दिखायी पड़ते हैं।

ज़िम्मेदारी से बाज़ार तक

इवान इलिच शिक्षा और समाज को जोड़कर देखते हैं जहाँ ज्ञान प्राप्ति और संचार सामाजिक कार्य है। शिक्षा का उद्योग और मुनाफ़े की वस्तु बन जाने का रुझान भूमण्डलीकरण के दौर में तेज़ होता है। इवान इलिच लिखते हैं :

> मैं मिलनसार स्वभाव को व्यक्तिगत आज़ादी के तौर पर समझता हूँ जो एक–दूसरे पर निर्भरता के साथ साकार होती है और आचार सम्बन्धी आन्तरिक मूल्य है। मेरा विश्वास है कि जिस समाज में मिलनसार स्वभाव की एक हद से कमी हो जाती है वहाँ के लोगों की बढ़ी हुई ज़रूरतों को कितनी भी औद्योगिक पैदावार सन्तुष्ट नहीं कर सकती (इलिच 1973ए : 57)।

इलिच समाज डिस्कूल करने की तजवीज़ पेश करते हैं और इसके मौलिक बदल की बात करते हैं जिसके लिए कौशल अधिग्रहण और शिक्षात्मक उपयोग के नये तरीक़े आयात करने होंगे। ज्ञान प्राप्ति और ज्ञानसंचार की अविधिवत और विधिवत प्रक्रियाओं के नये तरीकों के साथ–साथ आकस्मिक मौक़ों का उपयोग महत्त्वपूर्ण है, जो संस्थाओं के शिक्षण की गुणवत्ता में इच्छित तब्दीली लाने का काम कर सकते हैं। भूमण्डलीकरण/उदारीकरण के दौर में शिक्षा में सुधार के नाम पर शिक्षा प्रबन्ध में तब्दीलियाँ की जाती हैं। जिनको स्पष्ट करने के लिए विश्व बैंक की 2003 की रिपोर्ट महत्त्वपूर्ण है जो अध्यापक और स्कूल के बारे में टिप्पणियाँ करती हुई सुधारों की सिफ़ारिशें करती है।

विश्व बैंक द्वारा भारत के स्कूलों में ग्रांट–इन–एड वाली प्रणाली के बारे में 2003 में छापा गया पॉलिसी नोट नीतिगत तब्दीली का दस्तावेज़ है जिसमें कोठारी कमीशन की रिपोर्ट से आयी तब्दीली को इस तरह दर्ज किया गया है :

ग्रांट–इन–एड एक ऐसी प्रणाली है जिसके तहत निजी स्कूलों को सरकारी अनुदान दिया जाता है। उपनिवेशिक दौर में यह प्रणाली शुरू की गयी जिसके तहत लाभ–निरपेक्ष संस्थाओं को शिक्षा प्रदान करने पर आने वाले आवर्ती ख़र्च और मूलधन की भरपायी के लिए वित्तीय अनुदान दिया जाता था। मूलधन का ज़्यादातर ख़र्च निजी क्षेत्र ही उठाता था। इस मामले में सबसे बड़ी तब्दीली 1960 के दशक में आयी जब केरल की तर्ज़ पर अन्य राज्यों में भी अध्यापकों के वेतन को अनुदान के साथ जोड़ दिया गया और अध्यापकों का वेतन सरकारी संस्थाओं के अध्यापकों के

बराबर कर दिया गया (विश्व बैंक द्वारा भारत के स्कूलों में ग्रांट–इन–एड प्रणाली के बारे में पॉलिसी नोट 2003 : 7)।

इस नोट का उद्देश्य यह बताया गया कि निजी क्षेत्र को भारत में शिक्षा से जुड़े उद्देश्यों की प्राप्ति के लिए कैसे इस्तेमाल किया जा सकता है। इसमें दर्ज किया गया कि अलग–अलग राज्य एक तरफ़ स्कूलों की पहुँच को बढ़ाने के लिए संघर्ष कर रहे हैं और दूसरी तरफ़ नब्बे के दशक से ग्रांट–इन–एड वाले स्कूलों को दिये जाने वाले अनुदान के वित्तीय बोझ को कम करने का प्रयास कर रहे हैं :

> ग्रांट–इन–एड वाली प्रणाली को अंग्रेज़ प्रशासन ने 1859 में बॉम्बे प्रेसीडेंसी से शुरू किया। इसका मक़सद स्वयंसेवी उद्यमों को मज़बूत करना और स्थानीय संसाधनों का इस्तेमाल करना था। उपनिवेशिक राज्य की शिक्षा के क्षेत्र में भूमिका कुछ अंग्रेज़ी माध्यम के स्कूलों और यूनिवर्सिटियों तक सीमित थी। शुरुआती दौर में शिक्षा के क्षेत्र में स्वयंसेवी प्रयासों की पहल ईसाई धर्म–प्रचारकों ने की, पर बाद में सामाजिक सुधार वाली लहरों के प्रभाव में दूसरी बिरादरियों ने भी स्कूल स्थापित करने शुरू किये और सरकार से वित्तीय सहायता की माँग की (विश्व बैंक द्वारा भारत के स्कूलों में ग्रांट–इन–एड प्रणाली के बारे में पॉलिसी नोट 2003 : 12)।

इसी रुझान को आगे बढ़ाते हुए संविधान की धारा 28, 29 और 30 के तहत धार्मिक और भाषायी अल्पसंख्यकों को अपनी संस्कृति और भाषा को बचाने के लिए शिक्षा–संस्थान खोलने का अधिकार मिल गया, जिन्हें सरकारी अनुदान मिल सकता था। यह संस्थान किसी विद्यार्थी का दाख़िला धर्म या भाषा के आधार पर वर्जित नहीं कर सकते। विश्व बैंक के पॉलिसी नोट में ग्रांट–इन–एड वाली प्रणाली में सुधार के लिए तीन सुधारों की सिफ़ारिशें की गयीं। इनकी कार्य–साधकता को बेहतर करने, बराबरी के अनुकूलन और माँग के प्रति प्रतिक्रियाशीलता को अहम माना गया। अनुदान को प्रदर्शन आधारित और विद्यार्थी आधारित करने की सिफ़ारिशें की गयीं। इसके साथ ही अध्यापकों के वेतन को अनुदान से अलग करने और इसे बाज़ार से जोड़ने की सिफ़ारिश की गयी जिसका अध्यापक के सामाजिक–आर्थिक रुतबे के साथ सीधा सम्बन्ध है।

भूमण्डलीकरण / उदारीकरण के दौर में फ़िल्मी पर्दे पर पेश हो रही मिर्ज़ा–साहिबा की कहानी में बड़ी तब्दीली आती है। एक तरफ़ कहानी को नये दौर की रफ़्तार और गतिशीलता से जोड़ा जाता है और दूसरी तरफ़ इसे समकालीन परिप्रेक्ष्य में रूपान्तरित किया जाता है। पंजाबी में दो फ़िल्में बनती हैं; हीरो हिटलर इन लव (2011) और मिर्ज़ा : एन अनटोल्ड स्टोरी (2012)

जो अपने समकालीन दौर की व्यग्रता और बेताबी को पेश करती हैं। इन दोनों फ़िल्मों में कहानी का चौखटा मिर्ज़ा–साहिबावाला ही रहता है पर इसके घटने का समय–स्थान और सन्दर्भ बदल जाता है। 'हीरो हिटलर इन लव' में हिटलर सिंह अपनी आहत भावनाओं को सन्तुष्ट करने की युक्ति के तौर पर मिर्ज़ा बनता है और साहिबा को पाने के लिए हिटलरशाही हथकण्डे इस्तेमाल करता है। 'मिर्ज़ा: एन अनटोल्ड स्टोरी' में मिर्ज़ा कनाडा में पंजाबी आवासी है और कनाडा पुलिस के लिए गुप्तचर के तौर पर तस्करों के गिरोह में काम करता है। वह साहिबा के भाइयों के नशों के कारोबार के ख़िलाफ़ लड़ाई में अपने क़त्ल हुए भाई के इन्तक़ाम, जीवन के मक़सद और प्यार की तलाश करता है। इन दोनों फ़िल्मों में नायक (मिर्ज़ा) आधुनिक कारों और हथियारों की सुविधासम्पन्न दुनिया में निवास करता है। इस मिर्ज़ा की व्यग्रता भूमण्डलीकरण में निवास करती है। व्यक्तिवाद की सरदारी के दौर को मिर्ज़ा ओढ़कर चलता है। भूमण्डलीकरण ने व्यक्ति की आकांक्षाओं, कामनाओं और इच्छाओं को नये पंख लगाये हैं। इन फ़िल्मों में मिर्ज़ा सदा जवान है और परिवार का उसके फ़ैसलों में कोई दख़ल नहीं है। समाज नाम की पहचान ग़ैर–हाज़िर है। पढ़ने–लिखने से जुड़ा उद्यम उसकी दुनिया का हिस्सा नहीं है। सब कुछ रफ़्तार, गतिशीलता और तकनीकी–दक्षता से पाया जा सकता है। ज्ञान, विज्ञान और समाजशास्त्र की मध्यस्थता दरकार नहीं है। इन फ़िल्मों की कहानियों में मिर्ज़ा के बचपन की शरारतों और मुल्ला/मौलवी/क़ाज़ी की सीख के लिए जगह नहीं है। दरअसल कहानी की इस तब्दीली को निजीकरण का प्रतिनिधित्व करते देखा जा सकता है, जिसमें शिक्षा एक वस्तु है जिसे अपनी क्रय–शक्ति के मुताबिक़ ख़रीदा जा सकता है।

भूमण्डलीकरण/उदारीकरण के दौर में शिक्षा पैसे वालों का विशेषाधिकार बन जाने की तरफ़ अग्रसर होती है। साधनों से वंचित तबक़े को उनके हालात में ही रखने के लिए निजी पूँजी और राज्य एक साथ नज़र आते हैं। संवैधानिक लोकतन्त्र में पुरानी रियासती/जागीरदार ताक़तें मुँहज़ोर होती दिखायी देती हैं। नजम हुसैन सय्यद लिखते हैं :

> अगर आने वाले नये (प्रेमी) मन्दिरों, मस्जिदों, स्कूलों, कॉलेजों, अदालतों, दफ़्तरों, तकियों, अदारों, चकलों और शराबख़ानों की मार खाकर भी दरिया के दूसरी तरफ़ नज़रें लगाये रहते हैं तो उनको रोकने के लिए फ़ौज और पुलिस के हथियारबन्द कारिन्दे हर वक़्त तैयार रहते हैं (सय्यद 1999 : 105)।

इस दौर में फ़िल्म बनाने और दिखाने के साथ–साथ दर्शक तक पहुँचने का तौर–तरीक़ा बदल जाता है। फ़िल्म की आर्थिक कामयाबी मल्टीप्लेक्स की शहरी आबादी के चन्द दिनों की प्रतिक्रिया पर निर्भर हो जाती है। शहरी मल्टीप्लेक्स में आने वाला दर्शक वर्ग ही भूमण्डलीकरण/उदारीकरण के दौर का लाभार्थी है। फ़िल्मसाज़ की नज़र इसी वर्ग पर है। जो काम फ़िल्म बाज़ार के हवाले से कर रही है वही काम राज्य किसी अलग तरह से पाठ्यपुस्तक के हवाले से करता जान पड़ता है। कृष्ण कुमार लिखते हैं :

> जब इतिहास पाठ्यपुस्तक का रूप धारण करता है तो लेखक ज्ञात पाठक को सम्बोधित होता है। उस वक़्त वह उस व्यवस्था के उद्देश्यों की पूर्ति के प्रति ज़िम्मेदारी का एहसास ओढ़ता है जिसने उसे बँधुआ पाठक वर्ग दिया है (कुमार 2001 : 11)।

ओम प्रकाश मेहरा की फ़िल्म मिर्ज़्या (2016) मिर्ज़ा–साहिबा की कहानी का अलग क़िस्म का रूपान्तरण है, जो एक समकालीन कहानी को गुज़रे वक़्त की कहानी के समानान्तर पेश करती है। गुज़रे वक़्त की कहानी गुलज़ार की कविता और उद्‌बोधक संगीत पर पर्दापेश होती है। समकालीन दौर की कहानी में मिर्ज़ा–साहिबा के आधुनिक अवतार मनीष और सुचित्रा एक कक्षा में पढ़ते हैं। मनीष के काम न करने की सज़ा सुचित्रा को मिलती है और नतीजतन सुचित्रा के पुलिस अफ़सर बाप की पिस्तौल मनीष के हाथों अध्यापक पर चलती है। स्कूल में अध्यापक की लाश गिरती है, मनीष जेल से भागता है और सुचित्रा पढ़ने विदेश जाती है। विदेश से पढ़कर लौटी सुचित्रा का रिश्ता पुरानी रियासत के राजकुमार से तय होता है। यहाँ पर पढ़ाई के दो अर्थ ही उभरते हैं, एक तो स्कूल में शिक्षा देने का साधन सज़ा है और दूसरा विदेशी पढ़ाई पुलिस अफ़सर की बेटी का रिश्ता रियासती परिवार से जोड़ती है। आधुनिकता के सरकारी रुतबे और रियासत की जागीरदारी ठाठ का मेल आधुनिक राजतन्त्र पर रियासती परछाईं को उभारकर पेश करता है। एक तरफ़ शिक्षा के अदारों में मौजूद वर्ग–बाँट के संकेत मिलते हैं, तो दूसरी तरफ़ शिक्षा के सहारे पुराने रुतबे को जम्हूरी संविधान के दौर में क़ायम रखने का प्रयास होता है। कमज़ोर को कमज़ोरी शिक्षा से वंचित करती है और कुलीन वर्ग की ताक़त को शिक्षा मज़बूत करती है। शिक्षा में असमानता दरअसल सामाजिक–आर्थिक असमानता को मज़बूत करती है।

निष्कर्ष

जब प्रेमगाथाओं को सामाजिक–सांस्कृतिक जीवन के स्रोत के तौर पर देखा जाता है तो शिक्षा का स्तर और शिक्षा के बारे में सामाजिक धारणाएँ इसमें अपने–आप शामिल होती हैं जिनका उल्लेख प्रत्यक्ष या अप्रत्यक्ष तौर पर या रूपक या बिम्ब के रूप में भी हो सकता है। ईश्वर दियाल गौड़ अपनी किताब 'फरीदा ख़ाक ना निन्दिये' में क़िस्साकाव्य को पंजाबी जीवन का आवामी पुरालेख मानते हैं और इसे समाज, संस्कृति और इतिहास को समझने के लिए अनिवार्य स्रोत मानते हैं। प्रेमगाथाओं के अन्दर छिपे इन संकेतों को समझना समकालीन दौर में शिक्षा, शिक्षा–प्रबन्ध और शिक्षा मुहैया करनेवाले मुल्ला/मौलवी/काज़ी के सामाजिक रुतबे को समझने की खिड़की खोलता है। फ़िल्मसाज़ों ने इस रिश्ते को इस कहानी के अन्दर की लचक के तौर पर इस्तेमाल किया है क्योंकि हर फ़िल्म की विशेषता का एक पैमाना तो इसका रूप बनता है और दूसरी तरफ़ घटनाओं का विवरण उन्हें सृजनात्मक स्वतन्त्रता देता है। इन्हीं विशेषताओं के ज़रिये फ़िल्मसाज़ शिक्षा, शिक्षा–संस्थान और शिक्षक से जुड़ी व्यग्रता को पेश करता आया है। इन फ़िल्मों में शिक्षा, शिक्षा–संस्थान और शिक्षक की जगह सीमित है पर वही जगह इनके साथ जुड़े तनाव को पेश करने का संयोग पैदा करती है। मिर्ज़ा–साहिबा वाली फ़िल्मों में शिक्षा, शिक्षा–संस्थान और शिक्षक को किसी एक ढंग से पेश करने की मजबूरी नहीं है जिस कारण इनके कई पहलू नज़र आते हैं। एक बात स्पष्ट है कि शिक्षा, शिक्षा–संस्थान और शिक्षक का सामाजिक रुतबा कभी स्थिर नहीं हो पाया और तत्कालीन दौर की व्यग्रता और बेताबी से बँधा रहा है।

मिर्ज़ा–साहिबा पंजाब का एक ऐसा पाठ है जो हर दौर में अपने–आपको नया करता है और समाधान अयोग्य मुद्दों की शिनाख़्त करता है। जब पंजाब दो हिस्सों में बँट जाता है तो कृष्ण कुमार की दलील के मुताबिक़ भारत और पाकिस्तान के दोनों राज्यों को आधुनिक दौर के उपनिवेश के ख़िलाफ़ एक ही संघर्ष के अलग–अलग इतिहास लिखने की मजबूरी आ पड़ती है पर मिर्ज़ा–साहिबा का एक ही पाठ सरहद के दोनों तरफ़ अपना महत्त्व क़ायम रखता है। इस पाठ के साथ अलग क़िस्म का विमर्श सामने आता है जो इस पाठ के फ़िल्मी रूपान्तरण से भी सामने आता है। सामाजिक और सांस्कृतिक स्तर पर तो यह पाठ सरहद के दोनों तरफ़

फैले पंजाबी समाज के समाधान अयोग्य मुद्दों की शिनाख़्त करता है, पर दृष्टान्त के तौर पर कुछ विलक्षणताओं का भी प्रतिनिधित्व करता है।

जब भारत में कोठारी कमीशन की रिपोर्ट अध्यापक की हैसियत को तरक़्क़ी से जोड़ने के लिए उसके सामाजिक, पेशेवर और आर्थिक रुतबे को उठाने की सिफ़ारिशें कर रही है, तभी पाकिस्तान में बनी 'मिर्ज़ा जट्ट' (1967) फ़िल्म में भी क़ाज़ी कुछ तरक़्क़ीपसन्द जान पड़ता है। वह न सिर्फ़ कुरान की आयतों और युसूफ़ जुलेखा के क़िस्से के साथ जोड़कर अध्यात्म और प्रेम के अर्थ समझाता है बल्कि मिर्ज़ा–साहिबा के साथ हमदर्दी भी रखता है और उनके प्यार के साथ जुड़े असुरक्षा के सामाजिक भाव को आवाज़ भी देता है।

नजम हुसैन सय्यद दरिया, बीहड़ और रेगिस्तान की निज़ाम के पहरेदारों के रूप में शिनाख़्त करते हैं। फरीना मीर का उन्नीसवीं सदी के दूसरे अर्धांश में हीर–राँझा के तीन क़िस्सों का अध्ययन, क़िस्साकाव्य की प्रेमगाथाओं को समानान्तर रूहानी दस्तूर के तौर पर देखता है और उनकी धारणा मिर्ज़ा–साहिबा समेत दूसरे क़िस्सों पर लागू होती दिखायी देती है। फ्रेडरिक जेम्सन का तीसरी दुनिया के पाठकों को 'राष्ट्रीय दृष्टान्त' कहना मिर्ज़ा–साहिबा के बारे में मुनासिब जान पड़ता है। इन हालात में कृष्ण कुमार के भारत–पाकिस्तान के इतिहासकारों द्वारा जापान और दक्षिण कोरिया की तर्ज़ पर मिलकर काम करने की दलील के मुताबिक़ अगर यह कार्य किसी रूप में फ़िल्म उद्योग और केबल टेलीविज़न करता है तो इसमें मिर्ज़ा–साहिबा का हिस्सा महत्त्वपूर्ण बनता है।

इस लिहाज़ से मिर्ज़ा–साहिबा की फ़िल्मों में पेश हुआ अध्यापक और स्कूल का अक्स आज़ादी के बाद में कुछ उम्मीद जगाता है पर सामान्य तौर पर सामाजिक, धार्मिक और राजनीतिक निज़ाम के पहरेदार के तौर पर ही पेश होता है। भारत–पाकिस्तान के बँटवारे के बाद दोनों राज्य किसी हद तक स्थापित धारणाओं को तोड़कर तरक़्क़ीपसन्द आवामी आंकाक्षाओं का प्रतिनिधित्व करते मालूम होते हैं पर जड़ हुए दस्तूर के सामने इच्छा में कमज़ोर नज़र आते हैं। अन्ततः शिक्षा तरक़्क़ीपसन्द आवामी तब्दीली के रास्ते से व्यक्तिगत तरक़्क़ियों द्वारा राष्ट्र निर्माण के काम में लग जाती है और आवाम को साधने में लग जाती है और इन हालात में, इवान इलिच के शब्दों में, स्कूल औद्योगिक पैदावार में लगा मालूम होता है। यहाँ शिक्षा किसी अन्य वस्तु की तरह मुनाफ़ा कमाने की वस्तु है।

इस प्रक्रिया में अध्यापक और विद्यार्थी का रिश्ता सेवा प्रदान करने वाले और उपभोक्ता में बदल जाना कोई आश्चर्य की बात नहीं है। मिर्ज़ा–साहिबा इन हालात में नजम हुसैन सय्यद, फरीना मीर, फ्रेडरिक जेम्सन, कृष्ण कुमार और इवान इलिच को एक जटिल सहमति में बाँध देता है जिसकी तफ़सील मिर्ज़ा–साहिबा की प्रेमगाथा को बहु–अर्थिया बनाने के साथ–साथ पेचीदा समकालीन पाठ भी बना देती है।

सन्दर्भ सूची

1. अहमद, इश्तियाक़, 2012, *द पंजाब ब्लडिड, पार्टीशन्ड एंड क्लेंज़ड : द 1947 ट्रेजेडी थ्रू सीक्रेट ब्रिटिश रिपोर्ट्स एंड फर्स्ट पर्सन एकाउंट्स*। ऑक्सफोर्ड यूनिवर्सिटी प्रेस, कराची
2. औलख, सतिन्दर (1992), द फास्ट हॉर्स एंड फरोशस रीवर, गिल, हरजीत सिंह; सिद्धू, हरदलजीत सिंह एंड सिंह, सुरजीत (एडिट), पटियाला, पब्लिकेशन ब्यूरो, पंजाबी यूनिवर्सिटी
3. फूको, मिशेल, 1981, *द हिस्ट्री ऑफ़ सेक्सुएलिटी,* वॉल्यूम–1, एन इन्ट्रोडक्शन, ट्रांस. आर, हर्ले, पेंगुइन, हार्मंड्सवर्थ
4. गौर, ईश्वर दियाल, 2016, *फरीदा ख़ाक ना निन्दिये,* पब्लिकशन ब्यूरो, पंजाब यूनिवर्सिटी, चंडीगढ़
5. गज़दर, मुश्ताक़, 1998, *पाकिस्तान सिनेमा,* लाहौर, ऑक्सफोर्ड यूनिवर्सिटी प्रेस
6. इलिच, इवान (1973ए) *डीस्कूलिंग सोसाइटी, हार्मंड्सवर्थ :* पेंगुइन। (फर्स्ट पब्लिश्ड बाइ हार्पर एंड रो 1971; नाउ रिपब्लिश्ड बाइ मैरियन बायर्स)। एकसेस्ड फ्रॉम https://archive.org/details/DeschoolingSociety
7. ग्रेवाल, जे.एस. (2011) *हिस्टोरिकल स्टडीज़ इन पंजाबी लिटरेचर,* पटियाला, पब्लिकेशन ब्यूरो, पंजाबी यूनिवर्सिटी
8. जग्गी, रतन सिंह, एडिट, मार्च 1986, इश्यू 27, *खोज पत्रिका,* क़िस्साकाव्य अंक, पब्लिकेशन ब्यूरो, पंजाबी यूनिवर्सिटी, पटियाला
9. कांग, अमरजीत सिंह, 1997, एडिट., *पंजाबी क़िस्से,* साहित्य एकेडमी, वैलविश पब्लिशर्स, नयी दिल्ली
10. कुमार कृष्ण, 2001, *प्रेज्यूडिस एंड प्राइड, स्कूल हिस्ट्रीज़ ऑफ़ इण्डिया एंड पाकिस्तान,* वाइकिंग, नयी दिल्ली
11. मीर, फरीना (जुलाई, 2006 : 727–758), जान्र एंड डिवोशन इन पंजाबी पॉपुलर नैरेटिव्सः रीथिंकिंग कल्चरल एंड रिलिजियस सिक्रेटिज़्म, कम्पैरेटिव स्टडीज़ इन सोसाइटी एंड हिस्ट्री, वॉल्यूम 48, नम्बर 3, कैम्ब्रिज यूनिवर्सिटी प्रेस। यूआरएल : http://www.jstor.org/stable/3879442, एकसेस्ड : 09.02.2017 07:45 UTC

12. ओर्सिनी, फ्रांसेस्का. (2007) *लव इन साउथ एशिया, अ कल्चरल हिस्ट्री*, नयी दिल्ली, कैम्ब्रिज यूनिवर्सिटी प्रेस

13. राजाध्यक्षा, आशीष एंड विलेमेन, पॉल 1994, *इनसाइक्लोपीडिया ऑफ़ इंडियन सिनेमा* (2004 : 602) ऑक्सफोर्ड यूनिवर्सिटी प्रेस, नयी दिल्ली

14. रामाकृष्णा, लाजवन्ती, 1973, पंजाबी सूफ़ी पोएट्स, आशाजनक पब्लिकेशन्स, नयी दिल्ली

15. सय्यद, नजम हुसैन (1999), सेधान, सारां अटे होर लख, बेदी, पुर्दमन सिंह (ट्रान्सलिटरेशन एंड एडिट), लुधियाना, जसवन्त प्रिंटर्स

16. सिंह, गुरनेक (एडिट) (2007), भाई गुरदास, द ग्रेट सिख थीअलोजीअन, हिज़ लाइफ़ एंड वर्क, कोहली, सुरिन्दर सिंह (ट्रान्स), पटियाला पब्लिकेशन ब्यूरो, पंजाबी यूनिवर्सिटी

17. सिंह, जगजीत (1986), "क़िस्साकाव्य दा काव्यशास्त्र"। इन : जग्गी, रतन सिंह (एडिट), क़िस्साकाव्य अंक (पंजाबी) ऑफ़ खोज पत्रिका मार्च 86, 2012, पटियाला, पब्लिकेशन ब्यूरो, पंजाबी यूनिवर्सिटी

18. स्विन्नर्टन, 1963, *रोमांटिक टेल्स ऑफ़ द पंजाब*, पटियाला, डिपार्टमेंट ऑफ़ लैंग्वेज़ेज़, पंजाब

19. स्विन्नर्टन, चार्ल्स, 1884, *द एडवैंचर्स ऑफ़ द पंजाब हीरो, राजा रसालू एंड अदर फोक टेल्स ऑफ़ पंजाब*, केलकटा, डब्ल्यू. न्यूमैन एंड को

20. टेम्पल, रिचर्ड कार्नेक, सर, 1883–1890, *द लीजेंड्स ऑफ़ द पंजाब*, (बॉम्बे, एजुकेशन सोसाइटीज़ प्रेस)

21. थिंड, करनैल सिंह, 2011, *लोक्यां अटे मधकलीम पंजाबी साहित्य*, रवि साहित्य प्रकाशन

क्या है जो एक शिक्षक में उसके पेशे के प्रति लगाव को बनाये रखता है!

–प्रतिभा कटियार

प्रतिभा कटियार का यह लेख उत्साही व सकारात्मक छवि वाले 21 सरकारी शिक्षकों के कार्य के अवलोकन व उनसे साक्षात्कार पर आधारित है। वे कहती हैं कि इन्होंने अलग–अलग ढंग व तरीक़े से बच्चों व समुदाय के साथ अपने व स्कूल के रिश्ते को बदला और अब इनके कार्य की सब लोग इज़्ज़त करते हैं। हालाँकि शुरू में कुछ लोगों ने इनमें से कुछ का विरोध भी किया था। प्रतिभा कहती हैं कि इन शिक्षकों को कार्य के लिए प्रेरणा, पुरस्कारों व बाहरी इज़्ज़त से नहीं मिलती, परन्तु उनकी स्वयं भावना उन्हें यह उत्साह देती है।

पृष्ठभूमि

यह लेख उत्तराखण्ड की विविध भौगोलिक, आर्थिक व सामाजिक परिस्थितियों में काम करते हुए, शिक्षा के उन उद्देश्यों को छूने का प्रयास कर रहे उत्तराखण्ड के सरकारी प्राथमिक तथा उच्च प्राथमिक स्कूलों में सेवारत शिक्षकों की कक्षा–कक्ष प्रक्रियाओं पर आधारित है, जिनके चलते शिक्षा संवेदनशील, रचनात्मक और चेतन व्यक्तित्व के निर्माण की प्रक्रिया बनती है। ये शिक्षक बच्चों के स्वाभाविक रूप से सीखने को सहेजते हुए, उन्हें समाज में मिलने वाली अनौपचारिक समझ से अलग किये बिना, तार्किक बनाने की ओर अग्रसर हैं। लेख तलाशता है कि इन शिक्षकों में ऐसी कौन–सी ख़ास बात है कि ये उन्हीं परिस्थितियों में यह सब कर पा रहे हैं, जिनमें अन्य शिक्षक ख़ुद को असमर्थ पाते हैं। शिक्षण से जुड़ी तमाम चुनौतियों से जूझते हुए आख़िर कौन–सी वजहें हैं जो इन शिक्षकों को उद्देश्यपूर्ण शिक्षा के सफ़र पर चलने को प्रोत्साहित कर रही हैं।

इस पर्चे में उत्तराखण्ड राज्य के स्वप्रेरित और स्कूल में निरन्तर कुछ नया करने वाले 21 शिक्षकों के साथ गहन साक्षात्कार, प्रत्येक शिक्षक की कक्षा–कक्ष प्रक्रियाओं का अवलोकन किया गया है। इसके साथ–साथ इन शिक्षकों के स्कूलों से सम्बन्धित समुदाय के लोगों से बातचीत तथा इनके संकुल एवं विकासखण्ड के स्तर के अधिकारियों की राय के आधार पर इनके अपने पेशे के प्रति प्रोत्साहनजनक जुड़ाव के कारणों को समझने का प्रयास किया गया है। इस अध्ययन में मिल–जुल कर सीखने, विद्यालयों में इस सीखने के प्रयोग और समय के साथ अध्यापन–कर्म में शिक्षकों द्वारा लाये गये बदलावों को देखने का प्रयास किया गया है। लेख इस बात की व्याख्या करता है कि किस प्रकार इन शिक्षकों को बाहरी प्रोत्साहन जैसे प्रशंसा, पुरस्कार, प्रमोशन आदि कारक बेहतर काम करने के लिए उस स्तर तक उत्साहित नहीं करते जितना कि इस पेशे के प्रति उनका सम्मान, उनका नज़रिया और बच्चों के प्रति संवेदनशीलता। इसके चलते वो सीखने–सिखाने की प्रक्रियाओं में निरन्तर सुधार करते रहते हैं।

कुछ सवाल

सीखना क्या है, किन हालात में सीखना होता है, क्या सीखना सिर्फ़ स्कूलों में या किताबों के ज़रिये ही होता है, किस तरह सीखने का सम्बन्ध परिवेश, परिवार और समुदाय से है, किस तरह कक्षा–कक्ष में मिल–जुल कर सीखना होता है, क्या यह सीखना सिर्फ़ एक कक्षा से दूसरी कक्षा तक की बच्चे की यात्रा तय करने भर के लिए है या उससे आगे की भी कोई प्रक्रिया है, इन सब सवालों के मद्देनज़र उत्तराखण्ड के 21 शिक्षकों की कक्षा–कक्ष प्रक्रियाओं, उनके शिक्षण के तरीक़ों और समुदाय से उनके रिश्तों को टटोलने का प्रयास किया गया। इस अध्ययन के दौरान मैंने पाया कि यह शिक्षक आमतौर पर अपने शिक्षण के तौर–तरीक़ों में छात्रों और परिस्थितियों के हिसाब से बदलाव करते रहते हैं। इन शिक्षकों ने अब तक समाज में व्याप्त शिक्षक की परम्परागत छवि से हटकर नयी छवि का निर्माण किया है, वह छवि जो शिक्षा के मूल उद्देश्यों के क़रीब है जहाँ शिक्षक ज्ञान देने वाले नहीं हैं, बल्कि बच्चों के साथ खेल–खेल में कुछ जानने–समझने का प्रयास करते हैं। उनके शिक्षण के तरीक़े और बच्चों के प्रति उनके नज़रिये दोनों ही काफ़ी खुले हुए हैं, जिसके चलते वो बच्चों के प्रिय शिक्षक बन चुके हैं। सीखने–सिखाने की प्रक्रियाओं में

बच्चे निस्संकोच प्रतिभागिता करते हैं, खुलकर सवाल करते हैं, तर्क करते हैं। वे शिक्षकों को अपने सहपाठी समूह के तौर पर देखते हैं।

अध्ययन प्रविधि

अध्ययन के लिए सैम्पल का क्षेत्र उत्तराखण्ड राज्य था। राज्य के 8 जनपदों क्रमशः अल्मोड़ा, चमोली, नैनीताल, टिहरी, पिथौरागढ़, उत्तरकाशी, देहरादून तथा ऊधमसिंह नगर ज़िले में यह अध्ययन क्रियान्वित किया गया। प्रत्येक जनपद में से चयनित अध्यापकों की संख्या इस प्रकार है–

जनपद	कुल शिक्षक	पुरुष शिक्षक	महिला शिक्षक	कुल विद्यालय	प्राथमिक विद्यालय	उच्च प्राथमिक विद्यालय
अल्मोड़ा	1		1	1	1	
चमोली	1		1	1	1	
देहरादून	8	1	7	8	7	1
नैनीताल	1		1	1	1	
पिथौरागढ़	1	1		1		इंटर कॉलेज (1 शिक्षक)
टिहरी	1	1		1	1	
ऊधमसिंह नगर	4	3	1	4	1	1 (केजीबीवी)
उत्तरकाशी	4	1	3	3	3	1 (उप शिक्षा अधिकारी)
कुल	21	7	14	20	17	1 (3 अन्य)

इन 21 शिक्षकों के साथ गहन साक्षात्कार किये गये व प्रत्येक शिक्षक की कक्षा–कक्ष प्रक्रियाओं का अवलोकन किया गया। इसके साथ–साथ इन शिक्षकों के स्कूलों से सम्बन्धित समुदाय के लोगों से बातचीत की

गयी तथा इनके संकुल एवं विकासखण्ड अधिकारियों की राय के आधार पर इनके अपने पेशे के प्रति प्रोत्साहनजनक जुड़ाव के कारणों को समझने का प्रयास किया गया।

अध्ययन में प्रतिभाग करने वाले सभी उत्तरदाताओं के साक्षात्कार उनके कार्यस्थल पर ही किये गये। कुछ सन्दर्भों में साक्षात्कार उनके घर अथवा अन्य स्थलों पर भी किये गये। यह ध्यान रखा गया कि ये सभी स्थल साक्षात्कार करने के लिए पूर्णतया उपयुक्त थे। अध्ययन के लिए चयनित शिक्षकों की उनके समाज, कार्यस्थल और समुदाय में उनके काम और व्यवहार को लेकर सकारात्मक छवि है। अध्ययन के लिए शिक्षकों का चयन नीचे दिये तीन गुणों के आधार पर किया गया :

1. उनके बच्चों के सीखने का स्तर बेहतर था
2. उनकी सम्बन्धित क्षेत्र में दक्ष शिक्षक के रूप में पहचान थी
3. उनके विद्यालय का वातावरण एवं प्रबन्धन प्रभावी था

शिक्षकों के साक्षात्कार के अलावा, इन शिक्षकों के स्कूलों से जुड़े समुदाय के व्यक्तियों/अभिभावकों तथा अधिकारियों से भी साक्षात्कार किया गया ताकि उनकी इन शिक्षकों के बारे में क्या सोच है, को भी प्रमाण के रूप में रखा जा सके।

सूचनाओं का विश्लेषण एवं व्याख्या

अध्ययन में संकलित की गयी सभी सूचनाएँ गुणात्मक हैं, साक्षात्कार में कही बातों के दौरान उत्तरदाताओं द्वारा कही गयी प्रमुख बातों को चिन्हांकित किया गया और उसके आधार पर व्याख्या की गयी है। आगे दी गयी समझ तथ्यात्मक पृष्ठभूमि, साक्षात्कार के दौरान की बातचीत तथा कक्षा–कक्षीय प्रक्रियाओं के अवलोकन के दौरान देखे गये घटनाक्रम–तीनों के सारांश के तौर पर रखे गये हैं, तत्पश्चात उनकी व्याख्या की गयी है।

1. अध्यापन कर्म में बदलाव और बदलती हुई शिक्षक-छवि

जिन शिक्षकों के बारे में हम बात कर रहे हैं उन्होंने न सिर्फ़ पढ़ाने या सिखाने के अपने तरीक़े बदले हैं, बल्कि इस प्रक्रिया में अपनी छवि भी बदली है। ये सभी शिक्षक अपने स्कूलों में सिर्फ़ शिक्षक नहीं हैं, बल्कि बच्चों के दोस्त हैं, उनके हमराज़ हैं। स्कूल आते हुए बच्चों के चेहरों पर जो उत्साह और ख़ुशी दिखती है उस ख़ुशी का कारण ये शिक्षक हैं।

इन शिक्षकों ने ख़ुद को पाठ्यक्रम पूरा कराने तक बाँधा नहीं है, बल्कि सीखने की प्रक्रियाओं को बच्चों के मन से, उनके घर के हालात से जोड़कर देखा है। उन्होंने महसूस किया कि बच्चे की भूख, बच्चे के बेघर होते माँ–बाप, घर में माँ–बाप के झगड़े, किसी बच्चे को आँखों से धुँधला नज़र आना, किसी बच्ची की माँ का देहान्त हो जाना इन सबसे नावाकिफ़ होकर भला सीखना–सिखाना किस तरह सम्भव हो सकता है। एक बिन माँ की बच्ची स्नेहा अपनी शिक्षिका नीलू श्राफ (प्राथमिक विद्यालय, अल्मोड़ा) में अपनी माँ की कमी को पूरा होता पाती है, उनकी साड़ी का पल्ला दिन–भर थामे रहती है। अभिषेक अपने गुरुजी राघवेन्द्र (प्राथमिक विद्यालय तिलपुरी, ऊधमसिंह नगर) को खेल में हरा न दे तो उसे मज़ा नहीं आता। रुचि की आँखों की रोशनी अब अच्छी हो चुकी है क्योंकि उसके स्कूल के शिक्षक डोरीलाल गंगवार (प्राथमिक विद्यालय बाजपुर, ऊधमसिंह नगर) ने उसके न सीखने और चुपचुप रहने का राज़ उसकी आँखों की कम होती रोशनी में पाया और उसके जीवन में छाये धुँधलके को रोशनी से रिप्लेस किया। अनुराधा सक्सेना शिक्षिका, प्राथमिक विद्यालय, मुक्तेश्वर ने समझा कि सीखना तब ही ठीक से होता है, जब पेट भरा हुआ हो। उन्होंने भूख और सीखने के रिश्ते को समझा और अभिनव के सीखने को आसान किया क्योंकि अभिनव अपनी ज़्यादा भूख के चलते अक्सर मिड–डे–मील में भी भूखा ही रहता था और इसका ग़ुस्सा मारपीट करने में, कॉपियाँ फाड़ने में निकालता था। अब अभिनव सीखने का आनन्द भी लेता है और झगड़ा भी नहीं करता। प्राथमिक विद्यालय डुण्डा, उत्तरकाशी के शिक्षक राजेश जोशी जब कहीं बाहर जाते हैं तो स्कूल के बच्चों के लिए खिलौने लाते हैं, खाने को कुछ लाते हैं। वो कहते हैं कि 'हमारे स्कूल के बच्चे तो बाहर जाते नहीं हैं, लेकिन बाहर की दुनिया जितनी सम्भव हो उनके क़रीब लायी तो जा सकती है।' ऐसा रिश्ता है यहाँ शिक्षकों और छात्रों के बीच। अगले हिस्से में इन प्रयासों के कुछ प्रमाण रखे गये हैं। यह सब अलग–अलग पहलू से हैं और स्कूलों में शिक्षक की भूमिका की वैकल्पिक सम्भावनाएँ प्रस्तुत करते हैं।

2. समुदाय से रिश्ते

प्रमोद की पोस्टिंग कुथ्या गाँव में हुई तो समुदाय ने नहीं अपनाया। वे दिन में स्कूल में पुताई करते, फ़र्नीचर लगवाते, दीवारों की मरम्मत करते,

गमले लगाने आदि का काम करते पर अगले दिन सब टूटा–फूटा मिलता। बच्चे भी नाममात्र को ही स्कूल आते थे। शिक्षकों पर समुदाय को कोई भरोसा नहीं था। प्रमोद ने अपने लक्ष्य से विचलित हुए बिना धैर्य के साथ समुदाय की नाराज़गी सही। उन्होंने नियमित रूप से गाँव के लोगों, जो शिक्षक और शिक्षा के प्रति नकारात्मक नज़रिया रखते रहे थे, से निरन्तर संवाद जारी रखा और उनके साथ स्कूल से जुड़ी चुनौतियों और ज़रूरतों को लगातार साझा करते रहे। अब हालात बदल चुके हैं। समुदाय ने बच्चों की स्कूल में नियमित उपस्थित होने की ज़िम्मेदारी स्वयं पर ले ली है। आज स्कूल में बच्चों की उपस्थिति सौ प्रतिशत है, उनके सीखने के स्तर में भी सुधार हुआ है। लोग अब बच्चों को घर पर भी पढ़ने से रोकते नहीं हैं। अब हर कोई गुरुजी पर बहुत भरोसा करता है। स्कूल के लिए समुदाय अब कुछ भी करने को तत्पर रहता है। वार्षिकोत्सव में भी पूरा समुदाय शामिल होता है।

शिक्षकों से हुई बातचीत और विद्यालय के अवलोकन स्कूल और समुदाय के बीच के सकारात्मक रिश्तों को होलिस्टिक शिक्षा के उद्देश्यों को स्कूल के माध्यम से प्राप्त करने के लिए एक महत्त्वपूर्ण सिद्धान्त के तौर पर स्थापित करते हैं। अध्ययन के दौरान की केस स्टडीज़ स्कूल व समाज के बीच के सम्बन्धों की महत्ता को दर्शाती हैं कि शिक्षक और समुदाय मिलकर बच्चों और स्कूल को कैसे बेहतर बना सकते हैं,

> "ऐसा होता है कि समुदाय के लोग पूर्व के शिक्षक की छवि से ही आपको भी देखना शुरू कर देते हैं। ज़ाहिर–सी बात है अगर यह छवि सकारात्मक न हो तो आपको आते ही बिन–बुलायी चुनौतियों का सामना करने के लिए तैयार रहना होता है। इसके लिए आपको धैर्य और रणनीति से काम भी करते रहना है। मैंने भी ऐसा ही कुछ किया। सबसे पहले स्कूल की भौतिक साज–सज्जा को दुरुस्त करने की ठान ली क्योंकि समुदाय इससे तुरन्त ही आकर्षित हो जाता है। समुदाय के साथ बातचीत लगातार जारी रही। और कोशिश करी कि बच्चे कुछ सीखना शुरू करें ताकि उनके अभिभावकों को बच्चों के सीखने का आभास होता रहे। तथा स्कूल में समय–समय पर सांस्कृतिक कार्यक्रम और खेलकूद भी हो रहे हों। यदि आप ये सब करते हो तो समुदाय ख़ुद–ब–ख़ुद क़रीब आने लगता है।"
>
> –प्रमोद चमोली, राजकीय प्राथमिक विद्यालय कुथ्या, टिहरी

अनेकों अध्ययन इस बात की तरफ़ इशारा कर चुके हैं कि यदि समुदाय और स्कूल के आपसी रिश्ते सौहार्दपूर्ण होते हैं तो यह स्कूल में सीखने–सिखाने के माहौल को बेहतर बनाते हैं। उपरोक्त केस स्टडी भी

इशारा करती है कि समुदाय के साथ होने से बच्चों की उपस्थिति और भौतिक साज–सज्जा को बनाये रखने में मदद मिलती है। इन रिश्तों को बनाने की शुरुआत स्कूल से जुड़े शिक्षकों को ही धैर्य से करनी होती है। इसी बात की तरफ़ प्राथमिक विद्यालय खगेली, चमोली की शिक्षिका रजनी नेगी भी इशारा करती हैं। इस स्कूल के आसपास के अंग्रेज़ी स्कूल बन्द हो चुके हैं। सभी बच्चे इसी स्कूल में आने लगे हैं। यहाँ बच्चे अंग्रेज़ी में बात करते हैं, उनके पास टाई–कोट वाली बढ़िया यूनिफार्म है, फर्नीचर है, खाने के लिए मेज़–कुर्सी की व्यवस्था है, चमचमाती थालियाँ हैं, उनके खाने में बढ़िया सब्ज़ी–चावल, अचार, पापड़, सलाद, फल सब होता है। यह सब समुदाय के सहयोग से होता है। लेकिन अंग्रेज़ी में बात करना, टाई–कोट वाली यूनिफॉर्म होना या बढ़िया मिड–डे–मील होना ही उनके प्रयासों का आईना नहीं है, इसके साथ–साथ हर विषय में बच्चों का अधिगम स्तर भी बहुत अच्छा है। इन शिक्षकों ने अपने काम को कुछ घण्टों की नौकरी और महीने की सैलरी तक सीमित नहीं होने दिया। अपने काम को प्यार किया, जिया उसे और आज समूचा समुदाय, बच्चे सब उन्हें बहुत प्यार करते हैं, भरोसा करते हैं।

> "मैंने स्कूल की जर्जर इमारत को बनवाने में सरकारी फण्ड का इन्तज़ार न कर के अपनी एफ.डी. तुड़वा दी तो लोगों को लगा कि ज़रूर मुझे कोई निजी फ़ायदा होगा वरना कौन ऐसा करता है। उन्होंने मेरी विभाग में शिकायत कर दी लेकिन मैंने अपना हौसला नहीं डिगने दिया। मेरा पैसा, घर–परिवार में लगने वाला समय तो जा ही रहा था, इसके साथ–साथ तनाव भी झेलना पड़ रहा था। मगर सुकून था कि यदि कुछ हो सका तो यहाँ पढ़ने वाले बच्चों का भला हो जायेगा। आज बिल्डिंग भी बन गयी, जाँच भी पूरी हो गयी और समुदाय का प्यार भी उन्हें ख़ूब हासिल है, सब कुछ ठीक हो गया है अब, बहुत खुश हूँ।"
>
> –रजनी नेगी, प्राथमिक विद्यालय खगेली, चमोली

इन बातों को परखने/जाँचने के लिए सम्बन्धित समुदाय के लोगों और विभाग के समीपस्थ अधिकारियों से भी इन शिक्षकों के बारे में जानकारी इकट्ठा की गयीं जो इस बात की पुष्टि करती हैं कि इन शिक्षकों ने जिन सिद्धान्तों पर काम करते हुए सफलता पायी है वो सिद्धान्त स्कूल और समुदाय के बीच सकारात्मक माहौल बनाने में मदद करते हैं। सी. आर.सी.सी. प्रकाश डिमरी कहते हैं, "रजनी मैडम की लगन एक मिसाल है। मैं कई बार जान–बूझकर उनके काम में कोई कमी निकालने की कोशिश करता हूँ लेकिन कोई कमी नहीं पाता। सरकारी विद्यालयों की

छवि बदलकर रख दी है मैडम ने। आसपास के प्राइवेट स्कूल बन्द हो गये हैं, वहाँ जाने वाले सारे बच्चे यहाँ आने लगे हैं यह कोई छोटी बात तो नहीं।" यथार्थ के और क़रीब जाने की चाह में हमने निर्णय लिया कि हमको अभिभावकों से भी कुछ बात करनी चाहिए, जिससे हमें इस बात को समझने का मौक़ा मिले कि शिक्षा को बच्चों तक पहुँचाने वाले और शिक्षा ग्रहण करने वालों के विचारों के बीच कितनी तारतम्यता है। इसके लिए हमने कुछ अभिभावकों से भी बात करने का निर्णय लिया और हमारी बात हुई शारदा देवी से जो इस स्कूल में आने वाले एक बच्चे की दादी हैं। "हमारी मैडम बहुत अच्छी हैं। बच्चों को बहुत प्यार करती हैं। बच्चों के सर से जुएँ भी निकाल देती हैं और नाक भी साफ़ कर देती हैं। हमारे बच्चे टाई पहनकर स्कूल आते हैं और अंग्रेज़ी में बात करते हैं तो हमको बहुत अच्छा लगता है। यहाँ इतनी अच्छी पढ़ाई होती है कि सारे बच्चे यहीं आते हैं, इसलिए आसपास के प्राइवेट स्कूल बन्द हो गये। कोई वहाँ भेजता ही नहीं बच्चों को। आप ख़ुद ही देख लो मैडम ने अपने घर से पैसा लगाकर स्कूल की बिल्डिंग बनवायी है। कोई ऐसा करता है भला। बहुत अच्छी हैं हमारी मैडम।" शारदा देवी ने अपने सीमित शब्दों से यह एहसास करा दिया कि शिक्षा–अधिकारी, शिक्षक और अन्य स्रोतों से मिली जानकारी विश्वास करने लायक हैं। इन दावों को और पुख़्ता करती है शाकम्भरी देवी जो कि इसी गाँव में आँगनबाड़ी कार्यकर्त्ती हैं। "रजनी मैडम स्कूल से समय निकालकर आँगनबाड़ी में आती हैं और हमको बताती हैं कि किस तरह बच्चों के साथ खेलते हुए उन्हें सिखाया जा सकता है। काफ़ी कुछ सीखते हैं लगातार उनसे; जो हमेशा से बच्चों के साथ काम करना, उन्हें सिखाना आसान करता है।"

3. मिल–जुल कर समझ का निर्माण

राष्ट्रीय पाठ्यचर्या की रूपरेखा 2005 के मार्गदर्शी सिद्धान्तों में पहला सिद्धान्त "ज्ञान को स्कूल के बाहर के जीवन से जोड़ना (पृ. 5, क्रमांक 1.4)" इस बात की वकालत करता है कि स्थानीयता को ध्यान में रखते हुए बच्चे न केवल बेहतर तरीक़े से सीखते हैं वरन् जो भी संवाद कक्षा–कक्ष में चल रहा होता है, उसे अपने जीवन से सीधे–सीधे जोड़ पाते हैं। राजकीय प्राथमिक विद्यालय, उत्तरकाशी में बच्चे घर से स्कूल आते हुए रास्ते–भर शरारतें करते हुए, धौल–धप्पा करते हुए आते थे। इस स्कूल के शिक्षक

राजेश जोशी ने उनके स्कूल से घर आने के बीच के रास्तों में होने वाली शरारतों में नये रंग भर दिये। बच्चों ने रास्ते में मिलने वाले पेड़ गिनते हुए आना शुरू किया। फिर उन पेड़ों की पत्तियाँ बटोरते हुए आने लगे। बाद में उन्होंने जिन पेड़ों की पत्तियाँ बटोरीं उनके नाम पता करने लगे और अब तो उन्हें यह भी पता है कि किस पेड़ के फल, किसकी पत्ती, किसकी लकड़ी के क्या फ़ायदे हैं और किस पत्ती, किस घास से क्या नुक़सान हो सकता है। कौन–से पेड़ पर किस मौसम में फूल आते हैं, किसमें कब फल लगते हैं। रास्ते में मिलने वाली चिड़िया, उनके नाम, उनसे मिलती–जुलती चिड़ियों के नाम के बारे में जानकारियाँ बच्चे अब रास्ते से बटोरते हुए आते हैं।

> "मैं इस बात का हमेशा से पक्षधर रहा हूँ कि बच्चों की शिक्षा में स्थानीय परिवेश को महत्त्व दिया जाना चाहिए ताकि बच्चों को मिलने वाले अनुभव उनके लिए जीवन्त हो सकें। बच्चे जब स्कूल आकर नयी–नयी जानकारियाँ साझा करते हैं तो उनका उत्साह देखते ही बनता है।"
>
> –राजेश जोशी, राजकीय प्राथमिक विद्यालय, उत्तरकाशी

राजेश जोशी आगे अपनी बात में जोड़ते हुए कहते हैं, "शिक्षक बनना मेरी इच्छा नहीं थी लेकिन अब लगता है शिक्षक होने से बेहतर कुछ नहीं हो सकता। इस पेशे ने मेरी ज़िन्दगी में रंग भरे हैं। मैं बच्चों के साथ काम करते हुए ही सीखने–सिखाने के नये–नये ढंग तलाशता हूँ, जो काफ़ी हद तक सफल भी हुए।" कक्षा की दीवारों से दूर, किताबों के पन्नों से इतर घर से स्कूल और स्कूल से घर के रास्ते के दरमियान गणित, भाषा, ई.वी.एस., विज्ञान सारे विषय बच्चों के खेल में शामिल हैं और यह उनका ख़ुद का, एक–दूसरे से मिल–जुल कर जाना व समझा ज्ञान है, जिसमें उनकी मदद कभी परिवार और कभी गाँव के लोग भी करते हैं।

4. सहभागी शिक्षण से शिक्षण गतिविधियों का संचालन

पिछले कुछ वर्षों में अनेकों शोधों ने सहभागी शिक्षण (पीयर ग्रुप लर्निंग) की महत्ता की वकालत की है। ऊधमसिंह नगर के बाजपुर स्कूल में अगर आप जायें तो यहाँ का नज़ारा एक नज़र में आपको हैरत में डालेगा। इस स्कूल की कक्षा अनुशासन के हर नामोनिशान से दूर, शोर और शरारतों से भरी है। यहाँ कोई किताब नहीं खुली है, कोई ब्लैकबोर्ड नहीं सजा है। बच्चों के झुण्ड के बीच बैठे शिक्षक राघवेन्द्र बच्चों के साथ बैठ कर 'बाल अख़बार' बनाने में उनकी मदद कर रहे हैं। बच्चों के पास ढेर सारी

ख़बरें हैं जिन्हें वे अख़बार में दर्ज करना चाहते हैं। ये ख़बरें उन्होंने ख़ुद जाकर ढूँढ़ी हैं। 'बाल अख़बार' की रिर्पोटिंग के दौरान उन्हें ख़ुद अपने विषय का चुनाव करना था। फिर उस विषय पर ठीक से जानकारी हासिल करना, लोगों से सवाल करना, उन सारे अनुभवों को लिखना और ठीक से बाल अख़बार में दर्ज करना, इतना सब उन्हें करना था और इसमें काफ़ी स्वतन्त्रता थी। इन सारी प्रक्रियाओं में कितना सीखना हो रहा होगा समझा जा सकता है और कितना आनन्द बच्चों को आ रहा होगा।

> "वो ख़ुद अपने बच्चों से कुछ–न–कुछ नया सीखते हैं। पाठ्यपुस्तकों को पढ़ते समय बच्चे अपने सीखे और जाने हुए को उन पाठों से कहीं–न–कहीं जोड़ते हैं और पाठ में जो दिया गया है उसे अगले दिन की रिर्पोटिंग से भी जोड़ते हैं। इस प्रक्रिया में बच्चे सोचते बहुत हैं, सवाल बहुत करते हैं और ख़ुद जब अपने सवालों के जवाब ढूँढ़ लेते हैं तो उनका आनन्द और आत्मविश्वास देखने लायक होता है।"
>
> –राघवेन्द्र, प्राथमिक स्कूल, तिलपुरी

बच्चों को स्कूल भेजने के नाम पर बहुत से अभिभावक अक्सर जवाब देते हैं कि पढ़ने भेजने से क्या लाभ, 'कौन–सा कलक्टर बन जायेगा। स्कूल जाकर, पढ़–लिखकर कहीं दिमाग़ ख़राब हो गया तो किसानी और मज़दूरी से भी जायेगा।' उत्तराखण्ड के शिक्षकों जैसे राजीव पांथरी (देहरादून), निरंजन सुआल (देहरादून), रेखा चमोली (गणेशपुर, उत्तरकाशी), महेश पुनेठा (पिथौरागढ़), मनोज कांडीयाल (श्रीनगर), गजेन्द्र रौतेला (अगस्त्यमुनि) ने इन सवालों के जवाब देने की बजाय इनके जवाब बुनने की योजना बनायी। स्कूल में जितने भी बच्चे आये उनके साथ दोस्ती की। स्कूल में रोचक गतिविधियाँ करवायीं, मज़ेदार खेल करवाये, संगीत, नाटक, कहानियाँ आदि रोज़ स्कूल में होते। ये बच्चे गाँव में जाते तो स्कूल न जाने वाले बच्चों को यह सब बताते। इससे उन बच्चों में भी स्कूल आने की इच्छा जागी। धीरे–धीरे ये शिक्षक गाँव वालों और बच्चों की जान हो गये। स्कूल में मज़ेदार ढंग से सीखना–सिखाना चल रहा है। हर विषय की गतिविधियाँ हैं, बच्चों की ख़ुद की बनायी कविताएँ हैं, कहानियाँ हैं, विज्ञान के प्रोजेक्ट हैं, पर्यावरण की जानकारी का ख़ज़ाना है, गाँव की बोली–भाषा में तैयार किये गये नाटक हैं।

5. पेशे का चुनाव और उसके प्रति समर्पण

इन सभी शिक्षकों की अध्यापन की शुरुआत अलग–अलग ढंग से हुई। श्री गंगवार बचपन से शिक्षक ही बनना चाहते थे क्योंकि उनके गुरु ने

उन्हें शिक्षक के पेशे के लिए प्रेरित किया था। राघवेन्द्र पहले मेडिकल रिप्रेजेंटेटिव थे, प्रकाश आई.ए.एस. बनना चाहते थे, तैयारी भी की आई.ए.एस. बनने की। लेकिन अनेक समझौतों के चलते शिक्षक बन गये। जल्दी ही इन शिक्षकों को यह एहसास हो गया कि उनके लिए इससे अच्छा प्रोफ़ेशन नहीं हो सकता था। उन्होंने बच्चों के साथ नयी–नयी तरक़ीब भिड़ाते हुए पढ़ना–पढ़ाना, खेलना, उनके साथ फ़िल्में देखना, उनकी बातें सुनना शुरू किया। यह सब उन्हें अच्छा लगता है। प्रकाश पाण्डे (प्राथमिक विद्यालय, ऊधमसिंह नगर) कहते हैं कि बच्चों और उनके परिवारों से हमें जो अपनापन मिल रहा है और बच्चों के साथ काम करके जो सन्तुष्टि है वो हमारे जीवन की सबसे बड़ी उपलब्धि है।

6. नयी मान्यताओं की ओर बढ़ना

शिक्षा में काम करते हुए रोज़ कुछ पुरानी मान्यताएँ टूटती हैं और कुछ नयी बनती भी हैं। जैसे अच्छा बच्चा, तेज़ बच्चा, धीरे सीखने वाला बच्चा अक्सर ऐसा माना और कहा जाता है लेकिन इसके जैसा कुछ नहीं होता। देहरादून, विकास नगर की शिक्षिका ताहिरा ख़ान की ऐसी कई मान्यताएँ काम करते हुए बदलीं–

> "मुझे हमेशा लगता था कि कुछ बच्चे कमज़ोर होते हैं और वो सीख नहीं सकते या कुछ स्लो–लर्नर होते हैं और देर से सीख सकते हैं। लेकिन काम करते हुए आज मुझे यह विश्वास हो गया है कि यह मान्यता ग़लत थी। सब बच्चे सीख सकते हैं और कमज़ोर या तेज़ बच्चा कुछ नहीं होता। बस़ कुछ बच्चों को बात किसी तरीक़े से समझ में आती है और किसी दूसरे बच्चे को कोई और तरीक़ा सिखा पाता है।"
>
> –ताहिरा ख़ान, प्राथमिक विद्यालय, देहरादून

कोई बच्चा किसी अवधारणा को तेज़ी–से सीखता है तो कोई थोड़ा वक़्त लगाकर। सीखने पर बच्चे की मनःस्थिति और वातावरण का भी अलग–अलग प्रभाव पड़ता है और पढ़ाने के तरीक़ों का भी। जिस तरीक़े से एक बच्चा सीख लेता है, उसी तरीक़े से सारे बच्चे सीखें यह ज़रूरी नहीं। शिक्षिका की यह मान्यता कि 'समग्र भाषा पद्धति' से बच्चे भाषा नहीं सीख सकते भी टूटी और अब उनकी कक्षा में समग्र भाषा पद्धति ही कारगर है। इनकी यह मान्यता कि भय या लालच से बच्चों के सीखने की गति बढ़ायी जा सकती है भी टूटी और यह मान्यता भी कि बिना मार खाये बच्चे सीख नहीं सकते या वे फ़ेल होने के डर से ही सीखते हैं।

उनमें, समाज व बाक़ी शिक्षकों में गहरी जड़ें जमा चुकी ऐसी कई मान्यताएँ भी टूटीं। इसका एक और उदाहरण अच्छे नम्बर वाली धारणा का है। बच्चे मार खाये बिना सीख सकते हैं, बच्चे फ़ेल नहीं होते जैसी बातों पर उनका विश्वास जमा है। साथ ही बच्चों को प्रोत्साहित करने के लिए उन्हें अच्छे काम के बदले कुछ ईनाम देने वाली, सकारात्मक दिखने वाली कोशिश पर भी इन्होंने व अन्य शिक्षकों ने पुनर्विचार किया है। उन्होंने पाया है कि दण्ड और पुरस्कार एक ही सिक्के के दो पहलू हैं। एक में लालच काम कर रहा होता है, दूसरे में भय और ये दोनों ही ठीक नहीं हैं।

व्याख्या

शिक्षकों के साथ साक्षात्कार के दौरान कुछ बातें आम तौर पर इन सभी शिक्षकों में देखने को मिलीं। पहली तो सभी शिक्षक अपने विषय पर अच्छी पकड़ रखते हैं और दूसरी यह कि यह बच्चों के प्रति संवेदनशील हैं। इसके चलते यह शिक्षक सीखने–सिखाने की प्रक्रियाओं को आनन्ददायी प्रक्रियाओं के रूप में देख पाते हैं। परिणामस्वरूप बच्चे इन प्रक्रियाओं में पूरी रुचि के साथ प्रतिभागिता करते हैं और शिक्षक में अपने प्रियजनों की छवि देखते हैं। इसका शिक्षक तथा बच्चे दोनों की आत्म–सन्तुष्टि में महत्त्वपूर्ण योगदान है। और सीधे–सीधे यह कक्षा–कक्ष में दोनों की नियमितता, उपस्थिति तथा आनन्ददायी कक्षा–शिक्षण के लिए ज़रूरी कारकों को धनात्मक रूप से प्रभावित करती है।

इसके अलावा साक्षात्कार के दौरान ऐसा भी उभरकर आया है कि अधिकतर शिक्षक ऐसे परिवारों से आते हैं जिनके पास जीवन जीने के पर्याप्त साधन हैं, जो सामान्य तौर पर ठीक–ठीक खाने–पहनने वाले लोग हैं। यही वजह है कि उनकी संवेदना और समझ सरकारी स्कूल, बच्चों और वहाँ आने वाले बच्चों के परिवार से आसानी से जुड़ती है। यह समझ उन्हें समुदाय और बच्चों से रिश्ता बनाने में मदद करती है। सरकारी स्कूलों में आने वाले बच्चे अक्सर मिडिल क्लास के भी नहीं होते वो ज़्यादातर किसान, मज़दूर परिवार के होते हैं जिनका आर्थिक और सामाजिक ढाँचा काफ़ी डाँवाडोल–सा होता है। कई बार रोज़ी–रोटी का यह संघर्ष बच्चों को स्कूल आने से रोकता है। घर से काम करके लाने या घर से पढ़कर आने की बात भी सोचना ज़्यादातर बच्चों के लिए किसी लग्ज़री से कम नहीं। उनके हालात को समझ पाना शिक्षक के लिए ज़रूरी है इससे उन्हें

समुदाय के साथ अच्छे सम्बन्ध बनाने में मदद मिलती है और अभिभावक इन शिक्षकों द्वारा रखी गयी बातों पर ध्यान देते हैं और जब भी आवश्यक हो अपने बच्चों की बेहतरी के लिए शिक्षकों के साथ मिल कर एक साथ क़दम उठाते हैं।

शिक्षकों के इसी व्यवहार के चलते ये अपनी बातें अपने सहकर्मी जैसे साथी शिक्षकों तथा हेडमास्टर तथा तात्कालिक अधिकारियों तक सुगमता के साथ पहुँचा पाते हैं और इसके परिणामस्वरूप इनको पर्याप्त सहयोग भी मिलता रहता है। यह व्याख्या इस बात की ओर इशारा करती है कि शिक्षक–शिक्षा में विषयों की प्रकृति, विषयवस्तु तथा शिक्षणशास्त्र के अलावा कुछ व्यावहारिक पहलुओं सम्बन्धी विषयवस्तु को भी शामिल किया जाये जैसे शिक्षकों में शिक्षक के पेशे से पेशेवर जुड़ाव तो हो ही निजी जुड़ाव भी हो। एक शिक्षक की भूमिका किस तरह पूरे समाज के दृष्टिकोण को बदलने की है, चेतन व्यक्तित्व, वैज्ञानिक चिन्तन वाली तर्कशील और अन्धविश्वासों से दूर रहने वाली एक पूरी पीढ़ी को तैयार करने की है जिसके लिए उन्हें ख़ुद को ऐसा करने के लिए तैयार होने की ज़रूरत होगी न सिर्फ़ पेशेवराना ढंग से बल्कि व्यक्ति के तौर पर भी। उन्हें अपने पूर्वाग्रहों से भी मुक्त होना होगा ताकि वे स्कूल को सामाजिक संस्था, जो कि संवैधानिक मूल्यों पर आधारित है, के रूप में स्थापित कर पायें।

उत्साह से लबरेज कुछ नया रचते उत्तराखण्ड के शिक्षकों से मिलकर उनकी कक्षा–कक्ष प्रक्रियाओं को देखकर, समुदाय से उनके रिश्तों को देखकर यह समझ में आया कि इन शिक्षकों को अपने स्कूलों से, बच्चों से इस क़दर जुड़ने और उनके साथ डूबकर काम करने के लिए जो चीज़ प्रोत्साहित करती है वो है–

- उनकी ख़ुद की इच्छाशक्ति
- काम करने की उनकी स्वायत्तता
- समुदाय और बच्चों का उन पर भरोसा

बच्चों को निखरते, सीखते, सवाल करते, तर्क करते देखने का सुख इन शिक्षकों को निजी तौर पर समृद्ध करता है। इस आलेख के दौरान शिक्षकों से हुई बातचीत से स्पष्ट हुआ कि शिक्षकों को बाहर का प्रोत्साहन या लालच (लोगों की प्रशंसा, पुरस्कार, प्रमोशन आदि) यह सब करने को प्रशस्त नहीं करता, उन्हें अपने काम के प्रति ईमानदार होने और उसे बेहतर ढंग से अंजाम देने के लिए प्रोत्साहित करता है इस पेशे

के प्रति उनका सम्मान, उनका नज़रिया। वो शिक्षक होने की ज़िम्मेदारी को समझते हैं कि एक शिक्षक किस तरह बच्चे के व्यक्तित्व–निर्माण में महत्त्वपूर्ण भूमिका निभाता है। 'बच्चों के साथ लापरवाही पूरी पीढ़ी के साथ लापरवाही है' इस बात को समझते हुए ये शिक्षक विपरीत परिस्थितियों में भी अपना काम बख़ूबी करते हुए कहते हैं कि–कोई भी चुनौती, कोई भी अड़चन बच्चों और शिक्षक के बीच नहीं आ सकती। हालाँकि इसका यह अर्थ नहीं कि शिक्षण के पेशे से जुड़ी तमाम चुनौतियों को जैसे का तैसा बने रहने दिया जाये और शिक्षक को बेहद आदर्श रूप में स्थापित करके अच्छी शिक्षा का पूरा भार उन पर और उनकी इच्छाशक्ति के भरोसे छोड़ दिया जाये।

❏❏